国家社科基金后期资助项目

中亚东干话调查研究

A Survey on Tungan Language in Central Asia

王 森 王 毅 王晓煜 著

2015年·北京

国家社科基金后期资助项目
出版说明

  后期资助项目是国家社科基金设立的一类重要项目，旨在鼓励广大社科研究者潜心治学，支持基础研究多出优秀成果。它是经过严格评审，从接近完成的科研成果中遴选立项的。为扩大后期资助项目的影响，更好地推动学术发展，促进成果转化，全国哲学社会科学规划办公室按照"统一设计、统一标识、统一版式、形成系列"的总体要求，组织出版国家社科基金后期资助项目成果。

全国哲学社会科学规划办公室

目　录

第一章　概　况 …………………………………………………… 1
　第一节　东干族与东干话 ………………………………………… 1
　第二节　东干文字的创制 ………………………………………… 14
　第三节　东干话的现状 …………………………………………… 21
　第四节　若干值得注意的现象 …………………………………… 32

第二章　语　音 …………………………………………………… 37
　第一节　声母、韵母和声调 ……………………………………… 37
　第二节　连读声调 ………………………………………………… 47
　第三节　内部差异 ………………………………………………… 61
　第四节　东干话语音和北京话语音比较 ………………………… 67
　第五节　同音字汇 ………………………………………………… 72

第三章　词　汇 …………………………………………………… 87
　第一节　构　成 …………………………………………………… 87
　第二节　词汇发展的途径、倾向及成因 ………………………… 108
　第三节　鉴别词 …………………………………………………… 141

第四章　语　法 …………………………………………………… 143
　第一节　词　法 …………………………………………………… 143
　第二节　句　法 …………………………………………………… 158
　第三节　残留与萌芽 ……………………………………………… 350

第五章　语　料 ················· 383
第一节　语法例句 ················ 383
第二节　民间故事 ················ 387
第三节　经典译著 ················ 394
第四节　杂　议 ················· 422

附录　分类词汇 ················· 433
参考文献 ···················· 547
本书始末 ···················· 553

Table of Contents

Chapter One   An Overview of Tungan 1
   1. The Tungan People and Their Language 1
   2. The Creation of Tungan Orthography 14
   3. The Current Situation of the Tungan Language 21
   4. Some Issues for Attention 32

Chapter Two   Phonology 37
   1. Initial Consonants, Vowels and Tones 37
   2. Liaison Intonation 47
   3. Internat Differences 61
   4. Phonological Comparison between Tungan and Mandarin 67
   5. Glossary of Homophones 72

Chapter Three   Vocabulary 87
   1. Composition 87
   2. Paths, Tendencies and the Contributing Factors of Vocabulary
      Development 108
   3. Identification Words 141

Chapter Four   Grammar 143
   1. Morphology 143
   2. Syntax 158
   3. Residues and Rudiments 350

Chapter Five   Tungan Language Corpus 383
　1. Grammar Examples 383
　2. Folk Stories 387
　3. Translations of Classic 394
　4. Miscellaneous 422

Appendix: Classified Vocabulary 433
References 547
Epilogne 553

第一章 概 况

第一节 东干族与东干话

一、东 干 族

(一) 东干族的形成

东干族是中亚地区的一个少数民族,来源于中国的回族。东干族的形成主要与19世纪中国两个大的事件有关。[①]

1. 1862~1877年陕西、甘肃、宁夏的回民大起义

这段时间,陕西、甘肃、宁夏的回民先后爆发了声势浩大的反清起义。

陕西起义军,首先从陕西渭南、大荔一带开始,很快席卷了整个关中平原,组成了十八大营,由白彦虎等统一指挥。清军遭到沉重打击。当时清军对宁夏起义军驻地金积堡进行围剿,白彦虎等多次率部解围。后又转战西宁、甘肃河西走廊一带,与当地起义军合作抗清。在肃州(今酒泉)兵败后,转至新疆喀什。

甘肃起义军,先后在河州(今临夏)、陇南、平凉、凉州(今武威)等地起义,逐渐发展成河州和肃州两个中心。马文禄率领肃州回民起义后,反清声势大振,使肃州成为西北回民起义最后的堡垒和中心。后因粮草断绝而失败。

宁夏起义军,在今同心县一带发动起义,马化龙是主要领导人,先后攻克宁夏府城(今银川)、灵州城(今灵武)等地。后清军包围其驻地金积堡,堡内弹尽粮绝,为保护堡内一万多口人,马化龙到清营投降。后被清军凌迟处死。

至此,陕西、甘肃、宁夏的回民反清斗争结束。幸存者于1877~1878年

[①] X.尤素洛夫:《东干族向吉尔吉斯和哈萨克斯坦的迁移》(俄语版),伏龙芝译,1961年。海峰:《中亚东干语言研究》,新疆大学出版社,2003年。林涛:《中亚东干语研究》,香港教育出版社,2003年。

分三批进入中亚俄国境内。第一批，1877年11月，由尤素甫·哈兹列特（马化龙之子，东干人称"大师傅"）率领，是甘肃、宁夏籍余部，过境后定居于伊塞克湖东岸的普尔热瓦尔斯克县（今吉尔吉斯斯坦的卡拉科尔），第二年春，在该县的南边建了伊尔代克村；第二批，1877年12月初，由白彦虎率领，均为陕西籍余部，人数最多，经受困难最大，影响也不小，过境后辗转到达今哈萨克斯坦江布尔州库尔达伊县，在此建了盘营村（今马山青）；第三批，1878年12月，由马大人率领，以居住在吐鲁番的甘肃、陕西籍居民为主，过境后定居于今吉尔吉斯斯坦南部的奥什。不久后，其中的一部分青海籍回民又北上至今哈萨克斯坦的江布尔，在那儿建了加勒帕克丘别村。这三批过境的起义军余部共六千多人，是中亚东干族的核心成员。

2. 1881年，沙俄归还伊犁

这时，在处理这里的居民去留问题上，《中俄改订条约》规定"伊犁居民愿意迁徙俄国，加入俄国国籍者，均听其便"，这里的回族居民因惧怕清政府日后报复，所以，于1881～1884年，也分三批迁入中亚。第一批，1881年9月，大部分是祖籍甘肃的回民，过境后定居在今吉尔吉斯斯坦比什凯克以西约30公里的莫斯科区梢葫芦村；第二批，1882年2～3月，陕西、甘肃的回民和维吾尔族人过境后形成了今哈萨克斯坦江尔肯特县（今潘菲洛夫）和塔尔迪—库尔干村；第三批，1883年春天，一些陕西、甘肃的贫苦回民过境后散居在今哈萨克斯坦的江尔肯特、阿拉木图、江布尔和今吉尔吉斯斯坦的比什凯克、坎布隆、伊斯克拉。这三批过境的伊犁移民共四千多人。

以上两大事件产生的两部分移民，共一万余人，这便是今日中亚东干族的族源。东干族在百余年的发展中，也融入了少量当地民族成分，如吉尔吉斯族、哈萨克族、俄罗斯族等。1924年，苏联时期，中亚地区进行行政区域改革时，东干族作为一个少数民族被政府正式承认。

（二）东干族族名的来历

"东干"一词原是汉语陕西方言中一个被讹读的方位词，表示"东边"的意思，起初被借用来表示西迁到新疆的陕西、甘肃回族，后来又被定为进入沙俄中亚那部分陕西、甘肃回族的族名。它本来的方位义，可能因被讹读，一开始人们就知之甚少，或者当时就无人知晓。后来，时过境迁，意随音变，就更无人知晓了。于是，讹变、误解就渐渐出现了。近年来，东干学在中国渐渐兴起，"东干"的本意及其怎么被借代的史实就有必要做出辩明和澄清。

1. "东干"是"东岸"的误读或误写

据我们所知,中国西北陕西、甘肃、宁夏、青海、新疆几省区,表示方向有三种方式,一是"方向词+面(+子)",如"东面(子)东边 ｜ 西面(子)西边",如西宁话①,这种方式较少;二是"方向词+傍个",如"东傍个东边 ｜ 西傍个西边",这种方式较多,如甘肃兰州话、新疆话、宁夏同心话、东干话中的甘肃话等;②三是"方向词+岸(+儿/子)",如"东岸(儿/子)东边 ｜ 西岸(儿/子)西边",这是陕西关中平原一带独有的说法,如西安话、合阳话、户县话、商州话。③据刘俐李先生告知,她近年来所调研的东干族陕西籍营盘村,至今仍以"东岸"表方位,和现在的汉语西安话等方言是一致的。上面引用了张崇、张成材、孙立新、邢向东等多位先生的研究成果,他们都是搞方言的专家,而且都是当地人。孙立新书中写明"东岸子"表示东边较远处,张成材文中进一步指明"东岸"后面的"'儿'改为'子',则表示极远"。张成材、孙立新的这些表述都和今天中亚的"东干"一词的含义是吻合的。但是,汉语中却从未有"东干"一词,更从未见有以"东干"表示方向的说法。中国迄今也未见有以"东干"命名的民族。"东干"的"干"汉语陕西话读音是[kan],"东岸"的"岸"汉语陕西话读音是[ŋan],它们的韵母都是[an],差别是声母不同。可能是先把[ŋ]声母误读为[k]声母,才导致了误写,也可能是先把"东岸"误写成"东干",才导致了误读。

2. "东岸"的误读是由新疆突厥语族形成的

据历史记载,"清乾隆三十六年(1771),清政府以屯田实边为名,将陕、甘回民集体迁徙新疆","在迪化(今乌鲁木齐)就有两万多人,在大阪县城有500多户"。④这些移民一是屯田,一是做生意。我们推测,可能常有些陕西人为遥指东方将他们自我介绍为来自"东岸子",是"东岸子人",给当地人留下了深刻的印象。而说者和听者之间可能常会出现差异,

---

① 张成材:《西宁方言词典》,江苏教育出版社,1994年。
② 王森、赵小刚:《兰州话音档》,《现代汉语方言音库》(分册),上海教育出版社,1997年。赵浚、张文轩:《兰州市志·方言志》,兰州大学出版社,2002年。陈汝立、周磊、王燕:《新疆汉语方言词典》,新疆人民出版社,1990年。张安生:《同心方言研究》,宁夏人民出版社,2000年。
③ 西安话的说法由西安外国语大学张崇先生、兰州大学何天祥先生告知;合阳话的说法由当地的兰州大学学生张进告知;户县话的说法,见孙立新:《户县方言研究》,东方出版社,2001年;商州话的说法,见张成材:《商州(张家)方言的儿尾》,《语言研究》2000年第4期;邢向东、王临惠、张维佳、李小平则提供了更大地域的语料,见《秦晋两省沿河方言比较研究》,商务印书馆,2012年。
④ 《中国回族》(银川版),1993年3月,转引自王国杰《中亚东干族族名族源考》,《人文杂志》1997年第1期。

比如可能"岸[ŋan]"的汉语陕西话读音听者不会发,于是在那些操突厥语的维吾尔族、哈萨克族、柯尔克孜族听者的耳朵里"东岸(子)人"也就成了"东干人"。渐渐地约定俗成,"东干"也就成了当地人对这批移民的专称,代指他们。但是,"东岸"包含的明确的"东边,东方"的地理信息,"东干"里没有了。后来新疆的回族移民渐渐增多,到19世纪60年代,也就是西北回民大起义前夕,已达到15万人。这时,"东干"一词的所指对象范围扩大了,并渐渐由突厥语定型为"Tungan"。但仍是指那个移民群体,不是民族名。

3. "东干"一词在中亚的演变

(1) "东干"的第二次磨合。陕甘回民起义余部西迁和伊犁回归部分回民西迁,这两部分东干族的源头成员进入沙俄中亚后,便开始了"东干"一词的第二次磨合。第一次是1771年上述陕甘回民集体迁入新疆后开始的磨合。两次磨合先在新疆,后在中亚,磨合的双方成员相同,都是一方是陕甘回族,另一方是操突厥语的哈萨克族、吉尔吉斯族、柯尔克孜族、维吾尔族等。按理说,汉语陕西话"东岸"、汉语甘肃话"东傍个"都会参与表演,而且,我们发现现在的吉尔吉斯斯坦的吉尔吉斯语中也有作为声母的辅音[ŋ],是能拼出汉语陕西话读音"东岸"的"岸[ŋan]"的。但是,不知为什么,还是沿用了一百多年前在新疆的磨合结果"东干"。虽然1924年苏联政府把它定为东干族的族名,但恐怕大多数人不知道它有什么含义。

(2) 中亚东干人对"东干"的理解和做法。据我们的观察,东干人一般把"东干"一词只作为对外的民族符号,在民族间、国家间的交往中,要标注这样的符号。例如,吉尔吉斯斯坦回民协会的报纸《回民报》,报头的位置上有三种文字,首先用东干文写"хуэймин бо"音"回民报",是对本民族内部的,下一行用俄文写"дунгана газета"或"дунганская газета",是专门对外的,再下一行用汉字写"回民报"。这一行汉字也可不写。2001年吉尔吉斯斯坦回民协会创办了《回族》杂志,封面上也是先用东干文写"хуэй зў"音"回族",然后再用俄文写"дунгане"音,专门对外。但是,在和汉族人交谈中,不会涉及"东干"的说法。在他们的民族意志、民族心理深处,是浓浓的华夏情。他们记得的、反复强调的永远是"回族、回民、中原人"这些概念。

(3) "东干"一词词义模糊,持续讹变。汉语陕西方言词"东岸儿"的明确的"东边"的地域信息,在"东干"一词中看不到了,东干族中的陕西籍后裔搞不清楚了,不懂汉语陕西方言的甘肃籍人更不清楚了。苏联东干学专家、东干族通讯院士苏尚洛先生谈到"东干"一词时,曾说"东干一词不是从突厥语中来的音译，而是一种地理概念"①。我们认为，说"东干"是地理概念是正确的，但它同时也是突厥语对汉语陕西方言的音译，只不过是把"东岸"译成"东干"，不确切罢了。可见，苏尚洛不是陕西籍人，不是很了解"东岸"的地理含义。又如，现在吉尔吉斯斯坦的甘肃籍村落伊尔代克，那里的人把"东干"说成"达维耶儿"[tviiɛɚ]（该村的两位东干族留学生来中国学习汉语，她们护照上的俄文民族名为"Двыер"，读音为"达维耶儿"），即"东"只保留[t]声母，略去了韵母，"维耶儿"[viiɛɚ]是"岸儿"的讹变。缘起是这样的，汉语陕甘方言在开口呼[ə]和[a]零声母字前面都要加上个声母，汉语陕西话是[ə][a]前面一律加[ŋ]，例如"鹅[ŋə]、岸[ŋan]"；汉语甘肃话是[ə]前加[v]，例如"鹅[və]"，[a]前加[n]，例如"安[nan]"。而"维耶儿[viiɛɚ]"显然前面加的是[v]，即把"岸[ŋan]"讹变成"维耶儿[viiɛɚ]"了。再如，在哈萨克斯坦的陕西籍村落马山青还有人说"东干"是"东甘"，就是"东边（是）甘肃"的意思。这样，从"东岸儿"到"东干""东甘"，再到"达维耶儿"，越来越离谱了。

（三）"东干人"与"东干族"

"东干人"与"东干族"是两个不同的概念，在东干学日益兴盛的今天，有必要严格界定它们的内涵和外延。

"东干人"是特指1771年清政府为屯田实边将陕甘回民迁徙到新疆，当地操突厥语的少数民族对这个西迁群体的称谓。后来，新疆的回民渐渐增多，这个称谓也延续下来。但它的使用范围始终限定在新疆民间，历届政府一直称他们为回族。而"东干族"则是专指19世纪七八十年代西北回民起义余部和伊犁回归时的部分回民西迁至中亚后，当时当地政府承认并沿用至今的民族名称。但它的使用范围始终限定在中亚。为了和中国境内的回族相区别，"在汉文中也可以使用'中亚回族'一词"②。

科学研究中应严格掌握"东干人"与"东干族"的内涵和外延。曾有学者说，"新疆维吾尔人把回族叫东干人"③。这样讲就把新疆境内那部分陕甘回民等同于中国回族的全部了。事实上中国的回族并不叫"东干"。还有学者说，"东干族（回族）主要生活在中国及东南亚一些地区"。这样讲就

---

① 苏尚洛：《七河省的东干人》，伏龙芝译，1986年，转引自王国杰《中亚东干族族名族源考》，《人文杂志》1997年第1期。

② 胡振华：《关于"东干"、"东干语"、"东干双语"和"东干学"》，《中国少数民族双语教学研究会通讯》2003年第2期。

③ 《苏联民族志学》，1954年第1期，转引自王国杰《中亚东干族族名族源考》，《人文杂志》1997年第1期。

把专指中亚的"东干族"与中国回族、世界各地回族移民混为一谈了。事实上中国回族、世界各地回族移民并不叫"东干族"。①

（四）东干族的人口与分布

现在，据有关资料，东干族在吉尔吉斯斯坦有52000人，②在哈萨克斯坦有40000人，③在乌兹别克斯坦有2000人。④总数近100000人。

就地域来看，东干族主要集中在吉尔吉斯斯坦首都比什凯克以西20~30公里的公路沿线，比什凯克以东100公里左右吉尔吉斯斯坦、哈萨克斯坦交界的楚河两侧的公路沿线。那里密布着二十多个东干族村庄。他们把中原农耕文化带到了中亚，现在仍多以蔬菜、蘑菇、稻子、棉花种植为业，善于制作面食，仍保持着睡火炕、用筷子的习惯，和当地各族人民友善共处。他们亲近中国，称汉人为舅舅，是他们的娘家人。置身于那里的村落，使人感觉像是在中国西北农村。

东干族的分布还可以从国别、来源角度做些说明。请看表1-1及图1。表中的地名是东干族所分布的村镇名或城市名，括号内是该村落的另一个名字。

表 1-1　东干族分布表

国别＼来源	甘肃籍	陕西籍	陕西、甘肃籍
吉尔吉斯斯坦	阿列克山德洛夫卡 梢葫芦 米粮川 坎特 那仁 伊尔代克	坎布隆 伊斯克拉 米丘林	比什凯克 托克马克 伊万诺夫卡 红旗
哈萨克斯坦	江布尔 加勒帕克丘别 潘菲洛夫 阿拉木图	稻地 马山青（营盘） 新渠（绍尔丘别）	
乌兹别克斯坦			东干诺夫卡 塔什干 卡尔·马克思

---

① 贾东海：《世界汉学中的东干学问题》，《世界历史》1995年第2期，转引自王国杰《中亚东干族族名族源考》，《人文杂志》1997年第1期。

② 穆·伊玛佐夫：《吉尔吉斯斯坦的东干人》，《中国少数民族双语教学研究会通讯》2003年第2期。

③ 伊·尤素波夫等：《哈萨克斯坦的东干人》，《中国少数民族双语教学研究会通讯》2003年第2期。

④ 玛乃·萨乌罗夫：《乌兹别克斯坦的东干人》，《中国少数民族双语教学研究会通讯》2003年第2期。

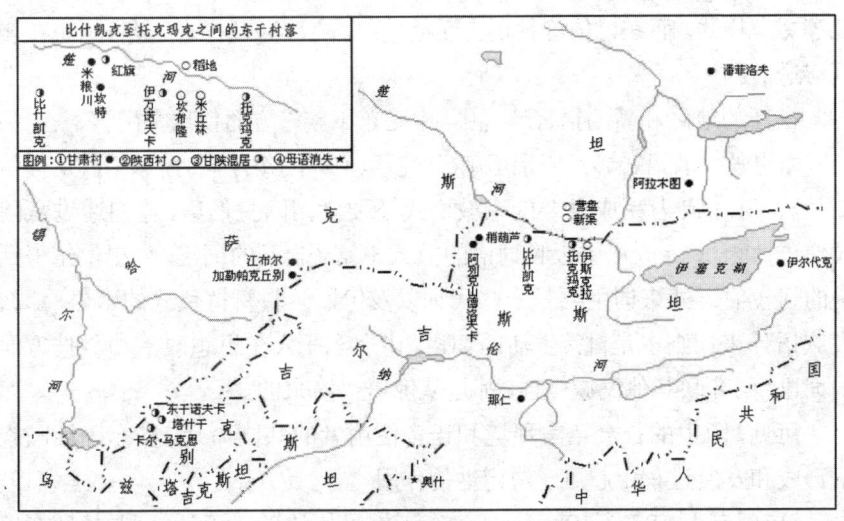

图 1　东干族分布示意图

说明:

1. 图 1 系作者参考《新编世界地图集》(成都地图出版社编著,成都地图出版社,2014 年出版)临摹而成。

2. 图 1 中东干族村落的分布据作者的调研结果填入。

二、东 干 话

我们这里讨论两个问题,是东干话的形成和发展,二是东干话是不是一种独立的语言。

(一)东干话的形成和发展

1. 东干话的形成

东干话就是东干族的民族语言。这种民族语言地位的建立是从东干族在中亚境内出现并得到语言使用者的承认开始的。进入中亚的那些陕甘回民,在进入中亚前,他们可能互不相干,而进入中亚后,由于民族的同一,反清失利的苦难经历的相同,前途的一致,尽管陕甘方言有些差异,但他们的使用者是绝对相互认同的,实际上这些差异也只是大同小异。他们明白,在中亚这个陌生的地域,他们是一个生活和语言同当地其他民族都不相同的新民族,以各自的方言为基础的共同语言也就是这个新民族的民族语言。

这些陕甘回民,在当时当地极端艰苦的条件下,一边为生活奔波,一边用口传的方法,把华夏回族璀璨的民间文学代代传承。这就形成了我们今天看到的东干族的口传文学,如:古今儿、神话、曲子、猜话、口歌儿、口溜儿等文学样式。而在口传这种语言活动之中，陕甘话既在求同存异，也在相互渗透着。

在新的地区和新的语言环境中，中亚东干族一方面使用本民族语言，另一方面也吸收俄语、吉尔吉斯语、哈萨克语、维吾尔语。同时，东干族信仰伊斯兰教，东干人为完成必要的宗教仪式还要学习阿拉伯语。他们通过从阿拉伯语、俄语、突厥语中吸收词语的方式丰富了自己的词汇。如果说东干话中的阿拉伯语外来词主要是一些代词以及伊斯兰教祈祷仪式的术语，那么突厥语外来词则多是日常生活的词语。中亚东干人在思想政治和科技方面的词语，同苏联其他民族一样，都是从俄语借鉴来的。

可见，陌生的社会语言环境和语言使用者的共同命运，在东干族民族语形成和发展过程中起到了决定性的作用。

这50年间（1877~1928），作为东干族民族语的东干话，还只停留在口语阶段，还没有文字，没有书面语，可以看作东干民族标准语的预备期。

2. 东干话的发展

东干文字的创立在巩固和发展东干族民族语的过程中具有重要意义。在1924~1925年中亚地区完成民族地区划界以后，苏联政府开始支持为原来没有文字的民族创制文字。东干族的有识之士曾先后创制了两套字母。

1928年，一群在塔什干求学的大学生如十娃子等在拉丁语的基础上制定了一套拉丁文字母，很快被审议通过。1929年第一次出版了东干话教科书。1932年在阿拉木图和伏龙芝（今比什凯克）又建立了两所授课学校。接着又出版了一些教科书，如《第一步》《新路》等。这些书籍虽并不多，但它们是东干族民族标准语的第一行字，是东干族文化发展史上的里程碑。

1932年在伏龙芝创刊的东干话报纸《东火星儿》《布尔什维克的得胜》，经常刊登内容广泛的各种材料，促进了标准语词汇的传播与发展，在东干族民族标准语的形成和发展过程中起到了重要的作用。接下来，很快发表和出版了一批文艺作品、译著、语言学论著、科技论著，如诗集《革命的浪》（十娃子，1932），中篇小说《走过的路》（雅四儿·十娃子，1938），语言学论著《东干语正字法中的一些问题》（尤素普·闫先生，1937），译著《马卡尔·楚德拉》（高尔基），《苏联宪法》等。10年间（1929~1940），出版了大约40部各种题材的文艺作品。这些作品、论著、译著奠定了东干族民族标准语的基础。

东干族民族标准语的形式以东干甘肃方言为基础。其主要原因是，第一，该方言只有三个声调，东干陕西方言有四个声调；第二，同东干陕西方言相比，它具有较为广泛的适用范围；第三，拉丁字母方案的制定者中大部分人使用东干甘肃方言。

这是东干族民族标准语形成和发展的初级阶段，是东干文学和科学创造得到鼓舞和提升的阶段。

东干族民族标准语发展的第二阶段是从二战后以俄文字母为基础制定新字母开始的。新字母克服了拉丁字母的缺点，更靠近俄语和周围的其他少数民族语言。1953年5月新字母被审议通过。1954年新字母、新正字法和标点符号方案被通过并实施。1955年开始使用新文字授课。各类出版物的出版也得以恢复，出版了各种东干语书籍和教科书。东干族农村都有中小学，都开设东干话课程。现在，吉尔吉斯斯坦有东干文《回民报》，哈萨克斯坦有东干文《青苗》报，吉尔吉斯斯坦国家广播电台每周有45分钟东干话广播，吉尔吉斯斯坦国家电视台每月有一期30分钟的东干话电视节目。1955~1993年，38年里共出版各类东干话书籍160多种。[①]东干族民族标准语的口语和书面语在中亚都得到了全面发展。

最近几年，东干族民族标准语又处于一个新的发展阶段，一个新的趋势就是广泛地从现代汉语中借鉴词语。

（二）东干话是汉语陕甘方言在中亚的特殊变体

东干话在1937年已吸收了突厥语、俄语的不少词语，同时在语音、语法领域也有一些变化。阿·阿·龙果夫（А. А. Драгунов）认为，这些变化"使我们有根据将苏联的东干语不是看作汉语的一种方言，而是将其看作与汉语有区别的一个独立的语言实体"[②]。这就是说，东干话已变为一种新的语言了。这种看法在一段时间内，曾有一定影响。但事实并不是那样。东干话是汉语陕甘话在中亚的特殊变体，尽管它吸收了较多的外来词（东干族东干学家卡里莫夫估计约有10%）[③]。不要说在1937年，即便在21世纪初，只要懂得汉语陕甘方言的人，双方用汉语陕甘方言相互交谈，彼此大多还是能听懂的。前些年，我们曾在中亚有过多次这样的经历。这说明东干话的主体部分还是一百多年前的汉语陕甘话。这从以下东干话与汉语西北话的粗略比较中，更能看出。

---

① 阿·卡里莫夫：《东干民族语和文化的建立和发展》，《东干语言文学发展的重要问题》（俄语版），国际科学研究大会文献，阿拉木图，2001年。

② 《东干语》，1937年，转引自海峰《中亚东干语言研究》，新疆大学出版社，2003年，第15页。

③ 阿·卡里莫夫：《东干语》，《苏联各民族语言》（第5卷），转引自海峰《中亚东干语言研究》，新疆大学出版社，2003年，第8页。

1. 语音比较

汉语甘肃方言声、韵、调的基本类型是声母23个（不含零声母），韵母32个，东干话甘肃方言也如此；汉语甘肃方言声调有四个调和三个调，三调型的声调是阴平、阳平合为一个调，但在字组连读时，平声又可以区分出阴平、阳平两个调，东干话甘肃方言是三个调，和汉语甘肃方言三调型平声分合情况相一致。①

东干话陕西方言声调是四个调，它的调类、调值至今和中国陕西西安附近的一些县的方言仍都很接近。请看表1-2。

表 1-2　东干族陕西籍马山青话与汉语陕西户县话② 声调比较表

方言＼调类＼调值	阴平	阳平	上声	去声
东干族陕西籍马山青话	21	35	41	55
汉语陕西户县话	31	35	51	55
例　字	高开七滩	白拔云盆	走五买举	放是树富

[ŋ] [pf] [pfʰ] 是汉语陕甘方言中具有标志性的几个声母，现在在一部分东干话陕西方言中也仍然保留未变。例如，"我、鹅、饿、恶"的读音在东干话陕西方言中和今汉语陕西方言一样，也都仍旧读[ŋə]。又如，北京话合口呼韵母与[tʂ] [tʂʰ]相拼时，一部分东干话陕西方言和今汉语陕西方言一样，也都仍旧读为[pf] [pfʰ]，如"住[pfu]""穿[pfʰan]"。有意思的是，有个东干族甘肃籍村庄叫"米粮川"，"川"的声母就是[pfʰ]，但是东干话标准语中不设[pf] [pfʰ]两声母，在俄语中也没有相对应的辅音，于是用俄语书写的村名的标志牌上"川"就被音译为"ФАН"[fan]。③详见第二章"语音"部分。

----

① 王森、赵小刚：《兰州话音档》，《现代汉语方言音库》（分册），上海教育出版社，1997年。赵浚、张文轩：《兰州市志·方言志》，兰州大学出版社，2002年。陈汝立、周磊、王燕：《新疆汉语方言词典》，新疆人民出版社，1990年。张安生：《同心方言研究》，宁夏人民出版社，2000年。

② 孙立新：《户县方言研究》，东方出版社，2001年。

③ [pf, pfʰ]二声母在东干话陕甘方言口语中的使用情况大致如下：A.东干陕西话口语中清晰、系统、稳固地使用这两个声母，如在东干陕西籍马山青（营盘）村，"住、抓、桌"的声母都是[pf]，"处、穿、虫"的声母都是[pfʰ]。B.东干甘肃话口语中[pf、pfʰ]两声母有两种使用情况，一是较系统地读为[tf、tfʰ]，如东干甘肃籍的伊尔代克村一般都把[pf]读为[tf]，如"住、抓、桌"的声母都是[tf]，把[pfʰ]读为[tfʰ]，如"处、穿、虫"的声母都是[tfʰ]；二是零星无序地读为[f, tʂ]，如有的东干甘肃籍人把[pf]读为[f]，"川"读为"反"，把[pfʰ]读为[tʂ]，"穿"读为[tʂʰuan]，也有的把[pfʰ]读得轻而含混，如"出"的声母就很难听清是[pfʰ]。

2. 词汇比较

从构成来看，东干话词汇可分为三部分，老词（汉语西北方言词、古语词），这是陕甘回族西迁时带过去并代代流传下来的，是东干话词汇的主体部分，约占70%；新词，它们多由老词迂回曲折地派生出来，约占20%；外来词，是从俄语、突厥语、阿拉伯语借入的，约占10%。（据卡里莫夫的估计）其中，老词中的一大批常用词至今还同时活跃在东干话和汉语西北方言中。详见第三章"词汇"中的"构成"部分。这里各类词试略举一二。

(1) 名词、代词。例如：羯羖_{山羊} ｜ 头口_{牲口} ｜ 腔[kʻaŋ]子_{胸腔} ｜ 馓饭_{一种粥} ｜ 这搭儿_{这里} ｜ 少年_{民歌名}。

谈谈"羯羖""少年"二词。"羯羖"即"山羊"，它是个很有特色的词。第一，它是个古语词，在近代汉语中已很常见。如《金瓶梅词话》："此是哥打着绵羊驹騳战，使李桂儿家中害怕，知道哥的手段"①，"打着绵羊驹騳战"就是打绵羊让山羊发抖，当时写成"驹騳"或"驹驴"，可见书写还未定型。第二，它在汉语西北方言中使用的地域很广。现在中国陕西、甘肃、宁夏、青海、新疆的不少县乡仍称"山羊"为"羯羖"。如兰州谚语："羯羖瘦着哩，尾巴夯着哩"，比喻人穷志不穷。第三，它在东干话中的使用频率要高于汉语西北方言。这是因为，它在汉语西北方言中使用地域虽很广，但一般辞书不收它，在书面语中不存在，致使不少专业语言工作者都不清楚，我们见到的四种研究《金瓶梅词话》的辞典都把"驹騳 ｜ 驹驴"误认为"驴驹儿、幼驴"。②又因为它是个方言词，当地青年人一般不说，它只是被保留在那些老人的口语里。可有意思的是，它在东干话里就大不相同了，它是东干话标准语的唯一用词，因为他们说的"羊"就是我们说的"绵羊"，他们说的"山羊"是指我们说的"野羊"，即"羯羖"没有同义词。因此，使用频率当然高了。"少年"的使用情况也很有意思。它是中国西北甘肃、宁夏、青海几省区的一种山歌儿，中华人民共和国成立前叫"少年"，多在山野里漫唱，中华人民共和国成立后一般称为"花儿[xua˧ ɚ˧]"，"少年"已很少提及了，可在中亚东干人那里，"少年"却一直沿用至今，没有这种变化，这反倒使人更觉得真切。

(2) 动词。例如：浪_玩 ｜ 做_{干，搞} ｜ 站_{站立，留宿} ｜ 走_{到，去} ｜ 淌_{液体、气体流动}。

这几个动词的使用频率都很高，除"浪"来自古语词以外，其余都是很有特色的汉语西北方言词。如"站""淌""做"，它们除了一般的义项以外，

---

① 兰陵笑笑生：《金瓶梅词话》，文学古籍刊行社，1957年。
② 王森：《〈金瓶梅词话〉中所见兰州方言词语》，《语言研究》1994年第2期。

都有自己的特殊义项,而这些义项都被东干话准确地传承了下来。"站"除了站立和使行动停下来以外,还有一个特殊的义项就是"留宿",如"今晚夕我不走,在这塔儿站下住下来呢",这在汉语西北方言和东干话中至今仍在使用。"淌"既指液体流动,也指气体流动,如"河里的水淌的呢""屁淌的呢",这些说法中国甘肃不少地方在用,东干话也在用。"做"在汉语兰州话中兼有两个词性,一是动词,如"做饭、做活",二是代动词,类似"搞、弄",它的具体意思需要依据语境而定,如"这件衣裳长的很,做小些",就是"截短一些",如果说"这件衣裳短的很,做大些",那就是再"加长一些"。"做"的上述用法在东干话中也完全相同。

(3) 形容词。例如:尕小 | 碎小 | 孽障可怜 | 壮肥 | 好少很多 | 清(汤面、粥之类)稀,汤水多。

这几个形容词的使用频率也都很高。"尕""碎"都是"小"的意思,东干话中的甘肃话多用"尕","小孩"叫"尕娃",东干话中的陕西话多用"碎","小孩"叫"碎娃",和现在汉语陕甘方言是一致的。"孽障""好少""壮"都是古语词。例如:"孽障的,看你瘦成啥哩","过年的时候儿,我们家呢来哩好少的客人","壮羊肉,吃起香"。这些句子在东干话和今汉语甘肃话、宁夏话中都常说。

(4) 副词、连词等。例如:哈巴可能,也许 | 可价竟然 | 嗻做补语,表程度深 | 但(是)如果。

这些也是在东干话和汉语西北方言,特别是汉语甘肃话、宁夏话中使用频率一直很高的词。下面的例句在东干话和汉语甘肃话、宁夏话、新疆话中是通用的。例如:"他现在没来,哈巴不来了吧?""活还没做完,人可价走掉了""今儿个热嗻太热哩""明儿个但下雨哩,我们就不去哩"。

3. 语法比较

汉语西北方言典型的语法现象在东干话中都得到传承或发展。详见第四章"语法"部分。这里摘要如下。

(1) "A(+B/A)+子"名词使用仍相当宽泛。它的特点是:

A. 和汉语西北方言一样,汉语普通话中带"子"的名词东干话中也带"子",汉语普通话中不带"子"的名词东干话中也常常带"子",而且这种词的分布较广。例如:腰子腰 | 胃子胃 | 木梳子,碗子 | 当家子家长,孙女子 | 面条子,蛋清子 | 南面子南方。

B. 表小称。指广义的小,如体形小、范围小、重量轻、程度轻、厚度薄、型号小、使用简便,或具体的、部分的、零碎的、短时的、细的、淡的,或昵称、卑称,或转指其他。汉语西北方言也具有这些特点,但东干话更普遍,更突出。例如：儿儿子幼兽, 炮子玩具炮,雷管, 路路子小路,纹路, 锡蜡子金属薄片, 舌头子小舌, 火焰子火焰的顶端部分, 奶头子乳房顶部圆球状的突起, 柱棍子细而轻便的手杖, 水气子植物的汁液, 引路子便捷的小路, 件件子零件, 半天子白天的一半, 空空子尚未占用的短暂空闲时间, 姑娘子玩具娃娃, 念家子优秀的朗读者, 水缸子水桶, 花园子畦，圃, 手手子昵称, 马马子指劳苦的人，卑称, 人人子人的体形，身段, 袖袖子后缝上去的衬袖, 灯盏子一种植物的花, 眉户子指为中国陕西眉户戏伴奏的弦乐器板胡, 饭碗子指生计。

C. 表小称时，呈现出层次性、系列性的特点。汉语西北方言也有这种现象。但东干话更集中些，更明显些。例如：海海洋——海子湖泊——海海子小的湖泊，水荡 | 海沿海岸边——海沿子湖边。

（2）"把"字句仍是基本句型之一。东干话的"把"字句来自汉语西北方言，汉语西北方言的"把"字句与近代汉语白话作品关系密切。东干话"把"字句和汉语西北方言"把"字句大同小异，但二者的"把"字句和汉语普通话的"把"字句却是大不相同。东干话"把"字句的特点是：

A. 和汉语西北方言一样，它的使用频率很高，据有关资料统计，约是汉语普通话的五倍。①

B. 和汉语西北方言一样，它的谓语动词的类别也很宽泛，既包括汉语普通话中通常所说的有处置性的动词，如"关"，例如"把门关上"；也包括没有处置性的动词，如"看见、知道、认得、懂、怕、爱、是"等，例如"我把他太爱"。可见，它的"把"字句的谓语动词要比汉语普通话宽泛得多。

C. 和汉语西北方言及近代汉语一样，它的"把"字短语和谓语动词之间常可出现否定副词"不、没有"和能愿动词"能"等，这些词较少出现在"把"字前而大多紧靠在动词前。例如："我把他没怕 | 是多候儿无论何时他们把麦子拉的去，把面能打上"。这和汉语普通话的"把"字句是不同的。

D. 和汉语西北方言及近代汉语一样，在表示斥责的时候，"把+名词性短语"可独立成句。例如："我把你这个没良心的！"汉语普通话"把"字句不能这样说，一般要改写成名词性非主谓句，如上例要说成"你这个没良心的！"

E. "把"的宾语常由谓词性短语加"的"来充当。例如："把我的心呢咋难受的，她也不思量"。一般汉语西北方言，不能这样说。中国甘肃临夏回族自治州有这种说法，在东干话中得到了充分发展。

（3）"V+给"句仍是又一基本句型。它的特点是：

A. 和汉语西北方言一样，它的使用频率也较高，据有关资料统计，约是

---

① 王森：《东干话的若干语法现象》，《语言研究》2000年第4期。

汉语普通话的两倍。①

B. 和汉语西北方言一样，"V+给"的"给"也具有如下基本语法功能。

第一，当"V+给"的"给"在语义上不能和V搭配，但在句法结构上却有某些语法空位时，它常常出现，抢占这些空位，取代某些词语，并发挥这些词语的语义、语法作用，充当各种补语。例如放在动词"给"后充当补语，表示"给予"，如"他倒哩一盅子酒<u>给</u>我哩"；放在"（给+名/代）+V+给"格式中表示"短时"或"尝试"，如"对头_{敌人}叫她给他们把地方说<u>给</u>_{一下}哩"；放在"动+给（+宾/补）"格式中充当结果补语，如"旁人的难辛_{苦恼}，给我也惹_{传染}<u>给</u>_上哩"；放在"V+给（+宾）"格式中充当趋向补语"咋也罢，我把你这个坏子要掀<u>给</u>_{出来}哩"。

第二，当"V+给"的"给"在语义上不能和V搭配，在句法结构上也可有可无时，人们习惯上仍然多保留，如"他笑<u>给</u>哩一阵子"，很明显，这个"给"仍做结果补语，这时，没有别的词能取代它，这种用法在东干话中很普遍。汉语普通话中这种位置上不能有补语。

（4）双宾语句趋于消失。据我们所知，汉语西北方言中，除宁夏部分地区尚有双宾句外，甘肃、宁夏、青海、新疆大多数地区一般不用双宾句。东干话也是如此。这是因为"V+给"中"给"的后置，使"把+名+V"句、"给+名+V"句大量产生，句中的介词"把""给"往往把V后的指物宾语、指人宾语分别引到了V前。因此，V后一般只有一个宾语，如"他把手伸给<u>我</u> │ 他给我也给哩<u>一块儿馍</u>"。当句中"把""给"共现时，V后一个宾语也没有，如"给<u>我们把衣裳</u>给给哩"。

第二节　东干文字的创制

一、三套字母表

东干族西迁中亚后的近半个世纪内，没有文字。1927年创制文字的工作提上了日程。到1953年，前后25年间研制出三套字母表。

（一）阿拉伯文字母表

1927年，由在塔什干求学的第一代东干族大学生们研制成。他们是

---

① 王森、王毅：《兰州话的"V+给"句——兼及甘宁青新方言的相关句式》，《中国语文》2003年第5期。

雅四儿·十娃子（简称"雅·十娃子"）、尤素普·闫先生（简称"尤·闫先生"）、侯赛因·马凯耶夫、张·雅库波等。字母表以阿拉伯文字母为基础，又借用塔塔尔文、维吾尔文等文字的字母作为补充，共35个字母。之所以以阿拉伯文字母为选择对象，是东干族由于宗教信仰，对阿拉伯文有一定的了解。这套字母并未作为正式文字使用，只是在民间有过零星使用。

（二）拉丁文字母表

1928年，苏联在巴库召开第一次突厥学代表大会，首次正式研究东干话字母问题。会后成立了专门机构，以拉丁文字母为基础，具体研制。参与者仍是十娃子等那群大学生。在塔什干第二次突厥学代表大会上，对制订的方案进行了讨论。1932年6月在伏龙芝召开的学术会议上，又对拉丁文字母表做了最后修订，并予以公布。这个字母表共有31个字母，反映了东干话的语音特点。它的缺点是没有大写字母，有几个字母是兼表几个读音的。

（三）斯拉夫文字母表

苏联在第二次世界大战以前，境内所有民族都开始使用西里尔文字母。俄文字母也来自西里尔文字母。二战后，20世纪50年代初，吉尔吉斯斯坦的雅四儿·十娃子、哈萨克斯坦的尤素普·村娃子（简称"尤·村娃子"）、苏联科学院东方研究所的阿布杜拉赫曼·卡里莫夫分别向苏共中央科技部提出申请，请求他们在以俄文字母为基础创建东干文新字母的过程中给予帮助。于是，根据苏联科学院的任命，1952年在苏联科学院东方研究所组建了制定东干文字的专门委员会，任命著名汉学家、东干学家阿·阿·龙果夫为主席，卡里莫夫为秘书长，一批著名的东干学家，如哈萨克斯坦科学院的尤·村娃子、吉尔吉斯斯坦科学院的尤·闫先生都是委员会成员。

1953年5月，新字母方案确定后，提交给苏联科学院吉尔吉斯分院语言文字历史研究所讨论并通过。1954年投入实施，直到现在。

表1-3　东干话斯拉夫文字母表

Аа	Бб	Вв	Гг	Дд	Ее
Ёё	Әә	Жж	Җҗ	Зз	Ии
Йй	Кк	Лл	Мм	Нн	Ңң
Оо	Пп	Рр	Сс	Тт	Уу
Ўў	Үү	Фф	Хх	Цц	Чч
Шш	Щщ	Ъъ	Ыы	Ьь	Ээ
			Юю	Яя	

由表1-3可知,东干话斯拉夫文字母共38个。在俄文字母的基础上新增了"Ә、Җ、Ң、ў、Ү"五个表现东干话特殊音位的字母。俄文字母"Р"有两个作用,一是用于书写从俄语借来的外来词,一是做东干话"儿"化韵母的韵尾和"二、儿、耳"几个音节的韵尾。硬音符号"Ъ"和软音符号"Ь"也用于书写从俄语借来的外来词。

表 1-4　东干话字母与俄语、哈萨克语、吉尔吉斯语、乌兹别克语共用字母比较表

共用数　语种　字母数　语种	俄语	哈萨克语	吉尔吉斯语	乌兹别克语	东干话
语种	33	42	27	34	38
东干话	33	36	26	31	
俄语		33	24	30	33

说明:

1. 表中哈萨克语、吉尔吉斯语、乌兹别克语三种语言的字母及其读音的提供人均分别为该国该语的使用者。他们是哈萨克斯坦的哈萨克语的使用者,教师艾莎,留学生然娜、古丽奴尔、古丽乍特;吉尔吉斯斯坦的吉尔吉斯语的使用者,留学生赛卡尔、艾乍达;乌兹别克斯坦的乌兹别克语的使用者,留学生夏荷、娜蒂丽、尤丽。

2. 作者对东干话字母中与俄语、哈萨克语、吉尔吉斯语、乌兹别克语四种语言的字母的形、音一致者进行整理并量化,从而构成本共用字母比较表。

由表1-4可知,东干话采用斯拉夫文字母后,和它周围的俄语、哈萨克语、吉尔吉斯语、乌兹别克语相互谐调一致,而且大多数字母相互共用。例如:东干话字母38个,俄语字母33个,东干话、俄语二者有33个字母共用;东干话字母38个,哈萨克语字母42个,东干话、哈萨克语二者有36个字母共用。这就为东干人掌握东干文字提供了方便,也为这些民族间的双语化、多语化提供了方便。

表 1-5　东干话拉丁文字母、斯拉夫文字母和汉语拼音字母对照表

拉丁文字母	斯拉夫文字母	汉语拼音字母	拉丁文字母	斯拉夫文字母	汉语拼音字母
a	Аа	a	p	Пп	p
ь	Бб	b	r、ol	Рр	er
v	Вв	v	s	Сс	s

(续表)

拉丁文字母	斯拉夫文字母	汉语拼音字母	拉丁文字母	斯拉夫文字母	汉语拼音字母
g	Гг	g	t	Тт	t
d	Дд	d	u	Уу	u
je	Ее	ie	w	Ўў	w
jo	Ёё	io	y	Үү	ü
ə	Әә	e	f	Фф	f
z	Жж	r	x	Хх	h
z	Жж	zh、j	c	Цц	c
z	Зз	z	(ci)	Чч	ch、q
i	Ии	i	s	Шш	sh
j	Йй	y	(și)	Щщ	x
к	Кк	k	Ъ	Ъъ	i
l	Лл	l	ь	Ыы	i
m	Мм	m		Ьь	
n	Нн	n	e	Ээ	ê
ŋ	Ңң	ng	ju	Юю	iou
o	Оо	o	ja	Яя	ia

本表摘自杜松寿的《东干拼音文字资料》(《拼音文字研究参考资料集刊》,第1本,北京:文字改革出版社,1959年)。作者对栏目排列做了调整。

二、 东干文字的历史贡献

(一) 利用东干文字,短期内提高了东干人的知识文化水平[①]

据有关资料(吕恒力,1990),20世纪20年代,苏联政府在提高人们知识文化水平方面,特别是在少数民族地区,没有取得预期效果。1926年苏联东干族识字率只有8.6%。1929年东干话拉丁文字母问世后,给东干族人民建立以东干语言为所有课程教学语言的民族学校提供了有利条件,使提高人们知识文化水平工程获得重大突破。第二次世界大战前夕,东干族人民的知识文化水平得到很大提高,基本扫清了全苏联东干族儿童及成人不识字现象。

---

① 吕恒力:《30年代苏联(东干)回族扫盲之成功经验——60年来用拼音文字书写汉语北方话的一个方言的卓越实践》,《语文建设》1990年第2期。

提高人们知识文化水平需要一个有效的文字工具。在苏联东干族，这个工具就是东干话拉丁文字母。

（二）文化教育获得了文字载体，面貌焕然一新

东干族西迁中亚后最初的几十年，生活条件恶劣，他们最高的要求恐怕就是生存、温饱，如果能唱唱曲子、听听古今儿，恐怕也就很满足了，大概还不会想到"文字"。随着生活的好转和社会的发展，教育问题、文化问题等就会突显出来，这是关乎每个家庭、民族、国家命运的大事。这时，文字就成了问题的核心，单靠口传谈不上对传统文化的有效传承，更不用说传播发展了。东干族第一代大学生高瞻远瞩，看准了这个问题，在列宁倡导的"拉丁化是东方伟大的革命"的指示下，参与创制了拉丁文字母表，问题便解决了。而稍后的斯拉夫文字母的实施，更取得了显著成效。

于是，有了东干文中小学语言、文学教科书，有了影响深远的东干文《东火星儿》报，尤其是《十月的旗》报，有了东干族作家、学者群体。来自华夏的丰富独特的民间文学得到了传承。文学创作、名著译作、语言学著作、东干—俄语词典等先后出现，百花齐放。60年间，约出版各类图书200多套（部、册）。[①]

文化教育的发展，促进了东干话书面语言的产生和发展，提高了东干族的民族素质和民族地位。

（三）东干文字是用拼音书写汉语方言的成功范例

1959年语言学家杜松寿先生对东干话拼音文字有很高的评价。他说："作为汉语方言变形的东干语仅仅根据语音原则，在不标声调的情况下，所写成的拼音文字是可以看懂的，我们能够译出它的全文就是有力的证明。""正是由于东干语是汉语方言的变形，所以它的拼音文字的经验对汉语拼音文字的建立有重大参考价值。"[②]当时，东干拼音文字已有近三十年的历史，已比较成熟，而中国的汉语拼音化才刚刚开始。世界已进入了信息时代，为了计算机汉字输入，汉字体系必须稳定下来。但是，我们认为，东干拼音文字的经验还是客观的，它的一套拼写规则具有语言学的普遍性。现在，中国还有一些少数民族没有文字，中国的对外汉语教学也正在蓬勃发展，在进行这些方面的工作时，我们不应该忘记东干拼音文字的成功经验。

[①] 吕恒力：《30年代苏联（东干）回族扫盲之成功经验——60年来用拼音文字书写汉语北方话的一个方言的卓越实践》，《语文建设》1990年第2期。

[②] 杜松寿：《东干拼音文字资料》，《拼音文字研究参考资料集刊》（第1本），文字改革出版社，1959年。

（四）东干文字对东干话内部差异起了规范作用

为了东干文字的推行，在语音和书写方面，语言工作者都做了细致的规定，这些规定通过中小学教科书、报纸、广播贯彻下去，对以东干甘肃话为基础的东干标准语起到了规范作用。下面做些简单说明。

1. 语音方面

(1)声调。采用东干甘肃话的三个调，除非特别需要时，一般行文中不标调。

(2)声母[pf、pfʻ]—[tʂ、tʂʻ]，[ʂ]—[f]，[ŋ]—[v]。东干话中的一部分陕西话口语中有[pf、pfʻ]两个声母，例如"住"读为[pfu]，"床"读为[pfʻaŋ]，但是东干话标准语中不设这两个声母，使它们向[tʂ、tʂʻ]靠拢，"住"读为[tʂu]，"床"读为[tʂʻuaŋ]，这就是一种规范。东干话中的陕西话原来"说"多读作[ʂə]，"我"多读作[ŋə]，现在也大多改读为标准语"说"[fə]、"我"[və]的读音了。

(3)韵母"ў[u]、y[ou]、p[r]"。"ў[u]"只拼合口呼韵母，例如"土 тў ｜ 灰хўй"，"y[ou]"只拼开口呼韵母，例如"头 ту ｜ 口ку"，当不会发生混淆时，也可用"y"取代"ў"，在实际使用中，都是这样做的，例如"铺пy ｜ 斧фy ｜ 花хya"，因为这些字的声母不能和"y"相拼，相拼的只能是"ў"。"p[r]"有两个作用，一是用于书写从俄语借来的外来词，如"радио收音机 ｜ журнал杂志"，一是做东干话"儿"化韵母的韵尾和"二、儿、耳"几个音节的韵尾，如"хyap花儿 ｜ җир鸡儿"，"эр二、儿、耳"。这些用法都用得很规范。

2. 书写方面

(1)词和短语的连写和分写。

A. 连写

一般单纯词和合成词都连写，例如：吩咐 ｜ 蛛蛛蜘蛛 ｜ 蝴蝶儿 ｜ 葡萄，地土土地 ｜ 买卖 ｜ 国家 ｜ 干净 ｜ 铺盖，小说 ｜ 立柜 ｜ 野牲 ｜ 泥水匠 ｜ 黄瓜，管家 ｜ 站岗，月亮 ｜ 年轻 ｜ 莲花白，妹妹 ｜ 哥哥，老虎 ｜ 老汉 ｜ 阿妈 ｜ 阿奶，瓶子 ｜ 胖子，石头 ｜ 木头，花儿 ｜ 盖盖儿，红丢丢（的） ｜ 唔噜噜鸽子叫声。

补语要和前面的中心语连写，例如：写<u>出来</u> ｜ 思量<u>起来</u> ｜ 念<u>一下</u>儿 ｜ 吃<u>完</u> ｜ 响<u>脱</u>响起来 ｜ 听<u>见</u> ｜ 看<u>走</u> ｜ 好<u>的很</u>。

语气词、助词、方位词、"是""像""们"要和前面的词连写，例如：回来<u>哩</u> ｜ 念来<u>萨</u> ｜ 俊的很<u>哪</u> ｜ 说<u>的呢</u> ｜ 刮风<u>的呢</u> ｜ 有 啥 搅<u>达的吗</u>，

19

底下｜本本儿上｜袖子上,乡庄呢里｜往 好呢学｜茶色的｜红红儿的｜我的书｜走的快｜这是 啥｜它 就像长虫｜学生们。

B. 分写

主语和谓语要分写,例如:雨 来哩｜你们 思量一下儿｜柿子熟哩。

动宾之间要分写,例如:几时 压 冬麦的呢?｜天上 出来哩个 虹。

定语和中心语要分写,例如:三个 学堂｜大 场子｜拉人的 风船｜我妈妈。

状语和中心语要分写,例如:都 坐下｜快快 来磋｜消停的 歇缓的呢｜赶紧 进来。

"来/去/走"+"动+来/去/走"中间要分写,例如:来 写来｜去 说去｜走 看走。

带"的"的补语要和前面的中心语分写,例如:来的 早｜穿的 单｜跑的 快｜飞的 高的很｜倒的 满满儿的｜冷的 格乍乍的。

连词和它的联合项要分写,例如:学生们 连 教员｜玉米 带 洋芋。

介宾之间要分写,例如:扛 树上 下来｜在 河呢 钓鱼的呢｜对住 我 望的呢｜给 你 给 回答呢｜把 汽车 拿 单子 苫住｜扛 地呢 把 菜蔬 往 城呢 拉的呢｜往 好呢 学。

(2)在词或短语中间加短横线。

有的是在联合结构之间加,例如:朋-友｜昼-夜｜黑-明｜生-养｜牛-马｜哎-哟,头面-首饰｜树枝-草苗｜蹭头-蹭脑｜实心-实意｜头份-头次｜王法-律条｜有名-有姓｜儿男-子孙｜鹰雀-老鸹乌鸦｜死眉子-瞪眼｜多呢-少呢｜无缘-无故｜关心-照住照顾｜指天-画地｜胡说-八道｜七长-八短｜昏天-地黑｜窟窿-眼睛｜花红-柳绿｜些来-微去｜不言-不喘｜喊呢-唤呢｜鹰-鸦-老鸹。

有的是在AA和BB中间加,例如:碗碗-盏盏｜东东-西西｜穿穿-戴戴｜宽宽-展展｜大大-样样｜周周-围围｜时时-刻刻｜歪歪-拧拧｜娃娃-蛋蛋孩子们｜娃娃-气气儿儿童一样的性格。

有的是在AB和AB中间加,例如:一步-一步的｜一对儿-一对儿价｜一点儿-一点儿价。

有的是在A和"A子"中间加,例如:沿-沿子边沿｜烟-烟子薄雾。

有的是在AB和"洼什/洼达/麻达/古冬/溜秀的"中间加,例如:疙瘩-洼什的｜骨都-洼什的｜桠杈-洼什的｜冰叽-洼达的｜斜抽-麻

达的 ｜ 乱麻-古冬的 ｜ 白胖-溜秀的。

有的是在偏正结构中间加，例如：洋灯-油 ｜ 丁香-油 ｜ 闹脸-油 ｜ 半中-腰。

有的是在表示约数的词中间加，例如：二-三层子 ｜ 六-七岁。

有的是在实词和语气词中间加，例如：兄弟-呀 ｜ 风风儿-呀。

有的短横线起隔音符号的作用，使音节界限清楚。加在能使词义固定之处，例如："生-养"（сын-ён），如不加短横线就拼成了"师娘"（сынён，女教师）。又如："干-儿子"（ган-эрзы），如不加短横线可能拼成"尕奶儿子"，东干话中没有这个词。又如："供-养"（гун-ён），如不加横短线可能读成"狗娘"，东干话中也没有这个说法。

合写、加短横线，是处理词和一部分短语的办法，它们能使相关音节聚拢，突显出词和那些短语的所在，一目了然。分写，有助于揭示出句法关系中相对应成分之间的结构层次，显示出句子的整体格局。这些书写方法有助于句子语义的表述和理解，应该肯定。不过，这些方法都有例外，例如："味味子气味"是合写，"沿-沿子边沿"却要加横线；"铺盖被褥"是合写，"朋-友"却要加横线；"丁香花"是合写，"丁香-油"却要加横线；"三个"是合写，"三　句"却要分写；"吃完""听见""写开"是合写，"（把仗）打完""（马、牛、羊）跑　满哩""（风船）落　开哩"却要分写。上述各例的结构和语法关系都相当，处理结果却不同。不知为什么。

三、东干文书面语书写示例

详见第五章汇集的东干话语料。

第三节　东干话的现状

一、教育方面[①]

1932年，在阿拉木图建立了东干师范专科学校，除了物理、化学以外的所有课程都用东干话讲授，在伏龙芝师范专科学校建立了东干语部。

现在，中亚国家仍采用苏联时代的中小学十一年一贯制。吉尔吉斯斯

---

① 穆·伊玛佐夫：《东干语言研究与教学中的实际问题》，《东干语言文学发展的重要问题》（俄语版），国际科学实践大会文献，阿拉木图，2001年5月。

坦有12所东干族中小学，哈萨克斯坦有8所东干族中小学。这些学校的一般课程都用俄语讲授，而本民族的语言课和文学课是用东干话单独讲授的。全套教科书由吉尔吉斯共和国科学院东干学分部统一编写和出版，共有13种，如《回族语言》《咱们的文学》《发音学带字法学》《中原话》等。东干中小学的师生们仍操各自的家乡方言。

几十年来，东干族中小学培育了一代又一代东干族青少年，不少人成为作家、学者、英雄、生产能手，为东干族兴旺繁荣做出了贡献。

但是，近十几年来，教育陷入了困境。主要是由于经费困难，教科书已无法再版了，又由于缺乏优秀的编者，新的教科书无法接续。老一代的编著者，比如，尤素普·村娃子、雅四儿、十娃子、尤素普·闫先生、尔黎·尔布杜、哈桑·尤素洛夫、穆哈买德·苏乡老、胡赛·布卡佐夫（简称"胡·布卡佐夫"），他们都是东干语言、文学研究的先驱，影响很大，但都先后去世了。

而最重要的是，现在东干语言、文学的教师很少。因为没有培养这些教师的专门学校。前些年委托吉尔吉斯斯坦国立民族大学俄语系培养东干族学生，每年毕业五六个，也是由于经费困难，现在这项工作也停了。没有办法，有时不得不起用小学毕业的、教其他课程的老师兼任东干话的教学。有时，因为教师退休或工作调动，这些学校的东干话就不得不停止了。

不少有名望的前辈、学者为东干族的教育事业做出贡献。如阿布杜拉赫曼·卡里莫夫，曾参与了现行东干文字的创制，编著了三卷本《俄语—东干语辞典》；穆哈蔑·伊玛佐夫除了撰写自己的东干语言、文学的论著以外，还参与了大量东干话的教材编写。他们为东干族的教育现状忧心忡忡，积极奔走、呼吁，提出不少建议，以期保存和发展东干话。主要有以下几点：

第一，在中国大使馆的支持下，在吉尔吉斯斯坦、哈萨克斯坦两国的东干族协会和吉尔吉斯共和国科学院东干学分部，建立旨在支持和发展东干族语言和文学的基金会。

第二，每月向东干话和东干文学教师支付工资。定期对他们进行旨在提高其东干话和东干文学水平的培训。

第三，吉尔吉斯斯坦、哈萨克斯坦两国的一所大学的中文系应每年从两国免试接收五、六人，以培养今后的东干话和东干文化教师。

第四，寻找资金，组织人力，编写新的或再版东干话和东干文学教材。

第五，吉尔吉斯斯坦、哈萨克斯坦两国应帮助马山青村的东干语言文学资料中心，使它更完备。

第六，出版跨国的东干文报纸和东干文的文艺杂志《东干人》。

12年过去了，我们不知道这些建议的实施情况。但是我们了解到，2004

年哈萨克斯坦国家东干族协会在陕西西安已设立代办处，由西安外国语大学为他们委培汉语人才。中国驻乌兹别克斯坦大使馆也早在2001年就为当地东干族提供了资助，在塔什干郊区卡拉苏斯第42中学开办了一个汉语学习班。2013年9月，位于中国甘肃兰州的西北师范大学的国际文化交流学院，已首期招收了面向中亚东干族后裔的汉语国际教育专业本科班60人。学费、生活费、教材费等都由国家补贴。2014年该学院将继续申办这样的本科班。而且，该学院还将积极申办旨在缓解师资短缺现状的中亚地区华文教师短期培训班。《东干人》杂志也出刊了。我们看到，情况正渐渐好起来。

二、 科研方面

（一）东干族学者的研究情况[①]

1. 取得的成果

（1）20世纪30年代初期到20世纪40年代初期。东干话的全面研究是在20世纪30年代开始的。那时，一群刚走出大学校门的东干族年轻知识分子开始投身于他们的母语研究工作，并渐渐崭露头角，成为后来著名的东干族自己的语言学家。如雅四儿·十娃子、尤·闫先生、尤·村娃子等。他们当时都参与了东干拉丁文字母的研制，后来，20世纪50年代初期，又都参与了东干斯拉夫文字母的研制。

尤·闫先生不仅参与了新的东干文拉丁文字母正字法领域的大量工作，撰写了《东干语正字法方案》，还用新的东干文拉丁文字母撰写了具有奠基意义的有关东干语音研究的论著《甘肃带陕西方言》(1938)、《中原话里头的声音带重音》(1940)。在《中原话里头的声音带重音》一书中，他提到两个问题，一是东干话是三个调类，二是东干话双音节词中重音和调类有一定的关系。这两个问题都是1936年他和阿·阿·龙果夫一起在语音实验室所做的语音声学实验的结果。他对三个调类的描写是，第一声（平声）是先平后升的升调，第二声（上声）是一个具有很陡线条的降调，第三声（去声）则是平调。1937年俄罗斯学者依·德·波里万诺夫在他的《东干语的乐重音或声调》一文中也对东干话的三个调类做了描写，即第一个调类（平声）是较长的平调，第二个调类（上声）为降调，第三个调类（去声）为升调，且较短。闫先生和波里万诺夫都有所据，都对东干话声调的研究做出了开拓性的贡献。不过，就我们的田野实践来看，尤·闫先生的描述更贴切

---

① 海峰：《中亚东干语言研究》，新疆大学出版社，2003年，第11～22页。王立达：《汉语研究小史》，商务印书馆，1959年，第95～99页。

些。至于双音节词中的重音和声调有没有关系,我们也倾向于有,但重音对声调究竟会产生什么影响,会不会使调值改变,等等,值得追踪关注。(参见第二章"语音"中的"一种思考"部分)

(2)20世纪50年代初期到20世纪70年代初期。进入20世纪50年代初期,新的东干文斯拉夫文字母实施后,雅四儿·十娃子、尤·闫先生、阿·卡里莫夫、尤·村娃子、胡·布卡佐夫等一批东干族自己的语言学家积极投入工作,用东干文编写教材、教学参考书,并创作文学作品。这时,雅四儿·十娃子、尤·闫先生编写的语法教科书《中原话文法带写法》成为东干话语法领域的重要成果。该书涵盖了东干话最基本的正字法内容和语法内容,如声调、重音、单句、复句、词类、句子成分,它既是教科书,也是东干话语法研究的重要著作。

20世纪50年代中期到20世纪60年代后期,东干话研究一方面是语法、语音的探究仍在持续,并进一步细化,另一方面是一批辞书问世。在语法方面,尤·闫先生推出新作《东干语简明语法》(1957)、《回族语言的托克马方言》(1968)。《回族语言的托克马方言》一书为东干话陕西方言的研究提供了许多翔实的第一手语料。而尤·村娃子则对构词法研究倾注了大量心血,他发表了一系列论文,如《东干语的重叠问题》(1949)、《东干语否定意义的表达手段问题》(1949)、《关于现代东干语的双音节名词》(1956)、《东干语三音节名词的构词方法》(1960)、《东干语中名词的构词方式》(1961)、《东干语副词构成的词法手段》(1963)、《简述东干语的一些形态变化》(1964)、《东干语双音节副词的结构形式和构词手段》(1965)等。他还发表了《东干语双音节、三音节名词的声调》(1950),探讨了双音节、三音节名词的声调变化规律。对三音节词的变调描写,不要说在20世纪50年代,就是在今天,中国方言学者涉及这方面描写的也不多。这种意识和实践都是很超前的,是很值得称赞的。这一时期语音研究的突出成果是把东干话和进入东干话的借词进行语音比较,探讨其变化规律,如胡·布卡佐夫的《东干语中俄语借词的语音变化》(1960)、阿·卡里莫夫的《东干语中阿拉伯语借词的语音变化》(1965)等论文都在这方面做出了努力。尤·闫先生的《中原语言的写法路数》(1960)一书则对东干话的复元音不可再分、舌尖颤音"p[r]"应另立为一个音位等问题做出了和依·德·波里万诺夫不同的解释,使语音的某些问题渐渐细化。

一批辞书问世,标志着东干话词语研究的相对成熟,是这一时期的重要成果。几十年来,东干话词语的总的数量和每个词语的具体含义都在发展变化,对它们进行收集、辨析、梳理,用辞书的形式固定下来,并传播出去，这是对语言工作者学术功力的一次检阅，也是对语言发展的一种引导，是一项很重要的工作。东干族语言学家们做出了尝试和努力。10年间有以下五部辞书问世：《俄语—东干语辞典》（尤·闫先生、列·沈洛，1959），《俄语—东干语社会政治术语辞典》（伊·尤素波夫、阿·哈瓦佐夫，1967），《俄语—东干语农业术语辞典》（恩·马尤耶夫、穆·苏尚洛，1968），《简明东干语—俄罗斯语辞典》（尤·闫先生，1968），《俄语—东干语语言文学术语辞典》（阿·卡里莫夫、穆·哈桑诺夫，1971）。这些辞典既有社会用语，又有行业术语，比较全面。东干人又已有半数以上通晓俄语，所以，作为"俄—东"双语辞典，是很适合东干人使用的。还值得注意的是，《简明东干语—俄罗斯语辞典》很具有先导性，曾收进了五十多个东干口语、书面印刷物都不易见到的汉语词，这显然是编者的推荐与引导，如："海湾、护照、行为、性格、信息、毅然、合乎、争论"。对有些词义也很注意辨析，如"都"的一个义项编者释义为"连……也……"或"甚至连……都……"，举的例子是"我都不知道"，这和中国《现代汉语词典》（2012）的相应释义是一致的。我们认为，这都是编撰者的精到之处。他们还很注意正字法的具体贯彻，在字里行间用括号里的一些话提醒读者，哪个词不是怎样的，该是怎样的。当然，它也有缺点，下面将会谈到。

（3）20世纪70年代中期到20世纪90年代。这一时期是东干学整体发展的成熟时期。成熟的标志是，有自己的研究机构，有专门的研究人员，出了一批较有影响的科研成果，当然语言的研究成果也在其中。就语言成果而言，一是以穆·何·伊玛佐夫为代表对东干话本身进行的研究取得了一批成果，二是对东干话借词的研究取得了一批成果，三是三卷本双语大词典的出版。

穆·何·伊玛佐夫教授是语言学博士、吉尔吉斯斯坦国家科学院通讯院士，曾是科学院东干学部负责人。这一时期，他出版了《东干语语音学》（1975）、《东干语正字法》（1977）、《东干语词法纲要》（1982）、《东干语句法纲要》（1987）、《回族语言写法话典》（东干文，1988）、《东干语语法》（1993）等一系列专著，并撰写了许多论文。其研究范围之广，研究成果之多，是这一时期没有人能比得上的。这使他成为年轻一代著名的东干族语言学家。他的《东干语语法》代表了他的基本观点。该书把词类分为12类，即名词、形容词、数词、代词、动词、形动词、副动词、副词、语气词、前置词和后置词（合为一类）、连词、叹词和拟声词（合为一类）。其中"形动词""副动词""前置词""后置词"是借用的俄语的叫法。他说"形动词"就是表面形式像动词但却起形容词作用的词，它的标志是在动词后加"的"，而且要求一定要有被修饰成分，如"腌下的黄瓜""盖下的房子"中的"腌下的""盖下的"就是形动词。而副动词，他说它很像动词，但同动词的区别是它仅表示主要动作的伴随动作，并不具有独立意义，同副词的区别是它不表示事物或某种性质的特征，而仅表示行为的特征，如"他跳的走的呢""娃娃溜上来呢"中的"跳的""溜上"（请注意，"跳的"的"的"，"溜上"的"上"都是动态助词"着"的意思）。"前置词"就是我们说的介词，如"在""到"等，而"后置词"就是我们说的方位词，如"下面""里头"等。他又把词组按结构成分的不同分为六类，即名词词组、动词词组、形容词词组、数词词组、代词词组、副词词组。句子分为单句、复句两大类。单句中有六个成分，主语、谓语是两个主要成分，定语、同位语、状语、补语是四个次要成分。复句首先根据意义划分为两大类，即并列复句和从属复句。从属复句又根据前后两部分的意义的联系分为定语从句、补语从句、时间从句、地点从句等12类。可见，他的语法分析系统同汉语是大体一致的。正是这种细致、全面的分析系统使他在当时的东干语言研究中处于重要地位。此外，他还编撰了东干文语言教材《回族语言》的第5、6、7、10、11册，为东干语的学校教育做了大量工作。

这一时期的东干族学者们对东干话中的借词研究也取得了一批成果。如弗·哈娃乍的《东干语中的吉尔吉斯借词》《关于东干语中的阿拉伯语、波斯语借词》《东干语中借词的语音变化》，穆·伊玛佐夫的《关于词根语的借词》，穆·乍达罗日内的《东干语中的俄语借词》，阿·卡里莫夫的《东干语的俄语借词的语音变化》等，都是专门探讨东干话借词的论文，反映出学者们对借词问题的重视，是对几十年来关于东干话中借词研究的一个总结。

这一时期的又一成果是三卷本的《俄语—东干语辞典》（1981）的出版，它由穆·伊玛佐夫、阿·卡里莫夫等著名东干语言学家编撰，收俄语词汇35000条，有东干话对译或释义，附有翻译的例句，是这一时期学者们对东干话词汇研究的结晶，是东干话历史上最大的一部双语辞典。此外，1991年还出版了专题性论文集《东干语词汇学辞典学问题》，反映了这一时期东干话词汇研究的基本情况。

2. 存在的问题

上面我们概述了东干族学者们70年来对东干话研究取得的成绩，但其中也仍存在着一些值得思考的问题。

（1）受俄语构词法影响，产生了以下三种现象。试以《简明的回族—乌鲁斯话典》（尤·闫先生，1968）为例说明。

A. 仿照俄语形容词的构词方式["名、代、动的词根+词尾（ый或ий）"

=形容词],产生了一大批东干话的"名、代、动的词根+的"的相应组合。请看表1-6。

表 1-6

序号	例 词			
	东干话		俄语	
1	羊羔皮	（名）	мерлушка	（名）
	羊羔皮的	（？）	мерлушковый	（形）
2	那候儿	（代）	тогда	（代）
	那候儿的	（？）	тогдашний	（形）
3	忘掉	（动）	забыть	（动）
	忘掉的	（？）	забытый	（形）

从表1-6中可以看出,俄语的长尾形容词是从名词、代词、动词或它们的短语中截取原词词根再加上"ый"或"ий"构成的。东干族学者们套用了这个办法。但是这种组合并不同于东干话的形容词,东干话有形容词,如"长""酸""整齐""雪白""黑压压的"等,它们可以表示性质、状态,而这种组合却不能。它也不同于东干话中通常见到的"的"字短语,如"卖菜的""送信的",它们的词汇意义还是明确的,而这种组合的词汇意义很虚泛,"的"和它前面的部分游离大于凝固,整个组合独立能力差,从语法功能上看,常在句法中做定语,如"羊羔皮的帽子""猾羚的奶子"。可见,它是一种临时的、松散的句法组合,其中的"的"是结构助词,作用是把它的前后两个部分联结成一个定中式的偏正短语,而不是只附在前一部分之后。辞书中过多地收录类似这样的句法组合是不合适的。

B. 以俄语的某些动词为准,去套东干话,结果产生了一些在我们看来既不是词,也不是短语的"动+介"组合。请看表1-7。

表 1-7

	俄语	东干话
1	класть 放 положить	搁到。例:把书搁到桌子上。
2	насадить 安上	安到。例:把斧头安到斧头把上。
3	сгонять 赶走	吆到。例:把羊吆到一处儿。

从表1-7中可以看出，例词中的俄语都是动词，但相对应的东干话都是动词加上介词"到"。我们认为，介词"到"不能直接跟前面的动词组合，而要先跟它后面的方位短语组合成介词短语，然后介词短语作为一个整体再跟前面的动词组合成动补短语。而现在东干学者都处理成"动+介"组合。在我们看来，这既非词，也非短语。不知在东干语法中算什么短语。

C. 例句太少，恐怕不足10%，释义不是描述式的，而是采用相应的俄语词取代释义，有一部分俄语词是多义词，更使读者极其费解，弄不清楚真正一对一的义项是什么。

(2) 轻声问题。东干话语音研究出了不少成果，但我们还没有看到关于轻声的说法。也许已经谈到，我们还不知道，也许汉语西北方言如兰州话等的轻声往往并不轻，而东干话也大多如此，因而东干学者们将其作为变调处理了。究竟什么算轻声？是不是只有汉语北京话那样的情况才算轻声？东干话的轻声到底有没有？如果有，又是怎样的？这些问题应该引起学者们的关注。

(3) 穆·伊玛佐夫曾谈到他们研究中的一些薄弱环节，如量词、成语、术语等，又如，东干族有一批文学家、诗人提供了丰富多彩的书面语料，但我们也还没有看到有关口语、书面语方面的研究成果。这些也应是学者今后关注的重点。

(二) 国外学者的研究情况

1. 俄罗斯等国的研究[①]

有关东干话的较早的论著是俄罗斯东干学家弗·依·齐布茨金的《由喀拉库奴兹村采集来的东干语谜语》(1897)，以及他和阿·什玛科夫合著的《七河省比什凯克县喀拉库奴兹村东干人的生活》(1909)。它们记录的是东干话的陕西方言。作者是先用俄文字母把东干话记录下来，然后再加以解释。此外，还有一份由弗·依·齐布茨金搜集的有关东干话的陕西方言的研究资料。他曾将其作为研究报告，以科学院院长的名义，向俄罗斯全国最高科学研究机关帝国科学院提出过，这说明他当时已意识到东干话的研究价值。由于上述两书的存在，人们才有可能在百年后的今天窥知当时东干话的语音、词汇、语法特点。

[①] 王立达：《汉语研究小史》，商务印书馆，1959年，第95～99、108页；穆·伊玛佐夫：《东干语言研究与教学中的实际问题》，《东干语言文学发展的重要问题》(俄语版)，国际科学实践大会文献，阿拉木图，2001年5月；海峰：《中亚东干语言研究》，新疆大学出版社，2003年，第15、25页。

20世纪30年代初期,一批东干族青年知识分子开始研制东干文拉丁文字母。几乎同时一些苏联语言大师也加入了东干语言研究工作,如依·斯·特鲁别茨考依、依·德·波里万诺夫、阿·阿·龙果夫等人。1938年,依·斯·特鲁别茨考依用德文在《布拉格语言学小组》杂志上发表了《东干语言音位系统》一文。从1934年末到1937年中期,在伏龙芝工作的依·德·波里万诺夫写了一系列有关东干语言的文章,但他只来得及发表其中一部分,如1937年被收入《东干语正字法问题》一书的《东干语甘肃方言音韵体系》《东干语的音节重音或声调》等,他在文中分析了东干话音节的构成和单字调平声不分阴、阳的问题,这些分析对后来东干文的创制和声调的确定都具有重要的作用。而1979年苏联学者奥·伊·乍维雅洛娃在她的《甘肃方言》一书中,又把平声不分阴、阳的结论向前推进了一步,即在连读中,在其他音节之前,平声仍是分阴、阳的,从而使这一问题得到最终彻底解决。最早把东干话中的甘肃方言的语音加以系统记录的人是阿·阿·龙果夫夫妇。他们根据记录下来的语音发表了《论东干语》(1936),后又译为俄语《东干语》,于1938年发表于《东方学研究所集刊》(第6卷)。这篇论文,把东干话中的甘肃方言的语音同汉语北京方言的语音做了比较,其中关于声调和强力重音关系的探讨值得重视。在这篇文章中,他还认为东干话已形成一个独立的语言实体,这个看法在东干话研究者中间产生了一定的影响。阿·阿·龙果夫在1940年发表的《东干语语法领域的研究》,则重点分析了东干话的时态和体的问题,这在当时没有人涉及,作者说他这样做的目的是在开创东干话语法的科学研究领域,并使它有助于编写教学语法及虚词语素辞典。我们由此可以看出阿·阿·龙果夫的远见卓识。他还在20世纪50年代初参与并领导创制和修订东干文斯拉夫文字母的工作。他本来就是一位成就卓著的汉学家,1958年他的有代表性的语法著作《现代汉语语法研究》在北京翻译出版。这一切使他成为著名的汉学家、东干学家。

其他国家的语言学家也对东干话做过零星的研究,大多侧重于语言概况的介绍和语音方面的分析。如日本的桥本万太郎曾多次考察东干话,发表了《东干语的研究》(见王立达,1959,第95~99页)等。澳大利亚女学者葛维达早在1961年在美国求学时就对东干话产生了兴趣,1967年发表了《苏联东干语:中亚的汉语方言》,其中把一部分同音字同汉语中的新疆方言、北京话做了对比,指出了它们的异同,这是俄罗斯学者们较少涉及的一个方面。还有国际少数民族语文研究院的德国女学者EIKE(汉语名为"雷艾凯")常驻吉尔吉斯斯坦的比什凯克,已对东干话研究多年。

2. 中国的研究

中国学者对东干话的研究起步很晚，而且，由于国际关系的影响，时断时续。20世纪50年代中期由于进行文字改革，推行汉语拼音化，语言学家杜松寿对东干话的拼音文字资料积极收集、推介，1959年出版了《东干拼音文字资料》。它的内容涉及正字法、声调、儿化韵、特殊词汇、同音字等重要语言现象，很齐全，是一本很有学术价值的资料集。作者对东干拼音文字做出实质性的评价，认为"它的拼音文字的经验对汉语拼音文字的建立有重大参考价值"。但由于国际国内的原因，此后的研究中断了二十多年。从20世纪80年代后期开始才陆续有学者接触东干话，如胡振华、杨占武、徐均平、王国杰、丁宏等都发表了论文或专著，但重点多在文化、民俗的整体描写或介绍上，语言只是捎带了一点儿。真正从语言本体深入描写的文章还很少。

1999年以来，情况大有改变。1999年1月中央民族大学东干学研究所成立，2006年5月北方民族大学东干语回族话研究所成立。东干话的研究工作正在有计划、全方位、成系统地向前推进。近些年来，一些大学的语言专业的研究生也开始选做有关东干话的毕业论文，这或许意味着新的研究群体正在孕育和成长。尤为可喜的是，2003年10月海峰教授的专著《中亚东干语言研究》出版，2003年12月林涛教授主编的《中亚东干语研究》出版。这两部著作都就东干话构成要件的面和点做了全面系统的、基础性的描写、展示和列举，使读者初步得到了一个整体印象，了解了它们之间的差异所在。能写出此类专著的学者应具备的一个重要条件是要熟悉汉语西北方言。林涛、海峰两位学者恰恰具备这个条件。林涛教授就生长、工作在宁夏回族自治区，海峰教授生长在新疆奎屯，专业是维吾尔语，研究过汉语、维吾尔语双语问题，俄语水平不错，又是回族人。这一切先天要素使他们能够从整体上把握著作中有关东干话词汇构成和常用词汇分类部分的写作质量。而海峰教授又利用自己的相对优势，例如较好的俄语水平，在比什凯克有较为从容的访问时间，能看到吉尔吉斯共和国科学院东干学分部丰富的藏书，等等，刻苦钻研众多前人和当代学者丰富的论著或语料，条分缕析，从而提出重音和声调的关系、东干话的两种发展倾向等值得重视的问题，写出东干语研究概况、东干语常用俄语词等部分内容，使课题进一步拓展深入。这些内容都是东干话研究不可分割的部分。我们写作"东干话研究概况"部分时，也多次引用了海峰教授的见解和语料。继《中亚东干语研究》之后，林涛教授也出版了《中亚回族诗歌、小说选译》（2004）、《中亚回族的口歌和口溜儿》（2004）、《东干语论稿》（2007）等译著。前两本书是文学作品的汉语转写，也可作为东干话的研究语料，后一本书是作者近几年的论文集结，共14篇文章，涉及东干话语音、词汇、语法、文字、民俗等方面的内容。

近几年来，有两本书值得一提。一本是李福清编著、海峰汉语转写的《东干民间故事传说集》（2011），它的故事情节和叙述语言为东干民俗研究和语言研究提供了可靠而新鲜的资料。另一本是林涛主编的《东干语调查研究》（2012），该书后附一张"东干语有声语料库朗读录音光盘"，对东干民间歌谣分别用东干甘肃话、东干陕西话做了朗读录音，为东干话语音研究提供了可靠而方便的资料。

三、"族内语"展望[①]

130多年来，东干话作为东干族内部使用的语言，从没有文字到有了文字，文化教育蓬勃发展。但是由于苏联的解体，世界形势的变化，东干话出现了前所未有的问题。

林涛、海峰谈到，东干话就交际功能来看，它只是一种族内语（东干族内部用语）、村内语（东干人聚居的村落用语）、家内语（东干人的家庭用语），"在家庭中，东干语还是占着主导地位"；就社会功能来看，"多数情况下，东干语只被使用于家庭内部，同族中的非正式交际当中，如果话题或场景涉及正式、严肃的内容时，东干语的'领地'迅速就被俄语'侵占'"。因为它的"现代信息含量少，现代术语表达相对不足"。"如在东干族聚居区的医院中，医患双方在论及一般病症时，尚能用东干语，但在涉及病症名称、医疗方法、药物名称等专业方面的知识时往往是非说俄语不可了。"阿·卡里莫夫、海峰还谈到了东干话使用中出现的两种带有混合色彩的倾向，一是青年人口语中夹杂着大量的俄语借词，二是书面语中有仿译的俄语句式。原因何在呢？这是因为东干话的使用者对母语掌握得不好，找不到合适的词语和书面语形式来表达自己的思想、情感等。可见，强势语言俄语使东干话退缩到了很小的范围。这又给科研单位和教育部门提出了任务。

但这只是东干话现状的一个方面，还应该看到如下东干话现状的另一方面。阿·卡里莫夫、伊·尤素波夫、胡振华等学者指出，东干话已经发展到了一个新的阶段，就是广泛地从现代汉语中借鉴词语。这表现在两个方

[①] 林涛：《中亚东干语研究》，香港教育出版社，2003年，第31页；海峰：《中亚东干语言研究》，新疆大学出版社，2003年，第189、191~192、203页；阿·卡里莫夫：《东干语》，《苏联各民族语言》（第5卷），转引自海峰《中亚东干语言研究》，新疆大学出版社，2003年，第8页；伊·尤素波夫等：《哈萨克斯坦的东干人》，《中国少数民族双语教学研究会通讯》2003年第2期；胡振华：《关于"东干"、"东干语"、"东干双语"和"东干学"》，《中国少数民族双语教学研究会通讯》2003年第2期。

面，一是这些年来东干人与中国各地人频繁来往，关系密切，许多东干人发挥语言相通的优势，或来回做生意，或给别人当翻译。随着接触中国各地汉语机会的增多，不少东干人很想好好地学汉语，乌兹别克斯坦塔什干郊区的东干人聚居的农村就开设了汉语汉文学习班，相信这种情况会越来越多。二是不少东干族的有识之士提出在东干中小学加设汉语课，或在东干语课本中加进与汉语普通话对照的汉字教学的内容。我们认为这也是个可行的办法，只要有关方面组织协调得当，不难办到。实际上多年前一个慈善机构在比什凯克就有过类似的尝试，可惜没有人关注，夭折了。2013年，国家主席习近平出访吉尔吉斯斯坦、哈萨克斯坦等国，提出重建"丝绸之路"的构想，并达成共识。现在各国正在积极筹划实施。这更为东干话的振兴提供了组织和战略保证。可以预期，在这个足够大的时空背景下，作为此间主要语言之一的东干话必将大有作为，将会平稳、快速、全面地向汉语靠拢、回归。东干话的前景是健康乐观的。

这就是东干话使用的现状。一方面是东干话在强势语言挤占下步步退缩，另一方面是它积极地向汉语靠拢、回归。我们国家的语言规划政策，如国家每年对世界各国来华留学生名额的分配等，正在向这个群体倾斜，并加大对其投入力度。对他们来说，是雪中送炭；对我们来说，是睦邻友好，是巩固国防。

第四节　若干值得注意的现象

我们在田野调查和文献资料研读过程中捕捉到一些背景信息，它的涉及面较广，有的较为零碎。但对于东干语言文化的深层把握不无裨益，故集录如下。

一、杰出诗人、学者雅四儿·十娃子

雅四儿·十娃子（1906～1988年），吉尔吉斯共和国东干民族文学的奠基人，东干文字的创制人之一。他以文学创作和长期的东干报刊编辑为纽带，影响、凝聚、锻炼、成就了一批东干作家和语言学家。如尔黎·尔布杜、胡塞·马凯、亚考布·哈瓦佐夫、白掌柜的、伊斯海儿·十四儿、穆·伊玛佐夫、艾莎·曼苏洛娃、尤·闫先生、阿·卡里莫夫、尤·村娃子、胡·布卡佐夫。东干文字的创制为东干民族文学的保存和发展打下了牢固的基础，东干民族文学的发展繁荣又为东干文字的成熟、稳定提供了演练平台，从而促进了东干

书面语的形成。十娃子在其中做了大量、具体、琐屑、繁杂的工作，做出了杰出贡献。他到过中国，曾和茅盾、郭沫若、老舍、萧三等相见。他的作品见证了东干族、东干文学的形成和发展，渗透着他对中国历史和文化的认知和眷恋。他的作品的内容和形式为东干族作家所效仿。他的诗集《挑拣下的作品》（1988）和小说集《在亲家呢》（1971）所收作品时代跨度大，内容丰富。由穆·伊玛佐夫编著、丁宏编译的《亚瑟儿·十娃子生活与创作》（2001）中的"作品选"采用直译，保存了原作的语言风格和华夏文化因素。

雅四儿·十娃子，1956年获苏联劳动红旗勋章，1974年获"吉尔吉斯文化功勋活动家"称号，1976年获"吉尔吉斯人民诗人"称号。吉尔吉斯斯坦政府在他的家乡阿列克山德洛夫卡建立了纪念馆，在比什凯克他曾住过的地方建立了纪念碑。他是东干族的杰出代表，是一面旗帜。

二、反面人物的典型代表韩信

历史上楚汉争霸时，韩信曾协助刘邦击败项王。民间传说，他听说某地风水好，如把母亲葬在那里他日后可做大官。为此，他就把母亲活埋在了那里。又如，为了逃脱项王的追拿，他曾向樵夫问路，而当樵夫告知他后，为了避免樵夫再向项王告发，他又杀了樵夫，等等。这些传说在中国西北各地有很多。东干族延续了这些传说，也认为他是残酷、阴险、凶恶的象征，而且具有通用的特点。人们在日常生活中凡遇到坏人坏事都会提到他的名字，说"就连像韩信一样"。他的名字更是频繁地出现在东干作家们的笔下。如十娃子《仗就是他》中"你看见哩一个兵，对头敌人的兵，他也拿的机关枪，就像韩信，……"。再如十娃子《好吗，阿妈》中"心爱亲爱母亲，海狗外国侵略者把你围住哩，就像寒星。……想叫你给它当奴，寒心没羞。……一手想遮太阳呢，歹毒寒心"。上面两首诗中四次出现"韩信"的名字，可是只有前面一处转写作"韩信"，后面三处都误作"寒星""寒心"了。如果知道上述传说，就不会误写了。

三、传统民间文学中全用汉字

东干族有大量的传统民间文学，它们全用东干族的源头方言讲述。这有两个原因。第一，从时间上来看，它们都形成于东干族西迁前，所用词语都只能是汉语陕甘方言老词，新词、外来词全都还没有出现。第二，从程式上来看，东干族传统民间文学大概可分为韵文、散文两大类。韵文类包括民歌（如少年）、谚语（如口歌儿、口溜儿）、谜语（猜话）、绕口令（倒口话）等，它们都是人们常用的、定型化了的固定短语，结构上不能增减或替换。如谚语"众人拾柴火焰高"，揭示了客观事理，是众人智慧的结晶，结构凝练定型，不能改动；又如关于眼睛的谜语"一天水葡萄，黑里毛对毛"，结构定型又押韵，也不能改动；再如民歌"少年"一般是四句，每句字数也较固定，而且要押韵，还要用一定曲调吟唱，也不能随便改动。它们都已经约定俗成，即便有个别人用新词替换，也不会流传开来。东干族传统民间文学的另一个大类是散文类，如民间故事（古今儿）。这个大类的作品篇幅长，结构松散，是可用新词、外来词替换的。可是实际上也不用。俄国李福清院士编著、海峰教授转写的《东干民间故事传说集》（2011）收集了68个故事，我们没有看到其中使用新词、外来词的情况。编著者李福清也在"小后记"中指出，"民间故事主要保留的是传统语言，差不多没有新的外来的词汇"。

四、东干族陕西人和甘肃人的差异

李福清在他的《东干民间故事传说集》中说，东干陕西回族较封闭，20世纪50年代东干陕西籍营盘村人还只知"大清国"而不知"中国"。直到1997年我们再访该村时，仍有个妇女告诉我们说，她们"是从大清国来的"。该村像个博物馆，他们保存的传统故事较多。而东干甘肃回族相对开放，受教育程度相对较高，东干族作家、学者大多数都是东干甘肃回族的后代，如以十娃子为代表的一批作家、语言学家。

五、东干文字的华夏情结

（一）"尤·闫先生"不宜写作"杨善新"

我们发现东干族著名语言学家"闫先生"的姓名都被译作"杨善新"或"杨尚新"。这是由东干文字和俄文两套不同的拼写系统造成的。而"尤·闫先生"是东干族，当然采用东干文字的拼写法最能反映本人的实际情况，闫先生姓"闫"名"先生"，东干音拼写为"Янщянсын"。"闫（Ян）"是东干族祖传老姓之一，和"闫"同音的还有"严、颜、言"姓，东干族名叫"先生（щянсын）"的人也常可见到。可见，音义一致，切合实际。而采用俄式拼法写作"杨善新（Яншансин）"则音不表义，不合本人实际情况，容易引起误会。

（二）诗人"雅四儿·十娃子"的名字"雅四儿"不宜写作"雅斯尔"

"雅四儿"的"四儿（сыр）"中的后缀"儿"东干文字用"р"表示，"р"

在东干文中有两个作用,一是表示儿化,和前面的韵母合而为一,不自成音节,也不是音素;二是用于书写从俄语借来的词。很明显,这里"儿"已和"四"化为一个音节,增添了该词的亲切感,和汉语普通话是一致的。因此,是不宜把它硬立为一个音节"尔"的。

(三)"苏乡老"不宜写作"苏三洛"

东干族姓名中有一类是由"老姓+神职名"构成的。如某人的姓是老姓"苏",自己是清真寺的管理人员即"乡老",他的姓名就叫"苏乡老",东干文拼为"Сущёнло",音义一致。而俄文拼为"Сушанло",于是就有人译作"苏三洛""苏尚洛",这是名不副实的。还有如"马阿訇诺夫",也不宜写作"马阿洪诺夫",即"阿訇"不宜写作"阿洪"。

(四)"柳树枝"不能写作"绿树枝"

据《辞海》[①]记载,汉代和唐代时长安人送客远行,多折柳赠别,(地点即今陕西西安市东郊灞桥)黯然伤怀。因"柳"与"留"谐音,后遂用"折柳"代称赠别或送别。后又编出古乐曲《折柳》,如李白《春夜洛城闻笛》中有"此夜曲中闻《折柳》,何人不起故园情?"这在东干族中得到传承。东干著名诗人雅四儿·十娃子的诗《柳树枝》就以"折柳示爱"的动作描写了一个含蓄温柔的姑娘的形象。诗中四次提到"柳树枝",它承载了太多的华夏人文信息,负载了浓重的东干华夏情结。如果把"柳树枝"误作"绿树枝",全诗所负载的华夏情结就将丧失殆尽了。有的学者把"柳树枝"误作"绿树枝"。诚然,在东干话中,"柳""绿"二字除了声调不同以外,拼写完全相同,都写作"лю",读作[liou]。而东干文字书面上却是不标声调的,二字全凭语境判定。这就要求我们要谨慎些,再谨慎些,同时还要有相应的知识储备。

[①] 辞海编辑委员会编:《辞海》,上海辞书出版社,1980年,第671、2002页。

第二章 语 音

第一节 声母、韵母和声调

本文讨论的语音系统涉及七位发音人,他们来自吉尔吉斯共和国、哈萨克斯坦共和国的甘肃籍、陕西籍的四个村庄。这四个村庄和七位发音人的具体情况,请看表2-1。

表 2-1

	东干甘肃话	东干陕西话
采录概况	1. 村落 (1) 梢葫芦村,吉尔吉斯共和国的甘肃籍村镇,在比什凯克西约30公里处,10000人。 (2) 米粮川村,吉尔吉斯共和国的甘肃籍农村,在比什凯克东北约100公里处,楚河南岸,3500多人。 (3) 伊尔代克村,吉尔吉斯共和国的甘肃籍农村,在东部的伊塞克湖东岸,2000人。 2. 发音人 (1) М.Х.伊玛佐夫,男,梢葫芦村人,1941年生,语言学家、院士。 (2) 曼素洛娃·艾莎,女,梢葫芦村人,1931年生,吉尔吉斯共和国电台东干语播音员。 (3) 哈娃子·法蒂麦,女,米粮川人,1958年生,副博士。 (4) 伊玛丽娃·艾莎,女,梢葫芦村人,1960年生,居民。 (5) 玛莲乞诺娃·黑乞耶乍,女,伊尔代克村人,1950年生,教师。 (6) 阿丽耶娃·阿丽米拉,女,伊尔代克村人,1978年生,大学生。 3. 采录时间 1997年6月、2001年5月、2009年6月、2013年8月。	1. 村落 马山青村,哈萨克斯坦共和国的陕西籍农村,原名营盘,在楚河北侧,约8000人。 2. 发音人 萨劳夫·尕希,男,马山青村人,1950年生,工人。 3. 采录时间 1997年1月、1997年6月、2002年1月。

一、声　母

东干话有24个声母，包括零声母在内。请看表2-2。

表 2-2

p	八比不本	pʻ	爬皮扑朋	m	马苗木磨	f	发水双分	v	娃位如软
t	地打当多	tʻ	他提脱疼	n	泥挪女爱			l	拉李乐驴
ts	子支找族	tsʻ	此迟吵粗			s	沙思师松		
tʂ	枝庄毡咒	tʂʻ	吃出仇川			ʂ	失少伤晨	ʐ	日惹柔染
tɕ	饥举卷近	tɕʻ	亲缺掐取			ɕ	西夏续雪		
k	给缸根挂	kʻ	客开夸肯	ŋ	饿鹅我恶	x	瞎汉话很		
∅	阿衣儿月								

表2-2中声母的特点是：

1. 都是团音，没有尖音，例如：精＝经，清＝轻，西＝吸。

2. 有110个字的声母由[tʂ、tʂʻ、ʂ]分别变为[ts、tsʻ、s/f]。由[tʂ、tʂʻ、ʂ]分别变为[ts、tsʻ、s]的条件是，a.这些字都是止摄开口三等韵的字，如：纸｜翅｜柿；b.这些字都是假、山、梗、咸、效、蟹六摄开口二等韵的字，如：摘䀎站｜茶拆吵铲掌｜沙晒梢山生。由[ʂ]变为[f]的条件是，这些字主要是遇摄合口三等韵的字，如：梳数树。此外还有散见于止、山、蟹、臻摄的合口三等韵的字，如：刷｜水｜顺，以及宕、江摄的开口三等、二等韵的字，如：霜｜双。

3. 有79个字的声母由[∅、ʐ]变为[v]。这些字主要是遇、宕、止、山、臻、果、假等摄的合口三等、一等、二等韵的字，如：味午瓦窝完亡问｜乳闰，有些是果、通、宕、山等摄的开口三等、一等韵的字，如：鹅褥｜软若。它们都是今合口呼的字，涵盖了东干话合口呼字的全部。

4. 有19个字的声母由[∅]变为[n]。它们是效、山、蟹、咸、梗、臻六摄开口一等、二等韵的字，如熬安爱硬恩。

5. 东干话书面语中没有[pf、pfʻ]两个声母，本文上述声母中也未列出。而实际上，东干话中的一部分陕西话口语中至今仍有这两个声母。北京话合口呼韵母与[tʂ、tʂʻ]相拼时，一部分东干话的陕西话口语读为[pf、pfʻ]，如住[pfu]、穿[pfʻan]。[ŋ]声母是专为东干话的陕西话而设的，辖字只有"饿、鹅、我、恶、讹"几个字，但它有渐被东干话的甘肃话[v]取代的趋势，比如东干族的陕西人现在也多读"我"为[və]而不是[ŋə]了。

38

二、韵 母

东干话的韵母包括基本韵母和儿化韵母。

(一) 基本韵母32个

基本韵母详见表2-3。

表 2-3

ʅ 芝刺时是	i 水泥尾客	u 布福无出	y 驴句许语
ʅ 知吃石日			
a 阿八它查	ia 加掐虾牙	ua 抓刮夸花	
ə 玻车热哥		uə 多捉科货	yə 觉缺学月
	iɛ 别节血夜		
aiɚ 二耳儿			
ai 买在街哎		uai 揣怪快回	
ei 白妹侧虱		uei 对泪岁吹	
ɔ 包闹高好	iɔ 表条交要		
ou 豆周口后	iou 牛九秀又		
an 半安竿汉	ian 点间先咽	uan 乱算官还	yan 卷全选远
aŋ 方双伤巷	iaŋ 良江乡羊	uaŋ 庄光况黄	
əŋ 本恩坑成	iəŋ 兵今心迎	uəŋ 退存虫红	yŋ 抢群用容

表2-3中韵母的特点是：

1. [ən]组字全部合入[əŋ]组字。如："真"读为"争"，"今"读为"京"，"孙"读为"松"，"群"读为"穷"。

2. 有16个字的韵母由[ai、ə]变为[ei]。这些字全是入声字，主要是梗摄开口二等韵的字，如：白麦摘帛，另有几个是曾摄开口一等、三等韵的字，如：塞墨色。

3. 有24个字的韵母由[ei]变为[i]。它们主要是止摄合口三等韵的字，如：飞水 ｜ 微位，另有几个是曾摄开口一等韵、梗摄开口二等韵、蟹摄合口三等韵的字，如：黑 ｜ 隔 ｜ 肺。

4. [yɛ]韵母全部都变为[yə]韵母，如：觉缺学月。

(二) 儿化韵母17个

每行"＜"号左边的是儿化韵母，"＜"号右边的是构成该儿化韵母的基本韵母。每个基本韵母后举出一两个该基本韵母的儿化韵例词。

ɯɚ ＜ ʅ 瓜子儿 ｜ ʅ 树枝儿 ｜ u一模儿一样 ｜ ei一辈辈儿 ｜ əŋ葱根儿,风风儿

iɚ ＜ i 鸡儿,被儿被子 ｜ iŋ 树林儿,火星儿

uɚ ＜ u 杏核儿,裤裤儿

yɚ ＜ y 唱曲儿,老女儿最小的女儿 ｜ yŋ 罗裙儿,俊俊儿的

æɚ ＜ a 鸡娃儿,一下儿 ｜ ai 鞋鞋儿,带带儿 ｜ an 花瓣儿,栏杆儿

iæɚ ＜ ia 月牙儿,匣匣儿 ｜ ian 针尖儿,一点儿

uæɚ ＜ ua 雪花儿 ｜ uai 乖乖儿,块块儿 ｜ uan 一段儿

yæɚ ＜ yan 远远儿的

əɚ ＜ ə 老婆儿,盒盒儿 ｜ 车车儿

uəɚ ＜ uə 小伙儿,昨儿个

yəɚ ＜ yə 靴靴儿,月月儿每月

iɛɚ ＜ iɛ 树叶儿 ｜ ian 傍近儿差不多 ｜ iŋ 古今儿故事,明儿个

uiɚ ＜ ui 一对儿,岁岁儿 ｜ uŋ 开春儿,桶桶儿

ɔɚ ＜ ɔ 帽帽儿,道道儿 ｜ aŋ 长长儿的,脏脏儿的

iɔɚ ＜ iɔ 悄悄儿的,南桥儿 ｜ iaŋ 模样儿,亮亮儿的

oɚ ＜ ou 手手儿,时候儿

ioɚ ＜ iou 事由儿,绿绿儿的

三、声 调

东干话中的陕西话和甘肃话,单字调不同,变调差别更大。下面分别描写。

（一）东干话中陕西话、甘肃话的单字调

请看表2-4。

表 2-4

东干甘肃话		东干陕西话	例字
梢葫芦村	伊尔代克村	马山青村	
平声 13		阴平 21	高开七割麦月
^		阳平 35	白拔实穷云房
上声 41		上声 41	走草手五买远
去声 45	去声 44	去声 55	是旱菜放害树

40

说明:

1. 东干甘肃话的两个代表点都是三个调,而且调类、调值大致相当。差别是两个点的去声有时候都有些上扬,但梢葫芦村似乎更明显些,所以标为45。为了方便,讨论时仍标为44。

2. 东干陕西话的代表点马山青村是四个调,和现在中国西安一带的话相近。

(二)东干话中陕西话、甘肃话的连读变调

1. 东干陕西话(以马山青村为代表点)的连读变调

它的连读变调比较简单,主要有以下四种情况。

(1)[阳/上/去+去]中,后边的去声字有的读轻声。例如:名字[min^{35} tsʅ^0],茶叶[tsʻa^{35} iɛ^0] ｜ 买卖[mai^{41} mai^0],好汉[xɔ^{41} xan^0] ｜ 盼望[pʻan^{55} vaŋ^0],岁数[sui^{55} fu^0]。

(2)[阳/去+阳]中,后边的阳平字有些读轻声。例如:回族[xuai^{35} tsu^0],回答[xuai^{35} ta^0] ｜ 太平[tʻai^{55} pʻiŋ^0]。[去+阳]中,有的前边的去声字读21,后边的阳平字不变调。例如:客人[kʻI^{21} zəŋ^{35}]。

(3)AA式重叠词中,后一字A要发生音变。

A.[阴+阴]中,后字要由阴平21变为去声55。例如:妈妈[ma^{21} ma^{55}]。

B.[阳+阳][上+上]中,后字都变为轻声。例如:娃娃[va^{35} va^0],馍馍[mə^{35} mə^0] ｜ 奶奶[nai^{41} nai^0]。

(4)后附的"子、哩、的、的呢"都读轻声。例如:房子[faŋ^{35} tsʅ^0],老子[lɔ^{41} tsʅ^0] ｜ 死哩[sʅ^{41} li^0]死了,到哩[tɔ^{55} li^0]到了 ｜ 新的[ɕiŋ^{21} ti^0],干的[kan^{21} ti^0] ｜ 好的呢 [xɔ^{41}ti^0 ni^0]好着呢。

2. 东干甘肃话(以梢葫芦村、伊尔代克村为代表点)的连读变调

它的连读变调非常复杂,详见本章第二节"连读声调"部分。

四、几种特殊音变

东干话中有几种特殊的音变,大多都表示特殊的用法。汉语普通话中一般不用。

(一)儿化的用法

1. 表示细小、轻松,或表示亲切、喜爱的感情色彩

这是东干话的源头方言用法的延续。例如:

① （他喝醉哩，）大巷子到他上在他看来就像是窄下哩，把窄巷巷儿就不说哩。

② 我给我的万尤沙缝哩个短裤裤儿连和短袖袖儿的白衫衫儿。

2. 区分生物与非生物

把量词"个"儿化时指生物，非儿化时指非生物，在生物中，大量的是指人，少量的是指一般动物，这种用法是主流，如例③到⑭。也有少量的用法是生物与非生物都不儿化，这是非主流用法，如例⑮到⑰。汉语普通话中没有这种用法。例如：

③ 阿妈，这一家子人就剩下咱们两个儿哩。
④ 我们两个儿一个儿离一个儿不远。
⑤ 三个儿齐朋朋的站下哩。
⑥ 到哩房呢，两个儿上哩炕，焐下哩。
⑦ 两个儿呢慢慢儿往前走脱哩。
⑧ 把他们里头的一个儿说下的我记死哩。
⑨ 他们吆下四个儿人呢。
⑩ 老猫，猫娃儿，娘母三个儿可又不见哩。停哩几天，可又来哩。
⑪ 他把娘母四个儿（指猫）抱上，喜欢哑哩。
⑫ 熊，狼，狐子结拜哩弟兄哩。三个儿打食去哩。
⑬ 你们三个儿拿来三个果子，分开，一个儿拿几个呢？
⑭ 把10个曼达林橘子给被四个儿分的呢。他分开哩，一个儿拿的两个半。
⑮ 一个跟一个的忧愁，把他压的连头都抬不起来哩。
⑯ 你们两个都说的没对的。
⑰ 娃们一个对住一个望哩下儿。

以上例③到⑨的儿化量词"个儿"都是指人的。例⑩到⑫中的儿化量词"个儿"都是指动物的。例⑬⑭两例中都同时出现人和水果，表人的量词"个"都儿化为"个儿"，表水果的量词"个"都不儿化，分得很清楚。例⑮到⑰是分别指忧愁和人的，量词"个"都不儿化。

3. 用儿化构词，区分词义

请看例子。

⑱ "姑娘"和"姑娘儿"是两个词，儿化后的"姑娘儿"指玩具娃娃。"耍戏"和"耍儿戏"是两个词，前者指演戏、演出，儿化后的"耍儿戏"指戏剧的一个类别——滑稽剧。"老虎"和"老虎儿"是两个词，儿化后的"老虎儿"和"吃"构成"吃老虎儿"指亲吻，以前常说，现在渐渐少用了。

⑲ 东干话把睡觉盖在身上的被子叫"被儿"，不儿化的"被"不是词，也不能带后缀"子"，一定要儿化后才能独立运用。

(二)变调的用法

1. 用变调构词，区分词义

请看例子。

⑳ "娘娘"有两种读法，a."平+平"，指姑、姨；b."平+上"，指皇后。｜"爸爸"有两种读法，a."平+上"，指父亲的弟弟；b."上+平"，指爷爷的昵称。｜"阿娘"有两种读法，a."平+平"，指老大娘，对老年妇女的尊称；b."去+平"，指伯母。｜"□□[sousou]鬼"有两种读法，a."平+平+去"，指吝啬的人；b."去+平+去"，指教唆者。｜"跑马"有两种读法，a."上+上"，指赛马；b."上+平"，指善跑的马。｜"码子"有两种读法，a."上+平"，指表数目的符号；b."平+上"，指琴码。｜"圈圈子"有两种读法，a."平+平+去"，指小圆圈儿；b."平+去+平"，指新生儿的囟门。

㉑ "黄瓜"有两种读法和写法，读"平+平"并分写时，指黄色的甜瓜；读"平+上"并连写时，指果实为圆柱形，有刺，绿色，能生吃的那种普通蔬菜。

2. 用变调区分同一人名的不同个体或不同性别，降低重名率

(1) 区分同名男性。这种用法是大量的。请看例子。

㉒ "□[suæɚ]"：a."平"，指某男性甲；b."上"，指某男性乙。

㉓ "马哥"：a."平+平"，指某男性甲；b."平+上"，指某男性乙。

㉔ "尤素子"：a."平+平+上"，指某男性甲；b."上+去+平"，指某男性乙。

㉕ "苏娃子"：a."上+平+平"，指某男性甲；b."去+平+平"，指某男性乙。

㉖ "拜娃子"：a."平+平+上"，指某男性甲；b."平+上+平"，指某男性乙。
㉗ "萨萨子"：a."平+上+平"，指某男性甲；b."上+平+平"，指某男性乙。
㉘ "弟哥子"：a."平+上+平"，指某男性甲；b."去+平+平"，指某男性乙。
㉙ "布娃子"：a."平+上+平"，指某男性甲；b."上+平+平"，指某男性乙；c."去+平+平"，指某男性丙。
㉚ "伊布拉子"：a."上+平+平+上"，指某男性甲；b."上+平+去+平"，指某男性乙。

(2) 区分同名女性。请看例子。

㉛ "车儿"：a."平"，指某女性甲；b."上"，指某女性乙。
㉜ "买买儿"：a."平+上"，指某女性甲；b."去+平"，指某女性乙。
㉝ "拜姐子"：a."上+平+平"，指某女性甲；b."去+平+平"，指某女性乙。
㉞ "宰爱儿"：a."平+上"，指某女性甲；b."上+上"，指某女性乙。

(3) 区分同名异性。请看例子。

㉟ "穆儿"：a."平"，指某男性；b."上"，指某女性。
㊱ "凯林儿"：a."平+平"，指某男性；b."上+平"，指某女性。
㊲ "拉拉子"：a."平+上+平"，指某男性；b."上+平+平"，指某女性。

由以上三点可知，用变调区分同一名字的不同个体或不同性别，有如下特点，一是具有普遍性，单音节（如例㉒㉛㉟）、双音节（如例㉓㉜㊱）、三音节（如例㉔㉝㊲）、四音节（如例㉚）的名字都有使用，而三音节男性人名使用最多；二是一般是同一名字读两个调儿，个别的可同一名字读三个调儿（如例㉙）；三是东干族的某些人名，尤其是经名，重名率很高。因为东干人都是伊斯兰教徒，就民族感情、宗教意识而言，都需要有自己的宗教名字。但这些经名多出自伊斯兰经典，数量有限，而教众需求量较大，因此重名率很高。经过汉化之后大大降低了重名率。汉化的手段除了减音节、儿化、加后缀"子"、重叠（参见第四章"语法"中的"东干族的姓名"部分）之外，就是这里谈的变调。

（三）用变韵表示对距离自己较远的人的呼喊

这种变韵只出现在第一次被呼喊的人名的最后一个音节，第二次呼喊时不变韵，如下例㊳。如果是两人近距离的交谈，则不变韵，如下例㊴。这种情况与汉语郑州荥阳（广武）话相似。（王森，1998）例如：

㊳ "米爱咂 _{"子"的变韵}！哎——米爱子！你钻到房呢修仙的呢吗！你看那个恶老鹰在这儿扎旋的呢，自个咂的抓鸡娃子的呢……"米爱的妈妈打外头回来哩，还没顾的到房子呢，她的声气_{声音}可价_{已经}出来哩。

㊴ "你看，尤布子"，春花儿说的，"这个花多好看"。

附：东干话声、韵、调和汉语拼音方案及国际音标对照表

表 2-5　东干话声母、汉语拼音字母和国际音标对照表

序号 字母	1	2	3	4	5	6	7	8	9	10	11	12
东干话声母	б	п	м	ф	в	з	ц	с	д	т	н	л
汉语拼音字母	b	p	m	f	v	z	c	s	d	t	n	l
国际音标	p	pʻ	m	f	v	ts	tsʻ	s	t	tʻ	n	l

序号 字母	13	14	15	16	17	18	19	20	21	22	23	24
东干话声母	ж	ч	ш	ж	ж	ч	щ	г	к	н	х	
汉语拼音字母	zh	ch	sh	j	q	x	g	k	ng	h		
国际音标	tʂ	tʂʻ	ʂ	tɕ	tɕʻ	ɕ	k	kʻ	ŋ	x	∅	

说明：

1. 表2-5中同一序号的字母读音都相同。
2. 东干话中"ж、ч"两个声母有如下两种使用情况。

(1) ж在与开口呼、合口呼相拼时，它读为[tʂ]（序号13）；在与齐齿呼、撮口呼相拼时，它读为[tɕ]（序号17）。

(2) ч在与开口呼、合口呼相拼时，它读为[tʂʻ]（序号14）；在与齐齿呼、撮口呼相拼

时，它读为[tɕʰ]（序号18）。

表 2-6 东干话韵母、汉语拼音字母和国际音标对照表

开口				齐齿				合口				撮口			
序号	东干话韵母	汉语拼音字母	国际音标	序号	东干话韵母	汉语拼音字母	国际音标	序号	东干话韵母	汉语拼音字母	国际音标	序号	东干话韵母	汉语拼音字母	国际音标
①②	ы	i	ɿ ʅ	③	-и / йи	-i / yi	i	④	-ў / вў	-u / wu	u / vu	⑤	-Y / йY	-ü / yu	y
⑥	a	a	a	⑦	я	-ia / ya	ia	⑧	-ya / ва	-ua / wa	ua / va				
⑨	ə	e	ɤ	⑩	-yə / вə	-uo / wo	uə / və	⑪	-Yə / йYə		yə				
				⑫	-e / e	-ie / ye	iɛ						-üe / yue	yɛ	
⑬	эр	er	ɚ												
⑭	э	ai	ai					⑮	-yə / вə	-uai / wai	uai / vai				
⑯	ый	ei	ei					⑰	-уй / ви	-uei / wei	ui / vi				
⑱	o	ao	ɔ	⑲	ё	yao	iɔ								
⑳	y	ou	ou	㉑	ю	-iou / you	iou								
㉒	ан	an	an	㉓	ян	-ian / yan	ian	㉔	-уaн / ваң	-uan / wan	uan / van	㉕	-Yaн / йYaн	-üan / yuan	yan
㉖	oн	ang	aŋ	㉗	ён	-iang / yang	iaŋ	㉘	-yoн / вoн	-uang / wang	uaŋ / vaŋ				
㉙	-en / -ын / -eng	ən / əŋ		㉚	-ин / йин / -ин / йин	-in / yin / -ing / ying	in / iŋ	㉛	-ун / вын / -ун	-uen / wen / -ueng / weng	uən / uŋ	㉜	-YH / йYH / -YH / йYH	-ün / yun / -iong / yong	yn / yŋ

说明：

1. 东干话32个韵母中，和汉语拼音字母、国际音标读音相同的，有22个；和汉语拼音字母稍有差异的，有6个，它们的序号是⑨⑩⑪⑬⑱⑲。其中，⑩中是东干话的"-yə"汉语拼音读"-uo"，如"火"，⑪中是东干话的"-Yə"汉语拼音读"-üe"，如

46

"雪"。由于东干话前后鼻音都混读为后鼻音，这就使4个东干话后鼻音韵母同时和汉语拼音字母的4个前鼻音韵母、4个后鼻音韵母都相对应。这4对儿鼻音韵母的序号是㉙㉚㉛㉜。

2．在齐齿呼、撮口呼零声母字中，零声母的位置上，东干话要加一个单韵母"й"，如：衣[йи]，月[йүә]；汉语拼音字母则要加一个单韵母"y"，如：衣[yi]，月[yue]。

3．在合口呼零声母字中，零声母的位置上，东干话要加一个单韵母"в"，或把"ў"写成"в"，如：五[вў]，外[вэ]；汉语拼音字母则要加一个单韵母"w"，或把"u"写成"w"，如：五[wu]，外[wai]。

表 2-7 东干话声调和汉语拼音方案声调对照表

对照项	语言	东干话	汉语兰州话
声调名称		①音调 ②声音	声调
调类名称	今平声	平声	平声
	今上声	低声	上声
	今去声	高声	去声
调号	平声调号	Ⅰ（调值是13）	53
	上声调号	Ⅱ（调值是41）	44
	去声调号	Ⅲ（调值是44）	13
例词	吃饭	чыфан Ⅰ Ⅲ	Chi^{53}fan^{13}

说明：

关于东干话声调的名称及调值，东干语言学者认识并不一致，这里主要采用尤·村娃子的说法。

第二节 连读声调

请看表2-8。

表 2-8 字组连调表

<table>
<tr><th rowspan="2">字组结构</th><th colspan="2">A. 平—</th><th colspan="2">B. 上—</th><th colspan="2">C. 去—</th></tr>
<tr><th>阴—/阳—
I Ⅲ Ⅰ Ⅰ</th><th>阳—/阴—
Ⅰ Ⅲ Ⅰ/Ⅱ</th><th>Ⅰ Ⅲ Ⅰ
</th><th>Ⅱ Ⅰ Ⅰ/Ⅱ Ⅰ</th><th>Ⅲ Ⅰ Ⅰ Ⅰ</th><th>Ⅲ Ⅰ Ⅰ Ⅰ</th><th>Ⅲ Ⅱ Ⅰ
去 上</th><th>Ⅲ Ⅲ Ⅰ
去 去</th></tr>
<tr><td rowspan="2">两字组 1. "A+B"字组</td><td>攀胸
光滩</td><td>平上:
21 41
歇缓
生养
凉粉
头口</td><td>阴去:
21 44
高兴
说话
阳去:
13 44
平地
洋芋</td><td>上平

手心
口舌
起来</td><td>上上
21 41
洗脸
左手
雨水</td><td>上去

水坝
永世
眼镜</td><td>去平

念书
做活</td><td>饭碗
望想
看见</td><td>害怕
骂仗
盼望</td></tr>
<tr><td colspan="9">2. 阴阳平组合　阴阴:光阴 阴阳:黄风 阴阴:工钱 阳阴:牦牛
　　　　　　　阴阴:光阴 阳阳:石灰 阳阳:山羊 阳阳:牦牛</td></tr>
</table>

48

（续表）

字组结构 \ 调类	A. 平一 阴一/阳一 ⅠⅢ/ⅠⅢ	A. 平一 阴一/阳一 ⅠⅢ	A. 平一 阳一/阴一 ⅠⅢ	A. 平一 阳一/阴一 ⅠⅢ	B. 上一 ⅡⅢ/ⅠⅢ 上平	B. 上一 ⅡⅢⅠ 上上	B. 上一 ⅡⅢⅠ 上去	B. 上一 ⅡⅢⅠⅠ 去平	C. 去一 ⅢⅡⅠ 去上	C. 去一 ⅢⅢⅠ 去去
两字组 3. A+后附成分	蚊子 砖头 管家 吃的 心呢里 不哩否则 多么	蚊子 锭头 行家 娃们 头呢前面 行哩好吧 来哩了		楼子 斧头 管家 我们 假呢的 哪呢里 好哩吗 咋么			杏子 外头 念家 细的 这呢里 去哩 这么		
	木匠 切下[xa] 揪掉	石匠 凉下 埋掉	开 下	瓦匠 洗下 躲掉		死掉	焊匠 放下 忘掉	记 下	
4. 重叠式名词	钢钢儿	碟碟儿		雨雨儿			院院儿		
多字字组 5. ABF子	吹家子 龟头子 背锅子 窗筝子 麻绳子	锅刷子 弹壶子 爬犁子 麻杜子 孙女子	单裤子 凉帽子	有拳子 眼仁子 板凳子/子 嘴唇子/子	马奶子	眼镜子 手套子	半天子 杏核子 扫帚子 面剂子		肉铺子

（续表）

调类连结构	A. 平— 阴—/阳— I I II III	A. 平— 阳—/阴— I II I/II	A. 平— I III	B. 上— II平 II III I/III	B. 上— 上上 II III I	B. 上— 上去 III II I	B. 上— 去平 III I I I I	C. 去— 去上 III II I	C. 去— 去去 III III I
AA子	桌桌子	盆盆子		馍馍子			树树子		
6. AA式形容词	湿湿的	圆圆的		早早的			病儿儿的	醉醉儿的	快快的
7. ABB的/BAA	空当当	凉苏苏	绿压压	水夹夹的			杏胶胶		
	蒸馍馍	家奶奶		耍娃娃 奶娃娃	老奶奶		笑眯嘻嘻的		吊棒棒
8. ABC/D的	挖撘娃什的	小伙子	破布子	腿肚子 小腿 眼泪	腿杠子		炮仗子 妇女	粪坨子	
9. ABC(子)	说胡话	家户		支渠子 戏人					

说明:
1. 表2-8中上端的罗马字"Ⅰ""Ⅱ""Ⅲ"分别是东干话的"平声[13]""上声[41]""去声[44]"三个调号，现借用它是为了醒目、方便。
2. 表2-8中有些字组上方标写的小数字如"21""41"等，是该字组的又一种调值。
3. 表2-8中有的字下标有横线，表示该字已发生变调，有的是借调变调，有的尚不知为何变调。

表2-8中《字组连调表》概括了东干话字组结构的基本类型，揭示了这些字组在连调系统中的声调状况。有以下三种情况。

一、不变中有变

（一）第 1 组"A+B"组合的连读情况

1. 连读时该字组的组合多不变调，如表2-8中各例词。但也有变调的，例如：晚夕（上阴）｜扁食（上阳）｜买卖/板凳（上去）｜地方（去阴）｜少年（去阳）｜味道（去去），这些词的后一个字都变为[21]。

2. 连读时"平+上"（如"歇缓"）、"阴+去"（如"高兴"）和"上+上"（如"左手"）组合的前字可以不变调，也可以变读为"21"，如表2-8中各例词。

（二）第 2 组阴阳平组合的连读情况

这种连读稍复杂些。它表现出"A+B"中"平+平"连读时的细微差异。请看表2-9。

表 2-9 阴阳平组合连调表

例词\组合 连调调型		① 阴+阳	② 阴+阴	③ 阳+阴	④ 阳+阳
本调	13+13	车轴 工钱 砂糖 缠高	花苞儿 公猪	平川 黄风 斜坡	白茶 糖壶
	21+13	绳楼	哥哥 妈妈		
变调	13+41 21+41	中空 雪锅 间中 鸡庄 盔低	镰茴 莲调 学如 平石	刀香 花唆 生今 安膏	坟绵 房盘 长学 眉麻 财帛	园羊 钱缠 虫堂 毛烦

表2-9是表2-8《字组连调表》中"阴阳平组合"一栏的扩展与细化。从表2-9中可以看出阴阳平四种组合连读时的异同，具体情况如下：

1. 组合①"阴+阳"，内部关系大多一致，即可读本调[13+13]，也可读变调[21+13]，如表2-9中各例词那样。也有少数只读变调[13+41]的，如：跟前｜分隔。

2. 组合②③④"阴+阴""阳+阴""阳+阳",内部关系都一分为二,但比例不均衡。其中一小部分,只读本调[13+13],如表2-9中例词"花苞儿 ｜ 平川 ｜ 白糖"那样。而其余大量的,特别是组合④"阳+阳",只读两种变调[13+41]或[21+41],如表2-9中例词"中间 ｜ 镰刀 ｜ 坟园"那样。后三种组合中,也有的词是本调、变调两读的,如阴+阴:光阴＝13+13 ｜ 13/21+41;阳+阴:胡椒＝13+13 ｜ 13/21+41;阳+阳:牦牛＝13+13 ｜ 13/21+41。

3. 连读中阴平与阳平的区分。

(1)变调调值[21]可以看作阴平与阳平的区别性调值特征。这从表2-9《阴阳平组合连调表》中可以看出。表2-9中组合①"阴+阳＝21+13"中的[21]是阴平独有的。由此可知,阴平的调值是[21]。

(2)"一子"的变调调值为[41],可看作阳平与阴平的区别性调值特征。因为"阳+子"是13+41,如:脖子 ｜ 房子 ｜ 娃子 ｜ 蚊子 ｜ 碟子 ｜ 聋子 ｜ 橡子 ｜ 弦子 ｜ 牌子 ｜ 儿子 ｜ 帘子 ｜ 鼻子 ｜ 铡子 ｜ 骡子。而"阴+子"则是13+13,如:单子 ｜ 盅子 ｜ 堆子 ｜ 桌子 ｜ 袜子 ｜ 糟子 ｜ 刀子 ｜ 麸子 ｜ 衫子 ｜ 沙子 ｜ 鞭子。由此可知,阳平的调值是[13]。

以上两字组"A+B"和阴阳平组合是字组连调的基础性组合,以不变为主。阴阳平组合的连调则是"A+B"组合"平+平"连调的一种细化,表现了不变中的变。

二、合规律的变调

这里涉及表2-8中的六种字组(第3～8组)。其中,第3组"A+后附成分"和第5组"A+B/A+子",具有代表性,值得关注。

(一)"A+后附成分"的连读情况

"A+后附成分"是一种简洁的、概括性强的动态连调字组。它借用了"A+B"的部分连调组合的调型。请看表2-10。

表 2-10 "A+后附成分"与"A+B"字组比较表

字组	A+后附成分				A+B		
结构	A	后附成分			A	B	例词
字组结构	词根	后缀	子 ｜ 头 ｜ 家 ｜ 们		单音字	单音字	
	实词	虚词	的 ｜ 呢里 ｜ 哩了				
	动词	补语	下 ｜ 掉				
	偏	正	匠				

（续表）

字组结构	A+后附成分		A+B		例词
	A	后附成分	A	B	
声调	阴平阳平上声去声	轻声	作为单音字存在着	①平平	猪鬃｜姑娘
		平声	家管~	②平上	空手｜粮食
		上声	里｜呢里	③上平	烤干｜口舌
		去声	下｜掉｜匠	④去平	拌汤｜放羊

表2-10是对表2-8《字组连调表》中"A+后附成分"和"A+B"两类字组的比较。从表2-10中可以看出下述异同。

1. 两类字组的前字"A"都有固定的单字调，连调时不变调。这是二者的相同之处。

2. 两类字组的后字大不相同。作为后字的"B"，都有固定的单字调，连调时也不变调。而作为后字的"后附成分"却完全是另一种情况，它的大多数成员没有固定的单字调，如"们、的、呢、哩"，连调时它们也不读轻声，还有如"掉"等正在失去本调，处在游移状态等等。

作为后字的"后附成分"，没有固定的单字调，连调时又不读轻声，那怎么办呢？这时就只得借助于"A+B"中"B"的固定调值来表示。这样，由于借入"B"的调值，两种字组的四种连调调形相同了，即"A+B"的四种连调调形"平平、平上、上平、去平"也成了"A+后附成分"的四种调型。例如表2-10中的例词和表2-8《字组连调表》中有关该两种字组的四列竖排例词。这是借用"B"的固有而单一的单字调来表示"后附成分"中或无声调或声调难以确说等种种复杂情形，以简驭繁，概括明了。

值得注意的是，"A+后附成分"中的"后附成分"的主要成员——后缀、虚词，其实就是汉语普通话中相应位置上的那些常见的轻声字，不过它们在东干话中都不读轻声。同时，它们的成员扩大了，增加了"掉、下、匠"。据我们的观察，"掉、下"是东干话补语中出现频率极高的两个词，它们常常和单音节、双音节的动词、形容词频繁组合。两个词本调都是去声，但是在连调中大多都不读去声了。它们渐渐失去了本调，在游移中，进入到"后附成分"的范围内。可以预见，"后附成分"的异类越多，越会显出"借调法"的优越性。

（二）"A+B/A+子"的连读情况

"A+B/A+子"字组和上述"A+后附成分"的内部结构有类似之处，于是也采用了相同的借调连调办法。请看表2-11。

表 2-11 "A+B/A+ 子"与"A+B"字组比较表

字组与调形 \ 连读形式字序		A 1 2 3	B 1 2 3	C 1 2 3
字组（甲）	AB子	锅 刷平 子 爬 犁平 子 孙 女上 子	有 家平 子 眼 仁平 子 板 凳去 子	半 天平 子 杏 核平 子 扫 帚上 子 面 剂去 子
	AA子	盆 盆平 子	毯 毯上 子	树 树去 子
共用连调调形		Ⅰ　　Ⅰ 平　　上	Ⅱ　　Ⅰ 上　　平	Ⅲ　　Ⅰ 去　　平
字组（乙）	AB	贴 己上 崖 坎上	马 车平 起 来平	艾 蒿平 胖 人平

表2-11对表2-8《字组连调表》中"A+B/A+子"[字组（甲）]和"A+B"[字组（乙）]做了对比，并把表中它们的原例词的第二个字标了声调。

从表2-11中可以看出，在A、B、C三组连读中，"A+B/A+子"和"A+B"两种字组的单字1声调都相同，单字3的"子"也不构成它们连读的差异，单字2声调的异同则是两种字组能否构成连调的关键。在字组（乙）"A+B"中，单字2在各组连读中的声调都相同，在A组中"已、坎"都是上声，在B组、C组中"车、来、蒿、人"都是平声。于是，连调顺利完成。而在字组（甲）"A+B/A+子"中，单字2在各组连读中都是多种声调并存，A组中"平（刷、犁、盆） ｜ 上（女）"并存，B组中"平（家、仁） ｜ 上（毯） ｜ 去（凳）"并存，C组中"平（天、核） ｜ 上（帚） ｜ 去（剂、树）"并存。由于各组中单字2声调的不统一，致使字组（甲）"A+B/A+子"无法实施连调。

经过慢慢磨合之后，字组（甲）的单字2"B/A"内部不同声调间的诸差异淡化，渐渐趋同于字组（乙）"A+B"中"B"的连字调，于是，字组（甲）"A+B/A+子"便获得了等同于字组（乙）"A+B"的三种连读调形，即"平+上、上+平、去+平"。这也是借用字组（乙）中"B"的固有而单一的单字调来表示字组（甲）的"B/A"内部不同声调的诸多差异，也是以简驭繁。"A+B/A+子"中的"子"，是"A+B"字组的延伸，"子"的声调是符合"A+后附成分"中"A+子"的连调规律的。

（三）两种借调法

"A+后附成分"和"A+B/A+子"两种字组都是因第二个字的声调问题，无法连调，所以实施了"声调借入法"。前者是因声调不确定而"借调"，后者是因声调不统一而"借调"。两种"借调法""借"的都是字组连调的基础性组合中的固有字调，是一种符合规律的连读变调。

三、一些尚待发现规律的变调

我们发现有一批连调字组，它们的连读变调很不稳定，而且，不同的人变调不同。我们尚未发现它们的变调规律。这就是表2-8《字组连调表》中最后一种连字组合"A+B（+子）"字组和"A+B+C"字组。

（一）"A+B（+子）"字组的连读情况

"A+B（+子）"字组的连读主要有两种倾向，一种是升调，就是把降调（上声：Ⅱ＝41）、平调（去声：Ⅲ＝44）读为升调（平声：Ⅰ＝13），或把降调读为平调；另一种是降调，就是把升调、平调读为降调，或把升调读为平调。分述如下。例词中下加横线的字，就是要读为升调或降调的字。

1. 升调

（1）A/B＝Ⅱ，读：Ⅰ。

AB＝ⅠⅡ，读为：ⅠⅠ。例如：缺<u>点</u> ｜ 玉<u>米</u> ｜ 机<u>敏</u> ｜ 图<u>码</u>儿 ｜ 安<u>稳</u> ｜ 分<u>晓</u> ｜ 恶<u>水</u> ｜ 虾<u>米</u> ｜ 轻<u>省</u> ｜ 看<u>守</u> ｜ 因<u>此</u>。

AB＝ⅡⅡ，读为：ⅡⅠ。例如：苦<u>胆</u> ｜ 小<u>腿</u> ｜ 扯<u>手</u> ｜ 走<u>首</u> ｜ 跑<u>马</u> ｜ 好<u>少</u> ｜ 讲<u>演</u> ｜ 省<u>俭</u> ｜ 碗<u>盏</u>。

AB（子）＝ⅡⅡ（Ⅰ），读为：

ⅡⅠ（Ⅰ）。例如：扁<u>影</u>子 ｜鬼<u>脸</u>子。

ⅠⅡ（Ⅰ）。例如：小<u>伙</u>子 ｜ 小<u>米</u>子 ｜ 两<u>口</u>子 ｜ 老<u>马</u> ｜老<u>李</u> ｜ 老<u>米</u> ｜ 马<u>宝</u>。

AB＝ⅢⅡ，读为：ⅢⅠ。例如：舅<u>母</u> ｜ 豆<u>腐</u> ｜ 骒<u>马</u> ｜ 妇<u>女</u> ｜ 带<u>累</u> ｜ 字<u>母</u> ｜ 自<u>己</u> ｜ 望<u>想</u> ｜ 骡<u>马</u> ｜ 仗<u>口</u> ｜ 市<u>场</u>。

AB（子）＝ⅢⅡ（Ⅰ），读为：ⅢⅠ（Ⅰ）。例如：刺<u>果</u>子 ｜ 半<u>语</u>子 ｜ 跳<u>鼠</u>子 ｜ 电<u>影</u>子。

AB＝ⅡⅠ/Ⅱ，读为：ⅠⅠ/Ⅱ。例如：羝<u>羊</u> ｜ 吵<u>子</u>铃 ｜ 买主。

（2）A/B＝Ⅲ，读：Ⅰ。

AB＝ⅠⅢ，读为：ⅠⅠ。例如：帮<u>办</u> ｜ 天<u>气</u> ｜ 衣<u>柜</u> ｜ 抽<u>屉</u>｜干<u>净</u> ｜ 慌<u>乱</u> ｜ 安<u>宁</u> ｜ 低<u>贱</u> ｜ 孽<u>障</u> ｜ 三<u>个</u> ｜ 师<u>傅</u> ｜ 得<u>罪</u> ｜ 百

姓｜交代｜军器｜争战｜能够｜单另｜知道｜将就｜曲蟮。

AB＝ⅡⅢ，读为：ⅡⅠ。例如：早饭｜马肉｜水坝｜瓦匠｜稳重｜爽快｜体面｜响器｜总是｜九个｜抟面｜礼信｜眼泪｜打扮｜把戏儿｜设虑｜口供｜买卖。

AB子＝ⅡⅢⅢⅠ，读为：ⅢⅠⅠ。例如：水痘子｜脸罩子｜顶柱子｜板架子。

AB＝ⅢⅢ，读为：ⅢⅠ。例如：伺候｜后面｜面饭｜告示｜错误｜厉害｜但是｜炸弹｜证见｜地面｜当铺｜运气｜账算｜叫唤。

AB＝ⅢⅢ/Ⅱ/Ⅰ，读为：ⅠⅢ/Ⅱ/Ⅰ。例如：昼夜｜地主｜化学｜辘轳｜瘟寐｜教育｜倒满｜应承｜共总。

AB（子）＝ⅢⅢ（Ⅰ），读为：

ⅠⅢ（Ⅰ）。例如：破布子｜傍亮子。

ⅢⅠ（Ⅰ）。例如：炮仗子｜半大子｜剩把子｜嗉袋子。

（3）A/B＝Ⅱ，读：Ⅲ。

AB＝Ⅰ/Ⅱ/ⅢⅡ，读为：Ⅰ/Ⅱ/ⅢⅢ。例如：尖巧｜海岛｜暴雨｜尸首。

（4）AB＝ⅡⅡ，读ⅠⅢ。例如：赶早。

2. 降调

（1）A/B＝Ⅰ，读：Ⅱ。

AB（子）＝ⅠⅠ（Ⅰ），读为：ⅡⅠ（Ⅰ）。例如：邪人｜支渠子｜缰绳子｜狍鹿子。

AB（子）＝ⅡⅠ（Ⅰ），读为：ⅡⅡ（Ⅰ）。例如：马嚼子｜口溜儿｜腿杠子。

（2）A/B＝Ⅲ，读：Ⅱ。

AB＝ⅠⅢ，读为：ⅠⅡ。例如：皮裤｜家户｜黄豆｜咸菜｜年限｜年代｜棉裤｜急躁｜埋怨｜趴下｜穷汉｜芹菜｜芫荽｜缭乱。

AB（子）＝ⅡⅢ（Ⅰ），读为：ⅡⅡ（Ⅰ）。例如：海豹｜酒灌子｜趸卖。

AB（子）＝ⅢⅠ（Ⅰ），读为：ⅢⅠ（Ⅰ）。例如：弹弓子｜被单子。

AB＝ⅢⅢⅠ，读为：ⅢⅢ。例如：稻秸｜现今｜便宜 方便。

AB（子）＝ⅢⅢ（Ⅰ），读为：ⅢⅢ（Ⅰ）。例如：大赦｜坏气儿｜相片子｜粪块子｜上炕子｜社会｜放赦。

AB＝ⅢⅠ，读为：ⅢⅠ。例如：库房｜戏人｜戏棚｜胯骨。

（3）A/B＝Ⅰ，读：Ⅲ。

AB（子）＝ⅠⅠ（Ⅰ），读为：ⅢⅠ（Ⅰ）。例如：棉褥子｜摇床子｜流胎子小产。

AB＝ⅠⅠ，读为：ⅢⅠ。例如：新闻 | 切刀 | 哼吼 | 复杂 | 丝杆 | 由头 | 臼子。

AB（子）＝ⅠⅡ（Ⅰ），读为：ⅢⅡ（Ⅰ）。例如：洪水 | 浆水子。

（二）"A+B+C"字组的连读情况

上述字组中存在的一部分单字的无序变调现象，在"A+B+C"字组中也存在，不过数量要少得多。简述如下。格式中的"原"指读原调的字，调号仍用"Ⅰ、Ⅱ、Ⅲ"表示，变调的字用横线在字下标出。

1. 升调

ABC＝原Ⅱ原，读为：原Ⅰ原。例如：地理图地图 | 丈母娘 | 地理学，玉米花儿 | 玉米秆。

ABC＝原原Ⅲ，读为：原原Ⅰ。例如：干米饭 | 沙土地 | 新女婿，大麦面 | 上坡路，小外父岳父之弟，大外后儿后天的下一天。

ABC＝原Ⅲ原，读为：原Ⅰ原。例如：蓝靛布 | 铁匠铺，果树园 | 武艺人 | 手艺人，马肚带，运动场。

ABC＝原原Ⅱ，读为：原原Ⅲ。例如：半海岛半岛 | 半架岛。

2. 降调

ABC＝原原Ⅲ/Ⅰ，读为：原原Ⅱ。例如：咸牛肉 | 乡家户 | 说胡话，鹰嘴豆儿，识字课 | 斜对过儿，住地户儿本地住户 | 放羊娃。

ABC＝原Ⅲ原，读为：原Ⅱ原。例如：白菜汤，皮匠铺，十字口。

（三）一种思考

请看表2-12。

表 2-12 "AB（子）""ABC"连读变调表

字组 \ 字序 例次	1	2	3	例词及其连读变调概况	
AB（子）	22	102		升：124	176例
	22	30		降：52	
ABC	0	12	9	升：21	32例
	0	3	8	降：11	

从表2-12中可以看出，东干话中上述尚不知规律的两种连读变调的大概倾向。降调和升调相比，以升调为主；在字组中出现的位置，以后字（第2

字)为主;两种字组相比,字组"AB(子)"最为突出。当然,这里涉及的只是具体的208个例词,不是这类现象的全部,但是这是明显存在的事实,是一种很值得注意的倾向。

东干话并存于中亚当地众多民族语言中,除了俄语以外,大多数是突厥语,一百多年来东干人和这些民族的人相融共处。突厥语没有声调,但是有语调,最明显的就是词语或句子在收尾时语调往往上扬,这是我们多年来和中亚留学生打交道,获得的这种印象。上述尚不知规律的连读后字变为升调,也可视为一种"上扬"。能否由此推论,东干话中上述尚不知规律的连读变调,是与突厥语的影响有些关系呢?海峰教授论及重音能区别意义(如能区别同一语音形式的不同人名)时,曾说东干人的人名多是来源于阿拉伯人名的缩略、简化形式,重音多落在最后一个音节上。他又谈及当地的东干族语言学家伊玛佐夫先生非常看重重音,甚至在编写东干语正字法辞典时,不标声调,却标了重音。(海峰,2003,72页)苏联著名汉学家龙果夫在他的《东干语》中,也曾注意到东干话双音节词中声调与重音的关系。(海峰,2003,14页)我们认为,这些见解和做法都很值得关注。东干话音节的声调到底和重音发生了怎样的碰撞,有没有引起调值的变化,这些都很有必要跟进探究。

下面是我们记录到的一些词语的连读变调。它们是为了强调某种表达重点而变调的。这是值得注意的。

1. 出现在单句前半部分或复句的前句句末,强调有关表达重点。请看例句。

　　① 他们到灾难处[tʂʻu]把连手朋友撂下,跑哩。
　　② 雀雀儿把老鸹看见[tɕian],就问哩:"你往哪塔儿飞的呢?"
　　③ (老鸹飞哩一晚夕,)乏哩[li],落到一个树上哩。

2. 出现在补语位置上,强调有关结果。请看例句。

　　④ 看见熊,没法哩,他趴下[xa]哩,装成死人哩。

例①"处"原为去声[44],现变为[41]。例②"见"原为去声[44],现也变为[41]。例③"乏哩"中"乏"是阳平,"哩"在阳平后应读[41]降调,现读[13]升调。例④"趴下"中"趴"是阴平,"下"在阴平后应变为[13],现变为[41]。可见,所有这些反常变调,都是为了用异样的声调来引起听话人的注意,强调有关表达重点。

附：东干话甘肃方言（以梢葫芦村、伊尔代克村为代表点）部分词语连读声
　调举例

这些音变是上述整体格局的细化，局部不尽相同。

1. [平+平/上/去]中，有一部分是前后字都不变调，如：新书[ɕiŋ¹³fu¹³]，高山[kɔ¹³san¹³]。但是，大多数的[平+平/上/去]都有以下两种音变。

（1）[平+平/上/去]=[21+原调]。即前边的平声字由[13]变为[21]，后边的平、上、去声字都仍读原调。例如：喝茶[xə²¹tsʻa¹³]，姑娘[ku²¹niaŋ¹³]；歇缓[ɕiɛ²¹xuan⁴¹]，生养[səŋ²¹iaŋ⁴¹]；高兴[kɔ²¹ɕiŋ⁴⁴]，说话[fə²¹xua⁴⁴]。

（2）[平+平/上/去]=[21+41]。即前边的平声字由[13]变为[21]，后边的平、上、去声字都变为和上声相同的[41]。例如：平安[pʻiŋ²¹nan⁴¹]，长虫[tʂʻaŋ²¹tʂʻuŋ⁴¹]；凉粉[liaŋ²¹fəŋ⁴¹]，调养[tʻiɔ²¹iaŋ⁴¹]；洋芋[iaŋ²¹y⁴¹]，回去[xuai²¹tɕʻi⁴¹]。

2. [上+平/去]中，有一部分是前后字都不变调。例如：手心[ʂou⁴¹ɕiŋ¹³]，眼镜[nian⁴¹tɕiŋ⁴⁴]。但是，更多的是前字不变，后边的平、去声字都要变为[21]。例如：晚夕[van⁴¹ɕi²¹]，扁食[pian⁴¹ʂʅ²¹]；买卖[mai⁴¹mai²¹]，板凳[pan⁴¹təŋ²¹]。

3. [上+上]中，有如下三种情况。

（1）[上+上]=[21+原调]。即前边的上声字变为[21]，后边的不变。例如：洗脸[ɕi²¹lian⁴¹]，赶紧[kan²¹tɕiŋ⁴¹]，雨水[y²¹fi⁴¹]，左手[tsuə²¹ʂou⁴¹]。

（2）[上+上]=[原调+21]。即和上一种情况正好相反，前边的上声字不变，后边的变为[21]。例如：洗脸[ɕi⁴¹lian²¹]，雨水[y⁴¹fi²¹]。

（3）[上+上]=[41+41]=[原调+原调]。例如：赶紧[kan⁴¹tɕiŋ⁴¹]，洗脸[ɕi⁴¹lian⁴¹]。

4. [去+平/上/去]中，大多是前后字都不变调。例如：念书[nian⁴⁴fu¹³]，做活[tsu⁴⁴xuə¹³]；望想[vaŋ⁴⁴ɕiaŋ⁴¹]，下雨[ɕia⁴⁴y⁴¹]；骂仗[ma⁴⁴tʂaŋ⁴⁴]，害怕[xai⁴⁴pʻa⁴⁴]。但是，[去+平/去]中，也有一部分是前字不变，后边的平、去声字都变为[21]。例如：地方[ti⁴⁴faŋ²¹]，利钱[li⁴⁴tɕʻian²¹]，少年[sɔ⁴⁴nian²¹]；味道[vi⁴⁴tɔ²¹]，盼望[pʻan⁴⁴vaŋ²¹]。

5. 重叠式名词[A+A(+子)]中，有四种音变情况。

（1）[A+A]=[阴+阴]=[21+13]。即前字变为[21]，后字不变。例如：哥哥[kə²¹kə¹³]，妈妈[ma²¹ma¹³]，桌桌儿[tʂuə²¹tʂuəɚ¹³]，娘娘[niaŋ²¹niaŋ¹³]姑母。

（2）[A+A]=[阳+阳]=[21+41]。即前字由[13]变为[21]，后字由[13]变为[41]。例如：爷爷[iɛ²¹iɛ⁴¹]，婆婆[pʻə²¹pʻə⁴¹]丈夫的母亲，馍馍[mə²¹mə⁴¹]。

(3) [A+A]＝[上/去+上/去]＝[原调+21]。即前一上、去声字读原调，后一上、去声字变为[21]。例如：奶奶[nai⁴¹nai²¹]，手手儿[ʂou⁴¹ʂoɚ²¹]，梗梗儿[kəŋ⁴¹kuə²¹]；妹妹[mei⁴⁴mei²¹]，帽帽儿[mɔ⁴⁴mɔɚ²¹]。

(4) [A+A+子]中，有两种音变情况。

A. [A+A+子]＝[平+平+子]，有两种变调。

a. [阴+阴+子]＝[13+13+41]。即A为阴平时，不变调，"子"变为[41]。例如：桌桌子[tʂuə¹³tʂuə¹³tsʅ⁴¹]，衫衫子[san¹³san¹³tsʅ⁴¹]，袜袜子[va¹³va¹³tsʅ⁴¹]。

b. [阳+阳+子]＝[13+41+13]。即A为阳平时，前一A不变调，后一A变为[41]，"子"变为[13]。例如：盆盆子[pʻəŋ¹³pʻəŋ⁴¹tsʅ¹³]，沿沿子[ian¹³ian⁴¹tsʅ¹³]，门门子[məŋ¹³məŋ⁴¹tsʅ¹³]。

B. [A+A+子]＝[上/去+上/去+子]＝[原调+21+21]。即前一上、去声字读原调，后一上、去声字和"子"都变为[21]。例如：毯毯子[tʻan⁴¹tʻan²¹tsʅ²¹]，板板子[pan⁴¹pan²¹tsʅ²¹]；对对子[tuei⁴⁴tuei²¹tsʅ²¹]，树树子[fu⁴⁴fu²¹tsʅ²¹]。

6. 后边有"子、头、家、哩、的"的双音节词语，有两种音变情况。

(1) [平+子/头/家/哩/的]中，有两种音变情况。

A. [原调（多为阴平）+13]。即前字（多为阴平）不变调，后字变为[13]。例如：桌子[tʂuə¹³tsʅ¹³]，袜子[va¹³tsʅ¹³]；骨头[ku¹³tʻou¹³]，砖头[tʂuan¹³tʻou¹³]；说哩[fə¹³li¹³]，开哩[kʻai¹³li¹³]，吃的[tʂʻʅ¹³ti¹³]。

B. [原调（多为阳平）+41]。即前字（多为阳平）不变调，后字变为[41]。例如：园子[yan¹³tsʅ⁴¹]，房子[faŋ¹³tsʅ⁴¹]；高头[kɔ¹³tʻou⁴¹]，前头[tɕʻian¹³tʻou⁴¹]；婆家[pʻə¹³tɕia⁴¹]，娘家[niaŋ¹³tɕia⁴¹]；来哩[lai¹³li⁴¹]来了，熟哩[fu¹³li⁴¹]熟了；闲的[ɕian¹³ti⁴¹]。

(2) [上/去+子/头/哩/的]＝[原调+21]。即前边的上、去声字都不变，后字变为[21]。例如：果子[kuə⁴¹tsʅ²¹]，女子[ny⁴¹tsʅ²¹]，枕头[tʂəŋ⁴¹tʻou²¹]，里头[li⁴¹tʻou²¹]，写哩[ɕiɛ⁴¹li²¹]，冷哩[ləŋ⁴¹li²¹]，假的[tɕia⁴¹ti²¹]；院子[yan⁴⁴tsʅ²¹]，柿子[sʅ⁴⁴tsʅ²¹]，外头[vai⁴⁴tʻou²¹]，后头[xou⁴⁴tʻou²¹]，到哩[tɔ⁴⁴li²¹]，对哩[tui⁴⁴li²¹]，细的[ɕi⁴⁴ti²¹]。

7. 后边有"子、家""的呢着呢"的多音节词语，它们的音变情况是，"子、家"前边的双音节词，按前述各自的音变规律变调；"的呢"前边的动词、形容词不变调，而"子、家""的呢"都发生音变。分述如下。

(1) "A+B"是"平+平"时，"A"不变调，一部分"B"变为[41]，后附的"子、家"读[21]或轻声。

A. [A+B+子/家]＝[13+13+21]。例如：窗帘子[tʂʻuaŋ¹³lian¹³tsʅ²¹]，针鼻

子[tṣəŋ¹³pi¹³tsʅ²¹]，背锅子[pei¹³kuə¹³tsʅ²¹]。

B．[A+B+子/家]＝[13+41+21]。例如：麻花子[ma¹³xua⁴¹tsʅ²¹]，铃铛子[liŋ¹³taŋ⁴¹tsʅ²¹]，弹家子[t'an¹³tɕia⁴¹tsʅ²¹]，锅刷子[kuə¹³fa⁴¹tsʅ²¹]，婆婆家[p'ə¹³p'ə⁴¹tɕia²¹]。

（2）"A+B"是"上+平/上/去"时，"A、B"不变调，"子、家"读[21]。

A．[A+B+子]＝[上+平+子]＝[41+13+21]。例如：粉条子[fəŋ⁴¹t'iɔ¹³tsʅ²¹]，主腰子[tʂu⁴¹iɔ¹³tsʅ²¹]，眼仁子[nan⁴¹zəŋ¹³tsʅ²¹]。

B．[A+B+子]＝[上+上+子]＝[41+41+21]。例如：小伙子[ɕiɔ⁴¹xuə⁴¹tsʅ²¹]，马奶子[ma⁴¹nai⁴¹tsʅ²¹]。

C．[A+B+子/家]＝[上+去+子/家]＝[41+44+21]。例如：眼镜子[nan⁴¹tɕiəŋ⁴⁴tsʅ²¹]，手腕子[ʂou⁴¹van⁴⁴tsʅ²¹]，响器家[ɕiaŋ⁴¹tɕ'iŋ⁴⁴tɕia²¹]演奏乐器的人。

（3）"A+B"是"去+平/上/去"时，"A、B"都读原调，"子"读[21]。例如：汗衫子[xan⁴⁴san¹³tsʅ²¹]，扫帚子[sau⁴⁴tʂ'u⁴¹tsʅ²¹]，肉铺子[zou⁴⁴p'u⁴⁴tsʅ²¹]。

（4）"动/形+的呢"中的"的"读[21]，"呢"读轻声。例如：坐的呢[tsuə⁴⁴ti²¹ni⁰]，好的呢[xɔ⁴¹ti²¹ni⁰]。"的+呢"在梢葫芦村也读[22+22]。例如：早的呢[tsɔ⁴¹ti²²ni²²]，对的呢[tui⁴⁴ti²²ni²²]。

第三节　内部差异

东干话的内部差异，表现在两个方面：东干话中的甘肃话和陕西话的差异、异读字的纷繁。

一、东干话中的甘肃话和陕西话的差异

这种差异是东干话内部的主要差异之一，表现在如下两个方面。

（一）同一概念表述不同

请看表2-13。

表2-13　东干话中的甘肃话和陕西话词语表述差异比较表

	东干甘肃话	东干陕西话	汉语普通话
称	爷爷	爸爸	爷爷
	爷爷	外[vei]爸	外公，外祖父
谓	奶奶	娜娜	奶奶

61

(续表)

	东干甘肃话	东干陕西话	汉语普通话
称谓	奶奶	外[vei]奶	外婆,外祖母
	婆姨[iɛ]	婆娘	泛指已婚妇女
	娃娃	娃	小孩儿
	尕娃(娃)	碎娃(娃)	小孩儿
	儿(娃)子	娃子	男孩儿
	丫头	女子	女孩儿,姑娘
代词	我们	我的	我们
	你们	你的	你们
	他们	他的	他们
	人家	阿那	别人,人家
	你们	你	您
助词	(好)的呢	(好)着呢	(好)着呢
器具用品等	棒	棍	棒子,棍子
	梯[tʃ]架	梯[tɕi]子	梯子
	镜子	玻璃	玻璃
	镜子	镜儿	镜子
	图样	影图	相片
	馍馍[məmə]	馍[mu]	馒头 实心,无馅
	房子	房	房子
动词	抽烟	吃烟	抽烟
	心疼	稀罕	亲吻
	下[ɕia]雨	下[xa]雨	下雨
形容词	尕	碎	小
	壮~羊肉	肥	肥
时间	昨儿个	夜来	昨天
方位	东傍个	东岸[ŋan]子	东边
	西傍个	西岸[ŋan]子	西边
植物	树子	树	树
	□[pʰia]子 "皮牙子"的合音	葱	葱,洋葱

俄语中，第二人称复数"вы"可以表示敬称"您"，表2-13代词栏中东干甘肃话"你们"就是借用俄语的意思，表示敬称"您"。东干陕西话中有时也这样说。

（二）同一字词读音不同

请看表2-14。

表 2-14　东干话中的甘肃话和陕西话字词读音差异比较表

	序号	东干甘肃话	东干陕西话	例字		序号	东干甘肃话	东干陕西话	例字
声母差异	1	ti	tɕi	低底地	韵母差异	1	sai	sei	腮
		tiɛ	tɕiɛ	跌			tsai	tsei	斋
		tian	tɕian	点店		2	tsu	tsou	做
		t'i	tɕ'i	提梯体			mə	mu	馍
		t'ian	tɕ'ian	天甜田		3	ʐəŋ	ɚ	扔
	2	tfu	pfu	住柱猪			ʐʅ	ɚ	日
		tf'u	pf'u	处出初		4	vi	y	苇
		tʂ'uan	pf'an	穿					
		fan		川船		5	xə	xuə	河喝
		fəŋ	pf'uŋ	唇					
	3	fə	ʂə	说					
		və	ŋə	我鹅恶饿					
	4	ia	nia	牙压					

从表2-14中可以看出，声母中第1、2组有对应规律，即拼齐齿呼、合口呼时，东干甘肃话的[t]系、部分[tf]、[f]系分别与东干陕西话的[tɕ]系、[pf]系相对应。声母、韵母其他方面的差异都较琐碎，规律性不强。

表 2-15　东干话中的甘肃话和陕西话声调差异比较表

古调类 方言 例字	平声		上声			去声		入声		
	清	浊	清	次浊	全浊	清	浊	清	次浊	全浊
	高边开飞天安	穷平人难云房	纸短口九手粉	五老有米尾远	是坐抱厚	醉对唱四送放	病害饭住用寺	织出七切铁尺	六麦袜药月	白拔十舌食
东干甘肃话	平声		上声			去声		平声		
东干陕西话	阴平	阳平	上声			去声		阴平		阳平

从表2-15中可以看出，东干甘肃话是三个声调，东干陕西话是四个声调。东干甘肃话中，涉及古调类变动的只有两处，一是古入声全归今平声，二是古上声全浊字归今去声，其余则维持古调类原状。东干话中的陕西话和甘肃话的上声、去声相同，不同之处是东干甘肃话中的两部分平声字（古平、古入声字归入平声字）在东干陕西话中都一分为二，即分为阴平、阳平。

二、 纷繁的异读字

（一）异读字的构成

东干话异读字情况大致如下。

1. 没有文白异读

这是东干话的独特之处，是由东干族西迁前后的历史所决定的。西迁时东干人几乎全不识字，哪里会知道什么读书音，西迁后的四五十年间仍然没有文字。1928年有了文字以后，在俄语的大背景下，渐渐有了口语和书面语的分野，但这种差异绝不会形成汉语背景下的那种字音的文白异读，而是形成了句式方面的口语句式简短，书面语句式多俄语化和句子较长的倾向。

2. 有地域异读

这主要指大的地域如东干甘肃话、东干陕西话之间存在的有明显地域倾向的异读。像上文东干甘肃话、东干陕西话异读中已谈到的那样。这是东干族西迁前历史现象的延续。

3. 构词异读和横向读音濡染

这是东干族西迁后东干话异读的主要发展倾向。

构词异读，是指词中的某个读音由于交际需要，经常出现，使它得到固定、传播，和另一常见读音渐渐形成异读。其中，有的是为了区别意义有意改读的，例如"绿"，常读[liu^{13}]，如：～颜色，可是出现在"花红柳绿"中时，"柳""绿"同音，"绿"就只得改读为[lan^{13}]，于是[liu^{13}]和[lan^{13}]构成异读。有的是为了区别词性而改读的，例如"就"做副词表"马上"时读作[tsou^{44}]，如：他～来哩，而做动词表"趁着（当前的便利）"时则另读作[tɕiu^{44}]，如：～手儿，于是[tsou^{44}]和[tɕiu^{44}]构成异读。有的是读音不同所搭配的构词成分也不同，例如"做"跟"活"搭配时读[tsu^{44}]，如：～活，跟"主"搭配时读[tsuə^{44}]，如：～主，于是[tsu^{44}]和[tsuə^{44}]构成异读。有的是为了区别不同语法成分而改读的，例如"住"做谓语中心时，读[tʂu^{44}]，如：～房 ｜ ～家的，而做补语时，读[tʂ'u^{44}]，如：把对头抓～，于是[tʂu^{44}]和

[tṣʻu⁴⁴]构成异读。有的是其中一个读音构词能力很弱,另一个则很强,这种情况较多。例如"女"读作[mi⁴¹]时,只和"猫"搭配,如:～猫,读作[ny⁴¹]时,构词能力较强,如:～人 | 妇～ | 儿～。有的其中一个读音是随着外来词的引进而出现的,如"解"读[kai⁴¹]是固有读音,如:～开 | ～渴,而只在"解放"一词中读[tɕiɛ⁴¹],[tɕiɛ⁴¹]是后起的、引进的。"展"读[tṣan⁴¹]是固有读音,如:宽～ | ～ ～的,而只在"发展"一词中读[tṣaŋ⁴¹],如:叫你的事情再发～。"发展"一词应是后来引进的,但一开始音就引错了。

横向读音濡染,是指在东干村落之间小的地域内或跨方言的某些群体中的频繁交互影响,也有外来词的影响。以东干甘肃话为基础的东干标准语,在书面语中起了语音规范作用,例如部分东干陕西话中有[pf、pfʻ]两个声母,而东干标准语中不设这两个声母,使它向[tṣ、tṣʻ]靠拢,这就是一种规范。但是在实际口语中,标准语没有什么约束力,有些音往往因人而异,一个词语会出现多种不同读音。比如一个大的东干陕西籍村落叫"营盘",为纪念东干族民族英雄"马山青",把村名改为"马山青",但在口语或书面语中形成了种种差异,如:"ma⁴¹san¹³tɕʻi¹³马山奇 | ma⁴¹san¹³ tṣʻəŋ¹³马山成 | ma⁴¹san¹³tɕʻiəŋ⁴⁴马山庆 | ma⁴¹san¹³tɕʻiəŋ¹³马山青",姓名的后一个音节有"奇、成、庆、青"四种读音。我们认为"马山青"的名字符合华夏传统理念。后来在该村办公室看到用汉字书写的"马山青",证实了我们的推测。又如"东干"的读音,也是几经转变。它的原始写法和读音应该是"东岸",读作[tuŋ ŋan],是汉语陕西话"东边遥远的地方"的意思,后来"岸"讹变为"干",声母也由[ŋ]变为[k]。在有的村落"东岸"又讹读作"达维耶儿",即"东"变成了"达",就是只保留了声母[t],"岸"变成了"维耶儿",也就是汉语陕西话"岸"的声母[ŋ]变成了汉语甘肃话"维"的对应声母[v],像"我"的读音由[ŋə]变成[və]那样,"维"后又带了个拖音"耶儿"。这样,由"东岸"讹变成"东干",还能知道点儿意思,而变成"达维耶儿",就连东干人自己也不知道它的意思了。还有的读音是受到了外来词的影响,比如东干族最大的一个甘肃籍村落,它的原地名吉尔吉斯语,读为[sɔkʻulukʻ]索库卢克,后来东干族在此建村后渐渐附会成"臊葫芦"或"梢葫芦",后改为今名"阿列克山德洛夫卡"(X.尤素洛夫,1961),但东干人至今仍沿用旧名,其实跟蔓生植物"葫芦"没有任何关系。"国家"的"国"原读为[kui¹³],现在也读为[kuə¹³],这显然是受到汉语普通话的影响。

（二）构词异读字举例

借 { tɕ‘iɛ⁴⁴：～助
　　 tɕiɛ⁴⁴：～钱

口 { ku⁴¹：头～
　　 k‘ou⁴¹：人～

闹 { lɔ⁴⁴：咋～呢
　　 nɔ⁴⁴：热～

顺 { tʂ‘uəŋ⁴⁴：孝～
　　 fəŋ⁴⁴：～当

些 { ɕiɛ¹³：这～
　　 ɕyə¹³：～微

下 { xa⁴⁴：坐～
　　 ɕia⁴⁴：～雨

规 { kui¹³：～矩
　　 k‘ui¹³：～程

外 { vei⁴⁴：～爷外公
　　 vai⁴⁴：～面

停 { t‘iŋ¹³：消～
　　 t‘əŋ¹³：～下不走了

角 { tɕyə¹³：皂～
　　 kə¹³：嘴～子

康 { k‘aŋ¹³（后起音）：健～
　　 kaŋ¹³：～健

健 { tɕian⁴⁴（后起音）：～康
　　 tɕ‘ian¹³：康～

仗 { tʂan⁴⁴：狗～人势
　　 tʂan⁴⁴：打～

斜 { ɕiɛ¹³：～坡
　　 ɕyə¹³：～横，～～子睡

跨 { tɕ‘ia⁴¹：朝前～一步
　　 k‘ua⁴⁴：～到炕沿上坐下哩

穿 { k‘uan¹³：（用线）～上，～成串
　　 tʂ‘uan¹³：～衣裳

（三）横向读音濡染字举例

1. 声母差异

请看表2-16。

表 2-16

发音方法不同			发音部位不同		
pu	p‘u	步	ts‘an	tʂ‘an	缠
tsan	ts‘an	崭	tsan	tʂan	搌
tou	t‘ou	抖	tsei	sei	塞
kui	k‘ui	跪规	tsɔ	tʂɔ	罩
kuŋ	k‘uŋ	困	ts‘aŋ	tɕ‘iaŋ	藏
			səŋ	ʂəŋ	渗
			tʂ‘əŋ	ʂəŋ	晨
			tɕ‘ian	k‘aŋ	腔
			tɕin	kəŋ	更半夜三～
			tɕ‘iɔ	k‘ɔ	敲
			tʂ‘uan	k‘uan	穿

2. 韵母差异

请看表2-17。

表 2-17

介音不同	韵腹不同	韵身不同	韵头或韵尾不同	全韵不同
ɕian 现鲜 ɕyan	kai 隔 kei	xuai 灰回或毁会 xuei	xuei 茴 xuŋ	ɕiɔ 削 ɕyə
		kuei 国 kuə	iaŋ 阎 yan	tɕʻiɔ 雀 tɕʻyə
		tsai 斋 tsei	tɕʻiŋ 戚 tɕʻi	
		pei 珀 pə		
		lou 露炉 lu		
		pʻi 拍 pʻei		

3. 声母、韵母共现差异

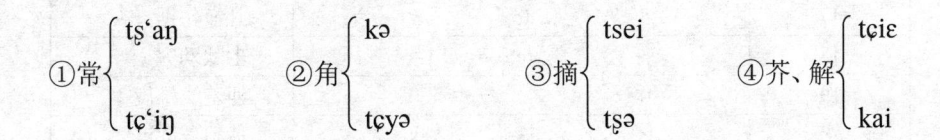

① 常 { tʂʻaŋ / tɕʻiŋ }   ② 角 { kə / tɕyə }   ③ 摘 { tsei / tʂə }   ④ 芥、解 { tɕiɛ / kai }

第四节　东干话语音和北京话语音比较

一、声母比较

东干话含零声母共24个声母，北京话含零声母共22个声母。它们的异同请看表2-18。

表 2-18 东干话声母与北京话声母比较表

方言序号	东干话	北京话	例字
1		p	八别布
2		p'	怕皮铺
3		m	妈门明木
4	f	f	乏风飞富
		ʂ(合)	霜水说书
5	v	Ø(开)(合)	饿我窝五味
		ʐ(合)	软闰若乳入如
6		t	大地到多
7		t'	太提天土
8	n	n	拿年脓女
		Ø(开)	安恩袄
		Ø(齐)	业咬眼硬压
9		l	烂来连路捋
10	ts	ts	字早做坐
		tʂ(开)	纸扎挣站
11	ts'	ts'	刺草醋错
		tʂ'(开)	茶吵掺愁
12	s	s	死伞苏算
		ʂ(开)	师诗是沙啥山生
13		tʂ	知张针住抓
14		tʂ'	吃潮唱成出床
15		ʂ(开)	石少上声
16		ʐ	日绕认肉
17		tɕ	几净句锯
18		tɕ'	七秋劝穷
19		ɕ	西羞线雄旋
20	k	k	盖狗哥贵过
		tɕ(齐)	街解芥
21	k'	k'	开看苦空
		tɕ'(齐)	敲
22	ŋ	Ø(开)(合)	饿鹅恶我
23	x	x	哈红黑灰话
		ɕ(齐)	鞋咸杏
24	Ø	Ø(开)(齐)(撮)	阿哎盐远
		ʐ(合)	容

68

说明：

1. 东干话与北京话有[p、p'、m、t、t'、l]六个声母的所属字完全等同，有[tʂ、tʂ'、ʂ、z、tɕ、tɕ'、ɕ]七个声母的所属字大多等同。

2. 东干话的[ts、ts'、s]声母字分别与北京话的[ts、ts'、s]声母字及部分与开口呼相拼的[tʂ、tʂ'、ʂ]声母字相对应。

3. 东干话的[k、k'、x]声母字分别与北京话的[k、k'、x]声母字及部分与齐齿呼相拼的[tɕ、tɕ'、ɕ]声母字相对应。

4. 东干话的[f]声母字分别与北京话的[f]声母字及与合口呼相拼的[ʂ]声母字相对应。

5. 东干话的[v]声母字与北京话的与合口呼相拼的零声母、[ʐ]声母字相对应，也包括北京话少数与开口呼相拼的零声母字，如"饿"。"我""饿"等字在东干话中声母[v][ŋ]两读。

6. 东干话的[ŋ]声母字与北京话的部分与开口呼相拼的零声母字相对应，个别字在北京话中为与合口呼相拼的零声母字，如"我"。

7. 东干话的[n]声母字与北京话的[n]声母字相对应，也包括北京话的部分与开口呼相拼的零声母字，及北京话中与齐齿呼相拼的零声母字。

8. 东干话的零声母字与北京话的与撮口呼相拼的零声母字相对应，也包括北京话的部分与开口呼、齐齿呼相拼的零声母字，及个别与合口呼相拼的零声母字，如"容"。

二、韵母比较

东干话有32个韵母（不含儿化韵），北京话有39个韵母（不含儿化韵）。它们的异同请看表2-19。

表2-19 东干话韵母与北京话韵母比较表

序号	开口 东干	开口 北京	开口 例字	齐齿 东干	齐齿 北京	齐齿 例字	合口 东干	合口 北京	合口 例字	撮口 东干	撮口 北京	撮口 例字
1	ɿ		子刺	i		泥飞客 一衣	-u		土苦水	y		句曲 雨鱼
2	ʅ		知吃				(v)u	(u)u	五雾			
3	a		阿马	-ia ia		家夏 牙压	-ua ua	ua	瓜花 娃挖			
4	o		哦噢	io		哟	uo		火落 我窝			
5	ə	ɤ	饿车				-uə və		火落 我窝	yə		觉脚 缺学
6	ɛ	欸~，快来		iɛ		别节 血夜				yɛ		月雪

(续表)

四呼 序号	方言	开口			齐齿			合口			撮口		
		东干	北京	例字	东干	北京	例字	东干	北京	例字	东干	北京	例字
7		aiɚ	ɚ	二耳儿									
8		-ai (n)ai	ai	太开 哎<u>挨</u>爱				-uai vai	uai	揣怪快 外<u>歪</u>			
9		-ei -i	-ei	北美谁 给<u>黑飞</u>				-uei -uai -i vi	-uei -uei -uei uei	会悔毁 <u>回灰或</u> 水<u>睡</u> <u>围位为</u>			
10		-ɔ nɔ	au	草刀闹 <u>袄鏊</u>	-iɔ iɔ niɔ (yə)	iau	表小交 要妖摇 <u>咬痒</u> 药						
11		ou		走后头	iou		牛有柳						
12		-an nan	an	难三 <u>安</u>	-ian ian nian	ian	年边前 烟盐 眼	-uan van	uan	端官还 完万弯	yan		全旋远
13		aŋ		炕房 双上	iaŋ		乡强 阳羊	-uaŋ vaŋ	uaŋ	黄光庄 王望			
14		-əŋ nəŋ əŋ	ən	门本盆 恩 能梦更	iŋ iŋ niŋ	in iŋ	今心 因银 兴兵迎硬	-uŋ vəŋ -uŋ	un 	孙混 问稳 送东虫	yŋ yŋ	yn	军群云允 穷兄用容

说明：

表2-19中例字下面标有横线的字，表示它的读音和北京话不同。

从表2-19中可以看出，东干话韵母和北京话韵母有22个相同，有10个相对应，北京话比东干话多出7个韵母。具体说明如下。

1. 有22个韵母相同。它们是[ɿ、ʅ、i、u、y、a、ia、ua、iɛ、ai、uai、ei、uei、ou、iou、an、ian、uan、yan、aŋ、iaŋ、uaŋ]。

2. 有10个韵母相对应。①uə—uo ②yə—yɛ ③ə—ɤ ④aiɚ—ɚ ⑤ɔ—au ⑥iɔ—iau ⑦əŋ—ən、əŋ ⑧iŋ—in、iŋ ⑨uŋ—un、uŋ

70

⑩yŋ—yn、yŋ。

左边为东干话韵母,右边为北京话韵母。其中①到⑥是一个东干话韵母对应一个北京话韵母,⑦到⑩是一个东干话韵母对应两个北京话韵母,即北京话的前鼻音、后鼻音在东干话中都混读为后鼻音。

3. 北京话多出的7个韵母是[o、io、ɛ、ən、in、un、yn]。

4. 在相同和相对应的韵母中,仍存在一些差异。

(1) 在开口呼中,有三四十个字,东干话读[ei],北京话读[ai],见表2-20的A组;东干话读[i],北京话读[ei],见表2-20的B组。在齐齿呼或个别开口呼中,有一二十个字,东干话前面都要加上[n],见表2-20的C组。

表 2-20

A 组			B 组			C 组		
东干话	北京话	例字	东干话	北京话	例字	东干话	北京话	例字
pei	pai	白帛	xi	xei	黑	nia	ia	压牙
mei	mai	麦	fi	fei	肺飞肥	niɛ	iɛ	业孽
tsei	tʂai	摘	vi	uei	位围微	niɔ	iau	咬痒
sei	sai	腮	ʂi	ʂuei	水睡	nian	ian	眼严
tsei	tʂai	斋				niŋ	iŋ	硬
						nai	ai	爱挨
						nɔ	au	袄鏊
						nan	an	安暗鞍案

(2) 在合口呼中,东干话零声母字的[u]都变成了唇齿浊擦音[v],如:[vu、va、və、vai、vi、vaŋ、vəŋ]。

三、声调比较

东干话三个声调,北京话四个声调。它们的调类、调值和入声的分派方面都有差异。请看表2-21。

表 2-21 东干话声调与北京话声调比较表

古调类		例字	北京话	东干话		
				甘肃话		陕西话
				梢葫芦村	伊尔代克村	营盘村
平声	清	高猪低边开抽初飞三天安	阴平55	平声13		阴平21
	浊	穷床平鹅人龙难魂云娘房	阳平35			阳平35

71

(续表)

古调类		例字	北京话	东干话		陕西话
				甘肃话		
				梢葫芦村	伊尔代克村	营盘村
上声	清	纸走短比碗口草九卷好手死粉	上声214	上声41		上声41
	次浊	五女染老买有米尾远				
	全浊	是坐抱厚舅旱市				
去声	清	盖醉对爱唱菜怕到四见送放	去声51	去声44或45	去声44	去声55
	浊	大病害树谢饭汗旧建住漏帽用寺				
入声	清	八织曲出秃黑七割桌切接搭湿一拍说削发铁窄尺	阴平55	平声13		阴平21
		百	上声214			
	次浊	六麦袜药月	去声51			
	全浊	白拔十舌食实	阳平35			阳平35

说明：

1. 调类、调值的差异。东干话内部调类不一，其中东干甘肃话单字调是三个调，平声不分阴阳，连调时可以分出阴平[21]、阳平[13]，共四个调，东干陕西话平声分阴阳，是四个调。作为东干话标准语的基础的东干甘肃话，其内部调值也不一致，如去声字，伊尔代克村几位发音人都发为[44]，而梢葫芦村较为复杂，苏联奥·伊·乍维雅洛娃《甘肃方言》(1979，俄文版)的语图记录和另几位发音人的发音都不一致，可以综合为[44]或[45]。这样，东干话标准语应是三个调，调值为平声[13]、上声[41]、去声[44]。而北京话是四个调，调值为阴平[55]、阳平[35]、上声[214]、去声[51]。

2. 古入声字分派的差异。东干话平声和北京话阴平、阳平相当，其上声、去声与北京话上声、去声相当。差异在入声的分派方面。东干话中古入声全部派入平声，而北京话则分别派入阴平、阳平、上声、去声四个调。

第五节　同音字汇

本字汇共2560字，是从约百十来万字的东干话语料中检索得到的，按韵母、声母、声调的顺序排列。有音、义而无本字时，用同音字代替，下标浪线"～"表示。无同音字可写时，用"□"表示。同音同形而异义的字，在该字的右上角用数字标出序号。需要释义、举例时，随文用小字给出。对例子的说明，放在例后圆括号内。有的字有两个读音，为了便于集中比较，也放在同一音节下给出。这些不同读音，大多数都有说明，若无说明时，一般是先给出的音比较常见。

东干话的陕西话和甘肃话单字调不同，由于其甘肃话处于主导地位，因此这里只标其甘肃话的单字调。东干甘肃话有三个调，如下所示。

平声13　　高七麦月白穷房
上声41　　走草手五买远永
去声44　　是旱菜放害树间

ɿ

ts [13]支吱脂芝滋筝风~之只~有滓指~头　[41]子籽姊紫指动词止趾纸旨　[44]字自姿痣痔至~少志又音[tʂ]

ts' [13]鸱词辞迟鹚龇~牙　[41]此跐蹴耻齿　[44]伺刺翅

s [13]思司撕丝尸施师诗时私什家~狮　[41]死使屎史　[44]四似寺柿是市事匙次示　[轻声]是

ʅ

tʂ [13]枝知织只一~羊直值侄执~巴（~照）　[44]致治制置这质
tʂ' [13]吃池尺赤
ʂ [13]湿失十拾[1]捡石识食实殖骨~蚀矢拾[2]奔向　[44]世试势室式饰首~
ʐ [13]日

i

p [13]逼鼻笔又音[pei]必　[41]比秕　[44]箅毙毕避又音[p'i]闭壁备鞴被~窝蓖
p' [13]批皮脾~气琵劈　[44]屁
m [13]眯迷糜~子眉密蜜　[41]米　[44]腻~虫
f [13]非是~肥飞　[41]水翡　[44]费肺税睡
v [13]围为围坐着向前移动微煨桅维结交　[41]伟苇委委屈　[44]为~了喂猬位味胃
t [13]低敌笛羝　[41]底抵~命,又音[tie]羝　[44]弟第递地　[轻声]的
t' [13]梯又:陕西音[tɕ'i]踢提题蹄啼剔　[41]体又:东干陕西音[tɕ'i]　[44]剃替

73

屉嚏

　　n　[13]泥　[41]你呢里边　[44]逆　[轻声]呢呢

　　l　[13]离分别离稀疏璃梨犁厘力立历篱又音[ly]　[41]李里理哩叽~咋啦礼　[44]利厉例痢　[轻声]哩了,呢

　　tɕ　[13]饥叽机鸡激级急辑编~脊疾嫡　[41]已几挤　[44]季记纪计剂济系打结忌

　　tɕ'　[13]欺妻期七蹊沏旗奇骑齐祈脐漆　[41]起又音[tɕ'iɛ]　[44]气汽砌去又音[tɕ'y]

　　ɕ　[13]希稀嘻西吸膝媳习席吃~夕又音[ɕiŋ]牺　[41]洗喜　[44]系联~戏细

　　k　[13]隔　[41]给

　　k'　[13]客刻克~化

　　x　[13]黑

　　Ø　[13]衣依医一揖姨胰~子(肥皂)遗宜便~仪咦译又音[y]移裁　[41]以~后椅蚁尾　[44]意艺易役议义

u

　　p　[13]不　[41]补卜萝~　[44]布步又音[p'u]部

　　p'　[13]铺~床扑葡菩醭仆　[41]普　[44]铺~子堡

　　m　[13]摸觉~模~样谋木目　[41]母拇亩　[44]幕　[轻声]么那~们

　　f　[13]夫麸梳疏书舒输扶咐伏服福熟复¹重~复²恢~抚辐赎封又音[fəŋ]　[41]府腐斧数~一下属~牛　[44]妇负欺~父富傅师~缚扎~(叮咛)树数岁~洑恕服一~药副

　　v　[13]呜如吴蜈无入褥梧屋　[41]擩乳五伍队~午武舞捂　[44]误务雾焐~热寤

　　t　[13]读独毒涂胡~犊　[41]堵赌肚羊~子　[44]肚渡度

　　t'　[13]秃徒图　[41]土吐　[44]兔

　　n　[13]奴　[41]努

　　l　[13]芦炉又音[lou]轳辘~鹿录目~　[41]鲁　[44]路辘

　　ts　[13]足又音[tɕy]族租　[41]组祖　[44]做又:东干陕西音[tsou]

　　ts'　[13]粗　[44]醋

　　s　[13]苏酥~油俗又音[ɕy]:乡~　[44]素肃又音[ɕy]嗉

　　tʂ　[13]珠蛛又音[tsou]猪竹烛蜡~轴　[41]主煮拄　[44]住又:做补语时音

74

第二章 语音

[tʂ'u]柱

tʂ' [13]初出□皱纹:~除厨锄畜~牲 [41]楚齐齐~~,苦~处~置鼠杵石~子帚 [44]处各~

k [13]姑轱咕~哝孤箍骨¹花~嘟儿骨²~头谷~子嗝打饱~菇□摧残 [41]古鼓股蛄 [44]故固雇顾

k' [13]枯~井窟哭 [41]苦 [44]裤库

x [13]乎呼胡¹~说胡²~子葫蝴糊核壶囫狐~子 [41]虎唬琥 [44]户护

y

n [41]女又音[mi]:~猫

l [13]驴又音[liou]羚羝~(山羊)篱又音[li] [41]累带~捋 [44]虑律

tɕ [13]居拘束,勒驹车菊据~羚剧话~局 [41]矩举 [44]句具锯聚

tɕ' [13]蛆屈委~渠曲唱~子蛐 [41]取娶 [44]趣凑~

ɕ [13]虚蓿首~ [41]许答应 [44]序婿续

ø [13]于余鱼榆育玉狱 [41]雨语 [44]誉芋遇

a

p [13]巴笆叭扒八拔琶把 [41]把~守靶厾 [44]爸伯父(甘肃),祖父(陕西)把刀~霸坝罢耙 [轻声]吧

p' [13]趴爬耙 [44]怕帕

m [13]妈抹麻蟆 [41]马蚂蚁玛瑙码~子 [44]骂蚂~蚱 [轻声]吗

f [13]发¹打~发²头~刷罚乏法垡 [41]耍

v [13]洼鸹老~(乌鸦)娃挖袜 [41]瓦

t [13]搭嗒机枪声耷答瘩达父褡~子打从 [41]打 [44]大

t' [13]塌塔踏獭沓磋春 [41]他她它 [44]拓

n [13]拿呐嗯~ [41]哪 [轻声]呐呢:你妈~

l [13]拉¹~运拉²割,划辣腊蜡 [41]喇~叭 [44]落~后

ts [13]扎¹~花扎²~缚炸油~渣瓦~咂~奶砸杂咱铡眨闸水~哳 [41]咋拃一~长 [44]炸~弹蚱蚂~糸痄栅榨~油

ts' [13]擦馇杈叉差错插碴茬茶搽察查 [41]叉~开腿 [44]岔诧~生差~不多杈桠~

s [13]撒~手沙纱砂~罐子杀 [41]洒撒~种子靸用脚移物 [44]啥厦煞萨 [轻声]唼呀

k [13]尕小杀

k' [41]咯

x [13]哈瞎蛤~蟆□坏 [44]下主要用作补语:坐~;又音[ɕia],主要用作谓语中心语:~雨吓~人

ø [13]阿~訇 [轻声]啊

ia

tɕ [13]加家夹枷痂夹双层的胛~子(肩膀)甲指~ [41]假 [44]稼嫁架价假

tɕ' [13]掐狭窄~ [41]卡跨向前跨,又音[k'ua]

ɕ [13]虾峡山~匣 [44]夏吓~唬

ø [13]丫~头(姑娘)押鸭压又音[nia]牙又音[nia]芽又音[iaŋ]:发~衙桠 [41]哑 [轻声]呀

ua

tʂ [13]抓 [41]爪~子

tʂ' [13]欻串儿 [41]欻用力扯

k [13]瓜刮¹~风刮²~胡子□天真,纯朴 [41]寡 [44]挂卦八~褂

k' [13]夸 [44]胯跨表示附在旁边:~在炕沿上挎

x [13]花铧犁~滑 [44]化造~话画桦

ə

p [13]玻菠拨雹脖薄播剥珀又音[pei]驳~船 [41]跛簸 [44]薄~荷

p' [13]坡泼婆 [44]破

m [13]摸~掮馍磨没莫末碎屑儿沫 [41]抹 [44]磨~面

f [13]说佛又音[fu]勺~子芍

v [13]窝~子窝表示时间、处所:那时,哪里,那里倭~瓜鹅又音[ŋə]踒使弯曲□撬:~杆涡物~件若 [41]我又音[ŋə],多为东干陕西读音 [44]卧恶~狼饿又音[ŋə]

tʂ [13]遮折辙褶择蔗蛰 [41]者老~

tʂ' [13]车撤 [41]扯

ʂ [13]赊蛇舌折断 [41]舍~命设 [44]麝社舍房赦

ʐ [13]热 [41]惹

k [13]圪哥歌搁胳疙割鸽革各纥 [44]个又音[kei]

k' [13]磕瞌咳壳可叉,还 [41]可¹~是可²可着 [44]嗑~瓜子

76

ŋ　[13]恶~心讹~人

x　[13]喝褐和~尚，又音[xuə]：~尚荷合盒河

uə

t　[13]多掇夺啄　[41]朵躲　[44]剁驮~子

t'　[13]脱驼驮托鸵坨　[44]唾

n　[13]挪

l　[13]罗骡萝锣箩落骆螺乐烙　[41]捋割，削　[44]㩺络联~糯~米

ts　[13]凿昨　[41]左撮　[44]坐座作做~主，又：在"~活"中音[tsu]

ts'　[13]搓矬错　[44]挫

s　[13]唆嗦　[41]唢~呐锁

tʂ　[13]桌捉着~重镯

tʂ'　[13]戳

k　[13]锅郭　[41]果裹　[44]过

k'　[13]科颗□给树整枝估~量捆阔奢华　[41]瘰皮肤上发生的轻微溃烂棵　[44]课骒

x　[13]豁~出去和¹暖~和²~面活¹生存活²做~　[41]火伙小~和并合，联合，统一[44]祸货豁亮~和搀和在一起

yə

tɕ　[13]觉~摸（感觉到），又音[kuə]嚼橛蕨镢~头脚角皂，又音[kə]：嘴~子[44]倔

tɕ'　[13]缺瘸雀又音[tɕiə]

ɕ　[13]靴薛削又音[ɕiə]学雪

Ø　[13]越月钥药

iɛ

p　[13]鳖憋蝙别离~　[41]瘪　[44]别撬

p'　[13]撇弃置不顾瞥草莓　[41]撇扔

m　[13]灭

t　[13]爹跌叠碟

t'　[13]贴蝶铁又，东干陕西音[tɕ'iɛ]

n　[13]捏茶精神不振　[41]孽罪~业工~

l　[13]裂　[41]咧

tɕ [13]阶揭接结劫节捷截 [41]姐 [44]界借又：在"借助"中音[tɕʻiɛ]

tɕʻ [13]切¹~开切²一~茄 [41]□~莲（一种蔬菜） [44]挈带，扛裬

ɕ [13]些又：在"些微"（稍微）中音[ɕyə]歇斜又音[ɕyə]：~~子睡的协血蝎邪楔 [41]写 [44]谢卸

Ø [13]噎爷叶 [41]野 [44]夜也

aiɚ

Ø [13]儿 [41]耳□扔（多为东干陕西音） [44]二

ai

p [41]摆 [44]败凋谢拜~望

pʻ [13]排~队牌抹~ [44]派~遣

m [13]埋唉"没有"的合音，兼用作疑问语气词"吗" [41]买 [44]卖

f [13]摔 [41]甩 [44]帅挂~

v [13]歪□厉害 [44]外又：在"外爷"（外祖父）中音[vei]

t [13]呆 [41]歹逮 [44]代¹~表代²后~袋大~夫带¹领~儿带²携~待等~戴

tʻ [13]胎台抬 [41]太 [44]泰

n [13]哀崖挨¹靠近挨²~打 [41]奶 [44]爱耐艾那又读[na]

l [13]来 [44]赖怪罪癞~瓜子（蛤蟆）

ts [13]灾栽斋又：陕西音[tsei] [41]宰 [44]债在再

tsʻ [13]猜才柴材财裁豺 [41]采彩踩 [44]菜

s [13]筛腮又音[sei] [44]晒赛

k [13]该欠（账）街秸 [41]改解~渴，又：在"解放"中音[tɕiɛ] [44]盖戒~指儿芥又音[tɕiɛ]

kʻ [13]开

x [13]嗨鞋孩 [41]海 [44]害亥

Ø [13]哎

uai

tʂ [13]拽

tʂʻ [13]揣放在怀中 [41]揣忖度

k [13]乖 [41]拐~子 [44]怪又音[kui]

kʻ [41]块 [44]快筷

x　[13]怀灰又音[xui]回又音[xui]或又音[xui]：~者恢踝　[41]毁又音[xui]悔又音[xui]　[44]坏会又音[xui]

ei

p　[13]悲背白帛伯北百柏掰珀又音[pə][p'ai]　[44]贝辈背~后臂焙褙

p'　[13]披拍又音[p'i]陪赔迫　[44]配

m　[13]玫媒煤霉墨麦脉血~梅　[41]美每　[44]妹寐

t　[13]得

l　[13]勒束肋

ts　[13]摘又音[tʂə]侧向一边倾斜贼窄

ts'　[13]拆册

s　[13]塞又音[tsei]虱谁色^{1}颜~色^{2}赌具涩

k　[13]隔~开

uei

t　[13]堆　[41]□碰撞　[44]对队又音[tuan]碓

t'　[13]推　[41]腿

l　[13]雷　[41]垒累积聚　[44]累堆积的粉末或颗粒状固体向下滑落擂~台内泪累疲倦

ts　[41]嘴　[44]罪醉

ts'　[13]催　[44]脆翠

s　[13]虽随　[44]岁穗碎遂荽□小

tʂ　[13]追锥　[44]坠

tʂ'　[13]吹槌

k　[13]归规又：在"规程"中音[k'uei]瑰玫~国又音[kuə]　[41]鬼　[44]桂贵柜跪又音[k'uei]刽~子手

k'　[13]亏盔锅~（大饼）葵魁

x　[13]茴又音[xuŋ]　[44]慧

ɔ

p　[13]包苞~谷箔　[41]宝保饱　[44]菢报豹抱暴~动刨

p'　[13]袍胞同~刨狍　[41]跑　[44]泡炮

m　[13]猫毛茅~圈（厕所）牦蘑　[41]牡~丹铆~接卯关节　[44]冒帽

t　[13]刀叨唠~叨鸡、鸟等用嘴啄　[41]倒捣祷导　[44]道稻盗到倒^1~酒倒^{2}反而

79

t' [13]掏逃桃又:在"核桃"中音[t'ou]萄淘　[41]讨~论　[44]套

n [13]熬~煎獒一种猎犬　[41]瑙玛~恼脑袄　[44]闹热~;又音[lɔ]咋~呢(怎么办呢)鳌傲

l [13]捞劳牢唠捞痨　[41]老　[44]涝

ts [13]遭糟蚤　[41]澡早找枣　[44]造皂灶躁罩又音[tṣɔ]笊

ts' [13]抄~家操曹槽钞~票儿　[41]草吵炒

s [13]臊捎梢□~情(献殷勤)　[41]扫嫂　[44]臊害~哨~子扫~帚燥

tṣ [13]招~惹　[44]诏又音[tṣaŋ]:待~铺(理发店)照

tṣ' [13]朝潮

ṣ [13]烧莙白~(甜菜)傻~子　[41]少　[44]少~年捎~色

ẓ [13]饶　[44]绕绕~手(招手)

k [13]羔羊~高膏石~骄~傲　[41]搞¹~价(讨价还价)搞²照看(小孩)　[44]告膏在轴承转动处加润滑油

k' [13]敲又音[tɕ'iɔ]　[41]考烤拷　[44]靠

x [13]蒿薅壕~沟嚎毫赏~(奖赏)号叫:风~　[41]好　[44]号口~好喜爱耗

ciɔ

p [13]膘猋快　[41]表¹述说表²钟　[44]摽捆绑

p' [13]漂飘瓢　[44]票漂把花儿插在水中

m [13]苗矛~子瞄　[44]庙妙

t [13]刁抢叼用嘴夹住雕¹刻画雕²一种猛禽　[44]吊钓掉调音~

t' [13]挑~拣,又音[tɕ'iɔ]条调¹~唆调²~养笤　[41]挑~拨,挖(渠)　[44]跳

n [41]鸟咬瘆　[44]尿

l [13]獠~牙撩~乱(奔忙)缭　[41]了~不得燎　[44]料¹~想料²材~镣脚~撂　[轻声]了走~

tɕ [13]交胶浇教~课椒焦跤绊~　[41]搅绞~脸铰~断饺　[44]较~量叫教~员轿觉睡~窖醮

tɕ' [13]跷~蹼悄荞桥鹊　[41]巧　[44]撬

ɕ [13]消硝鸮肖又音[ɕiaŋ]枵　[41]晓分~小　[44]孝笑鞘枪~子

Ø [13]吆妖腰窑摇　[41]舀　[44]要鹞勒

ou

t [13]都　[41]斗陡　[44]豆□触及痘

t' [13]偷头投~奔投等到　　[41]抖又音[tou]　　[44]透

l [13]搂向自己方向扳动楼　　[41]搂抱篓灯~　　[44]漏露~水,又音[lu]

ts [41]走　　[44]皱

ts' [13]挡扶愁惆~怅　　[41]瞅　　[44]凑~趣助帮~,又:在"借助"中音[tsʻu],也偶尔读作[tsu]

s [13]嗖搜　　[44]嗽咳~瘦

tʂ [13]周州诌　　[41]肘㧪举起杻手~　　[44]昼咒

tʂ' [13]抽绸稠仇　　[41]丑　　[44]臭

ʂ [13]收　　[41]守手首　　[44]受寿兽

ʐ [13]柔揉　　[44]肉

k [13]尻~子(屁股)勾弯曲,低垂:头~下钩沟　　[41]狗　　[44]够数量足,又:表示用手等伸向不易达到处去触及或拿取时音[kəŋ]垢~甲(污垢)

k' [13]抠　　[41]口　　[44]扣寇蔻

x [13]喉猴　　[41]吼　　[44]候后厚

iou

t [13]丢

n [13]牛　　[41]扭扭捏,折拧纽~子　　[44]拗固执

l [13]溜光滑蹓偷偷地走开流琉留榴六绿又:在"花红柳~"中音[lan]　　[41]柳绺~娃子(小偷)　　[44]溜排,条

tɕ [13]究揪鸠　　[41]久九韭酒灸　　[44]舅旧救就动词,又:做副词时音[tsou]

tɕ' [13]秋鞦

ɕ [13]羞修宿星~　　[41]朽　　[44]秀绣锈袖

ø [13]忧由油游蚰　　[41]友有　　[44]又右釉幼诱

an

p [13]般搬班斑扳　　[41]板版　　[44]半又音[paŋ]伴绊办瓣扮拌

p' [13]盘攀　　[44]盼襻叛畔

m [13]瞒蔓埋蛮　　[41]满　　[44]慢漫墁~墙

f [13]翻烦繁凡矾闩拴　　[41]反返　　[44]饭犯涮贩钐~镰

v [13]弯湾剜完玩丸豌　　[41]软碗晚绾　　[44]万腕蔓

t [13]丹单担耽　　[41]胆疸掸　　[44]弹炸~石蛋淡破但如果

t' [13]摊滩瘫贪贪~心(用心)弹动~谈痰罈　　[41]毯坦慢　　[44]炭探

n　[13]鞍安鹌难男南庵　[41]暖　[44]难磨~暗按案岸又，东干陕西音[ŋan]

l　[13]拦栏蓝　[41]揽懒　[44]烂

ts　[13]簪粘贴，又音:[tʂan]□扔沾　[41]攒积盏搌又音[tʂan]斩　[44]赞蘸潛溅□缝上，别上站¹立着不动站²停止行动站³留宿湛錾镌刻

ts'　[13]掺搀参蚕　[41]产铲崭又音[tsan]　[44]划一~（全部）

s　[13]三山衫　[41]伞馓~子（一种油炸面食）　[44]散--心钐又音[fan]

tʂ　[13]毡　[41]展又：在"发展"中多读作[tsan]　[44]占战颤

tʂ'　[13]缠又音[ts'an]馋

ʂ　[13]搧　[41]闪睒眨巴眼　[44]蟮善扇~子苦骟

ʐ　[13]然□"粘"的又音　[41]染

k　[13]干杆竿甘疳柑肝　[41]秆赶敢擀　[44]干

k'　[13]看~守　[41]坎砍槛门~　[44]看

x　[13]寒韩还副词咸涎~水憨　[41]罕喊　[44]汗旱焊汉

ian

p　[13]边编鞭　[41]扁匾□（把袖子等）卷上去　[44]遍辫便方~变

p'　[13]偏便~宜　[41]谝　[44]片相~

m　[13]棉绵　[41]免　[44]面

t　[13]颠掂　[41]典点　[44]电殿店垫惦靛

t'　[13]天添田甜填　[41]舔

n　[13]蔫年严　[41]碾捻撵眼　[44]念

l　[13]连莲怜联镰帘廉　[41]脸　[44]炼链

tɕ　[13]肩奸艰监煎尖搛用筷子夹犍~牛　[41]拣简碱俭捡剪检　[44]件间¹~苗间²房~见剑箭贱渐健

tɕ'　[13]千铅牵前钱韂鞦~签鹐　[41]浅

ɕ　[13]掀锨先仙鲜又音[cyan]闲弦贤嫌　[41]显　[44]现又音[cyan]限县陷线欠呵~

Ø　[13]烟咽~喉胭淹腌沿檐盐言研颜芫~荽蜒闫姓~　[41]演掩□液体因晃动而洒出　[44]燕咽宴~席焰厌雁酽验

uan

t　[13]端　[41]短　[44]段缎断

t'　[13]团

82

l   [44]乱

tʂ   [13]钻   [44]钻~子攥~手

tʂ' [13]㩙攒聚   [44]□(香味)扑鼻

s   [13]酸   [44]算蒜

tʂ   [13]专砖   [41]转~移   [44]转游~

tʂ' [13]川穿船传椽   [41]喘   [44]串

k   [13]官棺观关   [41]管馆   [44]灌罐惯冠

k'   [13]宽   [41]款

x   [13]欢还   [41]缓欵   [44]换唤患

yan

l   [13]恋

tɕ   [41]卷~起来鬈   [44]圈鸡~眷

tɕ' [13]圈全拳权泉蜷   [44]劝券

ɕ   [13]喧~黄(聊天)旋悬宣漩   [41]选~举癣   [44]旋[1]风旋[2]临时镟馅楦

ø   [13]冤元园员圆原重,又阎~王,又音[iaŋ]辕缘   [41]远   [44]怨院愿

aŋ

p   [13]邦帮梆   [41]膀绑   [44]棒傍旁边

p'   [13]旁   [44]胖

m   [13]忙   [41]蟒

f   [13]方双霜防房坊   [41]访纺爽   [44]放

v   [13]汪王亡芒往   [41]枉网辋   [44]忘妄望旺

t   [13]当裆铛   [41]挡党   [44]当[1]认为当[2]典荡

t'   [13]汤糖堂膛噇棠溏趟   [41]淌躺   [44]烫

n   [13]□泥泞难走囊   [41]攮馕   [44]齉

l   [13]郎廊榔狼   [44]浪水~浪玩,游逛

tʂ   [13]脏赃   [44]脏

tʂ' [13]仓苍藏又音[tɕ'iaŋ]

s   [13]丧桑   [41]嗓搡

tʂ   [13]章张   [41]长涨掌   [44]丈仗又音[tʂaŋ]:狗~人势杖帐账障孽~胀瘴

tʂ' [13]长场肠常又音[tɕ'iŋ]尝偿   [41]厂场市~敞   [44]唱怅

ʂ   [13]伤商~量裳   [41]赏晌   [44]尚上

83

ʐ [13]嚷闹~~瓢　[41]嚷斥责　[44]让

k [13]缸刚金~钻钢康~健,又音[kʻaŋ]:健~　[41]□用锹把粉末或颗粒状的东西聚拢或装进容器：~土岗　[44]□虹□烟尘飞扬

kʻ [13]糠腔~子(胸腔),又音[tɕʻiaŋ]:羊~子病　[44]炕渴

x [13]行同~杭　[44]巷~子(街道)

iaŋ

n [13]娘

l [13]良粮凉量梁樑　[41]两[1]~个两[2]四~　[44]亮量分~晾

tɕ [13]江豇将浆□刚姜~窝缰~绳　[41]讲奖膙~子　[44]降糨~糊强倔犟~嘴将~帅匠酱青~

tɕʻ [13]枪强优越墙　[41]抢　[44]呛~鼻子健康~,又音[tɕian]:"健康"(新词)音[tɕian kʻang]

ɕ [13]相互相:~好箱香乡镶降详　[41]享响饷想　[44]向偏袒项姓象[1]形~象[2]动物像相[1]~片相[2]将~

Ø [13]秧羊洋阳扬杨　[41]养仰　[44]样漾洒出

uaŋ

tʂ [13]庄桩装　[41]奘直径大,粗　[44]壮肥,香状~元

tʂʻ [13]窗疮床春　[41]闯

k [13]光咣~当　[41]广　[44]逛

kʻ [13]筐　[44]矿况框

x [13]荒慌皇凰蝗黄　[41]谎

əŋ

p [13]奔绷~紧绷睁大　[41]本　[44]笨奔投~

pʻ [13]盆朋棚蓬篷喷　[41]捧　[44]碰

m [13]闷门蒙　[41]猛　[44]焖孟梦懵

f [13]分吩坟蜂风疯缝峰　[41]粉　[44]分~量粪凤缝~子顺又:在"孝顺"中音[tʂʻuən]份

v [13]温嗡瘟文蚊闻嗅绒茸　[41]稳　[44]问闻润瓮

t [13]灯蹬　[41]等　[44]凳镫拖拉,牵引澄

tʻ [13]吞疼腾~地方誊~写　[44]停又:在"消停"中音[tʻiəŋ]

n　　[13]恩能

l　　[13]棱塄　　[41]冷　　[44]愣

ts　　[13]睁挣~扎　　[44]挣¹用力摆脱:~死扒活挣²~钱

ts'　　[13]层　　[44]衬~衣掌~子

s　　[13]森生牲甥参　　[41]省~电　　[44]渗又音[ʂəŋ]瘆使人害怕

tʂ　　[13]真针珍正~月争蒸糁砧　　[41]枕整疹　　[44]震阵正证政

tʂ'　　[13]抻称测量重量撑胀尘成城盛程承橙　　[44]秤

ʂ　　[13]伸呻身深升声神辰晨又音[tʂ·əŋ]绳　　[41]审婶　　[44]甚胜剩圣

ʐ　　[13]人仁眼~子仍仁~乂　　[41]忍　　[44]刃刀~认任~务

k　　[13]根跟更又音[tɕiŋ]　　[41]梗埂　　[44]亘

k'　　[13]坑吭　　[41]肯啃

x　　[13]哼口用嘴咬着　　[41]很狠　　[44]恨杏

Ø　　[44]嗯

iŋ

p　　[13]冰兵　　[41]饼秉　　[44]鬓病

p'　　[13]拼贫平评苹瓶凭　　[41]品产~

m　　[13]民名明　　[41]抿嘴唇轻触,略喝一点敏　　[44]命

t　　[13]丁补~钉~子盯叮~咬　　[41]顶又音[ti]　　[44]定锭一~墨钉~钉子

t'　　[13]听庭亭匀停消~

n　　[13]宁安~拧　　[41]拧转过去(脸)　　[44]硬宁~可

l　　[13]邻林临铃零绫灵　　[41]领岭檩　　[44]令另赁淋

tɕ　　[13]巾斤筋今金襟京惊经¹指古兰~经²~过睛精净五~,又音[kəŋ]鲸菁　[41]谨紧锦馑井景颈　　[44]近劲禁尽进镜净静

tɕ'　　[13]亲戚又音[tɕ·i]勤芹禽噙嘴里含着轻青清情晴琴　　[41]请　　[44]亲~家清器响~。又:在"军器"中音[tɕ·i]

ɕ　　[13]辛新心寻兴流行星行形又音[ɕyŋ]:~势刑　　[41]醒擤　　[44]信兴高兴姓性囟

Ø　　[13]因音阴荫银英鹰樱蝇赢迎盈营¹经营营²~扎姻鹦　　[41]饮缳~被窝影引瘾　　[44]印饮~马窨应胤指动植物的繁衍

uəŋ

t　　[13]墩蹾蹲冬东　　[41]盹懂迵撞　　[44]钝顿洞冻动炖

t' [13]通同铜桐瞳 [41]筒桶统 [44]褪退又音[t'ui]痛
n [13]脓哝 [44]嫩
l [13]窿龙聋笼囵 [41]笼~罩垄 [44]弄
ts [13]遵宗踪鬃 [41]总 [44]纵~然粽
ts' [13]村存葱聪从¹~新从²自~皴 [44]寸
s [13]孙松¹~树松²~散尿伀软弱 [41]笋 [44]送
tʂ [13]中可以忠盅钟终 [41]准肿种~子 [44]中~状元种~地重众
tʂ' [13]春唇鹑冲虫重~复 [41]蠢 [44]冲气从咽部冲出:打~子
k [13]工功公¹办~室公²~鸡弓恭供~给 [41]滚磙 [44]棍共困贫~,又音[k'uŋ]
k' [13]空蚣 [41]捆巩孔恐 [44]空~子
x [13]昏婚荤魂浑訇红洪大 [41]哄骗 [44]混横

yŋ

l [13]抡轮 [44]论
tɕ [13]君军 [44]俊
tɕ' [13]裙群穹
ɕ [13]兄胸雄熊凶熏烟~ [44]训
Ø [13]晕云壅容匀 [41]允永勇兵~ [44]运用熨

第三章 词　汇

第一节　构　成

东干话的词汇由三大块构成,汉语西北方言词语是主体部分,约占70%；东干族西迁中亚后产生的新词语,约占20%；外来词,约占10%。

以下词汇主要是东干话的甘肃话。例子中有音、义而无本字时,用同音字代替,下标浪线"～"表示,无同音字可写时,用"□"表示。

一、汉语西北方言词语

汉语西北方言词语是东干话词汇的主体部分,可以分为以下七种情况。

(一) 来自众多源头方言的词语

1. 西北通用词语

这类词语数量大,涉及词类多,下面我们分名词、动词、形容词、虚词几个大类进行展示。

(1) 名词

表 3-1

东干名词	释义	源头方言	例句
洋芋	马铃薯	新疆、兰州、西宁、银川、同心、中卫、临夏、户县、临洮、渭源	东干：我连和阿达父亲壅～去呢。
切刀	切菜刀	新疆、兰州、西宁、银川、同心、中卫、临夏	东干：你把菜切完哩,把～搁到案板上。
生活	毛笔	新疆、兰州、西宁、银川、同心、中卫、临夏、户县、山丹	东干(诗)：手拿～把墨蘸。
老鸹[va]	乌鸦	新疆、兰州、西宁、银川、同心、中卫、临夏、户县、山丹、临洮、渭源	东干(俗语)：猪不笑话黑～黑,黑～不笑话猪没有颜色。

87

(续表)

东干名词	释义	源头方言	例句
屎爬牛	蛐螂	新疆、兰州、西宁、银川、同心、临夏、户县、临洮、渭源	东干（俗语）：～哭它妈呢，两眼墨黑的呢。
赶早	早晨	新疆、兰州、西宁、银川、中卫、临夏、西安、临洮、渭源	东干：～立哩秋，后晌凉苏苏。
毛盖子	1.头发辫儿 2."盖"是"角"的音变	新疆、同心、中卫、秦安、户县	1.东干：三年里头她发展成一朵牡丹哩，光是她的两个～就能给小伙子们的心呢把火点给。 2.新疆：那个丫头梳咧个～。
连手	1.朋友 2.互相依赖的恋人（西宁）	新疆、兰州、临夏、西宁、临洮、渭源	1.东干（俗语）：～老的好，衣裳新哩好。 2.新疆：我们几个是多少年底老～咧。
呱呱牛	蜗牛	新疆、兰州、同心、户县、临洮、渭源	东干（谜语）：远看一座楼，近看没木头，盛不下一个雀，可是里头卧哩个牛。
灯影子	皮影戏，用牛皮做人物剪影来表演故事的戏曲，西北地区流行很广	1.临洮、渭源 2.同心叫"牛皮～"，西安叫"～"，西宁叫"皮影戏"，中卫叫"皮影子"，山丹叫"影子"	东干（俗语）：～照住大戏唱的呢。

像表3-1中那样的名词，东干话中还有很多，再列举若干。括号中的地名是东干话的源头方言所在地。

  槌头（子） 拳头。（新疆、兰州、西宁、临夏、同心、银川、中卫、户县、临洮、渭源）

  炕桌 炕上摆放的小矮桌儿，供吃饭等使用。（新疆、兰州、西宁、临夏、同心、银川、中卫、户县、临洮、渭源）

  腔子 胸脯。"腔"音[kʻaŋ]。（新疆、兰州、西宁、临夏、同心、银川、中卫、户县、临洮、渭源）

  贼娃子 小偷儿。（新疆、兰州、西宁、同心、中卫、户县、西安、定西）

  绺娃子 小偷儿。（兰州、西宁、临夏、同心、中卫、户县、临洮、渭源、定西）

  胰子 肥皂、香皂。（新疆、兰州、西宁、临夏、同心、中卫、银川、临洮、渭源）

  阳洼 向阳的山洼。（新疆、兰州、西宁、临夏、同心、中卫、临洮、渭源）

  阴洼 背阳的山洼。（新疆、兰州、西宁、临夏、同心、中卫、临洮、渭源）

  涝坝 自然形成的或人工围堵的供人畜用水的蓄水池。也指湖泊。（新疆、兰州、西宁、临夏、同心、中卫、临洮、渭源）

  灰条 灰灰菜，滨藜。（新疆、兰州、西宁、同心、银川、中卫、临洮、渭源）

面旗花儿 一种面片儿，是把擀成整张的面皮儿切成菱形的或斜方形的片状，入锅煮熟，加作料而成。(兰州、西宁、临夏、同心、银川)

馓饭 一种稠粥，多用杂粮面粉在沸水中边撒边搅而成。(兰州、西宁、临夏、同心、临洮、渭源)

(地)藻儿 草莓。(新疆、兰州、西宁、临夏、临洮、渭源)

麸子 麦糠。(同心、中卫、户县、西安、临洮、渭源)

吵花子 乞丐。(西宁、银川、同心、山丹)

睡梦 梦。(兰州、西宁、西安、户县、临洮、渭源)

街门 宅院临街的大门。(新疆、同心、银川、中卫、山丹)

走马 用作乘骑或驮运的马，有耐性，跨步步，速度快而平稳不颠。(新疆、兰州、西宁、临夏)

猻猱猫 松鼠。(兰州、天水、同心、中卫、临洮、渭源)

咕咕登 斑鸠。(兰州、银川、中卫、户县、临洮、渭源)

这塔儿 这里。(新疆、兰州、临夏、银川、同心、中卫、户县、临洮、渭源)

(2) 动词

表 3-2

东干动词	释义	源头方言	例句
言喘	出声说话	新疆、兰州、西宁、临夏、同心、银川、中卫、户县、山丹、临洮、渭源	1.东干：把他看上的丫头不在少，光是谁都不~，嫌羞呢。 2.同心：开会着哩，不咧~了。
浪	游玩	新疆、兰州、西宁、临夏、同心、银川、中卫、西安、山丹、临洮、渭源	1.东干：你我们这塔儿~来。 2.兰州：明个天我们到山上~去呢。
心疼	1.可爱 2.吻	新疆、兰州、西宁、临夏、同心、户县、临洮、渭源	1.东干：娃娃长的~的很｜把伊丽娜打两个脸蛋逮住，我~哩，可是她的嘴唇凉的，连石头一样。 2.新疆：娃娃长的~的很。
打槌	打架	新疆、兰州、西宁、临夏、同心、银川、户县、山丹、临洮、渭源	1.东干(俗语)：~要拉呢，骂仗要劝呢。 2.新疆：这个娃娃不好好念书，在学校里尽跟人~底呢。
维	结交，交际往来	新疆、兰州、西宁、同心、中卫、户县、临洮、渭源	1.东干(俗语)：~人，~君子，栽树，栽松柏林；~下的君子常来往，栽下的松柏林冬夏青。 2.新疆：绝户头子咧，在哪儿也~不下一个人。
走	去，到，行走	新疆、兰州、临夏、银川、同心、山丹	1.东干：他到学堂呢~哩｜他~学堂呢去哩。 2.同心：~银川~。

(续表)

东干动词	释义	源头方言	例句
跌办	为某事而奔忙、奔走、张罗、措办	兰州、西宁、同心、银川、中卫、临洮、渭源、永登	1.东干：两个人~到天亮，门也没拾掇好。 2.同心：他~着给儿子娶媳妇哩。
丢盹	打盹儿，打瞌睡	新疆、兰州、西宁、临夏、同心、银川、户县、山丹、临洮、渭源	1.东干：他在日头坡儿晒的，~的呢。 2.新疆：夜儿黑一宿没睡，白天上班尽~底呢。
失笑	1.可笑，笑 2.讥笑（中卫）	新疆、兰州、同心、银川、中卫、临洮、渭源	1.东干：阿妈，我给你~，叫你高兴。 2.新疆：侯宝林的相声说的攒劲，把人听底~底。
零干	1.没干扰,无牵挂 2.办妥 3.完结 4.不相连 5.离婚	西宁、同心、中卫、户县、平凉、临洮、渭源	1.东干：她连男人~掉哩，乡苏维埃断下的。 2.同心：娃娃大了，大人~了。
站	1.站立 2.停止行动 3.暂住，留宿	新疆、兰州、临夏、同心、山丹、临洮、渭源	1.东干：交过夜，客人们一半子在主人家~下哩，一半子回哩家哩。 2.新疆：这回我到北京才~哩三天。

像表3-2中那样的动词，东干话中还有不少，再列举一些。括号中的地名是东干话的源头方言所在地。

嚷仗 吵架。（新疆、兰州、临夏、银川、同心、中卫、山丹、临洮、渭源）

骂仗 吵架。（银川、中卫、临洮、渭源）

种花儿 种牛痘。（兰州、西宁、银川、同心、中卫、临洮、渭源）

打择 打扫。（兰州、西宁、银川、临夏、户县）

绷 用力睁大（眼睛）。（新疆、兰州、西宁、同心、临洮、渭源）

务劳 （对动植物的）养殖、种植、管理，也说"务习"。（新疆、兰州、银川、户县、临洮、渭源）

喧（黄） 闲谈、聊天。（新疆、兰州、临夏、同心、山丹、临洮、渭源）

(3) 形容词

请看表3-3。

表 3-3

东干形容词	释义	源头方言	例句
干散	1.利索,麻利,精干 2.漂亮	新疆、兰州、西宁、同心、中卫、户县、临洮、渭源	1.东干:两个姑娘像牡丹,长的~。 2.新疆:那是个~媳妇,房子里头弄的折顺的很。
颇烦	1.忧虑 2.讨厌,烦恼 3.麻烦	新疆、兰州、西宁、临夏、同心、中卫、临洮、渭源	1.东干:卡德尔把哥哥的样式~嘞哩。他的脸也肿哩,眼皮子也耷拉下来哩,手也颤的呢。 2.新疆:唠叨啥呢,把人~下底。
哈	1.坏 2.一般写作"瞎"	新疆、兰州、银川、同心、中卫、西安、临洮、渭源	1.东干(俗语):跟~人,学~人,跟好人,学好人 ｜ 好马一鞭,~马一天。 2.新疆:你再耍理他,那个人的心~底很。
红火	气势旺盛,热闹	新疆、兰州、西宁、临夏、银川、中卫、临洮、渭源	东干(诗):雪花儿,雪花儿,往下落,我们耍的多~。
碎	小	新疆、银川、临夏、同心、户县、临洮、渭源	东干(谚语):耍看蚂蚁~,能搬倒泰山。
尕	小	新疆、兰州、西宁、临夏、山丹、临洮、渭源	1.东干:~娃,你来萨! 2.临夏:我有个~事情呢,今晚夕你过来。
清	1.(汤、粥、汤面等)汤水多 2.水清澈	新疆、兰州、西宁、临夏、银川、山丹、临洮、渭源	东干:饭~的很,人不爱吃! ｜ ~水不咕咚,它不浑。
骚情	献殷勤,惹逗,干扰	新疆、兰州、银川、户县、临洮、渭源	1.东干:老鼠戴桂花呢,给猫~呢。 2.新疆:人家正忙的呢,再耍~。

(4) 虚词

请看表3-4。

表 3-4

东干虚词	释义	源头方言	例句
嫑[pɔ]	1.不要,别 2.银川读[pa]	新疆、西宁、临夏、银川、中卫、户县	1.东干(俗语):有事~怕事,没事~找事。 2.银川:好好走,~跑。

(续表)

东干虚词	释义	源头方言	例句
傍近	1.差不多 2.近，音"肩"	新疆、兰州、西宁、银川、同心、户县、山丹	1.东干：他们两个拉哩磨闲聊这就过哩～儿四个月哩。 2.同心：这个盖盖儿配这个碗碗还～。
连	1.介词，和、跟、用，向 2.连词，和、跟	新疆、兰州、银川、临夏、同心、中卫、户县、临洮、渭源	1.东干：人没钱哩，～鬼一样，饭没盐哩，～水一样 ｜ ～纸包不了火子儿 ｜ 儿子啊，～阿爷问候 ｜ 他～他哥哥都是工人。 2.新疆：我～你没话，你离我远点。 3.临夏：阿藏现在讨论～决定一呱过。
嘥	表示程度深，很、极	新疆、兰州、银川、同心、中卫、临洮、渭源	1.东干：我高兴～哩。 2.兰州：天气热～哩。 3.银川：小赵叫师傅训～了。
可价	竟然，已经	新疆、兰州、西宁、同心	1.东干：我进去的时候儿，讲堂呢～都坐满哩。 2.同心：这个女子碎碎的小小的，～有了婆家了。
甚不	表示轻度否定，不太，不很	新疆、西宁、临夏、户县、山丹	1.东干：他的个子～高不很高。 2.西宁：钟～准。
可	1.又、也 2.还 3.又，再	新疆、兰州、临夏、同心、户县、临洮、渭源	东干：那塔儿出来哩一个写家，这塔儿～出来哩一个写家 ｜ 我将刚唱罢哩，～唱呢吗？ ｜ 老牛力尽——刀尖死呢，牛皮造鞭，～打牛呢 ｜ 学好英语～学汉语。
唦	1.语气词，表示祈使和疑问 2.兰州、同心、西宁写作"哨""煞"	新疆、兰州、西宁、同心、山丹、临洮、渭源	1.东干：快吃～！ 2.新疆：你咋不言喘～？

2. 古语词

请看表3-5。

表 3-5

东干词	释义	源头方言	例句
星宿	星星	新疆、兰州、西宁、临夏、银川、同心、中卫、山丹、临洮、渭源	1.《朴通事谚解》（本章以下简称《朴》，谜语）："满天～一个月，三条绳子由你电——秤"（78页）。 2.东干：天黑哩，天上的～出来哩。

(续表)

东干词	释义	源头方言	例句
哪搭儿 哪塔儿	哪里	新疆、兰州、银川、同心、户县、临洮、渭源	1.《金瓶梅词话》(本章以下简称《金》)："今日在~吃酒？"(54回1页b)。 2.东干：~丢掉的，那塔儿找。 3.新疆：你把书搁到~咧？
那搭儿 那塔儿	那里	新疆、兰州、银川、同心、户县	1.《金》："应伯爵道：'就是那个刘太监园上也好。'西门庆道：'也罢，就是~也好。'"(54回6页a) 2.东干：哪塔儿有闲话，~的活做不下。
晚夕	晚上	新疆、兰州、西宁、银川、同心、中卫、户县、山丹	1.《金》："我白日不得个闲，收拾屋里，只好~来这屋里睡罢了。"(58回8页a) 2.东干：她的病缓一~就好哩。 3.兰州：炮燀子放给了一~。
一达儿	1.一同，一起 2.也写作"一搭""一塔"	新疆、兰州、西宁、临夏、银川、同心、中卫、户县、山丹、临洮、渭源	1.《金》："咱两个~里去，奴也要看姐姐穿珠花哩。"(27回7页a) 2.东干：塔塔尔大学呢姑娘连儿娃子和~呢念的呢。
羖羊	山羊	甘肃兰州、甘南、临夏、灵台、河西走廊一带、青海西宁、宁夏同心、中卫、新疆北疆	1.《金》："此是哥打着绵羊~战，使李桂儿家中害怕，知道哥的手段。"(69回18页b) 2.东干：娃娃在路边呢跑的连~羔子一样，不停的跳的呢。 3.兰州(谚语)：~瘦着哩，尾巴豸着哩。比喻人穷志不短。
炮燀	鞭炮，爆竹	新疆、兰州、西宁、临夏、同心、户县、临洮、渭源	1.《金》："姑夫，你放过元宵~我听。"(24回4页b) 2.东干：达达说过年的时候给我买~子呢。 3.兰州：大年三十晚夕~子响给了一夜。
孽障	可怜	兰州、西宁、临夏、银川、同心、中卫、临洮、渭源	1.《金》："前月他嫁了外京人去了，丢下这个~丫头子，教我替他养活。"(9回5页a) 2.东干：哎，~的，我的娃咋瘦下了。
馓子	一种油炸面食，状如一束细条相连，盘或扭成各种花样，上撒芝麻等	新疆、兰州、西宁、银川、临夏、同心、山丹	1.《金》："先是姥姥看见明间内灵前供摆着许多狮仙五老定胜，树果、柑子、石榴、苹蒌、雪梨鲜果、蒸酥点心、~、麻花……"(53回20页b) 2.东干：我爱吃~，可不会做。
待诏	理发员。唐宋时对供奉内廷的人设院给以米粮，使待诏命，由此引申为对手工艺工人的尊称	兰州、西宁、临夏、银川、同心、中卫、山丹	1.《梧桐雨》："这~手段高，画的来没半星儿差错。"(4折)① 2.东干：这个巷子呢住哩几个~呢。

93

(续表)

东干词	释义	源头方言	例句
壮	1.膘肥 2.(土地)肥沃 3.读去声	同心、中卫、户县	1.《朴》："往常唐三藏师傅，西天取经去时节，十万八千里路程，正是瘦禽也飞不到，~马也实劳蹄……"(265~266页) 2.东干：公鸡瘦，母鸡~。｜大滩道就像拿油渗下的，黑土地太~。 3.同心：~肉，~肠。
奘	1.直径大的，粗 2.读上声	新疆、兰州、临夏、银川、同心、中卫、户县、临洮、渭源	1.《朴》："孙舍那丑厮……一个财主人家里招做女婿来，……他如今气象大起来时，~腰大模样，只把我这旧弟兄伴当们根底半点也不保。"(198~199页) 2.东干(俗语)：富汉的一根寒毛，比穷汉的腰~。｜蛇~，窟窿~。 3.新疆：碗口~的椽子，他一掌就能打折呢。
着气	生气	新疆、兰州、同心、中卫、户县、山丹	1.《金》："我的姐姐，你~就是恼了，胡乱且吃你妈妈盅酒儿罢。"(75回13页a) 2.东干：你给镜子把气要着，但是自己有事短缺_{如果自己有缺点别对镜子生气}｜我把他越看越~。 3.兰州：我一见他就~的很。
投	等，到，等到	新疆、兰州、西宁、银川、同心、户县、山丹、临洮、渭源	1.《金》："不知什么人走了风，~到俺每去京中，他又早使了钱。"(72回6页b) 2.东干：~我进哩戏园子的时候，一个位儿也没有哩｜家呢攒下的一点儿钱没~一个月使唤掉哩。 3.户县：~你来，早散会咧。
好少	很多	新疆、兰州、临夏、同心、中卫、临洮、渭源	1.《金》："杭州刘学官送了你~儿着，你独吃也不好。"(52回11页b) 2.东干：过年的时候我们家呢来哩~的客人。 3.新疆：尕莲子夜里个结婚底呢，来哩~底客人。
牙楂骨	1.下颌，下颚骨，下巴，牙床；腮部 2.兰州也叫"牙楂"，新疆叫"牙楂子"	新疆、兰州、西宁、同心、户县、临洮、渭源	1.《金》："等他的长俊了，我每不知在那里晒~去了。"(37回7页a) 2.东干：我的~肿哩，上火哩。 3.兰州：我~疼着哩，吃不成。
咂	吮吸	兰州、西宁、临夏、同心、临洮、渭源	1.《金》："一面把奶头叫西门庆~。"(73回20页b) 2.东干：他是~血的恶狼。 3.兰州：叫娃娃~奶，娃娃饿了。
无常	死亡	新疆、临夏、银川、同心	1.《金》："饶你有钱拜北斗，谁人买得不~？"(58回16页b) 2.东干(俗语)：病能治好，~躲不过。 3.新疆回民语：他达父亲~掉咧。

(二) 来自局部源头方言的词语

1. 一般方言词语

括号中的地名是东干话的源头方言所在地。

(1) 名词

廊檐 中国西北的民居屋檐下一般有一米多宽的走廊，高出院子的地面，就叫～，可以晾晒东西，休息。(兰州、同心、临夏、临洮、渭源)

抽抽 小提包或衣服上的口袋。(兰州、中卫、同心、山丹)

行家 内行。(西宁、临夏、户县、临洮、渭源)

离巴 外行。(西宁、临夏、户县、山丹)

哼吼 猫头鹰。(西宁、兰州、秦安、山丹、临洮、渭源)

忘混子 忘性。(兰州、西宁、同心、临洮、渭源)

搅费 花销，花费。(兰州、同心、临洮、渭源)

胭脂骨 颧骨。(西宁、户县、临洮、渭源)

病胎子 常患病的人。(新疆、兰州、临洮、渭源)

连枷 拍打谷物使籽粒脱落的农具。(户县、庆阳、临洮、渭源)

古今儿 故事。(同心、临夏、兰州、临洮、渭源)

清酱 酱油。(同心、银川、中卫、西宁)

(2) 动词

□[kaŋ] 用锨把粉末状或颗粒状的东西聚拢、清除或装入容器。东干：把雪～到一处儿，～到车上拉走。(新疆、兰州、西宁、临洮、渭源)

㨄 使环境脏乱。东干：你把水～脏哩，咋么喝呢？(新疆、兰州、同心、西宁、临洮、渭源)

折 容器里的东西从一个倒到另一个。东干、新疆：把剩下的菜都～到一个盘子里去。(新疆、兰州、临洮、渭源)

搞 照看(小孩)，使高兴。东干、兰州：她又种菜又～娃，忙咂哩。(新疆、兰州、同心)

(3) 形容词

当人 看得起，尊重。临夏、东干：她的男人把她太～的很 ｜ 娃们要爱功苦劳动呢，把娘老子要～呢。(兰州、西宁、临夏、临洮、渭源)

满服 使人满意。东干、临夏：他入到塔什干一个不～的学堂呢哩 ｜ 我们的光阴～的很。(兰州、临夏、同心、临洮、渭源)

难辛 ①穷困。临夏、东干、西宁：他的家～的很。②辛苦。临夏：一天忙到晚，～的说不成。③使忧愁，辛酸。东干：在仗口上战场上我不爱看～书信。(兰州、临夏、西宁、临洮、渭源)

(4) 虚词

定定儿 安定地，一动不动地。东干、兰州：甮跑哩，～坐下。(新疆、兰州、临夏、临洮、渭源)

希希儿 形容到了实在受不了、坚持不住的程度。东干、新疆：天冷的把人~冻死呢 | 她把达达父亲思量起来，由不得自己的拨心激动，~睡不着哩。（新疆、兰州、银川、临洮、渭源）

是 语气词，多放在句末，使语气舒缓。东干、银川：咋，你可还去呢吗~？| 赶快背下走，蛮叫你妈生气~。（银川、临夏、同心、山丹）

跟 连词。东干、兰州：鸭子~雁不是一路伙伴。（兰州、户县）

哈巴 可能，也许，大概。东干、兰州：我的运气~好？能当官？我不知道。（兰州、山丹、临洮、渭源）

2. 古语词

请看表3-6。

表 3-6

东干词	释义	源头方言	例句
姑舅	姐妹的子女和哥弟的子女双方的互称，即表哥、表弟、表姐、表妹	兰州、同心、西宁、临夏、临洮、渭源	1.《老乞大谚解》（本章以下简称《老》）："这个姓金，是小人~哥哥。""你是~弟兄，谁是舅舅上孩儿？谁是姑姑上孩儿？"（27~28页） 2.东干：他是我的~哥哥。
两姨	姐姐的子女和妹妹的子女双方的互称，即表哥、表弟、表姐、表妹	兰州、同心、西宁、临夏、临洮、渭源	1.《老》："这个姓李，是小人~兄弟。""是亲~那，是房亲~？"（28~29页） 2.东干：我是~哥哥，他是~兄弟。
但	如果	兰州、同心、山丹、临洮、渭源	1.《金》："吴神仙云游之人，来去不定。~来，只在城南土地庙下。"（61回25页a） 2.东干：人~不服人，那个人不如人 | 人~不亏人，半夜打门心不惊。 3.同心：你要不要？你~不要，我要哩。
但	只要	兰州、同心、山丹、临洮、渭源	1.《金》："老爷说那里话，~呼唤小的，怎敢违阻。"（61回5页a） 2.东干：~有军荒，就有年荒，军荒大不过年荒 | ~在江边站，就有玩海的心。
但	只		东干：世上没难事情，~怕有心人 | 要怕人老，~怕心老。
一划	1.完全，一律 2.兰州写作"划"	秦安、兰州、山丹	1.《董西厢》："许多财礼，~是好金银。"（卷8）[①] 2.东干：来的人~是小伙子。
关	发放或领取钱、粮、物	兰州、中卫	1.《朴》："今日开仓么？""今日开。""~米么？"（25页） 2.东干：把军衣给我也~给哩。 3.兰州：~饷。

---

① 龙潜庵：《宋元语言词典》，上海辞书出版社，1985年。

(三) 来自个别源头方言的特殊词语

所谓特殊词语，就是使用地域窄，而且构词、用法都与一般词语有差异的词语。括号中的地名是东干话的源头方言所在地。

1. 一般方言词

(1) 名词

来子 指倍数。它与基数词构成的组合，既可表示数目的增加，也可表示数目的减少。例如某数的"八来子"，就是把该数增加到它的八倍；某数的"半来子"，就是把该数减少成它的一半儿。中国甘肃山丹话中有这种用法。(山丹)

琴桌 中小学课堂里的长条形课桌。东干：丫头儿进哩讲堂教室把书包放到～上，坐下哩。兰州、山丹、渭源、中卫，都有这种条形桌，都是放在堂屋正中后墙前，上置牌位等，前为八仙桌。东干的长条课桌当是由此演化来的。

骨卯 骨关节。(兰州及其郊县、临洮、渭源)

高田 苹果、梨等果树和它们的果实的统称。东干(诗)：大花园呢花开满，杂样各种～结的繁。此词在兰州一带已有几百年历史，近几十年来，渐渐少用，城市的年轻人已不太清楚。(兰州、临洮、渭源)

少年 甘肃、宁夏、青海等地流行的一种山歌，现在中国已多称"花儿[xua] ɚɻ]"，东干仍称"少年"。东干(诗)：十二个月整一年，大家心呢乐安然，高兴的唱～。(西宁、临夏)

阿伯子 丈夫的哥哥。(兰州、西宁、山丹)

青货 新鲜水果的统称。(同心)

崖娃娃 指山崖间的回声。(旬邑、临洮、渭源)

牲灵 泛指家畜、家禽。东干：他是看～的大夫兽医。(陕北、中卫)

耳塞 耳垢。(银川、户县、临洮、渭源)

扬风搅雪 暴风雪。(新疆、西宁)

六十儿 以自己出生时祖父的年龄命名的男性人名。这种现象中国宁夏中卫和新疆、西宁仍可见到。(新疆、西宁、中卫、临洮、渭源)

(2) 动词、形容词、介词、连词、副词

做 东干话和汉语兰州话词义相当。一是做一般动词，如做饭、做活。二是用作代动词，可以取代很多动词或形容词，和很多词构成谓补短语，但需依语境才能确知它所取代的究竟是何谓词。(兰州，参见第四章"语法"中的"代动词'做'"部分)

挖 东干话和汉语兰州话中都有一个义项是"(在某容器中用手)上下扒拉着寻找(自己所需要的东西)"。东干、兰州：她在箱子呢～给哩一阵子，把布也没找见。(兰州、临洮、渭源)

走后 到厕所去。东干：我～去呢，你们的茅圈在哪呢呢？新疆说"走后头"。(新疆)

夯 东干话和汉语兰州话中都有"(人群向某处)拥聚、挤"的意思。东干(俗语)：无常哩官的娘，人把街道～；无常哩官自己，骂的没人看他去。兰州：前面出啥事喽？人们一下～给喽。(兰州)

97

淌 东干话和汉语兰州话中"淌"都有一个义项是"气体流动,颗粒下落"。东干(俗语):粮食黄哩不收~掉呢,女子大哩不出嫁跑掉呢。又:稳重人无话,是非人~话。兰州:馍渣子~掉哩。东干、兰州:活儿太重哩,把他挣的屁~的呢。(兰州及其郊县、临洮、渭源)

打捞 东干话和汉语同心话中都是表示"看望"。东干、同心:过年哩,把老连手一~一下呢。(同心)

抓 领养。这是东干话和汉语新疆话、临洮话、渭源话的一个共同特殊义项。如:这个娃娃是她~下的,不是亲生的。(新疆、临洮、渭源)

供养 汉语普通话的释义是"供给长辈或年长的人生活所需"。汉语中卫话和临洮话、渭源话的释义是"供应生活、学习费用"。东干话承袭了这样的释义。东干:我的娘老子都去哩世哩,谁~我念书去呢?(中卫、临洮、渭源)

吃老虎儿 亲吻。此词现渐少用。(新疆、临夏、银川)

□[naŋ¹³] (道路)泥泞(难走)。东干话和汉语兰州话、山丹话中都有这个词。东干:消掉的雪连水和下的沙子,把路漫掉哩,路~的很。兰州:但是下雨,这条路就~的没法走。(兰州、山丹)

在 介词,东干话和汉语户县话都用作"到"义。东干:昨儿他~我们家呢来哩。户县:你~阿塔儿哪里去呀?(户县)

再(是) 如果。东干:明儿个一定下雨呢,~不信哩,咱们打输赢。(山丹、临洮、渭源)

才 原来。东干话和汉语兰州话都有这个用法。东干:那个魁伟人是谁孽?我临后知道哩,他~是列宁。兰州:那个人表面看起来好的很,~是个贼咧。(兰州)

得道 不知道。他快快的~说哩个啥。(同心、山丹)

2. 古语词

请看表3-7。

表 3-7

东干词	释义	源头方言	例句
养廉	养老金,抚恤金	兰州	1.《辞海》①:养廉,养成廉洁的操守。宋时划拨土地,清时于常俸之外另给银钱,号为~银,后为固定数额。 2.东干:他是~家领取养老金的人。
口到	请吃,尝	同心	1.《朴》:"大娘身子么么,这几日高丽地面里来的这海菜、干鱼脯肉馈婆婆~些个。"(170~171页) 2.东干(诗):把馍馍也拿来哩,丫鬟聪明,巧嘴不停让的呢,请你~。 3.同心:你~些俺们的尼尔麦提食物。

---

① 辞海编辑委员编:《辞海》,上海辞书出版社,1980年。

(续表)

东干词	释义	源头方言	例句
限子	1.期限 2.古语和汉语同心话中都写作"限次"	同心	1.李直夫《虎头牌》第三折:"他误了限次,失了军期。"① 2.东干(诗):我姐的～还没到,逼他给阿訇当了小妾。 3.汉语同心话中回族妇女按伊斯兰教教律规定的期限守寡称"守限次"②。
行程	行李	同心、渭源	1.《前汉书平话》卷中:"刘肥接诏,看讫诏,刘肥便收拾～欲赴长安。"③ 2.东干(诗):你再耍请,老朋友,再耍写信,我去不下,～多,我背不动。
撇	扔,抛弃	兰州	1.《朴》:"一个放债财主,小名唤李大舍,开着一座解当库,但是值钱物件来当时,便夺了那物,却打死那人,……有一日卖布绢的过去,那大舍……也打杀～在坑里。"(191~192页) 2.东干(俗语):～哩筷子拿手取呢,这是先撅后取。 3.兰州:娃娃,把手里的脏东西～掉。
好去	慢走,一路平安	?	1.《老》:"主人家哥,休怪,我去也。" "你休怪,～着。回来时,却来我店里下来。"(68~69页) 2.东干:他把手伸给我说:"好在的,兄弟,给你盼望运气!""你～,盼望你平安无事到卡沙尔。"
带	连词,跟、同	户县	1.《金》:"丢下好些衣裳～孩子被褥,等你来帮着丫头每拆洗拆洗。"(37回11页b) 2.东干(俗语):鹿～虎,不同路。
	介词,和、跟		东干(俗语):～不信服的人不打交结。
越	1.副词,更 2.单用	甘肃平凉一带、新疆	1.《朴》:"一会儿打盹儿着挠破了,我骂他,那厮惶了,又蟒抓了一遍,～疼的当不的"。(273页) 2.平凉(花儿):走咪走咪者,走咪者呦。～呀的远下了。 3.东干:一时儿太阳～高哩,到哩头顶上哩。

---

① 转引自张安生:《同心方言研究》,宁夏人民出版社,2000年,第250页。
② 转引自张安生:《同心方言研究》,宁夏人民出版社,2000年,第250页。
③ 转引自张安生:《同心方言研究》,宁夏人民出版社,2000年,第250页。

(续表)

东干词	释义	源头方言	例句
的	1.动态助词,相当于"着",表示动作在进行或状态在持续 2.读音"底"	兰州、临夏、山丹	1.《金》:"他左右昼夜算计～我。只是俺娘儿两个,到明日吃他算计了一个去,也是了当。"(51回3页) 2.东干(谜语):两个姐妹隔～一道山,一个把一个永世不见。——眼睛 3.兰州(谜语):弟兄两个一般大,隔～毛山不喘话。——耳朵
若	如果	兰州	1.《老》:"你这个小孩儿,～成人时,三条路中间里行着。"(204页) 2.东干(谚语):～要富,黑明做 | ～要多吃饭,做活多出汗 | ～要公道,打一个颠倒。

(四)来自源头方言的一批逆序词

所谓逆序词,就是其语序和现在常见的语序正好相反,而该词的意思却不发生改变的双音节词。据我们见到的文献资料,东干话中现存69个逆序词。分类列表如表3-8。合于现在常见语序的称为A式,逆序的称为B式。

表3-8

词性	词序结构	B	A	B	A	B		
名词 (23)	并列	槌棒	棒槌	村乡	乡村			
		民人	人民	狱监		路道	菜蔬	肖生
		火灶儿	灶火	业产		病疾	害祸	仇冤
		地土	土地	褙纸		先祖		势恣
	偏正	点缺	缺点	柴劈儿		板地	实事	干葡萄葡萄干
	主谓、动宾	板架子	架板子	眼厥				
动词 (23)	并列	累连	连累	认承		疗治	恕饶	习学
		教调	调教	失遗		补修	护救挽救	扶帮
		造制创作	制造	夺抢		避躲	省节	比对
						望张	记忘	刮搜
		求祈		望想		摸揣	退后	接迎

(续表)

词性\结构	词序	B	A	B	A	B	A	B
形容词（21）	并列	冷寒	寒冷	康健	健康	忙慌	跷蹊	坦慢
		久长	长久	齐整	整齐	省俭	乏困	虚空
		紧赶	赶紧	弹嫌	嫌弹	苦穷	兴时	活受
		重贵	贵重	单孤	孤单	细详 周密	伤悲	
		缺短	短缺					
	偏正					收丰		
副词（2）	并列					共总	才将 刚才	

说明：

1. 表3-8的69个逆序词中，常见的是"民人、地土、路道、肖生、害祸、习学、接迎、避躲、望想、造制、失遗、退后、弹嫌、久长、紧赶、康健、忙慌、单孤、兴时，共总"。其余的用得很少，或只存留在辞书中。"健康、人民"这样的词很可能是后来吸收的汉语外来词。

2. 其中，动词"望想"是"希望"义，是"想望"的逆序词；"摸揣"是"捻、捏"义；"刮搜"是"查看、寻找"义；"记忘"是"牢记"义，和今"忘记"是"忘却"义正好相反；"造制"多指文学、文字的创造。形容词"活受"是"舒服"义，今它的源头方言多作"受活"。其余各词义都和今汉语普通话相当。

3. 以下10个词，见于古代汉语、近代汉语，是古语词。

病疾。"～临身，旅店无依倚。"（《金》66回912页）

跷蹊。"西门庆口中不言，心中暗道：'此必有～。'"（《金》21回1页b）

习学。"每日邀结师友，～弓马。"（《金》48回4页b）

康健。"令堂老夫人起居～么？"（《金》49回624页）

整齐。"琴书几席清幽，翠廉低挂，铺陈～。"（《金》71回9页a）

齐整。"薛内相拣了四折《韩湘子升仙记》，又陈舞数回，十分～。"（《金》32回2页b）

土地。"～小狭，民人众……"[《史记》（本章以下简称《史》）129卷，3263页]

地土。"向五被人告争～，告在屯回兵备道打官司。"（《金》35回16页b）

人民。"～寡，于是太公劝其女功，极技巧，通鱼盐……"（《史》129卷，3255页）

民人。"土地小狭，～众……"（《史》129卷，3263页）

4. 现在，这一批逆序词，在它的源头方言中大多都已经消失了。据我们看到的资料，只有少数逆序词还在它的源头方言中使用着。如中国兰州一带还有"扶帮、失遗、眼厌、菜蔬、兴时"，宁夏中卫县还有"比对、兴时、菜蔬"，甘肃秦安县还有"康健、地土、紧赶、兴时"，陕北还有"康健、疗治、菜蔬"等。

(五)来自源头方言的节气、节日、地积、度量衡等方面的词语

东干族西迁中亚后,由于社会历史文化背景的不同,来自华夏的节气、节日、地积、度量衡等方面的词语,虽然还在使用,但实际其所指已发生了变化。有以下两种情况。

1. 内涵转指

内涵转指,即这些词语中有一部分词语的词义在它们被更换了载体后所形成的"旧瓶装新酒"的现象。比如东干回族原先也用夏历,西迁后换用了公历,但也仍沿用着夏历的一套说法。所以这类词语表面上仍在使用,而实指已转向公历。如"五月初一节气"指的就是"五一国际劳动节"。又如"正月、腊月、大年、大年初一"等,也都是指公历。同样,"斤"一般也指公斤。

2. 内涵消失

内涵消失,即这些词语中的另一部分词语在它们失去原来的词义后徒留空壳的现象。这些词语也可称为徒有其词而一般人却不知其所云的"历史词语",如"清明、入伏、闰月、五端阳、九重阳、八月十五、亩、八字胡"等等。它们主要存留在俗语、谚语、格言、谜语、故事、唱词等传统的民间文学中。由于历史文化背景的变迁,它们所指称的事物在现实生活中已不存在,只是在原先的老一辈人中大约还存在着某些记忆,后来,就谁也不知道它们所指的事物了。所以这类词语虽说还出现,也只不过是人云亦云而已。比如,套用十二个月的形式的传统唱词中常常还见到"五月里来五端阳"之类的词句,可是1997年6月9日,即夏历"五端阳"那天,我们正在当地一个六七千人的大村庄考察,竟没有见到一点儿过节的迹象,问及"端阳节",当地村民都感到莫名其妙。

上述内涵转指、内涵消失的两种词语,有时候可能会"兼指古今",须注意分辨。一般出现在以华夏文化为背景的民间文学中的,应该是指古的,如"正月初一过大年",应该理解为原来华夏的"农历正月初一","大年"就是"春节"。同样是"正月初一过大年"这句话,如果是在描述现在的生活,那就一定要理解为是指"公历的元月1号","大年"就是"元旦"。

(六)来自源头方言的一批读音特殊的词语

所谓读音特殊,指它们的声母、韵母或声母连同韵母都发生了讹变。我们初步观察到以下十几个这样的词,它们的讹变情况和源头方言的现在读音仍相一致。请看表3-9。

表 3-9

东干词	打饱嗝	头口	骨头	借助	女猫	估摸	亲戚	风筝	痒	傻	渴	呵欠
读音	嗝，音"谷"	口，音"古"	头，音"独"	音"窃触"	女，音"米"	估，音"辖"，平声	戚，音"轻"	筝，音"资"	音"鸟"	音"韶"	音"炕"	欠，音"闲"
源头方言	西宁、户县	1.西宁、户县、西安 2.同心，"口"音"苦"	户县	同心	西安、户县、同心、银川、中卫、西宁、临夏、新疆、临洮、渭源	同心、户县	银川	银川、中卫	户县、兰州、临洮、渭源、西宁	山丹、新疆	兰州、西宁、同心、临夏、新疆、通渭、渭源	同心、山丹、临洮、渭源、西宁

此外，一些词在中国甘肃、宁夏、青海等源头方言中的现代读音，也正是东干话的现在读音。如：瞎[xa]、鞋[xai]、咸[xan]、涎[xan]、巷[xaŋ]、杏[xəŋ]、街[kai]、戒[kai]、虹[kaŋ]、矛[miɔ]、尾[i]。

二、新词语

所谓新词语，是根据我们对汉语西北方言的一般性了解判定的，也可能会有出入。东干话新词语有以下两种情况。

（一）新造词语

新造词语指东干族西迁中亚后，利用他们的原汉语西北方言的词素和构词法构造的原汉语西北方言中没有的词语。

1. 常见的名词

风船　飞机。如：(诗)天上的～遮半天,飞的旋的摆炸弹。(诗)东干话把"船"多叫"水船"。如：修下的水船海呢转,盖下的高楼顶破天。(诗)在水里行进的叫"水船",由此类推,在风中行进的就应叫"风船"。

功苦　劳动,功劳。此词使用极频繁。如：他是我们回族里头的～英雄｜我们把敌人打散,也有你的～呢。此词还常做动词。如：为得胜要下查使劲～呢。

头心　首领。如：卡尔霍兹集体农庄的～们都是有高等知识的呢。

影图　照片。东干族把照相叫"推个～"｜"拓个～"。也叫"图样"。

洗牙药　牙膏。东干族把"刷牙"叫"洗牙"。

103

骑车子 自行车。因为是"骑"的，故名。

火骑车子 摩托车。因为同样是"骑"的，却又是以火为动力的，故名。

喧荒会 座谈会。喧荒是中国兰州等地原有的动词，意思为"聊天，闲谈"。

百年 世纪。当地著名诗人十娃子给他孙子的诗《头一步》："大步往前走，你甭害怕，左脚在我跟前呢——二十一，右脚踏的新～，我不得见。"

亲娘言 母语，也叫"亲娘的言、父母语言、父母话"。十娃子拿～写哩诗文哩。

又如：工天 劳动日 | 纸笔 指公文, 文件 | 丝杆 电线杆 | 细泥 细瓷。～碟子 | 豆豆绳 珍珠项链 | 金绳子 金项链 | 在前人 先进分子, 也说"在头人" | 耍儿[fæɜ] 戏 滑稽剧 | 姑娘子 玩具娃娃 | 星宿船 宇宙飞船 | 埃克扎缅 考试 | 聋子哑巴书房 聋哑学校 | 民人仗 1918年到1922年，苏联人民粉碎了英、法、美、日等国的干涉和国内武装反革命分子发动的国内战争。民人, 即人民 | 大众政治活 群众行政管理工作 | 话典 辞典 | 账算 数学 | 风帐子 帆, 挂在桅杆上靠风吹动使船前进的装置 | 依凭 凭据, 凭单 | 撇舍 逗号 | 叫法号 感叹号 | 母音 元音 | 子音 辅音 | 灵子音 浊辅音 | 哑子音 清辅音 | 母音字 韵母 | 子音字 声母 | 二次员 指句法成分中主语、谓语以外的次要成分, 即宾语、补语、定语、状语 | 红气 曙光, 晚霞。

2. 常见的动词

破晓 分析, 晓喻。他把法律给人往开呢～哩 | 惊醒来他就给娘娘～睡梦。

设虑 设想, 安排。教课前要细详的作～呢 | ～干部的卡德尔人才问题是要紧的。

比论 ①例如。1930年上他写哩很几个曲子。～：《月儿照花台》《列宁大人》《女人》。②例子。他细详的给年轻教员找教课的～的呢。

安算 计划, 安排。我们盼望, 叫～下的事情成功。

试看 探索。如今的经济市场上多的人遇到为难上哩, 可是人们前人～的呢。

分晓 区别。把音带字要～开呢。

又如：说知道 提醒, 预告 | 指说 教导, 指示 | 背过 与……疏远 | 好在 再见。主人和客人分别时, 主人说"你好去", 客人说"你～" | 成作 构成 | 传叫下 召集 | 准成 核准, 批准。在大众会上把他的望想～掉哩 | 盛准下 安放, 刊载 | 拉连 团结, 吸引 | 串连 组织, 联络 | 拼拼 比赛 | 拼趟子 赛跑 | 归一 团结起来。全世界的普罗列塔里阿 无产阶级们, ～!

（二）原有词词义的发展

原有词词义的发展，指该词语是汉语西北方言原有的，但是东干族西迁中亚后，它的词义发展了。有一大批词由原来的单义词发展成了多义词，大多有了两三个义项，有的还有四五个义项，甚至六七个义项，如"教课""写""过"等，（详见本章中的"词汇发展"部分）而词的形式却又是原有的、为大家所熟悉的。下面再列举一些。

1. 常见的名词

光阴 原来指生活,日子,时光。如:～催的自己老,～好像杀人刀｜晚睡早起的人,能过好～。现在还指①景象,风景。如:滩道呢田野里赶早早晨的～太好看。②时代。如:科姆尼兹姆共产主义～上到哩天下。

争战 这个词使用相当频繁,可用作名词,指战争。如:这个有名的～指二次世界大战大家也知哩,也见哩。也常用作动词,指奋斗、战斗。如:苦汉们,快～!它还可以带宾语。如:我们～新光阴呢为新生活而斗争。

脚程 原来指拉脚儿,用大车载旅客或为人运货。如:拉～的两个汽车打后头慢慢往前来的呢。"脚程"的形成过程可能是这样,先是"拉脚儿"的"脚儿"和与它相关的"路程"一词发生组合关系构成"脚程",接着摆脱它前边的动词"拉",获得了独立运用的资格,于是在以后的自由运用中渐渐产生了新的义项。①交通工具。如:哪塔儿呢都有走路的～呢,乡庄呢,容易走城堡上,城堡上的人也不作难走乡庄呢。②货物。如:我知道呢,我的汽车上拉的不是洋芋,(是炮子儿,)把这个～我要好好的小心呢。

能够 原来表示具备某种能力,做状语。如:人有钱,～出国;人没钱,不出门。现在还表示可能性,常做主语中心语。如:大家都想在这搭儿做活,这个～也有呢。

又如: **戏园** 原来指中国旧时演出戏曲的场所,现在还指中亚国家的剧院｜ **石膏** 原指石膏,一种矿物,是生产水泥的原料之一。现在还指水泥。如:就像镜子,～路修的光堂｜ **蒸锅** 原指蒸馒头的家用炊具。如:金刚日头晒的呢,就像～,汗淌的呢,就像水。现在还指锅炉,使水产生蒸气的一种装置｜ **巷子** 原指小胡同,较窄的街道,现在还指大街。如:莫斯科大街也可说成"莫斯科～"｜ **状子** 原指申诉书,现在还指向上级递交的申请书、保证书等。如:你给我写一个～,我递去呢,当兵去呢｜ **码子** 原指计算数目的符号。如:这是几个～?现在还指计算。如:这个娃娃认字快的很,光是～不行｜ **石板** 原指石质板状物,现在还指石碑,把纪念碑说成纪念石板。如:今儿个把诗人的纪念～开开哩｜ **话** 原指话语。如:说～。现在还指构成句子的词,如"石头"就叫～｜ **句** 原指语言的单位,量词。如:说了一～话。现在还指词的单位,量词,一个词称为"一～话"｜ **段儿** 原指棍棒等的一节儿,量词。现在还指句子的单位,一个句子称为"一个～"。

2. 常见的动词、形容词等

做活 原来指工厂、农村等的体力劳动。如:他在工厂呢～的呢。现在还泛指教课、写作、医疗、科学研究、行政工作等脑力劳动。如:诗人拿亲娘言母语做哩活呢。

演习 原来多指部队操练。如:他们～哩一期就到哩仗口上哩。现在还指练习,学生做作业。如:把第十五～誊到本本儿上。

耍 原来泛指玩耍。现在还指放映、演出、操作。如:今儿～的热闹电影｜唱家演员们至少～十个戏呢。

吆 原来指驱赶畜力车。如:小时候我也～过老木车。现在还指驾驶拖拉机、收割机、汽车等。如:汽车就连箭一样,这是金花姑娘～的呢。

洑 原来指人或动物在水里行动。如:天鹅～的呢。现在还指船舰在水里航行。如:涅瓦河呢大火船军舰～的呢。

端 原意是举起。如:他待骂的,可把枪～上哩。现在还常指献给、赠送。如:这个书是学生们给教员～给的礼信礼物。

康健 原来指身体健康,多用于问候老人。如:节气上给你们盼望天大的运气,在上的～,家下的平

105

安。现在还指体魄。如：我是个有好～连大力量的小伙儿咪｜我～好，不能无常。

简单 本义指结构单纯、头绪少，容易理解、处理。如：学生们，你们把有～母音的话写出来。现在也指朴素。如：十娃子是面善，～人。

贵重 原来指价值大的，一般只修饰表物名词。如：这是～书信。现在还表尊敬的，常常修饰表人名词。如：～教员们，给你们恭大喜。

因此 它是因果复句中的一个连词，放在表示结果的分句前边。如：你们的这个帮忙时候上及时地给拿来哩，～是好少的人们再没有买冬天的棉衣裳。这是正确的用法，但是很少见。现在大多都把"因此"放在表示原因的分句前边，表示原因，或把它放在单句的主语中心语的位置上。于是逆向派生出了两个蹩脚的义项。①因为。如：把这个事情要搁到大众会上看呢，～是这个问题的情由大的很｜皇上的时候，春天到穷人上太难的很，～是人要吃呢，马要吃呢，他们啥都没有｜～是口溜儿、口歌儿太难收，几十年里头把盛搁书本子的材料没有存揽下。②原因。如：稻子有一下熟的早，有一下迟，这个的～是啥？｜我当兵去的～，除过一个人，谁都不知道。这两个义项长期频繁使用，已稳固下来了。

素常 原来指平时，名词，可做状语、宾语。如：～我但如果打她门上过，心就跳｜他来的早，就像～。现在还可指常常、经常，副词，只能做状语。如：列宁大人点天灯，永总不灭～亮。

三、外来词

外来词主要是借自俄语和汉语。此外，还有少量借自阿拉伯语和突厥语。

（一）俄语外来词

每个词条的写作顺序是，先出词目，再出它的汉语音译，最后是释义。这类词大多已在"分类词汇"部分列出。又如：

пролетариат	普罗列塔里阿特	无产阶级
конгресс	孔格列斯	代表大会
правление	普拉夫列尼耶	理事会
суд	苏德	法院，法庭
форум	福鲁姆	集会场
почта	波奇塔	邮局
радиостанция	拉季奥斯坦齐亚	广播电台
диссертация	齐谢尔塔季亚	学位论文
телеграмма	捷列格拉马	电报
институт	因斯季图特	学院
элеватор	埃列瓦托尔	谷仓
колонка	科隆卡	间歇喷泉
веранда	韦兰达	凉台，凉亭

партия的员	帕尔季亚的员	（共产党）党员
пенсионер	片西奥涅尔	领取养老金或抚恤金者
консультант	孔苏利坦特	顾问
директор	季列克托尔	处长
бригадир	布里加季尔	工作队队长
инспектор	因斯佩克托尔	检查员，交通警察
шофёр	绍菲奥尔	汽车司机
автоматчик	阿夫托马特奇克	自动枪手
алименты	阿利缅特	赡养费，抚养费
налога	纳洛加	税
шляпа	什利亚帕	帽子
куртка	库尔特卡	短上衣
футболка	富特博尔卡	T恤衫
пальто	帕利托	大氅
палатка	帕拉特卡	帐篷
рота	罗塔	连（队）
автомат	阿夫托马特	冲锋枪
мина	米纳	地雷
самолёт	萨玛廖特	飞机
вертолёт	韦尔托廖特	直升机
автобус	阿夫托布斯	大轿车，公共汽车
миллион	米利翁	百万
группа	格鲁帕	组，群，一批
руль	鲁利	方向盘
мотор	莫托尔	发动机
ручка	鲁奇卡	钢笔
витамин	维塔明	维生素
аспирин	阿斯皮林	阿司匹林
вино	维诺	酒（多指葡萄酒）
резинка	列津卡	橡皮
так	塔克	这么说。连词，用于反问句中。如：～，有啥新事情呢？
вот	沃特	正是，恰是。语气词，加强语气，强调其后紧跟的词。如：～，这才不是好话吗？！

(二)汉语外来词

解放 | 罢工 | 剥削 | 消灭 | 无产阶级 | 宪法 | 新闻 | 电报 | 破冰船 | 护照 | 海关 | 海岛 | 海湾 | 海带 | 海菜 | 评价 | 肥料 | 器官 | 打靶子 | 放假 | 整数 | 平方自乘 | 化学 | 作品文学作品 | 讲演

第二节 词汇发展的途径、倾向及成因

130多年来东干话的词汇发展缓慢,词汇缺口越来越大。为弥补这一缺口,它尝试了很多办法。其中,利用汉语元素所产生的某些现象,颇具个性,很值得关注。现拟就这些现象试从它们的发展途径、主要倾向及其成因做些描写,以揭示出一些规律。

一、发展途径

东干话的词汇发展主要通过以下六条途径。

(一)多义词:东干话词汇发展的重要手段

用增加义项的办法扩大词汇量是东干话词汇发展的首选途径。多义词主要指东干话的源头方言中的老词的多义化,也包括少量东干族西迁后一些新词的多义化。

1. 类型

东干话词义多义化,即由基本义A产生转义B,可概括为以下三种类型。

(1)以具称A(基本义)兼表泛称 B(转义)。这种情况约占50%。请看例子。

① 拿

A. 基本义:用手持物。他手呢拿着一本书。

B. 转义:a.抱。娃娃睡觉的时候儿到哩,妈妈一抱子抱上拿到外间子叫睡下哩。b.带,领。我们不在病院呢哩,我把丫头儿拿上走呢 ┃ 儿媳妇儿把娃娃拿上走掉,老汉把孙子想的害哩一场病。c.拉运,搬。把爷爷的埋体遗体往坟上拿的时候儿,奶奶晕过去哩。把她拿的去,搁到床上哩。d.接收,收养。"阿妈,尕弟的奶奶但是无常哩,咱们把他拿来。""人家有亲姑妈呢么,咱们拿不成。"e.伸。把你的头头儿绊捧,磕哩

么，再耍哭哩，拿来我给你快搓。f.打，修葺。他可价已经把新馆子的墙也拿起来哩。g.驾驶。把那个连手朋友的汽车拿上，把你哥找去。

② 过

A. 基本义：从一个地点或时间移到另一个地点或时间。娃娃们过来过去跑的呢 ｜ 正月初一过大年。

B. 转义：a.举办，进行。这塔儿热闹的很，过红白喜事的呢 ｜ 昨个儿在文明点呢文化中心过哩下棋的拼拼比赛哩。b.演出。娃娃园呢幼儿园里娃们过下的《春天姑娘》热闹的很。c.搬迁，移交。新年上我们安算的把新馆子盖起来过到里头呢 ｜ 敌人把我裹俘虏过去哩，把我一个给一个过的，后响傍晚才到哩泡里考夫尼可上校跟前哩。d.传授。世上有老少，人人知道。老知道的给少过，他太公道。可是少歹，把好给老不分一停儿。e.做出，制订。节气上娃娃园呢也过哩红火办法哩。f.玩。丫头儿在车车儿上坐的过姑娘儿玩玩具娃娃的呢 ｜ 娃们，你们过开姑娘儿哩，耍打槌别打架。g.通过，经过，学过。这个的之前指开会前，咱们想总结一下大众过哩的办法哩 ｜ 老汉把过哩的为难事情可又思量起来哩 ｜ 这是么这不是么，这个教课上这节课上把过哩的很些子材料也重复复习哩。h.过来。一顿牛鞭，打的我晕过去哩，谁都没管。晕过醒过来我的浑身疼，骨卯都松。

③ 写

A. 基本义：用笔做字。写哩一封信。

B. 转义：a.订阅（报刊）。贵重念家读者们！咱们要把写报的活儿串连好呢要把订报的工作组织好。我们的望想希望是，叫每一家子回族人把自己的报《回民报》写上呢。b.开（票据），登录。那候儿你就长大哩，连哥哥一样，也写到这个运动场呢演习呢，洗澡儿游泳呢。c.注销，除名，使出院。昨儿个把我打病院呢写出来哩昨天，我出院了。d.录音，录制。昨儿个写下的话声气声音听清听不清？ ｜ 把这个曲子我们写到帕捷丰盘盘子上哩录制到留声机片子上了。

④ 拓

A. 基本义：打上（印章）。拓戳子。

B. 转义：a.印刷。肖洛霍夫的书拓哩八百多遍次，放出来哩出版了傍近儿接近五十米利翁500万本子书。b.发表。他拓出来哩三十几个科学文章发表了三十几篇科学论文。c.改编，拍摄，拍照。把他的小说拓成电影哩 ｜ 我达父亲叫咱们三个儿拓一个图样相片呢。

⑤ 教课

A. 基本义：教师给学生上课。教员给娃们教课的之前，要细详的设

109

虑仔细地考虑呢。

B.转义：a.课程，学科。你看，四层子楼房，各样<u>教课</u>的办公室都有呢 ｜ 在一切<u>教课</u>上，我拿五价关_{最高成绩}呢。b.功课，课程。学生们，你们要贪心_{努力习学}学习一切的<u>教课</u>呢 ｜ 他们一同上哩学哩，一搭呢_{一起}设虑_{准备}<u>教课</u>呢。c.教材，课本。今儿个教员们给学生们巴意儿_{特地}破晓_{剖析}哩新<u>教课</u>哩。d.作业。"你们把<u>教课</u>做哩唛？""我们黑哩做<u>教课</u>的呢。" ｜ 他打学堂呢回来，坐的做<u>教课</u>的呢。e.教案。我望想给年轻教员们拿一个比论_{例子}<u>教课</u>呢，这个是我那候儿给七号_{七年级}娃们教下的一个<u>教课</u>。这个<u>教课</u>就连耍首玩儿_法一样，太红火的很。f.学习（年度）。赶新<u>教课</u>年打头儿_{到新学年开始}，我就念三号呢。g.课。到哩第三个<u>教课</u>上_{第三节课}，他才来哩。

⑥ 名堂

A.基本义：名称。他的生日儿在安下他的<u>名堂</u>_{在以他的名称命名}的学堂呢过哩。

B.转义：a.称号。给肖洛霍夫把国家功苦_{劳动}英雄<u>名堂</u>安给哩 ｜ 克雷洛夫得哩伟大民人_{人民}写家的<u>名堂</u>哩。b.荣誉，名誉。给他把国家民人知识的奥特利奇卡_{模范}<u>名堂</u>安给哩 ｜ 你爷爷才是英雄<u>名堂</u>么_{原来只是荣誉英雄}，又不是英雄去_{又不是真的英雄}。c.学位。他把机器科学的多克托尔_{博士}的<u>名堂</u>得上哩。

⑦ 遍

A.基本义：量词，一个动作从开始到结束的整个过程。他把信打头儿到尾儿念哩一<u>遍</u>。

B.转义：量词，次，回。这个药一天要喝三<u>遍</u>呢 ｜ 他一年得哩两<u>遍</u>伤，头一回手上，第二遍腿上。

⑧ 丢的凉凉儿的

A.基本义：副词，沉着地，冷静地。"阿奶，叶叶儿为啥秋天往下跌的呢唦？""它们换衣裳的呢。"奶奶<u>丢的凉凉儿的</u>给孙子回答的。

B.转义：副词。a.依然如故地。头一天他说再不逃学哩，第二天他<u>丢的凉凉儿的</u>可又浪_玩去哩。b.幡然悔悟地。头一天他说再不逃学哩，第二<u>丢的凉凉儿的</u>可浪去哩。娃们都不连他耍哩。过哩很几天，他<u>丢的凉凉儿的</u>可又念书来哩。

⑨ 话

A.基本义：话语，句子。他一句<u>话</u>都不说。

B.转义：词。你把"房子""学堂"这两个<u>话</u>写一下。

（2）以泛称A（基本义）兼表具称B（转义）。这种情况约占25%。请看例子。

⑩ 部分

A. 基本义：整体中的局部，多指机关的部、局、司、处。1954年上吉尔吉斯斯坦的科学院呢把回族学部分即今东干学部开哩建成了。

B. 转义：a.（大学的）系。他在乌鲁斯俄罗斯（编者注）费拉劳给亚部分语言学系呢念的呢 ｜ 他把大学的经济部分经济系念掉哩。b.（展览馆的）展室，展区。这个维斯塔夫卡展览串连组织哩几个部分，十娃子的翻译，他留下的作造创作遗产……c.（部队的）连。请把我收到军队部分里头把我编到部兵连吧。d.语言的词类。名词、动词……这都是语言的部分。

⑪ 安

"安"的"加上"义很常用，它衍生出了几个新的义项：a.授予。为赞成肖洛霍夫的功劳，给他把国家功苦劳动英雄的名堂安给哩。b.签署。给阿列克山德洛夫卡的头号中学把十娃子的名字安给哩。c.取（名）。我奶给牛娃安哩个名字叫"得胜"。

⑫ 心疼

A. 基本义：疼爱。我太想你，母亲啊，我想叫你心疼呢。

B. 转义：亲吻。把她打两个脸蛋儿上逮住捧住，我心疼哩，可是她的嘴唇凉的连石头一样。

⑬ 盛搁

"盛搁"一词的基本义是"存放，搁置"，一般都以单音节的"盛"或"搁"表示。羊碎小，尾巴大，进房盛不下（谜语：灯） ｜ 这个书本子里头搁的都是民人人民口呢作造创作下的口歌儿、口溜儿。

当"盛""搁"组合成双音节词"盛搁"时，便产生了如下转义：a.刊载。就这么价，把盛搁这个书的材料拾掇出来哩。b.编纂。这个书的材料收收集哩再么是并且盛搁哩的人是哈三诺夫 ｜ 他是这个书的盛搁家编者。

⑭ 放

"放"的"发出"义衍生了几个新的义项：a.出版。顶喜欢的事情是这个书赶诗家90岁生日儿上放出来哩。b.毕业。30年里头这个学堂呢放出来哩毛小5000学生。c.产出。那个工厂是往出放风船的工厂飞机制造厂。d.复员。昨儿天我们接迎迎接打兵上部队里放掉的人去哩。

⑮ 把子

A. 基本义：量词，表示一手抓起的数量，束。我买哩一把子花儿。

111

B. 转义：a.（人）群,伙。一把子娃们走掉哩,可又来哩一把子。b.（词的）类别。把一切话词照住意思,能分成把子。每一把子有自己的名字呢,名词,动词……c.处所。那候儿娃们跑硬哩跑坏了。打一个地方往第二个地方上跑的念哩教课功课哩,三把子价念哩书哩指从家、第一、第二三处地方跑着上学。d.（一）下子、次。1967~1968教育年上把一把子能念960学生的四层子楼房修盖出来哩。

⑯ 摘

A. 基本义：取（植物的花、果等或戴着、挂着的东西）。我们走滩呢摘花儿去呢。

B. 转义：抢去,夺去,扣留。因斯佩克托尔（交通）检查员把我的执巴驾驶执照摘掉哩 | 儿子连媳妇儿闹哩家务哩,一搭儿呢一起不住哩,搬家的时候儿爷爷把三岁的孙子摘下哩。

⑰ 声音

A. 基本义：声波通过听觉所产生的印象。娃们的声音也大,曲子还唱的好。

B. 转义：声调,字音的高低升降。回族语言里头有三个声音呢。

⑱ 总

基本义：总括,汇集。零分散打油,总称盐分散买油,集中买盐。（谚语）

转义：进行乘法运算,乘。"娃们,两个总三个,出来几个呢？""两个总三个是六个。"

(3) 以具称A（基本义）兼表特称B（转义）。这种情况约占25%。请看例子。

⑲ 香油

A. 基本义：食用的植物油,如芝麻油等。他偷的吃香油的呢。

B. 转义：化妆品,香水。巴黎的香油我也洒过。（诗）

⑳ 举

A. 基本义：选举。"我们要举个领首领导人呢,把谁举上呢嘛？就把你举上。"

B. 转义：贡献,赠予。他把个家自己的寿数生命都举到调养培养娃们的事情上哩（海峰,2003） | 世界妇女大会上作家们给贵重妇女们把多少好花儿举给哩。

㉑ 时候

A. 基本义：时间里的某一点。你啥时候去呢？

B. 转义：a.时态。动词有三个时候呢，旋进的时候，过哩的时候，旋来的时候即进行时，过去时，将来时。b.到时候。时候儿哩，咱们不走吗？│丫头，你看时候儿哩，给奶奶灌些水去。

㉒ 气色

A. 基本义：空气。娃们，去，干净气色新鲜空气里头耍去！

B. 转义：a.气息。我打她门上过，气色都闭住哩，热心光跳。b.气流。说开母音元音哩，口呢的气色不遇挡挂。

㉓ 端直子

A. 基本义：副词，直直地。你端直子往前走。

B. 转义：形容词，正确的，正面的。这个话的端直子意思是啥？请你给回答。

㉔ 因为

A. 基本义：表原因。因为调养培养娃们呢，我要贪心努力念书呢│娃们肯在这塔儿这里耍，因为那个把这塔儿的啥都知道呢。

B. 转义：表目的，为了。工人、苦汉都争战奋斗，因为祖国把劲攒。

㉕ 病

A. 基本义：生理或心理上处于不正常的状态。他病下哩│我的腿弯弯儿呢有病呢。

B. 转义：机械发生故障。"你听，这个汽车的莫托尔发动机上有病呢。""你咋知道有病呢？""能听出来呢。"

㉖ 得胜

A. 基本义：胜利。我黑明就盼望你在伏上得胜。

B. 转义：优点，成绩，优越性。再一回的信上我把我的一切得胜带和短便缺点打头儿到尾儿写给你。

㉗ 账本子

A. 基本义：记载货币、货物出入事项的本子。他没有账本子，该账的人的名字没有写下。

B. 转义：a.(学生的)点名册。师娘女教师把账本子打开，把娃们的名字都念哩个过儿。b.记事本。写家联邦的主席打口袋子呢把一个账本子掏出来，把写家们的失笑故事念脱哩。

㉘ 帮办

A. 基本义：行政管理部门的副职。我连这个家户农业集体组织的领首领导

113

人的帮办谈哩话哩。

B. 转义：帮手，助手。他帮的阿达父亲拾掇哩一天的汽车，成下达达的帮办哩。

㉙ 歇缓

A. 基本义：动词，休息。上午人都歇缓的呢。

B. 转义：名词，假期。"兵上部队里给我们给哩10天的歇缓。""打仗的呢，还有歇缓呢，好，好。"

㉚ 寡妇、寡夫

A. 基本义：死了丈夫没有再嫁的妇人，也称"女寡妇"。她的男人丈夫仗上舍牺牲掉哩，她成下寡妇哩，守寡的呢。

B. 转义：死了妻子没有再娶的男子，即"鳏夫"，也称"男寡夫"。他的婆姨妻子完掉去世哩，他成下寡夫哩，守寡的呢。

㉛ 守寡

A. 基本义：妇女死了丈夫后，不再结婚。见例㉚A。

B. 转义：男子死了妻子后，不再结婚。见例㉚B。

㉜ 望想、妄想

A. 基本义："望想"是"想望"的逆序词，即"希望，愿望"。我的望想是到学堂呢调养教育娃们呢 ｜ 能入到大学里头——这就是我的望想。

B. 转义："望想"用作贬义时，应写作它的相应同音词"妄想"，即"狂妄的打算，不能实现的打算"。对头们妄想的叫我们原过老光阴呢 ｜ 胡达上帝造下你是喂鸡儿的，你就耍妄想提皮包喻指背着书包上学。

㉝ 馍馍

A. 基本义：蒸熟或烙熟的面制食品。面起哩发酵了，她回家蒸馍馍去哩 ｜ 水打轮子机器好，推下的白面烙馍馍，你看磨坊多巧妙。(诗)

B. 转义：a.指馕，新疆和中亚国家的一种烤制成的面饼。那傍个儿呢那边儿我们盖哩个烧馍馍的房。b.指面包。涅灭茨德国人把桌子上不大的囫囵馍馍给给我哩。

2. 特点

以上多义词有如下特点：

（1）它们所产生的新的义项都是东干话源头方言或汉语共同语中的相应词语所不具备的。

(2) 这些新的义项赖以产生的基础有两种情况：一是大多数词是以单义词为基础通过引申而来的，如"拿、过、写、拓｜部分、摘、总｜气色、账本子"。二是有少数词是以多义词的某一义项为基础通过引申而来的，如例⑪多义词"安"的"加上"义所衍生的"授予""签署""取（名）"三个义项就是这样得来的，例⑭"放"的"发出"义所衍生的新义项也是如此。

(3) 这些多义词在语用上和它的源头或汉语共同语中的相应词语构成一对多的互补关系，即一个多义词对应相应的多个单义词。如例①"拿"的七个新增转义"抱｜带，领｜拉运，搬｜接收，收养｜伸｜打，修葺｜驾驶"，就分别和相应的七个单义词相对应，等于产生了七个新词。

（二）"X+子"：东干话的一种特殊构形、构词现象

"X+子"包括两个概念，一是指名词的子系统，这是主要的。这里的"子"是构形形态，它所构成的词都有表小的基本义及相关的附加义。如"姑娘"原指女孩，带后缀"子"后构成"姑娘子"时其语义由指女孩变为指玩具娃娃。在相关名词系统中，"姑娘"是基础词可借称为"上位词"，"姑娘子"是派生词可借称为"下位词"，即"姑娘"这个名词的子系统。二是指少量带"子"缀的状态词。这里的"子"是构词形态，它的作用是构成新的表状态的形容词、名词。如"端直子_{直直地}｜打架子_{爱打架的人}"。分述如下。

1. 名词的子系统

"X+子"，作为名词的子系统，在东干话中很有特色。下面试就它的结构、分布和功用等做一概括描写。

（1）结构。"X+子"的构成，请看表3-10。

表 3-10

序号	基础词 结构	基础词 例词	X+子 结构	X+子 例词	所占比例 %	词数
1	A子	袖子　帘子	AA子	袖袖子　帘帘子	35.7	55
2	A	门　被儿	AA子	门门子　被被子	30	46
3	AB	板凳　舌头	AB子	板凳子　舌头子	23.3	36
4	A	炮　书	A子	炮子　书子	6	10
5	?	?	AA/AB子	塞塞子　跑车子	4	6
6	ABC	柯膝盖	ABC子	柯膝盖子	1	1

（词数合计 154）

由表3-10可知：

A. 从构词能力看，双音节词"A子"的构词能力最强，占35.7%；其次是单音节词"A"，占30%；再次是双音节词"AB"，占23.3%。

B. 从构词方式看，双音节词"A子"和大部分单音节词"A"，都是把语素"A"重叠后构成"AA子"；双音节词"AB"和少量的单音节词"A"是直接加"子"构成"AB子""A子"。

C. 从构成要素看，单音节语素"A"的重叠所构成的"AA"，是构词重叠，是构成X的重要手段，65.7%的X由它构成，而后缀"子"则是表小的构形要素。

D. "X+子"的音节一般是三音节，双音节和四音节很少。

E. "X+子"一般都有其基础词或上位词，即它是相关名词系统的子系统。

（2）分布和功用。"X+子"分布在以下器具、用品、房舍、村落、地理等社会生活、自然现象的诸多领域，表示其表小的基本义和相关的附加义。

A. 基本义。单纯表示小称是"X+子"的基本用法，有三个小类，即大—小，大—中/特—小，小。

第一，大—小，即在相关词汇系统中，"X+子"和其上位词一般是成对儿存在的。这种情况最为普遍。

一是器具、用品类。请看例子。

① 口袋_{麻袋}——口袋子_{衣裤上的口袋儿或小提包}
　a.口袋：把这几口袋稻种子装到车上去。
　b.口袋子：哥哥打裤子口袋子呢掏出来哩一盒子糖。
② 杈子_{农具}——杈杈子_{餐具}
　a.杈子：爷爷把草拿杈子往车上挑脱哩。
　b.杈杈子：桌子上搁的碗碗子带和杈杈子。

这类常用词还有：绳子—绳绳子_{细绳儿} | 布_{布匹}—布布子_{碎布} | 帘子_{舞台上的幕布，帷幔}—帘帘子_{门帘，窗帘} | 柱棍_{拐杖}—柱棍子_{一种轻便的拐杖} | 磨_{统称}—磨子/磨磨子_{一种手推的小磨} | 壶_{烧水的壶}—壶壶子_{沏茶的小壶} | 牌子_{标签}—牌牌子_{徽章或小记号} | 筒子_{管状物}—筒筒子_{细的管状物} | 车子_{马车}—车车子_{小孩坐的手推车儿} | 船—船船子_{小船} | 床_{卧具}—床床子_{小床}。

二是房舍、村落、地理类。请看例子。

③ 渠 水渠——渠渠子 小水渠
　　a.渠：一个渠一年价挖的人都当不住 受不了，还叫挖三个渠呢。
　　b.渠渠子：娃们在果园呢耍的呢，挖渠渠子的呢。

④ 堆子——堆堆子
　　a.堆子：种下的白苣 甜菜 像绿毯，撂下的堆子就像山。
　　b.堆堆子：娃们拿筛子打出来哩一堆堆子黄甲 一种鱼。

这类常用词还有：房/房子 一般的房屋——房房子 简陋的小房，多放杂物 ｜ 铺子 商店——铺铺子 小铺儿，售货亭 ｜ 门 院子，房门——门门子 小的门或器物上的开关 ｜ 院子——院院子 小院儿 ｜ 巷子 街——巷巷子 小胡同 ｜ 场子 广场，舞台——场场子 小广场，台儿 ｜ 路——路路子 小路，布的纹路 ｜ 口子 通道——口口子 器皿的小口儿 ｜ 桥——桥桥子 小桥 ｜ 花园 公园——花园子 花圃，花畦 ｜ 坑——坑坑子 小坑 ｜ 山——山山子 不高的山，小岗 ｜ 糊窝 沼泽——糊窝子 小的沼泽 ｜ 海沿 海边——海沿子 湖边 ｜ 缝子 裂缝——缝缝子 小缝儿 ｜ 灰 尘土，灰烬——灰灰子 细小的灰烬 ｜ 烟 烟雾——烟烟子 轻烟，薄雾 ｜ 水气 水分——水气子 瓜的汁液。

三是穿戴、被褥类。请看例子。

⑤ 枕头——枕头子
　　a.枕头：妈妈给爷爷买哩个新枕头。
　　b.枕头子：妈妈给娃们一家缝哩个枕头子。

这类常用词还有：鞋——鞋鞋子 小的或轻便的鞋 ｜ 帽子——帽帽子 ｜ 领子——领领子 ｜ 衫子 外衣——衫衫子 儿童上衣 ｜ 裤子——裤裤子 儿童裤子 ｜ 被儿 被子——被被子 小被子。

四是身体类。请看例子。

⑥ 折子 弯曲、折叠部位——折折子 细小的皱纹，皱褶，"折"读平声
　　a.折子：乡庄呢的女人们受苦的呢，在地呢三折子蹲下 指腰、大腿、小腿三部分折叠在一起，把太阳打东傍个背到西傍个，才回家的呢。
　　b.折折子：葱根 指白发 头上可又添哩，脸上折折子也满哩。（诗）

这类常用词还有：角——角角子 小的犄角 ｜ 爪子——爪爪子 ｜ 指头——指头子 小的手指 ｜ 手——手手子 对手的昵称 ｜ 腔子 胸腔——腔腔子 ｜ 肠子——肠肠子 ｜ 腿子——腿腿子 ｜ 筋——筋筋子 指细的血管或韧带。

五是动物、植物类。请看例子。

⑦ 鱼—鱼鱼子
  a.鱼:我们钓鱼去呢。
  b.鱼鱼子:玻璃罐罐儿呢有三个碎小鱼鱼子。

这类常用词还有:雀儿—雀雀子_{小鸟} | 公鸡—公鸡子_{体形小的公鸡} | 树—树树子_{小树} | 树枝子—树枝枝子_{细小的树枝儿}。

第二,大—中/特—小,即在相关词汇系统中,有一小部分"X+子"词既有其上位词,也有其下位词。词义系列呈现出层递变化。请看例子。

⑧ 缸_{水缸,陶质盛水容器}—缸子_{水桶}—缸缸子_{小罐儿,杯子}
  a.缸:那年有个长工汉,缸内呢无水我不担。(诗)
  b.缸子:稳弟担的着两缸子水 | 他满满的提哩一缸子水,斜斜子走上来哩。
  c.缸缸子:娃们耍"种瓜"的呢。瓜种上,拿碎小缸缸子提的水浇脱哩 | 他钓哩个鱼,打钩达上取下来,撂到缸缸子呢哩。

这类常用词还有:海_{海洋}—海子_{湖泊}—海海子_{小的湖泊} | 刀_{统称}—刀子_{铅笔刀}—刀刀子_{小的铅笔刀} | 眼_{眼睛}—眼子_{特指马铃薯的芽眼}—眼眼子_{小孔} | 墙—墙子_{苇秆扎的花墙}—墙墙子_{更薄的木板墙} | 蛋_{球儿,球状物}—蛋子_{气球,玩具}—蛋蛋子_{小的钢珠之类} | 碗_{餐具}—碗子_{茶碗}—碗碗子_{更小的碗} | 棒—棒子_{特指大腿骨}—棒棒子_{小的棍棒} | 床—床子_{特指车床}—床床子_{小床}。

第三,有一些"X+子"似乎只有小称。我们尚未见到其相应的上位词。这种情况不多。请看例子。

抽抽子_{小袋子} | 塞塞子/阻阻子_{瓶塞儿} | 瘰瘰子_{皮肤上的丘疹} | 咪咪子_{芦笛} | 重重子_{曾孙} | 秕子_{稻谷的壳}。

B. 附加义。在表示小称的同时,"X+子"有六种附加义。小称义仍同时隐含在附加义中。

第一,"X+子"表示小称,同时转指和它的上位词相关的另一事物。转指义等于该词增加的一个新的义项。请看例子。

⑨ 膀膀子

　　a.小的翅膀：鸭娃子的膀膀子受哩伤哩。

　　b.鱼的小鳍：这是啥鱼嘛，头像长虫的，可是有膀膀子呢，尾巴儿、甲鳞都是鱼的。

⑩ 舌头子

　　a.小的舌头：姑娘家的舌头子小，话说的真。

　　b.小舌：咽喉呢吊的个肉疙瘩是啥？那是舌头子。

这类常用词还有：罐罐子a.小罐儿；b.杯子 ｜ 叶叶子a.小叶子；b.花瓣儿 ｜ 根根子a.植物的小根儿；b.单据的存根 ｜ 肚肚子a.腹部；b.肠胃 ｜ 嘴嘴子a.动物的小的口腔；b.茶壶等器物的嘴儿 ｜ 坡坡子a.斜坡，斜面；b.小丘，小岗 ｜ 盘盘子a.小盘子，餐具；b.唱片，录音片 ｜ 圈圈子a.小的圈状物；b.新生儿的囟门 ｜ 书本本子a.小的书，薄本儿；b.凭证，折儿，册。

第二，"X+子"表整体的局部或专指和它的上位词相关的某个小类。这等于产生了一批新词。请看例子。

⑪ 柯膝盖子膝盖骨, 髌骨：我的柯膝盖子疼的呢。

⑫ 火焰子火舌：你拿这个火焰子把绳头子烧的燎一下。

⑬ 袖袖子后缝上的袖口,衬袖：小的时候儿奶奶常常给我的袖口子呢缭哩袖袖子呢。

这类常用词还有：炮子雷管,玩具枪用的纸炮，鞭炮 ｜ 萝卜子小红萝卜 ｜ 眉户子"眉户"是中国西北的一种地方戏的名称，带后缀"子"后转指为这种地方戏伴奏的乐器 ｜ 胡琴子东干族的小提琴,四根弦 ｜ 螺丝子"螺丝"指螺丝帽、螺丝钉,带后缀"子"后指小螺丝钉 ｜ 花花子罂粟花 ｜ 花园子花圃,花畦,也叫"花儿田子" ｜ 味味子"味"指滋味、气味,带后缀"子"后只指气味 ｜ 奶头子指乳房顶端部分，即乳头或橡皮乳头 ｜ 岁岁子周岁。打窗子问的呢，温柔太阳，就像恭喜我的呢，你今儿交上50哩(诗《岁岁子》) ｜ 念家子"念家"指读者，带后缀"子"后转指优秀的朗读者 ｜ 夹板子马辄 ｜ 人人子人的身段，体态，体形。

第三，"X+子"转指和它的上位词相关的另一事物。这也等于产生了一批新词。请看例子。

⑭ 书—书子书信

　　a.书：他走学堂呢念书去呢。

　　b.书子：今儿她可又收哩个书子，是达达父亲打仗上打的来的。

⑮ 鞍子—鞍鞍子自行车的座儿

a.鞍子：老汉把鞍子揭掉，把马绑到槽上哩。
　　b.鞍鞍子：娃们都爬到骑车儿自行车的鞍鞍子上看红火热闹的呢。
⑯ 姑娘—姑娘子玩具娃娃
　　a.姑娘：这个姑娘今年16。
　　b.姑娘子：妈妈给娃娃买哩个姑娘子。

　　这类常用词还有：馕新疆、中亚的一种烤饼—馕馕子小的饼干 ｜ 铡刀铡子—铡刀子铅笔刀 ｜ 儿子男孩子（对父母而言）—儿儿子幼兽 ｜ 苇糊沼泽—苇糊子在沼泽、湖泊中划行的小船 ｜ 荷包随身带的小包—荷包子小型饰物 ｜ 阿伯父亲的哥哥—阿伯子丈夫的哥哥 ｜ 头头部—头子首领 ｜ 脑子头部—脑脑子地的角落处或沟的纵深处 ｜ 件量词—件件子机械零件、配件 ｜ 脖子颈部—脖脖子物体的窄小部或瓶罐的细颈 ｜ 耳朵听觉器官—耳朵子针眼儿 ｜ 鼻子嗅觉器官—鼻鼻子（茶壶等的）嘴儿或鞋袜的尖端 ｜ 灯盏灯—灯盏子一种花卉 ｜ 耍钱轱辘赌博—耍钱轱辘子赌博的人。

　　第四，"X+子"表示大称，同时兼表小称。这等于产生了一批等义词。请看例子。

⑰ 勺勺子勺子或小勺儿：丫头拿勺勺子给阿达父亲灌药呢。

　　这类常用词还有：槌槌子指槌子或小槌 ｜ 手巾子头巾、手帕或小的头巾、手帕 ｜ 板凳子大木凳或小木凳 ｜ 椅凳子椅子或小椅子 ｜ 榔头子锤子或小锤儿 ｜ 靴靴子大的或小的靴子 ｜ 沿沿子边缘或小边 ｜ 块块子块儿或小点的块儿。

　　第五，"X+子"对词的感情色彩的表达有多种情况。

　　有时，"X+子"把褒贬色彩固定在词汇中。例如"念家子"一词，辞书上释义为"朗读得好的人"，是褒义词，"写家子"则是"下流作家"，是贬义词。"驴驴子"一词的卑称义也已固定在词汇中，不是指"幼驴"，"幼驴"称为"驴娃子/儿"，它也是对驴的卑称。请看用例："这个丫头说胡话的呢么，一个渠一年挖的人都当不住受不了，叫挖三个渠呢，过年的驴驴子么，挑哩几个渠渠子嘛"。例句的意思是说话人不赞成丫头的挖渠计划，且以对驴的卑称"驴驴子"比喻她。此词在今中国甘肃会宁、甘谷等地仍在使用。

　　有时，已固定在词汇"X+子"中的褒贬色彩，却在转移。例如"马马子"一词，辞书上标为对马的"卑称"，今汉语兰州话中此词也含贬义。但同时辞书又认为它可转指"勤勤恳恳的人"，即我们所谓的"老黄牛"。我们在东干话的一首诗中也见到这样的用例："执掌卡尔霍兹集体农庄什么人？马马子,同志,遭下难的人"。可见,这里是褒义词。

有时,"X+子"的色彩义极为隐蔽,需要借助于句法中的某些语境才能显现出来。例如"树树子｜布布子｜腿腿子",作为词汇静态待用时,它们的感情色彩是隐含的。而在"这是昨儿个栽下的<u>树树子</u>｜几个贼把下夜的巡夜人绑住给嘴呢填哩一块<u>布布子</u>｜你把这个桌子<u>腿腿子</u>支住些儿"这些句中,它们就带上了中性色彩;在"娃们栽哩几个歪歪拧拧的<u>树树子</u>｜他把湿油手拿<u>布布子</u>擦哩下儿｜刺猬连用它的那个弯<u>腿腿子</u>跟兔子拼趟子赛跑的呢"这些句中,它们就又成了贬义的了。

第六,"X+子"与和它相关的上位词可构成"无定—有定""具体—抽象"的关系。请看例子。

⑱ a.树皮—树皮子
　　b.前面—前面子(例如:他朝<u>前面子</u>望哩下儿,法希斯特们端端儿照住他来的呢。)

例⑱a中上位词"树皮"是对一般树皮的虚泛统称,数量是无定的;下位词"树皮子"则指说话人心目中已知的某棵树的树皮,数量是有定的。b中上位词"前面"是对位置在前的空间的虚泛统指,范围是无定的;下位词"前面子"则指说话人心目中已知的一定范围的前面某地,范围是有定的。

⑲ a.饭碗——饭碗子
　　b.路—路路子
　　c.轮子—轮轮子(例如:爷爷打草打哩一<u>轮轮子</u>哩。)

例⑲a中上位词"饭碗"是对一种餐具的统称,是具体的;下位词"饭碗子"则转指吃饭的地方,即生计问题,是抽象的。b中上位词"路"是对道路的统称,是具体的;下位词"路路子"除指小路以外,还指图上的线路、布的纹路,是抽象的。c中上位词"轮子"是对车辆或机械上的圆形部件的统称,是具体的;下位词"轮轮子"则指轮次、轮回,是抽象的。

(3)特点。"X+子"有如下特点。

A. 表现力强。

第一,它在表小的同时,又有多种附加义,使相关语义得以多角度拓展,等于扩大了词汇量。

第二,在总体上,它把相关名词这个大的聚合体一分为二、一分为三,使相关词义系列呈现出层级变化。应该说，在这里，它是个行之有效的相关名词的形式标记。

B. "X+子"与"X+儿"的分布和关系。

第一，"X+子"分布更广泛。据统计，154个"X+子"词中，有110个词的"子"也可换用"儿"，但仍有44个词的"子"不能换用"儿"，只能带"子"。"子"尾、"儿"化可共现的，例如："山山子/儿 ｜ 刀刀子/儿 ｜ 渠渠子/儿 ｜ 桌桌子/儿 ｜ 口袋子/儿 ｜ 枕头子/儿"。只用"子"尾不用"儿"化的，例如："耳朵子 ｜ 件件子机械零件 ｜ 荷包子饰物 ｜ 破布子 ｜ 火焰子 ｜ 磨子 ｜ 水气子瓜的汁液 ｜ 前面子"。

第二，表小的时候，"X+子"偏重于单纯表小（见其基本用法各例），有时可表卑称（如：写家子）、有定（例⑱的下位词）、抽象（例⑲的下位词）。而"X+儿"则是表小的同时兼表爱称，例如肖洛霍夫的著名短篇小说《人的命运》中，主人公给心爱的儿子买儿童衣物的一段描写，其中的相关词语全是"儿"化、"子"尾可共用的，但在这里却全用"儿"化，一个"子"尾都不用，作家的用意就是旨在揭示深沉的父爱，如："跑到铺子呢给他买哩个裤裤儿，衫衫儿，鞋鞋儿带帽帽儿。""女掌柜的又给我的万尤沙缝哩个短裤裤儿连短袖袖儿的白衫衫儿。"

2. 带"子"的状态词

这是"X+子"的另一内容，它涉及约二三十个词，但别具特色。

(1) 功能。主要做状语，也零星用作谓语、定语、补语、主语。

做状语：他趴仆子趴着睡的呢 ｜ 他的头发端直子直直地爹的呢 ｜ 上树雕松鼠颠倒子打树顶儿上跳下来哩 ｜ 他提哩一缸子一桶水，斜斜子走上来哩 ｜ 姊妹二位天天子转城去。

做谓语：太阳一晒，水就温温子哩 ｜ 这儿我的腿都软瘫子掉哩 ｜ 木头弯弯子下，不成材料哩。

做定语：这个话的端直子正面的，正确的意思是啥？ ｜ 他50岁，间白子斑白的头发 ｜ 大门上安的着两个弯弯子折铁 ｜ 老汉颠颠子步一颠一颠地小步跑着，撵孙子去哩 ｜ 他做的活，是天天子按天的活。

做补语：他无常哩，眼睛睁的个半掩子 ｜ 大门开哩个半掩子。

做主语：那个斜眼子把她欺压嘅哩。

(2) 特点。

A. 词性。可分为两类：第一，形容词，如"颠倒子""横横子"；第二，名词，如"打架子爱打架的人""瞪眼子眼球外鼓的人""挤眼子爱眨巴眼睛的人""咬舌子口齿不清的人"。

B. 语用。不管做何成分，都表示状态。它主要做状语，这时更能表明它的语用特点。汉语西北方言这种情况较普遍。它可立为一个小类，即带"子"状态词。

C. 结构。第一，"X"由形语素"AB"（如"颠倒"）、"A"的重叠式"AA"（如"横横"）或少数动语素"AB"（如"咬舌"）等构成，是表示状态的部分。第二，"子"的作用。这里的"子"没有名词的子系统中那个"子"的虚化程度高。它的作用有二，一是成词作用。例如"打架子""怀抱子指婴儿"，都是表状态的指人名词，去掉"子"后"打架""怀抱"都是动词短语，不再是表状态的名词了。"趴仆子脸朝下躺着"是表状态的形容词，去掉"子"后也成了一般动词。可见，"子"是成词语素。二是用作结构助词"地""的"、语气词"的"，或补足音节。当"X+子"做状语、定语时，"子"分别和"地""的"相当，它后面再不能出现"地""的"；当"X+子"做谓语中心或补语时，"子"相当于语气词"的"，表示肯定，或起补足音节（构成三音节词，如"半掩子"）的作用。

（三）短语词

短语词指把短语用作词来弥补相关词语表达的缺失。

1. "的"字短语用如名词

这种短语，结构简单，表现力强，只要在想说的意思后面加上个"的"字就行，因此很适合广大东干农村使用。据我们了解，有指明情况的，例如"教下的受过训练的 ｜ 出钱的收费的 ｜ 议下的商议过的"，有表明性状的，例如"傻掉的傻头傻脑的人 ｜ 直角子的指长方形"，而表示人的职业身份的数量最多。一般的职业称谓如"邮差 ｜ 炊事员"等，东干话中大多没有，都由"的"字短语顶替。例如：

干公事的职员 ｜ 种地的农民 ｜ 打围的猎人 ｜ 抓锅的炊事员 ｜ 剃头的理发员 ｜ 放牲灵的牧人 ｜ 耍马的马戏杂技演员 ｜ 说书的说唱演员 ｜ 看园子的园丁或园艺家 ｜ 开铺子的小店主 ｜ 送信的邮差

值得注意的是，文教科技方面的一些名词也渐由"的"字短语顶替。例如：

添的加法 ｜ 去的减法 ｜ 分的除法 ｜ 总的乘法 ｜ 念下的指有学问的、学有所成的人 ｜ 表话的播音员 ｜ 舍牺的被害或战争中牺牲的烈士 ｜ 量地的测量地形的人 ｜ 教样子的示范的、作为榜样的人

2. 带"的"的定中短语用如名词

这种短语所顶替的全是东干话中没有的名词，数量较大。例如：

缝衣裳的匠人_{裁缝}｜缝衣裳的车子/缝衣裳的马什乃_{缝纫机}｜修盖风船的工厂/往出放风船的工厂_{飞机制造厂}｜修盖机器的工厂_{机器制造厂}｜挤油的工厂_{榨油厂}｜缝鞋的工厂_{制鞋厂}｜给炮队做饭的车_{军用炊车}｜照镜子的房_{X光室}｜看牲灵的大夫_{兽医}｜学堂呢的大夫_{校医}｜写家联邦的员_{作协会员}｜帕尔季亚的员_{共产党员}｜给说的列达克托尔_{播音编辑，"列达克托尔"是"编辑"的俄语借词}｜讲堂_{教室}的领首_{班长}｜做活的衣裳_{工作服}｜苇糊子_{小船}的布帐子_{船帆}｜押兵的营_{俘虏营}｜烧人的炉_{焚尸炉}｜娃们的铺子_{儿童商店}｜洗牙的刷刷子_{牙刷}｜五月初一的节气_{五一劳动节}

值得注意的是，下面的专有名词，也仍然带有"的"字。例如：

雅四儿•十娃子名下的中学_{雅四儿•十娃子中学}｜高尔基名下的花园_{高尔基公园}｜《青苗》报的报社_{新年贺词词尾的署名}｜哈萨克斯坦列斯普布利卡_{哈萨克斯坦共和国}的回民协会的报_{《青苗》报报头旁的署名文字}

3. 动词短语用如动词

有些动词，东干话中没有，就用相应的动词短语顶替。请看例子。

东干话中没有"抄写"这个词，于是就用"眘的写上"顶替，如："你们把底下的话眘的写上"。

东干话中没有"住院""出院"这两个词，于是"住院"就用诸如下面的说法顶替，"往病院呢要搁呢｜（要）睡到/搁到病院呢哩｜（要）在病院呢站_住下看病的呢｜在病院呢睡哩（一个多月）"。而"出院"要说成"（把某人）打病院呢写出来/出去"。

东干话中没有"超越"这个词，于是就用"撂到后头"顶替，如："儿子把娘老子撂到后头哩"。

东干话中没有"毕业"这个词，于是就用"念掉、念完"顶替，如："他把大学念掉哩"。

东干话中没有"主持""请……讲话"这些词语，于是遇到"（某人）主持（会议），他请（某人）讲话"这种表达时，就用他们已定型化的固定短语，说成"把会X开开，把话让给Y"，如："把会民族科学院的苏山老开开，把话让给科学院的总统哩"。

（四）句法成分词义的泛化

句法成分词义的泛化指补语位置上若干动词词义的泛化用法。东干话中有一组动词"下""掉""上""脱""开"等，当它们出现在补语位置上时，词义高度泛化，常常取代某些相关动词，并承担这些动词的语义、语法作用。这样它们各自形成了若干多义词，而它们相互之间则形成了若干同义词或近义词。请看表3-11。

表 3-11

句法成分 动词	补　　　　　语					多义词
	结　果	趋　向	可　能	动　量	处　所	
下＝	来 成 完 着 到 好 坏 开 住 ｜ 会 熟 上 掉 给	起来　下来 下去　出来 ｜ 来　上去	能　会 可以	下（儿）		
掉＝	走 完 坏 开 湿 ｜ 住 烂 光 死	起来　下来 ｜ 去　走　回来				
上＝	走 成 完 着 到 好 住 湿 ｜ 光 掉 准	起来 下来 下去 出来 ｜ 来 过去 进去 上去			介+名+里/上	
脱＝	走 ｜ 开 掉	起来 下来 下去 开 ｜ （过）来/去 （回）来/去				
开＝		起来 ｜ 下来				
给＝	成 ｜ 着 上	出来		一下（儿）		

　　由表3-11可知，"下"等六个动词，出现在补语位置上时，都构成了多义词，"下"最典型。表中每栏竖线"｜"前面的词，都是这些动词间形成的同义词，例如"下、掉、上、脱、开"五个动词都共有一个"起来"义，它们成了同义词。多义词以"下"为例、同义词以"起来"义为例，说明如下。

　　下：①走。"你们没吃馍馍，那么取下馍馍做哩啥哩？""我们喂哩狗娃儿哩。"②完。我把你的盖头洗下哩，阿奶。③成。这个车轴是榆木砍下的。④到、着。遇下天大的事情，耍慌。⑤好。贼白日呢看下地方，黑呢来偷。⑥坏。我害怕把儿子吓下哩。⑦开。大门开下了没有？⑧住。快把眼睛闭下，睡觉。⑨会。这几个字，一阵儿就学下了。⑩熟。饭做下了，叫吃去呢。⑪上、到。贱东西不值钱，值钱的东西卖不下钱。⑫掉。你看，娃们把果子咋么价糟蹋下哩。⑬来、到。我有个听下的神话呢，你但有工夫，我给你说。⑭给。这是一个顶花的书，师娘_{女教师}给我端_赠下的。⑮下来。老乳牛下下哩个乳牛娃儿。⑯下去。日头儿一阵儿赶一阵儿低下哩。⑰出来。机器犁的快，犁下的地还好。⑱来。这个姑娘是拾下的。⑲上去。裤子的补丁也是将就补下的。⑳能、可以。要的是把书好好念下，耍怕把书念不下_{要的是能好好念书，不要怕不能念}

125

书 | 你来不<u>下</u>，我去<u>下</u>呢你不能来，我可以去。

"起来"义：①列宁像明灯，照的天下都亮<u>下</u>哩。②天气渐渐热<u>掉</u>哩。③把火着掉的房子从盖<u>上</u>哩。④他自己打梯台儿往上<u>上脱</u>哩。⑤雷响<u>开</u>哩，雨也下<u>开</u>哩。

（五）修辞构词

1. 类型

修辞构词在东干话中使用较为广泛。主要是比喻、借代、仿拟，其他类型较少。

（1）比喻。从结构上看，有以下三类。

A. 大部分是直接出现喻体，以喻体代指本体，即赋予某些词语以新的比喻义。这种类型的词语数量最多，结构最简。例如：

① 出世

a. 创办，创建。《回民报》是1932年的三月<u>出哩世</u>的 | 年时去年主麻佐维奇的响器团<u>出哩世</u>哩。b. 发芽。今年稻子的<u>出世</u>带长首长势赶年时去年的好。

② 扎根

a. 奠定基础。高尔基是给无产阶级的文学<u>扎哩根</u>的伟大作家 | 十娃子光也不是诗家，他还是给回族的文学、文字<u>扎哩根</u>的人。b. 养育后代。乡庄呢有一个老闹娃，婆娘完死哩之后他守寡，一心要办娶一个娇十八，还要在她跟前把<u>根扎</u>。

③ 落脚

a. 结果。这个路数办法早几十年头呢就使用过，可是啥好<u>落脚</u>也没遗留下。b. 后果，下场。他的曲子唱的是"耍钱人的<u>落脚</u>"。

这类常用词还有：照镜子X光透视 | 入股子做出贡献。他们为作造回族话的字母<u>入</u>哩自己的好股子哩 | 回老家指死。无戏谑义 | 尾儿还有呢指文章未完待续 | 收口儿最后，结束。今年也<u>收口儿</u>得哩 | 剩巴子残余势力，剩余部分。他写哩，连老光阴剩下的下<u>剩巴子</u>争战哩 | 捏绌绌子小声议论 | 拉磨聊天 | 节口儿关键的时间点。就这个<u>节口儿</u>呢雨下脱哩。

B. 有时以喻体为中心，前加修饰成分，构成新词。这类词语数量不多。例如：露水<u>豆豆儿</u>露珠 | 茄子<u>树树儿</u>指茄子这种植物的植株 | 眼泪<u>花花儿</u> | <u>树窝子</u>树丛。

C. 有时以喻体为修饰成分，后面本体做中心成分，构成新词。这类词语数量也不多。例如：豆豆儿绳珍珠项链 ｜ 罐罐帽一种圆柱状的礼帽。

（2）借代。由借代构成的新词数量不少，种类繁多。从结构上看，有以下两类。

A. 一般是直接出现借体，以借体代指本体，即赋予某些词语以新的借代义。下面的多种借代方式都是这种结构。

第一，以某一相关事物代指该事物。请看例子。

④ 账本子
     a.名册。师娘女教师把账本子打开，把娃们的姓名都念哩个过儿。b. 记事本。写家把眼镜子戴上，打口袋子呢把一个账本子掏出来，把高头的写家们的失笑故事有趣的事儿念脱哩。

⑤ 白苣指甜菜。白苣也是好庄稼，做下的白糖人都喝 ｜ 麦子打的像高山，白苣熬糖赶蜜甜。

⑥ 状子申请书,保证书。卓娅是好汉子，她写哩状子上哩仗，保护祖国去哩 ｜ 一把子娃们没等岁数满，递哩状子，也当兵去哩。

这类常用词还有：师娘女教师 ｜ 金片儿指奖章 ｜ 涝坝原指池塘、贮水池,现借指湖 ｜ 花园指公园 ｜ 木锨指船桨 ｜ 蒸锅指锅炉 ｜ 膀膀儿指鳍 ｜ 甲指鱼鳞 ｜ 戏园指中亚的剧院 ｜ 八音儿匣子手风琴 ｜ 乡家户农业。

第二，以某一标志或特征性部分代指该事物。请看例子。

⑦ 铁掌子铁栅栏（以掌子代指栅栏）。野牲园动物园呢的一个大房子拿铁掌子堵的呢，铁掌子里头的一棵干树上盘的个蟒 ｜ 你看，前头有个连高房子一样大的铁掌子，里头圈的树带和熊。

⑧ 提皮包指上学、当学生。皮包指书包。胡达上帝造下你是喂鸡儿的,你就要妄想提皮包。

这类常用词还有：拉棍、挈棍指讨饭 ｜ 少年中国西北流行的一种山歌。内容多以青年男女的爱情为主。唱的人都是"少年"——男青年。

第三，以部分代指整体。请看例子。

⑨ 石膏代指水泥。你看，就像镜子，石膏路修的多光堂 ｜ 石膏灌下的院子呢晾的将刚打下的瓜子儿。

⑩ 匣子代指"八音儿匣子"，即手风琴。在乡庄呢的一切节气上他拉匣子的

127

呢。曲子唱的好,匣子也拉的好。

第四,以工具、质料等代指该事物。请看例子。

⑪ 纸笔代指公函,文件,证明信。明儿个咱们走耶提母行孤儿院抓领养一个儿娃子男孩走,光把咱们的纸笔要拿上呢。
⑫ 铁丝电线。诗:各街的丝杆电线杆栽的端,满天望铁丝在上边。

B. 有时是以借体做中心成分,前面加修饰、限制成分,构成新词。这类词语数量不多。请看例子。

⑬ 风/布帐子帆 ｜ 金绳子金项链 ｜ 军武窝子军事防御掩体的。

(3) 仿拟。有义仿、音仿、音义同仿三种类型。
A. 义仿。换用类义或反义语素仿造另一词语。请看例子。

⑭ 水船。诗:工苦劳动香甜又值钱,就像有膀能上天。修下的水船海呢转,盖下的高楼顶破天。
⑮ 火船军舰,客轮。这个就是闹十月革命出哩名的"阿芙乐尔"火船 ｜ 火船打凯耶夫往乞耶夫走的呢。
⑯ 风船飞机。诗:天上的风船就像箭,老少坐上把心散 ｜ 敌人的风船遮半天,飞的旋的撂炸弹。
⑰ a.好去走好,一路平安。"主人家哥,休怪,我去也。""你休怪,好去着。回来时,却来我店里下来。"(《老乞大谚解》68～69页) b.好在再见。"他把手抻给我说:'好在的,兄弟,给你盼望运气!'""你好去,盼望你平安无事到卡沙尔。"
⑱ 高低无论如何。我说要看去呢,高低找不下闲空儿。
⑲ 走站无论何时,经常。我把她爱的很,走站思谋她的呢,睡梦地呢也思谋她的呢 ｜ 领首人走站要思谋经济发展呢 ｜ 我的心呢,有一个顶喜爱的曲子呢,每天走走站站唱的呢。
⑳ 瘖寐无论何时。你走哩,我总不信,把我撂下,你心呢没疼。天天瘖寐我拜望,你住下的房 ｜ 圆地面指地球净转的呢,转的呢,天天瘖寐走自己的路的呢。
㉑ 黑话白话无论什么话。到哩跟前,他黑话白话没说先把手擩伸给我

哩 | 一个法希斯特矢_{快走}到我跟前，黑话白话没说，把我朝头上打哩一枪把。

㉒ 斜横_{无论从哪方面}。他没料想斑鸠飞掉的。把他斜横儿后悔死 | 儿子啊，为你把我斜横吓死哩 | 你在哪呢去哩嗫? 我把你斜横找死。

㉓ 高田_{指苹果、梨等树或它们的果实}。吃开高田哩，把栽树的人耍忘掉哩 | 河沿上有好少高田园子呢。

东干话中原有"水船"（例⑭）、"火船"（例⑮），而无"风船"（例⑯）。"水船""火船"的"水""火"换用类义语素"风"就仿造出了新词"风船"。东干话中有古语词"好去"（例⑰a），而无"好在"（例⑰b）。"好去"的"去"换用类义语素"在"就仿造出了新词"好在"。而例⑲到㉒的"走站""瘖寐""黑话白话""斜横"，则是仿照例⑱"高低"的结构而来的，"高低"是反义语素"高"和"低"并列组合而成的复合式合成词，"走站""瘖寐"等也相同。它们都是副词，做状语，强调排除一切条件，构成了一组同义或近义词。例㉓的"高田"也是个义仿词，但它的形成较为隐蔽。"高田"意思是"高处的田地"，言下之意，一般农田就是"低田"了。但被仿词"低田"一词只在某些地方（如中国临洮、渭源）使用，而在另一些地方（如中国兰州及其郊县）并无此词。虽然如此，但在说话人心目中却仍被默认，并据以换用反义语素"高"构成了新词"高田"。故可称为隐仿。此词在今中国兰州郊县农村老人口中仍可听到。

B.音仿。利用同音语素仿造另一词语。请看例子。

㉔ 气色_{指空气，气息，气流}。我踏的是列宁踏下的地面，我吸的是列宁吸下的气色 | 打你门上过，我气色都闭住哩，热心光跳 | 说开子音_{辅音}哩，口呢的气色遇挡挂呢。

㉕ 文明_{文化}。十娃子_{著名东干族作家}是得哩好调养_{教育}的，文明高的，给话作主的人喏 | 回族苦汉们光也不是发展自己的经济，还有哩能够_{可能、条件}发展新文明哩。

㉖ 发展_{发育}。这三年里头，这个姑娘发展成一朵牡丹哩。

㉗ 年限_{年龄}。男子汉们60岁年限不大，照住老人们的话喏，将_{刚才}开花。

上面例㉔到㉗四例可分为两类。前两例即"气色""文明"为一类。这一类是有词形无词义，现被植入仿词义的。例如"气色"汉语原义指人的精神和面色。东干话中没有这个意思。因为"气色"和"(空)气"二词中都有"气"这一同音语素,因此把"气色"拿来用作"(空)气"。"文明"也是这样被植入仿词的"文化"义。后两例即"发展""年限"为一类。这一类是有词形有词义,现又被植入仿词义的。例如"发展",在东干话中有指事物由小变大的变化和扩大这个意思。因为"发展"和"发育"两词中都有"发"这一同音语素,因此把"发展"又拿来用作"发育",使原来的"发展"和作为"发育"的"发展"成了同音词。"年限"也是这样被植入仿词的"年龄"义,而和原"年限"成了同音词的。

C. 音义同仿。利用同音同义或同音近义语素仿造另一相关词语。例如:

㉘ 寡妇、寡夫

　　a.原词义:寡妇。例如:她的男人仗上舍_{牺牲}掉哩,她成下寡妇哩,守寡的呢。

　　b.仿词义:鳏夫。例如:他的婆姨_{妻子}完_{去世}掉哩,他成下寡夫哩,守寡的呢。

㉙ 守寡

　　a.原词义:守寡。见例㉘a。

　　b.仿词义:鳏居。见例㉘b。

㉚ 望想、妄想

　　a.原词义:希望,是"想望"的逆序词。我的望想是能入到大学里头。

　　b.仿词义:妄想。对头们妄想的叫我们原过老光明呢。

上面三例都是音义同仿,构成了与原词词义相关、结构相同的近义词。

(4) 其他。有婉曲、对偶、夸张等。

A. 婉曲。请看例子。

㉛ 走后_{到厕所去}。因厕所多在宅院后部。他想出去走后呢。你们的茅圈_{厕所}在哪呢呢?

㉜ 后身子_{臀部}。她夏天爱穿绌绌裙子,后身子看起大的很。

㉝ 舍_{牺牲}。好汉子舍到仗上,小人死到炕上。

㉞ 无常、完_{指死}。他的阿爷无常哩,他的阿达_{父亲}也完掉哩。

B.对偶。在一些场合中，由于对偶的运用，借已知词词义推知对偶词词义，也产生了一些新词。请看例子。

㉟ a.诗：工人、户家_{农民}把手攥，榔头镰刀成政权｜列宁的意见赶海深，工人、户家都一心。

b.《工业带和乡庄_{农业}飞的往起长》_{文章的标题}。

㊱ a.他买哩些儿青货_{新鲜水果}，看我们来哩｜他爱务劳青货树，着重_{主要}核桃树。

b.他们给娃们买哩耍拉子_{玩具}、糖带干货_{晒干的水果}。

上面例㉟a"户家"指农民，是为了和"工人"对举而产生的新义。例㉟b用"乡庄"指农业，颇费了一番周折。本来"乡庄"应和"城堡_{城市}"对举才合适，而且一般用"乡家户"指农业，辞书也已收录该词，但这里的"工业"是双音节词，三音节的"乡家户"不能用，于是只得选用"乡庄"表示"农业"。例㊱a的"青货"大概是由于和例㊱b的"干货"构成对偶，后来产生的新词。

C.夸张。请看例子。

㊲ 千里眼_{望远镜}。娃们给墙上掏哩个碎_小窟窿儿，把苇子筒筒儿塞过去，当成"千里眼"对住墙那傍个儿望的呢。

2.特点

(1)修辞构词产生的新词，一般都已定型，并进入常用词行列，而且没有同义词可替代。例如比喻式的"出世、入股子、回老家"，借代式的"白苕、状子、石膏、纸笔"，仿拟式的"风船、走站、斜横"，婉曲式的"走后、后身子、舍、无常、完"，对偶式的"户家、青货"等。可见，它们不是暂时的修辞现象，而是修辞构词。

(2)修辞构词产生的新词中，有的是单义词，如"白苕、风船"；有的已构成多义词，如比喻式中喻体的本义和比喻义(如例①的"出世")、借代式中借体的本义和借代义(如例④的"账本子")，都构成了多义词；有的则构成了同义词或近义词，如仿拟式中"高低""走站""瘆瘆"(例⑱到㉒)，就构成了一组同义词或近义词，例㉙的"守寡"同时表示的"寡居"和"鳏居"就是一对儿近义词。还有的却构成了同音词，如例㉖的"发展"，作为它的本义的"发展"和作为音仿式表示"发育"的"发展",就是一对儿同音词。

(六)词义转移产生新词

词义转移是指借用甲词形表示乙词义。东干话中有一部分词的词形和中国汉语相同,但它的词义和中国汉语不尽相同或完全不同。词义转移产生了新词或扩大了词的使用范围。下面谈转移的类型和转移的取向。

1. 转移的类型

转移可分为词的理性义的转移和词的色彩义的转移两类。

(1)理性义的转移。以共同义素的有无为标准,可分为半转、全转两类。

A. 半转,指甲乙两词有共同义素的词义转移。请看表3-12、表3-13。

表 3-12

语言	例词	共同义素 1 善良,和蔼,通情达理	区别义素 2 女人
汉语	贤惠	+	+
东干话		+	±

表 3-13

语言	例词	共同义素 1 扩大 开展	区别义素 2 生物体
汉语	发展	+ +	−
东干话		+ +	+

由表3-12、表3-13可知,制约词义半转的因素有二。第一,决定性因素,即共同义素。例如表3-12中的"贤惠",它和汉语"贤惠"的义素1是共同的;表3-13中的"发展",也和汉语"发展"的义素1是共同的。二者的共同义素决定了词义半转的核心内容。第二,辅助性因素。a.同形同义语素的诱发作用。在半转词中,50%以上的词完成半转借用了这种作用。它们多借助于双音节词AB中的A,如表3-13中"发展"的"发"。b.其他义素的引申作用。它决定了词义转移的次要内容。例如表3-12中的义素2"女人",汉语是[+女人],东干话是[±女人]。这样,东干话"贤惠"的词义的外延就比汉语扩大了。可称为"贤惠"型,见例⑨至⑬。又如表3-13中的义素2"生物体",汉语

是[-生物体]，东干话是[+生物体]。这也使东干话"发展"的词义和汉语同中有异，有了转移。可称为"发展"型，见例①至⑧。下面分别举例。

第一，带共有同形同义语素的。请看例子。

① 发展_{发育}。这三年里头，这个姑娘发展成一朵牡丹哩。

② 事由_{事情，情况}。《大学呢的事由》_{文章标题} ｜ 他们还说哩学堂呢的从前的带如今的事由哩 ｜ 你们牲灵_{指牲畜}行呢的事由咋么个?

③ 能够_{能力，可能性，条件}。尔萨兄弟，你也学的写小说，写小说的能够你有呢 ｜ 又巧又灵乌鲁斯话_{俄语}，它的能够比天大 ｜ 再长几年，那候儿我们就有能够参加哩 ｜ 市场给人把干事情的能够都给给哩 ｜ 帕尔季亚_{共产党}给的能够大，叫回族哪塔儿都说话。

④ 富贵_{富饶}。富贵秋天 ｜ 今年秋天巴外特别的富贵。

⑤ 节气_{指节日}。五月初九是我们得哩胜_{指二战中打败德国}的节气 ｜ 五月初一节气上_{五一劳动节}我们走城上浪_玩去哩。

⑥ 审问_{追问，恳请，央求}。"我们洗澡去呢，你去不去啊?"她把好姐儿审问的 ｜ 调养家_{保育员}把存姐儿审问的："这个鸽娃儿这候儿也不是你的，也不是她的，叫它剩到娃娃园呢，不好吗?"

⑦ 重复_{指复习}。学生们，今儿个我们重复五号里头习学下的_{学过的} ｜ (今儿我们的) 这个教课上_{这一节课上}把早前过哩的_{学过的}很些子材料也重复哩(一遍)。

⑧ 自传_{这里指由作者为别人写的传略，并非作者对自己生平事迹的自叙}。如东干族教科书《咱们的文学》(7册、8册，1988年)中收录了东干族、俄罗斯族、吉尔吉斯族的10位作家的"自传"，分别放在该作家作品的前面。但从行文一看便知，这些所谓"自传"，其实就都是教材的编者为这些作家所写的"传略"。例如普希金遭枪杀的年月日，就都在其中，这怎么可能是"自传"呢?但却都名为"自传"。

上面八例双音节词AB中，都带共有的同形同义语素，前五例在A音节上，后三例在B音节上。

第二，不带共有语素的。请看例子。

⑨ 贤惠。我到哩老婆儿跟前，问哩下哈_坏好，老婆儿贤惠的把我问哩一伙堂 ｜ 那塔儿_{指爱沙尼亚、立陶宛等国}的人巴外特别的个贤惠，耐苦的规程也好的很。一个乡庄呢一家子房子着掉哩。一个老者说哩一句"帮忙"的

话，远近的邻居们三四天里头把房子从盖上哩。

⑩ 庙_{指东欧的教堂}。敌人把我们吃到没顶子的庙呢哩。把庙的圆顶子叫炮子儿么，得道_{或者}风船_{飞机}上摺下来的炸弹推掉哩。

⑪ 扎针_{指输液}。大夫说的，娃们，你们要害怕哩，现在我把针扎上，奶奶缓一晚夕_{一夜}，明儿赶早_{早晨}她就好哩，你们睡去，我在她跟前坐的看的。

⑫ 归一_{联合}。全世界的无产阶级们归一！

⑬ 养廉_{退休金}。他是有功劳的养廉家｜他们老哩不做活，拿的养廉还不说，舒坦光阴他们过。

B. 全转，指甲乙两词没有共同义素，可以带也可以不带共有语素。请看表3-14、表3-15。

表 3-14

语言\例词\义素	1 对别人的才能予以重视或赞扬	2 为集体或个人的成就等感到光荣
汉语	+	-
东干话	-	+

（赏识）

表 3-15

语言\例词\义素	1 安装	2 装扮	3 使好看
汉语	+	-	-
东干话	-	+	+

（装修）

由表3-14、表3-15可知，制约词义全转的因素有二。一是决定性因素，即共有着一个或同形或同义或同音的语素。在词义全转词中，70%以上的词完成全转由它实施。它们多借助于双音节词AB中的A，如表3-15中"装修"的"装"。由表3-15可知，由于东干话的"装修"和汉语的"装修"二者没有共同义素，它和汉语"装修"的义素1"安装"是对立的，但却有汉语"装饰"一词的"装扮"（义素2）义、"使好看"（义素3）义。可见它的词义已等同于汉语的"装饰"了，见例⑭。而"装修"的"装"和"装饰"的"装"这两个同音语素正是东干话"装修"的词义完全转向"装饰"义的决定性诱发因素。可称为"装修"型，见例⑭至㉑。二是认知上的残存语义的制约，指说话人对该词语的词义不甚了。例如表3-14中的"赏识"一词，东干话中它的词义和汉语中的相应词的义素1也是对立的，同时又没有共有语素的诱发，但它却仍毫无缘由地转向义素2，表汉语的"自豪"义，见例㉒。可见，完全是认知错位了。可称为"赏识"型，见例㉒至㉖。下面分别举例。

第一，共有着一个或同形或同义或同音的语素的。请看例子。

⑭ 装修装饰。五月初九大喜欢，这是得哩胜指二战中打败德国的一天，巷子装修的太好看，民人人民节气上把心散 ｜ 我请全世界大人有地位、有威望的人，把圆地面指地球端赠予给善心儿童们，因此因为咱们太不会装修地面美化地球：枪炮、飞机、快火箭、各种炸弹……

⑮ 地面地球。千万年转的呢，尕圆地面儿 ｜ 太阳清早出来的呢，地面不打绊子的转的呢 ｜ 大地面直到今儿还转的呢 ｜ 母亲地面乏掉哩，再没康健，她也想歇缓下呢，今儿个再甭惊动哩，把老母亲。

⑯ 因此①因为。②因为这。③原因。a.因为。因此是古今儿故事、猜话谜语太难收，几十年里头把盛搁编纂书本子的材料没有存攒下 ｜ 我妈说她没有心劲做啥，因此是你没在家呢。b.因为这。你们的这个帮助时候上及时地给拿来哩，因此好少很多人们再没有买冬天的棉衣裳。c.原因。我去当兵的因此，除过一个人，谁都不知道。

⑰ 权势①政权。②权利，资格。回族苦汉们连杂样各种民族的苦汉们一同给自己争战权势的呢 ｜ "我们两个都是奥特利奇尼克优等生，阿爷。""噢，但是那个，你们有骑马的权势的呢。"

⑱ 大字指大写的字母。单名字专有名词的头一个字字母四季永远要拿大字写呢 ｜ 几天里头他把一切大字都学下哩。

⑲ 比方比较。我们能把两个国家的经济比方的看一下。（海峰，128页）

⑳ 埋怨隐瞒。太太问的呢："你识字吗，小先生，你可甭埋怨。"小伙给她说的真："一字不懂。"太太就像识透哩，再没敢问。

㉑ 共总总之。这呢咱们把十娃子的作品简单写哩下儿。共总能说这么个，十娃子一定是有才学的诗家。

以上八例的双音节词AB都共有着一个或同形或同义或同音的语素。其中前七例（例⑭到⑳）是共有着A音节，只有最后一例（例㉑）是共有着B音节。例⑭"装修"的"装"和"装饰"的"装"是同音语素，例⑳"埋怨"的

"埋"和"隐瞒"的"瞒"也是同音语素,但不同形。其余各例共有的都是同形同义语素。

第二,认知错位的。请看例子。

㉒ 赏识_{自豪,骄傲}。十娃子光也不是回族人的,他是咱们国呢的一切民族的<u>赏识</u> | 儿子当的炮队的卡曼季尔_{指挥官},把娘老子撂到后头_{超越}哩,我可<u>赏识</u>的说不成哩 | 她阿奶是英雄,她满能<u>赏识</u>自己的奶奶。

㉓ 情由_{作用,意义}。这个书到对于调养_{教育}娃们上有大<u>情由</u>呢 | 十月革命的得胜到回族民人_{人民}上<u>情由</u>大的很 | 多一半娘老子不知道念书的<u>情由</u>,他们害少年的呢。

㉔ 心慌_{寂寞,孤单,烦闷}。你去,家呢我连你弟弟两个呢,也不<u>心慌</u>。 | "阿妈,这一家子人就剩咱们两个儿哩。我但是_{如果}走掉,你一个人要过日子呢。到你上一定难再么是<u>心慌</u>。你听,我给你教一个方子。"听见不叫她<u>心慌</u>的话,她一下高兴哩 | 我记得咪,大滩道_{原野},夏天呢太<u>心慌</u>,山风不住刮的呢,连哨一样,干草滚的吼的呢,飞的太慌,塘土起来就像云,接了太阳。

㉕ 赞成_{庆贺,表彰}。回族人们拿大喜欢<u>赞成</u>哩自己的显眼儿子给民族的文学扎哩根的人十娃子90岁的生日儿哩 | 他们今儿个在这塔儿<u>赞成</u>哩在这个学堂念完五年满哩的日子呢 | 为<u>赞成</u>肖洛霍夫的功劳,给他把国家功苦_{劳动}英雄名堂安给哩。

㉖ 运气_{幸福}。《母亲》这个书上穷人多,可是他们争战哩,为的解放,叫一切人有<u>运气</u> | 新年上我给大家盼望身体健康,家下的<u>运气</u> | 穷人的灾难多,我没躲过,光唱哩<u>运气</u>哩,可没见过 | <u>运气</u>是一股风,哄了穷人。

(2) 色彩义的转移。这种转移扩大了词语的使用范围。

A. 感情色彩的变化。

第一,褒义色彩的增减。请看例子。

㉗ 位。一<u>位</u>小孩爬的呢 | 她们二<u>位</u>都交上五岁哩 | 喜爱的亲爱的,咱们二<u>位</u>的亲热,比没底子的海都深。

㉘ 回老家_{指死}。九月里来,天气凉,老汉不好睡倒炕,眼睛闭上<u>回老家</u> | 跌倒哩,定定儿_{安静地}睡下,我就像<u>回了老家</u> | 我阿奶说的,但不是你的阿妈,她打早<u>回哩老家</u>哩 | 我今年69岁,眼望着<u>回老家</u>,没有一

个根指后代咋归家。

㉙ 端赠予,献给。给有功劳的教员端哩礼信礼品哩 ｜ 这个书是师娘女教师给我端下的 ｜ 响器队唱下的受听曲子给人端哩高兴哩。

㉚ 举赠予,贡献。世界妇女大会上作家们给贵重尊敬的妇女们把好少花儿举给哩 ｜ 他把个家自己的寿数生命都举到调养培养娃们的事情上哩。（海峰,2003）

上面例㉗中对小孩和自己称"位","位"在汉语中的敬意在这里都消失了,也可能在东干话中本就不含敬意。例㉘中的"回老家",可用于多种场合,都只是冷静客观的叙述,用来替代死,没有戏谑色彩。而例㉙㉚两例的"端""举",则是新增了褒义色彩,它们一般的动词用法都仍存在,这里是新增了一个义项。

第二,贬义色彩中性化或褒义化。请看例子。

㉛ 头子领导者。他是好人,因此因为这个是大众把他举成头子哩 ｜ 我们的新头子到大众活上太上前的很非常积极 ｜ 敌人的一切头子都在桌子团圆周围坐的呢。

㉜ 顿次,下。她把尕兄弟抱上狠狠的心疼亲吻给哩一顿。

㉝ 掉做补语。a.今年的秋天巴外特别的富贵,哪塔儿的高田水果都成作丰收掉哩 ｜ 这几年他跑买卖富足掉哩。b.到哩花儿开繁的俊美滩道原野呢,娃们高兴的眼睛都绿眼睛闪亮,神采奕奕掉哩。c.我的爷爷在仗上舍掉哩 ｜ 他的娘老子都完掉哩。

上面三例中,例㉛的"头子"指自己一方和敌人一方的领导者,双方的领导人都被称为"头子","头子"的贬义色彩已不存在。例㉜的"顿",它原来表示斥责、劝说、打骂的次数,是带贬义色彩的用法。这在东干话中仍存在,而本例中是表示"心疼亲吻"的次数,带褒义,这是新的发展。例㉝的"掉",以往多表示好的状态向坏的状态变化,含有"不如意"的感情色彩,本例中它前面的谓词是,褒义词"成作""富足",表示兴奋情绪兴起的词"绿",委婉语用词"舍""完""无常",这里是"掉"本身已开始向表积极变化的方面发展。

第三,褒贬同词。请看例子。

㉞ 望想、妄想。a.望想希望。大学到我上对我来说是顶大的望想 ｜ 我

的顶要紧的望想是把大学念完,调养教育娃们。b.妄想。对头敌人妄想叫我们原过老光阴旧社会的生活呢 | 人们把敌人的歹毒妄想往开呢揭哩 | 胡达上帝造下你是喂鸡儿的,你就耍妄想提皮包指背着书包上学,"皮包"即书包。

　　㉟ 掀①揭发。②出卖。a.揭发。我知道你是帕尔季亚的员共产党员,我头一个就把你掀给呢 | 你耍祈祷哩,咋也罢不管怎样,把你掀给呢。我的命也甜。b.出卖。耍掀我哩。克里日涅夫同志 | 我不能叫你这个奸贼把我们的卡曼季尔指挥官掀给。

　　上面例㉞的"望想"和"妄想"在东干话中是同音反义词,用作"望想"时,它是"想望"的逆序词,指"希望",是褒义;用作"狂妄的打算""不能实现的打算"时,正好和汉语的"妄想"音义相当,是贬义。这在我们看来是褒贬同词。例㉟的"掀"是"推到一边"的意思,可是当出现在本例中时,它正好顶替了汉语的"出卖"和"揭发"一对反义词。

　　B.性别色彩中性化。请看例子。

　　㊱ 守寡。a.孀居。她的男人仗上舍牺牲掉哩,她成下寡妇哩,守寡的呢。b.鳏居。他的婆姨妻子完掉哩,他成下寡夫哩,守寡的呢。
　　㊲ 寡妇、寡夫。a.寡妇。见例㊱a。b.鳏夫。见例㊱b。

　　上面两例的"守寡""寡妇、寡夫",在东干话中,既可指男,也可指女,是中性的。"寡妇、寡夫"前面也可加"男"或"女"构成"男寡夫""女寡妇"。"守寡"同指"孀居"和"鳏居"可能和俄语有关,俄语中"孀居""鳏居"都叫"守寡"。

2. 转移的取向

下面谈转移的四类相关载体。

（1）转向有共同义素或共有语素的相关载体。指的是半转的两个小类的词,如"发展"型、"贤惠"型,见例①到⑬,以及全转的有共有语素的词,如"装修"型,见例⑭到㉑。值得注意的是,借助于同形同义或同音语素的诱发因素完成词义转移的,在半转词和全转词中都占很大比重。在半转词中占50%以上,在全转词中占70%。这透露出东干话对汉语双音节词AB中尤其是A音节语音因素的倚重。

（2）转向音义无关的载体。指的是全转中认知错位的那个小类的词,如"赏识"型,见例㉒到㉖。在我们看来,这类词的词义转移是无理据的。这透露出东干人对汉语母体的疏远、淡忘。

（3）转向相应新载体，指的是由指夏历转指公历的相关词，如例⑤"节气"已转指公历的某个节日。又如"正月、腊月、大年、大年初一"，东干人西迁后，它们的载体也都已转向公历，但仍用原词去指称。

（4）转向零载体。指的是原华夏的某些传统节日、节气等的名称在它们失去载体后徒留空壳的现象。比如"正月正、五端阳、九重阳、八月十五"，"清明、入伏、立秋、闰月"，"石、斗"，"里、丈、尺、寸"等等。这些词语现在主要存留在俗语、谚语、谜语、民间故事、唱词等民间文学中。由于历史文化背景的变迁，它们所指称的事物在现实生活中已不存在，如"清明"等，或有了新概念去指称，如"斗""丈"等。这样，在原先的老一辈人中大约还残存着的某些记忆，而到后来就谁也不知道是什么意思了。所以这类词语虽然还会出现，也只不过是人云亦云而已。但它们也有作用，那就是用它们去复述那古老的民间文学。

二、发展倾向

上面我们描述了东干话词汇发展的六条途径，可概括为一个"共有"、三个"独有"两种模式。

（一）一个"共有"

一个"共有"指共同的词汇发展模式——多义化。我们考察了116个多义词，新增义项174项，实际数目远多于此。这些新增义项弥补了相关老词的某些词义空缺，等于产生了一大批相应的新词。

（二）三个"独有"

"三个独有"指为东干话独有的词汇发展模式。

1. 名词的子系统"X+子"词，它的表小的基本义和丰富的附加义，都渐呈系统，有了较大的发展

"X+子"词是中国西北地区如甘肃、宁夏、青海、新疆等地至今仍广为使用的一种独具特色的构形现象。但据我们一般性地了解，在东干话中，它的词汇量和信息量都是汉语西北方言所不及的。

2. 以繁代简现象

这指的是把"的"字短语用如名词、带"的"的定中短语用如名词、动词短语用如动词的现象。这是东干话弥补相关词语表达缺失的一种变通方法。它无碍于表达，只是说话多费点时间。

3. 词义发展的某些逆汉化倾向

这指东干话的有些词的词义发展是和汉语背逆的。这有碍于操汉语的人对东干话的理解。表现在三个方面。

(1) 从"听音生义"到"依音代义"的偏颇。这是指词义转移时由甲词形表示乙词义构成新词的一般做法。它是由相应词语在认知上的残存音义的诱发、干扰所致。

A. "听音生义"就是先从甲乙两词中确定一个共同的形式标记，将其作为导入乙词词义的标准。这个形式标记就是甲乙两词的共有语素，即双音节词AB中的第一个语素A或第二个语素B。这就是"听音生义"——听到声音生出词义。它是词义转移的诱因。但须注意，这个甲乙两词的共有语素A或B，有多种情况。一是同音同义，例如"发展"的"发"和用作"发育"的"发展"的"发"（见本章的"词义转移"部分，例①）；二是同音异义，例如"装修"的"装"和用作"装饰"的"装修"的"装"（见本章的"词义转移"部分，例⑭）；三是，同音异形异义，例如"埋怨"的"埋"和用作"隐瞒"的"埋怨"的"瞒"（见本章的"词义转移"部分，例⑳）。可见，"听音生义"的"音"是个同音多义语素。这样，所"生"新词词义就被引入"歧途"。

B. "依音代义"就是"听音生义"之后再认定作为诱因语素的A或B的这个音现在就是新词乙的词义的全部承担者，而原AB词的另一语素B或A，则成为冗余音节而存在，但作为双音节词的另一音节它们又不能被删除。

下列AB词中语素A是词义的承担者，而语素B成为冗余音节。如：<u>发</u>展_{发育} | <u>事</u>由_{事情,情况} | <u>能</u>够_{能力,条件} | <u>富</u>贵_{富饶} | <u>装</u>修_{装饰} | <u>地</u>面_{地球} | <u>因</u>此_{因为} | <u>埋</u>怨_{隐瞒}。（见本章的"词义转移"部分的相关例句）

下列AB词中语素B是词义的承担者，而语素A成为冗余音节。如：审<u>问</u>_问 | 重<u>复</u>_{复习} | 自<u>传</u>_{传略} | 共<u>总</u>_{总之}。（见本章的"词义转移"部分的相关例句）

(2) 义素认知的偏颇。同一语义场中的各词，一般都有共同义素，它表明各词之间的相关性，又有一些区别义素，它表明各词之间的差异所在。二者各有侧重，不能混淆。但东干话有时恰恰相反，就是说，有时它会尽量使某些区别义素融进共同义素，扩大该词义的适用范围，弥补某些词义的表达缺失。例如本章"词义转移"部分的表3-12中，东干话的"贤惠"和汉语的"贤惠"同形，二者的共同义素也相同，但东干话的"贤惠"外延更宽，为什么？就是因为它把区别义素[±女人]融进了共同义素。表3-13中的"发展"一词也同理。见本章的"词义转移产生新词"中的例⑨①。而汉语的相应词都没有这样做。这就使东干话的某些词义渐渐远离了汉语。

(3) 形音义彻底错位。指词义转移的全转类的那些词,即甲词的形音义与它所要表示的乙词的形音义完全不同。如用"赏识"表示"自豪"之类,见本章的"词义转移产生新词"部分的例㉒到㉖。这往往使人不知其所云。

三、成因

东干话赖以生存的独特背景,促成了它的上述总体发展倾向。

1. 语境封闭

东干话是当地的一种少数民族语言,处于当地众多异族强势语言的包围之中,使用范围被局限在东干人内部,即东干族农村、东干族家庭。要和外族人交往,就得借助于俄语。

2. 华夏文化积淀薄弱

1878年,当时由中国向中亚西迁的陕甘回民反清斗争余部都来自贫苦农村,处在社会底层,很少受到文化教育。他们的后裔更没有直接受到华夏文化的熏陶。

3. 缺乏交流与借鉴

长期以来,东干话和它的源头方言——汉语西北方言处于隔绝状态,致使一些词东干人渐渐模糊、淡忘,从而,处于无奈或想当然的状态。

第三节　鉴别词

请看表3-16。

表 3-16

鉴别项\鉴别例词\语言	一般词语	传统节日及其名称	外来词	
			音译词	俄语原词
	墓　屋　商店　牙膏　飞机　例如 花儿[xuaɿ ɚɿ]中国甘肃、宁夏、青海等省区的一种山歌 甜菜经济作物,根可制糖 水泥建筑材料 自行车	春节 中秋节	вурус[东干话对"русский(俄罗斯人的)"一词音译为"乌鲁斯"]	РОССИЯ ("俄罗斯"一词的俄语原词)
东干话	无	无	有	有
汉语	有	有	无	无

说明：

1. 一般词语中，"屋"在东干话口语和书面语中都不使用，只出现在辞书中；"飞机"一词在东干话书面语中似不见使用，口语中偶尔会用。

2. 外来词中，"俄罗斯"一词的东干话音译词和俄语原词的语音形式不同，用法也不同。在东干话中，音译词"乌鲁斯"的对应俄语是"русский（俄罗斯人的）"，一般做定语或指称"俄罗斯人"，而俄语原词"Россия"的对应汉语是"俄罗斯（国）"，它只用来指称俄罗斯那个国家或那个地方。例如："回族学借助乌鲁斯汉学的部分在Россия打哩头儿发展哩"[①]。"我们里头有三个乌鲁斯我们当中有三个俄罗斯人"[②]。

3. 从表3-16中可知，东干话和汉语在三个鉴别项中相关词的有、无情况都是对立的。因此借助于任何一个鉴别项都能把东干话和汉语区别开来。如果同时使用两个或三个鉴别项，更能准确无误。

4. 如果某个鉴别词已和汉语普通话用法相一致，表明东干话已向汉语靠拢，一致的越多，表明靠拢的速度越快。

---

① P.哈三诺夫：《又是诗家，又是科学人》，《回民报》1996年5月31日。
② 伊·尤素波夫：《咱家的文学》（第6册），МЕКТЕП出版社，1993年。

第四章 语　法

第一节　词　法

一、一般构词法

（一）词缀

东干话有前缀和后缀。前缀有"阿、初、老、头、第"五个，后缀有"子、儿、家、人、家子、客、王子、手、员、鬼、胎、头、面、者、BB（儿）、（B）CD、拉拉、价/个、达、首、奥夫/奥娃"等21个。前缀和汉语普通话相当，后缀数量多，用法新，例如："子"有使词义系列化的倾向，"家"有新的拓展，"达""价"等也各有新义。

1. 前缀

阿　用在亲属名称前表称谓，例如：阿爷_{祖父} ｜ 阿奶_{祖母} ｜ 阿达_{父亲} ｜ 阿妈_{母亲} ｜ 阿哥_{哥哥} ｜ 阿伯_{伯父} ｜ 阿伯子_{丈夫之兄}。前面五个，"阿"不用也可以，后面两个，"阿"不能缺少。

初　用在公历每月"一"到"十"前表序数，例如：初一一号 ｜ 初五五号 ｜ 初十十号。

老　（1）用在兄弟姐妹排行前表序数，例如：老大_{排行第一} ｜ 老九 ｜ 老十 ｜ 老干子_{最小的孩子} ｜ 老妮儿_{最小的女儿}。（2）用在名语素"虎、鼠"前构成名词，例如：老虎 ｜ 老鼠子。

头　用在"一个"或量词"班、等"前，表示"第一……"，例如：头一个 ｜ 头班 ｜ 头等 ｜ 头份头次_{此短语整体意思是"第一次"，没有"第一份"的含义，"次"音"四"}。（详见本章中的"序数词"部分）

第　用在"二个"到"十个"前，表示"第二个"到"第十个"。

2. 后缀

子 "子"是极有特色的后缀。它比它的源头方言用得要频繁得多、广泛得多。由于它的出现，使一些带不带"子"尾词义都相同的词，构成了一批"子"尾与非"子"尾两两对应的等义词，如"木梳——木梳子"；由于它的出现，使一些带不带"子"尾词义都不同的词，构成了一批"子"尾与非"子"尾两两对立的词，如"眼睛——眼睛子小孔"；由于它的出现，使一些带不带"子"尾与带不带重叠成分的词，构成了一批词义上呈层递变化的词的系列，如"海大海——海子湖——海海子小湖"。可见，它把一大批词义相关的名词一分为二或一分为三，而这实际上就是产生了一大批相关的新名词。应该说，对词汇发展缓慢的东干话来说，这是个增加词汇量的绝好办法。

儿 名词或形容词后缀，用法和汉语普通话大多相同。后缀"儿"不自成音节。

家 指人的名词后缀，比东干话的源头方言汉语陕甘话的"家"的构词能力强得多。或者说，这些带后缀"家"的词，在它的源头方言里大多用其他方式表示，或者就不存在那些方言词。

(1) 指从事某种行业的人，例如：脚家脚夫│修盖家建筑工人│戏家演员│户家农夫│运动家职业运动员│响器家演奏员│卡尔霍兹家集体农庄庄员│调养家幼儿教师。

(2) 指参与某种活动的人，例如：运动家非职业运动员│念家读者│游转家旅客│串连家某一活动的组织者│传说家宣传员。

(3) 指具有某种专门学识，并达到一定水平的人，例如：写家作家│诗文家诗人│成作家编著者│作造家发明家│批评家文艺评论家。

(4) 指政治思想学说的信仰者或某种学派的成员，例如：列宁家列宁主义者│白党家白党分子│反叛家叛徒。

(5) 指劳动竞赛或对敌战斗中成绩突出得像某类英雄的人，例如：斯达汉诺夫家斯达汉诺夫式的工人或农民│潘菲洛夫家潘菲洛夫式的战士。

人 后缀"人"在汉语陕甘话中，似不见用，但在东干话中常用，是个指人的名词后缀，相当于"员、者、家、分子"。例如：做工人工作者,职员│科学人学者│翻译人译者│宣传人宣员│在前人/在头人先进分子│戏人演员│游玩人旅行者,旅客│通信人记者,通讯员│闲奸人好吵架闹事的人。

员 (1) 用作表人的名词后缀：教员教师│能员能手│帕尔季亚的员(共产)党员│写家联邦的员作协会员。(2) 用作单音节词，指句法成分为"段句子的员"，认为句中"重要的员是主语、谓语，再的是二次员指次要成分"。

首 名词后缀，我们尚不知它的本字，暂以"首"代用。它只和单音节

动语素组合,表示人或事物的某种态势、方式、风格。总的看,它的构词能力弱,所构成的词少,在今汉语西北方言中,已很少见到,但在东干话中,尚存留八九个词,例如:走首行走时的姿态 | 坐首坐的姿态 | 耍首玩儿的方式 | 念首阅读的方式、风格 | 说首说法,观点 | 写首作品的写作方法 | 长首庄稼的长势 | 淌首水的流向。例如:萨利儿顶爱的耍首是数巷子呢过来过去走的汽车 | "达、打、大"它们的写法指声母、韵母的拼写一样,说首指声调不像。我们觉得,"首"可能是"式"的讹读音。两字声母都是[ʂ],只是韵母有了变化。东干话中有"动+式"的用例,如:"我把丫头儿的穿式把划扫视哩下儿"。

家子 指人的名词后缀,表示具有某种特长、技艺、不良习性的人,例如:说家子演说家,善于辞令的人 | 算家子善于计算的人 | 洑家子游泳运动员,能手 | 弹家子造诣深的、技术高的乐师 | 唱家子歌手,歌唱家 | 耍家子某项文体活动的爱好者,能手 | 有家子富人 | 苦家子勤劳的人 | 当家子家长 | 写家子不高明的作家 | 哭家子①受雇哭灵的女人。②哭灵的女人 | 喝家子酒鬼 | 谝家子/吹家子/诌家子爱说谎、吹嘘的人。

客 指人的名词后缀,所构成的名词多表贬义,例如:闲话客爱议论是非的人 | 扯谎客爱说谎的人 | 告状客爱中伤、诬蔑人的人 | 打脸客恬不知耻的人 | 装王客骄傲自大的人 | 拿作客装腔作势的人 | 捏攥客吝啬的人 | 皮条客撮合男女私通的人 | □[piaŋ]客(子)吸毒的人 | 骆驼客用骆驼搞运输的人。

王子 指人的名词后缀,表某方面有特殊癖性的人,例如:瓜王子西瓜、甜瓜等的爱好者 | 肉王子肉的爱好者 | 酒王子酒鬼 | 脏王子邋遢鬼。

鬼 指人的名词后缀,表贬义,例如:糊涂鬼不明事理的人 | 饥食鬼贪而无厌的人 | 戳唆鬼挑拨是非的人 | 乖张鬼脾气古怪的人 | 做弄鬼①调皮任性的人。②反复无常的人 | 装王鬼骄傲自大的人 | 懒干鬼懒汉 | 短见鬼见识少的人 | 烟鬼吸鸦片的人 | 醉鬼常喝醉的人 | 替死鬼。

手 指人的名词后缀,构成的词是常见的几个老词,没有新的发展,例如:宰把手刽子手 | 刽子手 | 懒干手懒汉 | 枪手 | 水手。

头 用作表示事物和人的名词或方位词的后缀。(1)用在单音节动语素后,表示某事值得做,有必要做,例如:挣头值得挣,能挣到钱 | 看头 | 等头 | 说头 | 问头。(2)用在其他语素后,指人,例如:烧包头好追逐女人的人。(3)用作方位词的后缀,例如:高头上面 | 里头 | 外头 | 后头 | 上头 | 下头。

面 方位词后缀,例如:外面 | 里面 | 上面 | 后面。

胎 指人的名词后缀,来自源头方言,例如:哭皮胎好哭的人(多指小孩) | 浪世胎游手好闲、好吃好玩、到处闲转的人。

145

者　指人的名词后缀，构词能力很弱，来自源头方言，如汉语临夏话，只用在"老"后指老人，构成"老者｜老者人"，例如："贵重尊敬的老者们，你们好！"

奥夫、耶夫，奥娃、耶娃　人名性别后缀。这是从俄语中借来的。"奥夫、耶夫"用在男性人名后，如："哈瓦佐夫｜谢达里耶夫"；"奥娃、耶娃"用在女性人名后，如：曼苏洛娃｜木萨耶娃。

BB（儿）　指单音节形语素"A"的叠音后缀，"BB（儿）"表示数量多，表状态，"ABB（儿）"的色彩义由它决定，它的褒贬色彩一般是约定俗成的。如：红丢丢儿褒义｜细尕尕贬义｜猛溜溜中性。（参见本章中的"重叠"部分）

拉拉　形容词的叠音后缀，也写作"剌剌"，是源头方言中近代汉语用法的传承，例如：害怕拉拉｜心疼拉拉（儿）可爱，好看｜怪拉拉奇怪，怪异｜颇烦厌烦，担忧拉拉。例如："心疼拉拉儿的那个熊娃儿给我点头头儿的呢｜他拿单另的个怪拉拉的声气声音可又接上说脱哩｜《金瓶梅词话》：'从几时新兴出来的例儿，怪剌剌教丫头看答着，甚么张致！'（18回10页）"

（B）CD　指单音节或双音节形语素"A（B）"的后缀，来自源头方言，如汉语兰州话。所构成的形容词很有限，都表贬义。例如：斜抽麻达皱纹多，不平展的衫子咋么价穿呢？｜冰几瓦达的吃的冰冷的食物吃上肚子疼呢｜圪垯瓦石高低不平的路，难走的很｜瘦的骨都头瓦石的骨瘦如柴｜生透瓦熟不熟的的馍馍吃不成。

个　动词后缀。例如：念个思念｜说个说。与不带"个"时词义相同。例如："他嘴咕哝的说个的呢｜他还念个的说是，把一家子一定拿带领到生养哩他的地方去浪玩一回去呢"。

达　"达"不同于一般的后缀。它的不同之处在于，一般后缀多有显示词性的作用，如上述的"子、家、首"是名词的标志等，而"达"没有这种作用。带后缀"达"的词的词汇意义全部由"达"前面的单音节词根承担着，实际上这些单音节词根在汉语普通话里就是个单音节词，"达"的作用则是使这些单音节词变成当地的双音节方言词。这些词主要是动词，例如：攒达糟蹋｜背达双手背在身后｜绕达晃动｜摇达摇动｜想达①大约，大概。②难道，莫非。也有名词、形容词、副词，例如：钩达钓鱼竿上的小钩｜花达华而不实｜亏达幸亏。例如："他觉摸的得道不知一个啥，在他眼前绕达哩下儿｜他背达手大步大步的跨的呢｜这是庙，我是拜望胡达的，我不能在这儿攒达｜妈妈给达达回答不上哩，亏达丫头帮哩个忙"。

价/个　　"价"和"个"都是代谓词"咋么、这么、那么"的后缀,它们很隐蔽。有标志如下对立互补的句法功能的作用。

(1)带后缀"价"的代谓词"咋么价、这么价、那么价"可做定语和状语。例如:

① 他穿过那么价的衣裳。(做定语,后有"的")
② 门门儿咋么价开的呢?(做状语)
③ 他们就那么价干哩。(做状语)

以上三例中的后缀"价"以出现的为常见,但不出现也可。例如:

④ 真有这么的孔雀呢吗?(做定语,后有"的")
⑤ 咋么好哩,咋么办。(做状语)
⑥ 就这么天天打我们的呢。(做状语)

(2)带后缀"个"的代谓词"咋么个、这么个、那么个"可做定语、谓语和宾语。例如:

⑦ 咋么个音叫子音?(做定语,后无"的")
⑧ 你们牲灵行呢畜牧业的事由儿情况咋么个?(做谓语)
⑨ 事情就是这么个。(做宾语)

由以上九例可知,由于"价""个"这两个后缀的出现,使代谓词具有了对立互补的句法功能。第一,这两个后缀所在的代谓词都能做定语,但在结构上却是对立的。带"价"缀的定语后一定要出现"的",如例①④;带"个"缀的定语后一定不能出现"的",如例⑦。第二,这两个后缀所在的代谓词在充当状语与谓语、宾语的功能上又是互补的。带"价"缀的只能做状语,如例②③⑤⑥,不能做谓语、宾语;带"个"缀的却恰恰相反,只能做谓语、宾语,如例⑧⑨,不能做状语。可见,"价""个"这两个后缀不仅是相关代谓词的后缀,而且它们的作用还延伸到了成词后的这些词的句法功能。

3. 东干话词缀的特点

(1)东干话词缀很丰富。计有前缀5个,即阿、初、老、头、第;后缀21个,即子、家、人、员、首、家子、客、王子、鬼、手、头、面、胎、者、BB(儿)、(B)CD、拉拉、个、达、价/个。这应是对它的源头方言词缀的全面传承和发展。

（2）从传承和发展来看，前缀和汉语普通话相当；后缀"员、首、手、头、面、胎、者、BB（儿）、拉拉、个、价/个"13个多是旧用法的传承，占一多半，后缀"子、家、人、家子、客、王子、鬼、达"8个则产生了较多的新用法，占一小半。

（3）作用。

A. 突显特长、技艺、不良习性、特殊癖性。如"家子""王子"。据我们的理解，"家子"属"家"的C类而水平低于C类，或属"家"的B类而水平高于B类。"王子"是突显其某方面的独一无二的"王子"地位。

B. 表示爱恶。叠音后缀"BB"一分为三，有的表爱称，如"（红）丢丢（儿）｜（明）灿灿"；有的表恶称，如"（白）囊囊｜（细）尕尕"；有的表中性，如"（猛）溜溜_{突然}"。这些"BB"所显示的爱恶色彩是人们约定俗成的。后缀"鬼""客""胎"一般表恶称。"鬼""客"构成了一批很有特色的表恶称的新名词。

C. 表示状态。如后缀"（心疼）拉拉"表示"（可爱的）样子"。叠音后缀"BB"表爱恶的同时，也都透露着特定的状态，如"（红）丢丢（儿）""（白）囊囊｜（细）尕尕"就是由色彩、形状透露出的一种使人或爱或恶的具体状态。又如"（乏）踏踏｜（战）抖抖"是由于困乏、惊恐表现出的一种具体状态。

D. 使词双音化。如后缀"达"前面的语素A，在汉语普通话中原本就都是个单音节词，而加上"达"后并未改变原单音节词"A"的词性和用法，那么，"达"的作用何在呢？在于使A变成当地的双音节方言词"A达"。动词"说、念_{想念}"后面的后缀"个"的作用也和"达"相同。这个"个"的构词能力很弱。

E. 指明性别。从俄语人名中借入的表男性的人名后缀"奥夫、耶夫"和表女性的人名后缀"奥娃、耶娃"起到了这样的作用。

F. 代谓词后缀"价、个"，不仅是后缀，而且影响到代谓词的句法功能，或者说，它们成了代谓词句法功能的标志。

G. 和汉语西北方言相比，东干话后缀"子"有了长足发展，它和单音节A或多音节AB/AA可构成大批词义呈层递变化的名词系列，或者说构成了大批词义相关的新名词。

（二）重叠

我们这里讨论的是构词，所以谈重叠也应限制在构词重叠的范围内，但为了集中显现重叠的全貌，有时也会涉及构形重叠。东干话的重叠格式丰富多彩，反映或发展了它的源头方言的相应用法。

1. 重叠式名词

重叠式名词有八种重叠格式，即AA（儿）、BAA（儿）、BBA（儿）、AA子/儿、BBAA（儿）、ABCC（儿）、AABB、A里AB。前面五种是构词重叠，最后三种是构形重叠。

（1）AA（儿）

A. 亲属称谓。例如：祖祖祖宗｜太太曾祖母｜爷爷｜爸爸爷爷（昵称）｜奶奶｜达达父亲｜妈妈｜伯伯｜婶婶｜姑姑｜娘娘姑母或姨母｜公公丈夫的父亲（背称）｜婆婆丈夫的母亲（背称）｜舅舅｜哥哥｜姐姐｜妹妹。

B. 一般名词。例如：秋秋秋千｜蛛蛛蜘蛛｜搓搓纺锭，纺锤｜拼拼（儿）比赛｜期期期刊｜因因儿原因｜单单不成双的｜杂杂玩具｜苍苍儿时机，缺陷｜馍馍｜这这儿这里。

（2）BAA（儿）

"BAA（儿）"的结构是"B+[AA+（儿）]"，前后是"定+中"关系。例如：杏胶胶｜耍娃娃玩具｜蒸馍馍｜膜甲甲一种鸟｜干达达干爸｜热子子受热后身上出的小颗粒｜吊棒棒长棒｜杂和和混合物｜冰块块儿｜矬汉汉儿｜黄冠冠黄郁金香｜命蛋蛋子孙（昵称）｜烟棒棒儿烟卷儿｜崖娃娃指回声｜短裤裤儿｜白衫衫儿。

（3）BBA（儿）

"BBA（儿）"的结构是"BB+A（儿）"，前后是"定+中"关系。例如：烫烫灰热的灰｜吊吊灰蜘蛛网｜步步脚儿步行的人｜装装木指故意不说的人｜豁豁嘴兔唇｜□□[sou sou]鬼吝啬的人｜豆豆绳珍珠项链｜裆裆裤开裆裤｜罐罐帽筒状毡帽｜尖尖帽｜独独蒜独头蒜｜扯扯蔓爬墙虎｜苦苦菜蒲公英｜步步赤戴胜鸟｜湿湿虫潮虫｜瓜瓜牛蜗牛｜拉拉蛄蝼蛄｜签签肉用铁签子穿起来烧熟的牛羊肉串儿。

（4）BBAA（儿）

"BBAA（儿）"的结构是"BB+AA（儿）"，前后是"定+中"关系。例如：娃娃气气儿儿童性格｜瓶瓶盖盖瓶盖儿。

（5）ABCC（儿）

"ABCC（儿）"的结构是"AB+CC（儿）"，前后是"定+中"关系。例如：眼泪豆豆儿泪珠｜骨头架架骨头架子｜调和末末调料面儿｜辣子树树儿指辣椒这种植物的植株｜茄子树树儿指茄子这种植物的植株。

（6）AA子/儿

"AA子/儿"的结构是"A+A+子/儿"。这种格式一般都表小称或特指，是一种构形能力很强的格式。例如：眼眼子/儿小孔｜桌桌子/儿小桌｜鳖鳖子

鳖形的军用水壶 | 烟烟子/儿淡淡的烟雾 | 重重子曾孙 | 儿儿子刚出生的幼兽 | 袖袖子后缝上去的衬袖 | 人人子/儿指人的身段、体态、体型。

(7) AABB

"AABB"也是一种构形重叠。表泛指、统指。构成的词很有限，有以下两种结构。

A. 由双音词"AB"的语素A、B分别重叠联合而成"AABB"。例如：东东西西小的零碎东西 | 穿穿戴戴穿戴的衣物 | 碗碗盏盏碗碟器皿 | 周周围围四面八方 | 时时刻刻每时每刻 | 冬冬夏夏年复一年。

B. 只有重叠联合式"AABB"。例如：娃娃蛋蛋全家所有大小孩子 | 祖祖辈辈。

(8) A里AB（儿）

"A里AB（儿）"也是构形重叠。在双音节词"AB"的"A"后加"里A"而成，表泛指、统指。它只构成个别词。例如：各里各处儿到处 | 圪里圪崂儿各个角落。

2. 重叠式形容词

(1) 构词重叠，有以下三种结构。

A. ABB（儿）

"ABB（儿）"的结构是"A+BB（儿）"。这是一种很有特色的构词重叠，数量多，表现力强。其叠音后缀"BB"生动传神，词的概念义由"A"主导，词的色彩义则由"BB"决定，而"BB"表达的色彩义一般是约定俗成的。我们收集到47个"BB"，它们可和77个"A"搭配。其中，和汉语普通话雷同的不多，如"笑盈盈 | 新崭崭 | 毛茸茸 | 轻飘飘 | 黑洞洞"，大多都颇具地方特色，如"绿压压 | 干汪汪 | 涩骨骨 | 大呆呆巨大的 | 哇吵吵吵嚷声 | 旺闪闪（绿草）繁茂油光闪亮"。

"ABB（儿）"有如下作用：

第一，表颜色，如：红丢丢儿 | 白囊囊白而不好看的颜色 | 黑盈盈黑绿（的树林） | 红朗朗红而明亮（的日光） | 黄琅琅金光四射（的日光） | 明灿灿闪亮耀眼（的奖章）。

第二，表感觉，如：佘喷喷香喷喷 | 凉苏苏凉凉的 | 簌碌碌儿飞快的动作，人对虫子爬动的感觉。

第三，表状态，如：悄谧谧儿悄然无声（使人害怕）| 震腾腾有威慑的、庄严的 | 细尔尔细长而不好看的 | 瘦恰恰儿瘦瘦儿的 | 猛溜溜突然间 | 清湛湛（水）清澈透亮 | 乏踏踏困乏的状态或感觉。

第四，表神态，如：突碌碌①因畏惧而抖动。②全神贯注（地看） | 气哼哼 | 笑盈盈 | 急溜溜很着急 | 毛洞洞大眼睛，浓眉毛，睫毛密而长，使人爱怜的女孩的神态。

第五，表声音，如：尖溜溜声音尖细 | 尖拉拉声音尖细 | 哇吵吵 | 怪拉拉声音让人觉得怪异。

"ABB（儿）"的用法例示。

① 日头照的红朗朗的。
② 电光灯电灯照的明苍苍的。
③ 水灵灵的葡萄串子。
④ 葡萄还绿湛湛的，没熟好呢。
⑤ 把匣子的门门儿抽开，长虫簌碌碌儿的出来哩。
⑥ 那个涅灭茨德国鬼子连狼娃子一样，拿明溜溜的眼睛，气哼哼的把我望哩三遍三次。
⑦ 过哩几天，猛溜溜的猫娃儿回来哩。
⑧ 野鸭子倏溜溜的打涝坝呢飞上走哩。
⑨ 绿草长的旺闪闪的繁茂油光闪亮。
⑩ 家呢八口子人也罢，可是凡常常常红窜窜儿的红火兴旺。
⑪ 轮子炮震腾腾的放哩一炮。
⑫ 听见说"伊思海儿"的名字，存花儿的心跳的越欢哩，把"伊思海儿"这个名字她战抖抖因着怯而说话战抖说出来哩。
⑬ 蟒半截身子参起来的呢。傍个呢兔子旁边的一个兔子浑身突碌碌的，两个眼睛呢眼泪清湛湛儿的淌的呢。
⑭ 鸡娃儿叫唤的急溜溜的声老远呢就听见呢。
⑮ 她笑盈盈的说的呢。
⑯ 他连唢呐子一样，拿尖溜溜的声喊脱哩。
⑰ 他把颇烦愁烦的情绪压下去，拿单另的怪拉拉怪异的声气声音可又说脱哩。
⑱ 两个丫头的哇吵吵的声气声音把她吵醒哩。

B．AA子

"AA子"的结构是单音节形容词语素"A"先重叠为"AA"，再加"子"。"AA子"都是状态形容词。例如：温温子微温的 | 弯弯子弯的 | 斜斜子斜的 | 立立子直立的 | 歪歪子弯曲的，曲折的 | 索索子破破烂烂的 | 邪邪子逆着，对着。

"AA子"可做定语、状语和谓语,表状态。例如:

① 门上安的着两个弯弯子折铁。(做定语)
② 他斜斜子躺的呢 ｜ 斜斜子望的呢。(做状语)
③ 耍叫木头弯弯子掉。(做谓语)
④ 日头一晒,渠呢的水就温温子哩。(做谓语)

由以上四例可知,"AA子"中的"子",做定语和谓语时,分别等同于定语的标志"的"和句末语气词"的";做状语时,等同于状语的标志"地"。"子"后面都不能再出现"的"或"地"。由此可知,"AA子"的"子"是构形重叠后的句法功能标记。能重叠后带"子"的形容词只有上面少数几个。

C. ABCC

"ABCC"的结构是"AB+CC","AB"是形容词语素,"CC"是叠音后缀。这类词语数量很少。例如:肥胖溜溜肥胖的样子 ｜ 笑眯儿嘻嘻微笑的样子 ｜ 明瓷朗朗金灿灿的:手上戴的明瓷朗朗的金镯子。

(2)构形重叠,有以下三种结构。

A. AA(儿)

"AA(儿)"的结构是单音节形容词"A"先重叠为"AA",有的可再"儿"化。"儿"化与否是习惯使然,有的也是为了使音节顺溜,它不表示统一的爱恶感情色彩。一大批单音节形容词"A"都可做此构形重叠。我们收集到73例。例如:多多 ｜ 低低 ｜ 麻麻 ｜ 冒冒随便的,侥幸的 ｜ 慢慢 ｜ 油油儿油多的 ｜ 旧旧儿很旧 ｜ 老老儿(刀)钝的,老的。

"AA(儿)"可做状语、补语和谓语,表示程度。例如:

① 雨整整的下哩一天。
② 他把我的手重重的拖拉哩一下。
③ 儿子呀,你快快的要往大呢长呢。
④ 把他狠狠的骂哩几句。
⑤ 到哩外头他忙忙的走掉哩。
⑥ 大大的吸哩几口气,他跑脱哩。
⑦ 猛猛的都起来,乱跑脱哩。
⑧ 一个狸猫娃儿欢欢的跑过去哩。
⑨ 乖乖儿你给我把洒壶喷壶搁下!
⑩ 狼娃子不好好儿吃。

以上10例用作状语，表程度深。

⑪ 雨把我浇的湿湿儿的哩。
⑫ 日头儿照的红红儿的。
⑬ 把头抬的高高儿的。
⑭ 他们两个喝的醉醉儿的。
⑮ 丫头儿两个㕯手手儿抱的着下巴儿，噗儿噗儿的睡的着着儿的。
⑯ 你们两个都说的对对（儿）的。
⑰ 一天（到晚）妈妈把女儿喊的忙忙的。
⑱ 娃们把脚拿的轻轻儿的到哩外头哩。

以上例⑪到⑱用作补语，表程度深。

⑲ 一个年轻黑心鬼样子指敌人，可是长的好，他的嘴唇子薄薄儿的，连线一样。
⑳ 对对儿的，给奶奶拿的去。

以上例⑲⑳两例用作谓语，例⑲表程度适中，例⑳表程度深。

B. AABB

"AABB"的结构和名词构形重叠"AABB"式一致，也有以下两种情况。

第一，由双音节词"AB"的语素A、B分别重叠联合成"AABB"。例如：安安稳稳 ｜ 宽宽展展 ｜ 慌慌忙忙 ｜ 马马虎虎 ｜ 干干净净 ｜ 孤孤单单 ｜ 平平安安。

第二，本身只有重叠联合式"AABB"。例如：歪歪拧拧 ｜ 哼哼咛咛 ｜ 哭哭啼啼 ｜ 偷偷摸摸 ｜ 瞎瞎摸摸盲目瞎碰 ｜ 坑坑洼洼 ｜ 斜斜拧拧 ｜ 齐齐楚楚 ｜ 战战可可战抖 ｜ 影影昏昏模糊不清 ｜ 大大样样公开的，率直的。

"AABB"的用法例示。

① 把宽宽展展的房子隔成几间碎小的哩。
② 李宛儿栽哩几个歪歪拧拧的树树子。
③ 把大大样样的事情他做成看不过的哩。
④ 斜斜拧拧的走的呢。

153

C. A里AB

"A里AB"这种构形重叠在萎缩，只偶尔发现"糊里糊涂"一例。

3. 重叠式副词

东干话中有少量副词是"AA（儿）"式叠音词，即由不成词语素"A"重叠而成的单纯词。例如：渐渐 ｜ 悄悄儿 ｜ 定定儿安静地 ｜ 款款儿从容地,完整地 ｜ 希希几乎。"偏"可单用，也可构成重叠式合成词"偏偏儿"。

二、东干构词法

（一）"X+子"

"X+子"，详见第三章"词汇"中的"词汇发展的途径、倾向及成因"部分。

（二）外来词东干语化

1. 借入外来词的概况

东干族西迁至今已130多年，对外来词的借入，可分为以下两个时期。

（1）苏联时期。这个时期的110多年间，东干族经历了沙俄、苏联几个历史阶段。在这些大的时空背景下，东干族与俄语广泛接触，由生到熟，并大量全面借入，缓解了东干话词汇的不足，提高了东干话的表现力。同时，还借入了少量阿拉伯语、突厥语的日常生活用语、宗教用语，还借入了汉语。

（2）苏联解体以后。1993年苏联解体以来，中亚社会发生了巨大变化。东干族所在国家的吉尔吉斯语、哈萨克语都分别被定为该国的国语。同时，东干族与中国有了日益频繁而广泛的交往。汉语、吉尔吉斯语、哈萨克语正在取代往日俄语的地位。东干话的外来词正在发生前所未有的新的变化。

2. 借入外来词的方式——东干语化

借入外来词的方式多样，但有个共同点，就是尽量使借入词汉语化，或称东干语化。

（1）使外来音节元音化，双音化，东干音化。

A. 汉语的音节通常是由辅音和元音构成的，可以没有辅音，但不能没有元音。当遇到外来词中没有元音的音节时，就给它补上一个元音，使它变成汉语的音节。请看表4-1中东干词和音译词的画线部分。

表 4-1

外来词	东干词	音译	词义
халва	халува	哈鲁瓦	酥糖
столб	столба	斯陶勒巴	柱子，电杆
консул	консур	康素儿	领事
пуд	путын	普腾	普特，重量单位

B. 汉语的音节以双音节为多，外来词的音节一般都较长。遇到外来词中可删减的音节时，东干话往往给予删减，使它双音化。请看表4-2中外来词的画线部分。

表 4-2

外来词	东干词	音译	词义
бишкэк	бигэ	比改	比什凯克（地名）
токмак	токма	托（克）马	托克马克（地名）
машина	машнэ	马什乃	汽车
десятина	деще	杰谢	俄亩
карандаш	гэран	改兰	铅笔

"托克马"中的"克"和"马什乃"中的"什"都读得很轻，可不算作一个音节。

C. 东干人有一种习惯，音节中的"а"或"о"往往改读为"э"。所以有一些外来词被借入东干话时，音节中的"а""о"也都改读为"э"。这就是外来音节东干音化。请看表4-3中东干词的画线部分。

表 4-3

外来词	东干词	音译	词义
машина	машнэ	马什乃	汽车
самовар	самовэр	洒冒外儿	（有水龙头的）茶炊
базар	базэр	巴再儿	市场
тамаша	тамашэ	塔马晒	笑话
чемодан	чемодэ	柴毛代	旅游用的衣箱
помидор	помидэр	帕米带儿	西红柿

(2) 使外来音节带上汉语音节标记——后缀。

这些后缀有"子、儿、家"等。有的是外来词的结尾字母和汉语后缀用字音近或相同，借入时顺便改用汉字的，如"с"改用"子"，"л、р"改用"儿"（同时"儿化"）；有的是把外来词的后缀按意译直接换用汉字的，如"ец"换用"家"；有的后缀是直接加上去的。请看表4-4中东干词和音译词的画线部分。

表 4-4

外来词	东干词	音译	词义
ваза	вазы	瓦子	花瓶，小盘儿
гизы	гизы	给子	俄尺（1俄尺=0.71米）
консул	консур	康素儿	领事
санитар	санитар	萨尼塔儿	卫生员
ленинец	ленинжя	列宁家	列宁主义者
панфиловец	панфиловжя	潘菲洛夫家	潘菲洛夫式战士
ашлянфу	ашлёнфэр	阿什凉粉儿	凉粉儿

"凉粉儿"本是东干词，被外族借用，现又借回来，并直接使它"儿化"。

（3）借入俄语人名性别后缀。

俄语人名男性带后缀"ов、ев"，女性带后缀"ова、ева"。这些显示性别的人名后缀现被大多数东干人使用，也成了他们的人名性别标志。男性人名，如：Хаваз<u>ов</u>哈瓦佐夫 | Сейдали<u>ев</u>谢达里耶夫，女性人名，如：Мансур<u>ова</u>曼苏洛娃 | Мусаева 木萨耶娃。

（4）外来词用作构词成分，和东干话语素一起构成复合式合成词。这类词语有"东+外""外+东"两种结构。下标横线的部分是东干话语素。

A."东+外"结构。例如：

<u>乡</u>家户乌奇利谢农业中等专科学校 | <u>画儿</u>维斯塔夫卡画展 | <u>家户</u>米尼斯茹尔斯特沃农业部 | <u>给说的</u>列达克托尔（电台）播音编辑 | <u>干戈壁</u>荒漠 | <u>耍陶依</u>指结婚或为老人过生日 | <u>耍塔玛晒</u>开玩笑 | <u>接都瓦</u>做祈祷 | <u>散涅贴</u>施舍钱物 | <u>朝汉加</u>朝觐

B."外+东"结构。例如：

利克别兹<u>学堂</u>扫盲学校 | 拉季奥<u>给说</u>无线电广播播音 | 阿托姆<u>船</u>原子船 | 阿克佳布里<u>节气</u>十月（革命）节 | 帕尔季亚<u>的员</u>党员 | 茄列<u>瓜子</u>龟

"茄列瓜子"的构成是俄语词的音译"茄列帕哈"加含"龟"义素的东干话"瓜子"，共六个音节，太长了，于是删减了"帕哈"，剩下四个音节。"茄列"和"瓜子"都含有"龟"义素，二者前"音"后"义"，"音"表明该词是外来词，"义"提示了该外来词的义类。

(5) 原词照搬。

这种借入外来词的方式，一般出现在双语发展水平较高的阶段和年轻者的使用人群中。

东干话借入外来词，不仅继续借入俄语，同时还借入了一些汉语书面语科技类词语。我们在辞书中见到了几十个借入的汉语词，如："整数｜平方_{自乘}｜信息｜化学｜器官｜压力｜电报｜破冰船｜性格"等。这些词的借入显示了辞书编纂者的智慧和眼力，虽然它们在东干话的书面语和口语中还较少使用。（见第三章"词汇"中的"外来词"部分）

(6) 受俄语构词法影响，东干话中产生了一批非词非短语的聚合结构。该结构有以下两种类型。

A. 仿照俄语长尾形容词结构，产生出的某些"词根+的"聚合，如：羊羔皮的｜羖䍽_{山羊}的｜那候儿的_{那时的}｜使用的｜锯掉的｜忘掉的｜晒干的｜靠不住的。这些聚合结构都被东干辞书认定为形容词并收录。但我们认为，这种结构并不等同于东干话的形容词，也不同于"的"字短语。"的"字短语指称人或事物，属于名词性短语，能做主语、宾语，而这种结构的唯一功能就是做定语。"的"的存在只是为了入句后成为句中定语的标记，而静态存在时，它只能是该聚合体的一个松散的、游离的聚合成分。该聚合体不是词，也不是短语，它不是语法单位。

B. 以某些俄语动词意译时的词形为准，产生出的某些"动+介"聚合，如：搁到｜安到｜吆到_{赶到}｜洑到_{游泳到}｜绑到｜跨到｜熟到｜拿到。这些聚合结构也都被东干辞书认定为动词并收录。但我们也认为，它们不是词，因为它们比词长，也不是短语，因为前后两个词在意义和语法上都不能搭配。在我们看来，介词"到"是先要和方位词语组合成介词短语，比如"到+桌子高头"="到桌子高头"，然后，介词短语"到桌子高头"才能和前面的动词组合，比如"搁+到桌子高头"="搁到桌子高头"，而"搁+到"="动+介"，是不能组合的。该聚合体不是词，也不是短语，它不是语法单位。

(7) 在俄语的启示下，发挥汉语的特点，使某些东干词词义细化，产生了新词、新义。请看表4-5。

表 4-5

俄语		东干话	
原词	词义	原词	词义
вдоветь	①寡居 ②鳏居	守寡	①孀居。 ②鳏居：那个老汉～的呢。

(续表)

俄语		东干话	
греть	①烘热	烤	①烤上声：～手，～火。
кипятить	②烧开、煮沸		②烤去声。烧，煮：～奶子。
вы	①你们	你们	①你们：～三个都吃。（东干甘肃话）
	②您		②您：姑姑，～吃。（东干甘肃话）
писать	①写	写	①写：～信。
	②录音		②录音：他的声气 声音～上哩没有？

由表4-5可知，东干话的词义②都是在俄语相应词语的启示下产生的。

（三）逆序词

逆序词指一种结构特殊的复合式合成词。它的结构特点是，构成该词的词根的顺序和现在常见的该词的词根的顺序相反，而词义基本相同。它反映了词汇发展过程中一部分词的词根顺序尚不固定的特点。东干话中保存的这样的词比它的源头方言的同类现象数量要大得多。详见第三章"词汇"中的"来自源头方言的一批逆序词"部分。

第二节 句 法

一、词 类

（一）名词

1. "X+子"：名词的子系统

名词的子系统"X+子"，是东干话的一种富有表现力的特殊构形现象。详见第三章"词汇"中的"词汇发展的途径、倾向及成因"部分。

2. 短语词

短语词指名词短语用如名词、动词短语用如动词的现象。详见第三章"词汇"中的"词汇发展的途径、倾向及成因"部分。

3. 东干族的姓名

东干族的姓和名同中国回族有诸多差异。详见第四章"语法"中的"残留与萌芽"部分。

（二）动词

1. 判断动词"是"

判断动词"是"可用在主语和宾语中间，构成判断句。它所构成的判断句有两种，一是和汉语普通话相同，是主谓句，二是主语前可带标记词"把"，构成非主谓句的判断句。详见第四章"语法"中的"'是'字判断句"部分。

2. 能愿动词

能愿动词也叫助动词，能用在动词、形容词前面表示客观的可能性、必要性和人的主观意愿。东干话中这类词很少，有下面这些。

（1）表可能：能，得，会。例如：

① 他身上至少能有三普腾重量单位油。
② 我们还能在乌留平斯克地名住一年。
③ 我不能替你给回答。
④ 我咋会成下反叛家叛徒哩嘛！
⑤ 不吃些儿热的，也不得成。

东干话中有"能够"一词，但它一般不做能愿动词，主流用法是用作名词，表可能性。例如：

⑥ 胡达真主有把地面地球能拿起来放下去的力量带和能够呢。

（2）表必要：要。例如：

⑦ 把这个事情要好好儿勾当做呢，它的情由作用大的很。
⑧ 把渠一定要挖成呢。

（3）表意愿：敢，要，情愿。例如：

⑨ 我个家情愿，当兵去呢。
⑩ 他们把账还哩，看起就像都不情愿。
⑪ 谁都不敢在到那塔儿去。

159

⑫ 我要早早儿设虑_{准备}上路的事情呢。

东干话中有"肯"一词,但它不是能愿动词,是副词,表经常。例如:

⑬ 我的母亲肯说:"没有语言,没有民族。"

东干话的能愿动词在句中主要做状语,少数的能做谓语(如例⑨)或谓语中心语(如例⑩)。

3. 趋向动词

(1)类别。趋向动词表示移动的趋向,有单音节的、双音节的。请看表4-6。

表 4-6

	上	下	进	出	回	过	起	开
来	上来	下来	进来	出来	回来	过来	起来	
去	上去	下去	进去	出去	回去	过去		
走			进走		回走	过走		

从表4-6可以看出,东干话的趋向动词没有"起去""开来""开去"。

(2)用法。趋向动词和谓词组合时,有两种平行的用法,即"趋"前没有"的"、"趋"前有"的"。

A. 动/形+趋,即"趋"前没有"的"。请看例子。

来:老舅拿来哩个碎狗娃儿 │ 我给她拿来礼信哩 │ 他醒来哩。

去:我奶说的叫给阿达把我们的图样_{相片}打去_{寄去}呢。

上:白马,你跪下,叫我的孙子骑上。

下:雨下下哩 │ 你坐下。

过:他晕过哩_{醒过来了},眼睛睁开哩。

起:把一渠水分成四渠水,热起一定快。

出:太阳出来照山边,绣房呢闪出兰玉莲。

开:火车走开哩。

上来:敌人扑上来哩。

上去:他把脱土块的模子看见,自己趴上去站到高头哩。

下来:几个杏核子跌下来哩 │ 打山顶上跑下来。

下去：坐好，要跌下去哩 ｜ 老汉咽下去哩。
进来：他把斑鸠儿抱进来哩 ｜ 把菜拿进来。
进去：她把花儿接上，拿进去哩。
进走：海车儿娘，你把这些子菜拿进走拿进去。
出来：把书拿出来哩 ｜ 把刀抽出来哩 ｜ 他一下算出来哩。
出去：他一趟子跑出去哩 ｜ 把鹌鹑撒出去哩。
回来：家呢啥没有哩，我达父亲就拿回来哩。
回去：我把狗娃儿拿回去哩。
回走：你把娃娃领回走领回去。
过来：他把头头拧过来 ｜ 他跑过来哩 ｜ 猫娃儿缓过来哩。
过去：敌人把我裹过去哩 ｜ 把我的头扳过去 ｜ 把头拧过去哩。
过走：你把书本子拿过走拿过去。
起来：风船飞起来哩 ｜ 一个掌子跳起来 ｜ 他想起来哩。

这种格式，只要交际需要，所有趋向动词都能进入。

B. 动/形+的+趋，即"趋"前有"的"。请看例子。

来=过来：爱弟儿人名紧赶把老汉的手拉的来，搁到骑车儿上 ｜ 他笑上迎的来哩。

来=过来/进来：官人把该账的都叫的来哩。

来=回来：投到我把花儿买的来哇，人都到来哩 ｜ 打讲堂教室呢出去，……到哩第三个教课第三节课上，他慢慢儿溜的来哩 ｜ 两三天的之后，老猫把两个猫娃子领的来哩。

来=起来：天气凉的来哩 ｜ 民人人民的光阴一年比一年好的来的呢。

去=过去：把鸽子拿的去，连鸡娃子搁到一搭儿呢去 ｜ 他跟头绊子的跑的去，抱狗娃儿去哩 ｜ 把他看见，雁跑的去，卧到脚跟前哩 ｜ 是多候儿不论何时把麦子拉的去，把面能打上 ｜ 他一趟子跑的去，把兄弟抱到炕上哩 ｜ 叫紧赶赶紧把炮子儿拉的去呢 ｜ 他跑的去给达达告给哩 ｜ 丫头儿拿的去搁到窗台上哩 ｜ 待说的他跟的去给爷爷的嘴呢喂哩几根根儿白花的瓣瓣儿 ｜ 把这个花拿的去叫爷爷闻去。

回来：劳乍女孩名这候儿也跑的回来哩。

出来：你把菜里头的草草儿拣的出来。

起来：老汉打炕上慢慢儿翻的起来……

161

能进入这种格式的趋向动词一般是单音节的"来""去","来"用得更多,双音节的很少见,现已见到的是"出来、回来、起来"几个。

4. "去"的用法

"去[tɕʻi]"可以放在"上、下、进、出、过、回"后面构成双音节趋向动词,如"进去"等,不能构成"起去、开去"。"进去"等双音节趋向动词在句法上比较自由,可独立做谓语(如下例①),也可在连动句中的V₁(如下例②)或V₂(如下例③)等不同语序位置上和另一动词共同做谓语。例如:

① 索洛科夫,你回去。
② 他出去走掉哩。
③ 他把二门子开开进去哩。

单音节的"去"可以单独做谓语,也可在连动句中和别的动词一起做谓语。和别的动词共同做谓语时,它的位置通常后置,由此产生了它的另一种虚化用法。这是它和汉语普通话的"去"的不同之处,值得关注。分述如下。

(1) 在连动句中,"去"通常出现在别的谓语动词后面。例如:

④ 我也跟上他们耍去呢。
⑤ 他拿哩个碎小筐筐收鸡蛋去哩。
⑥ 猫娃子一个纵子跳到仓房顶子上,瞅的去逮鸽子去哩。

例④⑤中的"去"前面分别有V₁"跟""拿",V₂"耍""收",它也可放在V₁"跟""拿"和V₂"耍""收"前面,但它通常出现在最后。例⑥更值得注意,"去"在"逮"的前后都出现了,这说明了它曾尝试着改变它通常出现在其他谓语动词后面的情况,但是这种用例毕竟很少,何况例中也只是增加了前一个"去",并不是减掉后一个"去"。

(2) "去"的虚化用法。

"去"的虚化用法是由它在连动句中处在连动谓语的最后位置所导致的。在连动句中,"去"虽然通常在别的谓语动词后面,但它仍具有两个特点。一是它的动词性的理性义并未改变,仍是"从所在地到别的地方";二是它在连动短语中的句法位置也是自由的,如例⑥当去掉后一个"去"保留前一个"去"时,它的句义和结构都还和原来相同。但是它所在的连动短语离开连动句而出现在非连动句的其他句法位置上时,它的上述两个特点便荡然无存,即它的词汇义完全虚化,它的句法位置也只能定位于别的动词后面。这时的"去"有如下虚化用法。

A. 出现在句末,表示商量、提议、请求、命令。请看例句。

⑦ 叫太阳照去,叫娃娃笑去叫太阳照吧,叫孩子们笑吧。
⑧ 你把梯架搭上,把星宿星星取掉去嗙把星星摘掉吧。

B.出现在句末,表示同意、认可。请看例子。

⑨ 儿子当官的呢,得哩好少很多的金片儿奖章,简说去简单说吧,把老子撂到后头超过哩。
⑩ 不哩否则你再说啥呢,看你去看你的吧,随你的意吧,到你上对你来说咋么价好哩,就那么价说去怎么好,就怎么说吧。

C. 出现在复句的否定分句句末,表示不屑。有时否定分句的前面或后面可同时出现肯定分句,构成前后肯定与否定对举。请看例句。

⑪ 你的爷爷才是英雄名堂么原来是荣誉英雄,又不是英雄去又不是(真的)英雄么。
⑫ 你把馍馍踢的跳家家儿耍的呢把馍当沙包踢着"过家家"玩,这又不是家家儿去,这是馍馍么,我的娃。
⑬ "你咋又把人打下哩?""我今儿个打下的人她们又不是毛姐儿女孩名带和索夫女孩名去么,是单另丫头儿么。"
⑭ 鸽娃儿个人自又没飞的来去又不是它自己飞来的么,娃佳把它抱来哩嗙是娃佳把它抱来的么。

D.出现在句中停顿处,带假设语气。有时候可对举,有两难的语气(如例⑱㉓)。这种情况更常见。请看例句。

⑮ 把仗上战场上经见下的经历过的都说去吧——说不完。
⑯ "你猜,阿爷,哪个花甜?"
"谁知道呢嗙,叫我说去吧都一样。"

163

⑰ 这号子鱼头咋像长虫的,长呢去身长么也像长虫。
⑱ 豆腐上落黑灰,打去吧不敢打,吹去吧吹不掉。
⑲ "你的脸黄的咋哩,不行哩吗?""不行去也没不行么……"
⑳ 硬靴子上套毡袜踢人呢:软去不软,硬去不硬。
㉑ 娃们吃么没吃的,穿去么没穿的,看起太孽障的很。
㉒ 杂样的野牲各种动物她光在古今儿上听过,见去——啥都没见过。
㉓ 我们在坑坑子呢防御工事中折扎骚扰敌人的呢。猛猛的突然间坦克来哩。往起起去往上起来吧,坦克上的轮子炮把我们扫掉呢。不起来去不起来吧,敌人把我们揉成糊糊子呢。

5. "谢"的用法
(1) 做谓语中心语,前面必须且只能带状语"多"。例如:

① 多谢哩,我喝饱哩。
② "你好去,盼望你平安无事。"
"多谢哩,好在的,兄弟。"

上面例①②的状语"多"是"谢"唯一能带的状语,此外,还没有见到它还能带的别的状语。这个状语不能缺少,缺少了它单音节的"谢"不能单独做句法成分。而且东干话的动词不能重叠,"谢"也不能重叠为"谢谢",同时,"谢"也不能带补语。像下例③带宾语的用法也少见。

③ 多谢你们哩,我的病一定往前来向好的方面发展呢。

(2) 做宾语,支配它的动词只有"道"。例如:

④ 给你们的亲热接迎,我们承情道谢呢。
⑤ 我给他道哩个谢。
⑥ 给她道一个谢,我就做活去哩。
⑦ 阿达父亲,把你的书子信我们接的勤,给你道大谢 | 给他道哩好少的谢。

上面例④是"谢"单独做宾语。"谢"带定语"(一)个""大"等一同做宾语的情况也常见到，如例⑤⑥⑦。但是，支配"谢"的动词至今只见到"道"。

(3)可用介词"把、连"把它置于谓语动词前面。例如：

⑧ 给大众把我的顶亲热的谢道给哩。
⑨ 连谢都没道就走哩。

从上面的三项用法中可以看出，"谢"的组合能力和构形能力都很差，不接受补充成分，不能重叠，支配能力也很弱，只能和"道""(一)个""大"等几个特定的词语发生被支配、被修饰的关系。它和汉语普通话的"谢"的用法差别很大。

6．"掉"的用法

"掉"的用法，详见本章中的"惯用成分"部分。

7．"做"的用法

代动词"做"的用法，详见本章中的"惯用成分"部分。

8．"在、走、到"的用法

"在、走、到"的用法，详见本章中的"常见用法"部分。

(三)形容词

1．"大"的用法

"大"的用法，详见本章中的"形容词'大'的一种特殊用法"部分。

2．"多""多少"的用法

(1)"多"表示数量大，只修饰名词、动词，是形容词，不表示程度，不是程度副词，用作程度副词时只修饰形容词。它可做定语、状语。

A．"多"可做定语或构成"的"字短语用作一般名词。请看例子。

① 给有多娃娃的母亲们恭哩喜哩。
② 我们赶早早上不吃多饭吃得不多。
③ 我们不知道多字认得的字不多。

以上三例"多"字直接修饰名词，做定语。

④ 多的人都来哩。
⑤ 多的人不知道自己的经名阿訇为信徒取的名字。
⑥ 把多的书子信他背下的呢。

以上三例"多"后都有定语标记"的"。

⑦ 碎小娃们饿的呢，多的无常哩大多都被饿死了。
⑧ 房子多的叫火着掉哩。

以上两例"多"和"的"构成了"的"字短语，用作名词。
B. "多"可直接或重叠后做状语。请看例子。

⑨ 我多不要，装给五六口袋，谁能看来嘛？
⑩ 你但想知道中国话好，你要多念呢如想学好汉语，就要多读。
⑪ 忧愁不叫我在一处儿多多的住长住下去。
⑫ 老婆儿多多的喝哩些子水，洗哩个澡儿。
⑬ 要给头口多多的设虑准备下些子草呢。

(2) "多少"表示数量很大，是形容词，不用来问数量，不是疑问代词，问数量的疑问代词是"多么些儿"。它可做定语。汉语普通话中没有相应的用法。请看例子。

⑭ 他还得哩多少奥尔坚勋章呢。
⑮ 她但如果给咱们卡尔霍兹集体农庄当一个阿格罗诺姆农艺师，咱们多高兴，有多少精神！
⑯ 他打榆树上喊的："爱弟儿，你快上来。你看，这儿多少麻雀儿儿子幼雏。"
⑰ 这是么这不是么。表示指示，引起听话人注意，婆姨妻子但是如果有见识，你看有多少好呢。

(四) 数词

1. 基数词

(1) 东干话中个位数到千位数的表达法与汉语相同。如：

一 ｜ 九十九 ｜ 一千九百 ｜ 八千零二 ｜ 九千六百七十五

表示年份时，可以用全称，如"一千九百五十八年"；也可省去百位千位，只说个位十位，即"一千九百二十九年"只说"二十九年"，如"二十九年上我的心到哩汽车上哩迷恋上汽车了"；也有人对百位千位只读数字不读位数，如把"一千九百九十七"年读为"一九九十七年"；也有人对全部数字只读数字不读位数，如把"一千九百八十八年"读为"一九八八年"。

（2）基数词"一"的用法。第一，不能省略，如："一匣子"做宾语的定语时，"一"不能省略，如"他手呢拿的着一匣子自发火"；表示按序分次进行的"一A一A"中的"一"，不能省略，如："把吃的一碗一碗放的搁的呢"。第二，下列说法中的"一"也以不省略为常见，如："拿来一个啥把桌子支一下 ｜ 他不来哩么，我能做一个啥？ ｜ 不去哩，我能少一个啥？ ｜ 这一回我消停哩 ｜ 这一张纸烂掉哩"。也有省略"一"的，如："这个娃走掉哩 ｜ 把这个姑娘看上哩"。第三，"一个"做宾语的定语时，"一"都省略，如："他手呢捏的个铁棒棒子" ｜ 靠铁撑子站的个儿娃子 ｜ 皇上给他给哩个官。

（3）"万"位到"十万"位的数以俄语的表达法为主，即说成"……千"，因为俄语中没有"万"字。如："十千一万 ｜ 四十千四万 ｜ 五十千五万 ｜ 八十千八万 ｜ 一百千十万"。但也可以用汉语的表达法，把上列数字说成"一万 ｜ 四万 ｜ 五万 ｜ 八万 ｜ 十万"。

（4）"百万"位的数也可用俄语、汉语两种方式表达。用俄语是"基数词+米利翁"，如："光咱们国呢把肖洛霍夫的书放出版出来哩五十米利翁百万本子书五千万册书"，也可直接用俄语原文表示。用汉语则说成"一百万 ｜ 几百万 ｜ 千万"。

2. 倍数

（1）来子。东干话的"来子"就是汉语的"倍"。基数词加"来子"就是东干话的"倍数"。汉语的倍数只能表示数目的增加，不能表示数目的减少；东干话的"倍数"不同于汉语，它可以表示数目的增加，也可以表示数目的减少。"一半"可说成"半来子"。例如："我们里头半来子是帕尔季亚的员我们当中一半儿是共产党员"。

（2）常见的倍数用语。

A. x来子。如："八来子"的含义是，①（增加）七倍；②（增加）到八倍；③（减少）八分之七。

B. x个的。如："五个的"的含义是，①五个；②（某数的）五倍；③（某数）和五相乘。

167

C. x个的x个，表示"x个"和"x个"相乘。如："五个的五个——二十五个 ｜ 七个的七个——四十九个"。

D. x x，表示"x"和"x"相乘。如："八八——六十四 ｜ 九九——八十一"。

3. 分数

(1) y/x，读作"x个的y个"。如：1/6，读作"六个的一个"。

(2) x%，读作"x个普罗岑特"。(卡里莫夫，1955；海峰，2003，205页)"普罗岑特"是俄语词"百分之……"的音译。如："苏联有全世界上占的二十多普罗岑特滩场_{面积}的树林_{森林}，再么是_{以及}傍近儿_{几乎}一切栽下的树林的二十五普罗岑特_{苏联有占世界20%多面积的森林，以及几乎总面积25%的幼林}"。

4. 小数

(1) 写法。

采用俄语的写法，即小数点写作逗号"，"，标在数字右下方，不用圆点"."。如："35，3"。

(2) 读法。

A. 小数前面是"0"时，按分数的办法读。如："0，3"读作"十份的三份"，"0，35"读作"一百份的三十五份"，"0，003"读作"一千份的三份"。

B. 小数前有整数时，有三种读法。

第一，在整数部分后加读"个""零"二字并在小数部分后加读"个"字。如"35，3"读作"三十五<u>个</u>零三<u>个</u>"，"781，5"读作"七百八十一<u>个</u>零半<u>个</u>"。(参见本章"残留与萌芽"中的"量词渐变例谈"部分的例㊳㊴)

第二，整数部分读作"x个圆囵份"再加读小数部分的分数读法。如："12，305"读作"十二个圆囵份带一千份儿的三百零五份儿"。

第三，整数部分、小数部分各按自己的位数连续读下去。如："12，305"读作"十二三百零五份儿"。

5. 概数的表示

(1) "来、多、开外"放在数词或数量短语后，表示比该数稍多。如："九十<u>来</u>个 ｜ 麦子杂粮种的三千卡_{公顷}<u>多</u>_{三千多公顷} ｜ 稻子的收成六十担<u>开外</u>"。

(2) 相邻的或不相邻的两个基数词连用。如："咱们这<u>一二</u>年里头把费尔马_{农场}盖上 ｜ 再有<u>三五</u>年把大学念掉，再说 ｜ 家呢来哩<u>二三十</u>个姑娘带儿娃子 ｜ 凤船_{飞机}上要坐<u>三四十</u>个人呢"。

6. 序数词

东干话的序数词是在基数词前加"初、头、第、老",或在基数词后面加"来",或在基数词前面加"头、第"的同时后面加"来"构成。

公历每月的前十天用"初+基数词"表示,如"初一 | 初十"。"头"表示"第一",如"头一个 | 头班 | 头等 | 头号中学"中都只用"头"不用"第"。从"第二"开始用"第",如"第二个 | 第十个"。"老"用来表示子女之间的顺序,如"老大 | 老二"。"来"可单用在基数词后面表示顺序,如"一来 | 二来",即第一、第二;也可和"头、第"共用表示顺序,如"头一来 | 第二来"。

还有一个表序数的短语值得注意,即"头份头次"。"次",音"四"。此短语是个并列结构的固定偏义短语。"头份"就是第一份、第一等,"头次"就是第一次、第一回。虽然结构上"头份"与"头次"并列,但在语用上它的整体意思总是落实在"头次"上。就是说,它在句中总是表示动量"头次",不表示物量"头份"。它只能整体用,不能分开用。它的使用频率很高。如:"我到塔什干特,入到大学呢哩。头份头次亲眼打见哩旁人家的女人哩。见哩年轻姑娘哩 | 这一回我消停的,头份头次睡着哩 | 把这么价的军衣我头份头次见的呢 | 头份头次连她遇面的时候儿,我的心都朝那么没跳过"。

(五)量词

1. 量词的构成、用法和总体特点

(1)构成和用法。从来源看,东干话的量词有两类,一类是东干话固有的,一类是借自俄语、突厥语、国际公制的外来量词。

A. 东干话固有的量词。这类量词是东干话量词的主体。

第一,物量词,有如下两类。

一是专用名量词。

个体量词。这类量词比较丰富。如:一朵花 | 一根线 | 一把手/剑 | 一盏灯 | 一张(子)纸 | 一锭墨 | 一块儿肉 | 三件宝 | 一只鹅/羊 | 一条河/牛/鱼 | 一挂子车 | 一盘磨 | 一间房 | 一顶所房 | 一座楼 | 三层子楼房 | 一股儿风/眼泪/头发 | 一道山/河 | 一架滩 | 一处地方 | 一句话 | 一片子泥 | 一牙子西瓜。

集体量词。如:一对儿天鹅 | 一双手套子 | 一串子珍珠 | 一撮毛 | 一把子群人 | 一把子束菜 | 一伙人 | 一链子行,列,串骆驼 | 一堆粮。

度量衡量词。如:万丈高 | 冰冻三尺厚 | 一寸光阴一寸金 | 十千里 | 饿的时节给一口,强逢饱的给一斗 | 一斗谷子 | 一石粮 | 喝上二

两来半<u>斤</u> ｜ <u>亩</u>。这些量词都出现在反映东干族古代生活的民间文学中。

二是借用名量词。

借自名词的。如：一<u>盅子</u>酒 ｜ 一<u>瓶</u>水 ｜ 一<u>疙瘩</u>肉 ｜ 一<u>眼</u>泉水 ｜ 一<u>碗</u>茶 ｜ 一<u>窝</u>老鼠 ｜一<u>车</u>粮食 ｜ 一<u>坑</u>水 ｜ 脸上尘土有一<u>钱</u>厚。

借自动词的。如：两<u>卷子</u>黑绒 ｜ 一<u>堵</u>墙 ｜ 两<u>截子</u>铁丝 ｜ 一<u>抱子</u>麦草 ｜ 稻穗子半<u>拃</u>长。

第二，动量词，有如下两类。

一是专用动量词。

表示动作次数的。如：打发哩两<u>回</u>媒人 ｜ 他一晚夕起来哩四<u>遍</u>／<u>次</u> ｜ 他把书子_信念哩一<u>遍</u> ｜ 咳嗽哩几<u>声</u> ｜ 下哩一<u>场</u>大雨 ｜ 打一<u>顿</u> ｜ 走一<u>趟</u>／<u>遭</u> ｜ 手手儿绕_{摇动}哩几<u>下</u>[xa]。

表示动作时间的。如：我把他来去送哩两<u>期</u>_{星期} ｜ 到埃克扎缅_{考试}丢下二十<u>天</u>哩 ｜ 眼泪淌哩一<u>天</u> ｜ 就朝这么价站哩有<u>五分钟</u> ｜ 站哩一<u>阵子</u> ｜ 做哩一<u>冬</u>木匠活 ｜ 稻子早能熟十五<u>天</u>。

二是借用动量词。

借自名词的。如：拍一<u>巴掌</u> ｜ 打一<u>砖</u> ｜ 吃一<u>口</u> ｜ 把马夹哩一<u>板子</u> ｜ 把手攥哩一<u>把</u> ｜ 狼叫熊狠狠的打哩一<u>瓜子</u> ｜ 他放哩几<u>枪</u>。

借自动词的。如：吓一<u>跳</u>。另有"V一V"，如："越看越爱净想看，看毕坐下缓一<u>缓</u>_{休息}。这种"V一V"用法只有三四例，都是20世纪30年代的用例。

B. 外来量词。这类量词有两种，即外来度量衡量词和一部分借自外来名词的借用名量词。

第一，外来度量衡量词。外来度量衡量词，借入东干话后，不一定仍是量词，需经东干话重新认定。认定的标准是被借入量词的语音结构是否和东干话的语音规范相一致。由此一分为二，甲类，即相一致的，就被认定为量词，在东干话中固定下来，见下例①到⑧；乙类，即不一致的，就被认定为普通名词，在东干话中固定下来，需要计量时，用"基数词+个"来计量。[参见本章"残留与萌芽"中的"量词渐变例谈"部分中"个"的用例（例㉘到㊲）]这类词，只在意义上看作量词。（卡里莫夫，1955）下面是甲类量词的用法。请看例子。

① 买哩一<u>哈达</u>糖。（哈达：磅，突厥语词）
② 这个渠三<u>给子</u>宽。（给子：俄尺，突厥语词）
③ 他身上有三<u>普腾</u>油。（普腾：重量单位，1普腾＝16.3公斤，俄

语词)

④ 今年种哩48<u>盖克塔儿</u>麦子。(盖克塔儿：公顷，国际公制，俄语词)

⑤ 给一个盖克塔儿_{公顷}上我们上哩200<u>基洛格拉姆</u>肥料。(基洛格拉姆：公斤，国际公制，俄语词)

⑥ 离我有100<u>梅特尔</u>的窝儿_{位置}上有六个人。(梅特尔：米，国际公制，俄语词)

⑦ 一个盖克塔儿_{公顷}上我们33<u>岑特涅尔</u>_{公担}价收粮食呢。(岑特涅尔：公担，俄语词)

⑧ 热气能到22<u>格拉杜斯</u>_度上。(格拉杜斯：度，俄语词)

这些量词是东干族日常生活中常常用到的。
第二，借自外来名词的借用名量词。请看例子。

⑨ 火车拉哩一<u>倭冈</u>_{车厢}苜蓿籽儿。(倭冈：车厢，俄语词)

这种借用名量词同时还作为外来名词用。例如：

⑩ 波拉窝孜_{火车头}来联哩四个稻草倭冈_{车厢}。

借自外来名词的借用名量词多借自俄语。常见的有：
卡尔霍兹_{集体农庄} ｜ 布哩嘎特_{工作队} ｜ 孜外诺_{小组} ｜ 马什乃_{汽车} ｜ 倭冈_{车厢} ｜ 波勒克_团 ｜ 格鲁帕_组 ｜ 克拉斯_{年级}

(2)总体特点。从上述例子可知，东干话的量词呈现如下特点。
A. 量词的网络框架仍然存在，且较完备，特别是个体量词仍较丰富。
B. 每类成员的个体数量在减少，词在泛化，语法功能在衰变。有些常见量词如"所、颗、套、跌、匹、次、顶、巡、和[xuə]_{牛吃了一～草}"，在反映元明时代北方汉语口语的朝鲜汉语课本《老乞大》《朴通事》中已是常见量词，在今东干话中却见不到，或只是偶尔见于辞书中。《老乞大》《朴通事》两书的共40000多字中，出现量词154个，现在常用的量词那时已大都出现，(《〈老乞大〉与〈朴通事〉语言研究》，1991，99～111页)而我们从百十来万字的东干话语料中只检索到80多个量词。

有些量词的词汇义在泛化，语法功能也在衰变。如在本章的"量词渐变例谈"部分我们可看到，"遍"已兼表"次、回、趟"；"顿"不仅可以和

"打、骂"等搭配，也可以和"心疼亲吻"搭配；"个"的变异最大，它不仅泛化程度深，而且在一定条件下可有可无。有些时候，东干话中缺少相应量词，本可发挥"个"的泛用优势，用"个"取代，但却不用，干脆让量词空缺。

我们还发现，原先外来度量衡量词借入东干话时，被分为甲乙两类。甲类词定为量词，数词可直接与它组合；乙类词定为名词，数词和它之间，要有"个"才可以。现在看来，这种分类并不严格，有些乙类词，如上例④⑤⑥的"公顷｜公斤｜米"，前面都没有"个"。

C. 度量衡量词有了大体分工，东干民间文学中使用东干话固有量词，现实生活中使用外来量词。

D. 借用动词表动量，即"V一V"（如"看一看"）的用法，很不发达，通常用"V一下（儿）"（如"缓一下儿"）和"V哩（一）下（儿）"（如"望哩下"）表示。这和汉语西北方言的主流格式是一致的。不用"V一V"而采用"V一下/V哩下"的根本原因是汉语西北方言中还同时普遍存在着一种名词的、基础性的重要构词或构形格式"AA"式，而"AA"式又恰好和汉语普通话中动词表短时、尝试的"VV"式是同形异义结构。为了避开矛盾，动词表动量时只好把借用的动词"V"的功能交由专用的量词"下"来完成了。（详见本章中的"动词短时、尝试的表示法"部分）

2. 量词渐变例谈

东干话的有些量词如"位""遍""顿""封""个"在渐渐泛化、分化、淡化。详见本章"残留与萌芽"中的"量词渐变例谈"部分。

3. "个"的用法

东干话的量词中，量词"个"的变异最大，它的整体情况请看本章"残留与萌芽"中的"量词渐变例谈"部分。下面谈"个"的一些其他用法。

(1) "个"在下列句中做定语，是量词，表示"一个"，"一"都省略。

A. 做宾语中心语或主语中心语的定语。例如：

① 窗子上落的着<u>个</u>麻雀儿。
② 打门道呢跑进来哩<u>个</u>碎小狗娃儿。
③ 他娶哩这么俊的<u>个</u>媳妇儿。
④ 出来哩一膀子长的<u>个</u>麻长虫。
⑤ 这是狼娃子，你才是<u>个</u>寡蛋儿小傻瓜哪。

以上各例中的"个"都是做宾语中心语的定语。下面一例是做主语中心语的定语。

⑥ 傍个儿呢_{旁边}的个丫头儿喊脱哩。

B. 做名词性非主谓句中心语的定语。例如：

⑦ 咋这么长的个猜话_{谜语}嗻?
⑧ 咋这么宽的个河嗻?

(2) "个"在下列句中和"一"构成"一个"做定语，"一"多不省略。
A. 做宾语中心语"啥"的定语。例如：

⑨ 哈尔乞得道_{不知问的}一个啥，他也没听见。
⑩ 他觉摸的得道一个啥，在他眼前绕达哩下儿。
⑪ 妈妈但是_{如果}叫儿子做一个啥，达达_{爸爸}就说的："叫女子们做去嗻"。
⑫ 儿子大哩，你再说一个啥话，他连来都不来哩，妈妈能做一个啥_{能怎么样}?

B. 做宾语中心语"约数+岁"的定语。例如：

⑬ 那候儿我有一个五六岁嘞，我哥哥有一个七八岁嘞。

C. 在惯用语中，做"今儿"的定语。例如：

⑭ 鸭子还连像一个今儿一样，打食的呢。
⑮ 就连一个今儿一样，鱼娃们逮的呢，可是把那个鱼再没见。
⑯ 就像一个今儿，他在院呢耍的呢嗻，姐姐喊他的呢。
⑰ 就连一个今儿一样，他们一个儿给一个儿说哩念下的书，看下的电影哩。

(3) "个"出现在补语前或状语后，是助词。例如：

⑱ 才是好雨！把树枝草苗浇个好！

173

⑲ 这号子人把羞看哩个淡。

⑳ 娃们嘴张哩个半掩,对住他望下哩。

㉑ 娃们把树雕儿松鼠看见的呢,可是装的个没打捞没理会。

㉒ 务劳经营下的白苣甜菜太值钱,砂糖熬哩个上千万表示很多。

㉓ 他拿棍棍儿把狗娃儿拨哩个仰巴儿。

以上各例中的"个"是用在补语前。下面一例是用在状语后。

㉔ 这几天巴外格外的个冷。

4. "些子/儿"的用法

"些"是个表不定量的量词,它带"子"后表示数量多,"儿"化后表示"一点儿""……的时候""稍微……点儿"等。

(1)"些子"表示数量多,有时还带定语、状语"很、好、多多、这么"等相关成分,对这种较多的不定数量做出提示和强调。在句中做定语。例如:

① 他们打哩很些子野牲指野生动物。

② 阿爷,这个画上咋这么些子娃娃?

③ 咱们今年要给头口牲口多多的设虑准备下些子草呢。

④ 老婆儿多多的喝哩些子水,洗哩个澡儿。

(2)"些儿"表示"一点儿""……的时候""稍微……点儿"。

A. 表示较少的不定数量,在句中做宾语、定语、补语。有时句中还会出现"些薄稍微"等相关成分,对这种较少的不定数量做出提示和强调。例如:

⑤ 他揉哩些儿燕麦,给口袋子呢还装哩些儿。

⑥ 他们说的不对,咱们应承答应、应付的干些儿,就对哩。(以上做宾语)

⑦ 不吃些儿热的也不得成。

⑧ 你们费些儿功苦劳动嚛。(以上做定语)

⑨ 鸭娃儿缓过来哩。光左爪爪儿连腿腿儿上烂的些儿有点儿烂。

⑩ 上头的两个钮子没扣的一面由于没扣上,领子翻的着,吊拉的些儿有点牵拉。

⑪ 你把桌子的腿腿子支住<u>些儿</u>。
⑫ 鸭子嘴鱼嘴些薄张开的<u>些儿</u>。
⑬ 他的病也好<u>些儿</u>哩。
⑭ 他们三个儿的肉皮儿黑<u>些儿</u>。（以上做补语）

B. 在"时间+些儿"中，表示"……的时候"，如：后晌<u>些儿</u>傍晚时 ｜ 往后<u>些儿</u>晚些时候 ｜ 一候儿<u>些儿</u>片刻的时间。例如：

⑮ 晌午<u>些儿</u>哩已经晌午了，他揪老鸹扇—种植物叶子去哩。

C. 在"处所词+些儿"中，表示"稍微……点儿"，如：高头<u>些儿</u>稍高点儿 ｜ 底下<u>些儿</u>在……以下。例如：

⑯ 他们割哩一捆子苇子，下哩水渠，打高头<u>些儿</u>稍靠上游—点儿淤过滤上下来哩。

（六）代词

表4-7 代词总表

功能类		作用类					
代指的词	相当的词	人称代词			疑问代词	指示代词	
			单数	复数		近指	远指
代名词	一般名词	第一人称	我	我们 我的(陕) 咱们	谁 啥 哪[na] 什么	这	那[nai]
		第二人称	你 你们 您(甘)	你们 你的(陕)			
		第三人称	他 她 它	他/她/它们 他/她/它的(陕)			
		其他	自己 个家 个人 人家 阿那(陕) 旁人 旁人家 大家 大伙 大众 众人 自己们 再的 单另其他的,别的;另外的 每				

175

(续表)

功能类		作用类				
代指的词	相当的词	人称代词		疑问代词	指示代词	
		单数	复数		近指	远指
代名词	处所名词			哪塔儿 哪呢 哪里	这塔儿 这呢 这里 这儿	那塔儿 那呢 那里
	时间名词			啥时候(儿) 多候儿 几时	这候儿 这一阵(儿/子) 这(一)向	那候儿 那一阵(儿/子)
	数词量词			几个 多么些儿 多少	这(一)个 这些(儿/子/个) 这么些(儿/子)	那(一)个 那些(儿/子) 那么些(儿/子)
代谓词	动词形容词			咋 咋么 怎么 咋么价 怎么(样) 咋么个 怎么样(的) 咋个的 怎么样 哪么个 怎么样	这么 这样 这么价 这样 这么个 这(么)样(的) 这个 这样	那么 那么价 那样 那么个 那样 那个 那样
代副词	副词			多 多么	这么	那么

表4-7反映了东干话代词的总体概貌。表中的"(陕)""(甘)"分别表示东干陕西话、东干甘肃话。它的功能类、作用类都很齐全,各个小类内部的个体成员也都有了相当的数量。现代汉语普通话的代词,东干中大多数已有了。但在具体用法上东干话仍多有独特之处。分述如下。

1. "咱们"的用法

东干话不用单数"咱",只用复数"咱们"。它的用法很宽泛。

(1) 包括式,表示说话人和听话人双方。"咱们"多做主语。例如:

① 你再夒问哩,<u>咱们</u>明儿个走城里看走。
② 饭吃哩,<u>咱们</u>在 到外头浪 玩走。
③ <u>咱们</u>看嫂子今儿个咋么价接迎 迎接我们巴给 人名哥呢。

例③中的"咱们"包括"嫂子"和"我们","我们"指除去"嫂子"以外的说话人和听话人双方。

（2）排除式，表示只指说话人一方。说话人可以是单数"我"，也可以是复数"我们"。例如：

④ "姐姐，鸽娃儿但_{如果}飞掉不来哩呐？""飞掉哩叫去。咱们给你再不买一个吗？"

⑤ 那么，你给咱们说一下，咋么价能叫稻子早熟十五天？

⑥ 那个野猫把咱们的一个鸭娃儿吃上哩。

例④中的"咱们"如果表示单数"我"，那就是指说话人"姐姐"；如果表示复数"我们"，那就是指说话人"姐姐"所代表的那一方。例⑤的说话人是群众会上的一员，"咱们"指参加大会的群众。例⑥的说话人是集体农庄的庄员，"咱们"指集体农庄的庄员们，这两例的"咱们"都是"我们"。

（3）自卑式，表示说话人认为自己不如人。"咱们"就是"我"，即说话人自己。例如：

⑦ 打发哩两回媒人，事情高低不成，得道_{也许}她不情愿吗，得道把咱们看不上吗？

⑧ 到那候儿人家_{指女朋友}可倒_{反而}不嫁哩，还说咱们是没念下_{没念过书}的人。

（4）协商式，出现在两人或多人共事的场合，用在祈使句或陈述句中，主语是"你"或"我"，谓语动词前加上对象状语"给咱们"，表示分工合作。"咱们"可能是复数，也可能是单数。例如：

⑨ 我把草现打，你给咱们现拿杈子往一塔呢挑。

⑩ 把雁的膀子打坏哩，你把它逮住，我给咱们取热水去，给它洗一下，贴上些儿药。

⑪ "师娘_{指女老师}，你把我的名字咋没念出来哗？""嗯，我但怕_{也许}冒_漏掉哩，你夒哭哩。我给咱们找。"

⑫ 这是么_{这不是么}，我把衣裳脱掉哩，咱们钉房房儿走，你给咱们取斧头去！

例⑪中的"咱们"表示单数"你"，另外三例中的"咱们"都表示复数。

(5)指使式,表示说话人请听话人做某事,用在祈使句中。"咱们"指说话人,即单数的"我"。例如:

⑬ 萨利儿,你给咱们把10号钥匙拿来。
⑭ 噢,我的"英雄"自己的小孙孙(戏称)来哩,快,给咱们看一下儿,杏花儿开哩咦。

(6)告知式,表示说话人告诉听话人,自己要去做某事(如例⑯)。也可出现在说话人自言自语的场合(如例⑮⑰)。"咱们"实际上是虚指。例如:

⑮ 一个斑鸠儿在雪高头呢,我给咱们拿进来。
⑯ 娃们,你们远远儿要去哩。我给咱们把街门外头的海纳薅一下去。
⑰ 客人得道不知来哩咦没有嚛,我给咱们看一下儿去。

以上六种用法中,只有第一项中的"咱们"是概念意义上的用法,即表示说话人和听话人双方。其他五项中的"咱们"都只是语用上的修辞用法,有的确实表复数,但更多的是指单数的"我"或"你",还有的是虚指,但是都用"咱们"表示,目的就是借助于"咱们"表示说者和听者双方的概念义来达到亲切、和谐的表达效果。请看例⑱。

⑱ 乖乖儿你给我把洒壶喷壶搁下!

例⑱,是祈使句,表示命令,语气强硬。"给"后面的"我"如果改用"咱们",再删去"乖乖儿",句子的语气就会亲切、和谐得多。

今汉语陕北沿河方言中"咱"的用法和东干话中"咱们"的协商式、自卑式相一致,只是东干话的"咱们"的用法要宽泛得多,而且东干话只用"咱们"不用"咱",这和今汉语陕北沿河方言只用"咱"不用"咱们"的情况正好相反。(邢向东,2006,32~34页)

2. 人称代词复数和敬称"您"的表示法

(1)东干话中的陕西话的人称代词复数有两种表示法,一是"我/你/他

+们",二是"我/你/他+的"。东干话的源头方言汉语陕西西安话、户县话、商州话等现在仍这样说。(参见本章中的"'们'字的用法"和"'的'字的用法"部分)

(2)东干话中的甘肃话有两个"你们",一个是表示第二人称复数,另一个是表示敬称的"您"。用"你们"表示敬称的"您",是从俄语中学来的。东干话中的陕西话也有这种用法。(参见本章中的"'们'字的用法"部分)

3. "人家""阿那""自个唔""大家""单另""什么"等的用法

(1)"人家""阿那"都用在说话人意念中表示认可、赞许的场合,代表其他人称的优势一方。"阿那"是东干话中的陕西话,用得少。请看例句。

① <u>人家</u>不要我哩,我老掉哩。
② 隔壁两邻夸的呢:你看<u>人家</u>。
③ 叫<u>人家</u>夸你去,个人不能夸个人。
④ 诗:<u>阿那</u>的娃娃吃的好,三娃的娃肚子饿。
⑤ 诗:<u>阿那</u>的男人丈夫抱的着娃,三娃没心转回家。

(2)"自己""个家""个人""自个唔",都指自己,但用法对立互补。"自个唔"只做状语,如下例⑥⑦⑧,这时,它后面通常带有状语的标记词"的",如下例⑥⑦;"自己""个人""个家"可做主语、宾语、定语、同位语等,却不做状语,如下例⑨⑩⑪⑫⑬。

⑥ 自己坐在炕上气的<u>自个唔</u>的哭的呢 | 她没忍得住,把嘴捂住,<u>自个唔</u>的笑脱哩。
⑦ 她笑的<u>自个唔</u>的跑回去哩 | 我的心跳的,<u>自个唔</u>的打口呢出来呢。
⑧ 有的鱼还没定死,<u>自个唔</u>打筛筛子呢跳出来哩。
⑨ 我把书本子搁到桌子上,<u>自己</u>走哩活儿上哩。
⑩ 他害怕麻烦<u>自己</u>。
⑪ 她到哩<u>自己</u>的房子呢哩。
⑫ 害病的人,他<u>自己</u>是大夫。
⑬ 学生们,你们<u>个家</u>思量的写五句话。

179

上例中的"自己"都可换成"个人"或"个家",但"自己"使用得多。"自己"还能加"们"表复数。例如:

⑭ 穷汉们的婆姨_{妻子}们做下的吃喝,光也不是有味道,吃起太香的很,自己们长的也体面。

(3) "大家""大众""众人""大伙"都指群体,但"大家""大众"用得多,能做主语、定语、同位语、介词宾语,"大众"还能构成"大众会_{群众大会}"一词。请看例句。

⑮ 众人没说错的:大家拾柴火焰高。
⑯ 大众的手拍的□[pia]啦啦的。
⑰ 咱们大家干事,没有不成的事。
⑱ 你把家户的事由儿给大众说一下。
⑲ 我们搁到大众会上看,大众但_{如果}答应哩,就对哩。

(4) "单另"有以下两个意思。
A. 另外的,即在说过的以外,此外。请看例句。

⑳ 娃娃的衣裳素也罢,可好。可是达达_{父亲}的衣裳单另的呢。
㉑ 缓哩下儿,他拿单另的个怪刺刺的声气_{声音}可又说脱哩。
㉒ (家叫炸掉哩,)地方_{院落}但_{如果}在单另别的处哗,我的光阴_{生活}啥巴_{或许}也单另下呢……

B. 其他的,别的。请看例句。

㉓ 是多候儿_{任何时候}她没剩到单另学生们的后头。
㉔ 你是回族人里头给单另的姑娘们教样子_{榜样}。
㉕ 地呢种的辣子、茄子、莲花白带_和单另的。

(5) "什么",疑问代词,"什",音[ʂəŋ],平声。只在诗歌《俱乐部》中见到如下两例。

㉖ 俱乐部盖下给什么人?给一切的苦汉把心散。

㉗ 执掌卡尔霍兹集体农庄什么人？马马子勤恳的人、同志、遭下难的人。

《俱乐部》的作者是东干族甘肃籍人，1886年生。这个用法反映的应该是东干族西迁前中国甘肃某地方言的文读音。通常情况下，东干话只说"啥"，不说"什么"。

4. 处所代词的构成和用法

（1）构成。处所代词的构成有四套：一是"哪塔儿""这塔儿""那塔儿"，这种构成是主流用法；二是"哪呢""这呢""那呢"，这种构成较少使用；三是"哪里""这里""那里"，这种构成只是偶尔使用；四是表近指的"这儿"。

（2）用法。请看例句。

① 这塔儿耍的娃们都穿的花红柳绿的跳的高兴的呢。
② （从国外来的电话）你我们这塔儿指外国浪玩来。
③ 儿子在乌奇利谢军官学校里头念哩书哩。那塔儿才把他的账算数学本事使用上哩。
④ 这个雀雀儿哪呢有呢？
⑤ 水这呢入哩稻地，很很的不热不很热。
⑥ 这儿坐的都是拉样上县上的人。
⑦ 我把你毙枪枪毙呢。这儿指房子里不方便，走到院子呢，那塔儿你上天去。
⑧ 你在到哪塔儿去呢？
⑨ 你们打哪呢来？往哪呢去呢？
⑩ 我们的乡庄呢有文明点文化室。人们在这塔儿歇缓的呢。
⑪ 他跑到埃列瓦托尔谷仓上迎我来哩。在那塔儿一直等到黑。
⑫ 这个维斯塔夫卡展览会开一个月呢。请大家到这儿亲自看一下。
⑬ 朋友在阿夫陶劳塔开汽车的呢。我也入到那塔儿做哩活哩。
⑭ 伊丽娜在房呢咪，娃娃也在那塔儿呢。
⑮ 你达父亲在哪呢呢？
⑯ 看的到阿婶也在这儿呢，她就把四个儿都让到家呢哩。
⑰ 没觉起可价已经到哩莫斯科瓦哩，这个城堡太大，你们猜，这塔儿的一切多么，少……
⑱ 他是哪呢的人，我也不知道。

⑲ 还连从前一样，<u>这儿</u>的风风儿号_吹的树上的干叶叶儿只是动弹的呢。

⑳ 明儿个咱们走城里看走。<u>那塔儿</u>有真个的孔雀呢。

㉑ <u>这塔儿</u>太红火的很。

㉒ <u>哪塔儿</u>掌柜的多，<u>那塔儿</u>客人挨饿。

从以上各例可知：

A. 四套处所代词主要用作状语（如例①到⑦），也可构成介词短语后做状语（如例⑧到⑫）、补语（如例⑬），还可做宾语（如例⑭到⑯）、定语（如例⑰到⑲、㉒）和存现句（如例⑳）、形容词谓语句（如例㉑）的主语。

B. 表示处所时，它可虚可实，所表示的处所可大可小。在有的复句中前后呼应使用时，前表任指，后表虚指（如例㉒）；散用时，大的可表国家、城市（如例②⑰⑳），小的可表学校、某个单位、小的院落、房间等（如例③⑬⑦⑩⑭）。值得注意的是，第四套表近指的"这儿"，所表示的处所更小，往往只指眼前、身边的一小片地方（如例⑥⑦⑫⑯⑲）。同时，"这儿"还可以表示时间，有"这时""当时"的意思。请看例句。

㉓ 我的后头仗还打的呢……打开窗子说亮话呢，<u>这儿</u>我的腿都软瘫子掉哩。

㉔ <u>这儿</u>_{当时}老汉带喊的撵哩汽车哩。就这个时候儿，他跌倒哩。

㉕ "你达_{父亲}呐？"
"仗上舍_{牺牲}掉哩。"
"你妈呐？"
"叫炸弹打死哩。"
"你在哪塔儿站_{住宿}的呢？"
"不论哪塔儿。"
<u>这儿</u>我的眼泪收不住哩。
哎咦，我的安拉呀_{天呐}，把<u>这儿</u>遇下的你没见！

C. 第三套"哪里、这里、那里"是第二套"哪呢、这呢、那呢"的变体。东干人通常把"里"读作"呢"，只有较少的人仍读作"里"。这就形成了第三套构成。这可能反映了它们源头方言的差异，但两套处所词的用法是相同的。

5. 时间代词、数量代词的用法

(1) 时间代词的用法。请看例句。

① 你<u>多候儿</u>来哩？他<u>多候儿</u>到来呢？
② 这个书是你<u>几时</u>买下的嚓？
③ <u>啥时候</u>记得起来，他就说脱哩。
④ <u>这候儿</u>的光阴_{生活}上要的是知识。
⑤ 街上<u>这向</u>新鲜菜蔬多。
⑥ 不说话的<u>这一阵子</u>太难受的很。
⑦ 为啥<u>那候儿</u>我把她揉哩？
⑧ 就<u>那个时候儿</u>_{就在那时}我全哩_{完全}走不动哩。
⑨ "明年<u>这候儿</u>你做啥的呢？""<u>那候儿</u>我可价_{已经}把大学念完回哩家哩。"

由以上例句可知：

A. "多候儿""几时"等多用在疑问句中问时间（如例①②），也用在陈述句中泛指时间（如例③）。

B. 在所指的时间上，"这候儿"可指"如今""现时"（如例④），也可指"将来的时候"（如例⑨）。"那候儿"可指"已过去的时候"（如例⑦⑧），也可指"将来的时候"（如例⑨）。"这一阵儿/子"可指说话的当时正在持续的那个时间段，即"片刻、一会儿"（如例⑥）。"这（一）向"指最近一段时间，即"这几天"（如例⑤）。

C. 时间代词可做定语（如例④），可做中心语，前带定语（如例⑥），但最常见的是做时间状语（如例①②③⑤⑦⑧）。

D. "时候（儿）"出现在"多、这、那"的后面时，都省去"时"字，同时"候"全部"儿"化。这就构成了"多候儿""这候儿""那候儿"。它们分别和汉语普通话的"多会儿""这会儿""那会儿"的意思相当，但其中的"候儿"不能转写作"会儿"。因为"候"和"会"的语音形式和构词情况都不同。据我们接触到的语料，"候"读作[xou]，由它构成的词如"时候（儿）""多候儿""这候儿""那候儿""一候儿_{一会儿}"，都是表示时间的词，而且，除了"时候"可不"儿"化以外，其他词都"儿"化。而"会"读作[xui]或[xuai]，由它构成的词语如"回民协会""运动会""光会哭，不会说"，都不表示时间，而且"会"也都不"儿"化。

(2) 数量代词的用法。请看例句。

① 来哩几个人？
② 才来哩几个人。
③ 这个丫头说胡话的呢。
④ 那个话就连一股风一样，把乡庄转哩个过儿。
⑤ 他们没有娃们要下这些财帛干啥呢？
⑥ 为啥你把我找哩这些日子？
⑦ 这儿摆的着这些这么多好吃的。
⑧ 画上咋这么些子指数量大娃娃哞？
⑨ 他们念上那些书做啥呢。
⑩ 你说上那么些话做啥呢。

由以上例句可知：

A. "几个"多用在疑问句中问数量（如例①），也用在陈述句中泛指较小的数量（如例②）。

B. "这个"近指单数的人或事物（如例③），"那个"远指单数的人或事物（如例④）；"这些"近指复数的人或事物（如例⑤），"那些"远指复数的人或事物（如例⑨）。用"这么些子"（如例⑧）或"那么些"（如例⑩）比用"这些"（如例⑥）或"那些"（如例⑨），在语气上更加强调数量多。

C. 数量代词在句中一律做定语。

6. 代谓词、代副词的用法

请看例句。

① 你咋哩，啊？麻乃。
② 你们牲灵行呢畜牧业的事由儿情况咋么个？
③ 你们的康健咋（么）的个？
④ 我们里头的一个想出去走后解大便去呢。当不住哩忍不住了，哭脱哩。我们的禀性，你知道呢么，咋么个？有的笑的呢，有的待要笑的给他教杂样的方子的呢。
⑤ 我的命大，没咋的。
⑥ 咋么价把你裹指被俘虏过去哩？
⑦ 老鸹咋么价成哩黑的哩？

⑧ 把吃的咋分呢?
⑨ 门门儿咋么价开的呢?
⑩ 咋么价能叫稻子早熟15天?
⑪ 平顺段儿陈述句是咋么个?问题段儿问句是咋么个?
⑫ 把咋么个音叫子音辅音呢?
⑬ 城呢有好少咋么个楼房?
⑭ 真有这么的雀儿呢吗?
⑮ 你买咋么价的鞋呢?
⑯ 师娘女教师咋么给他破晓讲解他都不懂。
⑰ 亲热的咋么价问当打招呼哩,咋么价攥手握手哩,都不知道哩。
⑱ 咱们看嫂子今儿个咋么价接迎巴给哥呢。
⑲ 我把连跟他咋么价离别的想起来哩。
⑳ 咋么好哩,咋么办。
㉑ 大家就这么价把存花儿夸的呢。
㉒ 那是你自己这么价思谋下的。
㉓ 我永总还没朝这么吆驾驶过汽车呢。
㉔ 他们就那么价干哩。
㉕ 就这么天天打我们的呢。
㉖ 事情就是这么个。
㉗ 老人都是那么个指迷信,咱们应承的干些儿就对哩。
㉘ 我的腿把骨头都捆支撑不住哩。就是这个这样也罢,活呢就要做呢,那个活好马都当不住经受不住。
㉙ 野牛还就是那个那样,没动弹。
㉚ 把这么价的军衣我头份头次见的呢。
㉛ 他穿过那么价的衣裳。
㉜ 这咋这么个事情哗!
㉝ 你今年多大岁数哩?
㉞ 你阿爷有多能嘛?
㉟ 你知道吗,今儿我多高兴!
㊱ 庙多大么!
㊲ 你看他的见识多么大!
㊳ 你们看,他多么能成!
㊴ 你哈巴也许思谋的挖那个渠得道可能有多容易。
㊵ 家呢吃喝多短便缺少也罢,她总给你做些儿入口吃的呢。

㊶ 多么为难也罢，他把自己的事情总不丢手。

㊷ 多么好的房子。

㊸ 天气这么凉么，稻子还能早熟下吗？

㊹ 外头这么热，你的手这么冰。

㊺ 娃娃可价已经长的这么大哩。

㊻ 青苗可价那么高哩。

㊼ 我们的光阴生活连早前一样，还就那么富足，那么高兴。

㊽ 这两句话就连针扎到细肉上的一样，就那么难受。

由以上例句可知：

（1）表示的内容。

A. 代谓词"咋么价"等可询问或泛指性质、状况、方式、原因，"这么价、那么价"等可指示性质、状态、方式、程度。"咋么价"等有时单问原因（如例⑥⑦）或方式（如例⑧⑨⑩），有时兼问性质、状况（如例①到④、例⑪到⑮），有时泛指性质、状况、方式（如例⑯到⑳），有时代替某种动作或情况（如例⑤）。"这么价、那么价"等有时单指状态（如例㉙），有时兼指方式、程度（如例㉔），有时兼指性质、状况（如例㉖㉚）或性质、状态（如例㉛），有时兼指状态、方式、程度（如例㉕㉘），有时兼指性质、状态、程度（如例㉗），有时兼指性质、状态、方式、程度（如例㉑㉒㉓㉜）。

B. 代副词"多、多么""这么、那么"可询问和表示程度。询问程度时，都用在疑问句中，如例㉝㉞。表示程度时，呈现出了下列层次，一是用在感叹句中，表示程度很深，如例㉟到㊳；二是表示程度深，如例㊴到㊷；三是表示有一定程度，如例㊸到㊽。

（2）句法功能。

A. 代谓词的句法功能和它的音节结构有关，有如下两个特点。

第一，就它的成员个体的音节构成来看，是多样而集中。也就是说，它有一个音节的，如例①⑧"咋"；有两个音节的，如例⑳"咋么"、例㉓"这么"、例㉘"这个"、例㉙"那个"；有三个音节的，如例②"咋么个"、例⑥"咋么价"、例㉑"这么价"、例㉜"这么个"；还有四个音节的，如例③"咋么的个"。但是出现频率最多的是三个音节的"咋么价""咋么个""这/那么价""这/那么个"。

第二，就它出现的句法位置来看，是对立而互补。它的对立性，即带后缀"个"的词和带后缀"价"的词，虽然都能做定语，但在句法结构上带"个"的词都不出现定语的标记"的"，如例⑫⑬㉜，而带"价"的词都要出现定语的标记"的",如例⑮㉚㉛。同时,带后缀"个"的词和带后缀"价"的词的句法功能又呈现出互补性,即带后缀"个"的词能做谓语,如例②④"咋么个"、例③"咋么的个",也能做宾语,如例⑪"咋么个"、例㉖"这么个"、例㉗"那么个"、例㉘"这个"、例㉙"那个",但却不能做状语。而带后缀"价"的词正好相反,它不能做谓语,也不能做宾语,只能做状语,如例⑥⑦⑨⑩⑰⑱⑲"咋么价"、例㉑㉒"这么价"、例㉔"那么价"。

B. 代副词只能做程度状语,修饰形容词,如例㉝到㊽。

7. 任指、虚指和代指

(1) 任指、虚指的两种用法。

A. 成对出现,前后呼应。这种用法是呈系统地出现在某些假设复句、条件复句中的,前分句中用疑问代词提出话题,后分句中用远指代词或第三人称代词做出回应。前分句的疑问代词表任指,即所说的人或事物在说话人所说的范围内没有例外;后分句的远指代词或第三人称代词表虚指,即指代不能肯定的人或事物,或因无从知道,或因无法说出。请看例句。

① <u>谁</u>但_{如果}照上列宁的光,<u>他</u>的心宽可郎_{胸怀}大。
② 手里捞上<u>啥</u>,就拿<u>那个</u>东西打的呢。
③ 妹妹,妹妹,你听话,妈妈说做<u>啥</u>,你做<u>它</u>。
④ <u>哪塔儿</u>_{哪里}丢掉哩,<u>那塔儿</u>_{那里}找。
⑤ <u>哪塔儿</u>有闲话,<u>那塔儿</u>的活儿做不下。
⑥ <u>哪个</u>人不服人,<u>那个</u>人不如人。
⑦ <u>哪个</u>花儿长的好看、端正,就揪的是<u>那个</u>花儿。
⑧ 法希斯特把我们游戏儿的打的呢,<u>几时</u>打死,<u>那候儿</u>牲口的心才定呢。
⑨ 做<u>咋么个</u>_{怎样的}活,就吃<u>那么个</u>_{那样的}饭。
⑩ <u>咋么</u>_{怎么}肿哩,就那么消去。
⑪ 到你上_{对你来说}<u>咋么价</u>好哩,就<u>那么价</u>说去。

有时,前后分句也偶尔使用同一个疑问代词,这和汉语普通话是等同的,但在东干话中它是非主流用法。例如:

⑫ 糖馍馍,但是_{如果}不到你的手呢哩,<u>谁</u>接上,叫<u>谁</u>吃去 | <u>咋么</u>好哩,<u>咋么</u>办。

B. 单个词零星地散用在某些单句中，或表任指，或表虚指。请看例句。

⑬ 他啥也没言喘。
⑭ 把他的影像谁都没见。
⑮ 她不会走，爷爷一天把她抱上哪塔儿都到去的呢。
⑯ 哎，你拿来一个啥，把桌子支一下儿。

以上各例是表任指。这时表任指的代词后头有"也"（如例⑬）、"都"（如例⑭⑮），表示周遍性。这些用法都和汉语普通话一致。

⑰ 她不识闲，在家呢做这个，做那个的呢。
⑱ 他这么那么把叽里咕噜的狗娃儿高低抱不到怀呢。

以上两例中"这个""那个""这么""那么"表虚指。"做这个、做那个"是前后对举，"这么那么"也是前后对举，单用时句子不能成立，这种情况少见。

（2）代指不宜明说或不需多说的事物。请看例句。

⑲ "但是要是那个"，我给他说的，"你把他的腿按住，耍叫跳弹哩。"……这个的之后，我觉摸的就像心呢都发潮恶心开哩。
⑳ 这个的之后，对头敌人把我放出来哩。

以上两例中的代词都是既代替又指示。例⑲是描述说话人指使听话人协助自己掐死叛徒，"那个""这个"都代指不宜明说的除奸动作。例⑳是描述说话人在敌人的办公室遭戏弄多时后被放了出来的情况，"这个"代指不需多说或不愿多说的种种屈辱过程。

（七）副词

1. 程度副词

程度副词的用法，详见本章中的"常见用法"部分。

2. "没"的混用

"没"和"不"常相混用，详见本章中的"残留与萌芽"部分。

3. "可、又、再、还"的用法

"可、又、再、还"的用法，详见本章中的"惯用成分"部分。

4. "就"的用法

"就"做副词，详见本章中的"'就'的用法"部分。

(八)拟声词

1. 东干话的拟声词数量大且使用广泛

东干话拟声词有如下特点。

(1) 通用性。有些词很常用，含义也很宽泛。请看例子。

① 喝冷倒腾

　　a.汽车声：两个跑车子喝冷倒腾的到哩人伙伙子呢站下哩。

　　b.脚步声：就这个节口呢_{就在这个时间点儿}娃们喝冷倒腾的都进来哩 ｜ 冬老爷喝冷倒腾的进来哩 ｜ 爱弟儿喝冷倒腾的打外头进来哩。

　　c.多种响声：房呢喝冷倒腾的，姐姐拾掇桌子的呢，达达_{父亲}带和哥哥把捷列维佐尔_{电视机}拧开看的呢。

　　d.不明响声：案板上啥东西喝冷倒腾的。

② 叽里喳啦

　　a.说话声：娃们叽里喳啦的说脱哩 ｜ 学生们叽里喳啦的，就连燕鸡儿_{燕子}一样。

　　b.鸟叫声：雀雀儿叽里喳啦的唱脱哩。

(2) 表细微的响声或感觉。请看例子。

③ 爱说话的稳弟儿眼睛儿扑腾儿扑腾儿的挤哩几下。

④ 他的眼睛扑塔——扑塔闪的呢。

例③④是模拟眼睛开合的细微响声，这种用法很有个性。

(3) 独创性。有些词的使用很独特，和汉语普通话或汉语西北方言差别很大，应是东干话所独有的。请看例子。

⑤ 涅灭茨_{德国鬼子}□[pia]啦的叽里咕噜的得道_{不知}说哩个啥。

⑥ 说的说的，她哗啦啦的笑脱哩 ｜ 留神听的人们哗啦啦的都笑

189

脱哩。

⑦ 水哗啦啦的淌脱哩。

例⑤是模拟听不清或听不懂的说话声，汉语一般用"叽里咕噜"。例⑥是模拟笑声，汉语只用此词模拟流水声，像例⑦那样。这些新用法可能是东干人西迁后渐渐用开的。

2. 拟声词选示

⑧ 鹌鹑叫唤的呢："布里——布里——布里——底卡！"
⑨ 火子儿_{火星}兵零哪嘟的□[pə],_爆脱哩。
⑩ 野猪"吱喽"的一声，跑哩。
⑪ 大众的手拍的□[pia]啦啦的。
⑫ 凤匣_{风箱}□[pia]达□[pia]达响的呢。
⑬ 斑鸽儿噗噜噜/噗啦啦的飞上出哩。
⑭ 你看那个恶老鹰抓鸡娃子的呢，"呕儿——呕儿什！呕儿——呕儿什！"她喊脱哩。
⑮ 天冷的很，牙关子□[tan]_{战抖}的格乍乍的。
⑯ 两个跑车子_{小卧车}喝冷冷的到哩人伙伙子哩。
⑰ 兔子喝冷冷的在满铁掌子_{铁栅栏}上碰的呢。
⑱ 门上的铃铃儿"呛嘟嘟"的响哩几下。
⑲ 鸽子"呜噜噜——呜噜噜"的叫唤的呢。
⑳ 喜鹊嘉啦啦的飞掉哩。
㉑ 花树"唰啦啦——唰啦啦"的摆_{摇动}的呢。
㉒ 诗：太平红旗嗖嗖闪。
㉓ 把果子_{梨等}他可擦可擦的吃脱哩。
㉔ 仗口呢_{战场}上仗打的呜儿——呜儿的打得很紧。

（九）叹词

东干话的叹词和汉语普通话大体相当。由于东干话是拼音文字，拼读和书写都常带随意性，所以，可能同一个词会有不同读法或写法。它们的用法大体如下。

1. 表赞叹、惊喜、怜惜、惊诧

请看例句。

第四章 语　法

① <u>哎哟</u>,白羊羔,你咋这么心疼_{可爱}嚓?
② 唱词中的和声:得胜回家过大年,<u>哎哟</u>,苏维特的人们把事干。
③ <u>噢好</u>,咱们家呢来哩客哩么,阿达_{父亲}!
④ "<u>呜哈</u>!"娃们都失笑哩:那个黑老毛疙瘩才_{原来}是一个狗娃儿。
⑤ 娃们高兴的,把尕手手拍的,喊的:"<u>呜啦</u>!四个黑雀儿都在我们的房房呢住的呢。"
⑥ <u>哎哟</u>,啥风把你刮的来哩嚓? ｜ <u>噢</u>,我们的英雄来哩。
⑦ <u>噢噢</u>,舍夫儿,你阿爷家的白马带和黑雕好死哩_{好极了}。
⑧ <u>咦哟</u>,心疼死哩!(那个鸽子)真是个妈妈——哪!(指鸽子在保护小鸡)
⑨ "阿爷,我的头上两个疙瘩也起来哩。""<u>哎哟</u>,孽障死哩。"
⑩ <u>哎哟</u>,这个桌子咋站不稳哩?
⑪ <u>哎哟</u>,你们把麦念儿爷爷的果子偷哩吗?

2. 表惊怪、不耐烦、无奈

请看例句。

⑫ <u>哎哟</u>,你咋把这么俊的杏花儿摘掉哩嚓?
⑬ <u>哎咦</u>,你的房子呐嚓,儿子咋也不见嚓?
⑭ <u>咦</u>,你把这个提说啥呢。
⑮ <u>哎咦</u>,把这个猜话_{谜语}谁不知道嚓。
⑯ <u>哎咦</u>,你娘娘_{指孩子的姨母}你再夔问哩。这个娃娃哭的我的心呢太闹人的很。

3. 表招呼、提醒、叮嘱

请看例句。

⑰ <u>哎</u>,你看这是谁? ｜ <u>哎</u>,都来一下!
⑱ <u>哎咦</u>,哥哥,咱们给阿奶帮忙走。
⑲ <u>哎</u>,快做饭 ｜ <u>哎呀</u>,稻子但_{如果}不早熟哩,你可_又说下个啥呢? ｜ <u>哎哟</u>,我的娃,那个事情不是我们干的。
⑳ 师娘问的:<u>欸</u>[ei],为啥把手包住哩?
㉑ 明儿叫你妈给你也娶上这么俊的个媒妇儿,<u>嗯</u>?

191

㉒ 我的心疼鹿娃儿呀，你把花儿再嫑朝这么撇哩，嗯？

4. 表征询、反问
请看例句。

㉓ 你今儿咋没在_到我跟前来，啊？
㉔ 一个，两个，三个……好少_{很多}的黑雀儿，光是只有咱们的好，嗯，哥哥？｜阿妈孽障，嗯，阿爷？
㉕ 你咋把馍馍拿脚踢的呢，啊？
㉖ 我枉给你给哩高等知识哩么，啊？

5. 表应答
请看例句。

㉗ "你是冬拉子的儿子吗？""嗯，我是爱弟儿。"
㉘ "你想哩阿爷俩？""嗯，想哩。"

6. 表释然、醒悟、肯定
请看例句。

㉙ 一个女人长出哩一口气：夫——呜，那搭儿_{那里}亏达_{幸亏}我没去。
㉚ 三岁的赛赛儿挣死巴活的把瓜一个一个往大门外头滚的呢。
"你做啥的呐，赛赛儿？"爷爷问的。
"你们的好少瓜_{很多瓜}，我们没有瓜！"
"噢——嗯……"爷爷失笑哩。

7. 表轻蔑、不以为然、愤懑
请看例句。

㉛ 哼，那个法希斯特_{法希斯分子}连姜猪一样。
㉜ 哼，你还吓唬我呢！
㉝ 嗷喝，咋这么长的个猜话儿_{谜语}唦？

㉞ 家没有哩，蒿子长的一人高。嗨/嘻，那一阵儿我的心呢几十把刀子搅呢。

由以上用法可知：

(1)"哎哟、哎咦"用得多，其他的用得较少。

(2)例⑤"呜啦"表示欢呼、呼喊，来自俄语。例㉙"夫——呜"、例㉝"嗷喝"应是东干话的特色词。

(3)例㉚"噢——嗯"连用，先表醒悟，再表肯定，很有特色。

(4)叹词的位置很自由，句首、句末、句中都有用例，独立性很强，一般用逗号和句中其他成分隔开。

(十) 介词

1. 介词

介词的整体用法，详见本章中的"短语"部分。

2. "打"的用法

"打"的用法有新的发展，详见本章中的"介词'打'的嬗变"部分。

3. "往、到、从、打、在"的用法

"往、到、从、打、在"的用法很复杂，详见本章中的"'在、走、到'的用法"和"几个别具特色的介宾短语"部分。

4. "叫、把、给"的用法

"叫、把、给"的用法，详见本章中的"被动句及'叫''把'套用句"和"'把'字句"，以及"'给'字句"部分。

5. "就"的用法

"就"做介词，详见本章中的"'就'的用法"部分。

(十一) 连词

连词起连接作用，连接词、短语、分句和句子，表示并列、选择、递进、假设、因果、转折等关系。它的连接作用，可分为如下四个小类。

1. 连接词的：带、连、拉、和、或者是。

2. 连接短语的：再么是，又……又……。

3. 连接分句的："光不是、光没"不仅，"若要、但（是）"如果，"因此、因为"因为，"因此"因这，"虽然、可是"，"不哩"否则。

4. 连接句组的：没哩 否则。

连接词和词的连词，它的位置一般在最后两个词之间。例如：

① 米莎、主麻蛍爱弟儿在涝坝呢钓鱼的呢。
② 野牲园呢，娃们见哩狼、熊、狐子、老虎、狮子蛍象哩。
③ 回族、吉尔吉斯连乌鲁斯（俄罗斯，编者注）念家们把十娃子的作品太爱念的很。
④ 客人给娃娃拿的各式古样儿的衣裳、鞋鞋儿再么是以及布索。

也有两个连词连用的。例如：

⑤ 把剩到家呢的我达连我妈蛍碎小妹妹都饿死哩。

"连"有个变体"拉"，在汉语甘肃临夏话中多用，且位置常在被连接的名词之后，但在东干话中，它不后置。例如：

⑥ 你等一下，我拉你一塔—同去。（东干族学生阿丽米拉提供）

"和[xuə]"的用例很罕见。例如：

⑦ 人人好像一间房，骨头好比柱子和梁。

以上连词的具体用法，详见第三章"词汇"中的"分类词汇"部分和第四章"语法"中的"短语""复句"部分。

（十二）助词

1. 动态助词

动态助词的用法和汉语普通话有较大差异，详见本章中的"动态助词系统"部分。

2. 结构助词

结构助词的用法，详见本章中的"'的'字的用法"和"'价'字的用法"部分。

（十三）语气词

1. 语气词的类别

东干话的语气词可分为如下四类，表示不同的语气。
(1) 陈述语气词：的、呢[ni]、哩、嚛、么、咪、呐[na]。例如：

① 三个打水的巴士牙水塔没做活的都坏了，水没有的。

② 我的娃娃也在那塔儿呢 | 我在学堂呢去呢。
③ 他打围_{打猎}去哩 | 娃们在河呢钓哩鱼哩 | 他也害哩怕哩。
④ 我也劝的呢,可是不中嘛。
⑤ 嗑,这个白的甜么,你才是个尖_{机敏}娃娃么。
⑥ 那时候他还是年轻人唛 | 掌柜的连婆姨在家呢唛 | 从前有一个打围_{打猎}的唛 | 把他当人的很唛。
⑦ 凯耶夫城堡俊的很呐。

(2) 疑问语气词：吗、呢、哩、嘛、啊、吧、俩、唛、呐[na]。例如：

⑧ 你没在_到学堂呢去吗? | 我达_{父亲}能回来吗?
⑨ 你在_到哪塔儿去呢? | 有啥新事情呢?
⑩ 谁把这个书拓出来哩? | 哎哟,这个桌子咋站不稳哩?
⑪ 你说的啥嘛? | 癞瓜儿_蛙咬不咬嘛? 它有房子唛嘛?
⑫ 你思量啥的呢,儿子啊?
⑬ 但怕_{也许},这么做不对吧? | 步行走起,他上吃力吧?
⑭ 你害怕俩 "哩吗" 的合音? | 你想哩阿爷俩? | 你今儿在_到我们这儿浪_玩来俩?
⑮ 这候儿你轻省_{轻松}哩唛 "没有" 的合音? | 得哩伤的人再有唛?
⑯ 你写下的账本子呐? | 你妈呐? | 姐姐,鸽娃儿但_{如果}飞掉不来哩呐?

(3) 祈使语气词：嘛。例如：

⑰ 阿奶,你来看嘛 | 阿妈,起嘛 | 快快把门开开嘛 | 你喝一盅子茶嘛。

(4) 感叹语气词：哪、啊、呀。例如：

⑱ 这候儿鸭娃儿才可,_{表强调}都洗的好澡儿哪!
⑲ 烧下的鱼太香的很啊!
⑳ 我的妈呀! 左右都是对头们 | 我的孽障儿子呀,叫我在哪儿找你去呢。

2. 核心语气词及其连用形式

表 4-8

层次	语气词	语法意义	语气
第一层	的[ti]	表示情况本来如此	陈述语气
第二层	呢[ni]	指明事实或表疑问	陈述语气 疑问语气
	哩[li]	表示新情况的出现	陈述语气 疑问语气
第三层	吗[ma]	表示疑问	疑问语气
	萨[sa]	表示疑问、猜度、商量、建议	疑问语气 祈使语气 陈述语气
	唻[lai]	宣明事实	陈述语气
	么[ma/mu]	说明真相或申说缘由,含争辩意味	陈述语气

表4-8中的七个语气词是东干话语气词的核心词,它们的出现频率极高,而且组合能力强,可单用,(参见上述相关例句)也可以两三个连着用。

连用的顺次是第一层排在前面,第三层排在最后,分别表示不同的语气,而最后一个语气词是全句语气的重点。连用的两三个语气词并非直接组合,而是分别处在句法结构的不同层次上。例如"再夔挤哩萨"一句,应先分析为"再夔挤哩 ｜ 萨",再分析为"再夔挤 ｜ 哩"。

(1) 一三层连用的情况。例如:

㉑ "他在你们家呢肯去,就是萨?""嗯,就是<u>的么</u>。"

例中第一层的"的"表示肯定、确认,第三层的"么"表示情况显而易见,确实如此。

(2) 二三层连用的情况。例如:

㉒ 快去,连手_{朋友},天黑掉<u>哩 么</u>,明儿个咱们再见面。
㉓ 人里头有好汉子<u>呢么</u>,你还当是啥的<u>呢萨</u>。
㉔ 打仗<u>呢么</u>,娃娃乏<u>呢么</u>,一定瘦<u>呢么</u>,还有不瘦的<u>呢么</u>。
㉕ 真个有这么的雀<u>呢吗</u>?
㉖ 把账本子拿来<u>哩吗</u>?

㉗ 再亜挤哩㟷！

第二层的"哩""呢"的语法意义分别是表示新情况的出现、指明事实的不容置疑，第三层的"么""吗""㟷"分别表示陈述、疑问和祈使语气。

（3）一二三层连用的情况。例如：

㉘ 你做啥<u>的呢㟷</u>？
㉙ 你的名字叫的哈丽玛。对<u>的呢㟷</u>？
㉚ 昨个你的手还好<u>的呢么</u>，今儿咋可包住哩㟷？
㉛ 你问我<u>的呢吗</u>？｜你在这儿等人<u>的呢吗</u>？
㉜ 你咋把馍馍拿脚踢<u>的呢㟷</u>，啊？
㉝ 咋哩？你们可又打槌_{打架}<u>的呢吗</u>？
㉞ 人里头有好汉子呢么，你还当是啥<u>的呢㟷</u>。

第一层的"的"表示肯定、确认，第二层的"呢"指明事实的不容置疑，第三层的"㟷""么""吗"分别表示疑问和陈述语气。

3. 某些语气词的位置及用法

一般地说，语气词绝大多数都是附在单句句末，像我们上面谈到的那样，但是也有少量语气词是附在句中停顿处或复句的前面分句的句末，表现为如下两种情况。

（1）"是[ʂʅ]"字可以附在陈述句、疑问句的句中停顿处或句末，使语气舒缓，或表示深究追问。例如：

㉟ 这个人<u>是</u>呀，不是木匠。
㊱ 把这个事情要搁到大众会上看呢，因此_{因为}<u>是</u>呀这个问题的情由_{意义}大的很。
㊲ 我凡常_{平时}把他，克里士涅夫_{人名}，算的<u>是</u>呀不是好人。
㊳ 咋，你可还去呢吗<u>是</u>？

这个"是"字，在东干话的源头方言汉语甘肃临夏话、肃南当地汉语方言和裕固话中，现在仍在使用。

（2）"（呢）么、呢""也罢""（呢）㟷/哩"等语气词都附在复句的前面分句的句末，并产生了一些新用法。（详见本章中的"复句"部分）

197

A. "（呢）么、呢"附在选择复句的一个或两个选择项末，表示说话人对所供选项的期待。"（呢）么、呢"涉及选择复句的疑问句和陈述句，我们将它们一并看作表选择关系的连词。例如：

㊴ 冬天脚上穿厚好么，穿单好？
㊵ 你薅白苣呢么，挤奶子呢么，干啥哩干去。
㊶ 你爱我么，不爱么，我也没问。
㊷ 给他要找奶子呢，不哩要煮鸡蛋呢，不吃些热的也不得成。

B. "也罢"附在条件复句、假设复句、转折复句的偏句句末，表示偏句无论在何种情形下，都不会改变正句行为的实施。例如：

㊸ 咋也罢无论如何，我把对头敌人要追掉赶跑呢。
㊹ 就是苏联国家烂散哩也罢，咱们的联系不能割断。
㊺ 人家虽然去哩世哩也罢，把好名声留下哩。

C. "（呢）唦/哩"附在时间复句、假设复句的前面分句的句末，表示偏句和正句同时或先后发生，也可表示假设关系。"唦"产生了"的时候"的用法，"哩"产生了"的时候、之后"或"的话"的用法。例如：

㊻ 赶投等到第二回醒来唦的时候，天大亮哩。
㊼ 吃开馍馍哩的时候，把种麦子的耍忘掉哩。
㊽ 喝哩喝了之后，喧哩闲聊了之后，他们就回去哩。
㊾ 饭吃哩饭后，咱们在外头浪开哩散步时，我把那个事情给你说呢。
㊿ （但）不去哩的话，我能少一个啥？

二、短　语

东干话的短语就其结构类型和用法来看，和汉语普通话大体相当。但其每一类型的具体构成和用法与汉语普通话则多有细微差异，同时，还产生了一些特殊用法。列表分述如下。

（一）一般用法

表 4-9

	结构	语义	语法、语义关系	句法功能	例句
联合短语	名+或者是+名	或者	选择	做主语、宾语	一句话<u>或者是</u>几句话给一个全意思，那是段_{短语}。
	名+带/连+名	连词"和"	并列	做主语、宾语	学生们<u>连</u>/<u>带</u>教员往学堂呢走的呢。
	（又+动/形）+（又+动/形）	又……又……	并列	做谓语	讲堂呢<u>又</u>凉快，<u>又</u>舒坦｜<u>又</u>够吃，<u>又</u>够用。
	①名词语+再么是+名词语 ②谓词语+再么是+谓词语	①以及 ②并且	并列递进	①做主语、宾语②做谓语	①以及：给娃们买的耍拉子<u>再么是</u>糖带干货。②并且：把渠一定要挖成<u>再么是</u>挖宽呢。
	[（一）打/从+时间/处所]+[往/到+时间/处所]	表时间、处所	并列	做状语	<u>从</u>今<u>往</u>后再不去哩。<u>打</u>头儿<u>到</u>尾儿说哩一遍。<u>打</u>那塔儿<u>往</u>这塔儿走的呢。<u>打</u>那候儿一直<u>到</u>无常他写哩二十几本书。
同位短语	代（+类别）+数量 代（+名）+代 代+职称+称谓人名，+定中短语	表复指	同位	做主语、宾语、兼语	咱们<u>三个儿</u>一同去｜光剩下<u>她们娘们两个</u>哩｜咱们<u>大家</u>都去｜叫我说去，<u>她祖何拉个人</u>不好，把男人不当一个男人｜我请<u>你帕拉考夫尼可^上_校同志</u>，把我收到军队部分里头｜<u>他们没儿女的两个人</u>当窝儿明白哩｜你但想叫祖国富，<u>自己你要聪明呢</u>｜<u>米乃，给问题给回答的人</u>，把肚子抱住，笑脱哩。
介词短语	除过+人称/时间	表排除	介宾	做状语	他<u>除过你</u>，把谁都看不上｜<u>除过睡着</u>，我一拿晚儿一直思谋她的呢。
	①从打+时间（+打头儿） ②打+处所	表时间、处所			①<u>从打今儿人</u>在到咱们家呢不来哩｜<u>从打今儿打头儿</u>，我再不耽搁时候哩。②<u>打背后</u>到哩跟前｜他<u>打一个上</u>数脱哩。

199

(续表)

结构		语义	语法、语义关系	句法功能	例句
介词短语	拿/连+名	表工具、凭借	介宾	做状语	把贼寇往出<u>拿</u>棒赶 ｜ 我们<u>连</u>大指望等你们扶帮呢。
	连/带+名/代	表对象、协同			我<u>连</u>他遇哩面哩 ｜ 我们<u>连</u>/<u>带</u>对头们争战呢 ｜ 走,你<u>连</u>我走。
	给+名/代	表对象			我<u>给</u>你给回答呢 ｜ <u>给</u>他耍说。
	把+名	表受事			<u>把</u>汽车拿单子苦住。
	按+名	表方式			我<u>按</u>你的吩咐到来哩。
	借助/赶+名	表依据			<u>借助</u>共产党的领首_{领导}我们活哩人 ｜ <u>赶</u>他说,猫把鸡娃子咬死哩。
	为/因为/给+名	表目的			<u>为</u>我们的得胜_{胜利}你喝上 ｜ <u>因为</u>扶帮咱们的《回民报》咱们把报写上_{订上} ｜ <u>给</u>草料的问题他留哩大神哩。
	为+名/代	表原因			你<u>为</u>啥哭呢?
	比/赶+名	表比较			心<u>比</u>天高,命<u>赶</u>纸薄。
	在+处	表处所			我<u>在</u>这塔儿种黄豆的呢。
	往+处	表处所			<u>往</u>大呢长 ｜ <u>往</u>哪呢去呢?
介词短语	照住+处	表处所	介宾	做状语	小伙儿<u>照住</u>汽车站走掉哩。
	朝+处	表处所、方向			<u>朝</u>列宁指说下的路上往前走的呢。
	对住+处/代	表处所、对象			儿娃子<u>对住</u>我笑哩 ｜ <u>对住</u>外头望的呢。
	当住+代/名	表对象			<u>当住</u>对着做活的娃们短_差一点儿淌哩眼泪。
	连+代/名	表对象			儿子啊,<u>连</u>_向爸爸伯伯问候。
	连+名+一样	表比喻			她的眼泪,<u>连</u>雨<u>一样</u>倒脱哩 ｜ 她连害病的<u>一样</u>打战的呢。
	赶+名	表方式			<u>赶</u>实说,要扯谎。
	问+名	表对象			<u>问</u>家里要些儿钱。
	叫+名	表施事			这儿<u>叫</u>炸弹炸哩个坑。

(二)特殊用法

表 4-10

	结构	语义	语法、语义关系	句法功能	例句
偏正短语	大+形/动/名①	修饰	定中	做宾语、介词宾语	我有个<u>大耽悬</u>危险呢｜这个活上有<u>大挡挂</u>阻力呢｜要得高收成，要费<u>大心劲</u>呢｜我们拿<u>大指望</u>等你们扶帮呢｜给你道<u>大谢</u>，恭<u>大喜</u>呢。
"是"字短语	是+疑问代词②	强调任指、无条件	?	做主语、宾语、兼语、定语、状语	<u>是谁</u>无论谁照上列宁的光，他的心宽可郎胸怀大｜人生养下，也没拿来<u>是啥</u>任何东西｜我<u>是哪塔儿</u>无论何处也不去｜你<u>是多候儿</u>无论何时来我都接迎。
联合短语	动+的+动⑩	并且	递进	做谓语	没停半个时辰，他可价已经在从孔托尔管理处<u>上去的来</u>哩去并返回来了。
连动短语	到(十处所)+来/去③	由起点到终点	连动	做谓语	这个大船，各处儿它都<u>到去</u>呢，这候儿<u>到凯耶夫去</u>呢。
兼语短语	兼语+叫+动词	宾语兼主语	兼语	做谓语	娃们<u>不叫出去</u>耍别叫孩子们出去玩儿，外面脏的很。
介词短语	走/在+处所④	往	介宾	做状语	他<u>走/在</u>我们家呢去哩。
	在从+处所	表动程起点			没停半个时辰，他可价<u>在</u>孔托尔上去的来哩。
	打往+处所⑤	表向、往			她<u>打</u>外头跑上出去哩，存花儿也跟上她出去哩。
	就在+时间词⑥	表时间			<u>就</u>这个空子呢过来哩一个老婆儿｜<u>就</u>那一天他高兴喱高兴极了。
	到+名词语+上⑦	对……来说			大学<u>到</u>我<u>上</u>是顶大的望想｜步行走起，(到)他<u>上</u>吃力吧？
	从+这个+上⑦	从……方面来说			口传文学到调养娃儿上有大情由呢，<u>从这个上</u>把它叫的是民人的调养学。
	(就)打+这/那个+上⑦	由于……原因		做句首状语	师傅老师说的，起黑风呢。就<u>打那个上</u>，把我们早些放开哩提前放学哩。

(续表)

	结构	语义	语法、语义关系	句法功能	例句
介词短语	就+朝/打+这么/时间	表状况、时间	介宾	做句首状语	就朝这么我把《经》收搁掉哩 ǀ 就打那候儿他不逃学哩。
	往+进/出/起⑦	表向里、向外、向上		做状语	人往进里走的呢 ǀ 把贼寇往出外赶 ǀ 价钱往起上涨的呢。
	往+过/回/起⑦	表补语过来、过去，回来、回去，起来			打深山往过飞飞过来/过去 ǀ 把粮食往回拉拉回来/回去 ǀ 刚睡下就把我往起喊哩喊起来了。
	把+名/代⑧	表协同、方向、对象、致使			这候儿进来哩几个姑娘把同,向,跟我们问当问候哩 ǀ 姊妹两个一个把跟,和一个不见 ǀ 节气上,我把给,向你恭喜 ǀ 我们把对你太爱 ǀ 我把让,使他跟学生认识哩,就把话让给他哩。
	给+名词语⑨	表向、对、被			太阳给向,对我笑的呢 ǀ 六个给被三个分——出来哩两个。
	(在从+处所)+动+(到+处所)④	表从起点到终点	①状中 ②中补	①做状语 ②做补语	有的口溜儿没变卦,款款儿完整地在从人的口呢传说的到如今咱们的光阴上哩。
	到+处所/时间	表处所、时间	中补	做补语	把书搁到桌子上 ǀ 等到天黑。
	给+人名	表对象			尔里人名吃罢,把碟子推给媳妇儿哩。(海峰,2003,97页)
	的向+名/代⑩	表对象			野猪扑的向我来哩 ǀ 野猪端端扑的老虎去哩。

注：

①详见本章中的"形容词'大'的一种特殊用法"部分。
②详见本章中的"强调任指的'是'字句"部分。
③详见本章中的"连谓句"部分。
④详见本章中的"'在、走、到'的用法"部分。
⑤详见本章中的"介词'打'的嬗变"部分。
⑥详见本章中的"'就'的用法"部分。
⑦详见本章中的"几个别具特色的介词短语"部分。
⑧详见本章中的"'把'字句"部分。
⑨详见本章中的"'给'字句"部分。
⑩详见本章中的"'的'字的用法"部分。

（三）语料收录说明

1. 本文没有收录主谓短语、动宾短语、方位短语、"的"字短语，因为这些短语和汉语普通话比较一致。收录的49条短语分一般用法和特殊用法排列，从中可以看出它们发展和演变的总体概貌。

2. 为了反映某些词义细微的演变，我们对某些用例做了多角度的展现，有的用例出现频率很低，但也照录以存真。

3. 由表4-9、表4-10可知，"打"产生了"往、由于"义，"在"产生了"从、往"义，"的"产生了"并且、向"义，"给"产生了"被"义，"把"产生了"向、对、使"义，"到"可和"来、去"组合构成连动，表示动程从起点到终点，兼语可在句首。这些现象使短语的结构和用法产生了变异，值得关注。

三、惯用成分

（一）"下"[xa]字的用法

"下"字作为主要动词出现在谓语中心语的位置上时，读[xa]或[ɕia]，和汉语普通话用法相同；如果出现在谓语中心语之后的位置上时，则一律读[xa]，具有很强的取代作用，可充当多种补语或表示动态，但它也受到语境的制约。下面谈"下"出现在谓语中心语之后的用法。

1. 充当各种补语

（1）取代一般动词或形容词，充当结果补语。这时，它的含义相当宽泛，和被它取代的动词和形容词的词义相当。例如：

① 遇下到天大的事情，要慌。
② 你把门开下了没有？
③ 这个车轴是榆木砍下成的。
④ 凭的它指某个字的参加作造下构成的单另的话指词也有呢。
⑤ 这几个字他一阵就学下会了。
⑥ 贼白日呢看下好地方，黑呢晚上来偷。
⑦ 饭做下熟了，叫吃去呢。
⑧ 我害怕把儿子吓下坏哩。
⑨ 我把你的盖头，洗下好，完，过哩，阿奶。
⑩ 贱东西不值钱，值钱的东西卖不下到钱。

⑪ 汽车站下住哩。
⑫ 这个书是师娘_{女教师}给我端赠下_给的。
⑬ 老汉啥话没说，把眼睛原闭下_上,住哩。
⑭ "你们没吃馍馍，那么取下_走馍馍做啥哩？""我们喂狗娃儿哩。"
⑮ 我有个听下_{来,到}的神话呢，你但有工夫哩，我给你说。
⑯ 你看,娃们把果子咋么价糟蹋下_掉哩。

"下"字含义的宽泛性，还表现在它的使用范围方面。在汉语普通话里根本不能带补语的一些句子，在东干话中也必须带上补语"下"。这时汉语普通话里便没有恰当的词语和它对应。例如：

⑰ 要下手就是干活的。
⑱ 我是昨个来/去下的。
⑲ 衣裳大下了，帽子小下了。
⑳ 你害怕下主人家咋哩嘛?

下面的用法值得注意。当"下"做某些结果补语时，常常和"掉、上、给"等词构成近义词，充当程度序列中的一档，表示中等的程度，即掉>下>上、给等。因此，这时的"下"在表示结果的同时也有了程度义。例如：

㉑ 他的腰弯弯子下哩_{弯成弓形了}。
㉒ 事情难畅_{困难}下哩_{困难严重了}。

例㉑中的"弯弯子"即弯弯的，是个状态形容词，"下"表示弯的结果，同时兼表程度较深。例㉒也是同样的道理。
(2)取代趋向动词，充当趋向补语。例如：

㉓ 照的天空都亮下_{起来}哩。
㉔ 机器犁的快，犁下_{出来}的地还好。
㉕ 她这候儿也高兴下_{起来}哩，欢乐下_{起来}哩。
㉖ 老乳牛下下_{下来,出来}哩个乳牛娃儿。
㉗ 学生们，把底下的几个话_字合成下_{出来}的名词写出来。
㉘ 裤子上的补丁也是将就补下_{上去}的。

㉙ 花谁都想揪，可舍不得，手没下<u>下</u>去。
㉚ 这个姑娘是拾<u>下</u>来的。

这种趋向补语，有时有引申义，表示开始或继续。例如：

㉛ （我得哩伤，在地下躺的呢，）我攒哩个劲，坐<u>下</u>起来哩，没心睡下无常。
㉜ 把这些话听见，他的头发根都端参_{直竖}<u>下</u>起来哩。
㉝ （家叫炸掉哩，）地方_{院落}但在单另处嚇，我的光阴啥巴_{也许}也单另<u>下</u>哩。
㉞ 说话的人悄静<u>下</u>下来哩 ｜ 他一下悄悄儿<u>下</u>哩。
㉟ 哥哥吼断_{吓阻}哩下儿，他悄悄儿的<u>下</u>哩。
㊱ 他一下就像不行哩，茶茶_{无精打采}的<u>下</u>起来哩。
㊲ 日头一阵儿赶一阵儿低<u>下</u>下去哩。
㊳ 野猪自己也四个蹄子朝上<u>下</u>起来哩。
㊴ "走，咱们把苇捆子拉上<u>下</u>_{起来走}"，他连我把一捆子苇子拉起来哩。
㊵ 鸭娃儿都跟的老鸭子只淹猛子的呢。有的光把头塞到水里头，半天子可就出来哩，有的连身子就淹上_{进去}<u>下</u>起来哩。
㊶ 这个干办_{行为，举动}叫客一起都不苏醒_{不明白，怀疑}<u>下</u>起来哩。

(3) 取代能愿动词，充当可能补语。"下"的意思和"能、会、可以"的意思相当，"（不+）下"充当可能补语，表示可能或不可能。例如：

㊷ 他来不<u>下</u>，我去<u>下</u>呢_{他不能来，我可以去。}
㊸ 一锄头挖不<u>下</u>个井_{一锄头不能挖个井}。
㊹ 要的是把书好好念<u>下</u>，甭怕把书念不<u>下</u>_{要的是能好好念书，不要怕不能念书。}
㊺ 舌头底下压不<u>下</u>话_{不能压话}，下雨廊檐底下避不<u>下</u>_{不能避雨}。
㊻ 财帛给人也给不<u>下</u>热闹_{钱财也不能给人带来热闹}。
㊼ 男人们都找不<u>下</u>活_{不能找到活}。

以上各例的"下"都可以用"能、会"等词代换，代换后按汉语普通话的语序排列，句子原意不变。

(4) 取代量词，充当动量补语或时量补语。

A. 取代动量词。单独或和"一"一起构成数量短语充当动量补语，表示动作的短暂或尝试。因为东干话中动词不能重叠，所以只能用这种方式表示。例如：

㊽ 我把院子看哩下儿。
㊾ 你把信念一下。

B. "下"和"一"构成"一下"，放在"有"后，充当时量补语，意思是"有一回、有一次、有时候"。例如：

㊿ 有一下我醉哩，他把我背回来哩。
㈤ 稻子有一下熟的早，有一下熟的迟。
㈤ 有一下，但如果疼起来，我的眼前就黑掉哩。

2. 表示动态

"下"能取代动态助词"着、了、过"，表示相应的动态。例如：

㈤ 人们头低下着做活的呢。
㈤ 他抻下着脖子红下着脸的，可又说哩一遍。
㈤ 那塔儿那里这候儿成下了文明地方哩。
㈤ 你看他瘦的成下了啥哩。
㈤ 回族人们把作下过难的光阴还没忘掉呢。
㈤ 我踏的是列宁踏下过的地面，我喝的是列宁喝下过的泉水。
㈤ 这个书是吉尔吉斯斯坦列斯普布利卡共和国的民人人民知识部准成核准下过的。

例㈤㈤"下"相当于"着"，表示动作"低""抻"正在进行和状态"红"在持续着。例㈤㈤"下"相当于"了"，表示动作"成"已实现。例㈤㈤㈤"下"相当于"过"，表示曾经发生过"作""踏""喝""准成"这样的动作。

3. "下"的适应性和局限性

"下"的适应性很强，它的前面可以是单音节的动词、形容词，如例①②"遇""开"、例⑲"大""小"；可以是双音节的动词、形容词，如例

④⑳"作造组合""害怕"、例㉕"高兴""欢乐";可以是双音节的动补式动词、三音节的特殊形容词,如例㉗㉙"合成""准成"、例㉑㉟"弯弯子""悄悄儿的";可以是介词短语、动补短语,如例㊳"朝上"、例㊵"淹上"。表示不可能时,还可以和它前面的"不"组合,如例㊺。这种广泛的适应性,促成了它对众多词语的取代作用,正像我们上面已列举的那样。

但是,它的取代作用越强,它的容量就越大,它的具体词汇义也就越虚化,对谓词和语境的依赖性也就越强。例如"这是打择收拾下的青货水果,请吃"。这个"打择下"的意思可能是下面的某一项:擦过的、洗干净的、剥过皮的。但究竟确指什么,需借助于语境才能确定。

(二)补语"掉"

"掉"做补语的特点是,一是组合能力极强,可以和单音节、双音节的谓词或谓词短语组合;二是常常取代若干相关词语,已泛化为这些词语的替代符号;三是它的泛化程度大于它的源头方言。

1. "谓词/谓词短语+掉"组合例示

(1)单音节谓词+掉。

A. 单音节动词+掉。例如:给掉交还,交给 | 斩掉处决,截短 | 打掉(用枪、剑)打死,枪杀 | 捎掉(颜色)退去 | 哭掉哭诉 | 看掉 | 输掉 | 烧掉 | 刁掉夺去 | 唱掉唱完 | 吆掉驱赶走 | 禁掉禁止。

B. "单音节形容词+掉"。例如:旧掉变旧 | 稀掉(渐渐)稀疏 | 斜掉歪 | 苦掉(发苦)发辣 | 少掉 | 锈掉。

(2)双音节谓词+掉。

A. 双音节动词+掉。例如:收拾掉 | 收就掉拿开,收拾起来 | 打择掉使干净 | 折割掉消灭 | 完成掉 | 瞒哄掉 | 瞒藏掉 | 灭亡掉 | 没有掉消失,失踪。

B. 双音节形容词+掉。例如:潮湿掉 | 醭气掉发霉 | 惯完习惯掉 | 富足掉发财,变富。

(3)动补短语/动宾短语+掉。例如:

搅混掉弄乱,搞错 | 搅乱掉凌乱,紊乱 | 抹脏掉 | 做湿掉 | 做坏掉 | 做弯掉 | 打倒掉取消,废除 | 走昏掉迷路 | 煮浓掉煮得过烂 | 打烂散掉跑散,逃窜 | 捎色掉褪色 | 不见面掉形象消失。

(4)AB(子)/AA子(形?名?)+掉。例如:

霉花掉发霉,霉烂起来 | 软瘫子掉失去活动能力 | 弯弯子掉对折起来;(身子)弯下去,折起来。

2. "谓词/谓词短语+掉"组合中"掉"的功能例释

(1) "掉"表示物体的下落、平移或状态的兴起等趋向,做趋向补语。请看例句。

① 纽子坠掉哩。
② 桌子上的油漆掉掉哩。
③ 我把脚布子缠掉哩。

以上三例的"掉"表示附着于某一基体的客体在脱离基体后而下落,和"下来"相当。

④ 他把连手_{朋友}领上照住汽车站走掉_去哩。
⑤ 大家接迎打兵上_{从部队上}放掉_{复原}回来的人去哩。
⑥ 喜鹊嘉啦啦的飞掉_{走、去}哩。
⑦ 悄悄儿的,贝佳_{人名},把鱼都惊掉_跑哩。

以上四例的"掉"表示它前面的谓语中心语所表示的动作的位置平移,和"回来""去""走""跑"相当。

⑧ 天气渐渐热掉_{起来}哩。
⑨ 她哭哩一晚夕_{一个晚上},嘴唇子都肿掉哩。
⑩ 光是_{只是}我的心太不好的很,但疼脱_{如果疼起来},眼前就黑掉哩。
⑪ 周围一下亮掉哩,太阳慢慢儿出来哩。
⑫ 到哩花开繁的洒落、俊美滩道呢_{原野里},娃们高兴的眼睛都绿掉哩。
⑬ 到没见过活物_{动物}的爱弟_{人名}上啥都是稀荏_{新鲜事}。看见羊群,他的眼睛都花掉哩。
⑭ 他跑买卖_{做生意}富足掉哩_{变富了}。
⑮ 今年秋天巴外_{格外}的富贵_{富饶},哪塔儿_{哪里}的高田_梨等水果都成作_{丰收}掉哩。

以上八例的谓语中心"热""肿""黑""亮""绿""花""富足""成作"都是形容词,"掉"表示它们所指的那些状态的兴起,和"起来"相当。

（2）"掉"表示动作的结束、物体的消失或状态的实现等结果，做结果补语。请看例句。

⑯ 一个月里头秆秆梢梢就能收割掉完。
⑰ 我说掉完哩，你再说。
⑱ 马蹄子踏下的窝上冰没冻掉住。
⑲ 把汽车叫几百男女卡尔霍兹家集体农庄庄员围掉住哩。
⑳ 今儿赶早早晨大众会上把我的泊兰计划准成掉哩核准过了。
㉑ 给麦子把头水也浇掉过，完哩。
㉒ 把地面叫水泡掉湿哩。
㉓ 冷子冰雹把果子打掉坏，烂哩。
㉔ 两样子面和掺和掉哩掺在一起了。
㉕ 把房隔掉开哩。

以上例子中的"掉"表示动作的结束，和"完""住""过""湿""坏""烂""开"或相关的介词短语"（掺）在一起"等相当。

㉖ 他把执巴（驾驶）执照失遗丢失掉哩。
㉗ 家呢攒下的一点儿钱，没投到一个月使唤掉完哩。
㉘ 蜡着掉完，光哩。
㉙ 我还当是你把我忘掉哩的呢。
㉚ 周围都悄悄儿的：纪念舍牺牲掉的军人们的呢。
㉛ 我爷仗上舍掉哩在战场上牺牲了，孳障可怜的我奶也无常掉哩，他们都完掉哩。
㉜ 他的父母完掉二年哩。
㉝ 把我的儿子叫法希斯特的兵打掉死哩。

以上八例中的"掉"表示附着于某一基体的客体在脱离基体后而消失，和"完""光""死"等相当。有时汉语没有相应的词对译。

㉞ 过哩四五天娃娃惯完习惯掉哩完全习惯了。
㉟ 她的眼绷的大睁着，就像傻掉哩。
㊱ 他耷耷儿几乎迟掉哩。
㊲ 他的眼睛麻掉看不见，也就十几年哩。

以上四例中的"掉"表示状态的实现。如例㉟表示"傻"的状态已经实现。但汉语普通话中这些句子的谓语中心语"习惯""傻""迟""麻"后面都不带补语,即说成"习惯了""傻了""迟了",因此,没有相应的词与其对译。

(3)"掉"用在"动+补/宾"短语后面,加深程度,强调已然性,做结果补语。请看例句。

㊳ 衫子压绌皱掉哩。
㊴ 巷子呢有三个巴士雅水塔呢,莫托尔发动机都掰坏掉哩。
㊵ 走乏掉,他们缓休息下哩。
㊶ 肉煮浓掉哩煮成糊状了。

以上四例中的"掉"都是对它前面补语所表示程度的又一次加深,同时又在强调这种程度的加深已成现实。如例㊶"浓掉"要比"浓"的程度更深些,且已成现实。

㊷ 衣裳掮色掉哩。

上例㊷"掉"用在动宾短语"掮色"后面,它的作用在于强调"掮色"的情况已成现实。以上例㊳到㊷中的"掉",汉语普通话中都不用,也没有相应的词与其对译。

(4)"掉"有时有构词作用。请看例句。

㊸ 馍馍霉花掉哩发霉了。
㊹ 夔叫木头弯弯子掉。

例㊸"霉花"就是"霉、霉层",指发霉的那种现象,是个名词,后面没有"掉"说成"馍馍霉花哩"不能成句。而且东干话中没有现成的动词"发霉"可用。例㊹如没有"掉"说成"夔叫木头弯弯子",也不能成句。上述两例中都出现相应的"掉",句子是稳妥的。

3. "谓词/谓词短语+掉"的发展倾向

(1)"掉"的词汇义已经泛化,成为句法结构补语位置上某些常用词语的替代符号。它的泛化的基本完成应是在19世纪70年代前,即东干族西迁前。这种状况和东干话的源头方言的现状应该是一致的,值得跟进研究。

(2)东干族西迁后130多年来,"掉"继续泛化。这表现在和它搭配的谓词语的结构、语义的扩大,以及它自身用法、语义的发展三个方面。

A. 和"掉"组合的谓词语的音节结构范围有扩大。东干话的源头方言中的"掉"一般不和"短语"组合,如不说"打倒掉"(动补短语+掉)、"不见面掉"(动宾短语+掉),而东干话却可以这样说,可见东干话中和"掉"组合的成分由词发展到了短语,范围有了扩大。

B. 和"掉"组合的谓词语的感情色彩义范围有扩大。以往和"掉"组合的谓词语一般是贬义的、中性的,如"烂掉""走掉",现在东干话中已开始向褒义色彩发展。这里所谓"褒义色彩"的谓词语,指下面三种情况。一是褒义词,如例⑭"富足",例⑮"成作",例㉚㉛"舍"(即"舍身牺牲",如东干谚语:好汉子舍到仗上,小人死到炕上)。二是表示兴奋情绪兴起的词,如例⑫"绿"、例⑬"花","绿"和"花"就是眼睛闪亮,神采奕奕,这种用法多见。三是委婉语用词,如例㉛中用"无常""完"代指"死"。据我们所知,上述三种褒义色彩的谓词语,在东干话的源头方言中还见不到。可见,东干话中和"掉"组合的谓词语的词义范围有了扩大。

C. "掉"的用法、语义有发展。这些发展是在它与它前面的谓词语共同互动中获得的,表现在以下两个方面。一是可表兴起义,以往它表示趋向时,多为"下落"义,如例①②③,现在它已向状态的"兴起"义发展,常用来取代"起来",如例⑧到⑮。二是可表褒义,以往它表状态变化时,多为好的状态向坏的状态变化,含有"不如意"的感情色彩义,如例⑨"肿掉"、例㉟"傻掉"等的"掉",现在由于上述它前面谓词语的三种褒义化倾向的萌发,使得这种情况下的它的"不如意"义也随之消失,否则,这种中补短语内部将会前后抵损,无法组合运用。而东干话的源头方言大抵还不这样说。据刘焱(2007)研究,在汉语普通话中,这种表积极变化的"掉",在几千条语料中也才只见到两例。可东干话"掉"本身的语用功能却有了较大发展。以上都是现在所知的,有待跟进探究。

(三)补语"脱""开""过"

1. 脱

"脱"可做趋向补语、结果补语或引申虚化为"开始"义做趋向补语。"动+脱"后偶尔带宾语。

(1)用在"动+脱(+哩)"中,做趋向补语。有如下三种情况。

A. 表示事物随动作而做平行方向的移动。谓语动词一般是"走、跑"。

句中一般带处所状语"（打……+）往……"。例如：

① 人们都往风船飞机跟前走脱哩。
② 他大步大步的往学堂呢学校里走脱哩。
③ 他们往回走脱哩。
④ 他二折拧返回走脱哩他返转身走回去/回来。
⑤ 娃们都往他跟前跑脱过去,过来,起来哩。
⑥ 丫头儿打妈妈跟前往达达爸爸跟前跑脱哩。
⑦ 爷爷颠颠子步儿小跑着往点呢指少先队集中地跑脱过来,过去,起来哩。
⑧ 咱们的兵都往我的汽车跟前跑脱过来哩。

这种用法很常见。它的特点是，"脱"大多都只能模糊地表示平移方向的"（过）来、（过）去｜（回）来、（回）去"，却无从判定是"（过）来、（回）来"还是"（过）去、（回）去"，因为说话人都是在客观地叙述例中动作的实施者的事，而这个动作的实施者和说话人是相向还是相背从例中无法知道。如例①到⑦。而像例⑧那样，是说话人在自叙经历从而使听话人能准确判定"脱"就是"过来"的情况，不是很多。"脱"有时还会引申为"开始"义，和"起来"相当，如例⑤⑦。

B. 表示事物随动作而做向下方向的移动。谓语动词是"落、倒倾泻、跌、放倒下、淌、坠、淹"等。这时，"脱"和"下来""下去"相当。例如：

⑨ 黄树叶儿落脱哩。
⑩ 白雨暴雨倒脱哩。
⑪ 贼星跌脱哩。
⑫ 大风刮开哩，树树儿往下放倒脱哩。
⑬ 不由自己的他的眼泪淌脱哩。
⑭ 海车儿娘打炕上往下□[vi]坐着向前向下移动脱哩。
⑮ 一个鸭娃儿慢慢儿往下淹脱下去哩，就像谁把它往下坠的呢。

C. 表示事物随动作而做向上方向的移动。谓语动词是"上"。这时，"脱"和"起来"相当。这种情况少见。例如：

⑯ 他个家自己打梯台儿往上上脱哩。

（2）用在"动（+不）+脱（+宾）（+哩）"中，做结果补语。谓语动词是"跑逃跑、搬、追追赶、躲、撒"等。"脱"在这里用的是本义"脱离、离开、走"。例如：

⑰ 看看守我们的人丢盹打盹儿的呢，我跑脱哩。
⑱ 反叛们叛徒把我撂下，也跑脱哩。
⑲ 那塔儿的人不爱我，打那塔儿我把家搬脱哩。
⑳ 连喊带打哨子的把羊追脱哩。
㉑ 邻家丫头嘴不住吃的青货水果，她但看见，赶紧走脱。
㉒ 你也要躲，也躲不脱。
㉓ 你但撒脱手松开手，他就到水里头耍去哩。
㉔ 娃们把苇子捆子揉上上去，过去把水路断脱掉，开哩。

（3）用在"动/形+脱（+宾）（+哩）"中，"脱"已引申虚化，表动作或性状的开始或继续，和"起来""下去""下来"相当，做趋向补语。常见的谓语动词或形容词是"笑、哭、问、说、念、看、喊、吼、叫唤、吃、找、打、拣、数、心疼、疼、缓、慌乱"等一大批。这种用法很常见。例如：

㉕ 他大声笑脱哩。
㉖ 把她吓的一下哭脱哩。
㉗ 等的心慌哩，他就细繁唠叨的问脱哩。
㉘ 说话的人悄下沉默哩，之后可又接上说脱哩。
㉙ 我缓过来可又把信念脱哩。
㉚ 把花书打开，翻的看脱哩。
㉛ 她连哭带嚷的吼脱哩。
㉜ 狗娃儿叫唤脱哩。
㉝ 两个雀雀儿都飞进来，吃脱哩。
㉞ 丫头们都起来，乱跑的找脱狗娃儿哩。
㉟ 雷响脱哩。
㊱ 他把我抱住心疼脱哩。
㊲ 有一下有时，心但疼脱，眼前就黑掉哩。
㊳ 妈妈听见达达来哩信一下缓脱放松下来哩。
㊴ 客人一进门，掌柜的当窝儿立刻忙百的慌乱脱哩。

上面例㉘㉙都是表示动作"说""念"在暂停后的接续或复起,这两例的"脱"和"下去""起来"相当。例㊳的"脱"和"下来"相当。其余各例的"脱"都和"起来"相当。例㉞"找脱"后带宾语"狗娃儿",这种情况很少见。

2. 开

"开"出现在"动/形+开(+宾)+哩(+后续句)"中,多做趋向补语,有时也做结果补语。分述如下。

(1) 做趋向补语,有两种用法。

A. 表示动作或性状的开始,和"起来"相当。常见的谓语动词或形容词是"笑、写、挨、战、响、刮、吃、淹、拾掇、睁、急躁"等。例如:

① 普希金笑开哩,太拉连_{吸引}人的很。
② 写开底下的段儿_{句子}哩,把一切动词号下_{划出来}。
③ 人都挨开饿哩。
④ 我的手都战_{抖动}开哩。
⑤ 天气变哩,响开雷哩,雨也下开哩。
⑥ 娃们吃开吃的哩。
⑦ 他拾掇开汽车哩。
⑧ 淹猛子开哩,头先下去呢。
⑨ 毛姐的病往前来_{往好的方面发展}开哩。
⑩ 他胖的连猪一样,走开哩,闪的就连姜猪一样。
⑪ 我急躁开哩。

有时,"开"还出现在"出来"后面。例如:

⑫ 春天到哩,渠呢的水淌开哩,绿草草出来开哩。

B. 表示动作或性状在终止后的延续,和"下来"相当。例如:

⑬ 他胖的连猪一样,走开哩,闪的就连猪一样,停开哩——你就夏问。

(2) 做结果补语。例如：

⑭ 他把狗放开哩。
⑮ 我把汽车门门儿开开, 叫他坐下走脱哩。

3. 过

"过"有时是趋向补语"过来""过去"的省略, 有时只笼统地表示一种结果, 和"掉"相当。

(1) 做趋向补语, 是"过来""过去"的省略。请看例句。

① 敌人把我朝头上打哩一枪把。咱们的兵把我搀上走脱哩。我晕过_{清醒过来}, 他们给我悄悄儿说的："高低_{千万要}跌倒哩。不哩, 把你打死呢。"
② 光是_{只是}头疼的, 就像憋烂哩, 我晕过哩_{晕过去了}, 不知道哩。

(2) 做结果补语, 和"掉""完""除去"相当。请看例句。

③ 海车儿_{女人名}高兴的, 脸上颜色一下都变过_{变掉, 变完}哩。
④ 他拿枪把我瞄上哩, 可是第二个唸巴_{可能是耶夫列依陶尔}_{上等兵}, 喊哩一声, 把他掀过_{推到一边}, 到我跟前哩。
⑤ 借_凭着忍耐连和喜爱功苦_{劳动}的禀性, 我们把啥都能免过_{免除, 克服}。
⑥ 我们把路上的一切挡挂_{阻碍}都能免过。
⑦ 病能治好, 无常躲不过_{躲不掉}。
⑧ 他把这个事情忘过哩。

（四）名词状语

名词做状语是东干话状语的一个特点。这些名词, 前面都应该有介词, 可是介词没有出现。有以下五种情况。

1. 有的是名词前应该出现介词"到", 可是只出现了表示处所的名词或方位词

请看例句。

① 你们仗上_{战场}上去, 把我的男人找着。
② 哪塔儿丢掉哩, 那塔儿_{那里}找。

据我们的观察,介词短语"到+名处"大多做补语,较少出现在状语的位置上。这个位置上的状语一般由"在/走+名处"兼任,而且谓语中心语也多由"来、去"充当,如"你在到哪塔儿去呢? | 把你妈领上走到我们家呢去"。由此可知,这是由"到"的功能缺失造成的。

2. 表示对象的状语一般采用"到+名词性词语+上"的格式,如下例③;但格式中的"到"字也可以不出现,这就产生了一些表对象的名词状语,如下例④到⑦。

③ <u>到你上</u>对你来说,咋么价好哩,就那么价说去。
④ 你要哪个号数的钥匙呢?我给你取,一个手找去用一只手去找<u>你上</u>难些儿。
⑤ 汆丫头,娃娃园子呢幼儿园把谁你们爱?<u>你们上</u>谁好?
⑥ 步行走起,<u>他上</u>吃力吧?
⑦ 把我的苦曲子,穷人爱听,我的曲子<u>他上</u>亲,就像母亲。

3. 有的是名词前应该出现介词"在",可是也只出现了表示处所的名词或方位词

请看例句。

⑧ <u>哪塔儿</u>哪里丢掉哩,那塔儿找。
⑨ 我把你毙枪枪毙呢。这儿屋里不方便,走到院子呢里,<u>那塔儿你上</u>天去。
⑩ 把得哩重伤走不动的人<u>路上</u>就打死哩。
⑪ 他的达达父亲当的领首领导,<u>家户呢</u>农庄里他也有脸面。
⑫ 老汉紧赶赶紧给儿子<u>城上</u>买哩一处地方。

以上五例都是应由表示静态存在的"在+名处"充当状语的,如"麻雀儿在树上垫哩个窝儿",而这里的处所状语都由处所名词或方位词充当,是省略了介词"在",不是功能缺失。

有时名词前该出现的介词是"在"或"到",可是也只出现了处所名词。例如:

⑬ 学堂是得知识的窝儿_{地方}，那塔儿要好好的呢，要规矩呢。
⑭ 娃们面善，把娘老子当人。书上_{对学习，在学习上也}上前，活上_{对工作，工作上也}不撒懒。

上例⑬"那塔儿"是个处所状语，前面省略了"在"或"到"。例⑭"书上""活上"如果理解成对象状语，那就是省略了"到"；如果理解成处所状语，那就是省略了"在"。

4. 还有一种情况是名词前应该出现介词"拿/用"，由"拿/用+名"构成表示工具的状语，可是没有这样做，而是改用名词性短语充当方式状语

请看例句。

⑮ 四个母音字_{韵母}两个价_{用两个字母给音}构成复元音的呢。

这个例句的意思是说，东干话中有四个韵母是用两个字母构成的复元音韵母。"两个价"是方式状语。

5. 在连动句中，趋向动词"来、去"总是出现在其他动词之后，这也是形成某些名词状语的一种原因

请看例句。

⑯ （打电话时，远方的人说）你我们这塔儿_{这里}浪玩来。
⑰ 那塔儿热的，你们棚底下要来。
⑱ 你们远处儿耍去哩。

例⑯中的处所名词短语"我们这塔儿"充当了状语，"浪"和"来"是连动关系，"来"在"浪"后。可是汉语普通话中却应这样表达，"你来我们这儿玩呀"。其中"来我们这儿"和"玩"是连动关系，"来"位于"玩"之前，"我们这儿"是"来"的宾语。这就是说，句中不存在名词状语。例⑰⑱也是同理。可见，东干话连动句中趋向动词"来、去"的后置是产生某些名词状语的原因之一。

（五）动词状语

动词做状语是东干话状语的一大特点。这种状语都是动词后带标记"的"，中心语都是动词，和汉语普通话存在较大差异。从它的作用或和谓

217

语中心语的语义关系来看,大体有以下三种情况。

1. 做方式状语

汉语普通话中也有这种状语。例如:

① 房子里来哩客哩,碎小娃们不敢<u>跳弹</u>的耍哩。
② 大儿子账算_{数学}上如[və]_{如意,好}的很,报上把他也<u>写</u>的夸过。
③ 把娃娃领上在满院子<u>走转</u>的浪玩哩。
④ 他的儿子<u>游转</u>的回来哩。
⑤ 鸡娃子<u>撵</u>的吃曲蟮的呢。
⑥ 他把该账的人<u>写</u>的记下哩。
⑦ 我们把对头_{敌人}<u>打</u>的追掉哩。
⑧ 学生们,你们把底下的话根_{词根}<u>誊</u>的写出来。
⑨ 娃们<u>跑</u>的<u>游戏</u>的耍的呢。

这种状语和汉语普通话中的同类状语相类似。它有如下特点,一是它的作用都是在突显中心语动词动作的方式或特点,如例①"跳弹"是娃们"耍"的方式或特点,例②"写"是报纸对他"夸"的方式或特点,例⑧"誊"就是"抄写",是照着原文写下来,不是汉语中的因原稿脏乱的誊清,因此"誊"也是"写"的方式或特点。二是它一般是描写性状语,如例①"跳弹"、例⑤"撵"、例⑦"打",都是对中心语动作的方式或特点进行描写,有时也可以是限制性的,如例②⑥"写",就都是对中心语的范围的语义类型进行概括划分。三是有的中心语如例⑨"耍",还带有"跑""游戏"两个状语,是从不同侧面突显中心语动作"耍"的方式或特点的多样性。

2. 做中心状语

汉语普通话中没有这种状语。例如:

⑩ 开哩春哩,户家们一天成几遍价<u>察看</u>的看哩自己的特拉克托尔_{拖拉机}哩。
⑪ 他也拿眼旮旯_{眼角}<u>撒</u>扫视的望的呢_{用眼角扫视着}。
⑫ 待说的正要说时,他把住位_{约束住自己},<u>瞅</u>_{集中视线}的看哩下。
⑬ 他把我们<u>瞅</u>的望哩下儿,可说脱哩又说开了。
⑭ 他把灯笼提起放下的,对住鸡圈_{鸡窝}<u>刮搜</u>_{搜寻}的看哩几遍,啥也没

有的。
⑮ 我把他<u>埋怨</u>的骂哩。
⑯ 海车儿把碗碗盏盏都<u>洗</u>的打择哩。
⑰ 你<u>歇缓</u>的睡下。

这种状语和汉语普通话差异很大。它有如下特点，一是它和它的中心语在语义上是一对近义词，有着共同义素。如例⑫"瞅"和"看"，都有"使视线接触"的意思，例⑮"埋怨"和"骂"，都有"对某人某事表示不满"的意思。这造成了表达上的重复。二是它对它的中心语实施着增删制约。这是为了突显状语的语义，并避免表达上的雷同。所谓增，就是用作状语的动词总是在它和它的中心语共有的共同义素之外，比它的中心语尽量多出新的义素，使状语内涵进一步精细。如例⑩到⑭，和中心语"看、望"对应的状语"察看"新增了义素"仔细看"，"撒"新增了义素"扫视"，"瞅"新增了义素"集中视线"，"刮搜"新增了义素"搜寻"等。所谓删，就是用作状语的动词总是以它的内涵为准，匡正删除着中心语中起干扰作用的冗余信息，使它的多义项具体化、单一化。如例⑮中心语"骂"有两个义项，即"用粗野或恶意的话侮辱人"和"斥责，用严厉的语言指出别人的错误或罪行"，而用作状语的"埋怨"的意思是"因为事情不如意，而对自己认为原因所在的人或事物表示不满"。可见，状语"埋怨"和中心语"骂"的"斥责"义项相当，因此，例中用它做状语实际上就是对中心语"骂"的"斥责"义项做了选定，而对另一义项做了删除，使状语的语义得到落实。例⑯的中心语"打择"是个方言词，它大体有两个义项，即"打扫、收拾"和"洗刷"。例中状语用"洗"，也就是告诉了我们它已选定"洗刷"义项。例⑰的中心语"睡"也有两个义项，即"睡觉"和"指休息的方式，即躺下来"，而这里实际上是以事物的特征代指事物，即以"休息的方式"代指"休息"。可见，状语"歇缓"和中心语"睡"的"休息的方式"义项也相当。因此，例中用它做状语也就是告诉了我们它已选定了"休息的方式"义项。三是它是句中谓语部分"状+中"短语的语义主旨或核心。这是在它对它的中心语实施增删制约的过程中渐渐形成的。它在句中不可删去，删去后会改变句子原义，而保留它删去中心语后，句子不改变原义。这在比较以下原例后不难看出。原例⑩"户家们……察看的看哩……"，删去"察看"后意思变成一般地"看"，显然有失原义，而保留"察看"删去中心语"看"说成"户家们……察看哩……"仍是句子的本义。原例⑮"我把他埋怨的骂哩"，删去"埋怨"后意思变成一般地"骂"，所指义项不清，失去原义，而保留"埋怨"删去中心语"骂"说成"我把他埋怨哩"仍是句子的本义。可见，它虽处在"状+中"之中"状"的位置上，实际上已把中心语取而代之。因此，可名为"中心状语"。四是它一般是限制性状语，有的兼有描写性。如例⑩到⑭"察看""撒""瞅""刮搜"都是对"看"的范围的语义类别进行划分，同时也是对"看"的不同语义类别的情状特点的具体描绘。

3. 做形式状语

汉语普通话中也没有这种状语。例如：

⑱ 把这个板<u>别</u>的撬下来哩。
⑲ 鸽子把黄豆一满_{全，都}<u>鸽</u>的叨掉哩。
⑳ 把吃的往桌子上一碗一碗<u>放</u>的搁的呢。
㉑ 两岁的车儿_{女孩名}在热炕上<u>耍</u>的过姑娘儿_{玩玩具娃娃}的呢。
㉒ 丫头儿在车车儿上坐的<u>着</u>过玩姑娘儿_{玩具娃娃}的呢。
㉓ 你们过玩开姑娘儿哩，嫑打槌<u>别</u>_{打架}。
㉔ 为发展出产_{产品}要往大呢<u>续</u>的接呢。
㉕ 把绳头子<u>烧</u>的燎一下。
㉖ "你嫑哭哩"，海车儿娘娘_{姨母}把她<u>搞</u>的劝说哩。
㉗ 他把窗子<u>拾掇</u>的安上哩。

这种状语和汉语普通话差异也很大。它具有如下特点，一是它和它的中心语在语义上是一对等义词。如例⑱"别"和"撬"，都是"把棍棒或刀、锥等的一头插入缝或孔中，用力扳（或压）另一头"的意思；例⑲"鸽"和"叨"，都是"尖嘴的鸟啄食"的意思；例⑳"放"和"搁"，都是"使处于一定的位置"的意思；例㉑"耍"和"过"，都是"使自己精神愉快的活动"，即"玩耍"的意思，这从例㉒㉓两例中"过"的"玩耍"义可以得到证实；例㉔"续"和"接"，都是"使（生产）连接延续"的意思；例㉕"烧"和"燎"，都是"使着火"的意思；例㉖比较特殊，状语"搞"原指"用言语或行动使小孩高兴、听从"，中心语"劝说"是"拿道理说服人，使人听从"，可是根据语境可知，劝人者"海车儿"已是老太太，被劝者"她"是海车儿的姐姐，都不是小孩，也不是戏谑的话，由此推测，这里的"搞"已不是原指对小孩的言行，而是说话人已把它当作"劝说"的等义词在使用了，也许是再找不到更好的词，也许是误用；例㉗"拾掇"和"安"，也是同理。二是它是个形式状语。它和中心语是等义词，虽在语义上没有对中心语增添什么内容，可是在句法成分上却占据了一个位置。因此，可名为"形式状语"。三是它应是一种准描写性状语。它的作用是使它所在的这个小类的谓语部分的"状+中"短语能够成立；同时，也是为了和方式状语、中心状语两个小类的谓语部分的同类短语在结构、语气上相呼应，相谐调，保持整体一致。它是类化的结果。

（六）代动词"做"

"做"，音[tsu]，去声。它有两种用法，一是做动词，可带名词宾语，和汉语普通话相同，如：做买卖、做梦、做活、做饭。有时和汉语普通话的"进行"相当，可带动词宾语，如："法丽达，你们的大学呢回族斯图坚特_{大学生}多么少？你们<u>做来往</u>的呢没有？""我们常常遇面的呢，一家给一家给帮助的呢。"｜贵重念家_{读者}们，若要叫咱们的《回民报》红火，它的材料富足，请你们连报<u>做联系</u>，把你们地方上的事由儿_{情况}给我们写的来｜我们还连你们做嫡来往呢。二是做代动词，和"弄""搞"相当，这时它后面必须而且只能带补语。这和它的源头方言如汉语兰州话大体相同，汉语兰州话的"做"还能取代形容词，这在东干话中尚未见到。下面谈这种代动词的用法。

1. 常见的"做+补"组合例示

"做+动"。例如：做住｜做掉｜做倒｜做灭｜做死。

"做+形"。"形"可以是单音节词、双音节词或短语（前带"的"或不带"的"）。例如：做薄｜做软｜做稳｜做干｜做贵｜做乖｜做端｜做短｜做长｜做平｜做展｜做热｜做脏｜做亮｜做乱｜做湿｜做稀｜做细｜做弯｜做便宜_{准备停当，安排好}｜做的细尕尕的｜做干干儿的。

2. "做+补"例释

① 两个人三喝四喝喝醉哩，把钱<u>做</u>花完哩。
② 特拉克托尔_{拖拉机}把地犁哩，拿铁耙拉的<u>做</u>耙平哩，再往地呢撒籽儿呢。
③ 叫马的汗气把早晨的干净气色_{空气}都<u>做</u>污染臭哩。
④ 她把腿杆子<u>做</u>_{捆，绑}的细尕尕的，就连耍把戏的人翻跟头的一样。
⑤ 丫头把眼睛<u>做</u>哩个缝缝儿，失眯儿来笑的对住他望哩下儿。
⑥ 他把嘴唇<u>做</u>的战抖抖的说的呢。

3. "做"的泛化和语境制约

代动词"做"具有较强的取代作用,能取代不少动词,并承担这些动词的语义、语法作用。如上例①它取代"花费",做谓语中心;例②它取代"耙",做谓语中心;例③它取代"污染",做谓语中心;例④它取代"捆、绑",做谓语中心;例⑤它取代"睬",做谓语中心。从道理上说,只要是"动+补"中的"动",它应该都能取代,可实际上并非如此。例如"冷子把树上的果子打坏哩"这句话中用"打坏",而不说"做坏"。也就是说,用不用"做"取代某个动词还有因人而异的使用习惯因素在内。但总的看,它仍取代了不少动词,是个泛化程度较高的代动词。

而且,有时"做"还能超前取代,这更有利于弥补动词在应用时的不足。如例⑥"把嘴唇做的战抖抖的"中的"战抖抖的"是情态补语,那么,是哪个动词致使嘴唇儿发生"战抖抖的"的情态呢?可能说话人不知道,也可能没有这个词,而现在却需要这个词,怎么办?这时用"做"取代就很合适。

一般地说,用法泛化的词都受它所在句子的语境的制约,即它所表示的词汇义有赖于它所在句子的语境,脱离句子,便不知其所云。代动词"做"也是如此。例如前面列举的二十几个常见的"做+补"短语,由于它们离开了原来所在的句子,所以短语中的"做"究竟取代的是哪个动词,大多都是朦胧的、模糊的,不易确定。这是因为,尽管补语可能会由同一个词充当,而致使这个补语形成的动词却往往不止一个。例如动补短语"做死"中补语"死"的致使动词可能是"打、杀、砸、淹、捂、砍"等中的一个,它们全可由"做"取代,但离开句子便无法确知它具体取代了哪个词。而例①到④"做完"等四个"做+补"短语中的"做"由于它们出现在句中,我们便能很容易地知道它们所取代的动词。可见某个词泛化程度越高,它的词汇义越虚泛游移,对语境的依赖性也越大。

(七)"上"字的用法

"上"字在东干话中是个常用词。它多用在谓语动词后做补语或表示动态正在进行,这时的"上"是泛化的动词或动态助词。它还常用在名词后表示方位,这时的"上"是方位词。分述如下。

1. "上"用在谓语动词后做趋向补语、结果补语或处所补语

(1)做趋向补语,出现在单句或复句的分句的谓语动词后。有如下三种情况。

A. 表示事物随动作而做向上方向的移动。谓语动词是"拿、抱、提、

搭、盖、骑、瞄"。"上"和"起来""上去"相当。请看例句。

① 我把盅子拿<u>上</u>，两口就喝上哩。
② 他打爷爷的手呢把鱼拿<u>上</u>，细细的望下哩。
③ 娃娃趴下哭脱哩，达达_{爸爸}把娃娃抱<u>上</u>搞_{哄劝}的呢。
④ 他把缸缸儿提<u>上</u>，把花儿浇脱哩。
⑤ 把梯架_{梯子}搭<u>上</u>，把果子揪掉去嘛。
⑥ 把火着掉的房子从_{重新}盖<u>上</u>哩。
⑦ 阿爷的白马孙子骑不<u>上</u>，阿爷但说"跪下，叫我的孙子骑<u>上</u>"，它就跪下哩。
⑧ 儿娃子把木头枪拿过来，照住树上的老鸹瞄<u>上</u>哩。

B. 表示事物随动作而做平行方向的移动。谓语动词是"写、给、抱、收、跟、揉"等。"上"和"出来""来""过去"等相当。请看例句。

⑨ 把底下的话誊的写<u>上</u>。
⑩ 她把爷爷带奶奶问住哩，他们给不<u>上</u>回答哩。
⑪ 海麦儿，你可又把哪呢的狗娃儿抱<u>上</u>来哩？快撂出去。
⑫ 你收<u>上</u>_{收集}来这些板带棒都做啥呢？
⑬ 他不想来，没法儿哩，也跟<u>上</u>来哩。
⑭ 娃们把苇捆子揉<u>上</u>_{过去}，上去把水路断脱哩。

C. 表示事物随动作而做向下方向的移动。谓语动词是"吃、喝、添、倒、淹、摘"。"上"和"下去""进去""下来"相当。请看例句。

⑮ 绿葡萄吃<u>上</u>，牙倒掉呢。
⑯ 为我们的得胜_{胜利}，你（把酒）喝<u>上</u>。
⑰ 给槽里头把草添<u>上</u>。
⑱ 你给壶呢把水倒<u>上</u>。
⑲ 鸭娃儿都跟的老鸭子只淹猛子的呢。有的光把头塞到水里头，半天子可就出来哩，有的连身子就淹<u>上</u>_{下去}，_{进去}下_{起来}哩。
⑳ 我想把那个花儿摘<u>上</u>呢。

(2) 做结果补语，主要出现在单句或复句的分句的谓语动词后，有时也出现在连动句的前一个动词V₁后。谓语动词是"吃、揪、夺、接、得、搂、找、帮、收就收拾、打、逮、喝、泡、瞄、下、刁抢夺"。"上"和"完、光、到、着、走、掉、住、好、妥当、准"等相当。请看例句。

㉑ 你把路数办法找上到哩吗？

㉒ 我把好价关好成绩能得上到。

㉓ 法希斯特把我的靴子夺上走哩。

㉔ 他把树的顶高头的果子都揪上到，着哩。

㉕ 一回他们（把鱼）没逮上住，到。

㉖ 它把咱们的一个鸭娃儿吃上掉哩。

㉗ （你放心）这个忙我一定帮上成，到呢。

㉘ 师娘女教师高兴的把礼信礼品接上住哩。

㉙ 快走，雨来哩，把咱们就泡上淋湿哩。

㉚ 你往里，这塔儿这里雨下上呢。

㉛ 葡萄架高的很，狐子吃不上到葡萄。

㉜ 骆驼跑的来，把麦子都吃上完，光哩。

㉝ 狗娃儿把馍馍没吃上完，才吃哩半个儿。

㉞ 一个儿娃子男孩把毛姐儿女孩名的鸽娃子一把刁上夺走，放开哩。

㉟ 他给马把鞍子鞴上好，妥当，骑上走掉哩。

㊱ 我把枪瞄上准，把牙子火枪的扳机捏哩下。

㊲ 你（把要带的东西）收就收拾。收就上好，妥当哩，喝去。

㊳ 他把酸米一种野生植物的浆果，很酸揪上到，着，往回走的呢。

㊴ 走野牲园动物园呢去的那天，姊妹两个儿高兴的自己都收就上收拾好站到门上等下哩。

㊵ 老汉把玛莎搂上住心疼的说的："真个，你也是我的孙女。"

上面例㉑到㉘"上"用在单句的谓语动词后，例㉙到㊳"上"用在复句的前分句或后分句的谓语动词后，例㊴㊵"上"用在连动句的第一个谓语动词V₁后。

(3) 做处所补语，出现在单句、复句的分句的谓语动词后或连动句的第一个谓语动词V₁后。请看例句。

㊶ 姐姐，叫我把狗娃儿也背上背到身上嘛。

224

㊷ 老汉把钩达儿钓鱼钩下上放到水里，定定儿静静地照住漂子鱼漂望下哩。

㊸ 她不会走，爷爷一天把她抱上抱到怀里哪塔儿都到去的呢。

㊹ 奶奶待说的一边说着把花儿漂上插到水瓶里端上着进去哩。

㊺ 他矢快走到跟前就把狗娃儿抱上抱到怀里哩。

㊻ 马乃说的着把鱼一抱子抱到怀呢哩。

上面例㊶到㊺“上”都表示事物随动作而到达的终点，这个终点在汉语普通话中都应是由介词短语表示的处所，即“上”=“介到+名处+里/上”。由此可以看出“上”的简洁性。可能正是这个原因，我们很少看到像例㊻“抱到怀呢”那样的表述，而多用像例㊺“抱上”这样的表述。当然，由于“上”的语义泛化，说它在上述几例中是表示动态（如说例㊸“抱上”是“抱着”）或表示结果（如说例㊺“抱上”是“抱住”），也可以。

2. “上”用在句中连谓谓语的第一个谓语动词V_1或复句的前分句的谓语动词后，表示动作正在进行或状态正在持续，和“着”相当

常见的带“上”的动词、形容词是“跟、掉、提、领、跳、笑、抱、喊、骑、迎、唱、拿、喧聊天、龇、奓、跑、吆、拉、接、飞、送、走、滚、耷拉、高兴”。带“上”的谓词表示后一动作的情态或方式。从谓语动词V_1、V_2的特点来看，可分为如下四种情况。

（1）带“上”的谓语动词是“跟”，“上”用在单句的连动谓语的V_1后，格式是“V_1（跟）+上+宾+VP”。目前没有见到不带宾语的例句。请看例句。

㊼ 我也跟上阿爷走呢。

㊽ 他跟上我达走哩。

㊾ 碎小萨里玛小孩名今儿跟上姐姐浪滩到原野里玩去呢。

㊿ 小伙儿，今儿你跟上我走稻地呢。

(51) 他们猜谋的，这是稻地呢的鱼秋呢跟上水下来的。

（2）带“上”的谓语动词是“掉”，“上”用在复句的前分句的动词V_1“掉”后，格式是“V_1（掉）+上，+VP”。请看例句。

(52) 两个丫头眼泪掉上，拾快走到奶奶跟前哭脱哩。

(53) 丫头儿眼泪掉上，把脸捂住，可就哭去哩。

(54) 丫头把头抬起来，眼泪掉上把妈妈望哩下儿。

（3）V_2是趋向动词或“走”，“上”用在连动谓语的V_1后，格式是“V_1+上+趋向动词/走（+补语）”。请看例句。

(55) 这呢散哩学，我把你送上去哩。
(56) 他提哩一缸子水，斜斜子走上来哩。
(57) 我把头一带，刀子打我的下巴子带和脸上掠上过削过去哩。
(58) 斑鸽子看的窗子开下哩，扑碌碌的飞上出哩。
(59) 我打从坑坑子呢滚出来，打往河沿上的崖坎呢滚上下哩。
(60) 一个跟的一个打讲堂呢跑上出去哩。
(61) 把缸子拿上，他跑上进去哩。
(62) 两个儿呢高高兴兴的跑上出来嘛，马驹儿不见哩。
(63) 他雇哩个汽车把两个孙女儿拉上回去哩。
(64) 风船飞机头朝西飞上走掉哩。
(65) 燕鸡儿飞上走掉哩。
(66) 他把儿子送上走掉哩。
(67) 路不远，我们走上走。
(68) 他把儿子领上走哩。

上面例(55)到(63)“上”用在“V_1+上+趋向动词”中，例(64)到(68)“上”用在“V_1+上+走（+补）”中。“上”所在的这类连动谓语与汉语普通话差异很大。在东干话中，由于“上着”的出现，上述连动谓语中带“上”的V_1表示后一动作V_2的情态或方式，V_1、V_2仍是连动关系。在汉语普通话中，通常情况下，上述连动谓语中V_1后不带动态助词“着”，而V_1“送、走、跑、拉、飞”等又都是动作类动词，很容易使V_2“趋向动词/走”成为自己移动的趋向（如“跑进去”）或动作的结果（如“领走了”），也就是说，“V_1+V_2”已由连动关系变成“动+补”关系了。

（4）带“上”的是一般常见的谓语动词和个别形容词。“上”用在单句和复句的连谓谓语的第一个谓语动词V_1后，或复句的前分句的谓语动词后。请看例句。

(69) 冬老爷圣诞老人喊上进来哩。
(70) 他们喧闲聊上打房顶子上下来哩。
(71) 赶早早上阿达把马骑上走哩活上哩。

(72) 我把你们领上走场上浪玩走。

(73) 一个鹌鹑膀子耷拉上跑的呢。

(74) 那个兔子跑上走掉哩。

(75) 敌人把我们吆上驱赶着走脱哩。

(76) 乳牛尾巴奓上满巷子跑的呢。

(77) 诗：高兴的唱上都上工。

(78) 他能叫连带着忧愁来的人笑上走。

(79) 他笑上打门呢出去走掉哩。

(80) 野猪的两个前牙龇上，照住我走哩几步。

(81) 一个羊羔看见他，迎上来哩。

(82) 说话的人悄下哩静默了，之后可又接上说脱哩。

(83) 诗：新年，我的新年，你高兴上到来哩，姑娘一般。

上面例(69)到(79)“上”用在单句的连谓谓语的第一个谓语动词V_1后，例(80)到(82)“上”用在复句的分句的连谓谓语的第一个谓语动词V_1或前分句的谓语动词后，例(83)“上”用在形容词后。

3. “上”的同义成分和模糊成分

(1) 同义成分。

东干话中有的词，由于和“上”处在相同的句法位置上，而所取代的词也和“上”相当，这时，它和“上”就成了同义成分。有以下几种情况。

A.“上”=“的”=“起来”。请看例句。

(84) a.去把院子呢的馍馍渣儿都拾上起来喂给鸡娃儿去。

b.路上但看见馍馍渣儿紧赶赶紧拾的起来，叫雀雀儿吃去。

(85) a.大狼想达也许打食去哩——我把狼娃子拿上起来走脱哩。

b.姐姐把狗娃儿拿起来，搁到兄弟的腔子上怀里哩。

上面例(84)a、b两例中的“上”“的”同义，都做趋向补语，取代的都是汉语普通话中的“起来”。例(85)a、b两例中是同一动词“拿”，a中的“拿”后用“上”做补语，b中的“拿”后用“起来”做补语，更说明“上”=“起来”。可见，“上”“的”承担了“起来”的一部分任务。

B.“上”=“的”=“着”。请看例句。

(86) a.她跟上着姐姐也回哩家哩。

b.一个恶狼迎的着他来哩。

(87) a.他也跟上着兄弟跑的呢。

b.鸭娃儿都跟的着老鸭子淹猛子的呢。

上面两例的a、b例句都是连动句,“上”“的”出现在第一个谓语动词V_1“跟”“迎”后,取代的都是汉语普通话中的动态助词“着”,“动词V_1+上/的”后面都带宾语,带“上”“的”的动词表示后一动作的方式。

C.“上”=“下”=趋向补语/结果补语。请看例句。

(88) a.学生们,给段儿句子里头把撇舍逗号打上打出来。

b.你们把主语号下划出来,把状语也号下划出来。

(89) a.他们念上那些书做啥呢?

b.念下书做啥呢,把脸皮子都念厚哩。

上面例(88)“上”“下”同义,都做趋向补语,取代的都是汉语普通话中的“出来”。“上”“下”分担了“出来”的一部分用法。例(89)“上”“下”也同义,都做结果补语。

D.“上”=“的”=音节符号。例如:

(90) 一个儿娃子男孩打树趟子林荫道呢跳的着走上来,到我跟前,坐到板凳上哩。

(91) a.“走,咱们把苇捆子拉上下起来走”,他连和爱弟儿把一捆子苇子拉起来哩。

b.结的苹果也不多,多的落上下哩大多已落下来。

(92) 把学生们一下都叫的来!

(93) 她这候儿也跑的回来哩。

上面例(91)a中“咱们把苇捆子拉上下走”,意思是“咱们把苇捆子拉起来,走!”“拉上下”中的“下”字,是用来取代“起来”的,这种用法在东干话中极为常见,同时也有该例后一分句“把一捆子苇子拉起来哩”中的“起来”可证。b中“落上下”的“下”是“下来”。(参见本章中的“‘下’字的用法”部分)这里,我们要讨论的是例(90)(91)“走上来”“拉上下”“落上下”中的“上”字,它有以下几点值得注意。一是这个“上”字和例(92)(93)“叫的来""跑的回来"中的"的"字同义,都只是个音节符号,没有词汇义,它们主要用在动词和单音节趋向动词之间,像例⑨⑨⑨那样,而像例⑨中用双音节词"回来"的情况很少见。动词与趋向补语之间以"的"字最为常见,"上"只是偶尔使用,可看作变体。二是"上""的"夹在动词和单音节趋向动词之间,目的是补足音节空当,使语句节奏和谐。三是该格式应是近代汉语中"动词+将+趋向动词"格式的传承和演变。(参见本章中的"'的'字的用法"部分)

(2)模糊成分。

"上"是个模糊成分,有以下几种情况。

A."上"所在的句法位置在汉语普通话中是个多种成分共用的句法位置点,这致使"上"的词义更加虚泛游移,听话人无法判定它所取代的是哪类成分的哪个词。请看例句。

⑭ (装扮成"狼"的男孩对装扮成"兔子"的女孩说:)"兔子呀,我把你吃上掉,下去、进去,到肚里呢吗?!"

⑮ 他把猫娃儿抱上着,起来,到怀里坐下哩。

⑯ "哎哟,把狗娃子吃剩下的馍馍你们可又吃上掉,下去、进去哩吗?"

⑰ 鸽子吃食去哩,丫头儿把它逮住抱上走,起来哩。

⑱ 上树雕儿松鼠可又打树上下来,把第二个核桃也打儿娃子男孩手呢拿上起来,抱上着,到怀里上哩树哩。

⑲ 待说的正说时儿子把墙上挂的弓带箭拿上下来跑上着出去哩。

上面例⑭到⑰"上"都游移在几个成分之间。例⑭"上"可能是结果补语"掉",也可能是趋向补语"下去、进去"或处所补语"到肚里"。例⑮"上"可能是动态助词"着",也可能是趋向补语"起来"或处所补语"到怀里"。例⑯⑰"上"也同样可身兼数职。而例⑱"拿上"的"上",因为"拿"前有处所状语"打儿娃子手呢"限制,它只能取代"起来",而后分句"抱上"的"上"就仍存在游移,说它是动态助词"着"或处所补语"到怀里"都可以。例⑲也是同理,"拿上"的"上"只能取代"下来",而"跑上"的"上"就仍存在游移,说它是动态助词"着"可以,说它是夹在动词"跑"和趋向动词"出去"之间的一个无词汇义的音节符号,即"跑上出去"等同于"跑出去",也可以。

B."上"所在的句法位置在汉语普通话中是个不能出现句法成分的空位,没有相应的词语与其对应。请看例句。

229

⑩ "但不信哩，咱们打输赢来。""打<u>上</u>。"
⑩ "萨里儿_{人名}，你赢<u>上</u>哩。"

上面两例中的"上"都做各自谓语动词"打""赢"的结果补语，但客观现实是"打""赢"的词汇义都能自足，不需要相应的结果补语。如"赢"就是"胜利"，就是"在斗争或竞赛中打败对方"，而"赢上"还是"赢"的意思，因而"上"并没增添新的义素。可见，逻辑上，"上"的结果补语身份是清晰的、可理解的，但实际上它所取代的词是不存在的。尽管如此，东干话仍如此表述。

4. "上"用在名词性词语或时间名词后表示方位或时点

(1) "上"用在名词性词语后表示"前面、跟前、里面"等方位。请看例句。

⑩ 你天天打人家门<u>上</u>_前过的呢。
⑩ 他在馆子_{饭馆}门<u>上</u>等我的呢。
⑩ 他在缝鞋的工厂<u>上</u>_{在鞋厂里}做哩活哩。
⑩ 日子多哩，但打你<u>上</u>_{从你这边}不来书子_信，我妈就连疯哩一样。

(2) "上"用在时间名词后表示某个时间点。请看例句。

⑩ 二十九年<u>上</u>_{1929年那年}我的心到哩汽车上哩_{迷恋上了汽车}。
⑩ 一千九百二十二年<u>上</u>遭哩年馑哩。
⑩ 就打那一天<u>上</u>他们成下好朋友哩。
⑩ 五月十八十五点钟<u>上</u>民族书房_{民族图书馆}把十娃子_{东干族著名作家}的书维斯塔夫卡_{书展会}开开哩。

(八) 频率副词"可、又、再、还"

"可、又、再、还"主要做状语，表频率，也零星有其他用法。它们的用法有重叠，有互补，有多种方式的取代，使用频率差别很大。我们先列表展示其总体框架，再依框架分述各自的用法，最后概括其异同，指出其发展趋势。

1. 框架总表

表 4-11

用法\词次		1 表已重复的动作		2 表将重复的动作	3 "可又"连用	4 用在否定句	5 取代		6 "可不"取代"还不"	7 取代"更"	8 取代"又"	9 取代"如果"	10 表转析	11 构成短语
		单用	连用				"还"	"再"						
可	69	38	8		3		11	2	1				6	
又	45	9	23		3	7		3						
再	17			9						2		2		4
还	12			6						4	2			

2. 用法分述

(1) "可"的用法。

A. 表已重复的动作，主要单用在单句或复句的后分句的谓语动词前，有时也可连用在复句的前后分句的谓语动词前，句式结构通常是 "可+VP+哩"。请看例句。

① 今儿我<u>可</u>又到哩马山青乡庄呢哩。
② 这是么_{这不是么},四月<u>可</u>到来哩。
③ 自己忍不住的<u>可</u>笑脱哩。
④ 他把火堆拿棍棍儿<u>可</u>搅给哩下。
⑤ 你们<u>可</u>在这儿做啥的呢嗒?
⑥ 他<u>可</u>倒哩一盅子酒给给我哩。
⑦ 他把灯拧掉,<u>可</u>睡下哩。
⑧ 她把面起哩的思量起来,<u>可</u>回去蒸馍馍去哩。
⑨ 他跌倒,叫斜眼子<u>可</u>踢给哩几脚。
⑩ 黑夜晚<u>可</u>到哩,<u>可</u>起哩黑云哩。
⑪ 就朝这么,家呢<u>可</u>就消停哩,我的心<u>可</u>宽哩。
⑫ 我把小伙儿<u>可</u>碰见哩,我们<u>可</u>坐到一搭儿呢哩。
⑬ 诗：打西伯利亚跑出来,就像早前,<u>可</u>挨饿,<u>可</u>害怕,<u>可</u>发颇烦忧愁。
⑭ 我问哩,他没言喘,把头点哩下。我<u>可</u>问哩,他<u>可</u>没言喘,<u>可</u>把头点哩下。

231

上面例①到⑨是"可"单用在单句或复句中，例⑩到⑭是"可"连用在复句中，例⑬⑭是三个"可"连用。

B. 表已重复的动作时，"可"和"又"可以连用在谓语动词前，句式结构通常是"可又+VP+哩"，也可以先后出现在复句的前后分句中，句式结构通常是"可+VP+哩，又+VP+哩"。请看例句。

⑮ 考察几回价<u>可又</u>转哩很几个回族乡庄。
⑯ 吃哩，我把谢道哩，将嗨儿<small>正要</small>出门，巧声<u>可又</u>出来哩：……
⑰ 诗：星宿<u>可又</u>不见哩，云包的紧。
⑱ 诗：冷夜晚<u>可</u>到哩，地面<u>又</u>白哩。

C. 表将要重复的动作，主要用在单句或复句的后分句的谓语动词前，句式结构是"可+VP+呢"，这时的"可"和"还"相当，如例⑲到㉖。如果句式结构复杂，则"可"会游移在"还"和"再"之间，如例㉗㉘。请看例句。

⑲ 普利尕吉尔<small>生产队长</small>叫我<u>可</u>还去呢，阿达。
⑳ 来年<u>可</u>想带和你遇面（呢），中国姑娘。
㉑ 你的头头儿疼开哩，那候儿大夫<u>可</u>要给你扎针呢。
㉒ 快吃走我的金子<small>对小孩子的昵称</small>，吃哩，咱们<u>可</u>做活去呢。
㉓ 娃娃病下哩，找大夫呢，喝啥药呢，<u>可</u>要找大夫呢。
㉔ 明年到这么两天这个花儿<u>可</u>开呢。那候儿我可高兴的记想<small>回忆</small>你给我打远乡庄呢挖的来的花儿呢。
㉕ 你再霎哭罢，阿达但听见，他的头<u>可</u>疼呢。
㉖ 兔娃儿长大哩，他们<u>可</u>拿上走掉呢么，姐姐？
㉗ 你回去把家下看一下，之后但是<small>如果</small><u>可</u>还，再到我们这儿来，那候儿再看。
㉘ 嗯，嗯，那么蝴蝶儿把那些花吃上哩<small>吃完了</small>它<u>可</u>还，再吃啥呢嘛？

D. 用"可不"取代"还不"，用在反问句中，仅见如下一例。

㉙ 索克洛夫是谁？<u>可不</u>跟上我们走，考免达特<small>司令官</small>亲自叫你的呢。

E. "可"表转折，用在转折句中，和"却"相当。例如：

㉚ 虽然穿的素也罢，他可干散麻利。

㉛ 光听的巧曲子，可没见人。

㉜ 昨儿个你的手还好好的呢么，今儿咋可包住哩嘛？

㉝ 跑哩半截儿，可原来沿原路返回哩。

㉞ 他将呣儿正要给兄弟擦泪呢，兄弟可翻起来哩。

（2）“又”的用法。

A. 表已重复的性状或动作，大多是连用在谓语中心语前，句式结构通常是“又+谓词（+哩）”。请看例句。

㉟ 这个猫娃儿又灵泛，又贵气。

㊱ 那个地方又清秀，土脉又好。

㊲ 这塔儿又洒落，又凉快。

㊳ 红牡丹又俊，又旺。

㊴ 鲜葡萄又脆，又甜。

㊵ 水拉下的深崖坎，又深又长。

㊶ 我爷的城又宽，又大，又洒落。

㊷ 雅四子•十娃子又是诗家，又是科学人。

㊸ 斯塔汉诺夫家们斯塔汉诺夫工作者分的多，又够吃来，又够用。

㊹ 小寡妇太孽障，又哭又喊。

㊺ 把弦子我抱上又弹又唱。

㊻ 女人们又煮肉，又烙馍馍。

㊼ 这塔儿大人又喊叫，娃娃又哭，鸭子又乱叫唤。

㊽ 他把书拿上哩，又把小伙儿领上哩。

上面例㉟到㊶是“又”连用在形容词谓语前，例㊷到㊻是“又”连用在谓语动词前，例㊼是三个“又”连用，例㊽是单用一个“又”。

B. 用在否定句中，加强语气。请看例句。

㊾ 你说你是“萨尔达特战士”，“萨尔达特”又不哭么，快把眼泪擦掉。

㊿ 今儿又不念书么，这么早么，你起来做啥呢？

(51) 你把馍馍踢的跳家家儿耍的呢踢馍馍当沙包“过家家”玩，这又不是家家儿去，这是馍馍么，我的娃。

(52) 政府给她爷爷安给的授给的才是只是英雄名堂荣誉英雄么，又不是英雄去又不是真的英雄么。

(53) 我又没去么，咋么价知道呢嘛？

C. 表将要重复的动作，用在复句的后分句的谓语动词前，句式结构是“又+VP（+呢）”，“又”和“还”相当。请看例句。

(54) 一月将刚满，不会说，也不会听，可是都给他说哩，就像大人，盼望他长命百岁，又还叫孝顺母亲呢。

(55) 在这个大会上我请大众信：给户家给地呢，又给牲灵（呢）。

(56) 诗：母亲也爱牡丹哩，她拿汗浇。她又害怕早霜杀，拿手巾儿包。

（3）“再”的用法。

A. 表将要重复的动作，用在动词前。请看例句。

(57) 阿妈，叫我把那个尕熊娃再看一下儿嘛。

(58) “我再不干这个事情哩。”“对，咱们再看。”

(59) 我光给你，阿爷，再给谁都没说，再是谁任何人都不知道。

(60) 我再不信服你哩，前儿你认哩错哩，今儿可重复哩。

(61) 咱们再坐一下儿，还早的呢。

(62) 我们再有几天也买马呢。

B. 表一个动作发生在另一个动作结束后。请看例句。

(63) 咱们把花儿浇哩，再走到麦年儿爷爷家。

C. 表示意思上更进一层，和“更”相当，常构成短语“再不说哩更不用说”，通常插在句子两层意思的中间。请看例句。

(64) 你是明白娃娃么，你知道呢，家呢没好草，再不说哩，马驹还碎小的呢，要吃妈妈的奶呢。

(65) 这个事谁知道呢？再不说哩，打哪呢知道呢？就是咱们三个儿，再谁都没有的。

D. "再"表示假设,和"如果"相当。请看例句。

⑥⑥ "好姐儿_女孩名_当领首_领导_哩,没哩_不然_,叫当上,光是你们要听她的话呢。"

"听呢么。"娃们回答的。

"再是那个哩_如果是这样_,好的很,夛手来_举起手_!"

⑥⑦ "阿奶,阿奶!我给咱们的鸡娃儿找哩个妈妈",待说的他把一个鸽子填到奶奶怀呢哩。"鸽子就给鸡娃儿当妈妈呢吗,我的寡蛋儿_小傻瓜_?""当呢,当呢,它飞不动,许是谁给它把膀子打坏哩",孙子叽里喳啦儿的在奶奶跟前跳仗仗的呢。奶奶失笑哩:"再是那个哩,拿的去,连鸡娃儿搁到一搭呢去。" | 明儿个一定下雨呢,再不信哩,咱们打输赢。

E. "再"常做定语或构成"再的"表示"别的,其他的"。请看例句。

⑥⑧ 再的民族大学呢全哩没有姑娘。

⑥⑨ 光雪盖掉的这个月里头没有花儿,再的时候凡常_经常_花儿开满的呢。

⑦⓪ 这个房子大,再的小。

⑦① "你(把信)念,奶奶听。"

"阿达把对头_敌人_打的追掉哩。"

"再哪_(还有)别的呢?"

"给我达_父亲_给赏耗_奖励_呢,给歇缓呢。"

(4)"还"的用法。

A. 表将要重复的动作,用在谓语动词前。请看例句。

⑦② 明儿咱们还来呢。

⑦③ 咱们明儿个还去呢,耍哭哩。

B. 表继续进行的动作或继续存在的现象。请看例句。

⑦④ 离我100米的窝儿上_地方_,几个人还走的呢。

⑦⑤ 把斯大林格勒叫他们占上哩,还往前扑的呢。

⑦⑥ 哥哥咋还不来噻?

⑦⑦ 功苦英雄_{劳动英雄}中间<u>还</u>有女人呢。

⑦⑧ 毛姐儿交上四岁哩也罢，<u>还</u>不会走。

⑦⑨ 我的手<u>还</u>疼的呢。

C. 表示在某一范围之外，有所补充。请看例句。

⑧⓪ 他们说是散纳陶利雅上_{疗养院里}耍哩啥电影哩，他们<u>还</u>吃哩新鲜柿子哩。

⑧① 今儿来的他们都是我的朋友。他们<u>还</u>会念诗文呢。

D. 表示程度有所增加，和"更"相当，可单用，也可连用。请看例句。

⑧② 那个蝴蝶<u>还</u>比咱们的花儿都俊_{比咱们的花儿都更美}。

⑧③ 太阳把光都洒给牡丹哩，<u>还</u>叫花儿旺_{叫花儿更旺}。

⑧④ 他天天打这个俊美果园子呢，往学堂呢走的呢。今儿<u>还</u>_更好看，<u>还</u>_更洒落。着重_{主要是}果树上的金黄叶叶儿但是落开哩，一个把一个碰上唅唚唚儿的就连响器一样，往下掉的呢。

⑧⑤ 夏天伊斯玛儿可_又回来哩。穿的<u>还</u>_更好，<u>还</u>_更干净。

E. 表已重复的动作或意思上更进一层，和"又"相当。请看例句。

⑧⑥ 师娘_{女教师}<u>还</u>又得道_{不知}说哩个啥。

⑧⑦ 谢亚尔卡播种_{播种机种}的又快，<u>还</u>_又不费种子，不费人。

3. 总体特点

（1）表频率仍是"可、又、再、还"的主流用法。

A. 就时制来看，用法1的"可、又"表已然，如例①到⑩、例㉟到㊶，用法2的"再、还"表将然，如例㊼到㊷、例㊷㊸。"已然""将然"，二者既对立又互补。

B. 就肯定、否定来看，用法1的"可、又"表肯定，如例①⑪㉟㊷，用法4的"又不、又没"表否定，如例㊾到㊽。"肯定""否定"，二者既对立又互补，构成了表达的合理搭配。

（2）"可、又"渐渐兼有了表将然的用法，或者说可以取代"还、再"。（见用法5，例⑲到㉘、例㊴到㊶；用法6，例㉙）也有相反的用法，即用"还"取代"又"，（见用法8，例㊻）这种情况很少见，无倾向性。

（3）"可"已渐渐兼有了"又"的大多用法。（见用法1、用法5）在用法1中，"可、又"语义完全等同，但"可"比"又"更常用。在用法5中，"可""又"都能取代"还""再"，兼有了表将然的用法，但也以"可"为常见，如例⑲到㉘、例㊴到㊶。同时，在用法1中，"可""又"也显露出细微的差别，或者说用法上的分工。通常情况下，"可"大多做动词的状语，只偶尔做形容词的状语，如例⑪㉕。"又"也做动词的状语，如例㊷到㊽，但更侧重于做形容词的状语，表已然的性状，如例㉟到㊶。例⑱"冷夜晚可到哩，地面又白哩"，这个例子很有意思，"可""又"先后出现，"可"后是动词"到"，"又"后是形容词"白"，值得关注。

（4）"还""再"在向新的义项"更"渗透。（见用法7，例㉜到㉟、例㉞㉕）东干话没有程度副词"更"，"还""再"的这种用法弥补了"更"的一部分用法。据我们所知，东干话中"越……越……"这种叠用形式中的"越"也被拿来单用表示"更"，也承担了一部分"更"的用法，这很值得注意。东干话词汇不够用，为了交际，它在曲折地发展，多头并进。"还""再""越"分头表"更"，可见一斑。

四、常见用法

（一）"可能"成分的表示法

东干话表示"可能"主要用补语，用状语的情况很少。请看表4-12。

表 4-12

格式\功能\结构\用法	补语		状语	
	结构	用法	结构	用法
A	1.动+得[tei]^{13}（肯定） 2.动+不+得（否定）	1.用"得"或"不得"表示有无可能进行，如例①到⑦。 2.用来表示"不可能"的多于"可能"的，见例⑧。	1.a.能+动（+补） b.不能+动 2.a.得+动（+补） b.不/没得+动	1.用"能"或"不能"表示有无可能进行，如例㉑到㉔。 2.还可以用"会、能够、得"表示，如例㉕到㉘。

（续表）

结构、用法\功能	补语		状语	
	结构	用法	结构	用法
B	1. 动+得[tei¹³]+补（肯定） 2. 动+不+补（否定）	1. 用"补"或"不补"表示有无可能进行，如例⑨。 2. "补"常由"住、起、上、成、饱"充当。 3. 常用例词，见例⑩。		
C	1. 动+补+呢（肯定） 2. 动+不+补（否定）	1. 用"补呢"或"不补"表示有无可能进行，如例⑪到⑰、例㉙。 2. "补"常由"来、见、了、过"充当。 3. 常用例词，见例⑱。		
D	1. 动+下[xa⁴⁴]（肯定） 2. 动+不+下（否定）	1. 用"下"或"不下"表示有无可能进行，如例⑲⑳。 2. "下"的意思和"能、会、可以"相当。		

	结构		用法
E	能 +	动+得（A式）	此式是格式A的肯定式前面加状语"能"，如例①。
		动+补（C式）	此式是格式C的肯定式去掉"呢"后，前面加"能"，如例⑬⑯㉙㉚。
F	甚+动+不+补		1. 此式是可能补语的轻度否定式，如例㉛㉜。 2. "补"可由动词、形容词充当。

请看例子。

① "你能认<u>得</u>吗？" "咋认<u>不得</u>，认<u>得</u>呢。"
② 满口的饭吃<u>得</u>，满口的话说<u>不得</u>。
③ 这个饭吃<u>得</u>，那个饭吃<u>不得</u>。

④ 这个东西使得,那个东西使不得不能使用。

⑤ 卖石灰的见不得卖面的。

⑥ 君子让位他不坐,小人等不得挪过。

⑦ 我奶说她是老人,拓不得图样照片。

⑧ 常见例词。

A. 只见于"不得"的:赊不得 ｜ 敕不得 ｜ 搁不得不能留下 ｜ 闯不得不能触犯 ｜ 听不得不应听。

B. 只见于"得"的:盛得容量大,能盛下。

C. "得""不得"都用的:吃得—吃不得 ｜ 看得—看不得 ｜ 使得—使不得 ｜ 认得—认不得 ｜ 舍得—舍不得。

⑨ 我急的等得住呢么我急得能等什么,你快给奶奶(把信)念一下。

⑩ 常见例词:靠得住—靠不住 ｜ 看得起—看不起 ｜ 跟得上—跟不上 ｜ 吃不成 ｜ 吃不饱。

⑪ 那么的书他念来呢,古代书多的他念不来。

⑫ 那么的账算光阿伯算了呢,我们算不了。

⑬ 跟前听不见的闲话,千里路上能听见它。

⑭ 辣子太辣哩,吃不成,梨上哩味哩,可价吃成呢。

⑮ 没泥——盖不了房,拿灰——打不了墙。

⑯ 那个事情能免了,无常谁都免不了。

⑰ 把大大样样正确的,大方的事情他做成看不过的事哩。

⑱ 常见例词:看见呢—看不见 ｜ 看来呢—看不来 ｜ 听见呢—听不见 ｜ 念来呢—念不来。

⑲ 一锄头挖不下不能挖个井。

⑳ 他来不下我去下呢他不能来我可以去。

㉑ 啥雀雀能学的着说话?

㉒ 两点钟之后咱们才能走到。

㉓ 能活一个有羞的穷汉,不能活一个没羞的富汉。

㉔ 这个事情能成。

㉕ 我咋会成下涅灭茨德国人哩嘛!

㉖ 人有钱能够出国,人没钱不出门。

㉗ 光务劳一样子菜蔬,咱们不得高发展。

㉘ 往学堂入哩,我没得入上。

㉙ 胡子上粘哩个米香,能闻见吃不上。

㉚ 得哩病能治了,得哩哈坏名治不了。

㉛ 我把他的话<u>甚听不懂</u>听不太懂。

㉜ 我也<u>甚记不明白</u>记不太清楚哩。

由表4-12可知：

1. 东干话"可能"成分的语法功能类型很齐备，它能充当状语、补语，更主要的是充当补语，同时，又能以前做状语后做补语的方式出现，如例①"能认得"。

2. 东干话补语的表示法格式也很齐全。格式A、B和汉语普通话相同。（黄伯荣、廖序东，下册，2007，72页）格式B、C的否定式相同，它们和汉语普通话也相同，差异是C式的"补"多见于方言，少见于汉语普通话。D式在汉语甘肃兰州话、临夏话等源头方言中很常见，但"下"可做多种补语，表可能的补语不易被剥离出来。E式是充当状语和充当补语两种功能类型的混合体。F式的结构更独特，状语"甚"表程度深，补语"不+补"表不可能，二者分别处在动词两端，构成了轻度否定。

3. 东干话"可能"成分表示法是它多种源头方言的集大成和发展。就现在已知的某一源头方言来看，还没有见到同时具备多种功能的，都是散见的。E式、F式的用法是汉语西安话的传承。试看表4-13。

表 4-13

例句\格式\功能、使用地	补语		状语		状语、补语
A	你认得他吗？认不得。	中卫	我能拿动。	兰州	E 西安
B	办得成。来得了。猜得来，猜不来。	同心、户县	这个能吃，那个不能吃。我能办。你得来？不得见。	银川、户县、西安	
C	我拿动哩，他拿不动。	兰州、银川、同心、户县			
D	你明个天城里去下去不下？	兰州、临夏			F

240

（二）程度副词系统

东干话程度副词"太、很、甚、喠、顶、越、还"都表示程度深，但是语法功能同中有异，对立互补，构成了一个表程度的系统。请看表4-14。

表 4-14

副词\格式、用法\功能	定语 格式	状语 格式	状语 用法	补语 格式	补语 用法
太		1. ～+形。 2. ～+动感知性。	肯定句，如例①②。		
很	3. ～+数量（+名），如例③④⑤。	4. ～+形单音节(+的+名)。 5. ～+的+否+形。 6. ～+的+没+动。	"～+形"做定语，如例⑥⑦。 轻度否定句，如例⑧⑨⑩。	7. 形+的+～。 8. 动感知性+的+～。	肯定句或否定句，如例⑪⑫⑬。
甚		9. ～(+咋呢)+不+形。 10. ～(+咋呢)+否+动(+宾/补)。 11. ～(+咋呢)+动+不+形。	轻度否定句，如例⑭⑮⑯。		
喠，零王				12. 形+～+哩。 13. 动+～+哩。	肯定句，如例⑰到⑳。
顶		14. ～+形(+的+名)。 15. ～+动+的+形。	肯定句，如例㉑㉒。		
越，越兴		16. ～+形。 17. ～+动。	肯定句，如例㉓到㉖。		
还		18. ～+形。	肯定句或否定句，如例㉗㉘。		
		格式		用法	
太……很		19.太+(不+)形/动(+宾)+的+很。		肯定句或否定句，状、补共现，如例㉙到㉜。	

请看例句。

① 我太高兴。
② 我把你们太爱。
③ 很些子姑娘都想念书呢。
④ 他写出来哩很几个曲子。
⑤ 这就很几年哩,他在那个大学呢工作的呢。
⑥ 他思谋哩很大的工夫。
⑦ 回族人的各式古样儿的事情多的很。这些事情要的是很多的交费花费。
⑧ 水很很的不热水不太热。
⑨ 稻子很很的没熟好没太熟好。
⑩ 这个花儿是我个家自己学的扎刺绣下的,把叶叶儿很很的没扎好没太绣好。
⑪ 云厚的很。
⑫ a.我想你的很。
    b.我把你想的很。
⑬ 我把他不苏醒怀疑的很咪。
⑭ 他的个子甚不高不太高。
⑮ a.不少的娃们甚不知道不太了解自己的父母语言母语。
    b.他爱吃肉,可甚没见肉,把他瘦下哩。
    c.伤许是不深,我也甚没觉来。
⑯ 我也甚记不明白哩记不太清楚了。
⑰ a.娃们都好,我高兴砸哩高兴极了。
    b.把我饿零干哩饿坏了。
⑱ 把连他几时遇面的,我盼砸哩。
⑲ 学堂远的很,娃们跑砸哩跑得累坏了。
⑳ 把一群贼打砸哩打坏了。
㉑ a.娃们在教课功课上都拿的顶好的价关最好的成绩。
    b.乡庄呢顶太爱的手艺就是大夫的。娃娃病下哩,找大夫呢,药咋喝呢,可还要找大夫呢。
㉒ 伊玛佐夫:
    a.他顶工作的好。
    b.他顶来的早。

c.他<u>顶</u>说的好。

㉓ 一时儿太阳<u>越</u>高哩，到哩头顶上哩。

㉔ 就像狗咬，老贼<u>越</u>吼哩……

㉕ 下哩一场大雨，天气<u>越兴</u>更加凉下哩。

㉖ 我心里<u>越兴</u>喜爱她哩。

㉗ 太阳把成千的光照到你指集体农庄上，叫你<u>还</u>更旺。

㉘ <u>还</u>好的光阴在面前。

㉙ a.碎娃小孩儿们把普希金<u>太</u>喜爱的<u>很</u>。

b.碎娃们<u>太</u>喜爱普希金的<u>很</u>。

㉚ 仗<u>太</u>紧的<u>很</u>，写信的工夫也没有的。

㉛ 傍近儿差不多天天黑呢，把自己的贵重亡人梦见的呢，我的心<u>太</u>不好的<u>很</u>。

㉜ 往哪呢去呢？没处儿去，那一晚夕，我<u>太</u>不安宁的<u>很</u>哝。

由表4-14可知：

1. 东干话程度副词系统中有三个级、两个轻度否定式、一个加强式。三个级是：最高级"顶"，比较级"太、很、喱、零干"，递进级"越、越兴、还"。两个轻度否定式是：A式"甚+不+形/动"（格式9、10、11），B式"很+的+否+形/动"（格式5、6）。一个加强式是："太+（不+）形/动（+宾）+的+很"（格式19）。

2. 使用情况，同中有异。

（1）加强式（格式19）和最高级"顶"（格式14、15）都表示程度最高。加强式使用频繁，"太"和"很"共现，前做状语，后做补语，共同修饰、补充句中同一个做谓语的谓词或谓词性短语，即都是以句子的形式出现，如例㉙㉜。最高级"顶"，它虽然频繁地修饰形容词，但只能和形容词构成"顶+形容词"一起充当定语，出现在主语或宾语前，如例㉑，个别情况下，能构成"的"字短语做主语或宾语，如"馍馍是顶贵重的"，有时出现在句中谓语动词前，如例㉒。也可能由于加强式这种强势句式的制约和取代作用，使"顶"的功能多被局限在了定语之中。

顺便说一下"最"字。它只有一个用法，那就是修饰"高"，并一起做"苏维埃"的定语，构成"最高苏维埃"。伊玛佐夫告知笔者，不存在"最做的好"之类说法。（参见例㉒）宁肯"顶太"连用，（参见例㉑b）也不用"最"。试比较例㉑㉒。

（2）"太、很、喱、零干"都是比较级，表示具有相当高的程度，但是分工明确。一是"太"只做状语,"很、喠、零干"只做补语,对立互补。二是做状语的"太"只适用于肯定句,如例①②。如果表示否定,且是深度的否定,就得转用补语"很",即格式7、8,如例⑬;如果是轻度否定,就得转用两种轻度否定式A式或B式,即格式9、10、11或格式5、6。三是做补语时,"很"和"喠、零干"也有差异,它们出现的格式不同,用法也不全相同。"很"前的"动词"一般是感知性的,同时还可以带宾语,如例⑫的a句带宾语,b句不带;"喠"前的"动词"不限于感知性的,但都不能带宾语,如例⑱"盼"是感知性的,例⑲"跑"、例⑳"打"都是行为动词,它们都不能带宾语。"喠"很常用,"零干"很少见,如例⑰b。此外,"很"还可以修饰数量短语"几个、几年"等,即格式3。这时,数量短语如果是表示数目的,"很"和它一起做定语,如例③④;如果是表示时间的,"很"和它可以一起做谓语,如例⑤。

(3)"越、越兴""还",表示在一定程度上的递进,在程度系统中是区别于最高级、比较级的另一个小的类聚。"还"存在于汉语普通话中,"越"在中国甘肃一带仍在使用。"越"大多用在单音节谓词前,如例㉓㉔,"越兴"似多用在多音节谓词或它的短语前,如例㉕㉖,但也有的是单音节的谓词。

3. 几种新的语法现象。

(1)东干话的源头方言中有轻度否定式A式,如"这种糖甚不甜 不太甜",(汉语甘肃临夏话)"他甚不想吃",(汉语陕西户县话)但是没有见到轻度否定式B式。我们推测B式有可能是东干话的新用法。

(2)格式4"很+单音节形容词"做定语,如例⑥⑦,再如"十娃子把很大的作造 创作遗产剩下哩"。这种格式有两点值得注意,一是"很"已悄然开始修饰个别单音节形容词,如"大、多"等,萌发出了它充当状语这一新的语法功能的可贵幼芽,这在它的源头方言汉语兰州话中都还不明朗;二是它出现的位置是在定语之中,就是说,它和"顶"的情况一样,即格式4=格式14。"顶"的状况呈萎缩状,"很"的前途怎么样呢?值得关注。最近,我们观察到"很"的一种最新用法,就是用在谓语中心的谓词前,充当全句的状语,如"我很忙,我今年朝汉哲 朝圣去呢"。此例出自东干族语言学家伊玛佐夫2013年9月和我们的通信中。我们推测,这可能和他近二十年来常来华参加学术会议所受的影响有关。

(3)加强式(格式19)比起它的源头方言汉语兰州话有新的发展。它是东干话的常用句式,它的谓语,即"太"以后"很"以前的那个部分,可以是单个动词(如例㉙a"喜爱")或形容词(如例㉚"紧"),也可以再带上状语

（如例㉛"好"和例㉜"安宁"前面都有状语"不"）或宾语（如例㉙b"喜爱"后有宾语"普希金"），也就是说，充当谓语的那个动词短语的结构可简可繁，适用性很强，很富有表现力。因此，在频繁的使用中，该格式已渐渐发展成熟起来。

（三）"在、走、到"的用法

请看表4-15。

表 4-15

格式 用法 比较 词	1	2	3	4	5	6
	～+名_{处所}	～+名_{处所}+动	～+名_{处所}+动（+去/走）	动+（宾）+（趋向）+～	动+～+名_{处所/时间}	往+名_{处所}+～
在	（1）做动词，表静态"存在"，如例①②。（2）做动词，构成动宾短语做定语时，表静态"存在"或动态"到"，界限模糊，如例③。	做介词，表静态"存在"，如例④⑤。	（1）做介词。（2）表动态"到""往"，谓语中心多是"来""去"，如例⑥⑦⑧，也可以是其他动词，这时，后面还可以出现"去"或"走"，构成"在……去""在……走"，即"到……去"这样前后呼应的格式，如例⑨⑩。（3）表动程起点"从"，如例⑪。这时谓语中心后可有表动程终点的"到"字做呼应，如例⑫⑬。			
走		做动词表"到""去"，如例⑭⑮。	（1）做介词"到""往"。（2）谓语中心是"去"，如例⑯。如果是其他动词时，该动词后还可出现"走"或"去"，构成"走……走""走……去"，即"往……去"这样前后呼应的格式，如例⑰⑱。	（1）做趋向动词"去"，充当补语，如例⑲⑳。（2）前加"进""回""过"，构成双音节趋向动词"进走""回走""过走"，（和相应的"进去""回去""过去"同时共存）充当补语，如："领回走""拿过走"。		做动词"走"或"去"，如例㉑。

(续表)

格式 用法 比较词	1	2	3	4	5	6
	~+名处所	~+名处所+动	~+名处所+动(+去/走)	动+(宾)+(趋向)+~	动+~+名处所/时间	往+名处所+~
到		(1)做动词。 (2)表动作,如例㉒。 (3)表静态"存在",如例㉓。	(1)做动词。用在连动句"到(+名处所)+来/去"中做连动谓语的第一个谓词V₁,表动程起点,如例㉔㉕㉖。 (2)做介词。谓语动词是一般动词或"走",用例极少,如例㉗。		(1)做介词。 (2)构成介词短语,充当补语,表示处所或时间,如例㉙㉚。	

请看例句。

① 我的伊丽娜<u>在</u>房呢咪。

② 我的娃娃也<u>在</u>那塔儿呢。

③ <u>在</u>木匠跟前的人多的很。

④ 他<u>在</u>台沿子上坐的呢。

⑤ 麻雀儿<u>在</u>树上垫哩个窝。

⑥ 城里的人<u>在</u>我们这塔儿肯来。

⑦ 他们<u>在</u>我们巷子呢一回都没来过。

⑧ "你<u>在</u>哪塔儿去呢?""我<u>在</u>学堂呢去呢。"

⑨ 我们<u>在</u>树林里揪果子去呢。

⑩ 咱们<u>在</u>耶提姆行 孤儿院 呢抓 领养 一个儿娃子 男孩 走。

⑪ 没停半个子时辰,海车儿可价已经<u>在</u>从孔托尔 管理处 上去的来哩 去回来了。

⑫ 把这个曲子我们<u>在</u>从哈萨克斯坦列斯普布利卡 共和国 的拉季奥斯坦齐亚 广播电台 上写 录制 到帕捷丰 留声机 盘 盘子 唱片 上哩。

⑬ 有的口溜儿、口歌儿没变卦,款款儿<u>在</u>从人的口呢传说 的 到如今咱们的光阴上哩。

⑭ 我走塔什干呢。

⑮ 我把你毙枪呢。这塔儿不方便,走院子呢,那塔儿你上天去。
⑯ 把你妈领上在我们家呢去,你达父亲也走我们家呢去呢。
⑰ 你再耍问哩。咱们明个走城里看走。
⑱ 他走哩巷子里耍去哩。
⑲ 尕娃,咱们给黑雀儿钉房房儿走,你给咱们取斧头去。
⑳ 跑东跑西的工头工夫不抵不如拾粪薅草走。
㉑ 法卖儿人名往学堂呢走的呢。
㉒ 他到哩我跟前哩 | 高田水果熟的时候到哩。
㉓ 世界上多少路,大的、碎小的……一个到树林呢里呢,一个到山跟前呢。
㉔ 家呢的一切活她做的呢,到学堂呢来,啥问题上把回答还能给上。
㉕ 朋友们到哩风船场子呢理,达达、阿妈也到来哩。
㉖ 这个大船,各处儿它都到去呢,这候儿到凯耶夫去呢。
㉗ 我到松树底下蹲下哩 | 他到学堂呢走哩。
㉘ 大学到我上对我来说是顶大的望想。
㉙ 我把那个书子信没念到尾儿,就搁到桌子上哩。
㉚ 就在那塔儿我一直站停留到四十四年上。

由表4-15可知:

1."在、走、到"的相同用法是,都能出现在格式1中,做谓语动词。

2."在、走"的相同用法是,都能出现在格式3中,做介词,构成介词短语,充当状语。而"到"的这种用法使用频率很低,如例㉗。因此"在、走"的这一用法恰恰和"到"构成了互补,弥补了"到"的这一功能萎缩。

3."走、到"的相似用法是,都能出现在谓语动词后,"走"充当趋向补语,"到"做介词,构成介词短语后充当补语。而"到"的这一用法又恰恰和"在"构成了互补,弥补了"在"的这一功能缺失。我们现在还没有在口语和书面语中见到"在+名"做补语的用法,只在来自华夏的早期传统歌谣中还保存着这样的用例,如《南桥担水》中的"行步在南桥边",《出门人》中的"将身儿卖在外"。

4."在、走"在格式3中很活跃,它们功能相同,互为变体,例⑯的"在"和"走"在相同句式中前后共现就是证明。这种强势用法可能是使"到"的功能在格式3中呈现萎缩的原因之一。

5."在"还有值得注意之处,一是它还能在格式3中表示动程起点"从",

二是它还能在格式1、2中表静态"存在"。这两点用法"走"都不存在。

6."到"的用法尤其值得注意,一是它的动词性比"在、走"强,能在连动谓语"到(+名处所)+来/去"中做V₁,表动程起点,如例㉔㉕㉖,还能表静态"存在",如例㉓;二是它做介词时,通常是先构成介词短语,再一起做句法成分,主要是做补语,如例㉙㉚,零星地做对象状语,如例㉘,偶尔做处所状语,如例㉗。

(四)动态助词系统

东干话动态助词"着、了、过"很不发达,往往由别的词取代,同时,又有新成员加入。请看表4-16。

表 4-16

汉语普通话		着	了	过		
东干话	1	的[ti]	哩[li]	过	3	得[tei¹³]
	2	下[xa⁴⁴]			4	呢[ni]

由表4-16可知,东干话的动态助词系统由四部分构成。它们的用法也多有特色。

1. 用"的、哩、过"表示主流位置上的"着、了、过"

所谓主流位置,指它们紧靠在谓语中心语后的位置,也包括少量动补短语后的位置。这种用法是大量的,也是和汉语普通话一致的。

(1)"的"取代"着",用在动词、形容词后面,表示动作正在进行或状态在持续。东干话中动态助词"着"只在东干陕西话口语中偶尔使用,如"我好着呢",一般都沿用东干甘肃话的"的"。请看例句。

① a.马驹子拉的花车车儿。
b.讲堂教室的上腔子正上方挂的个大红毯,毯的高头挂的列宁的图样像,两下[xa]呢扎的花儿绣着花儿。
c.两个姊妹隔的一道山,一个把一个永世不见。(谜底:眼睛)
d.骑的骆驼吆的鸡,高的高来低的低。
e.他的领子翻的,吊拉的些儿。
f.哈雀雀儿能学的说话?
② a.弟兄两个一般大,隔的毛山不喘话。(谜底:耳朵)(高葆泰,1985,266页)
b.麻屋子,红帐子,里头坐的个白胖子。(谜底:花生)(《临夏方

言》，1996，60页）

  c.姑表亲，砸断骨头连<u>的</u>筋。（何茂活，2007，411页）
  d.他拿<u>的</u>馍，我提<u>的</u>包子。（孙立新，2007a，328页）
  e.三四个人盖<u>的</u>一条被。（张安生，2000，313页）
③ 把一切心劲费上，他发展咱们的文明的事情<u>的</u>呢。
④ 学生们做啥<u>的</u>呢？他们念报<u>的</u>呢，歇缓休息<u>的</u>呢。
⑤ 他把工钱，一个不使唤都拿回来<u>的</u>呢。
⑥ 他的心宽<u>的</u>呢。

  由以上各例可知，"的"有两个位置，一是在动词及其宾语之间，这时，宾语后的句末不带"呢[ni]"，如例①②，这种位置较少；二是在宾语、补语或谓语中心语后的句末，这时，"的"后一定要带"呢"，如例③到⑥，这种位置是大量的。"的"的这两种位置及"呢"的出现情况和现今东干话的源头方言汉语兰州话等大体相当。值得注意的是，"的呢"和汉语普通话"着呢"一样，其中的"的"或"着"是动态助词，"呢"是句末语气词，只是由于语序的变动（指"的"移到宾语后，如例③）和组合能力的制约（指不及物动词如例④"歇缓"和形容词如例⑥"宽"，它们都不能带宾语），使"的"和"呢"靠在了一起，成为"的呢"，但二者的语法功能，仍分属不同的语法层面，因此，不能看作一个双音节词。

  有一种意见认为"的"后宾语前可加"是"，如例①a"拉的"后可加"是"说成"拉的是花车车儿"，例①b"挂的"后可加"是"说成"挂的是个大红毯"，因此，这类动宾之间的"的"不是对"着"的取代。我们认为，这种看法是不妥的。首先，它和东干话的源头方言，如例②所涉及的汉语兰州话、临夏话、山丹话、西安话、同心话的用法是矛盾的，而例①东干话的用法则是对它的源头方言的直接传承。其次，加"是"后破坏了"的"用作动态助词的整体格局，如例①b重点在描述一种环境、状态，加"是"后成了判断句，丢失了其原意，改变了其语用特点。再次，加"是"的办法是靠不住的，因为有的例句"是"字加不上去，如例①c、d、e、f。

  （2）"哩"取代"了"，用在动词、形容词后面，表示动作或性状的实现。"哩"的使用现状如下。

  A. 东干话中表动作和性状的实现的动态助词有两个，即"哩[li]，轻声"和"了[liɔ]，轻声"。它们都相当于汉语普通话中表实现的动态助词"了[lə]，轻声"。

  B. 用"哩"取代汉语普通话的"了"是东干话动态助词的标准用法。

"了[liɔ]"是东干话中陕西方言的用法,传统的民间文学和老人中还有使用,如:"出门的人人儿,多受了煎熬 | 定定儿睡下,我就像回了老家"。
"哩[li]"是东干话中甘肃方言的用法,如:"她钻哩水,就像到哩浪底哩,连鱼儿一样 | 看的对头们到哩跟前哩,他开哩枪哩"。现在,东干话中甘肃方言"哩"的用法已成为当代东干话动态助词的标准用法、主流用法。描述如下。请看例句。

⑦ 今年开春子学生们栽哩好少_{很多}树树儿。
⑧ 娃们在野牲园_{动物园}呢见哩一个大象。
⑨ 汽车上装哩一车炮子儿。
⑩ 他们一家每人挨哩三木锨。
⑪ 肖洛霍夫的书拓印哩八百多遍_次。
⑫ 我跌倒,躺哩好少工夫_{很长时间}。
⑬ 肖洛霍夫放出版出来哩傍近_{差不多}五十米利翁_{五千万}本子书。
⑭ 时候儿到哩,高田_{水果}都熟哩。
⑮ 果子红哩。
⑯ 我吃哩饭哩,看哩戏连电影哩。
⑰ 1986年上肖洛霍夫去哩世哩。
⑱ 老鸹咋么价成哩黑的哩?
⑲ 熊、狼、狐子结拜哩弟兄哩。
⑳ 在这塔儿_{这里}他往出外显哩自己的功苦_{劳动}本事哩。
㉑ 师傅_{老师}给调养_{培养}学生的问题留哩大神哩。
㉒ 过哩三年天气哩。
㉓ 这个事上他也参哩加哩。
㉔ 就打那候儿我连_跟他离哩别哩。
㉕ 这二年里头,我才_{原来}连亡人们拉哩磨_{聊天}哩。
㉖ 但是_{如果}日子凡哩_{常经常},长久哩把粪冲到稻地呢,能得高收成。

由以上各例可知,"哩"有独自使用和跟句末语气词"哩"合用两种用法,它们都是常见用法。独用时,和汉语普通话"了"的用法相当,可出现在动词和它的宾语之间,如例⑦⑧⑨,可出现在动词和它的数量补语之间,如例⑩⑪,可出现在动词和它的时量补语之间,如例⑫,可出现在动补结构和它的宾语之间,如例⑬,还可以出现在形容词之后,如例⑭⑮,这两例的"哩"都在句末,因此,它实际上也兼有句末语气词"哩"的用法,是动态助词和句末语气词的融合体。和句末语气词"哩"在句子前后共现合用时,动态助词"哩"可出现在动词和它的宾语之间,如例⑯到㉑,也可出现在动词和它的补语之间,如例㉒,还可出现在联合式双音节合成词动词中间,如例㉓㉔㉕,或形容词中间,如例㉖,这种用法在汉语西北方言中我们尚未发现。

(3)"过"用在动词、形容词后面,表示曾经发生过这样的动作或者曾经具有这样的性状,和汉语普通话用法相同。请看例句。

㉗ "你挖过渠吗?""我自己没有挖过渠,可是我见过。"
㉘ 那个地方,是多候儿_{不论何时}天气没有热过。

2. 用"下"表示非主流位置上的"着、了、过"

所谓非主流位置,指"下"虽也出现在动词、形容词后,但该动词或形容词并不在全句谓语中心的位置上,而是出现在状语或定语的位置上,或该动词属于特定的某一谓语动词。分述如下。

(1)"下"出现在情态状语位置上的动词或形容词后,一般取代"着"。请看例句。

㉙ 爷爷呀,你头低下种啥的呢?
㉚ 丫头儿腰子勾下_{弯着},头头儿偏下望的呢。
㉛ 把手张下,光问向民人_{人民},大家收钱往出放报_{印刷报纸},但怕不对吧。
㉜ 他抻下脖子红下脸的,可又说哩一遍。

例㉙状语"头低下"表示"种"的情态。"下"用在"低"后,取代"着"。其他几例也是如此。

(2)"下"出现在限制性定语位置上的动词后,一般取代"过"。请看例句。

㉝ 我吃下的亏也不少。
㉞ 烧下的地方上烟还园冒的呢。
㉟ 他给来的客把达达_{爸爸}给他教下的军武曲子成几遍价唱哩。
㊱ 春花儿打房上把她六七年头呢睡下的碎小丝床拿下来哩。
㊲ 我踏的是列宁踏下的地面,我喝的是列宁喝下的泉水。

㊳ 爷爷打口袋子呢掏出来哩一把炒下的落花生。
㊴ 我们那候儿没见过你耍下的那个耍拉儿玩具。
㊵ 马蹄子踏下的窝儿上冰没冻掉。
㊶ a.他也是连我一达呢—同当下兵的人。
　　b.他是那候儿给我们在大学呢教下运动体育的瓦西里耶维奇人名。

　　以上九例，有两种情况。一种是"动+下"后不带宾语，如例㉝到㊵，另一种是"动+下"后带有宾语"兵""运动"，如例㊶。带有宾语的这一例很像汉语兰州话里的同类句式，差别是汉语兰州话的格式是"动+下+宾+的"，格式中的"宾"不能缺少，"的"后不能有其他词语，如"我连他学下手艺"我跟他学过手艺"。例㊶如果去掉句末的"人""瓦西里耶维奇"等，就跟汉语兰州话等同了。有一种看法认为，以上九例的"下"，并非对"过"的取代，而是可以做双重分析，"下"和"过"还是有各自的功能的。我们认为，说"下""过"二者仍各有其自身的功能，是对的，我们的意思也不是说"下""过"二者功能完全等同了，"下"完全取代了"过"。只是认为，由于"下"在某些句法位置上词汇义高度泛化，可以同时分别等同于若干具体词的词汇意义和语法作用，有的是一对多，有的是一对一。上述九例的"下"和"过"就是一对一的等同，这时，东干话的"下"等同于汉语普通话的"过"，"下"的词性是动态助词，只和汉语普通话的动态助词"过"相对应。这就是我们所说的"下"取代"过"，取代的条件是相同的句法位置。条件一旦变化，"下""过"仍是两个不同的词。请看下面两例中"过"被"下"取代的情况。

　　　　a."谁在部队里或者战前当过司机的，向前一步走。"我们过去当过司机的七个人，就向前跨了一步。（草婴，1981）
　　　　b."谁开过汽车，向前跨一步。"从前开下汽车的我们圈儿呢的七个儿出来哩。（哈瓦佐夫，1993）

　　a、b两例都是对肖洛霍夫俄文原著《ЖЫНДИ МИНЙYН》的翻译，a是汉语普通话，b是东干话。两例中的前一"过"用法相同，a的后一"过"和b的"下"用法相同，可以看作"过"被"下"取代了。这种取代，同我们对上述九例的看法是一致的。
　　"下"出现在限制性定语位置上的动词后，有时也可取代"着"。请看例句。

㊷ 她把每个画儿底下写下的字不打绊子的念的呢。

㊸ 果园子的傍个呢，就是一块子荒下的地。

㊹ 把拿白布包下的手看见，他把眼睛都睁圆哩。

(3)“下”出现在特定谓语动词“成”后，一般取代“了”。请看例句。

㊺ 那塔儿那里这候儿成下文明地方哩。

㊻ 就那个时候，马拉特人名连和沙里儿人名成下朋友哩。

㊼ 肖洛霍夫在世的时候儿，就成下乌鲁斯民人俄罗斯人民的喜爱作家哩。

㊽ 你看他瘦的成下啥哩。

少数情况下，谓语动词“成”后不用“下”，而直接用“哩”取代“了”。请看例句。

㊾ 老鸹乌鸦咋么价成哩黑的哩？

㊿ 他就像是赶早前高下哩，成哩个细条儿汉子个子人哩。

(4)有时“下”取代“着、了、过”，可能与它前边的动词的组合能力有关，而与“动+下”所在的句法位置无关。请看例句。

(51) 这个维斯塔夫卡展览会串连组织哩几个部分：这是雅•十娃子的翻译，他留下的作造创作遗产，盛搁刊登下着的杂样各种的诗文书带单另的。

(52) 迪娃儿人名把给下了的码子没算把留给他的数学作业没做。

(53) 头梳的光的连牛舔下过的一样。

3. 用“得”表示特殊情况下的动态

所谓特殊情况下的动态，指的是动作和状态的正然（正在发生）、刚然（发生不久）、即然（马上发生）几种情况。表刚然、即然的动作或状态时，句法结构上一般需要借助于表示时间的手段，如句中和时间相关的句法成分、助词或与该句时间相关的前出句、后续句等。汉语普通话中没有这种动态。分述如下。

(1) 动/形/名+得+哩。这一格式表示正然的动作或状态，即表示动作正在进行或状态在持续。确切地说，是指某一动作或状态开始进入实施过程。请看例句。

(54) 水滚得哩水(开始)沸腾起来。

(55) 月亮晌午端正晌午得哩，她们回哩家哩。

(56) 后晌黑得下午，天黑下来哩，春花儿的连手朋友也来哩。

(57) 傍亮子接近天亮，拂晓得哩，他把眼睛闭下，睡着哩。

这一格式有两个特点，一是它是下列相互等同的、平行的三种表达格式之一，即“水滚得哩”（东干话，a式）=“水滚的呢”（东干话，b式）=“水开着呢”（汉语普通话，c式）。可见，a式的“得”=b式的“的”=c式的“着”，它们作用相同，都是表示动作正在进行或状态在持续，即“得”和“的”“着”相当，都着眼于时段。二是格式中的“得”在表明动作、性状变化的过程中，往往和汉语普通话的某些与它相应的趋向动词、表示时间变化的副词用法相当，如例(54)“水滚得哩”等于“水沸腾起来”，例(56)“后晌黑得哩”等于“傍晚，天色渐渐暗下来”。也正因此，谓语中心语后都不能再出现补语，事实上，例中也都没有补语。

(2) 时间词+动/形/名（+哩）+补+得+哩。这一格式表示刚然的动作或状态，即表示动作、性状在不久前刚实现。请看例句。

(58) 送埋体送葬的人可价竟然，已经都走完得哩。

(59) 大儿子今年把大学念完得哩。

(60) 妈妈说“老鸹”，妮儿也随上说“老鸹”，就朝这么她们学完得哩。

(61) 把我的肋巴都已经挤坏得哩。

(62) 他在仗口上战场上可价参加哩傍近儿差不多一年得哩。

(63) 塞娃儿把葱一档子、一档子浇完得哩，把先前浇下过的地呢的一群老鸹看见哩。

(64) 一个娃娃打坡坡儿上往下跑的呢。他跑的，腿都绞住得哩。

(65) 熊娃儿好易儿打坑呢出来得哩，叫那个老熊一嘴头子可又拨下去哩。

(66) 这是么这不是么，一夏也完得哩，雁的膀子也好得哩。

(67) 这个青马驹儿可价两个月得哩。

这一格式有如下特点，一是句中都有表明动作在说话人说话前不久刚实现的时间标志。有的是用表已然的时间状语表示，如例㊺㊾㊿"可价"、例㊽㊻"都"、例㊼"今年指今年刚过去的某个时间"；有的是用前出句交代已然的情况，如例㊾；有的是在谓语动词后还同时带"哩了"，如例㊽。二是句中谓语动词后都有补语，大多是结果补语。如例㊺㊼㊾㊸"完"、例㊽"坏"、例㊻"住"，个别是时量补语或趋向补语，如例㊽"傍近一年"、例㊿"来"，而例㊽㊾的谓语"完、好"和"两个月"本身就带有结果补语、时量补语的性质。三是格式中的"得"和"哩"一样，都和汉语普通话中表动作、性状的实现的"了"相当。这种认定基于以下的事实，即它们都着眼于时点，表明动作、性状已经实现，可以和补语共容，因此，结构上常和句子补语同现，如本格式中"得"的全部例句（例㊺到㊿）都带补语，前述"哩"的例句（如例⑩到⑬）也带有补语。它们的不同之处是，"得"全位于补语后，"哩"的位置是有的在补语前（如例⑩到⑫），有的在补语后（如例⑬的"哩"在趋向补语"出来"后）。

（3）时间词+动/形（+宾/补）+得+哩。这一格式表示即然的动作或状态，即表示动作、性状很快就将实现。请看例句。

㊻ 牡丹花眼看开<u>得</u>哩。
㊼ 把我们眼看儿饿死<u>得</u>哩。
㊽ "卡德儿几时回来呢？""也就回来<u>得</u>哩。"
㊾ 我如今90岁哩，口缓_{去世}也到<u>得</u>哩。
㊿ 我的望想_{愿望}眼看满服_{满意，如愿}<u>得</u>哩。
⑺ 我好的呢，慢慢儿打的呢，给法希斯特教见识的时候儿到<u>得</u>哩。
⑺ 这是么_{这不是么}，到炮队跟前<u>得</u>哩，丢下一个基洛梅特尔_{公里}路哩，汽车可价_{已经}拧过去_{拐过去}哩。
⑺ 冬天我们只往前扑的呢—_{一直在进行反攻}，我连儿子一个儿给一个儿常常写信的工夫也没有哩。仗打完<u>得</u>哩_{战事就要结束了}，一天的赶早_{早晨}，在敌人的京城柏林跟前，我才给儿子打哩一封信。
⑺ 这是么_{这不是么}，1996年也收口儿_{结束}<u>得</u>哩。

这一格式有如下特点，一是句中都有表明动作或性状在说话人说话后不久即可实现的时间标志。有的是用表即然的时间状语表示，如例㊻㊼⑺"眼看"、例⑺⑺"也就""也"；有的是用前出句提示即然的情况，如例⑺"我好的呢，慢慢儿打的呢"；有的是用后续句补充即然的情况，如例⑺"丢下一个基洛梅特尔路哩……"，例⑲"爬上就回去哩"；有的

255

是表即然情况的前出句、后续句同时使用,如例⑦"冬天,……""一天的赶早……"。二是谓语中心语后有的例句带宾语,如例⑭"炮队跟前"、例⑯"口儿"、例⑰"学"、例⑱"穗"等,个别例句带补语,如例⑦"完"。多数例句不带宾语、补语。三是这一格式汉语西北方言如宁夏同心回民话(张安生,2000),甘肃山丹话(何茂活,2007),陕北有的县也在使用,但就整体来看,东干话中"得"的使用是呈系统的,即表正然、刚然、即然都齐全,而汉语同心话、山丹话就现今已知的情况来看,只表即然。

有时,这种表即然的"得"字格式还有如下变式。请看例句。

⑦ 这是么_{这不是么},眼看散得学哩。
⑱ 稻子眼看出得穗哩唳。
⑲ 那候儿我是个有好康健_{体魄}连大力量的小伙儿咪,喝多上_{喝多了酒}也罢,自已能回来。这么的事情也遇过:到得家呢哩,爬上就回去哩_{就要到家了,(却不会走了,)就爬回去了}。
⑳ 对头们眼看到得我们跟前得哩。

格式中的"得"字有了变化。例⑦⑱⑲"得"字由"哩"前移到了动宾之间,同时例⑱又在句末加了个语气词"唳"。例⑳中除原有的"哩"前的"得"以外,又在谓语动词"到"后添加了一个"得"字。

值得注意的是,有时上述"得"所表示的特殊动态格式"动/形+得+哩"可独立出现在句子定语的位置上。这时,该格式所表示的具体动态,有的可以判定,有的难以确说。请看例句。

㉑ 见哩开得哩的牡丹,头一个说的:"把这是啥花哒?!还不开!"第二个说的:"俊死哩_{好极了},眼看开得哩!"
㉒ 烂得哩的绿豆色裤子上的补丁也是将就补下的。

例㉑"开得哩",综合其后续句提供的信息可知,它是表示即然的动作或状态。例㉒出自东干族作家哈瓦佐夫的译文《人的命运》,该文译自肖洛霍夫的著名俄文短篇小说《Судьба человека》,中国草婴(1981)也有译文,他译作"破旧的草绿色的裤子上的补丁……"。这样看来"烂得哩"也就是"破旧的",它应是表示一个性状正在持续,即表正然的动作或状态。不知我们的推测是否正确。

4. 用"呢"表示将然、常然的动作或状态格式是"动/形(+宾/补) + 呢(+吗/噻/么)"

(1) 表示将然的动作或状态时，有以下几种情况。

A. 结构上常借助于表时间的手段，如句中与时间相关的名词、形容词、副词、助词或前出句。请看例句。

⑧ 明儿个我走城上去呢。
⑧ 丢下两个月哩，他把大学念完呢。
⑧ 杏花开哩，绿叶叶儿快就出来呢。
⑧ 麦子快就也黄呢。
⑧ 娃娃病下哩，找大夫呢，喝啥药呢，可还要找大夫呢。
⑧ 报上写的再有几天天气变呢。
⑧ 咱们一切还到一搭呢 还在一起呢。

以上七例都有表明动作或性状在说话人说话时尚未实现的时间标志。有的是用表未然的时间名词表示，如例⑧⑧"明儿个""再有几天"；有的是用表将然的形容词表示，如例⑧⑧"快"；有的是用表将然的副词表示，如例⑧⑧⑧⑧⑧"可""再""还""就"；有的是用前出句交代未然的时间，如例⑧"丢下两个月哩"，从而引出后分句的将然；有的是用前出句交代已然的事态，如例⑧"娃娃病下哩"，从而引出连续的将然。

B. 结构上常借助于表推断、评估、肯定的词语。请看例句。

⑨ 我思量的，宁折不弯的这个乌鲁斯，把啥都能背住，他跟前的那个人，也长大呢。我想，这个不屈不挠的俄罗斯人，能经受一切，而他跟前的那个孩子，也将在他父亲身边成长。
⑨ 只说是他成下唱家子呢，他成下因热捏尔 工程师哩。
⑨ "把礼信给咱们拿来不拿来噻？""拿来呢，一定拿来呢。"
⑨ 你长大，念开书哩，把你姐姐一定撂过呢。
⑨ "它们吃草草儿不吃噻？""吃呢么。"

上面例⑨"思量"表推断，例⑨"只说"表评估，例⑨⑨"一定"表肯定，例⑨"么"表当然如此。

C. 结构上常借助于表假设的"但 如果……，(就)……"。请看例句。

257

㊞ 但_{如果}不听话,阿奶变成雀雀儿飞掉呢。

㊝ (我思谋的:但)野猪再一抗,门门子就坏掉呢。那候儿没有我吃的好果子。

㊟ (家叫炸掉哩)地方_{院落}但在单另处嚓,我的光阴哈巴_{也许}也单另下呢_{如果院落在别处,我的生活也许是另一种情况。}

D. 表示疑问或反问。请看例句。

㊞ 真有这么个雀儿呢吗?
㊟ 他打那傍个来呢吗?
⑩ 你问我呢吗?
⑪ "那个事情你干呢嚓?""敢是好哩,咋可不干呢嚓。"
⑫ 拓图样_{照相}可怕啥呢嚓?

(2)表示常然的动作或状态,即在某一变化过程中,动作或性状按常理存在着,处在经常的状态。有以下几种情况。

A. 它有时表示将然的动作或状态,即该动态将常常如此。请看例句。

⑬ 我们回族连单另民族们都把你们的好心肠凡常_{经常}记忘牢记_呢_{将永远记着}。

B. 它有时表示"已然+常然"的动作或状态,即该动态常常既是过去的、已然的,又是经常的、共时的。请看例句。

⑭ 那一阵儿我的心呢几十把刀子搅呢。
⑮ 脚步踏错哩也打呢,没转好哩也打呢,望的不好哩都打呢。

这两例都是对往事的复述。"刀子搅呢""也(被)打呢"这些动态,虽已是已然,却又是事理的常态。例⑮出自东干族作家哈瓦佐夫的译文《人的命运》,该例的后分句"都打呢"的"呢",原版是"哩",今改作"呢"。这透露出作者对"呢"表示常然的动作或状态的用法的支持。

C. 它有时表示"已然+将然"的动作,即该动态常常既是已然的,又是将然的。请看例句。

⑩⑥ 说开子音_{指辅音}哩，口呢_里的气色_{气流}遇挡挂呢。
⑩⑦ 若要写口溜儿、口歌儿，要连人拉磨呢。要收集俗语、谚语、民谣，就要跟人聊天呢。

这两例中的"气色遇挡挂呢""要连人拉磨呢"，都既是对已然动作的复述，又是对将然动作的推断。

D. 它有时表示"已然+正然"的动作，即该动态常常是静态地、历时地存在着。请看例句。

⑩⑧ 钟在庙呢_里呢，声在外头呢。
⑩⑨ 尔萨兄弟，你也学的写小说，写小说的能够_{条件}你有呢。
⑩⑩ 上午人都歇缓呢。
⑪⑪ 不见他哩，我想呢，做完活，当窝儿_{当时}就想见他呢。
⑪⑫ 你说的啥？马驹儿的啥疼呢？
⑪⑬ 你们都知道呢，稻子爱的是水带日头。

（五）几个别具特色的介词短语

1. 由介词"往"构成的介词短语，在组合和用法上比较特殊

(1) 汉语普通话中"往"常和"里、外、上、前、后、下"六个方位词组合，充当状语。而在东干话中"往"不能和"里、外、上"三个方位词组合，这三个词要分别由趋向动词"进、出、起"取代。例如：

① 人往进走的呢。
② 水往进淌的呢。
③ 烟洞往出吐黑烟的呢。
④ 把贼寇往出赶！
⑤ 木材的价钱也往起涨的呢。
⑥ 地面上的潮气就连烟一样，往起起哩。

(2) 汉语普通话中"往"较少和"过、回、起"三个趋向动词组合，充当状语。而东干话中"往"经常和这三个词组合，充当状语。例如：

⑦ 打深山往过飞呢。
⑧ 打我们的门上往过过呢。
⑨ 净都都儿的粮食往回拉。
⑩ 将刚睡下就把我往起喊哩。

汉语普通话中没有这种"介词+趋向动词"短语做状语的"状+动"短语，而是用"动+补双音节趋向动词"短语来表达，即东干话的"（往+过/回/起）+动"=汉语普通话的"动+过来（去）/回来（去）/起来"。例如：

⑪ 打深山往过飞=打深山飞过来/过去。

（3）汉语普通话中"往"较少和"一般动词+里"组合，充当状语。而东干话中"往"经常这样组合，充当状语。例如：

⑫ 把少年往会呢里教。
⑬ 把对头敌人往掉呢追。
⑭ 把它们的妄想往开呢揭呢。

汉语普通话中这种说法一般采用"动+补结果"短语表达，即东干话的"（往+动+呢）+动"=汉语普通话的"动+补结果"。例如：

⑮ 把少年往会呢教=把少年教会。

上述（2）条中的"往+过/回"是个省略的多义结构，值得注意以下几点。
第一，"过""回"分别是"过来、过去"和"回来、回去"的省略。大约是由于和"往"组合的词一般多是单音节的，如"进、出、起、下、前、后"，所以受到这种单音节系统的制约，这里也采用了单音节的"过、回"。那么，"过"究竟是"过来"，还是"过去"呢？这要因说话人的向背而定，即向着说话人的就是"过来"，背着的就是"过去"。如："把那塔儿那里的东西往过拿｜把这塔儿的东西往过拿"，其中前者就是"过来"，后者就是"过去"。"回"也是如此。
第二，"往+过/回"是个多义等值结构。它一方面和汉语普通话中动补短语里的双音节趋向补语"过来、过去，回来、回去"等值，如上面（2）条所述，另一方面，它和"往+这/那塔儿"也等值。例如：

⑯ a.把这/那塔儿的东西往那/这塔儿拿。
　　b.把这/那塔儿的东西往过拿。
　　c.把这/那塔儿的东西往回拿。

例⑯a中的"那/这塔儿"和b、c中的"过""回"可以互换，句子意思不变。可见，"往+过/回"="往+那/这塔儿"。也可能正是因为"往+过/回"分担了"往+这/那塔儿"的一部分任务，东干话中的"往+这/那塔儿"用得比较少。

2. 用介词"到、从、打"加"……上"构成介词短语，表示对象、范围和原因

（1）"到+名词性词语+上"表示对象，即"对……来说"，出现在谓语中心语或主语前。例如：

⑰ 这么价的活到我们上太难哩。这样的工作对我们来说太难了。
⑱ 到我们每一个回族人上，《青苗》报成下调剂的呢。
⑲ 到你上，咋么价好哩，就那么价说去。
⑳ 到娃娃上调养家幼儿教师说下的话贵重的很。
㉑ 从今往后我到书上对学习攒劲努力呢。

有时，"到"字可以不出现。例如：

㉒ 你要哪个号数的钥匙呢？我给你取，一个手找去用一只手去找你上难些儿。
㉓ 尕丫头，娃娃园子呢幼儿园把谁你们爱？你们上谁好？
㉔ 步行走起，他上吃力吧？
㉕ 把我的苦曲子穷人爱听，我的曲子他上亲，就像母亲。

（2）"从+这个+上"表示范围，即"从这方面来说"，出现在复句的后分句或句组的后一句前面。例如：

㉖ 口传文学到调养培养娃们上有大情由作用呢，从这个上把它叫的是民人人民的调养学教育学。

261

㉗ 若要懂得它们的意思，把口溜儿、口歌儿上的话要懂明白呢。<u>从这个上</u>不容易给这个书上挑拣使用的口溜儿、口歌儿。

（3）"打+这/那个+上"表示原因，即"由于这/那个原因"，出现在句组的后一句前面。例如：

㉘ 先前我们抱哩鸡娃子哩，可是这个事情没成……<u>打这个上</u>，把我们的四十千_{四万}鸡蛋哈坏掉哩。

㉙ 今儿我们的师傅_{老师}说的，起黑风呢。就<u>打那个上</u>，把我们早些放开_{提前放学}哩。

㉚ 他在城上当的因热捏尔_{工程师}做活的呢，活多的一面儿_{因工作忙}，家呢回来的也少。就<u>打这个上</u>，媳妇儿也没心在家呢站停留哩。

㉛ 一遍_{一回}奶奶的病犯哩，女大夫扎哩针，守哩一晚夕，奶奶缓好哩。就<u>打这个上</u>，奶奶家呢的人把她信服的很。

㉜ 猫娃儿可价_{已经}那么大哩。得道_{可能}是主人教调的来哩么，得道是本分就是那么个么，这个猫娃儿又灵泛，又贵气。就<u>打这个上</u>一家子人都爱它。

有时也用"打这么"，例如：

㉝ 娃们要的呢，上树雕_{松鼠}溜磨的吃杏子的呢。娃们把它看见的呢，可是装的个不打拨_{没注意}。就<u>打这么</u>它惯完_{习惯}哩，也不害怕人哩。

（六）"们"字的用法

东干话中"们"的用法很宽泛，有的和汉语普通话相同，有的和它的源头方言相同，有的和近代汉语相同，有的是东干族西迁后的变化。

1. "们"表示群体时，不限于只放在指人的名词、代词后

请看例句。

① 普希金凡常_{经常}扶帮_{帮助}哩年轻写家<u>们</u>_{作家们}哩。
② 穷汉<u>们</u>的婆姨_{妻子}<u>们</u>做下的吃喝有味道，自己<u>们</u>长的也体面。
③ 《孟姜女》曲子里头唱的是民人_{人民}<u>们</u>打哩万里长城的为难带和颇烦_{忧愁，烦恼}。

④ 全世界的无产阶级们，归一联合起来！
⑤ 我们回族连和单另别的民族们都把你们的好心肠凡常常常记忘记着呢。
⑥ 它们指野牛和野羊是连手朋友们。
⑦ 野牲们各种动物打树林呢森林里乱都往出往外跑脱哩。
⑧ 财东们把娃们的失笑可笑故事们看的，心宽下哩。财东们看到孩子们的可笑事儿，心情好起来。
⑨ 她把很些子写家们的作品们都念哩个过儿都读完了。
⑩ 给十娃子东干族著名作家也赏过奥尔坚勋章带和梅达利奖章们。

以上10例"们"都表示群体。例①②"写家们""穷汉们""婆姨们"都和汉语普通话相同。"自己们"在汉语西北方言中似乎不使用。例③④⑤的"们"放在集合名词"民人""无产阶级""民族"后，汉语中是不这样说的。例⑥到⑩"们"放在动物名词"野牲"、非生物名词"故事""作品""奥尔金带灭达利"后面表示群体，这应是东干话的某些源头方言如汉语兰州话或某些近代作品如《老乞大》《朴通事》等中的用法的传承。例①⑥"写家们""连手们"出现在宾语里，这在汉语普通话中一般不用，因为"们""具有表示'定指'的语用意义"，"汉语主语倾向于表示已知或确定的人物，宾语倾向于表示无定人物"。（黄伯荣、廖序东，下册，2007，9页）同理，下文例⑬也是如此。

2. "们"表示群体时，它前面的名词可受表示数量的词语修饰这些表示数量的词语有的是模糊的，有的是具体的

（1）模糊数量+名（+们）。请看例句。

⑪ 几个老婆子们在台沿子上坐的呢。
⑫ 卓娅连一把子娃们折扎骚扰对头敌人去哩。
⑬ 今年巴外格外的凉快，十呢顾呢偶尔碰见几个洗澡的娃们。
⑭ 把很些子法希斯特们打死哩。
⑮ 好少的人们都来哩。
⑯ 他家呢来哩二三十个姑娘带和儿娃子男孩子。

模糊数量一般用"很些子""一把子一群""好少很多""几个"等表示。"模糊数量+名+们"可做主语，如例⑪⑫⑮；可做宾语，如例⑬；可出现在

263

介词短语里,如例⑭。例⑯中"们"字没有出现。
(2) 具体数量+名(+们)。请看例句。

⑰ 三个娃们洗澡来哩。
⑱ 这四个穷汉们大家出钱买哩做席的材料哩。
⑲ 四个娃娃念书去哩。

例⑰⑱中"们"字出现,例⑲中"们"字不出现,这两种情况在东干话中并存。例⑰中"三个娃们"是表示确定数目的"三个"后面又加"们",这在汉语普通话中一般也不用。例⑱也是如此。

3."们"的其他用法
(1) 东干话中的甘肃话有两个"你们",所指不同。请看例句。

⑳ 主人礼让客人时:
a.你们(都)吃!(表群体)
b.老王,你们吃!(表敬称)

例⑳a"你们"是第二人称复数,"都"可隐去,但大多出现。例⑳b"你们"是表示单数敬称的"您",这是从俄语"вы"既可以表示第二人称复数"你们"也可表示单数敬称"您"学来的。表示"您"时绝不可以出现"都"。

(2) 东干话中的陕西话"你的""你们"并存,都表示群体。请看例句。

㉑ 主人礼让客人时:
a.你的(都)吃!
b.你们(都)吃!

例中的"你的"="你们",可能"你的"较多用,"都"可隐可现。
(3) 东干话中的陕西话有时也用"你们"表示敬称的第二人称单数"您"。请看例句。

㉒ "海车儿娘姨母,进走,你们到房呢",乍给巴连海车儿娘一搭呢一同进哩房呢哩。

㉓ "你们喝茶,娘娘姨母。阿妈,你也喝茶"。乍给巴女人名把海车儿连她婆婆让的。

这两例出自东干族陕西籍新渠村一位女作者的同一篇文章。例中"乍给巴"是儿媳妇,听她的话的人一个是她家的客人海车儿姨,另一个是她的婆婆。这两例中她都对姨母敬称为"你们您"。

4. *存疑*

以下三例有些费解。

㉔ 这个娃们赶比他们指富人的财帛强的几十来子几十倍。
㉕ 给他还赏哩这个指奖状哩,再给一个娃们都没赏。
㉖ 巷子呢连一个娃们都没有的。

例㉔出自东干话教科书中的一篇故事《真宝》,意思是说四家穷人家的孩子比那家财东的财帛要强过几十倍,是"真宝"。"这个娃们"指四家穷人家的孩子,表群体,即"这些娃们"。"个"只有等于"些"才能和"们"搭配。例㉕出自东干族语言学家,例㉖出自东干族女作家,这两例句式相同,句中的谓语都是"受事+动作"的主谓短语,受事有周遍性,前面带"一",动词前面有"没","一"和"没"前后呼应,有往小里夸张的意味。这就是说,这两例中"一个娃们"里的"一个"确实是单数。那么,后面的"们"绝不能再表群体。"们""么"同音,都读[mu],那么,是"一个娃么"吗? 但是"么"不出现在这种位置上。(参见本章"语气词"部分中"么"的用例,例⑤、例㉑到㉔、例㊴到㊶) 那么,"们"就是个摆设了。这个问题有待商讨,姑且存疑。

5. "们"偶尔做构词成分

例如,东干族把侦探叫"探们"。

(七)"的"字的用法

东干话的"的"音[ti],作为单字存在时,读轻声,连读时,读平声、上声。它是个多元词性在历史的大时空背景下交汇积淀的融合体,可用作助词、语气词、动词、形容词、副词、介词,可附在某些谓词后补足音节,可用在两个数量短语中间表示相乘、分数,可用在人称代词后表示复数。它已高度泛化。分述如下。

1. 用作结构助词、动态助词

(1)"的"做结构助词,和汉语普通话的"的""地""得"相当。

A."的"用在定语后或构成"的"字短语,有时还可用在称谓词后作为领格。请看例句。

① 他是我的朋友。
② 初一的五月 指公历5月1日。
③ 姑娘的跳舞。
④ 连朋友离别哩的之后,我走掉哩。
⑤ 一千九百四十二年的五月初四他去哩世哩。
⑥ 学堂的房子比再的别的大。
⑦ 他是一个表话的播音员。
⑧ 爷爷领孙子来哩,孙子没在家呢。邻居女人给老汉说的:"妈妈的他妈妈往拉格里夏令营上送他去哩。"
⑨ 拉姐儿女孩名把罐罐儿拿上出去哩,妹妹也跟上姐姐的她姐姐出哩。
⑩ 卡德儿把哥哥的他哥哥(的)样式看见,颇烦忧愁唓哩忧愁极了。
⑪ 进哩房呢,把睡的着着的孙女看见,不由他失笑哩。

上面例①到⑤"的"都是定语的标志,只是例②③的定语都在"的"后,例②日子在前、月份在后的语序是仿照俄语的,例③是东干族著名作家十娃子的一首诗的标题,已由俄语先日后月的语序泛化为一般"定+中"短语的语序了。例④"的"前面有"哩",后面有"之",例⑤"的"加在年、月中间,这些都是"的"的常见用法。例⑥⑦"再的""表话的"都是"的"字短语。"的"字短语的特点是概括性强,构造简便。东干人原本都是中国陕甘地区的贫苦农民,多是不识字的,西迁后遇到很多事物尤其是新事物无法称说,"的"字短语给他们提供了很大的便利,像例⑦那样,于是,"的"字短语数量大增。他们还用"的"字构造了一大批"短语词"用短语形式称说的名词,如"做活的衣裳工作服""缝衣裳的车车子缝纫机"等。例⑧⑨⑩是"的"字用在称谓名词"妈妈""姐姐""哥哥"后面,表示第三身领格,如"妈妈的",即"他妈妈"。东干话的源头方言如汉语陕北绥德话(黑维强,2003),神木话(邢向东等,2012,192页),以及兰州话(王森等,1997)中仍有这种用法。它们都源于近代汉语,如《型世言》(3回):"希图丈夫的背地买些与他。那周于伦如何肯?"其中"丈夫的"就是"她丈夫"。例⑩中

"哥哥的"处在"样式"的定语的位置上,"哥哥"后的"的"和定语与中心语之间的"的"合二为一,既表第三身领格,也是"样式"的定语标志。例⑪中"着着"后的"的"也是如此。

　　B."的"用在状语后,和"地"相当。请看例句。

⑫ 我快快的往出舀哩水哩。
⑬ 她忙忙的走掉哩。
⑭ 说到这儿,他猛猛的停住哩。
⑮ 火车紧的飞的呢,连蛇一样。
⑯ 你忙的做啥呢嗼?
⑰ 咱们孽障的见过啥嗼。
⑱ 喜鹊嘉啦啦的飞掉哩。
⑲ 铁大门夸拉拉的响脱哩。
⑳ 双套马可力气的拉的呢。
㉑ 我们把他的很几个诗文当曲子的唱哩,把他的小说当戏的耍哩。

　　上面例⑫到⑰六例都是形容词做状语。例⑫到⑭三例是单音节形容词重叠使用,这种情况很常见,它们后面大多都有"的"。例⑮⑯是单音节形容词"紧""忙"做状语后有"的",这种情况不是很多,这里的"的"也可以理解为动态助词"着"。例⑰是双音节形容词"孽障"做状语,后面一般要有"的",这种用例也不多。例⑱⑲是拟声词做状语,后面一般要有"的"。例⑳㉑是动词短语"可力气""当曲子""当戏"做状语,后面一般也要有"的"。汉语普通话中,例㉑是不能有"的"的。

　　C."的"用在补语前,和"得"相当。请看例句。

㉒ 她的嘴唇凉的连石头一样。
㉓ 我把苇糊子小船拨的走脱哩。
㉔ 火车走的太慢的很。
㉕ 鹿跑的快。

　　上面例句中的"的",都一定要有。
　(2)"的"做动态助词,和汉语普通话的"着""了"相当。
　A."的"表示"着",出现在以下四种格式中。
　第一,用在动宾中间,构成"动+的+宾"。请看例句。

㉖ 他拿的着三个书 ｜ 我们的乡庄呢住的4700人。
㉗ 她的身上穿的桃红衫衫儿,脚上穿的黑明鞋。

第二,用在宾语后面,构成"动+宾+的+呢"。请看例句。

㉘ 学生们做啥的着呢? 他们念报的呢。
㉙ 把一切心劲费上,他发展咱们的文明文化的事情的呢。

第三,用在连动句的第一个谓语动词后面,构成"动+的(+宾)+动(+宾)"。请看例句。

㉚ 一个恶狼迎的着他来哩 ｜ 丫头儿指头儿指的,脖脖儿偏的说是:看,我说对哩么。
㉛ 他跑的着看去哩萨,癞瓜儿青蛙在海纳花儿跟前蹲的着扇的歇荫凉的呢。
㉜ 雪还没消净呢,头一个喜鹊儿可价已经报的信来哩。
㉝ 拿的萝卜上山呢,给山大王进的菜财来哩。

第四,用在谓词语后面,构成"动/形(+补)+的+呢"。请看例句。

㉞ 把领下的工钱一个不使唤都拿回来的呢。
㉟ 我还当是你把我忘掉哩的呢。
㊱ 你看,它嘴呢挈的啥?——鸭娃儿! 打爪爪儿上咬住的呢。
㊲ 这个事情娃们早早儿就商量下的呢。
㊳ 他们在树底下耍的呢。
㊴ "你好的呢吗?""我好的呢。"

B."的"表示"了"。请看例句。

㊵ 她们恭喜来哩,给娃娃拿的了各式各样的衣裳,鞋鞋儿。
㊶ 诗:管家劝你要听话,耍钱轱辘赌博亏的了婆姨妻子娃。
㊷ 他比我小的了十几岁,赶买燕大的了二十五。
㊸ 鸭娃儿缓过来哩,嘴些薄稍微张开的了些儿,爪爪儿上烂的了些儿。

值得注意的是，上面例㉜㉝两例的后分句也是连动句，其中第一个谓语动词“报”“进”后面的“的”也和“着”相当，但在汉语普通话中这种句法位置上不能出现动态助词“着”，动词“报”“进”也不能带动态助词“着”。（黄伯荣，1998）例㉞到㊲中的“拿回来”“忘掉”“咬住”“商量下”都是表已然的动补短语，那么，表示说话瞬间的现在时的语尾“的呢”，又怎么能和表已然的动补短语相结合呢？龙果夫为我们做出了回答。他说：“此时的语尾‘着呢’已经不是关于动作本身而是关于在说话时已经完成了的动作的结果的存在。”（1958，106页）他所说的“着呢”就是我们例中的“的呢”。汉语普通话中“着”不能这样用。

2. 用作语气词

“的”做语气词，表示“的确如此”的肯定语气，可用在否定句或肯定句句末。请看例句。

㊹ 三个打水的巴士牙水塔都没做活的都坏了，水没有的。

㊺ 这塔儿这里杂样各种的雀儿也有呢。可是他总没料想在这儿见鹌鹑的。

㊻ 明儿明天出来日头的，你信服不信服？

3. 用在两个数量短语中间，表示相乘或分数

㊼ 表示相乘：五个的五个是二十五个。五五二十五。

㊽ 表示分数：六个的一个。六分之一。

4. 用在人称代词“我、你、他”后，表示复数

请看例句。

㊾ （主人劝众客人吃饭时，说：）你的你们（都）吃。

这是陕西籍东干人的说法。例中“吃”前的“都”可有可无，如果出现“都”更能证明“你的”是复数。据我们所知，东干话的源头方言，如中国陕西西安、商州、户县等二十多个县市的广大关中方言区现在仍这样说。（孙立新，2001，2007b；张成材，2009）

5. 补足句法空位，充当句法成分

（1）用作动词或形容词，做补语。

“的”做补语，主要出现在一般谓语中心语或连动句的第一个谓语动词后。请看例句。

(50) 猛猛的突然间他听的到，见鹌鹑叫唤的呢。

(51) 老汉听的门响哩下儿。

(52) 儿子看的到，见妈妈给他带哩个笑脸。

(53) 他等的到孙女睡着，走掉哩。

(54) 把山呢的野牲动物们他也算的成他自己的。

(55) 买燕人名顶的上100人。

(56) 他把我打发的上叫买一把新鲜花呢。

(57) 一把子一群娃们没等岁数满，递的上状子志愿书，也当兵去哩。

(58) 路上但看见馍馍渣儿紧赶拾的赶紧拾起来，叫雀雀儿吃去。

(59) 这些娃们赶比财东的财帛强的过几十来子几十倍。

(60) a. 她把身上穿的脱的下来撂掉哩。

b. 现在我给你把我的电话写的下来，出来，一下你记下，以后咱们再商量。

(61) 把麦子打的下来，掉喂哩牛哩。

(62) 他把（湿的）烟棒棒儿一个一个价摆的出来，好晒下哩。

(63) 达达父亲做活去哩。他们把达达希希儿几乎打活上等不的来哩不能等来了。

(64) 借的旁人的娃娃赌咒呢，不心疼。

以上例(50)到(64)“的”的使用情况如表4-17所示。

表 4-17

功能 取代的词及使用频率 中心语	补语			
	结果补语	趋向补语	数量补语	可能补语
	22次	9次	1次	1次
动词（16个）	上（8次） 见（4次） 到（5次） 掉（2次） 成（1次） 好（1次）	起来（2次） 下来（3次） 出来（3次） 来（1次）	一下（如例(60)b）	能（1次，如例(63)）
形容词（1个）	过（1次，如例(59)）			

由表4-17可知，“的”有较强的取代、简化和泛化作用。所谓取代，就是当“的”在语义上不能和它前面的中心语搭配，但在句法结构上却有补语的句法空位时，“的”往往出现，抢占这些空位，取代相关词，并承担这些词的语义、语法作用。所谓简化，就是某些单音节词或双音节词可用固定的单音节的“的”表示。所谓泛化，就是它的使用范围宽泛，汉语普通话某些句子的相应位置上不一定或不能出现补语（如上例(64)中“借”的后面），但“的”却往往可以出现。

（2）用作介词“到”“向”，构成介词短语，做补语。请看例句。

(65) 有的口溜儿、口歌儿没变卦，款款儿完整地在从人的口呢传说的到如今咱们的光阴上哩。

(66) 我把她搡哩下，她手抻的可又扑的向我来哩。

(67) 野猪吱儿的一声端端扑的老虎去哩。

上面例(65)“的”=“到”，用在“传说”后，与“如今咱们的光阴上”构成介词短语，做处所补语。例(66)“扑的我”=“扑向我”，介词短语“的我”充当对象补语。东干话中没有介词“向”，“的”在这里顶替了“向”。例(67)也是如此。

（3）用作副词“都”，做状语。请看例句。

(68) 十四家子人们的都得到帮助哩。

(69) 人们的把客人们高兴的接迎哩。

(70) 把你们的好处给人们的表说哩都讲述了。

这三例是在同一篇报道中见到的，作者是东干族陕西籍新渠村人。我们猜测“的”可能是“都”的音变。

6. 补足音节空当，使语句节奏和谐有以下三种情况

（1）用在谓语中心语和趋向动词中间，构成“动/形+的+趋向动词单音节或双音节”。请看例句。

(71) 丫头儿二折拧返回跑的来哩。

(72) 把靴子打我的手呢刁抢的去哩。

(73) 劳乍女孩名这候儿也跑的回来哩。

(74) 老汉打炕上慢慢儿翻的起来，问的：……

(75) 你把花摘的来，给谁端赠送呢？

(76) 他迎的去，把枪、野鸭都接上哩。

(77) 老汉没忍住，撵的去领孙子去哩。

(78) 叫人家撵的来骂嗰哩骂坏了。

(79) 快拿的去种上去。

(80) 把学生们一下都叫的来！

(81) 你把菜里头的草草儿拣的出来。

(82) 第二天赶早早晨可又飞的来哩一双黑雀儿。

(83) 停哩两天，那个上树雕儿松鼠可又领的来哩一个上树雕儿。

(84) 他们哪怕打发的来10个媒人也罢，事情不得圆圆满。

(85) 这些古今儿都是打古代的时候儿传说的来的。

(86) 天气凉的来哩。

(87) 民人人民的光阴生活一年赶比一年好的来的呢。

(88) 给请的来的人端赠送哩礼信礼品哩。

这类“动/形+的+趋向动词”的用法，我们收集到60例，这里选用18例。其中见到双音节动词“打发”（例(84)）、“传说”（例(85)）、“调教”三例，见到形容词“凉”（例(86)）、“好”（例(87)）两例，见到双音节趋向动词“回来”（例(73)）、“起来”（例(74)）、“出来”（例(81)）等共五例。总体情况如表4-18所示。

表 4-18

分布	“的”的分布			“的+趋”的分布				所在句	
	“趋向动词单音节”前		“趋向动词双音节”前	句或分句后	连动句V_1后	宾语前	做定语	陈述句	祈使句
	“来”前	“去”前							
	34（57%）	21（35%）	5	40（66.6%）	13（22%）	5	2（如例(88)）	48	12
	（92%）		（8%）	（88.3%）		（8.3%）	（3.3%）	（80%）	（20%）

由表4-18可知：

A. 从句法成分的分布来看，“动/形+的+趋向动词”是个头重脚轻的不稳定结构。以谓语中心语为分界，它前面是主语、宾语指前置的“o”、状语诸成分的密集区，这就构成了“头重”。它后面是趋向补语，而且大多（占92%）是单音节的“来”“去”，宾语很少（占8.3%），如例㉜到㉞，而且陈述句句末一般有语气词“哩”，如例⑪⑫⑬，而分句句末和祈使句句末一般都不出现语气词，如例⑭到⑯、例⑲到㉑，这一切就构成了“脚轻”。造成这种“头重脚轻”的深层原因，是东干话及其源头方言长期受到的中国西北众多少数民族语言“SOV”语序的深刻影响。

B. 从音节结构的分布来看，“动/形+的+趋向动词”中的“的”成为稳定谓语中心语后结构平衡的重要手段。为了顺畅地实施话语交际，就需使该格式“头重脚轻”的现状得到平衡，但该格式的语义是完足的，不需要也无法加入某个句法成分，因此只有补足音节。补在哪里？当然首先是音节缺口大的地方，也就是“动/形”后单音节趋向动词“来”“去”前，其实这也是唯一的空当。这就是表4-18中“的”92%的高分布率的原因。

“的”还有一种隐形而流动的音节补偿用法，更值得关注。由于轻声、弱化，“的”和它的变体“者/昂”等语音含混，在一定条件下很容易和它前面的谓词发生融合而成为一个音节。在汉语兰州话、酒泉话、西宁话等东干话的源头方言中都能见到这种情形。例如“把桶子提来”这句话，汉语兰州话要说成“把桶子提者来”，汉语酒泉话、西宁话要说成“把桶子提昂来”。但由于轻声和声短韵长，“者/昂”很容易丢失声母，变成[ε/aŋ]，而[ε/aŋ]就会和它们前面的动词“提”发生融合，成为“提”的含混的拖音，语速加快时，拖音消失，就形成了“提”的变韵，即[提+者/昂+来]→[提+ε/aŋ+来]→[t'iε/t'iaŋ来]。这种变韵现象只能存留在口语中，一旦进入书面语，它就得恢复为原来的动词，因为汉字无法表示变韵，这就意味着“的”及其变体在原格式中的消失，即新格式“V+趋向动词”产生。东干族甘肃籍伊尔代克村就存在这种现象。

基于上述原因，该格式中的“的”是音节符号，没有词汇义。因此，不应做下述理解。不应把它理解成用在动词、形容词后表动作或性状的实现的“了”，这样理解在陈述句中能够说通，因为陈述句是表已然的，但在20%的祈使句中就说不通了，因为祈使句都表未然。也不应该由于“的+来/去”在一些句中正好和“过来、过去”（如例㉝⑰）、“回来”（如例⑪）、“起来”（如例㊱）的词义相当，就误认为“的”=语素“过、回、起”。因为如果可以这样理解的话，那么“的+出来”（如例㉑）、“的+回来”（如例⑬）、“的+起来”（如例⑭）中的“的”算什么语素呢？什么也不能算。其实，语素“过、回、起”和“来、去”前的“的”的有无无关，即使前面没有“的”，句中的“来、去”和“过来”“过去”“回来”“起来”中的哪一个双音节趋向动词相对应，一看句子，便会知道，因为句中含着相关的对应信息。可见，"的"不是语法成分，不表语法意义，只是音节符号。

值得注意的是，有时"的"还会用在并列动词之间，把它们从音节上间隔开来，引导人们注意其间的逻辑关系。例如：

⑧⑨ 没停半个时辰，她可价_{已经}在从孔托尔_{管理处}上去的来哩_{去并返回来了}。

例句中的"去的来"表示递进关系"去并且回来"，和汉语普通话的"讨论并且通过"之类的句法结构相当。

（2）用在几个特定动词和宾语之间，构成"说/问/写+的+宾"。请看例句。

⑨⑩ 列宁说的："学呢，学呢，还要学呢。"
⑨① 你嫂子一拿晚儿_{一直}说的我不行的呢。
⑨② "那么，谁给你教哩噻？"她可_又问的。
⑨③ 墙高头写的：到埃克扎缅_{考试}丢下20天哩。

这种格式中的"的"，极为常见。宾语也可放在主语前，如例⑨②。目前还没有见到不用"的"的情况。我们推测，这个"的"可能是"道"的音变，可能是近代白话作品中同类格式的遗留。如《金瓶梅词话》中"西门庆……笑嘻嘻央及说道：'怪小油嘴儿，禁声些！'"（13回10页a）

（3）附在谓词后，这种用法较少见。请看例句。

⑨④ 叫太阳给娃娃凡常_{经常}照的。
⑨⑤ "爸爸_{伯伯}，跑！""跑的做啥呢？"我问的。

上面例⑨④是六一国际儿童节时东干报纸上一篇文章的标题。其中"照的"，就语义来看，也可写成"照照"，但由于东干话动词不能重叠表尝试或短时，所以又不能写成"照照"，而单音节的"照"音节上又无法自足，所以只好借用"的"来补足；也可不用"照的"，写成"照（给）一下"。例⑨⑤"跑的做啥呢"中的"跑"，也是个单音节词，它后面如果空缺一个音节是绝对不行的，而要填补这个音节，恐怕还不像例⑨④那样有选择余地，这里只有借用"的"来补足。

有时，"的"附在句末的谓词后，既表肯定的语气，也有补足音节的作用。请看例句。

⑯ 那塔儿热<u>的</u>,你们棚底下耍来。
⑰ 劳拉儿_{女孩名}把熊娃儿_{玩具熊}抱的紧紧的唱脱哩：
　叫蓝天凡常有<u>的</u>,
　叫太阳凡常照<u>的</u>,
　叫阿妈凡常在<u>的</u>,
　叫我凡常高兴<u>的</u>。

(八)"价"字的用法

东干话中的"价"是个常用字,是东干话源头方言的传承,来自近代汉语。它既是结构助词,也是后缀。分述如下。

1. "价"用作结构助词"地""的",主要出现在状语后,零星地出现在定语后

(1)"价"用在状语后,表示状语的多种特定的方式。
A. 用"一A一A价"表示按次序进行。请看例句。

① 女人把家伙_{器皿}一个一个<u>价</u>都洗哩。
② 客人们一个一个<u>价</u>都上哩炕哩。
③ 他把润湿的烟棒棒儿一个一个<u>价</u>摆的晒下哩。
④ 你把醋一瓶子一瓶子<u>价</u>折_{分装}开。
⑤ 斑鸽儿一对儿一对儿<u>价</u>在丝杆_{电线杆}上落的呢。
⑥ 大夫给我一点儿一点儿<u>价</u>给哩吃的哩。

如果"一A一A"后不用"价",则表示"一个接一个、连续不断"。例如：

⑦ 把马打圈呢一个一个吆出来哩。
⑧ 你们把桃子一个一个揪的往筐子呢搁。
⑨ 他们把葱一档子一档子浇完哩。

B. 用"数量(+名)+价"表示"用……的方式""按……计划"进行。请看例句。

275

⑩ 把客人一个<u>价</u>往进让。

⑪ 一个<u>价</u>数清点口袋。

⑫ 把底下的话两个<u>价</u>两个一组两个一组地往正正确确呢念。

⑬ 把两个<u>价</u>给音的字用两个字母构成复元音的字写出来。

⑭ （东干话中有）四个母音字韵母两个<u>价</u>用两个字母给音构成复元音的呢，再的其他的一个<u>价</u>用一个字母（构成元音）。

⑮ 娃们把梨三个<u>价</u>每人按三个拿哩。

⑯ 核桃一欻子一串儿<u>价</u>三个<u>价</u>也结的呢。

⑰ 今年一月安算的两个报<u>价</u>出呢。今年计划一个月按两次出报。

⑱ 今年我们安算的至少八九利特尔升，公升<u>价</u>挤奶子呢。

⑲ 一日三顿<u>家</u>馈他饱饭吃。（《朴通事》，24页）

例⑲是近代汉语的用法，"价"写作"家"，二者用法相同。

C. 用"（成+）时间/数量+价"，表示时间长、数量多。请看例句。

⑳ 教员们成半夜<u>价</u>不睡觉，思谋调养培养，教育娃们的路数办法哩。

㉑ 黑雕老鹰成一天<u>价</u>在栏杆上蹲的呢，看鸡娃儿的呢。

㉒ 雨一晚夕<u>价</u>成夜地下的呢。

㉓ 娃们成一晚夕<u>价</u>念书的呢。

㉔ 姑娘成一赶早整个早晨<u>价</u>巧打扮的呢。

㉕ 斑鸠儿一赶早<u>价</u>早早地就乱叫唤脱哩。

㉖ 娃们成一天<u>价</u>整天地洗澡的呢。

㉗ 一个渠一年<u>价</u>整个一年挖的人都当不住经受不住。

㉘ （春天到哩），户家农民们一天成几遍<u>价</u>看哩自己的特拉克托尔拖拉机哩。

㉙ 碎小娃高兴哂哩高兴极了，把军武曲子成几遍<u>价</u>唱哩。

（2）"价"有时用在定语后，对定语有强调的意味。请看例句。

㉚ 我的命苦：一个<u>价</u>人，回哩家哩，没人问。

㉛ 他娘娘姨母是一个<u>价</u>人独自一人。

㉜ 一个<u>价</u>人的日子难过。

㉝ 这几个贼汉们，一日吃三顿<u>家</u>饭，每日家闲浪荡做甚么。（《朴通

事》,175页)

例㉝是近代汉语的用法,"价"写作"家",二者用法相同。

2."价"用作代谓词"咋么价、这么价、那么价"的后缀,这种代谓词只能做状语和定语

"价"的这种用法和带后缀"个"的代谓词的语法功能既对立又互补。(参看本章中的"代词"部分)

(1)带"价"类代谓词做状语。请看例句。

㉞ 门门儿咋么<u>价</u>开的呢?
㉟ 咋么<u>价</u>能叫稻子早熟十五天?
㊱ 把哈人坏人咋么<u>价</u>能说个好人?
㊲ 大家就这么<u>价</u>把存花儿夸的呢。
㊳ 这么<u>价</u>永世我还没高兴过呢。
㊴ 就这么<u>价</u>我们连黑圈呢的羊一样,整整熬哩一晚夕。
㊵ 谁还那么<u>价</u>笑呢嘛。
㊶ 他们就那么<u>价</u>干哩。
㊷ 咋么好哩,就那么<u>价</u>说去。

(2)带"价"类代谓词做定语。请看例句。

㊸ 这么<u>价</u>的人少。
㊹ 你见过这么<u>价</u>的男人没有?
㊺ 这么<u>价</u>的好汉子多。
㊻ 他穿过那么<u>价</u>的衣裳。

这类代谓词做定语时,它后面都一定有标记词"的"出现,这从一个侧面说明"价"只能是代谓词的后缀。这和用作结构助词出现在定语后且本身就等同于"的"的"价"(如上例㉚到㉜)是不同的。

(九)强调任指的"是"字句

这种句子的结构特点是,句中都有表示强调任指的"是"字短语——"是+疑问代词",即"<u>是</u>谁、<u>是</u>啥、<u>是</u>咋、<u>是</u>哪塔儿、<u>是</u>多候儿"。使用情况如下。

1. 大多出现在单句的否定句中有如下五种情况
(1) "是谁"，强调所指范围内的任何人。请看例句。

① 没人等我，没～接迎_{迎接}。
② 那一晚夕，不往外头放～。

(2) "是啥"，强调所指范围内的任何事物。请看例句。

③ 人生养下，也没拿来～；人无常_死哩，也没拿上～走。
④ 回族口传文学的～材料没有存攒下。

(3) "是咋"，强调所指范围内的任何情况。请看例句。

⑤ 他～_{无论怎样}要把石城子观一遍。

(4) "是哪塔儿"，强调所指范围内的任何地方。请看例句。

⑥ 我～也不去。
⑦ 研究回族口传文学的事情，那候儿的世界上～都没唻。

(5) "是多候儿"，强调所指范围内的任何时候。请看例句。

⑧ 你们把早前给你们给哩知识的贵重教员们～都夒忘哩。

2. 有时出现在复句的偏句中，表示无条件关系
(1) "是谁"，强调不管任何人。请看例句。

⑨ ～无论谁照上列宁的光，他的心宽可郎_{胸怀}大。

(2) "是啥"，强调不管任何东西。请看例句。

⑩ ～吃上些，快走唦。_{不论什么东西吃上一些，就赶快走吧。}

(3)"是多候儿",强调不管任何时候。请看例句。

⑪ 你～不论什么时候来,我都接迎。

3. 这类"是"字短语当它们处在单句的主语、状语或复句的前分句的位置上时,后面的部分可以不用"都、也"做呼应

这和汉语普通话是不同的。请看例句。

⑫ 这种花是谁不看。
⑬ 世界上只有人俊,是啥它们俊不过人。
⑭ 是多候儿她没剩到单另学生们的后头。
⑮ 你是咋观风景不上算。不论怎样,你只(为了到那里)看风景都不合算。
⑯ 是啥衣裳拿上成呢。不论什么衣裳拿上都可以。

4. "是"字短语,可以充当多种句法成分

"是谁""是啥"可以充当主语,如例⑨⑩⑫⑬,可以充当宾语,如例②③。"是谁"还可以充当兼语,如例①。"是啥"还可以充当定语,如例④⑯。"是咋"充当状语,表示条件或情况,如例⑤⑮。"是哪塔儿"充当状语,表示处所,如例⑥⑦。"是多候儿"充当状语,表示时间,如例⑧⑪⑭。"是谁"也可以出现在定语之中,如例⑰,也可以带定语,如例⑱⑲,还可以做介词的宾语,如例⑳。请看例句。

⑰ 我可价竟然,已经到哩是谁没占的地方上哩。
⑱ 但如果不喧黄闲聊没有人一下说口溜儿、口歌儿的是谁。
⑲ 给家呢的是谁都没说遇下的事情。
⑳ 这个话给是谁都不能说。

(十)插入语

东干话常见的插入语有以下几种。

1. 用得最频繁的是"这是么、那是么"之类,意思相当于现代汉语的"这不(是么)""那不(是么)",表示指示,作用都是引起对方注意,但字面表述很不一致

(1)"这是么""那是么"。它们用得最多。请看例句。

① <u>这是么</u>,这就是卓娅,今年17。
② <u>这是么</u>,毛姐儿今年四岁哩,还不会走。
③ <u>这是么</u>,可价已经到哩秋天哩。
④ 一个重炸弹端端的跌到我的地方宅院上哩。<u>这是么</u>,眼睛一眯啥都没有哩。
⑤ <u>这是么</u>,他把大学也念掉哩,成下因热涅尔工程师哩。
⑥ 毛姐,<u>那是么</u>,你看那是谁?
⑦ <u>那是么</u>,娃娃在沙子上耍的呢。
⑧ <u>那是么</u>,舍夫儿来哩。

(2)"这不是么""那不是么"。请看例句。

⑨ <u>这不是么</u>,他们的骑车子自行车。
⑩ <u>这不是么</u>,他来哩。
⑪ <u>那不是么</u>,早四年头呢,娘老子就把我的书禁掉哩。
⑫ <u>那不是么</u>,斧头在树跟前呢。

(3)也用"这不叫么"。请看例句。

⑬ <u>这不叫么</u>,打哩春哩,穷人们也愁下哩。

2. 用"听话""说是"表示消息的来源
请看例句。

⑭ <u>听话</u>据说,他明儿个走莫斯科瓦呢。
⑮ <u>听话</u>,那个丫头把牡丹太爱的很。
⑯ <u>说是</u>世上运气多,就像大河,在满各处儿到处淌的呢,谁都能喝……

3. 用"看来的呢很明显""明事情""要说呢值得说的是"表示肯定和强调
请看例句。

280

⑰ <u>看来的呢</u>,不在少的姑娘都把伊斯海儿太爱的很。

⑱ 我把枪牙子捏给哩下。野猪吱喽儿的一声扑的我来哩,<u>明事情</u>,我把野猪没打死。

⑲ <u>要说呢</u>,这个事情你嫑忘掉哩。

4. 用"你知道呢"突显事物的某一点

请看例句。

⑳ (把油_{指黄油}也给我给哩一点儿,)拿油<u>你知道呢</u>,光把嘴唇子抹哩下。

㉑ 我们里头的一个想出去走后_{解手}呢,守不住哩,哭脱哩,把门敲脱哩。我们的禀性,<u>你知道呢么</u>,咋么个?有的笑的呢,有的待耍笑的给他教杂样的方子的呢。把法希斯特惹躁哩,照住门放哩几枪……

五、语 序[①]

东干话的语序很特殊,受事成分常常放在谓语前,状语常常放在主语前,状语内部的语序大多和汉语普通话相反,宾语和补语之间的某些语序、连动句中某些连动成分的语序、兼语句中某些兼语的语序、称呼语的语序也都和汉语普通话存在较多差异,等等。这里拟就这些问题进行描写和探讨。

(一)宾语常常放在谓语动词前面

汉语西北方言的整体句子格局是,宾语(特别是由短语充当的宾语)或者说受事成分往往直接放在谓语动词前面,或被介词"把""给"或"把""给"共用,提到谓语动词前面。[②]因此,汉语西北话中双宾语句很罕见,无宾语句倒较常见。这不是表达的需要,而是受西北诸如藏族、蒙古族、东乡族、保安族、撒拉族、土族等众多少数民族语言"SOV"语序总格局的长期制约所致。作为汉语西北方言次方言的东干话当然也是如此。请看

[①] 参见王森《东干话的语序》,《中国语文》2001年第3期。本文刊发后,又陆续发现了一些新的现象,补充调整后,成为本文现在的内容。

[②] 关于介词"把"和"给"的使用,我们对苏联作家肖洛霍夫的著名俄文短篇小说《Сдьбачеловека》的两种译文做过统计。草婴的汉语普通话译文《一个人的遭遇》(《苏联文艺》1981年第5期)中用"把"79次,用"给"31次;吉尔吉斯斯坦东干族作家哈瓦佐夫的东干话译文《人的命运》(《咱们的文学》(教科书),第6册,1993年)中用"把"365次,用"给"66次。由此可知,"把""给"的使用,东干话分别约是汉语普通话的5倍和2.1倍。

例句。

① <u>这个报</u>回族人念的呢,<u>广播</u>他们听呢。
② 给他们<u>工钱</u>出的呢。
③ 他把<u>回答</u>给给哩。
④ 他倒哩一盅子酒,给<u>我</u>给给哩。
⑤ 给<u>我们</u>把<u>衣裳</u>给给哩。

上述各例的宾语,有的直接前置,如例①"这个报""广播"、例②"工钱";有的频繁使用"把""给"前置,如例③"回答"、例④"我"、例⑤"我们""衣裳"。它们都是名词性的。此外,还有一种现象值得注意,就是当宾语是谓词性短语时,更要让它前置。前置的办法是,先在该短语后面加"的",把它变成"的"字短语,再用"把"将它前置。请看例句。

⑥ 把<u>我呢心里咋难受</u>的,她也不思量。
⑦ 大家把<u>桌子站不稳</u>的都看来哩。
⑧ 把<u>连跟他几时遇面</u>的,我盼哩哩 盼望极了。

上述三例中被"把"前置的部分去掉"的"后都是谓词性短语,例⑥是形容词性短语,例⑦⑧都是动词性短语。从结构上看,例⑧是偏正短语,例⑥⑦都是主谓短语。这种情况在东干话中比较普遍,可能反映了东干族西迁前汉语陕甘话的有关语法现象。

有时候,在兼语句中,兼语后面那个动词的宾语也被放在句首主语的位置上。例如:

⑨ <u>畜生</u>不叫打。

例中,"畜生"是"打"的宾语,主语没有出现,是意念中的"大家"。全句意思是"大家都不能打畜生"。

(二)各种成分中,状语的语序和汉语普通话差异最大

这主要表现在以下方面。

1. 状语和主语之间的语序

东干话和汉语普通话都有一些状语放在主语前面,二者的差别在于,

东干话的状语非常活跃,放在主语前的条件要宽泛得多。很突出的一点是,由各种介词短语或一般词语充当的状语,都可作为正常语序放在主语前面。这种语序和汉语普通话正好相反。请看例句。

⑩ 把这个事情你躲不过。
⑪ 打后头法希斯打我们的呢。
⑫ 拿自己的显眼作品他把咱们祖国的名声提高哩。
⑬ 给主人家谁也没说啥。
⑭ 连话我都说不出来哩。
⑮ 为啥松树绿的呢?
⑯ 照住门法希斯放哩几枪。
⑰ 头低下他坐的呢。
⑱ 才刚才咱们吃哩么,你们的肚子想达_{难道}可又饥哩吗?
⑲ 成一天价他在房上吆的耍鸽子的呢。
⑳ 我想连_跟她说几句话呢,高低_{无论如何}嘴张不开。
㉑ 周围喝楞倒腾的_{拟声词},汽车声汽车跑的呢。

上述各例中放在主语前的状语都只有一个。其中例⑰"头低下"是主谓短语,例⑱⑲⑳"才""成一天价""高低"是副词,例㉑"喝楞倒腾"是拟声词,其余都是介词短语。有时候主语前面还可以出现好几个状语。请看例句。

㉒ 替人们 把一切活机器做的呢。
㉓ 这么家 永世我还没高兴过呢。_{我一辈子还没这么高兴过呢。}
㉔ 天天 连我他睡的之前拉磨_{闲谈}的呢。
㉕ 这 就 连住他跑哩三四回。

例㉒㉓㉔主语前都出现了两个状语,例㉕出现了"这""就""连住"三个状语。

有时候,状语放在表示任指的"谁"所充当的主语前。例如:

㉖ 你们看,我飞的多高,这么价谁都没飞过呢。

例中"这么价"是"飞"的状语,这里它向前跨了"没""都"两个状语,

283

放在了主语"谁"的前面。

还有时候，甚至谓词性宾语的状语也可放在主语的前面。例如：

㉗ 把自己的高兴她没心不想在心呢装。她不想把自己的高兴藏在心里。

例中主语"她"前的"把自己的高兴"是"没心"的宾语"装"的状语，这里放在了主语"她"前。

2. 多个状语之间的语序

多个状语之间的语序，在肯定句与否定句中有所不同，而在强调式中和在肯定句、否定句中又有不同。

（1）在肯定句中，多个状语之间的语序的总的倾向往往与词语的音节结构有关，即单音节词紧靠在谓语中心语前，介词短语或其他多音节词语在单音节词前，介词短语在其他多音节词语前。几个单音节词连用时，形容词在副词或能愿动词前。这都和汉语普通话的语序正好相反，具体有以下五种情况。

A. 单音节词充当的状语往往紧靠在谓语中心语前，介词短语或其他多音节词语充当的状语往往都要放在单音节词前面。这些单音节词一般是能愿动词和副词、代词等，如"要、能、会、太、也、就、都、还、刚、再、可、咋、今儿"。这种语序是大量的。请看例句。

㉘ 给他要找奶子呢。

㉙ 家呢还有哥哥呢。先给哥哥要娶媳妇呢。

㉚ 若要把丫头儿看好，往病院呢要搁呢。

㉛ 光亮把地上也能照亮。

㉜ 叫我替你也高兴一下。

㉝ 车太难走，我们打车上就跳下来，步行走脱哩。

㉞ 他打城呢刚[tɕiaŋ]来。

㉟ 但如果想起来，难受的，心打嘴呢里都出来呢。

㊱ 你们在哪呢都跑的呢嚛？

㊲ 人家的达达父亲在世上还活的呢。

㊳ 我是乌鲁斯俄罗斯兵嗨，为对头敌人的得胜胜利咋怎么喝喝庆功酒呢？

㊴ 把这个地方咋叫的阿拉斯兰包波？

㊵ 他比一切娃娃今儿来的早。

㊶ 我但走掉，你一个人要过日子呢。

㊷ 我趴仆子脸向下可又躺下哩。

㊸ 把教课作业时候上按时要做呢。

㊹ 他说的：咋么价要安算计划过光阴呢应该怎么计划着过日子。

有时候单音节词前面还出现不止一个介词短语。例如：

㊺ 家呢的一切活她做的呢，到学堂呢来，给教员的啥问题 上把回答还能给上。

㊻ 把学下的知识 往市面上要干呢。

㊼ 打他的诗文上，把早前的为难光阴生活，把这候儿的富足光阴能看出来。

㊽ 把他 光在高山的大石头根呢，他做乃玛子祈祷的地方能打死。

由以上各例可知，放在单音节词前的状语大多是各种介词短语，像例㊶“一个人”、例㊷“趴仆子”、例㊸“时候上”、例㊹“咋么价”那样的多音节词语要少得多。

B. 有的介词短语或多音节词语充当的状语可以向前跨越几种成分。请看例句。

㊾ 把工钱领上，连跟朋友们就想喝些呢。

㊿ 她们唱下的曲子是：咋么价儿女要孝顺父母的呢儿女们应该怎么样孝顺父母。

例㊾“连朋友们”应是“想”的宾语，同时也是“喝些儿”中的“喝”的状语，这里它向前跨越了全句的谓语动词“想”及其状语“就”两种成分。例㊿“咋么价”应是“孝顺”的状语，这里它也向前跨越了状语“要”和主语“儿女”两种成分。

C. 介词短语充当的状语往往要放在多音节词语前面。请看例句。

(51) 长虫说的：“我把哈坏人一定拘缠，勒死。”

(52) 仗口上战场上我们往前只是扑的呢只是向前冲。

(53) 有一下有时，连鬼钻到心呢的一样，吼吼的恶声恶气的，打活上但是回来要是从干活儿地方回来，她给你一句哈话难听的话都不说。有时候，就像鬼钻到心里了一样，情绪很坏，要是下班回来，就恶声恶气的，可是这时候妻子她对你还是一句难听的话都不说。

有的介词短语还可以向前跨越几个多音节词语。例如：

(54) 我太爱春花的很，有一天我把她但是要是偷的看不上，回来连吃的都吃不下去。

D. 几个单音节词连用时，单音节形容词充当的状语往往要放在单音节能愿动词或副词前面。请看例句。

(55) 今年的稻子早能熟能早熟12～13天。
(56) 我们还多要盖要多盖工厂呢。
(57) 娃们乱都喊都乱喊的呢。
(58) 叶叶儿快就出来就快出来呢。

有时候单音节形容词还可以跨越到两个单音节副词前面。例如：

(59) 麦子快就也黄也就快黄呢。

E. 两个单音节副词连用时，语序也多和汉语普通话相反。请看例句。

(60) 那么价那样的古今儿故事人们肯经常都说都经常说。
(61) a.那里肯都放卡尔霍兹集体农庄的羊。
b.城呢的人肯在这条河呢都钓鱼。
(62) 从这个上从这方面来说，回族口传文学太就富足就太富足，俊美，巧妙。
(63) 单另的客人也没有，光就是就只是他们四个人。
(64) 鸽子连亲妈妈一样，冷哩，鸡娃儿都就钻到鸽子膀子底下哩。
(65) 进哩学堂，他把颇烦忧愁就像忘掉哩，回到家呢他把高兴可又就忘掉哩，可就思量哩无常的妈妈哩。

(2) 在否定句中，如果谓语中心语前有能愿动词时，否定副词“不，没，覅别，不要”充当的状语必须放在能愿动词前，这和汉语普通话是相同的，如“把你们的好心肠不能忘”。个别情况下“否定副词（+能愿动词）”也可放在介词短语前，这时语序也和汉语普通话相同，如“事情没打我思量下的话上来｜书本子呢里不能把老古今儿故事除掉"。但是一般情况下，当谓语中心语前没有能愿动词时，否定副词"不、没、要"就总是紧靠在谓语中心语前面，而其他词语充当的状语总在该否定副词前面。这和汉语普通话的语序正好相反，存在较多差异。这些放在否定副词前的状语大致有如下七种情况。

A. 表示轻度否定时，程度副词"甚"和"很"的重叠式"很很的"要放在否定副词前。请看例句。

⑥⑥ 我的窗子甚不高不太高。
⑥⑦ 他甚不会不太会种洋芋。
⑥⑧ 水很很的不热不太热。
⑥⑨ 绳子很很的没扎好。

有时候"甚""很很的"后面否定副词前面还可以出现别的状语，如"咋怎么""也"等。例如：

⑦⑩ 我的头这候儿甚咋呢不疼哩不怎么太疼了。
⑦① 有的人光看的呢，东西甚咋呢也不买也不怎么太买。
⑦② 稻子很很的也没熟好也没太熟好。

有时候，"甚+没"还专门出现在连动句的第一个动词V_1"有"或兼语句的第一个动词V_1前。例如：

⑦③ 我们那扎儿那里，冬天甚没有活儿做不太有活儿做。
⑦④ 我们穷的很，甚没衣裳穿。
⑦⑤ 这塔儿这里的馍馍甚没人买不太有人买。

例⑦③⑦④是连动句，例⑦⑤是兼语句。句中"甚"后的"没"是否定副词，意思是"不"。"没"后的"有"是连动句的第一个动词V_1，它可省去，如例⑦④⑦⑤。因此，"甚没（有）"="不太有"。

B. 表示部分否定时，范围副词"光、都、全"或其他表示范围的词语，以及表示时间频率的词语，要放在否定副词前。请看例句。

⑦⑥ 光要瞧不要只是看哩，要干呢。

⑦⑦ 光没不只在一个乡家户方面上有机器呢，一切的地方上有呢。
⑦⑧ 儿子全哩没步行的没有全部自己步行，多一半子在我的背子肩膀上骑的呢。

有时候"光""都"后面否定副词前面还可以出现状语"也"。例如：

⑦⑨ 城堡城镇上光也不是也不只是有哩回族学生哩，也有哩工人哩。
⑧⑩ 谁把你夸奖，都也不是也不都是好的；谁把你骂，都也不是哈坏的。

其他表示范围的词语，如"（满）各处儿到处"等做状语也要放在否定副词前。例如：

⑧① 定定儿安安静静地坐下，满各处儿耍跑哩。
⑧② 我一个人不跑不一个人跑，把他也要带上呢。

表示时间频率的状语如"天天、肯经常"也要放在否定副词前。例如：

⑧③ 我的娘娘姨母家连我们的家近的很也罢，我也天天不去。我姨母家虽离我们家很近，可是我也不天天去。
⑧④ 我们家呢里他肯不来不常来。

C. 表示处所、方向、对象、协同、方式等的介词短语都要放在否定副词前。请看例句。

⑧⑤ 偷菜蔬的贼，在园子呢里不睡。
⑧⑥ 事情打我思量下的上没来。没有向我想的那方面发展。
⑧⑦ 你往前耍去。
⑧⑧ 他高低无论如何在到我跟前不来。
⑧⑨ 她给男人没给钱。她没给她丈夫钱。
⑨⑩ 人给对人不报恩一个人如果对给他施恩的不回报，他连跟牲口一般。
⑨① 问家呢不要钱。不向家里要钱。
⑨② 把肉没打上，就回哩家哩。
⑨③ 你们连他们耍相好别跟他们友好。
⑨④ 好男人带女人跟女人不骂仗。

㉕ 我的心照那么没跳过没像那样地跳过。

D. 副词"白，可再，又，再，才，胡"，形容词"多"，代词"这么价、那么价"，还有"一下""一搭呢"，都要放在否定副词前。请看例句。

㉖ 白站住宿下财帛的富汉，白不养一个穷汉。能叫有钱人来家白住，也不白养活一个穷人。

㉗ 喝醉的时候她但是嚷她要是跟我吵闹，第二天我可不喝醉吗能不再喝醉吗?

㉘ 多么为难也罢，他把自己的事情总不丢手，这才不是这不才是好大夫吗?

㉙ 这两个娃娃啥活儿上都参加的呢，把书念的也好的很。——这才不是好娃娃么。

⑩ 你再胡夔说别胡说哩，跟上我走就对哩。

⑪ 他忙的呢，你在他家多夔坐哩别多坐。

⑫ 我多不要，装给五六口袋，谁看来呢嗙?

⑬ 他那么价说呢，可那么价不干不那样干。

⑭ 哎哟，你那么价不说哩。

⑮ 他一下没到跟前，站的远远儿的听的呢，临后到哩跟前哩。

⑯ 达达带妈妈一搭呢一起不住哩，闹哩家务哩。

值得注意的是，像例⑪⑫那样放在否定副词前的单音节形容词似乎只有"多"，其他的形容词都必须先重叠或构成短语后才能这样用。例如：

⑰ 这个尕娃把书好好不念。

⑱ 你定定儿安安静静地不坐，跑啥的呢!

⑲ 在冰上快快儿/快些儿/快快些儿夔走哩。在冰上不要快快地走。

"再"可单独放在否定副词前，也可在它和否定副词之间再带一个介词短语。例如：

⑳ 对哩，再夔哭哩别再哭了。

㉑ 你们乱再夔吼哩别再乱喊了。

㉒ 我再 拿脚不踢再不用脚踢馍馍哩。

289

⑬ 给他赏哩这个_{指奖状哩}，<u>再</u> 给一个娃们 都没赏。

有时，"再"放在陈述句或疑问句的否定副词前，可表示轻微的反问。例如：

⑭ 明儿赶早_{明天早晨可还}来呢，来哩你<u>再</u>不耍么_{你不会再玩么。}
⑮ "姐姐，鸽娃儿但飞掉不来哩哪？""飞掉哩叫去。咱们给你<u>再</u>不买一个吗？_{我们不会给你再买一个吗？}"

E. 范围副词"都"和代谓词"咋"在否定副词前有两个位置，既可紧靠在否定副词前，也可再自由前移。请看例句。

⑯ 他们把一个人往过<u>都</u>不放。
⑰ 馍馍给你<u>咋</u>没给唦？
⑱ 两个鹌鹑<u>都</u>往远处儿没飞。
⑲ 你们<u>咋</u>把他没喊起来唦？

例⑯⑰"都""咋"紧靠在"不""没"前，例⑱⑲都移到了介词短语前，而例⑯⑰的相应位置上也同样有介词短语"往过""给你"，可见，"都""咋"的位置是很随意的。

F. 由单音节副词、多音节词语、介词短语等充当的依次递加的多个状语，也要放在否定副词前。请看例句。

⑳ <u>把儿子 再耍</u>吓下哩。（我已屡次受到战争的惊吓了）别再把儿子也吓着了。
㉑ 为啥<u>把这个事情 给我 早些儿</u>不说唻！为什么不早点儿给我把这个事情提出来呀！

例⑳中的三个递加状语在汉语普通话中的语序应是"别₁—再₂—把儿子₃……"，这里东干话的语序却是"把儿子₁—再₂—耍₃……"，二者正好相反。例㉑中的四个递加状语的语序也是这样。

G. 有时候介词短语充当的状语还可以向前跨越几个或几种成分。请看例句。

㉒ 我<u>在到他们家呢</u>再不去哩。

⑫㉓ 他们家呢（把姑娘）给我们的儿子还没心不想给。他们家里还不想（把姑娘）许配给我们的儿子。

例⑫㉒"在他们家呢"应是"去"的状语，这里它向前跨越了"不"和"再"两个状语。例⑫㉓"给我们的儿子"应是"没心"的宾语，同时也是"给"的状语，这里它也向前跨越了全句的谓语中心语"没心"及其状语"还"两种成分。

以上七种语序中，A、B两种语序所表达的意思都正好和汉语普通话相反，即A中表示"轻度否定"的语序正好是汉语普通话中表示"深度否定"的语序，B中表示"部分否定"的语序正好是汉语普通话中表示"全部否定"的语序。①C、D、E、F、G五种语序虽也和汉语普通话的语序相反或差异较大，却不涉及基本语义的不同。

(3) 强调式语序。这是另外一种语序。它与词语的音节结构无关，而是为了语用，为了突显某个状语的表达作用或它的某个义项，因而使它前置或同时伴以重读。有以下几种情况。

A. 单音节形容词的重叠式"AA（的）"做状语时，表程度深，为了突显这种作用，在多个递加式状语中，它一般要放在其他状语前面。请看例句。

⑫㉔ 你快快的要往大呢长呢 ｜ 你多多儿要吃些儿饭呢。
⑫㉕ 再浇开葱哩，要把枪拿来呢，（把老鸹）好好儿的要惊一下呢。
⑫㉖ 把一个长虫搁到匣匣儿呢，慢慢儿才找哩第二个哩。
⑫㉗ 她就连像猛猛的猛然间叫火子儿火星把脚烧哩的一样，跳哩两个掌子。
⑫㉘ 乖乖儿你给我把洒壶搁下！

上面例⑫㉗中形容词重叠式"猛猛的"后面有"叫火子儿"和"把脚"两个介词短语，如果按照词语的音节长短及其结构排序的话，介词短语通常要放在其他词语前面，这里没按那个规律，而是把"AA（的）"式"猛猛的"放在前面，就是为了突显它加深程度的表达作用。例⑫㉘更典型，"乖乖儿"居然位于句首，它后面不但有两个介词短语"给我"和"把洒壶"，而且还有主语"你"，同时"乖乖儿"重读，全句又是表命令的感叹句，表程度深

---

① 这种情况有例外，如下面的例句就和汉语普通话的意思是一样的，"我的脑子全哩不做活哩完全不能思考了 ｜ 她全哩不像自己哩完全不像她本人了"。这种情况或许反映了这种句式的演变轨迹。

291

的语用效果得到完美的体现。

B. 在连动句或复句中,后一个谓语动词V₂的多个状语中的一个,为了突显它的作用,有时也会把它放在前一个谓语动词V₁前面或主语前面。请看例句。

⑫⑨ 娃们把见下的回来给大人们说哩。
⑬⑩ 慢慢儿的一个鸭子领的一群鸭娃儿打毛树墩墩儿那呢洑上来哩。
⑬① 老远呢但如果看见主人,就把脖子伸的长长的迎上去哩。

例⑫⑨V₂"说"的状语之一"把见下的"放在了V₁"回来"前面,例⑬⑩V₂"洑"的状语之一"慢慢儿的"放在了主语"一个鸭子"前面,例⑬①是复句,后分句的谓语动词"迎"的状语之一"老远呢"放在了前分句句首。这都是为了突显它们的语用效果。

C. 副词"顶"表示程度最高,"还""越"表示程度有所增加,"才"表示"刚才",等等,为了突显这些义项,它们都离开所修饰的谓词而前移,放在了相关状语前面。请看例句。

⑬② 伊玛佐夫:
 a.他顶工作的好。
 b.他顶说的好。
 c.他顶来的早。
⑬③ 那个蝴蝶还更比咱们的花儿都俊比咱们的花儿都更美。
⑬④ 艾莎还比我的毛姐儿孽障可怜。
⑬⑤ 把这个话听见,女人越更哭的声大哩。
⑬⑥ 日头这呢落掉,吆驱赶我们的人越兴更加把我们赶的紧哩。
⑬⑦ 他还又得道不知说哩个啥,你记的呢唛没有嘛?
⑬⑧ 我才刚才头呢前头喊呢,你们的面儿都没有的。
⑬⑨ 学生们,这个字这么要写呢要这么写呢。

上述例⑬②"顶"表示程度最高,例⑬③到⑬⑥"还""越""越兴"都表示程度增加,和"更"相当,它们都应分别紧靠在它们所修饰的"好""早""俊""孽障""大""紧"前面;例⑬⑦"还"表示动作继续,和"又"相当,应紧靠在它所修饰的"说"前面;例⑬⑧"才"表示"刚才",它应紧靠在它所修饰的"喊"前面；例⑬"这么"应放在它所修饰的"写"前面。但现在，这些状语都离开它们所修饰的谓词而前移，有的放在别的状语前面，如例⑬⑬⑬⑬，有的放在别的成分前面，如例⑬放在"工作、说、来"前，例⑬放在"哭的声"前，例⑬放在"得道"前。例⑬"越兴"本来应在谓语中心语"赶"后"紧"前，现在前移到了"赶"前的状语前面。

3. 在兼语句中，兼语后的谓语动词V_2的状语可以放在兼语前的谓语动词V_1前面

这和汉语普通话正好相反。请看例句。

⑭ <u>往星宿星星上</u>叫飞呢。
⑭ 大家劝说的着，<u>深山呢里</u>没叫她哭。大家劝说着，没有叫她在深山里哭。
⑭ 毛姐儿四岁哩，还不会走。一回在城上的一个大夫跟前去，<u>把丫头儿</u>叫看哩。
⑭ 太阳把光都洒给牡丹哩，<u>还</u>更叫花儿旺。

例⑭的意思是"叫某人往某星球上飞"，"叫"后面的兼语即"飞"的施事者被省略了，"往星宿上"应是V_2"飞"的表方向的状语，却被放到了V_1"叫"的状语位置上。例⑭"深山呢"即"在深山里"，也应是V_2"哭"的处所状语，这里也被放到了V_1"叫"的状语位置上。例⑭"把丫头儿"也应是V_2"看"的状语，这里也被放到了V_1"叫"的状语位置上。同理，例⑭中V_2"旺"的状语"还"，也被放到了V_1"叫"的状语位置上。

4. 宾语、补语是谓词性短语时，它们的状语可以放在谓语动词前面

请看例句

⑭ <u>尖啦啦的</u>只听的到她说的呢。
⑭ 他把鸽娃儿<u>越</u>更抱的紧哩。
⑭ 你比他<u>还</u>长的大呢。

例⑭"尖啦啦的"是宾语中"说"的状语，例⑭"越"是补语"紧"的状语，例⑭"还"是补语"大"的状语，现在它们都分别被放在了谓语动词"听""抱""长"的前面。

5. 状语后置

比起状语种种复杂的前移的情况，状语后置的情况要简单得多，有以

下两种情况,都是为了强调谓语动词的动作性。

(1)后置的状语都是介词短语。请看例句。

⑭⑦ 赛赛儿_{人名},起来<u>打冰地下</u>!凉下呢么!
⑭⑧ 快走<u>打这塔儿_{这里}</u>,我害怕呢。
⑭⑨ 他但看见那个猫,那就哼断_{呵斥}脱哩:滚<u>打这儿</u>!
⑮⓪ 你阿达_{父亲}拿上哩吗,<u>把钱</u>?
⑮① 为啥你给给叫他吃上呢,<u>把我找下的馍馍</u>?

前三例的谓语动词后都没有语气词和语音停顿,与后置状语连得很紧;后两例的谓语动词后有语气词"吗""呢"和逗号,与后置状语连得不紧。

(2)在兼语句或连动套兼语的句中,前面动词V₁的否定副词充当的状语后置于后面动词V₂前面。请看例句。

⑮② 他乏哩么,叫他<u>不</u>缓一下吗?
⑮③ 他把对头踢的跌倒哩,叫他<u>没</u>起来,可又踢哩一脚。
⑮④ 为啥咱们把燕鸡儿_{燕子}搁到房呢<u>不</u>叫住下,啊?

上面例⑮②的后分句是兼语句,其中"不"是V₁"叫"的状语,例⑮③的第二个分句也是兼语句,其中"没"是V₁"叫"的状语,例⑮④是连动套兼语句,其中"不"是V₁"搁"的状语,现在它们都分别放在了V₂"缓""起来""叫"的前面,做了V₂的状语。

(三)宾语和补语的语序,有如下五种情况和汉语普通话不同

1. 趋向补语"开"放在宾语后,和汉语普通话正好相反

请看例句。

⑮⑤ 猫娃子落<u>泪</u>开哩,老鼠的心疼呢。
⑮⑥ 啥时候兴<u>啥</u>呢,兴<u>啥</u>开哩,啥快呢。
⑮⑦ 我的心发<u>嘲</u>开哩。

从上面例句可知,其中的宾语"泪、啥、嘲"都是单音节词。当然,东干话中也有"开"紧靠动词的,如"吃开高田_{水果}哩,把栽树的人嫑忘掉

哩"。在今中国甘肃会宁也是这两种语序并存,如:"天下开雨了 ｜ 天下雨开了"。

2. 趋向补语"起"放在宾语后,也和汉语普通话正好相反

请看例句。

⑮⑧ 连跟这个碎小娃呢上路起难的很。跟这个小孩儿走起路来实在太困难。
⑮⑨ 开铺子起开起铺子来也难呢。
⑯⓪ 仗里边战场上的情况给你说啥起呢给你说上些什么呢,你自己也见哩,知道呢。
⑯① 信上光写的我好的呢,那么再写啥起呢再写上些什么呢?

从上面例句可知,这类句子的宾语"路、铺子、啥"也都是单个的词。这种语序在汉语西北方言中仍存在着,但大多是"起"和"去"同音,出现格式相同,语义复杂,不易区分,值得深入研究。(参见本章"动词"部分中的"'去'的用法")

3. 双音节趋向补语有两个位置

(1) 宾语是无定宾语时,排序是先补语后宾语。请看例句。

⑯② 他打筐子呢拿出来哩两个大红果子。
⑯③ 他打鸡圈呢提出来哩两个死鸡娃子。
⑯④ 哥哥捞出来哩两条子鱼。
⑯⑤ 飞的来哩三个鸽子。

上面四例中的宾语都是定中短语"数量+名",它是无定的,都在补语后面。前三例的补语是"出来",后一例的补语是"的来",其中的"的"是音节符号,无词汇义,(参见本章中的"'的'字的用法"部分)"来"和"过来""出来"相当,需依具体语境而定。

(2) 宾语是有定宾语时,排序是先宾语后补语。请看例句。

⑯⑥ 猴儿拾这一个豆子起来,把手呢的二十来个豆子扬掉哩。
⑯⑦ 猴儿拾这些子豆子起来,把手呢的一满全部的豆子扬到地下哩。

上面两例中的宾语都是定中短语"指代词+数量+名",它是有定的,都

295

在补语"起来"前面。笔者另举出一例:"娃娃,你拾起来这些豆子",伊玛佐夫认为这个句子不正确,将其改为"你把这些豆子拾起来"。由此可知,有定宾语不能放在双音节趋向补语之后。

4. 程度补语"很"放在宾语后,汉语普通话中没有这种语序

请看例句。

⑱ 碎娃们_{小孩子们}太喜爱普希金的很。
⑲ 我太爱开汽车的很。
⑳ 心爱的,我太想你的很。
㉑ 那个人有钱的很。

以上四例的宾语是"普希金、开汽车、你、钱",补语"很"放在宾语后面。这种句式大多是"太""很"共用,前有状语,后有补语,表示最高程度。这种用法在东干话中常常见到。汉语兰州话中也有这种用法。

5. 有时结果补语"好",可放在宾语后

请看例句。

⑫ 你但想知道中国话好,你要多念呢。_{你如果想学好汉语,就要多读。}

这个例子是吉尔吉斯斯坦的东干族留学生阿丽米拉·阿丽耶娃提供的。例中的"中国话"是"知道"的宾语,结果补语"好"放在了宾语后面。

(四)在可能补语的否定式中,表示轻度否定时,程度副词"甚"都放在充当谓语中心语的动词前。汉语普通话中没有这种语序

请看例句。

⑬ 我把他的话甚听不懂_{听不太懂}。
⑭ 我也甚记不明白哩。
⑮ 这么价的饭我甚吃不饱。

(五)在连动句中,充当谓语动词的"来、去"总是出现在其他谓语动词后面

请看例句。

⑯ 四个亲人都<u>送</u>我<u>来</u>哩。
⑰ 你去,把你哥<u>找去</u>。
⑱ 我也<u>跟</u>上他们<u>耍去</u>呢。
⑲ 春花儿<u>走</u>赶赴哩城上给<u>买</u>凤船飞机票<u>去</u>哩。明儿赶早明天早上<u>坐</u>上凤船<u>走</u>莫斯科瓦<u>去</u>呢。

例⑯⑰"来""去"都在第一个动词V₁"送""找"的后面。例⑱⑲"去"前都有V₁"跟""走""坐",以及第二个动词V₂"耍""买""走"。例⑲第三个动词V₃"去"可放在V₁前,也可放在V₂前,可是它也总是出现在最后。

这种语序在东干话中用得很广泛,而在汉语普通话中,有的动词如"到、走"等,就不适用于这种说法。请看例句。

⑳ 家呢的活她做的呢,<u>到</u>学堂呢<u>来</u>还能把回答给上。
㉑ 连手朋友们到哩凤船场子飞机场呢哩,达达父亲、阿妈也<u>到来</u>哩。
㉒ 我当兵去呢,<u>到</u>兵上部队里<u>去</u>呢。
㉓ 路还远的呢,你就薆望想指望早早<u>到去</u>的。
㉔ 把你妈领上,在<u>到</u>我们家呢<u>去</u>,你达也<u>走</u>我们家呢<u>去</u>呢。

我们把例⑳和例㉑、例㉒和例㉓两两比较可知,例㉑"到来"和例㉓"到去",都应是由第一个动词V₁"到"的后面省去处所宾语后形成的连动短语。而在汉语普通话中,"到+名处所+V"中的"到"是介词,"到来"也似乎是复合式动词,不是连动短语,至于"到去"则是不存在的。例㉔"走……去",在汉语普通话中也不能构成连动关系。

由于"来、去"后置的泛化,减弱了它们的动词性、独立性。或者说,"来、去"有了某些虚化义,不像连动用法了。请看例句。

㉕ 长虫喊的:员外但如果是哈坏人,我把他<u>拘</u>缠、勒死<u>去</u>。
㉖ 叫我<u>说去</u>,那个婆姨妇女,她不好。
㉗ 娃娃大哩么,<u>打去</u>—打不上。你能做一个啥能把他怎么样?
㉘ <u>看</u>他们<u>去</u>,咋么肿喻指把事情搞坏哩,就那么消去。

例㉕"去"很像"拘死"的趋向补语。例㉖㉗㉘"去"则更虚,像可有可无的语气词"吧"或语音停顿。(参见本章"动词"部分中的"'去'的用法")

(六) 在兼语句中,兼语可在句首

东干话中能带兼语的动词有"请、叫、有"。"请、有"所带的兼语都在"请、有"后面,"叫"所带的兼语多在"叫"后面,有的也出现在"叫"的前面。例如:

⑱ <u>娃们</u>不叫出去耍,外头脏的很。
⑲ <u>赛麦</u>咋么价怎么在地上到农田里叫做活呢?
⑳ 神爱他呢,也把<u>他的娃们</u>叫出去,叫一切的人都相好相互友好。

例⑱的意思是"别让孩子们出去玩,外面太脏了"。句中"娃们"是兼语,它应在"叫"和"出去"之间,现在放在了句首。由于它占据了主语的位置,主语无法出现。例⑲的意思是"怎么样(才能)叫赛麦也到地里做农活呢"。它的背景信息是,说话人对即将结婚的赛麦姑娘心存疑虑,担心她无法到农田里做活,因为她的对象在农村务农,而她却在城里工作。句中的"赛麦"是第一个动词V_1"叫"的受事,同时也是第二个动词V_2"做"的施事,即兼语。它可有两个位置,一是在V_1、V_2之间,和汉语普通话相同,二是放在句首,这里便是在句首的位置。"在地上"就是"到农田里",它是V_2"做"的处所状语,这里把它放到V_1"叫"的状语位置上,这更是东干话这类句式的常见现象。例⑳有三个分句,我们要讨论的是分句二"也把他的娃们叫出去"。这个句子的意思是"(神不但爱他),也使(让)他的孩子们出去(传扬或接受福音)"。句中的"叫出去"不是动补短语,而分别是兼语前后的谓语动词V_1和V_2。"把他的娃们"中的"把"也不是通常所说的使用它是为了把宾语"他的娃们"提到谓语动词前面,它在这里只是对它后面的成分"他的娃们"做出强调,这种情况的"把"字在东干话中可常见到。这种"把"字,也可不用,像例⑲那样,当然例⑲的"赛麦"前面也可以加上"把"字,像例⑳这样。(参见本章中的"'把'字句"部分)因此,这个"把"字的有无,都不影响"他的娃们"与后面V_1"叫"、V_2"出去"所构成的语法关系。也就是说,"他的娃们"既是V_1"叫"的受事,同时也是V_2"出去"的施事,而且还是放在句首的兼语。

中国甘肃临夏回族自治州是这种句式的源头方言区,试比较汉语临夏话的说法,如:"人家们脊背后你的脊梁骨甕叫戳着别叫人家在脊背后戳你的脊梁

298

骨"。句中"人家们"既是V₁"叫"的宾语,又是V₂"戳"的主语,即兼语,它的位置也放在了句首。

(七) 主语后置,有如下三种情况

1. 在连动句中,主语有时可出现在前一个动词性词语VP₁后面

请看例句。

⑫ 阿爷,你要颇烦忧愁哩,长大<u>我</u>给你帮忙呢。
⑬ 快来,(把骑车子)骑上<u>咱们</u>展奔跑。
⑭ 滩呢的草是药料,吃上<u>马</u>肯贪长的很。

例⑫的后分句"长大我给你帮忙呢"是连动句,它的VP₁是"长大",VP₂是"给你帮忙";例⑬的后分句"骑上咱们展"也是连动句,它的VP₁是"骑上",VP₂是"展";例⑭的后分句"吃上马肯贪长的很"也是连动句,它的VP₁是"吃上",VP₂是"肯贪长的很"。这三例的主语"我""咱们"和"马"都应在它们的VP₁前面,而现在都分别放在了VP₁后面VP₂前面。

2. "谁"做主语表任指时,有时会后置到兼语的位置上

请看例句。

⑮ 希拉儿人名写开哩,不叫<u>谁</u>都打搅他。

请看例句中我们要讨论的后分句。它是由两个格式糅合起来的一种混杂句式。格式1是兼语式"不+叫+兼语+VP",其中VP前不能出现"都",兼语"谁"也应换用"任何人"之类的词,如"不叫任何人打搅他";格式2是"谁"做主语表任指的一种否定式"谁+都+否定词+VP",其中"谁"前不能出现"不叫","谁"后一定要有"都",表示周遍性,如"谁都不打搅他"。现在,该例句是既保留了格式2的"谁都",又保留了格式1的"不叫",把处在主语位置表任指的成分"谁都"移到"不叫"后面的兼语位置上,再删去"都"后的"不",又加上了两种格式的共用成分"打搅他",这样就拼成了这种在我们看来是蹩脚的混杂句式。

3. 一种常见的主谓倒置句

这种句式的谓语(段A)表示已经历的时间,在前;它的主语(段B)表示正在持续的事件,在后。例如:

⑯ 这就二十几天哩乡庄呢没有水。
⑰ 这可价已经很几年哩他领养廉退休金的呢。
⑱ 这就半年多天气哩米乃人名在到存花儿人名家没来。
⑲ 这就很几年哩他在张堡拉城呢的大学呢工作的呢。
⑳ (冬拉儿带和笛麻是嫡亲密朋友。)这就很几年哩他们一个儿不离一个儿。
㉑ 这就三年过哩沙里儿人名把他没见。
㉒ 碎小的时候我肯数天上的星,实心实意半天子价算哩远近。一打那候儿从那时(开始),我记的,亮明星连和月儿眼睛挤上肯惹我,一直到今儿。……这就可价已经几十年哩……

这种句式有如下特点,一是它的谓语(段A)和主语(段B)都是主谓短语,谓语是名词性主谓短语"这+VP数量+哩",主语是谓词性主谓短语"名+VP谓词语"。二是段A的前面都有"这"后指段B所表示的事件,它的后面都有"哩"表示已发生了变化,"哩"和段B之间都没有语音停顿。三是段A和段B是陈述和被陈述的关系,即从事某事件(段B)所已经历过的时间(段A)。四是这种主谓倒置句应该是东干话的一种新生句式。例㉒应是这种新生句式的源头方言的原始句式,其中"碎的时候……一直到今儿"表示从事某事件(段A),"这就可价几十年哩"表示所已经历过的时间(段B)。新生句式可能是由这种原始句式开始,在中亚众多异族语言长期影响下,渐渐把原来的A、B两段倒置并固定下来,随着使用频率的增加,取代了原式,而其中的"这"也由在原句式中表示向前回指变为现在在新句式中表示向后预指了。

(八)宾语和动态助词"的"的语序

"的"[ti]和汉语普通话的"着"相当,用在动词、形容词后面,表动作正在进行或状态在持续。它可在动宾之间,也可在宾语之后。

1. "的"用在动宾之间,句子结构是"动+的+宾"

请看例句。

㉓ 她的身上穿的桃红衫衫儿,高头上面勒的白链链儿,脚上穿的黑明鞋,白袜子都扎的花儿。
㉔ 这个讲堂教室的上腔子正上方挂的个大红毯,毯的高头挂的列宁的

图样相片，两下呢两边扎的花儿。

㉕ 马驹子拉的花车车儿。

上面例㉓㉔"的"是用在存在句中表示状态在持续，例㉕是用在一般动词谓语句中表示动作正在进行。这时，宾语后面一定不能再有别的成分。

2．"的"用在宾语后面，句子结构是"动+宾+的+呢[ni]"
请看例句。

㉖ 学生们做啥的呢？他们念报的呢。
㉗ 把一切心劲费上，他发展咱们的文明文化的事情的呢。

例㉖㉗都是表示动作正在进行。例㉖的宾语"啥""报"都是单音节词，例㉗的宾语"咱们的文明的事情"是复杂的定中短语。放在宾语后面的"的"正好和句末语气词"呢"连在一起，但"的呢"不能看作一个词，也不是短语，因为"的"和"呢"二者分属不同的语法层面，有着各自不同的语法功能，不能组合。这个"呢"一定不能缺少。

（九）称呼语在句中的位置非常灵活，可在句首，可在句末，还可在句中
请看例句。

㉘ 阿妈，阿达父亲来哩。
㉙ 你这一向咋不见哩，兄弟？
㉚ 把这个书，达达父亲，给我给一下。
㉛ 我把你，儿子啊，满各处找的呢，你才原来在这塔儿。
㉜ 你们都，学生们，要规矩呢，好好念呢。
㉝ 你们把实话，连手们，说。
㉞ "你是谁？小伙儿？""嘿嘿，哈哈"可又笑哩金花姑娘："这是，老爸，你女婿。"

上面例㉘㉙的称呼语分别用在句首和句末，这和汉语普通话是相同的。另外四例的称呼语都用在句中，前后用逗号和句子的其他成分断开，它们或夹在两个状语中间，如例㉚㉛㉜，或放在状语和谓语中心语之间，如例㉝，或放在谓语动词和宾语之间，如例㉞，这种位置，在汉语普通话中见不到。

（十）有些表示能愿的成分语序特殊

请看例句。

⑮ 娃们要爱功苦_{劳动}呢，要<u>会</u>啥都做呢_{要什么都会做呢}。
⑯ （那些毛贼光写的："仗上太难的很，防不住就打死哩。"咱们的苦汉女人们把这么的信念哩，做活的心劲就没有哩。）朝这么写<u>不了</u>信。

例⑮"会"应是紧靠"做"的状语，这里它却向前跨越了"啥""都"两种成分。例⑯的意思是"不能照这么写信"，如果把"不能"移到"写"后，同时再用"不了"代换它，就成了东干话的语序。可见，差异在于汉语普通话用"不能V"表示可能，东干话则用"V不了"表示可能。

（十一）有的同位短语的语序和汉语普通话相反

请看例句。

⑰ 瓜熟哩，<u>自己</u>它_{它自己}落把儿呢。
⑱ 你但想叫祖国富，<u>自己</u>你_{你自己}要聪明呢。

但是，原来的语序也并存着，如"害病的人，<u>他自己</u>是大夫"。

（十二）有的定语和它的中心语位置对换

请看例句。

⑲ 十四的玛伊_{5月14日。"玛伊"是俄语"五月"的音译}。
⑳ 初一的五月_{公历5月1日}。
㉑ 姑娘的跳舞。
㉒ 劳拉_{女孩名}的高兴。
㉓ 造化_{自然界}的俊美。

前四例都是文学作品的标题。从它们中可以看出定语和它的中心语位置对换的发展轨迹。首先，这种位置对换应是在像例⑲那样的汉语和俄语杂糅的格式的启迪和诱发下开始的，它的定语是汉语"十四"，中心语是俄语"玛伊_{五月}"，它吸收了俄语的语序，即日子在前月份在后的表达顺序，却摒弃了这样表达时表月份的中心语在俄语中必须变格的做法，使这种汉语和俄语杂糅的格式初步形成。接着，是像例⑳那样，进一步把表月份的中心语由俄语词换成汉语的"五月",使格式汉化。最后,应是像例㉑㉒㉓那样,再把格式中的定语、中心语由表日、月的词,换成一般的汉语词,使格式普遍化。值得注意的是,这种位置对换的格式,据我们见到的语料看,它在20世纪三四十年代已在使用,但并未被广泛使用。

六、 几种常用句式

(一)"把"字句

东干话中"把"字句用得极为频繁。我们统计了苏联作家肖洛霍夫的著名俄文短篇小说《Судьба человека》的两种译文,即草婴(1981)的汉语普通话译文和吉尔吉斯斯坦东干族作家哈瓦佐夫(1993)的东干话译文中"把"字句的出现频率。两译文的字数相当,"把"字句的出现次数是,汉语普通话译文79次,东干话译文365次,即东干话译文约是汉语普通话译文的五倍。东干话"把"字句与汉语普通话有等同的一面,如"把书拿来"。此外,它还有许多独特之处。

1. "把+名/代"放在主语前面的情况常常见到

请看例句。

① 把这个税我们要给城呢里缴呢。
② 把一朵花他给给年轻姑娘哩。

2. 谓语动词可以是感知性动词和判断词"是"

请看例句。

③ 把这个得胜胜利世界民人人民们也知哩,也见哩。
④ 他把朋友们太爱。
⑤ 把我们的馆子很些子人知道的好的很。很多人非常了解我们的饭馆。
⑥ 把给一个全意思的几句话几个词是话连字短语。

上面例③"知""见"、例④"爱"、例⑤"知道"都是谓语动词,又都是感知性动词。例⑥是由"是"构成的判断句,是东干话教科书中对"短语"所下的定义,意思是说"把几个词放在一起如能表示一个相对完整的意思,那就是短语",如"大+场子"="大场子"、"绿+颜色"="绿颜色"。

303

3. 否定词、助动词大多紧靠在谓语动词前面
请看例句。

⑦ 很些子人光跑买卖,把念书的事情不管哩。
⑧ 他把肉没打上。
⑨ 把儿子覅吓下哩。
⑩ 我一个人不跑,把他也要带上呢。
⑪ 我们把你们的好心肠不能忘。

上面例⑦"不"、例⑧"没"、例⑨"覅"三个否定词,都在紧靠谓语动词前的位置上。例⑩"要"、例⑪"能"两个助动词也都在紧靠谓语动词前的位置上。

4. "把"的宾语常常由"谓词短语+的"来充当
请看例句。

⑫ 把我的心呢咋难受的,她也不思量。
⑬ 大家把桌子站不稳的都看来哩。
⑭ 把伊思海儿连春花儿一家给一家写信的,大家都知道呢。
⑮ 到哩外头,把路上拉的爬犁儿往娃娃园子呢幼儿园走的看见,毛姐一下高兴哩。

上面四例中,"把"的宾语都是相当于名词的"的"字短语。去掉"的"字以后,就结构来看,前三例是主谓短语,后一例是复杂的状中短语;就功能来看,都是谓词性短语,例⑫是形容词性短语,例⑬⑭⑮都是动词性短语。

这种情况下,"把"的宾语容量增大了,结构复杂了。这时,为了使主语和谓语动词靠近,以增强全句的表达效果,更需要把"把+宾"放在主语前,如例⑭,主语"大家"放在"把+宾"后,就比放在"把+宾"前效果好。

5. 谓语动词可以是前后都没有别的词语的光杆动词
请看例句。

⑯ 学生们,你们把底下的诗文念哩,把哪塔儿哪里有定语的说。
⑰ 你把我的话听,以后你的事情一定好呢。

⑱ 这个事情有你的啥相干呢，你把你的干。
⑲ 我把手搁下，你照住我的指头儿把棍棍儿搁。

上面例⑯"说"、例⑰"听"、例⑱"干"、例⑲"搁"的前后都没有状语或补语，光杆谓语动词独立使用，且是单音节动词。

6. 有两种表贬斥的格式所谓贬斥，就是诅咒、训斥，鄙视、厌恶、嘲讽，责怪、埋怨等

（1）用"把+含贬斥义的同位或复指短语"表示。例如：

⑳ 胡说啥的呢，我把你个卡凡儿裹尸布。
㉑ 我把你个没良心的，你把我就照这么捏呢吗？
㉒ 你做啥的呢，我把你个法希斯特！
㉓ 我把你个懵头愚笨的人呀。
㉔ 我把你个爱钱不顾脸的，你叫我在人头呢咋么价走呢。

这种句式在近代汉语白话作品中很常见，例如《金瓶梅词话》："我把你这贼奴才！你……在外边坏我的事，……"（35回）。现代汉语普通话中都转用名词性非主谓句表达，如例㉑㉒在草婴（1981）的相同译文中分别译为"你这个没心肝的，……""该死的法希斯分子"。

（2）用"把+代+含贬斥义的谓词短语"表示。例如：

㉕ 把这是啥花儿嗻？！还不开。
㉖ 卖笤帚的凯里子老汉，把他可是有啥脸面的人嗻。
㉗ "姐姐儿，叫我把狗娃儿也背上嗻，它孽障的么。你背的我，我背的狗娃儿……""对哩，把你憂奸自私，取巧死哩。你下来，把它抱上。"

上述（1）式和（2）式的差异是，（1）式源自近代汉语，所贬斥的对象，即"把"后面那个前后复指的同位短语，是第二人称，如例㉒"你个法希斯特"。该式表示的是正在发生的行为。中国兰州永登话可以是第三人称，如"我把他红生子，他小心着"。实施贬斥的主体，即句子的主语，是第一人称"我"，结构上一般都出现。（2）式则是在东干话的源头方言汉语兰州话等中使用的，所贬斥的对象可以是近指的事物，如例㉕，也可以是远指的第三人称，如例㉖。该式表示的是正在发生的行为。在汉语兰州话中也有跟例

㉕㉗相同的用法，如"把你是个啥东西吵 | 把你干净的很呐"。实施贬斥的主体，即句子的主语"我"，结构上不能出现。

7. "把"字放在主谓句的句首，标示、突显被关注的话题或被陈述的对象，以引起注意"把"字本身没有词汇义

请看例句。

㉘ 把给一个全意思的几句话几个词是话连字。
㉙ 把冬老爷圣诞老人看见五岁的劳拉儿女孩名跷蹊噈哩惊喜极了。
㉚ 把拿来的《全世界妇女》茹尔纳尔杂志上的阿勒士地名娃们的重苦文章的底下拓的刊登着七八岁的一个娃娃脊背上背的背着一楞摞，有个十几个砖。
㉛ 把我的妈妈叫地主打死哩。

上例㉘是东干话教科书中对"短语"所下的定义，意思是说"把几个词放在一起，如果能表示一个相对完整的意思，那就是短语"。句首的"把"的作用就是标示、突显它后面被关注、被陈述的部分，即主语"给一个全意思的几句话"。如果去掉"把"，就成了一般的陈述句，被说话人郑重标示的"给一个全意思的几句话"也就显不出来了。例㉚是存在句，意思是说"某杂志上的有关某地区的儿童的苦难的文章底下刊登着（一幅画）：一个七八岁的孩子背着一摞十几个砖"。句子的长主语，即方位短语"拿来的……文章的底下"前被加上了"把"来做标示，提醒注意，这也是很恰当的做法。另两例也是同样道理。

8. "把"的宾语用无定的形式表确指的事物

请看例句。

㉜ 佘福礼哥，你哈巴大概,可能把一个事情也听见哩。

例中的"一个事情"表面上看好像是不确定的，实际上还是确定的，它暗指说话人明知的"那件事"，因为全句是推测的语气，结构上无法用"这、那"这类表示确指的词。

9. "把"字的用法

东干话"把"字句中的"把"字，用法非常宽泛，现就已知的两点略述如下。

306

(1)"把"做介词，表示协同、方向、对象、致使。
请看例句。

㉝ 这候儿进来哩个姑娘把跟、同、向我们问当打招呼、问候哩。
㉞ 姊妹两个一个把跟、和、同一个不见。
㉟ 你的四俫节气上在节日里把向你们恭喜。
㊱ 他把对朋友们太爱。
㊲ 我把他们请的来哩。把让、使他们连学生认识哩，我就把话让给他们哩。

(2)"把"做标记，系统地出现在"把+焦点成分+谓词语"框架中，表示对它后面的焦点成分的标示和突显。在结构上，"把"可以去掉，但去掉后，有的原句成了一般的主谓句，如例㉘到㉛，有的原句在东干话中不能成立，如例⑳到㉗。

"把"做标记的句式，从结构上可细分为如下A、B、C、D四种句式。

A式："把+主语+谓语（正面）"，如例㉘到㉛。这种句式中，"把"所突显的是主语，它可以是指人或事物的名词或名词短语，如例㉘㉙，也可以是复杂的名词性短语，如例㉚。句中谓语的感情色彩是正面的，或褒扬，或中性。全句在正面陈述被"把"突显的那个人或事物。

B式："把+主语+谓语（负面）"，如例㉕到㉗。这种句式中，"把"所突显的也是主语，这里的主语只能用单个的代词充当，同时它又是表示负面义的谓语贬斥的对象。

C式："把+同位短语（负面）"，如见例⑳到㉔。这种句式中，同位短语都由两部分构成，前一部分一般是第二人称的"你"，它是"把"所突显的成分，后一部分一般是含贬斥义的词语，它是对前一部分的"你"实施贬损的陈述部分。

D式："把+受事成分+谓语（感知类动词）"，如见例③到⑤、例⑦到⑭。这种句式中，"把"的作用也应该是突显它后面的受事成分。因为谓语大多是感知性动词，不构成对受事的处置。同时，在结构上，这里的受事成分除个别的如例⑤以外，一般都能放到谓语动词后，可是在东干话的思维定势中一般乐于采用受事在动词前的结构。因此，也不宜说它是"把"起作用而使然的。可见，D式的结构不是通常所说的处置式。

（二）"给"字句

"给"字句指句中有"给"的句子。和汉语西北方言一样，东干话的"给"字句使用频率也很高，而且常常多个"给"同现，还常和"把"字句套用。

1. 四种不同的"给"

（1）"给$_1$"做谓语动词，表示给予。例如：

① 把书给$_1$我哗。
② 他们给我们给$_1$哩大帮助哩。

（2）"给$_2$"做介词，表示"给予、对、向、为、让、叫、被、往、在"，放在名词或代词前面，构成介词短语，做状语。这种用法很常见。例如：

③ 头子_{领导}把自己的跑车子给$_2$给予咱们给$_1$呢。
④ 有的时候给$_2$给予我也给$_1$一块儿呢。
⑤ 他给$_2$向春花给$_1$提哩个问题 ｜ 太阳给$_2$向,对我笑的呢。
⑥ 师傅_{老师}给$_2$对,为调养_{培养}她的问题留哩大神哩。
⑦ 一切少年_{年轻人}都给$_2$为我攒哩劲_{鼓劲,加油}哩。
⑧ 你的运气大，给$_2$让,叫,被你遇哩个清官。
⑨ 把房子呢的东西都给$_2$被地主努尔家拿去哩。
⑩ 六个给$_2$被三个分——出来几个呢？——出来两个。
⑪ 他给$_2$往,在钩搭子_{指钓鱼的钩}高头把曲蟮穿上哩。

（3）"给$_3$"是直接放在谓语动词前面，做助词，加强语气。例如：

⑫ 图样_{相片}拓成哩,快给$_3$打的去。_{相片照好了,快给寄去。}
⑬ 咱们把狼娃子养下呢吗？咱们给$_3$喂啥呐？
⑭ 妈妈把四岁的老姐儿领到铺子呢给$_3$买哩个娃娃。

（4）"给$_4$"是紧跟在谓语中心语后面。它是谓语中心语的定位后置成分，有排斥其他后置成分的作用。（公望,1986）它的意义虚实与句式及所依附的动词的类别有关。（张安生,1993）

2. "给$_4$"的用法（王森、王毅,2003）

根据句法结构和动词组合能力的差异，给$_4$的用法可以区分为以下几个方面。

（1）当"给$_4$"在语义上能和动词搭配，在句法结构上也充当一定成分时，它是"给予"义动词，可细分为以下三种用法。

A. "V+给$_4$"是连动结构，即"V"是第一个动词V$_1$，"给$_4$"是第二个动词V$_2$，它和V$_1$一同做谓语中心语。例如：

① 那个对头_{敌人}总是_{也许是}把我的靴子看上哩，手指的说是"脱"，我脱给$_4$他哩。
② 你给娃娃买给$_4$个姑娘子_{玩具娃娃}嘛。
③ 阿妈给我做给$_4$哩一双布鞋。

这类句中的"V"都是"获取"义动词（如例①"脱"、例②"买"）和"制作"义动词（如例③"做"）。

B. "V+给$_4$"是中补结构，即"V"是谓语中心语，"给$_4$"是补语。例如：

④ 给他把奥尔坚_{勋章}赏给$_4$哩。
⑤ 主席把歇缓的普乔夫卡_{休假证书}端_{献给，赠与}给$_4$哩。
⑥ 给大众把我的顶亲热的谢道给$_4$哩。
⑦ 打头到尾儿给他们都说给$_4$哩。
⑧ 六月二十九的赶早_{早晨}，把军衣也关_{发放}给$_4$哩。

这类句中的"V"都是兼有"给予"义的动词，如例④"赏"、例⑤"端"。

C. "给$_1$+给$_4$"是中补结构，即"给$_1$"是谓语中心语，"给$_4$"是补语。请看例句。

⑨ 他可又倒哩一盅子酒给$_1$给$_4$我哩。
⑩ 他给财东可又给$_1$给$_4$哩一个元宝。
⑪ 他把馍馍给$_1$给$_4$我哩。
⑫ 你但哭，我把你给$_1$给$_4$狼叫吃去呢。
⑬ 狗吃啥也给狼娃子喂啥：给狗撂骨头——给它撂骨头，给狗□[k'a]给$_1$食——给它也□[k'a]给$_1$些子。
⑭ 师娘_{女教师}给我把书给$_1$给$_4$哩。

这类句子的谓语中心语，只有这一个表示"给予"义的给$_1$。例⑬

"□[k'a]"是"给₁"的变体,来自它的源头方言汉语临夏话。

以上(1)类的特点是：

第一,A、B、C三个小类都有给予者、受物者和所给予的物。

第二,从A到C,"V"和"给₁"的"给予、移交"义及它们和"给₄"的动词词性呈反向递变,即"V"和"给₁"的"给予、移交"义依次递增,到C已完全是表"给予"义的动词,"给₄"的动词词性依次递减,到C其动词词性已很弱。也就是说,A中的"V"是非"给予"义动词,"给₄"是"给予"义动词；B中的"V"是兼有"给予"义动词,"给₄"虽仍是"给予"义动词,但其动词词性已因前面处于中心语位置上的"V"对"给予"义的兼有而有所减损,它是补语的一个小类,即"给予"补语；C中的"给₁"处于谓语中心语的位置,又是完全意义的"给予"义动词,因此,使得处于补语位置上的"给₄"的"给予"义动词词性大为减损。龙果夫(1958,114页)说它是"半虚词性的派生动词",是合适的,它也充当"给予"补语。

第三,A("V+给₄")是连动关系,"V"是方式,是手段,是V₁；"给₄"是目的,是V₂。格式中的"给予"过程由先后两个不同阶段合成,"V"是预备阶段,"给₄"是实施阶段,只有"V"充分完成,"给₄"才能顺利实施,如例①靴子必先"脱掉",才能"交给"。

第四,C("给₁+给₄")后面常常带宾语,如例⑨到⑬,看来这成为东干话的惯常用法。可是,它的源头方言如汉语兰州话,宾语往往要前置,如例⑭。

(2)当"给₄"在语义上不能和动词搭配,但在句法结构上却有某些语法空位时,它往往出现,抢占这些空位,取代某些词语,并承担这些词语的语义、语法作用。这时,它的"给予"义消失,也可细分为以下三种用法。

A. 在"V+给₄(+宾/补动量)"中做结果补语。例如：

⑮ 旁人的难辛 辛酸₂我也惹 传染给₄上哩。

⑯ 走的走的走着走着,他不住的把我的手揪给₄上几下。

⑰ 光仪,只她的两个奘粗毛盖子头发辫儿就能给小伙子们的心呢里把火点给₄着,燃。

⑱ 汽车、电车站给₄成哩两溜排成两行。

⑲ 临后把贼娃子小偷逮住,把罪定给₄上哩。

B. 在"(给+名/代+)V+给₄"中表示"短时、尝试",做动量补语。例如：

⑳ 对头敌人叫她给他们把地方说给₄一下呢。

C. 在"把+名/代+V+给₄"中做趋向补语。例如：

㉑ 咋也罢不管怎样，我把你这个坏子坏蛋要掀给₄揭发出来呢。
㉒ 你写完哩，把窝儿座位给哥哥腾给₄出来，叫他坐下写。

(3) 当"给₄"在语义上不能和动词搭配，在句法结构上也没有相应的语法空位时，它还是常常出现。这时，虽能明显地看出它仍做结果补语，可是汉语中没有相应的词语可以对译它。汉语普通话中这种位置上不能有补语。例如：

㉓ 她们一个把一个搂住亲热的狠狠的挤给₄哩下拥抱了一下。
㉔ 她把眼睛揉给₄哩下。
㉕ 他对住窗子望给₄哩下。
㉖ 他们笑给₄哩一阵子。

3. 介词"给₂"和"把"在引进受事时，常常套用

这种用法有如下两种情况。
(1) "给₂"句+"把"字句。例如：

① 给₂夜猫子 把眼睛给₁给₄，他还要眉毛呢。
② 如今的市场给₂人 把自由给₁给₄哩。
③ 给₂我们 把衣裳给₁给₄哩。

(2) "把"字句+"给₂"句。例如：

④ 你把手 给₂我伸给₄。
⑤ 把血 给₂我灌给₄哩。

由于"给₂"句与"把"字句的频繁套用，导致东干话中双宾语句已见不到，而双宾语全部前置句倒是常可见到。这也是汉语西北方言的显著特点。

（三）被动句及"叫""把"套用句

1. 被动句

被动句指在谓语动词前面，用介词"叫""给"引进施事的句子。它是受事主语句的一种。一般多用介词"叫"，介词"给"很少见。例如：

① 我的地方的位份_{位置}上<u>叫</u>炸弹炸哩一个深坑。
② 狼<u>叫</u>熊朝头上狠狠的打哩一爪子。
③ a.十个果子<u>给</u>四个娃分，一家分哩两个半。
　　b.你的运气大，<u>给</u>你遇哩个清官。

被动句表示受事主语"被处置"，被处置的结果带有遭受、不如意的语用色彩，如例①②，有时是中性的，即无所谓如意不如意，如例③。它的谓语动词一般不单用，它的前面或后面多带有别的成分，如例①②，谓语动词"分"有时可单用，如例③a。

2. 被动句和"把"字句（介词"把"引进受事的句子）可以套用

套用时被动句一般用"叫"引进施事，用"给"引进施事的很少见，且只能构成（2）类套用句（"把"字句+被动句），如例⑱。有以下两种格式。

（1）被动句+"把"字句。例如：

④ <u>叫</u>春花儿的话 <u>把</u>米爱惹笑哩。
⑤ <u>叫</u>马的汗气 <u>把</u>早晨的干净气色_{空气}都做臭哩。
⑥ 一晚夕_{一夜}<u>叫</u>她的眼泪 <u>把</u>我的衫子都泡湿哩。
⑦ 一千九百四十二年上，<u>叫</u>对头 <u>把</u>我裹过去哩_{我被敌人俘虏了}。
⑧ 得道_{不知道}<u>叫</u>啥 <u>把</u>我的头打冷哩。

这种（1）类套用句可称为责怪式。它具有如下特点，一是它是由"把"字句的主语前面加"叫"构成的一种非主谓句，因为它前面无法补出主语，如例④。有的句子如例⑥⑧，句中"把"的宾语是个定中短语，它的"定"和"中"有领属关系或全部与部分的关系，因此，可以把它的"定"抽出做全句的主语，如把例⑥说成"一晚夕，我叫她的眼泪把衫子都泡湿哩"。汉语普通话中这种（1）类套用句都是以主谓句形式出现的，可是东干话中这类套用句全部以非主谓句形式出现。二是由于"叫"的加入和强调，在句法上，"把"字句的主语由施事主语变成了状语，但在语用上，它却被突显为话题，是被责怪的对象，是全句的关注点。三是它的VP和汉语普通话"把"字句的VP相当，即谓语动词是及物动词，带有处置性，它的前面或后面要有状语（如例⑤"都"）或补语（如例④"笑"）等出现，不能单用一个动词。四是句中"把"的宾语也和汉语普通话"把"字句"把"的宾语相当，即在意念上也是有定的、已知的人或事物。五是全句表述的是说话人责怪施事者对表示受事的某人某物实施处置并产生了不良后果。但也有例外，如例④，并没有责怪义，实施处置及产生的结果也都是善意的。

（2）"把"字句+被动句。例如：

⑨ 把她叫几个连手_{朋友}拉上走掉哩。
⑩ 把猫叫谁打死哩。
⑪ 把干地面叫大白雨_{暴雨}泡软哩。
⑫ 把普希金叫皇上_{沙皇}不停的折割_{折磨}哩。
⑬ 路上把我妈叫炸弹打死哩。
⑭ 五月初九的赶早，得哩胜的那一天，把我的儿子叫法希斯特的斯纳伊撒尔_{特等射手}打掉_{打死}哩。
⑮ 把斯大林格勒叫对头_{敌人}占上哩。
⑯ 把汽车叫几百男女卡拉伙孜家_{农庄庄员们}围掉哩。
⑰ 把这个话叫我们里头的一个坏子_{坏人}一盘盘儿_{全部}端给卡敏旦特_{司令官}哩_{全部供给敌人的司令官了}。
⑱ 把房子呢的东西都给地主家拿去卖掉哩。

这种（2）类套用句可称为惋惜式。它具有如下特点，一是它是由被动句主语前面加"把"构成的一种非主谓句。这类句都不能补出主语。二是由于"把"的加入和强调，在句法上，被动句的主语由受事主语变成了状语，但在语用上，它却被突显为话题，是被惋惜的对象，是全句的关注点。三是它的VP和汉语普通话被动句的VP相当，即动词是及物动词，带有处置性，它的前面或后面要有状语（如例⑫"不停的"）或补语（如例⑪"软"）等出现，不能单用一个动词。四是全句表述的是说话人惋惜表示受事的人或物的不幸、不如意等遭遇。但也有例外，如例⑯，是农庄庄员们围着汽车迎接胜利归来的战士，并无惋惜不如意的语用色彩。

3. 两种套用句的继承和发展

据邢向东（2006）的研究，两种套用句在近代汉语中就已存在了，现在中国陕北、关中、陕南地区也普遍存在着同类现象。同样，我们看到，作为汉语陕西话域外分支的东干话也继承、延续了这种用法。当然，它们都在发展变化之中。下面就我们的初步了解做些概括描写。

（1）近代汉语中，"被NP"在前的套用句"有的没有主语，有的有主语。而陕北话这类句子一般不带主语"。（邢向东，2006，238页）据我们初步了解，在这方面，东干话发展更快些，不但"把NP"在前的套用句因无法补出主语而成为非主谓句，而且这类"被NP"在前的套用句，如例⑥⑧，结构上本可以从"把"的宾语中调整出全句的主语，却也没有这样做，全部都以非主谓句形式出现，形成了两种特殊的非主谓句。

（2）关于两类套用句一般不带主语的问题，邢向东（2006，238页）针对汉语陕北话认为，"从使用环境来看，方言例句都出自对话，如果是在长篇叙述中，或许会出现话题主语。事实上，佳县话就有受事充当话题主语的句子"。但从我们的初步了解来看，在这方面，东干话也有着较大变化，即我们上述列举的两类套用句，全都出自长篇叙述，没有一例出自对话，可是也全都不带主语。当然，会不会出现话题主语，还值得进一步留意观察。

（3）据邢向东（2006）研究，"不论是近代汉语文献还是现代陕北晋语，'把'字在前和'教/被'字在前的句式都显得很不平衡，前者数量很少，有的方言甚至没有。后者数量较多，而且发展出了新的类型"。但从我们的初步了解来看，在这方面，东干话存在着相反的变化，即两类套用句出现数量差不多，都用得较少，并且都只有一个单一的类型。这可从一个侧面说明汉语陕北话发展出的新类型，在时间上可能是东干族西迁中亚之后，或在地点上与东干话的源头方言的分布地点有所不同。

（4）关于汉语陕北话"被NP"在前的套用句的形成和句首"被、教"的作用，邢向东（2006，238页）指出，该句式是对"近代汉语同类句式的结构、功能进一步整化的结果，句首'教'也已主要不是施事标记，而是话语焦点的标记了"。这些判断是很中肯的。同样，我们认为，在这些方面，东干话更把它的源头方言如汉语陕西话的两种同类句式全面向前推进了一步，即在域外完成了句首为"叫"（东干话不用"被、教"）的（1）类责怪式和句首为"把"的（2）类惋惜式两种套用句。

这两种套用句具有如下特点，一是结构上，它们的句首都有语用标记（或称话语焦点标记）"叫"和"把"，通过它们传递了说话人对"叫、把"后的NP的主观褒贬意向。我们认为，这种主观褒贬意向信息的传递是两种套用句的主旨所在。因此，标记词前是不宜再出现主语的，如上述例⑥⑧那样，而带了主语，势必分散或减损标记词的主旨作用。事实上，两种套用句也全都不带主语。这表明了它们的句法结构已比较成熟。二是句首为"叫"的(1)类责怪式和句首为"把"的(2)类惋惜式两种套用句，如果需要时，可以互相转换。转换的顺序是，把各自的"叫NP"和"把NP"同时换位，原句的"VP"原位不动，如果有状语，包括句首状语，也原位不动。如例⑫原句是惋惜式，表达的侧重点是说话人为普希金屡受沙皇折磨而惋惜，也可以转换为责怪式，把表达的侧重点转换成说话人谴责沙皇对普希金的折磨，即"叫皇上把普希金不停的折割哩"。三是东干话的两种套用句和它们的"把"字句、被动句（"叫"字句）的句法结构和语用都存在差异，但它们却又是两对儿对应句式。句法结构的差异是，两种套用句都是非主谓句，而"把"字句和"叫"字句都是主谓句。语用的差异是，两种套用句都侧重于说话人对表示第三人称的人或物的主观褒贬，只适用于陈述句，而"把"字句和"叫"字句则侧重于说话人对一般事物的客观叙述，不止适用于陈述句，如"你把门关上嶊"（祈使句）。下面我们试做句式转换。如例⑩"把猫叫谁打死哩"，是(2)类惋惜式，它可转换为(1)类责怪式"叫谁把猫打死哩"。(2)式和(1)式宜分别译为"<u>可怜的猫，被人打死了</u>"，"<u>（不知）被哪个坏蛋把猫打死了</u>"。它们都带有强烈的主观感情色彩。而要转换为被动句（"叫"字句）、"把"字句时，则不宜凭空加入上例具有主观感情色彩的词语，宜分别客观直译为"猫被人打死了"，"（不知）谁把猫打死了"。可以这样理解，由于主观、客观的转换或对立，构成了"把"字句对应责怪式、"叫"字句对应惋惜式这样两对儿关系特殊的对应句式。

（四）兼语句

兼语句指由前一个动词的宾语兼做后一个动词的主语构成的句子。根据前一个动词的语义来看，有使令式（请、叫）、"有"字式两种。"请""有"的兼语都在它们的后面，"叫"的兼语有的在其后面，有的在其前面。

1. 使令式和"有"字式

使令式的前一个动词由"请""叫"充当。例如：

① <u>请</u> 大家把《回民报》扶帮一下。
② 我的师傅<u>叫</u> 我念大夫书去_{去学医学呢}。
③ 春花儿劝的<u>叫</u> 奶奶拓图样_{照相去呢}。
④ 能<u>叫</u> 穷汉有个家，不<u>叫</u> 富汉有人嫁。

"有"字式的前一个动词由"有"字充当。例如：

⑤ 能叫穷汉有个家，不叫富汉<u>有人</u>嫁。

2. 兼语的位置

"请""有"的兼语都在它们的后面，如上例①⑤。再如：

⑥ 我请<u>你巴列考夫尼克_{上校}同志</u>，把我收到军队部分里头。

"叫"的兼语多在其后面，如上例②③④。再如：

⑦ 阿奶，你给我妈啥都耍说哩，叫<u>她</u>猜，今儿咱们家呢遇哩啥事情哩。

但是也有些兼语出现在"叫"的前面。例如：

⑧ <u>娃们</u>不叫出去耍，外前_{外面}脏的很。_{别叫孩子们出去玩，外面太脏了。}

⑨ <u>赛麦</u>咋么价_{怎么}在地上_{到农田里}叫做活儿呢？_{怎么叫赛麦姑娘到农田里做活儿呢？}

⑩ 神爱他呢，也把<u>他的娃们</u>叫出去，叫一切人都相好。_{神不但爱他，也让（使）他的孩子们出去（传扬或接受福音），使所有人都相互友好。}

上例⑧"娃们"是兼语，原来在"叫"和"出去"之间，现在位于"不叫"前面。例⑨的背景是说话人对即将结婚的赛麦姑娘心存疑虑，因为她的未婚夫在农村务农，而她是在城市工作，所以说话人疑虑地里的活儿她怎么做呢？句中的"赛麦"是"叫"的受事，同时也是"做"的施事，即兼语，也前移到了句首，"在地上"是"做"的处所状语，现在出现在"叫"的状语的位置上，这种语序更是东干话的常见现象。例⑩有三个分句，我们要讨论的是分句二"把他的娃们叫出去"。句中有两个问题需要说清楚，一是"叫出去"不是动补短语，而分别是谓语中心语V_1和V_2。二是"把他的娃们"中的"把"，也不是汉语普通话中使宾语前置的介词"把"，它在这里没有词汇意义，只对它后面的成分"他的娃们"表示强调和关注，以期引起人们注意。这种情况的"把"在东干话中常可见到，它也可不用，像例⑧⑨那样。因此，这个"把"的有无，都不影响"他的娃们"与后面V_1"叫"、V_2"出去"所构成的语法关系，也就是说，"他的娃们"是V_1"叫"的受事，同时也是

V₂"出去"的施事,即放在分句二句首的兼语。

中国甘肃临夏回族自治州也有这种兼语位于V₁"叫"前面的兼语句。例如:

⑪ <u>人家们</u>脊背后你的脊梁骨<u>戛叫戳着</u>。_{别叫人家在脊背后戳你的脊梁骨。}

例中的"人家们"是兼语,"脊背后"是"戳"的处所状语,"你的脊梁骨"是"戳"的受事。由此可知,这种兼语在V₁"叫"前面的兼语句在东干族西迁前就已在使用了,东干话中的这种用法是汉语临夏话同类用法的延续。值得注意的是,这种兼语在V₁"叫"前面的兼语句,由于兼语出现在主语的位置上,使得主语在结构上无法出现,因而成为非主谓句。

3. 兼语句和"把"字句、"给"字句、连动句可以套用

(1) 兼语句+"把"字句(用介词"把"引进受事的句子)。例如:

⑫ 我不能<u>叫你</u>这个奸贼<u>把我们的卡曼季尔</u>_{指挥官}<u>掀</u>给_供出来。

(2) 兼语句+"给"字句(用介词"给"引进受事的句子)+"把"字句。例如:

⑬ 对头们_{敌人}<u>叫卓娅</u> <u>给他们</u> <u>把党站扎站的地方</u>说给呢。

(3) 兼语句+连动句。例如:

⑭ 春花儿劝的<u>叫奶奶</u> <u>跟上他们</u> <u>拓图样</u> <u>去</u>呢。

(五) 连谓句

由连谓短语充当谓语的主谓句叫连谓句。东干话连谓句的前后谓词语的语义关系、谓语的结构、谓语的内部排序,和汉语普通话相比较,都有值得注意的地方。分述如下。

1. 前后谓词语的语义关系

请看例句。

① 他<u>骑</u>的_着驴<u>找</u>驴呢。

② 娃娃们踢的跳家家耍的呢。
③ 存花儿走赶哩城上给买风船票飞机票去哩。
④ 奶奶拿哩个碎小筐筐收鸡蛋去哩。
⑤ 猫娃子一个纵子跳到仓房顶子上,瞅的去逮鸽子去哩。
⑥ 把羊宰的吃掉哩。
⑦ 四个亲人都送我来哩。
⑧ 她紧赶赶快把雁包住抱上跑脱哩。
⑨ 他出去赁哩个房子住下哩。
⑩ 猫娃子没防住跳的去展展儿趴到两根子电光丝电线上哩。
⑪ 她把身上穿的脱的下来撂掉哩。
⑫ 今儿黑呢我站下住下不走哩。
⑬ 姐姐,鸽娃儿但如果飞掉不来哩呐?
⑭ 四麻子把孙女拄上拐子能走的看见高兴嗰哩高兴极了。

上述例①②前一动作V_1"骑""踢"表示方式。例③到⑥前一动作V_1"走""拿""瞅""宰"表示方式,后面的动作V_2"买""收""去""吃"和V_3"去""逮"及V_4"去"都表示目的。例⑦前一动作V_1"送"表示目的,后面的动作V_2"来"表示方式。例⑧到⑪前一动作V_1"包""出去""防""脱",后面的动作V_2"抱""赁""跳""撂",V_3"跑""住""趴"都表示先后发生的动作。例⑫V_1"站"和V_2"走"、例⑬V_1"飞"和V_2"来"都是从正反两方面说明一件事。例⑭后一性状"高兴"表示前一动作"看见"的结果。由此可见,东干话连谓句的前后谓词语的语义关系,和汉语普通话大体相当,但例⑦的语义类型是东干话独有的。

2. 谓语的结构

由以上例句可知,第一,前后的谓词一般多由动词充当,像例⑭第二个谓词由形容词充当的情况很少见。第二,汉语普通话中第一个谓词除了用"来、去"以外,往往不用单个动词,一般要带上宾语、补语等成分。(黄伯荣、廖序东,下册,2007,90页)东干话大抵也是如此。它们的不同之处是,东干语有一少半不带宾语、补语的动词都用"把+名"的方式把宾语前置到V_1前做了状语,如例⑥"把羊"等,这和东干话"把"字句的盛行有关。第三,连用的谓词多为两个、三个,有时也可以是四个,如例⑤。

值得注意的是,连用的谓词可以是"到(+处所)+来/去"。例如:

⑮ 连手朋友们到哩凤船场子飞机场呢哩，达达父亲、阿妈也到来哩。
⑯ （她不会走）爷爷一天把她抱上哪塔儿都到去的呢。
⑰ 各处儿它都到去呢，这个大船。
⑱ 家呢的活她做的呢，到学堂呢来，还能把回答给上。
⑲ 我当兵去呢，到兵上部队里去呢。

上述五例中，V_1"到"不是介词"往"，而是动词，表示动作的起点，V_2"来""去"是动作的终点，"来"表示终点向着说话人的所在地，"去"则表示终点背着说话人的所在地。"到+来"表示动作从起点到终点，"到+去"也是同理。例⑮"到来"应是省略处所宾语"凤船场子"后渐渐形成的连动短语；例⑯⑰"到去"也应是省略了和它们相关的处所宾语后渐渐形成的连动短语。这类连动短语在汉语普通话中是不存在的。汉语普通话"到来"中的"到""来"应是两个同义语素，二者构成的是并列式合成词，不是短语。（《现代汉语词典》，2012）"到去"在汉语普通话中不能组合。

3. 谓语的内部排序

由以上例句可知，一般地说，除例⑦以外，前后几个谓词不管语义关系如何，排列顺序都是遵循时间先后，即先出现的动作在前。趋向动词的排列顺序有以下两种情况。第一，双音节趋向动词的排序是自由的，可以在V_1的位置，如例⑨"出去"，又如下面例⑳㉑㉒，也可以在V_2的位置，如例㉓。第二，单音节趋向动词"来""去"的排序很不自由，通常在其他谓词后面，如例③④⑦⑮⑯⑰⑱⑲⑳㉑，像例⑤那样"去"在V_4、V_2位置上共现的用法是极为罕见的。"去"的某些虚化用法正是由此开始的，如例㉔中"去"已虚化。（见本章"动词"部分中的"'去'的用法"）

⑳ 哈仔儿现在爷爷回来吃来哩。
㉑ 你出去缓一下儿去。
㉒ 娃们悄悄儿进去睡下哩。
㉓ 他把二门子开开进去哩。
㉔ 鸽娃儿个人自己又没飞的来去自己又没飞过来么。

（六）存现句

存现句表示什么地方存在、出现或消失了什么人或物，是用来描写环境或景物的一种特定句式。它是主谓句的一种，主语都是表示处所的名词性词语。它可细分为存在句、出现句和消失句三种。

1. 存在句是表示何处存在何人或何物的句式

请看例句。

① 粗泥缸缸里头养的着海纳。
② 河傍呢里长的着蒿草。
③ 大门上安的着两个弯弯子折铁。
④ 汽车上满满的装哩了一车炮子儿。
⑤ 那塔儿那里这候儿成下了文明地方哩。
⑥ 那塔儿有耶提姆行孤儿院。
⑦ 我的妈呀，左右都是对头敌人们。
⑧ 你的靴跟前一盘子长虫。
⑨ 那塔儿好少很多的果子。

2. 出现句是表示何处出现了何人或何物的句式

请看例句。

⑩ 房呢来哩客哩。
⑪ 汽车上上来哩个女人。

3. 消失句是表示何处消失了何人或何物的句式

请看例句。

⑫ 春花儿的脸上全哩完全没有血脉哩。
⑬ 家呢里没有交税的钱哩。
⑭ 周周围围四周没有树枝草苗。

这三种存现句大都可分为前、中、后三段。它们具有如下特点。
（1）前段叫处所段。从语义上看，必须有处所性，不能有物体性，即不能用表示施事、受事的词语，而必须是表示方位或处所的词语，如例④"汽车上"、例⑦"左右"、例⑭"周周围围"。
前段表示"何处"的词语的前面或后面，可以有时间词语，这时，表示"何处"的词语是主语，时间词语是状语，如例⑤"那塔儿"是主语，它后面的"这候儿"是状语。

（2）中段叫动作段。存在句的动词常带动态助词"的"，相当于"着"，如例①②③，也可带"哩"或"下"，相当于"了"，如例④⑤。出现句的动词常带"哩"，如例⑩⑪。消失句的动词是"没有"，不带动态助词。

有些存在句的动词可以隐去，如例⑧⑨，没有动词的存在句就成了名词谓语句了，它是存现句的变体。

（3）后段叫存现宾语段。存现宾语大都有施事性，如例②"蒿草"、例⑩"客"、例⑭"树枝草苗"。

有些存现句动词都带"的着"，外貌相同，但实质有动态和静态的区别。动态就是动作的进行状态，如例②，静态就是动作停止后遗留的状态，如例③。

（七）比较句

比较句有以下几种格式。

1. 一般事物相比时，用"比""赶"引进比较项

"比"和"赶"意思相同，可互换。"赶"更常用。请看例句。

① 他<u>比</u>我碎小。
② 伊斯海儿<u>比</u>萨里儿小的十几岁。
③ 他的汉家个子像是<u>赶</u>早头以前高下哩。
④ 瘦死的骆驼<u>赶</u>马大。

如果连用比较句，往往是先用"比"，后用"赶"。例如：

⑤ 心<u>比</u>天高，命<u>赶</u>纸薄。
⑥ 列宁的意见<u>比</u>花儿红，他的意思<u>赶</u>海深。

2. 表示比较的双方情况不同、条件不等时，用以下方式引进比较项

（1）用"形容词+不过"引进比较项。请看例句。

⑦ 黄金虽然为贵的，它贵 <u>不过</u>家舍平安的。
⑧ 世界上只有人俊，是啥任何事物它们俊 <u>不过</u>人。

（2）用"不抵""不如""比不上""比不了"引进比较项。请看例句。

⑨ 哪个人不服人，那个人不如人。
⑩ 远亲不如近邻，近邻不抵对门。
⑪ 这个比那个好，那个比不上这个。
⑫ 顶亮的月亮比不了火，咋好的婆婆比不了亲娘好。

(3) 用"把……不到"引进比较项。这是对汉语甘肃临夏话的传承。请看例句。

⑬ 这个比那个好，那个把这个不到。

(4) 用"强□[fəŋ]""强如"引进比较项。请看例句。

⑭ a.少吃多喝，强□[fəŋ]吃药。
b.种地想办法，强如拜望菩萨。

3. 不说"A和B相比"往往说成"(把A)比到B上/里/一搭哩"
请看例句。

⑮ 那塔儿的树林占的滩场面积比到全联邦的水平上少的是60千格尔脱公顷。
⑯ 比到五年头呢和五年前相比，三娃越兴更加体面下哩，年轻下哩。
⑰ 把她的俊美连同花儿的俊美能比到一搭儿呢一起。

(八)"是"字判断句

东干话的"是"字判断句，就是由判断动词"是"做谓语动词的判断句。它有的和汉语普通话相同，有的和它的源头方言如汉语甘肃临夏话相同，有的应是东干族西迁中亚以后的发展。

1. 表示肯定判断或否定判断，和汉语普通话相同
请看例句。

① 三姐是奥什人。
② 普希金的太爷是阿比星人。
③ 你哈巴大概是看牲灵的大夫兽医，不是看人的。

④ 我的妈呀，左右都是对头敌人们。

2. 用在"（名+是）+（不+是+名）"中表示否定判断

这是东干话的源头方言如汉语甘肃临夏话用法的延续。（王森，1991）请看例句。

⑤ 这个人是呀不是木匠。这个人不是木匠。
⑥ 我凡常平时把你，克里士涅夫，算的是呀不是好人。我平常就把你克里士涅夫算的不是好人。

值得注意的是，这种格式里"不"的前面和后面各有一个"是"，但两个"是"只是语音形式相同，都读[sʅ]，它们的词性和用法各不相同。前一个"是"是语气词，用在句中主语等成分后或句末，表示停顿，据我们了解，这个语气词"是"，东部裕固语（接近蒙古语）中也在用，它应是借自少数民族语言的一个音节。后一个"是"是判断动词，和它后面的名词一起构成句子的判断谓语。汉语临夏话中"是"的宾语还常常前置，如例⑤还常说成"这个人是木匠不是"。

3. 用在"把+主+是+宾（正面）"中表示肯定判断

这可能是东干话的发展。请看例句。

⑦ 把给一个全意思的几句话几个词是话连字短语。

这个例句是东干话教科书中对"短语"所下的定义，意思是说把几个词放在一起，如果能表示一个相对完整的意思，那就是短语，如"大+场子"="大场子"、"绿+颜色"="绿颜色"，就都是由两个词构成的短语。格式中的"把"的作用是强调并认定它后面的成分，即主语"给一个全意思的几句话"。如果去掉"把"，就成了一般的陈述句，被说话人郑重标示的那个"给一个全意思的几句话"也就成了一般的主语。"把"字本身没有词汇义，是突显主语的标记。我们把带这种"把"字的句子也宽泛地归入"把"字句，因此，把这里的判断句也看成非主谓判断句。

4. 用在"把+主+是+宾（负面）"中表示贬斥性否定判断

这是东干话的源头方言如汉语兰州话用法的延续。这种句式只适用于反问句、感叹句或含有反问、感叹语气的陈述句。请看例句。

⑧ 把这是啥花儿嘛?! 还不开。
⑨ 卖笤帚的凯里子老汉，把他可是有啥脸面的人嘛。

这类句子，主语只能用单个的代词充当，宾语都是含贬义的短语。主语作为焦点成分，它既是它前面标记词"把"所关注的对象，同时又是它后面表示负面义的谓语所贬斥的对象。它可以是近指的事物，如例⑧，也可以是远指的第三人称，如例⑨。在汉语兰州话中，还可以是第二人称，如"把你是个啥东西吵"。这类格式的结构层次是，先用肯定判断"主+是+名词短语"加反问语气词"嘛、吵"构成否定判断，再在主语前面加"把"表示强调，引起注意。这类句式也是非主谓判断句。

（九）主谓谓语句

主谓短语充当谓语的句子叫主谓谓语句。从全句的主语（大主语）和主谓短语里的主语（小主语）是施事还是受事以及其间的关系等方面来看，东干话主谓谓语句大体有以下三种。

1. 受事 ‖ 施事——动作

请看例句。

① 这个报 ‖ 回族人念的呢，广播 ‖ 他们听呢。
② 添的加法带和去的减法码子数码 ‖ 娃娃还懂些呢。
③ 我的娃，馍馍贵重的，‖ 你要记下呢。
④ 他的本事打哪呢来哩，‖ 我也不知道。

2. 施事 ‖ 受事——动作

请看例句。

⑤ 米爱 ‖ 是啥任何事情也没思量。
⑥ 她 ‖ 啥话什么话也没言喘。
⑦ 我 ‖ 莫斯科瓦没去过。

这种句子的受事有的有周遍性（指所说的没有例外），是任指性词语，后面有"也"相呼应，有往大夸张的意味，如例⑤⑥。

3. 大主语和小主语有领属关系

请看例句。

⑧ 这个人 ‖ 心太狠的很。
⑨ 佘福礼 ‖ 人眼不低呢。

4. 谓语里有复指大主语的成分

请看例句。

⑩ 姊妹两个 ‖ 一个把一个不见。
⑪ 我们 ‖ 一家给一家给帮助的呢。

例⑩的谓语里的两个"一个",它们是任指用法,但只指大主语"姊妹两个"中的任意一个,可以看成类似复指的成分。例⑪的"一家"也是同理。

(十) 非主谓句

分不出主语和谓语的单句叫非主谓句。它由主谓短语以外的短语或单词加句调构成。东干话的非主谓句有以下几种情况。

1. 动词性非主谓句

这种句子的特点是,在结构上,它无法或不需要补出主语;在语境上,它不需要借助于特定语境就能表达完整而明确的意思。它有以下四种情况。

(1) 主语前带"把"字的句子。例如:

① 把给一个全意思的几句话_{几个词是话连字}。几个词放在一起能表示一个相对完整的意思,那就是短语。
② 把冬老爷_{圣诞老人}看见五岁的劳拉儿_{女孩名}跷蹊哂哩_{惊喜极了}。
③ 把这是啥花儿嚛?!还不开。
④ 卖笤帚的凯里子老汉,把他可是有啥脸面的人嚛。

上面四例中,"把"表示强调并认定"把"后的成分,以引起注意。例①中如果去掉"把",那种说话人对紧跟在"把"后面的焦点成分的郑重关注的语用信息也就被删除了。例②也是如此。例③是另一个类型,这类句中的宾语都含贬义，整个句子含反问语气。作为焦点成分的主语，它既是它前面"把"所强调、关注的对象，同时又是它后面谓语所贬斥的对象。这类句子的"把"如果去掉，说话人对"把"后的焦点成分的关注的语用信息也就被删除了。更为重要的是，由于去掉"把"后原式结构发生了改变，带来了如下三点变化，一是原来全句的反问语气，随着"把"的去除而消失了；二是在结构上，"把"后的"主+是+宾"在东干话中不能构成反问句，只能成为疑问句；三是"主+是+宾"中"宾"原来含有的贬义，现在也只能转为疑问。于是，"把"后的"这是啥花儿嚛？！"也就完全等同于汉语普通话的"这是什么花儿呀？"。例④也是如此。可见，这四例中的"把"都不能被删除，删除以后或有损于表达，如例①②，或改变了原意，如例③④。它们前面不能出现主语，也不需要出现主语。因此，这种"把+主谓句"是非主谓句。

(2)"把"字句和被动句（"叫"字句）的套用句。例如：

⑤ 一千九百四十二年上，叫对头 敌人 把我裹过去哩 我被敌人俘虏了。
⑥ 一晚夕叫她的眼泪把我的衫子都泡湿哩。

这是由"把"字句的主语前面加"叫"构成的非主谓句。加"叫"的目的是为了强调原"把"字句的施事主语，认定它是被指责的对象，并指责由它表示的第三人称的人或事物对表示受事的某人或某物实施处置并产生了不良后果。对译为汉语普通话时，应考虑贬义色彩的融入。如例⑤可译为"1942年，被十恶不赦的德国鬼子把我俘虏了"。

⑦ 把普希金叫皇上不停的折割 折磨 哩。
⑧ 把猫叫谁打死哩。

这是由"叫"字句的主语前面加"把"构成的非主谓句。加"把"的目的是为了强调原"叫"字句的受事主语，认定它是应予以关心、同情的对象，并惋惜由它表示的第三人称的人或事物所遭受的种种不幸。对译为汉语普通话时，应考虑褒义色彩的融入。如例⑧可译为"可怜的猫，被人打死了"。

(3) V_1是"叫"的兼语前置句。例如：

⑨ 娃们不叫出去耍 别叫孩子们出去玩，外前 外面 脏的很。

这种前置的兼语前面还可以带"把"，表示说话人对该兼语成分的关注。例如：

⑩ 神爱他呢，也把他的娃们叫出去，叫一切人都相好。神不但爱他，也让他的孩子们出去（传扬或接受福音），使所有人都相互友好。

中国甘肃临夏回族自治州是这种句式的源头方言区，试看汉语临夏话的说法。

⑪ 人家们脊背后你的脊梁骨要叫戳着。别叫人家在脊背后戳你的脊梁骨。

例中的兼语"人家们"也放在句首。这种句式，由于兼语前置，占据了主语的位置，使得主语在结构上无法出现，因而成了一种构造特殊的非主谓句。

(4) 某些自然现象、生活情况、口号。例如：

⑫ 唅巴可能有雨呢？
⑬ 响开雷哩。
⑭ 一进学堂门，口号就到哩娃们的眼前哩："到埃克扎缅考试丢下20天哩！"

2. 名词性非主谓句

名词性非主谓语由名词或名词性短语构成。例如：

⑮ 阿哥！快走嗉。
⑯ 伊斯海儿同志！

3. 感叹句

感叹句由叹词充当。例如：

⑰ "你走仗上吗？""嗯。"
⑱ 噢！你想达难道把路数办法找上哩吗？
⑲ "呜啦！"大众的手拍的巴拉拉的。

4. 拟声词句

拟声词句由拟声词充当。例如：

⑳ 你看那个老鹰在这儿扎旋的呢，自个嗨的抓鸡娃子呢。"<u>欧仕——欧仕！</u>"她喊脱哩。

（十一）疑问句

疑问句是根据语气划分出来的句类。它是具有疑问句调，表示提问的句子。提问的手段有语调、疑问代词、语气副词、语气词或疑问格式。有时只用一种手段，有时兼用两三种，其中句调是不可缺少的。根据提问的手段和语义情况，东干话的疑问句可以分为四类，即是非问、特指问、选择问、正反问。

1. 是非问

它的结构像陈述句，只是要用疑问语调和语气词"吗""呢""嚓"等。它是对整个命题的疑问，所以回答也只能是对整个命题做出肯定或否定，即用"是的、对的、嗯"或"不是、没有"等回答，也可用点头、摇头回答。请看例句。

① 你问我的呢<u>吗</u>？
② "乍黑巴，你把那个酸白菜炒些儿，不对<u>吗</u>_{不行吗}？"
③ "啥巴_{可能，或许}有雨呢？"她问哩婆婆哩。"有就有哩么"，婆婆回答的。
④ 老汉可又问的："她啥巴念书的呢？""嗯，念的呢。"
⑤ 那个丫头念书去呢<u>嚓</u>？

例③④表示推测，句末用"呢"，相当于汉语普通话句末用"吧"的猜度问句。

2. 特指问

用疑问代词如"谁、啥、哪塔儿、咋么价"等或由它们组成的短语如"为啥、啥事情"等来表明疑问点，问话人希望对方就疑问点做出答复。请看例句。

第四章 语法

⑥ 你是谁?
⑦ 你做啥的呢?
⑧ 你在哪塔儿_{哪里}做活儿的呢?
⑨ 你今年多大岁数哩?
⑩ 他几时_{什么时候}回来呢?
⑪ 你写下的账本子呐?

特指问常用语气词"呢、哩、呐",不用"吗"。

3. 选择问

用复句的结构提出不止一种看法,供对方选择。前一分句句末大多都有"呢么、么"表示选择,分句之间有逗号隔开。请看例句。

⑫ 房呢里有谁呢么,没有的?
⑬ 咱们的语言里头音_{指元音和辅音}多么,字_{指字母}多?
⑭ 冬天脚上穿厚好么,穿单好?
⑮ 碎娃娃_{小孩}把话说的真么,不真?
⑯ 水船走的快么,慢?
⑰ 萝卜丁丁儿切的碎_小么,大?
⑱ 谁贵重,卡尔拜贵重么,人贵重?
⑲ 爸爸_{伯伯},(日头落到山中间哩,)山把它挤死,挤不死?

分句之间的逗号比前分句句末的"(呢)么"更重要,个别情况下,"(呢)么"可以不用,但逗号还是要有,如例⑲。有时,后分句前有连词"还是"出现。例如:

⑳ 你来呢么,还是我去呢?

4. 正反问

谓语由肯定形式和否定形式并列的格式构成。它有三种疑问格式,即V不V、V没有、V的呢/哩没。

(1) V+不+V。"V"代表动词和形容词。请看例句。

㉑ 你去不去?

㉒ 春花儿家呢里嫁不嫁哒?
㉓ 你的坟头上一个指一个立方米的土够不够?
㉔ 这个事情你看跷蹊跷跷不跷蹊?

(2) V+没有。"V"代表动词和动词短语,"没有"后省去了一个"V"。请看例句。

㉕ 你告的,人都该欠你的账的呢么,你有个写下的账本子没有?

(3) V+的呢/哩+没有。"V"代表动词和动词短语,"的呢、哩"表示稍作停顿,但是它们后面没有逗号分隔,"没有"后面省去了一个"V"。请看例句。

㉖ 桩上的马绑牢的呢没有?
㉗ 你在大夫跟前去哩没哒?

(十二) 反问句

反问句是无疑而问。它的特点是只问不答,把要表达的意思包含在问句里。否定句表达肯定的内容,肯定句表达否定的内容。东干话的反问句,和汉语普通话有很多不同。根据结构,可分为以下几个小类。

1. "想达难道+(否定词+)谓词语"

这类反问句的反问语气较强。请看例句。

① "我知道呢,你叫我长大当大夫呢……""那么,当大夫想达不好吗?"
② 仗上战场上几十万人打仗的呢么,想达你一个吗。
③ (现在我的腿有病,不会走)我想达永总永远不走么,阿爷,你说哒?

这种句式和汉语普通话的同类句式相当。

2. "VP+么,(还是+VP)/名词"

这类反问句的反问语气也较强。请看例句。

④ 哎哟,哎哟!你扬场的呢么,还是扫地呢啭?

⑤ (我问你,)舍夫,你是夫耶尔玛饲养场的头子领导者么,还是舍夫,啊?

⑥ 你的头里头装的麦草么,脑子啭?

这种结构和汉语普通话的相应选择问复句的结构相一致。值得注意的是,在中国西北广大地域内,这种复句的结构都是"A(呢)么,B",即前分句A后都有"(呢)么",像例④⑤⑥的前分句句末那样,而后分句B前没有连词,像例⑥的后分句前那样。通常情况下,东干话也是如此。可是请注意,例④⑤的后一分句的句首现在出现了连词"还是",这是非常罕见的,透露出东干话正在向汉语普通话的相应结构悄悄靠拢。据我们所知,上述例④⑤的作者之一,近十多年来多次来中国参加学术交流活动,应是他把"还是"的用法带进了东干话。

3. "嫌难道+不+谓词语+吗"

这类反问句的反问语气较轻。请看例句。

⑦ 干净气色空气里头要30米奴特分钟,嫌不好吗难道不好吗?
⑧ 你尝啭,嫌不甜吗。
⑨ 那是顶好的花籽儿。嫌不俊吗。
⑩ 那塔儿有碎小牛娃儿呢,嫌不心疼可爱吗。
⑪ 我做哩个睡梦,嫌不害怕吗很可怕。
⑫ 她是丫头儿,没有劲。你是儿娃子男孩儿,劲嫌不大吗。
⑬ 你是我的好丫头儿么。你嫌不听话吗。
⑭ 我阿爷嫌不好么,啥都会做呢。
⑮ 我的娃,你嫌不睡的么,这么早么,你起来做啥呢?
⑯ 你把我阿达父亲想达没见过吗?他嫌不好吗。

这种句式也较常见,可能是东干话的一种新生句式。它的特点是,语调是陈述句的语调,句末大多都用句号,像例⑦句末用问号的情况不多。这一切都减弱了它的反问语气。例⑯"想达……""嫌不……"两种反问式连用,更能看出它们反问语气的强弱差异。

4. "不+VP+吗"

这类反问句的反问语气较弱。请看例句。

⑰ "想吃哩揪上些<u>不吃吗</u>？糟蹋啥呢嘛？"他待说的，拿手把筐子呢的果子摸哩下儿。

⑱ 你才是诺列沃伊<small>学前班</small>，几时念开头号—<small>一年级</small>哩，你把他<u>不撂过</u><small>超过吗</small>？

⑲ 你看我拾下的多么俊的叶叶儿。咱们拿回去叫姐姐<u>不夹到书里头吗</u>。

⑳ 给这两个盆呢把水提满，晒下，一时儿—<small>会儿</small>你们两个儿呢<u>不洗澡吗</u>！

㉑ 这个娃娃孽障<small>可怜</small>的，我给妈妈说给，叫把他拿<small>领养</small>来，给我<u>不当哥哥吗</u>。

这种句式不用表反问语气的副词，句末用问号或句号。反问的语气比上述几类都弱。

5. "VP+不对吗"

请看例句。

㉒ 你把那个酸白菜炒些儿，<u>不对吗</u>？

㉓ 你们把儿子劝说一下儿，<u>不对吗</u>？

㉔ 你赢上哩，咱们两个儿当朋友，<u>不对吗</u>？

㉕ 你们给我唱个曲子<u>不对吗</u>？

㉖ 无常的之前，你喝上些儿<u>不对吗</u>？

㉗ 你把那个渠呢的草薅掉<u>不对吗</u>？

㉘ 叫鸽娃儿剩到娃娃儿园子<small>幼儿园</small>呢，叫一切娃们把它喂，<u>不好吗</u>？

㉙ 我的娃，把房呢的花儿再不准揪哩，<u>对吗</u>？

㉚ 你们嫑吵我哩，悄悄儿耍，<u>对吗</u>？

㉛ 天气这么热么，在哪呢找你妈去呢。……没哩，你去，光是早些儿回来，<u>对吗</u>！

这种句式很常用。它的结构特点是，第一，前面的VP是肯定性时，后面则用否定性的"不对吗"，个别情况下"不对吗"可换用"不好吗"，如例㉘，这是主流用法，如例㉒到㉘。第二，前面的VP是否定性时，后面则用肯定性的"对吗"，这是非主流用法，如例㉙㉚。第三，有时前后两部分都是肯定性的,这是偶尔使用的用法,如例㉛。

(十三) 书面语复杂句

东干话只有一套口语用词。因此,东干话书面语和口语的语体差异一般表现在句式方面,书面语多用复杂的长句,而口语则相反。书面语复杂句主要表现在局部成分的复杂化,尤其是附加成分的复杂化。

1. 复杂的介词短语做状语,这种用法大量使用

它有如下两种情况。介词短语用"[ ]"表示。

(1) 某个介词短语内部复杂化。例如:

① 麻乃把[年时就这一天妈妈把他揪下的花儿看见咋么价高兴下的,把他连花儿抱起来,在地下转的把儿子待心疼_{亲吻}的说下的"我的命,我的金子,你把阿妈的生日儿没忘掉,记的呢吗?你们都看我的儿子多么心疼_{可爱},给我抱的来哩多么大的一抱子俊美花儿,带春天的高兴"话]想起来哩。

这句话长得使人无法读下去。其实就是"麻乃把话想起来哩"。由于介词"把"后"话"前加了105个字,构成了好多句子,然后再一起做"话"的定语,这样,介词"把"的宾语"年时……话"就变得非常长了。因此,全句虽只有一个状语,却仍是个复杂的长句。

(2) 多个并列的介词短语充当多层递加状语,同时介词短语的宾语也往往不是单个词,而是复杂短语。这种情况也很常见。例如:

② 他[给媳妇儿带_和外母][把他是耶提目_{孤儿}的,碎小碎儿连达达_{父亲}在黄渠乡庄呢住哩的],[把妈妈记不得的],[把碎妹妹叫旁人抓的去的]肯_常说。

这个例句的主干是"他肯说"。现在"他"后"肯说"前加了四个介词短语充当递加状语。第一个是"给……",后面三个都是"把……"。每个介词短语的宾语都是短语。最复杂的是第一个"把"的宾语,它由两个复杂的动词短语充当。这样全句结构就复杂化了。

2. 复杂定语的使用

它有如下两种情况。定语用"( )"表示。

(1) 定语和中心语都是复杂短语。例如:

③ （CCCP 苏维埃社会主义共和国联盟的民人戏人人民演员），（阿卡杰米雅学员），（民人中间赏耗奖赏的拉乌列阿特人民奖金获得者）（阿·朱玛合玛托夫领首的领导的（吉尔吉斯列斯普布利卡共和国）的（国家乞列拉吉奥电视[台]）的西姆福尼亚响器队交响乐团走中国去哩。

这个例句的主干是"响器队走中国去哩"。句子的主语是"CCCP……响器队"，它是复杂的定中短语。先看其中的定语"CCCP……领首（的）"，它是主谓短语。"领首"是主谓短语的"谓"，"领首"前的部分，即"CCCP……阿·朱玛合玛托夫"是主谓短语的"主"，它是由四个称谓名词构成的同位短语。这就是说，同位短语+"领首"→主谓短语（+的）→定语。再来看中心语"吉尔吉斯……响器队"，它是由两个并列专有名词构成的递加式定中短语。可见，充当全句主语的定中短语"CCCP……领首的……响器队"的定语和中心语都是复杂短语。这就使句子复杂起来了。而全句的谓语"走中国去哩"却很简单。

（2）递加式定语。例如：

④ 《消停当静静的顿河》它是（发生哩卡尔霍兹集体农庄），（团结哩咱们民人一心的），（翻转哩社会文明的），（往高呢提哩苦汉聪明的）作品。

这个例句的宾语"发生哩……的作品"是有四层递加定语的、复杂的定中短语。这也使句子复杂起来。

3. 多层补语的使用

它有如下两种情况。

（1）动+补结果+补趋向/补结果。例如：

⑤ 把肉煮脓过分地烂掉，吃不成哩。
⑥ 连这个碎小娃呢上路去太难的很。把我麻烦的乏透掉哩。
⑦ 衣裳叫雨泡湿透哩。

这三例中的后一补语"掉""透"是对它前面的补语的再一次强调和深化。汉语普通话中似乎没有这种用法。

（2）动+补趋向+补时量/补趋向。例如：

⑧ 老婆把图样相片拿上,细细详详的看开哩一阵子。
⑨ 地呢的雪消开哩,渠呢的水淌开哩,绿草草儿出来开哩。

这两例都出自东干文学教科书。补语的用法很特别。

4. 小句做主语

请看例句。

⑩ 太阳照上的果树叶叶儿连果子上的露水明的放光的呢,太好看的很。

⑪ 她们亲热的咋么价问当问候哩,咋么价攥手哩,都不知道哩。

上面例⑩"太好看的很"是全句的谓语,它前面的部分是全句的主语,该主语由小句充当,"明的放光的呢"是小句的谓语,"太阳照上……露水"是小句的主语。例⑪是主谓谓语句,全句主语(大主语)是"她们",剩下的部分是主谓短语,充当全句的谓语。两个"咋么价……"是充当全句谓语的主谓短语的受事主语(小主语),它由两个并列小句构成。"都不知道哩"是主谓短语的谓语。"亲热的"是全句的状语。这种主谓谓语句在东干话中常用。

七、复句

根据意义关系划分,东干话的复句可以分为联合复句和偏正复句两大类。这两个大类和它们所涉及的小类,都和汉语普通话的复句大体相当,但结构和用法多有特色。下面分类列举。

(一) 联合复句

联合复句中分句间的关系有并列、顺承、解说、选择、递进五种。

1. 并列复句

前后分句分别叙述或描写有关联的几件事情或同一事物的几个方面。分句间或者是平列关系,或者是对举关系。分句间关系及关联词语,如表4-19所示。

表 4-19

分句间关系		关联词语
平列	合用	1. 又A，又B，（又C） ｜ 有一下A，有一下B
	单用	2. 待VP的，B ｜ A，待VP的
对举	合用	3. 是A，不是B ｜ 不是A，是B

（1）平列关系就是分句表示的几件事情或同一事物的几个方面并存。平列关系的关联词语有前后分句成对儿使用（合用）的，如第1组各例，有单用动词短语"待VP的"的，如第2组各例。

第1组，请看例句。

① 雅四儿·十娃子<u>又</u>是诗家_{诗人}，<u>又</u>是科学人_{科学家}。
② 这塔儿大人<u>又</u>喊叫，娃娃<u>又</u>哭，鸭子<u>又</u>乱叫唤。
③ 稻子<u>有一下</u>_{有时}熟的早，<u>有一下</u>熟的迟。

第2组，相当于"一边A，一边B ｜ A，同时B"。这极为常用。请看例句。

④ 我给他们<u>待挤眼睛的</u>，说是："万尤卡，我的儿子，我找着哩"。_{我给他们一边挤眼睛，一边说："万尤卡，我的儿子，我找着哩。"}
⑤ 他<u>待往前走的</u>，可又问的："得哩伤的人再有唉？"_{他一边往前走，一边又问道：……}
⑥ "春花儿，这花儿是谁扎下的？"米爱<u>待问的</u>，往前跨哩两步。_{一边问道，一边往前跨了两步。}
⑦ "今儿啥风把你刮的来哩嗙？你好的呢吗，海车儿姐？"她<u>待笑的问哩</u>_{边笑边问}海车儿哩。
⑧ "哎哟，你的那个好别针儿唠"，米爱拿一根指头<u>待指的</u>说。_{边指边说，}"这是你几时买下的嗙？"
⑨ "你把他的腿按住，嫑叫跳弹，"<u>待说</u>_{说话的同时}，我可价已经把他按住哩。
⑩ <u>待喝茶的</u>，我们拉哩一阵子磨。_{我们一边喝茶，一边聊天。}

（2）对举关系是如第3组所指的，前后分句的意义相反或相对，表示两种情况或两件事情对比或对立，也就是用肯定和否定两个方面对照来说明情况或表达所要肯定的意思。对举关系的关联词语成对儿使用。

第3组，请看例句。

⑪ 你啥巴也许,可能是看牲灵的大夫兽医，不是看人的。
⑫ 你爷爷才是英雄名堂原来只是荣誉英雄，又不是英雄去不是真的英雄么。
⑬ 我打下的人她们又不是毛姐儿带索夫去，是单另的丫头儿么。

2. 顺承复句

前后分句按时间、空间或逻辑事理的顺序表示连续的动作或相关的情况，分句之间有前后相承的关系。关联词语如表4-20所示。

表 4-20

关 联 词 语	
单用	A，之后/再/又/可/就B
合用	先A，再B ｜ 一A，就B

(1) 关联词语单用在后分句或不用关联词语的。请看例句。

① 说话的人悄下哩静下来了，之后可又接上说脱哩。
② 特拉克托尔拖拉机把地犁哩，拿铁耙拉的做平哩，再往地呢撒籽呢。
③ 他把书拿上哩，又把小伙儿领上哩。
④ 这是么这不是么，金豆豆儿树叶间漏下的阳光在叶叶上呢，哎哟，可又到哩你的脸上哩，可到哩你的口袋儿的花儿上哩。
⑤ 她把饭吃哩，可又到哩春花家哩。
⑥ 赶晌午你们来，就对哩。
⑦ 打哩春哩，天气热哩，犁地的时候到哩。
⑧ 她们烧的茶，喝哩，喧哩一阵子话，把灯拧的低低的，睡下哩。

(2) 关联词语成对儿合用的。请看例句。

⑨ 你先打树上下来，咱们把花儿浇哩，再走到麦念儿爷爷家。
⑩ 渠一浅，水也就浅下哩。

3. 解说复句

分句间有解释和总分两种关系。一般不用关联词语。有以下三种情况。

(1) 后分句解释前分句的。请看例句。

① 明儿拉板去呢,盖水磨呢。
② 我再不信服你哩,前儿个认哩错哩,今儿个可重复哩_{又重犯了}。

(2) 先总说后分说的。请看例句。

③ 娃们都好,也没哭,也没喊。
④ 她的就这个样式渗到我的心呢哩:手在腔子上搭的呢,嘴唇子白的呢,睁大的两个眼睛,眼泪……

(3) 先分说后总说的。请看例句。

⑤ 鸡叫,狗咬,娃娃吵——这是家呢的三件宝。
⑥ 稻子有一下熟的早,有一下熟的迟;这个的因此_{原因}是啥?

4. 选择复句

东干话的选择复句有两类,一类是说出两种或几种可能的情况,让人从中选择的,这叫未定选择,内部又分数者选一(任选)和二者选一(限选)两个小类;另一类是选定其中一种而舍弃另一种的,这叫已定选择,内部又分先取后舍、先舍后取两个小类。如表4-21所示。

表 4-21

类别			关联词语	语气
未定选择	数者选一	合用	1a. A呢么/么/呢,B呢么/么/呢,C 1b. A,B呢么,C呢	陈述
		单用	1c. A,或者B	
		单用	2. A(呢)么,B	疑问
	二者选一	合用	3. 不是A,就是B	
已定选择	先取后舍	合用	4. 能A,不/嫑B	陈述
	先舍后取	单用	5. A的工头,(不抵_{不如})B	

(1) 在未定选择中, 数者选一表示或此或彼的意思, 即任选关系, 说话人态度灵活。其中, 第1a、1b组各例句结构上都需三个分句, 才能使意思完足, 分句的顺序如第1a、1b组各例所示, 前后分句句末的语气词"呢么、呢"成对儿出现, 有关联作用, 有些句中还伴有表示推测之类的词语如"得道、不哩、不知道"等, 如例②③④⑨。第2组例句表示疑问, 前一分句句末大多有语气词"么"。

第1a组, 请看例句。

① 你薅白苜<u>呢么</u>, 挤奶子<u>呢么</u>, 干啥哩干去。
② 得道_{也许}是她说的好<u>么</u>, 得道是她的声气_{声音}好听<u>么</u>, 一房子人里头大声出气的声气都听不见。
③ 得道是他调教出来的<u>么</u>, 得道是本分就是那个<u>么</u>, 这个猫娃儿又灵泛, 又贵气。
④ 但给它_象撇一块儿馍馍<u>么</u>, 不哩_{否则}撂个糖<u>么</u>, ——象就拿鼻子卷上搁到嘴呢哩。
⑤ 黑哩, 他睡哩, 摸揣他<u>呢</u>, 不哩闻他的头<u>呢</u>, 之后我觉摸的心呢也就像是爽快哩。
⑥ 给他要找奶子<u>呢</u>, 不哩要煮鸡蛋<u>呢</u>, 不吃些热的也不得成。
⑦ 你爱我<u>么</u>, 不爱<u>么</u>, 我也没问。
⑧ 如今我活的<u>呢么</u>, 没活的, 一模一样。

第1b组, 请看例句。

⑨ 恶老鹰侧棱子落呢, 不知道抓天<u>呢么</u>, 落地<u>呢</u>。
⑩ 她的脸一红一白的, 不知道往前拾_奔<u>呢么</u>, 往后退<u>呢</u>。

第1c组, 请看例句。

⑪ 娃们在院子呢耍姑娘儿_{玩具娃娃}, <u>或者</u>是要学堂_{玩上学的游戏}呢。
⑫ 我没带军器的。那候儿取枪<u>或者</u>是喊娃们去——赶不上哩。

第2组, 请看例句。

⑬ 你是神<u>么</u>, 你是鬼? 快说。

339

⑭ 房呢里,有谁呢么,没有的?
⑮ 我念对的么,没对的?
⑯ 地犁的深么,浅?
⑰ 回族学生多么,少?

(2) 在未定选择中,二者选一表示非此即彼,即限定关系。分句在意义上互相排斥,二者必居其一,语气肯定,关联词语必须成对儿使用。如第3组例句。

第3组,请看例句。

⑱ 我思量的:他但如果<u>不是</u>光身汉,<u>就是</u>连婆姨妻子拉不咋搞不到一起。
⑲ 他旋说的话上带的<u>不是</u>口溜儿,<u>就是</u>口歌儿。

(3) 在已定选择中,有两种情况,一种是先取后舍,关联词语必须成对儿使用,如第4组各例;一种是先舍后取,关联词语单用在前分句句末,如第5组各例。

第4组,请看例句。

⑳ <u>能</u>叫内呢撑,<u>甕</u>叫嘴受穷。
㉑ <u>能</u>叫穷男有个家,<u>不</u>叫富汉有人嫁。
㉒ <u>能</u>活一个有羞的穷汉,<u>不能</u>活一个没羞的富汉。

第5组,后分句的"不抵"只是偶尔使用,而前分句句末的"工头",即"工夫、时间",却不能缺少,可看作这类复句的标记。请看例句。

㉓ 跑东跑西的<u>工头</u>,<u>不抵</u>不如拾粪薅草走。
㉔ 这儿站在<u>工头</u>,走唦。(与其在这儿站着,不如走。)
㉕ 说的<u>工头</u>,做唦。与其说,不如做。
㉖ 喝药的<u>工头</u>,耍运动。与其吃药,不如锻炼身体。

5. 递进复句

后面分句的意思比前面分句的意思更进了一层,一般是由少到多、由小到大、由轻到重、由浅到深、由易到难,反之亦可。按结构可以区分为完全结构和省略结构两类。递进关系必须用关联词语。如表4-22所示。

表 4-22

类别		关联词语
完全结构	合用	1.光(也)不是/光没A,还/也B
	单用	2.A,还B
		3.A,还倒B
省略结构	单用	4.(A),越兴/越/还B

(1) 完全结构这一类有以下三种情况。

第1组,关联词语是成对儿用的,递进的意思比单用关联词语的强些。请看例句。

① 城堡_{城镇}上<u>光也不是</u>有哩回族学生哩,<u>也</u>有工人哩。
② 如今的领首人_{领导人}<u>光不是</u>把今儿的,他<u>还</u>把往前去的事情要看出来呢。
③ 苏维埃的机器<u>光没</u>在一个工业上有呢,它<u>还</u>在乡庄呢发哩展哩。

第2组,关联词语单个用在后分句前,有承上的作用。请看例句。

④ 谢亚尔卡_{播种机}种的又快,<u>还</u>不费种子,不费人。
⑤ 但思量起来我的心呢难受的很,给人说起<u>还</u>难辛_{更加难受}。
⑥ 春花儿在人头呢说话说的好,把拉交上_{广播里}说的啥她都懂呢,报上写的啥<u>还</u>不在说_{更不用说}。

第3组,关联词语"还倒"的意思是"反而",单用在后分句前,递进的意思从反面向前推进。请看例句。

⑦ 把钱没给是小事,他<u>还倒</u>把本匠骂的没羞_{不要脸}。

(2) 省略结构这一类是,前分句A字面上不出现,作为说话人的已知前提藏在心里或散隐在前文里,只出现后分句B,表示递进"更"义的"越、越兴、还"单用在后分句B中。如下面第4组各例。

⑧ 下哩一场大雨,天气<u>越兴</u>凉下哩。

341

⑨ 我心呢越兴喜爱他哩。
⑩ 把这个话听见，女人越哭的声大哩。
⑪ 听见旁人说伊斯海儿的名字，她的心跳的越欢哩。
⑫ 一时儿一会儿太阳越高哩，到哩头顶上哩。
⑬ 太阳把成千的光照到你指集体农庄上，叫你还更旺。

（二）偏正复句

偏正复句中分句间的关系有条件、假设、因果、转折、时间五种。

1. 条件复句

偏句提出条件，正句表示在满足条件的情况下所产生的结果。有有条件、无条件、倚变条件三类。如表4-23所示。

表 4-23

类别			关联词语
有条件	充足条件	合用 单用	1. 但(是)A,（就)B ｜ 只要A, 就B
	必要条件	合用 单用	2. 光A, 才B ｜ A, 才B
无条件		单用	3. 咋也罢, B ｜ （咋)形+也罢, B
		合用 单用	4. 是+代疑问+A,（都/也)B
倚变条件		合用	5. 越A, 越B

（1）有条件类中，用表示充足条件的关联词语时，偏句是正句的充足条件，正句表示具备这种条件就能产生相应的结果，语气和缓。如下面第1组各例。

① 但是只要谁把口传文学民间文学知道通，懂的好，他就是好教员。
② 但有军荒，就有年荒。
③ 好汉子但说啥，就能干啥。
④ 我们都不乏，只要你不乏，就对哩。

用表示必要条件的关联词语时，偏句是正句的必要条件，缺少了这个条件，就不能产生正句提出的结果，语气坚定。如下面第2组各例。

⑤ 光功苦只有勤奋,才把人打枯井里头拉出来,搁到70层子楼房上呢。

⑥ 把列宁指下的电光路有关电气化的指示要逮牢实呢抓紧实现,才能成一个英雄。

由以上两例可知,东干话的必要条件关系还比较松散,前分句的关联词语还没有形成。

(2)用表示无条件的关联词语时,偏句表示排除一切条件,正句表示在任何条件下都会产生同样的结果。如第3组、第4组各例。

第3组,关联词语"咋也罢"意思是"不管怎样也罢",大多情况下,它既是关联词语,也是前分句。后分句不用关联词语做呼应。请看例句。

⑦ 咋也罢,要把炮子儿拉过去呢。
⑧ 咋也罢,我把对头敌人要追掉赶跑呢。
⑨ 老也罢,还硬邦的很。
⑩ 天气咋凉也罢,田子呢畦里的水赶年时比去年的水热,稻子的根热的呢。

第4组,关联词语是"是+代疑问",其中"是"的意思是"无论、任何","代疑问"指"谁、哪塔儿哪里、啥什么、几时、多候儿、咋怎样,怎么"。后分句的关联词语"都、也",有时出现,有时不出现。请看例句。

⑪ 是谁无论谁照上列宁的光,他的心宽克郎胸怀大。
⑫ 是啥无论什么东西吃上些,都成呢。
⑬ 你是多候儿无论何时来,我都接迎迎接。
⑭ 你是咋无论怎样观风景,不上算。你无论如何(只为了)看风景而去某地,都是不划算的。

(3)用"越……越……"构成的复句也是条件复句,有倚变关系。如下面第5组各例。

⑮ 越往前去,光阴越好。
⑯ 他越劝,我的心越热哩。
⑰ 老婆扎下的花儿,你越看,越爱看。

2. 假设复句

偏句提出假设，正句表示假设实现后所产生的结果。假设关系分一致关系和相背关系两类。如表4-24所示。

表 4-24

类别		关联词语
一致关系	合用	1. 若要A, 要B
	单用	2. 若要A, B ｜ 但(是)A, B ｜ (但)A哩的话, B ｜ 再(是)A, B
相背关系	单用	3. 就是/哪怕A也罢, B 4. 纵然A, B

(1) 用表示一致关系的关联词语时，偏句提出假设，正句表示结果，假设如果成立，结果就能出现，假设与结果是一致的。如第1组、第2组各例。

第1组，关联词语成对儿使用。请看例句。

① <u>若要</u>多出奶子呢，<u>你要</u>留神草料呢。
② <u>若要</u>会洑水 游泳，<u>要</u>自己下水呢。

第2组，关联词语单用在前一分句。请看例句。

③ <u>若要</u>多吃饭，做活多流汗。
④ 水<u>但</u>浅，热头 太阳 的热气能入到里头。
⑤ 你歇缓 休息 的一天<u>但是</u>能回来哩，回来把我们看一下。
⑥ 那个狗娃儿你<u>但</u>想拿哩，拿回来。
⑦ 几时他的儿子回来哩，咱们给他就不帮忙哩。
⑧ 不去<u>哩</u>，我能少一个啥？
⑨ 你<u>再</u>是有电话哩，把号码写一下儿。
⑩ 明儿个一定下雨呢，<u>再</u>不信哩，咱们打输赢。

表示一致关系也多用意合法，不用关联词语。请看例句。

⑪ （我的母亲肯 经常 说：）没有语言，没有民族。
⑫ （她是我们的奴，）我们想做啥呢，做呢。
⑬ 要得高收成，要费大心劲呢。

344

⑭ 头一个谁跑的来，这个狗娃儿就是他的。

（2）用表示相背关系的关联词语时，偏句、正句语义是相背的，假设和结果不一致。偏句先让一步说，把假设当作事实承担下来，正句则说出不因假设实现而改变的结论。如第3组、第4组各例。

第3组，关联词语单用在第一个分句的两端。请看例句。

⑮ 就是天气挡挂也罢，我们把庄稼时候儿上种上哩。
⑯ 他们哪怕打发的来十个媒人也罢，事情不得成。

第4组，关联词语单用在前分句。请看例句。

⑰ 纵然没有月亮，我看的真。

3. 因果复句

偏句说出原因或理由，正句表示结果。如表4-25所示。

表 4-25

	关联词语
单用	1. 因此A, B ｜ A, 因此B
	2. 因为A, B
	3. A一面儿, B

东干话因果复句只有说明因果关系一个类别，关联词语一般是单用在表示原因的分句中，侧重于原因的表达。

第1组例句的关联词语"因此"意思是"因为"，单用在表示原因的分句中。表示原因的分句，可以是前一分句，如下面例①，也可以是后一分句，如下面例②③。请看例句。

① 因此因为是材料太难收，几十年里头把盛搁刊载书本子的材料没有存攒下。
② 把这个事情要搁到大众会上看呢，因此因为是这个问题的情由作用大的很。
③ 回族们把列宁喜爱的在曲子上唱的呢，因此因为是伟大列宁是一

345

切苦汉们_{穷人}的喜爱人。

很值得注意的是,"因此"的基本用法是用在表示原因的分句前面表示原因,意思是"因为",如以上三例,这种情况是大量的,但在我们看来这却是错误的用法。而"因此"用在表示结果的分句前面表示结果,意思是"所以,因此",这种我们认为正确的用法反而在东干话中只是偶尔使用。例如:

④ 你们的这个帮助时候上_{及时}地给拿来哩,<u>因此</u>_{所以}是好少_{很多}的人们再没有买冬天的棉衣裳。

第2组例句的关联词语"因为",和汉语普通话一致。"因为"没有"因此"用得多。请看例句。

⑤ <u>因为</u>天气冷,把炉子架上哩_{生上了火}。
⑥ <u>因为</u>劝说的叫我奶拓图样_{照相},把多少日子耽搁掉哩。
⑦ 燕子说的:"<u>因为</u>我们抱儿子,借你们的房子。"

第3组例句的关联词语"一面儿"意思是"因为",位于表示原因的前分句句末,很常用,是东干话特有的词语。请看例句。

⑧ 打家呢没有回信的<u>一面儿</u>_{因为没有从家里来的回信},我急躁开哩。
⑨ 把开汽车的活儿太爱的<u>一面儿</u>,工厂呢_里也没心去哩。
⑩ 跑哩的<u>一面儿</u>_{因为逃跑},把我在黑狱呢整整的押哩一个月。

4. 转折复句

前后分句的意思相反或相对,即后面分句不是顺着前面分句的意思说下去,而是突然转成同前面分句意思相反或相对的说法,后面分句是说话人所要表达的正意。根据前后分句意思相反或相对程度的强弱,转折关系可分为重转、轻转、弱转三类。如表4-26所示。

表 4-26

类别		关联词语
重转	合用	虽然A也罢,可是B
轻转	单用	虽然A也罢,B ｜ A(也罢),可是B
弱转	单用	A,光是/莫过是B ｜ A也罢,B

(1) 重转关系分句间的意思是先让步后转折,相反意味很重,又叫让步转折句。关联词语成对儿合用。请看例句。

① 春花儿<u>虽然</u>把伊斯海儿太爱的很<u>也罢</u>,<u>可是</u>把念书她在前头搁的呢。
② 我达父亲把我的书禁掉哩,<u>虽然</u>我闹咂哩闹得很厉害<u>也罢</u>,<u>可是</u>我能做个啥。
③ <u>虽然</u>路傍呢热头太阳照上连镜子一样的冰还不羞眼睛不晃眼<u>也罢</u>,<u>可是</u>它高头走起还更难。

(2) 轻转关系的转折意味比重转轻些,关联词语单用在前分句或后分句中,表示启下或承上。请看例句。

④ 人家<u>虽然</u>去哩世哩<u>也罢</u>,把好名声留下哩。
⑤ 今年<u>虽然</u>天气凉<u>也罢</u>,稻子的长首赶比年时去年的好。
⑥ 米爱<u>虽然</u>嘴呢没言喘没说<u>也罢</u>,心呢这嘛价这么思量哩。
⑦ <u>虽然</u>她耍笑开玩笑的呢<u>也罢</u>,我记下她说的是心底呢的话。
⑧ <u>虽然</u>连手朋友们劝说的深山呢没叫她哭<u>也罢</u>,她的心呢吃哩大惊哩。

以上五例前分句中都单用了启下的关联词语。下面五例是后分句中单用承上的关联词语。请看例句。

⑨ 我急的要念书去呢,<u>可是</u>我妈不叫我念。
⑩ 衣裳买下哩,<u>可是</u>不合身。
⑪ 我也劝的呢,<u>可是</u>不中不行嘛。
⑫ 伊斯海儿比他小也罢,<u>可是</u>一个在一个跟前不羞口。
⑬ 河呢的水不深,<u>可紧</u>。

347

(3) 弱转关系中，分句间意义上的相对往往不那么明显，转折语气较弱，可以后分句前单用"光是 只是""莫过是"承上，也可以前分句句末单用"也罢"表示姑且容忍。请看例句。

⑭ 把伊斯海儿看上的丫头不在少，光是 只是谁都没言喘 没说，嫌羞呢。
⑮ 野牲园呢的铁撑子像些儿罗筛子，莫过是窟窿大，铁丝奘 粗。
⑯ 我是春花儿的妈妈也罢，我一个人不能拿断(对女儿的婚事)不能一人决定。

5. 时间复句

前后分句表示时间关系，前面分句表示后面分句的时间，后面分句是说话人所要表达的正意，可分为同时关系和先后关系两类。如表4-27所示。

表 4-27

类别		关联词语
同时	单用	1.(正) A (呢) 咑, B
	单用	2. A 开哩, B
先后	单用	3. A 哩, B

(1) 同时关系，就是分句表示的几件事或同一件事的几个方面同时并存，而后面分句是说话人所要表达的正意。有如下两组情况。

第1组，前面分句中有"正"或可以添加"正"，表正在进行，分句句末有标记"咑"，"咑"是语气词，表示分句句末的停顿，整个分句相当于表示时间的"……的时候"。但就结构来看，"咑"前面的部分都是动词短语，就是说，它仍是一个分句，不是做状语的名词性定中短语"……的时候"，所以全句以看作时间复句为妥。请看例句。

① 娃们正胡猜谋的呢咑，雨下开哩。
② 他在花儿跟前站的正发愁的呢咑，妈妈打房呢出来哩。
③ 沙里儿 人名在街上打肉去哩咑，把他碰见哩。
④ 我把她可 又搂住看呢咑，她全哩不像自己哩 她完全不像她了。
⑤ 他把哥哥待说的将咍儿正要换上呢咑 他一边说一边正要把哥哥扶上时，哥

哥把他搡过去哩。

⑥ 听见狗咬的呢，她跑出去一看嗱，才原来是米爱给她们拜节来哩。

⑦ 惊醒来嗱，她跟前坐的阿婶儿带和拉比子人名。

⑧ 赶投等到第二回醒来嗱，天大亮哩。

值得注意的是，东干话中还同时存在着一种与这种复句结构相对应的、表义相当的单句。请看例句。

⑨ 丫头儿正耍娃娃的时候，达达父亲回来哩。
⑩ 他们正说的时候儿，我进来哩。
⑪ 我们喝拌汤的时候，他哭的呢。

上述三例都是单句，其中"……的时候"是时间状语。如果把"的时候"用"（呢）嗱"代换，单句就变成了表同时关系的复句。可见，"（呢）嗱"在这里和"的时候"表义相当。

第2组，前面分句的结构特点是，句中谓语动词后都带趋向补语"开"，表示开始并继续下去，句末有标记"哩"，"哩"是语气词，表示分句句末的停顿，其余都与第1组"（正）A（呢）嗱，B"相当，所以全句也宜看作时间复句。请看例句。

⑫ 进开学堂哩走进学校时，抹帽子、盖头头巾这是娃们的惯完习惯。
⑬ 吃开馍馍哩，把种麦子的耍忘掉哩。
⑭ 走开哩，给说下来。离开时，来给说一下。
⑮ 象吃开哩，娃们都爱看的很。
⑯ 写开底下的段儿句子哩，把名词号下。写下面的句子时，把名词画出来。
⑰ 你的头头儿疼开哩，那候儿大夫可又要给你扎针呢。
⑱ 孙子跑的耍开哩，她就背达手跟上哩。

（2）先后关系，就是分句表示的几件事或同一件事的几个方面按序进行，前面分句结束后，后面分句再开始。如第3组各例。

第3组，前面分句的结构特点是，句中谓语动词后带有结果补语，如例⑲"上"、例⑳"完"，或可以带有结果补语，如例㉑等的动词后都可以带"完"或"过"。句末有标记"哩"，"哩"是语气词，表示分句句末的停顿，整个分句相当于表示时间的"……以后"。与第1、2组一样，全句也宜看作时间复句。请看例句。

⑲ 把底下的段儿_{句子}誊的写<u>上哩</u>，把主语带和谓语号<u>下</u>_{画出来}。
⑳ 他们把葱一档子、一档子浇完得<u>哩</u>_{刚浇完后}，把先前浇下的地呢的一群老鸹看见哩。
㉑ 喝<u>哩</u>，喧_{聊天}<u>哩</u>，沙里儿_{人名}就回去哩。
㉒ 她迎着小伙儿问当<u>哩</u>_{打过招呼后}，就说脱哩。
㉓ 说<u>哩</u>_{说完后}，她把丫头打_往房呢抱上进<u>哩</u>_{抱着丫头往房里进了}。
㉔ 他吃<u>哩</u>_{吃过后}，把头头枕到奶奶腿上就睡着哩。

这类表示时间先后关系的复句，在结构和逻辑上都很像顺承复句。二者的根本区别是，各分句间的意义轻重不同，顺承复句是联合复句的一种，各分句间意义平等，无主从之分；表示时间先后关系的复句是偏正复句的一种，各分句间意义有主有从，前面的分句是偏句，意义从属于正句，后面的分句是正句，是句子的正意所在。

第三节　残留与萌芽

一、东干族的姓名

130多年来，东干族的姓名受到俄语、汉语、阿拉伯语等几种语言的共同影响。它的结构方式、演变趋势、表义成分至今都带有这几种语言文化的浓重色彩。下面试做出描述。

（一）常见的东干族俄式姓名结构

1．"名+父名+姓"

这一格式由三部分构成，是俄式姓名结构的常用格式。如苏联著名作家肖洛霍夫的姓名全称"米哈伊尔·亚历山德罗维奇·肖洛霍夫"，就是如此。这一格式又可细分为三种情况，即书面语式、口语式、省略式。

（1）"名+父名+姓"。此即书面语格式。一般用于正式场合，比如公文、证件、文章标题等。如上例肖洛霍夫的姓名的书面语全称即由此三部分构成。东干族常见姓名即仿此而来。例如：

① a.穆哈蔑·胡谢耶维奇·伊玛佐夫　b.达乌特·沙劳维奇·曷艾依玛佐夫　c.玛丽娅·娜比耶芙娜·王斯万诺娃　d.艾依莎·阿尔兹耶芙娜·马素洛娃

② a.伊布拉给穆·拉玛乍诺维奇·严老四　b.万达尔·拉玛乍诺维奇·严老四　c.达乌特·沙劳维奇·黑曼诺夫　d.保尔斯·沙劳维奇·黑曼诺夫

③ a.穆哈买德·雅四儿佐维奇·苏山老　b.奥·斯·白乡老　c.伊·乌·拜乡老　d.尔黎·艾尔洒佐维奇·艾尔布杜

④ 艾尔萨·奴劳维奇·白掌柜的

⑤ a.尤素普·雅四儿劳维奇·十娃子　b.伊力达儿·萨力儿劳维奇·十娃子

(2) "姓+名+父名"。此即口语格式。它用在非正式的、随意交谈的场合。它是把书面语格式的第三部分"姓"移到了第一位。如上例肖洛霍夫的书面语全称格式在口语中就是把第三部分"姓"即"肖洛霍夫"放在第一位，说成"肖洛霍夫·米哈伊尔·亚历山德罗维奇"或"肖洛霍夫·米·阿"。而碰巧的是，这种格式又恰恰和东干族所在国的哈萨克族、吉尔吉斯族的姓名结构相一致。东干族的姓名口语格式也即仿此而来。例如：

⑥ a.卡西洛夫·古拜·希蔑耶维奇　b.马山老·潘沙尔·哈三诺维奇　c.马山老·利那特·潘沙劳维奇

(3) "名+姓"。此即省略式。省去了第二部分"父名"。这种用法非常普遍。如上例①a中"伊玛佐夫"的父名"胡谢耶维奇"、例①c中"玛丽娅"的父名"娜比耶芙娜"和例①d中"艾依莎"的父名"阿尔兹耶芙娜"，在平时称说时都常被省去。但有时人们便不知是省略了呢还是原本如此。例如：

⑦ a.P.老三诺夫　b.劳乍·乍凯拉阿訇诺娃

2. "名+父名"

这一格式很少见。例如：

⑧ a.三娃儿·阿布杜拉耶维奇   b.撒丽玛·三娃劳芙娜   c.卡里穆·三娃劳维奇   d.列那特·卡里毛维奇

这一格式的特点是缺少了上面常见格式"名+父名+姓"中的"姓"一项。例⑧有四个人的名字，a是父亲，b是女儿，c是儿子，d是孙子。这些辈分关系是通过"父名"的前半段表现出来的。父亲的"名"是"三娃儿"，儿女们的"父名"中的前半段也都有"三娃儿"相对应，儿子的"名"是"卡里穆"，孙子的"父名"中的前半段也有"卡里穆"相对应。

有时，这种格式中的"姓"一项不是结构上缺少，而是可以省略的。如下面例⑨中，前一个出现，后一个即被省去了。

⑨ 去年，大众把拉希德·比凯劳维奇·比凯劳夫举成回族文明中心的主席哩。咱们满能说拉希德·比凯劳维奇是回族人的赏识_{自豪}。

（二）常见的东干族俄式、汉式变体姓名结构

以"名""姓"二者的先后为标准可区分为俄式、汉式两种变体。

1. 俄式变体结构

这种变体结构是"名"在前，"姓"在后，有如下三种格式。

(1) "名+姓_{老姓名，新姓等}"。例如：

⑩ a.胡赛·王   b.六娃·白彦虎_{白彦虎的孙子}   c.马乃·白沙乌洛夫
　　d.阿曷蔑德·哈三诺夫（父）   e.马曷蔑德·哈三诺夫（子）
　　f.满素子·王阿訇

(2) "名₁—名₂+父名+姓"。这种格式很少。例如：

⑪ a.穆哈蔑特—乌玛尔·萨力佐维奇·潘沙耶夫   b.穆哈蔑特—苏尔干·伊萨耶维奇·乍凯尔阿訇诺夫

(3) "名₁（名₂）+姓"。这是受乌孜别克族影响形成的。这种格式也很少。例如：

⑫ a.凯玛尔（谢力穆）·苏娃佐夫   b.伊斯玛儿（包包子）·杜佐夫

2. 汉式变体结构

这种变体结构是"姓"在前,"名"在后,有如下四种格式。

(1)"姓(老姓+)排行+名"。例如:

⑬ a.老四·蔑哈儿　b.老五·艾哈迈德　c.买老五·凯里　d.老七·穆萨儿

(2)"姓老姓名,神职等+名"。例如:

⑭ a.白彦虎诺夫·伊斯迈儿　b.白阿訇诺夫·哈儿凯　c.白山老·法迈　d.王斯万诺娃·玛丽娅　e.吴冬兰·爱爱子

(3)"姓老姓+名排行"。例如:

⑮ a.金·老大　b.马·老二　c.买·老六

(4)"姓老姓+名神职,一般"。例如:

⑯ a.王·阿訇　b.张·乡老　c.马·古拜　d.白·彦虎　e.张·天河　f.张·有闻

3. 俄、汉混合式变体结构"A+B"

这种变体结构的特点是,有点像俄式变体的"名+姓",也有点像汉式变体的"姓+名",但都不是。因此,它的A或B究竟是名还是姓,该人是男还是女,大家往往看法不一。

(1)姓名难以确认。例如:

⑰ a.老三·季里科耶娃　b.巴给·尤布子　c.五娃子·白哈子
甲：名　　姓　　　甲：名　　姓　　甲：姓　　姓
乙：姓　　姓　　　乙：姓　　名　　乙：名/姓　姓/名
丙：姓　　？　　　丙：姓/名　名/姓

例⑰a有三种看法,甲认为是俄式变体"名+姓",姓后的两个音节"耶娃"是女性的性别标志,既然后者是"姓",那么"老三"就是"名"了。丙认识该女性,说她已不知自己的本姓,就拿排行当作"姓"了,但是丙没认定后一部分"季里科耶娃"是什么。而乙认定前后两部分都是"姓",即汉式变体"姓+名"中的"姓",加上俄式变体"名+姓"中的"姓"。b、c也是俄汉混合变体。

(2)性别难以确认。例如:

⑱　a.李华•尤布子　　　　　b.M.苏山老
　　甲:姓　名(男?)　　　　　甲:名　姓(男)
　　乙:名　?(男?女?)　　　　乙:名　姓(男)
　　丙:名　姓(女)　　　　　　丙:名　姓(?)

例⑱a、b的性别都有甲、乙、丙三种看法,特别是对a的看法,不但涉及性别,同时还涉及了姓名。产生分歧的原因都是它既不属于俄式变体,也不属于汉式变体,缺乏类型形式标志。

(三)复合姓:表义成分的信息库

"复合姓"是现在东干族的"姓"的结构特点。"复合姓"即指上面俄式和俄、汉变式两种姓名结构中所说的由短语充当的"姓"。据我们的观察,这种结构的"姓"是东干族的"姓"的主流形式。像例⑮⑯中单音节的"马、张、买、白、王"这样的华夏祖传姓已经非常少见。

1. "复合姓"有如下特点

(1)结构上都由短语充当,音节多是两个音节以上。如例⑬a"老四"、例③a"苏山老"、例④"白掌柜的"、例⑩c"白沙乌洛夫"、例①c"王斯万诺娃"、例⑭a"白彦虎诺夫"。

(2)它是个富有多种表义成分的信息库,有很强的表现力。

A.它的最后两个音节可以表示性别,"奥夫""耶夫"表男性,"奥娃""耶娃"表女性。如例①a"伊玛佐夫"、例⑦a"老三诺夫"、例⑭a"白彦虎诺夫"都是男性,例①d"马素洛娃"、例⑦b"乍凯拉阿訇诺娃"、例⑭d"王斯万诺娃"都是女性。

B.它的第一个音节表示本姓,连同后面的音节一起表示新姓。如例①c"王斯万诺娃"中"王"即该女性的本姓,"王斯万诺娃"则是她的新姓;例①d"马素洛娃"中"马"也即该女性的本姓,"马素洛娃"则是她的新姓；例②a、b"严老四"中"严"即该男性的本姓，"严老四"则是他的新姓；例⑩b"白彦虎"中"白"即该男性的本姓，"白彦虎"则是他祖父的姓名，成了他的新姓；例⑩c"白沙乌洛夫"中"白"即该男性的本姓，"白沙乌洛夫"则是他的新姓。

C. 它可表示该人的父辈或祖辈的排行。如例⑦a"老三诺夫"中"老三"即该男性父辈或祖辈的排行，例⑬a"老四"即该男性父辈或祖辈的排行，例⑬c"买老五"中"老五"即该男性父辈或祖辈的排行。

D. 它可表示该人的父辈或祖辈在伊斯兰教中的职务。如例③a、b"苏山老""白乡老"中的"山老""乡老"即这两位男性的父辈或祖辈在伊斯兰教清真寺中的职务，"山老"是"乡老"的讹读音。又如例⑦b"乍凯拉阿訇诺娃"、例⑩f"王阿訇"、例⑭b"白阿訇诺夫"三例"姓"中的"阿訇"也是同理。

E. 它可表示该人的父辈、祖辈或自己的经名。如例③d"艾尔布杜"就是中亚很多信仰伊斯兰教的民族爱选用的经名，它是阿拉伯语"阿布杜拉"的东干话口语读音，还可读作"阿布杜子、东拉子、东拉儿"。

F. 它可表示该人的父辈或祖辈的姓名。如例⑩b"白彦虎"即该男性"六娃"的祖父的姓名（他姓白，名彦虎，曾是当年陕甘回族反清斗争中陕西籍的领导人之一），例⑭a中该男性"伊斯迈儿"也是"白彦虎"的后代。例⑭e"吴冬兰"即该女性"爱爱子"的母亲或祖母的姓名。

G. 它还能告诉我们该长辈在家中的地位。如例④"白掌柜的"就是如此。

H. 如果某几人的姓和父名相同，则我们便可知这几人是弟兄。如例②的a和b、c和d便是两对儿弟兄。

2. 东干族的姓，还有如下两点值得关注

（1）他们的本姓有一些已经包括在复合姓中，已如上所述，但有些人的本姓在复合姓中看不到。如例①a"穆哈蔑·胡谢耶维奇·伊玛佐夫"，他本姓是"黑"，但他的本姓在书面语中看不到。这当然也可以加在复合姓之后，算作第四部分，但多数人不这样做。他们往往会在通报完自己的姓名后，紧接着再追加强调其华夏祖姓，如"我姓张""我姓班""我姓李"等等。有的人的名片上在列出他在当地的姓名的同时，还列出他的华夏姓名。例如哈萨克斯坦原回民协会副主席在当地的姓名是"卡西洛夫·古拜·希蔑耶维奇"（见例⑥a），同时也列出他的华夏姓名是"马·古拜"（见例⑯c）。这些事实，表明了东干族对华夏祖姓的重视和怀念。这种现象在渐渐发展。

（2）后缀"子"在悄悄取代男性词尾"奥夫""耶夫"。例如"亚考布·哈瓦佐夫"也可以写成"亚考布·哈瓦子"，"穆萨乍耶夫"也可以写成"穆萨子"，即"子"可取代"奥夫""耶夫"。东干族语言学家伊玛佐夫说，"奥夫""耶夫"是俄式，"子"是回式（回族的用法）。他们认为俄式是外化、疏远化，而回式是内化、亲近化，是一种华夏文化的回归。后缀"子"是汉语西北方言中用得极为频繁的一个后缀。这种用法是一种新的发展，值得关注。

（四）东干语化的名字

以下三种名字，有的见于中国回族，而东干族用得更普遍，是纯粹东干语化的名字。

1. 以自己出生时祖父年龄命名的男性名字

这种名字大多"儿"化，也可带"子"缀。例如：

⑲ a.五十　b.五十儿　c.六十儿　d.七十儿　e.七十三　f.七十五儿　g.八十儿　h.五十子　i.八十子

2. 以"x+姐/哥/弟+子/儿"命名的女孩儿或男孩儿名字

"x"或表示女孩的排行，或只是任一数字，不是实指，如有的人家只有一个女孩儿却名为"大姐儿""老姐儿""七姐儿"等，如例⑳。"x"也可以是某个单音节词，如例㉑。该格式有昵称形式"x(+x)+儿"，如例㉒。"姐/哥/弟"都"儿"化或带"子"后缀。该格式多用于女孩儿名字，如例⑳㉑㉒。其中的"姐"，多指女孩儿，"哥、弟"多指男孩儿，但也可反指，如例㉓男孩儿名字也有用"姐"的，例㉔女孩儿名字也有用"哥"的。（见下标横线的）

⑳ a.大姐儿　b.二姐儿　c.三姐儿　d.七姐儿　e.老姐儿_{最小的女儿}　f.大姐子　g.二姐子　h.七姐子

㉑ a.毛姐儿　b.好姐儿　c.赛姐儿　d.拉姐儿　e.存姐儿

㉒ a.阿奶说的："<u>好儿</u>，把桌子拾掇掉哩，你耍去，啊？""啊！"<u>好姐儿</u>答应哩，拾掇去哩。

b.五岁的<u>老姐儿</u>睡醒来，将刚到哩院子呢，她的姐姐把她叫的呢："<u>老老儿</u>，来这塔儿耍来。"

㉓ 男孩儿名字：a.萨哥子　b.苏哥儿　c.大哥子　d.三哥子　e.尕

弟子　f.来姐儿　g.尕姐子

㉔ 女孩儿名字：a.耍姐子　b.耍姐儿　c.三哥儿　d.祖哥儿　e.哈哥子　f.姐哥子

3. 经名及其口语化变异

请看表4-28。

表 4-28

性别	序号	经名 书面语 名称	音节数	经名 口语 名称	汉化 减音节	汉化 儿化加词缀	汉化 重叠
女	1	索福燕	3	索儿	3→1	儿	
女	2	阿依舍	3	阿舍｜阿舍儿	3→2	儿	
女	3	赛丽卖	3	赛卖	3→2		
女	4	法提玛	3	法特羮子｜法特羮儿	3→4/3	儿/子	
女	5	丛热拉	3	丛结子｜丛结儿	3→3/2	儿/子	
女	6	黑怯乍	3	黑结子｜黑结儿	3→3/2	儿/子	
女	7	买尔燕木	4	玛丽亚木	4→4		
女	8	海地车提	4	海车｜海车子｜海车儿	4→3/2	儿/子	
女	9	法土买提	4	法土买｜法买子	4→3	子	
女	10	阿米乃尔	4	阿米乃｜阿木子｜阿乃儿｜阿乃子｜阿乃乍	4→3/2	儿/子	
男	11	尤素福	3	尤素儿	3→2	儿	
男	12	苏列曼	3	苏来羮	3→3		
男	13	舍尔巴乃	4	舍尔巴	4→3		
男	14	亚尔古拜	4	古拜｜古拜子｜古拜儿	4→3/2	儿/子	
男	15	阿布杜拉	4	阿布杜子｜尔布杜儿｜东拉子｜东拉儿	4→4/3/2	儿/子	
男	16	穆罕买德	4	羮哈木｜穆哈儿｜穆穆子｜毛毛子	4→3/2	儿/子	AA子
男	17	阿布杜瓦里	5	阿布代儿	5→3	儿	
男	18	穆合买安巴斯	6	穆合买	6→3		
男	19	穆罕买德奋尤卜	7	奋尤卜｜奋尤卜儿	7→3	儿	
男	20	穆罕买德尔力木	7	尔力	7→2		

以上20个经名随意采录自吉尔吉斯斯坦甘肃籍东干族农村伊尔代克村。男女各10人。由表可知，书面语经名在民间口语化经名中有了很大变异。为什么呢？第一，经名对教众是重要的。东干人都是伊斯兰教徒，就民族感情、宗教意识而言，他们需要有自己的宗教名字。经名多出自伊斯兰教经典，命名郑重、正式、庄重，反映了自己的期望和意愿。作为一种宗教信仰的方式，东干族重视它的存在。第二，经名受制于语言，必须经过改造。经名都源自阿拉伯语，是阿拉伯语的直音，对操汉语变体的广大东干族教众而言，陌生、难懂、难记、不顺口，势必要把它纳入改造之中。第三，改造的手段就是使它汉化、口语化，即减音节、加词缀、重叠等。音节缩减模式是比照汉语惯用方式而来的。刘俐李（2001）曾把中国新疆回民经名减缩归纳为五种方式，一是取后部，如"穆罕买德奄尤卜"减为"奄尤卜"即比照"中国人民解放军"减为"解放军"而来，二是取前部，三是取中间，四是取首尾，五是跳取。这五种方式也适用于东干族经名的减缩。当然，这五种减缩方式只是限于音段结构形式上的比照，不可能也无法以词为单位顾及语义。原经名音节数，女、男分别平均为3和4.7，减后分别为2.3和2.5。女、男经名带后缀"子、儿"的比重分别为80%和60%。语体色彩也由阿拉伯语书面语直音变为东干话口语惯用音。同时，由于阿拉伯经名数量有限，而教众需求量大，因此重名率很高，而民间口语化经名多样、随意，因人而异，因境而异，同一书面语经名有多个口语化经名，如序号10、15那样，这样大大降低了重名率。可见，经名口语化的变异，就是使它汉化了，或者说东干话化了。（经名汉化还有一个行之有效的办法，就是变调。参见第二章"语音"中的"几种特殊音变"部分。）

（五）东干族姓名的特点及成因

1. 俄式的框架——十月革命使然

三段式的结构，"名+父名+姓"的排序，性别词尾的使用，这些方面都还占据东干话姓名的主流位置。

2. 回族式、阿拉伯式的内容——民族、宗教使然

我们从东干人的名字及复合姓的使用中，看到了伊斯兰文化的光辉，也看到了华夏文化的传承。

3. 东干话化的载体——汉语语言文化使然

汉语西北方言后缀"子、儿"在这里极为活跃，极富表现力的特殊短语"复合姓"发挥了并继续发挥着很好的作用。

二、动词短时、尝试的表示法

东干话动词表示短时、尝试一般用"V一下儿/V哩（一）下（儿）"，偶尔可见到"V一V/V一V儿"。这和它的某些源头方言大体相当。

（一）V一下（儿）/V哩（一）下（儿）

这是一般的、大量的用法。汉语西北方言的广大地域也在使用。"V一下（儿）"表示未然，"V哩（一）下（儿）"表示已然。"下"音[xa]，去声。请看例句。

① 把家户的事由给大众说<u>一下</u>。
② 歇缓的一天，你回来把我们看<u>一下</u>。
③ 你把儿子劝说<u>一下儿</u>。
④ 他没言喘，光把头点<u>哩下</u>。
⑤ 他把院子扫<u>哩下儿</u>。

（二）V一V/V一V儿

这是偶尔使用的用法。汉语西北方言中也是只有较少地域使用。

1. "V一V"式

此式只见到三四个用例，且都是东干族20世纪30年代的用例。请看例句。

① 诗：越看越爱净想看，看毕坐下缓<u>一缓</u>。
② 诗：卡尔霍兹_{集体农庄}的到处好，听我把卡拉伙孜表<u>一表</u>。
③ 诗：火车走的不断线，黑明不住走的欢，两个站道在两边，哨子一响人都乱，车到站道上站<u>一站</u>。上的上咪，下的下，上下的人儿不断线。

这一格式中国甘肃古浪（冯汉珍，1994）和平凉（乔生明，1996），陕北绥德和延川（邢向东，2006）也在使用。

2. "V一V儿"式

此式的后一"V"都"儿化"。见于东干族辞书的有九例。另有一例见于今东干族语言学家、作家伊玛佐夫的小说。

见于辞书的：哭<u>一哭儿</u> ｜ 坐<u>一坐儿</u> ｜ 耍<u>一耍儿</u> ｜ 睡<u>一睡儿</u> ｜ 站<u>一站儿</u> ｜ 等<u>一等儿</u> ｜ 抓<u>一抓儿</u> ｜ 走<u>一走儿</u> ｜ 看<u>一看儿</u>。

伊玛佐夫的用例："你在这儿站<u>一站儿</u>，我打那面儿看一下去。"

这一格式中国陕北清涧县（邢向东，2006）也在使用。

（三）一点思考

据我们的了解，汉语西北方言中动词表示短时、尝试的主流格式是"V一下（儿）/V哩（一）下（儿）"，局部地域用"V一V/V一V儿"。东干话与此是吻合的。

我们认为，上述主流格式"V一下（儿）/V哩（一）下（儿）"被使用的根本原因是汉语西北方言中同时还存在着一种名词的、基础性的重要构词或构形格式"AA"式，其中的"A"可以是单音节的名语素、动语素、形语素等，"AA"式还常派生出"AAB、BAA、BBAA"等格式。"AA"式，例如：锁锁_{锁子} ｜ 撮撮_{撮垃圾的小簸箕} ｜ 炕炕_{烤成或烙成的干薄饼} ｜ 搓搓_{用手搓成的细长面条；指纺锭，纺锤} ｜ 搐搐_{皱褶} ｜ 跳跳_{一种靠后腿跳跃前行的田鼠} ｜ 拼拼_{比赛，名词}。"AAB"式，例如：吊吊灰_{顶棚上串状的灰尘} ｜ 拉拉车 ｜ 罩罩子_{一种钟形覆盖物；指罩衣}。"BAA"式，例如：瘫爬爬_{腿瘫爬行者}。"BBAA"式，例如：瓶瓶盖盖_{瓶盖儿}。这就是说，汉语西北方言名词的构词或构形格式"AA"式和汉语普通话动词表短时、尝试的"VV"式恰恰形成同形异义结构。因此，它的动词不能也用"VV"式表示短时、尝试了，否则，将会和由动语素重叠构成的名词发生矛盾。如上面谈到的"跳跳"，它已由动语素重叠构成名词，指一种田鼠，就无法同时表示"跳"的短时或尝试了。这是东干话和它的源头方言汉语西北方言采用"V一下"的根本原因。

局部地域使用的"V一V（儿）"式也值得注意。它来自元明时代。例如："先吃些薄粥补一补"（《老乞大谚解》，201页）；"那里有卖的好马，……你打听一打听"（《朴通事谚解》，113页）；"二爹叫他等一等"（《金瓶梅词话》，46回1页b）；"你来家该摆席酒儿，请过人来知谢人一知谢儿"（《金瓶梅词话》，14回7页a）。从结构上看，格式中的"一"一旦脱落，就和现代汉语普通话动词"VV"式等同了。但是，几百年来，无论是东干话，还是汉语西北方言，大都还固守着"V一V（儿）"中间的这个"一"，不肯丢弃。例如汉语甘肃古浪话是"看一看 ｜ 歇缓一歇缓"（冯汉珍，1994），即单双音节动词中间的"一"全都保留着；汉语甘肃平凉北塬话是"看一看 ｜ 打听一下 ｜ 收拾下子"（乔生明，1996），即只有单音节动词可构成"V一V"，其中的"一"不能去掉，双音节动词不用这种格式。东干话的用法和汉语甘肃平凉北塬话大体相同，如"看一看儿 ｜ 商量一下"，即单音节动词可偶尔用"V一V儿"，后一"V"必须"儿化"，双音节动词只用"V一下（儿）"。汉语陕北绥德、延川、清涧、佳县话是"看一看（儿） ｜ 站（一）站 ｜ 拾掇拾掇"（邢向东，2006），即单音节动词中间的"一"大多都还被保留着，双音节动词中间的"一"已消失了。

这是目前已知的情况。为什么上述各例单音节动词中间的"一"大多仍被保留呢？深层的原因也还是名词"AA"式的存在在制约。"一"是阻断单音节动词重叠式"VV"和单音节名词重叠式"AA"混淆的唯一有效屏障。由于"一"的存在，使得"V一V"和"AA"二者长期平行使用，互不干扰，所以至今大多仍保留。但这只是问题的一个方面，与此同时，这个"一"在个别地区还是正在消失，如汉语陕北佳县话"歇（一）歇｜坐（一）坐"中的"一"就正处在可有可无的两可之中。"一"的消失将会使名词的"AA"式结构（尤其是当"A"是动语素时）受到冲击，做出内部调整。中国陕北佳县如果有发达的名词"AA"式结构，我们不妨跟进关注。

三、量词渐变例谈

（一）"位"

用得不多。例如：

① 连素常一样，天天我们二位坐的呢，喧(闲聊)的呢。
② 咱们二位的亲热，比没底子的海都深。
③ 一位小孩爬的呢。
④ （财东连(和)他的婆姨(妻子)）他们二位商量来商量去，思谋哩个路数办法。

由以上四例可知，"位"具有如下特点，一是用于人，可以是自称，如例①②，也可以是他称，如例③④。二是不含敬意，和"个"相当。例①③出自东干族著名学者和作家十娃子的作品。例④出自东干族同时也是中国河南等地流传很广的民间故事《真宝》。这个故事是说一对富人夫妻，为了夸富取笑穷人，却反被穷人取笑。其中"他们二位"隐含着善意的戏谑，不含敬意。我们推测，"位"的引入和使用可能和十娃子有关，类似例④中"位"的用法可能没被十娃子真正理解，也从而导致了他人的误解，认为"位"不含敬意。

（二）"遍"

1. 和"一"构成数量短语用于句首，表动量，做状语

请看例句。

361

⑤ 一遍—回，他把我打发的叫买一把子—束新鲜花呢。
⑥ 几遍，鱼到哩手呢，可就冒漏掉哩。
⑦ 一回，往过我走的时候儿，铺铺的门门儿开下哩。

以上例⑤⑥"遍"的意思相当于"次、回"，这是常见用法，例⑦用本字"回"，也是常见用法。可见，"一遍"＝"一次/回"，二者并存。

2. 和数词构成数量短语，表动量，做补语

请看例句。

⑧ 肖洛霍夫的书拓印刷，出版哩八百多遍次。
⑨ 他一晚夕起来哩四遍，回。
⑩ 这个药一天要喝三遍呢。
⑪ （这个路）连送材料带出报指报纸《回民报》，我每一月要来去走三遍趟呢。
⑫ 咱们走一回娃们的铺子，给娃们买些儿啥走。
⑬ 她把书子信念哩一遍。

以上例⑧⑨⑩⑪"遍"的意思相当于"次、回"或"趟"，这是常见用法，例⑫用本字"回"也是常见用法，例⑬用"遍"的本义"一个动作从开始到结束的整个过程"，也是常见用法。可见，"遍"＝①"次、回、趟"，②"遍"。

3. 和序数词一起表示次序，做状语

请看例句。

⑭ 头一遍次回族诗文书是1931年上拓出来的。
⑮ 一年里头我得哩两遍轻伤。头一回，手上；第二遍次，腿上。

上述两例的"头一遍、第二遍"和"头一回"中的"遍"和"回"意思相当，已如上所述。例⑮中"回""遍"共现，更说明二者等同。例⑭中"头一遍"的"遍"除和"次"相当以外，似也可以理解为"本"，即"头一遍"做"回族诗文书"的定语。

（三）"顿"

请看例句。

⑯ 嘴耍犟，你请的想挨一顿笤帚疙瘩呢。
⑰ 把他数落哩一顿。
⑱ 妈妈把娃娃逮住捧住(脸蛋)狠狠的用力地心疼亲吻哩一顿。
⑲ 存花儿把尕兄弟逮住，狠狠的心疼哩一顿。

以上例⑯⑰"顿"是它的本义，表示吃饭、斥责、劝说、打骂等行为的次数。例⑱⑲"顿"是它的新义，表示亲吻的次数。例⑯⑱出自同一作者的同一作品，可见，作者自己认为这两例中"顿"的用法是相同的。

（四）"封"和"个"

"封"和"个"都是计量书信的量词，但是用法有分工。请看例句。

⑳ 他打的来哩一封信。
㉑ 我给安纳陶里打哩一封信，第二天就把回信接上哩。
㉒ 每一个书子信到他上对他来说比金子都贵重。
㉓ 我把那个书信没念到尾儿。

从上面四例可知，东干话中"书信"的名称有三个，多叫"信"和"书子"，也叫"书信"。我们发现，量词"个"和"封"的用法有分工，当和"信"搭配时用"封"，如例⑳㉑，当和"书子""书信"搭配时用"个"，如例㉒㉓。上面四例的用法经东干族语言学家伊玛佐夫认定是正确的。但是关于"封"的读音他认为只读[fu]，不读[fəŋ]。那么，[fu]是怎么来的呢？请看下面的几种可能。一是由"书信"的"书[fu]"引申而来。海峰(2003，132页)说，东干话"有时用'信'，但其量词为'书'，即'一书信'就是'一封信'之义"。二是由"封"的讹读音[fu]充当。因为[fu]和"封[fəŋ]"，声调相同，都是平声，声母相同，都是[f]，这样，当"封"的鼻韵尾[ŋ]丢失后所剩部分[fə]混读为[fu]时，便成了例⑳㉑中放在"信"前的那个量词"囗[fu]"。这种丢失或获得鼻韵尾的讹读音字在东干话中常可见到。如"风筝"的"筝"丢失鼻韵尾成了今讹读音字[tsɿ]，而"响器"的"器"获得鼻韵尾成了今讹读音字[tɕ'iŋ]，等等。同时"信""书信"两词在今东干话中仍自由独立使用。例如："书信我接的勤，可是回信我写的少，赶实说呢，我不爱写难辛书子 ｜ 把这个书信念哩，她们做活的心劲也就没有哩"。三是最近，我们读到雅四儿·十娃子的诗《梦先生》，该诗调侃爱做梦的人，被收入诗集《好吗,春天》(1966),又被选入东干教材《咱们的文学》(第6册,1993)。该诗中有这样一句话,"员外收哩一封信"。诗集和教材中该"封"字都标音为[fəŋ],不是[fu]。十娃子是东干族著名作家,又是东干文字的奠基人,应该说,他的读音就是东干话的源头方言现在的读音,而一般读为[fu]的,应都是讹读音。

(五)"个"的泛化、分化和淡化倾向

1. 泛化

请看例句。

㉔ 诗:一<u>个</u>棵舀给两<u>个</u>勺汤。一棵烟苗舀给两勺汤粪。
㉕ 树底下一<u>个</u>点儿光都过不来。
㉖ 这个书是1993年第五<u>个</u>次出版。
㉗ 米爱人名拿的着三<u>个</u>本书。

2. 分化和淡化

这里涉及东干话借词的语音特点和语言表达方式。

(1) 外来词的量词,借入东干话后,不一定仍是量词,东干话要重新认定。认定的依据是借词的语音特点。根据以下不同的语音特点把借词区分为量词、名词。

A. "那些借用词在发音上如果是根据东干话的规范形成的,那么在语法上就作为通常的数量单位而固定下来。"(A.A.卡里莫夫,1955)这里说的便是根据语音特点认定的量词,其中"数量单位"就是量词。例如,下面几个借用量词便又这样被重新固定为东干话的量词:"普腾",俄语借词,1普腾=16.38公斤;"哈达",突厥语借词,磅;"给子",突厥语借词,俄尺。

B. "如果借用的数量单位_{量词}的语音结构和东干话的语音规范不一致,那么这些借词在语法上就作为名词而固定下来。"(A.A.卡里莫夫,1955)这里说的便是根据语音特点认定的由借入时的量词而被改变词性后固定下来的那一部分借用名词。这些词包括全部国际公制中长度、质量、体积等量词。另如俄语借词"萨里日扬_{俄丈}""外里绍克_{俄寸}""恰司_{小时}""米奴特_{分钟}",突厥语借词"恰黑里母_{俄里}""萨哈乞_{小时}"。值得注意的是,这一部分借用名词的被计量任务全由基数词加量词"个"构成的数量短语来承担。而这样一来,又使东干话量词"个"和汉语量词"个"的用法进一步拉大了距

离。因为汉语中国际公制"米、公里"等本身就是专用名量词，用不着"个"来计量，而东干话却要用"个"。请看例句。

㉘ 这个馍馍是105个格拉母公分,克重。
㉙ 我的分量体重是80个基洛格拉姆公斤哝。
㉚ 我买哩一个基洛公斤糖，打哩一个多基洛肉。
㉛ 这个渠长呢喊么，八个基洛梅特尔公里，宽呢一个半米突儿米。
㉜ 我傍近儿差不多跑哩三个基洛梅特尔公里。
㉝ 诺尔麻定额是每一个人四个库包梅特尔立方米。
㉞ 还有一个多唐纳吨粪呢。
㉟ 15个米奴特分钟就走到哩。
㊱ 年时去年大麦一个盖克塔尔公顷上我们32岑特涅尔公担价收哩庄稼哩。
㊲ 她可价已经把四个埃克扎缅考试给掉哩她已考试了四门。

以上例㉘到㉞"个"为国际公制计量，例㉟到㊲"个"为俄语等借词计量。

（2）"个"还可以同时两用，即在书面文字中，不写出，而如果出声读时却又一定要读出。这种两用的表达方式透露出"个"的某些淡化倾向，主要出现在带小数的数词中。小数点不用"."，而用","。例如：

㊳ a. "36，6普罗岑特"（=36，6%），读作"三十六个零三个普罗岑特"。
b. "814，3盖克塔儿公顷"，读作"八百十四个零三个盖克塔儿"。
c. "3，5来子倍"，读作"三个半来子"。

也有整数后加"个"的。例如：

㊴ "22来子"，可读作"二十二个来子"或"二十二来子"。

（3）"个"有时还表示不定量的"些"义。例如：

㊵ 这个些娃们这些孩子赶比他们的财帛强的几十来子强过几十倍。

365

（六）有时候，量词在该出现的位置上缺失

在例中用"□"表示。例如：

㊶ 这个小说书本子里头有58□小说呢。
㊷ 105□杰普塔特代表的数儿里头才是5□女人。
㊸ 每一个乡庄呢有几百□汽车呢。
㊹ 每一个乡庄有1～2□中学呢。
㊺ 把一千□灯点着哩。

以上缺失的量词大抵涉及"篇、辆、所、盏"几个量词。其中量词"辆、所"东干话中没有，"篇"最近开始有人使用。这些量词都可以用"个"取代。特别是例㊷本应用"个"，可是宁可缺失，也不用"个"。我们推测，这应该是受无量词的俄语、突厥语的长期影响、制约留下的痕迹。

四、介词"打"的嬗变

介词"打"有以下用法：表示"从"，这是源头方言用法的延续；从"从"渐渐向"往"发展，这是新的用法；用在固定介词短语中，其词汇义已虚化。

（一）表示"从"，构成介词短语做状语

请看例句。

① 两个大熊<u>打</u>树上下来哩。
② 从<u>打</u>今儿打头儿从今开始我再不耽搁时候儿哩。
③ 从<u>打</u>今儿人在到咱们家呢不来哩。

上面三例"（从+）打+名"做状语的用法还是常见用法。

（二）表示"从"，用在"（打+名）+（往/到+名）"中，构成联合短语做时间、处所状语

请看例句。

④ 她们家<u>打</u>昨个儿<u>往</u>这么从昨天到现在人索索不断的。
⑤ 火船轮船<u>打</u>坎涅耶夫<u>往</u>凯耶夫走的呢。
⑥ <u>打</u>那候儿一直<u>到</u>无常去世他写哩二十几本书。

上面例④"打""往"后面的"昨个儿""这么"都是表时间的词，"打……往……"构成联合短语做时间状语。例⑥也是如此。例⑤"打""往"后都是地名，"打……往……"构成联合短语做处所状语。

(三)用在复句"(打从+名处所+动短语)，(往/打往+名处所+动短语)"中，前分句的"打"="从"，后分句的"打"="往"

请看例句。

⑦ 几个羊打草场呢过来，放展飞快地往瓜地呢跑脱哩。
⑧ 打从讲堂教室呢出来，他长出哩一口气，打往树园子呢树林里一趟子跑哩。
⑨ 达吾儿人名打从自己的房呢出来，可又打往娃们睡觉的房呢进去哩。
⑩ 她把海麦儿人名打从头上抒摸哩下，打往房呢进哩。

上面例⑦的后分句仍用"往"，例⑧⑨⑩的后分句已悄悄用"打"取代了"往"。这是变异的开始。

(四)用在复句的后分句或句组的后一句的"打往+名处所+动短语"中，构成介词短语做处所状语。"打"="往"

请看例句。

⑪ 他把筐子提上(出哩门)，打往外头跑哩。
⑫ 他没在，打往哪呢走掉哩嘛？
⑬ 老猫把两个猫娃子领上得道不知打往哪呢走掉哩。
⑭ 喊哩两声，看的到房呢、外头没人，娃娃可又打往园子呢跑哩。
⑮ 听见娃们声，鸭子连和鸭娃子倏溜溜的打往单另的别的涝坝湖呢飞上走哩。
⑯ 他还念个的思念着说是，把一家子人一定拿到集中到生养哩他的地方去浪游玩一回去呢。在那塔儿把自己的妹妹找着叫连跟他们认识呢。可是打往他说下的上没来没向他说的那方面发展。

上面例⑪到⑯用"打"取代"往"的用法，东干话中已很常见。这是"打"的新生义的进一步发展。

（五）用在复句的前分句，构成"打往+名处所"做处所状语

请看例句。

⑰ 她打往外头跑上出去哩，存花儿也跟上她出去哩。

例⑰"打"又从复句的后分句移向复句的前分句。这透露出它在努力摆脱后分句的句法位置所给予它的支持，独自向着"打=往、向"的语义又迈出了一步。

（六）用在固定短语"打这/那个上"中，整个短语表示原因

请看例句。

⑱ 先前我们抱哩鸡娃子哩，可是这个事情没成……。打这个上由于此，把我们的四十千四万鸡蛋哈坏掉哩。

⑲ 今儿我们的师傅老师说的，起黑风呢。就打那个上，把我们早些儿放开提前放学哩。

⑳ 他在城上当的因热涅尔工程师做活的呢，活多的一面儿因为活多，家呢回来的也少。就打这个上，媳妇儿也没心在家呢站住哩。

㉑ 一遍一回奶奶的病犯哩，女大夫扎哩针，守哩一晚夕一夜，奶奶缓好哩。就打这个上，奶奶家呢的人把她信服的很。

㉒ 猫娃儿可价已经那么大哩。得道可能是主人调教的来哩么，得道是本分就是那么个么，这个猫娃儿又灵泛，又贵气。就打这个上一家子人都爱它。

上面例⑱到例㉒中的固定短语"打这/那个上"总是定位地出现在句组的后一句前，短语中的"打"的词汇义已虚化。

五、猜度问句

东干话的猜度问句，有如下两个小类。

（一）猜度词"哈巴或许，可能+VP+呢

请看例句。

① "这个丫头哈巴念书的呢？""嗯，念的呢。"
② "哈巴有雨呢？""有就有哩么。"

这个小类用"哈巴"表猜度,用"呢"表疑问,汉语普通话中没有这种结构。

(二)陈述句的结构+吧/嚛

请看例句。

③ "步行走起他上_{对他来说}吃力吧?""他步行全哩没走的,多一半子在我的背子上骑的呢。"
④ "阿达,老鸹不吃葱嚛?""不吃,我的娃,不吃。"
⑤ 你的名字叫哈丽玛•伊斯玛洛娃。对的呢嚛?

这个小类和汉语普通话的同类句式相同,句末用"吧"或"嚛"表示猜度。这可能是新生的小类。

六、"没"的混用

否定副词"没"分布在"没+VP"句中表示客观叙述,否定动作已经发生。例如:我没挖过渠。但是,有些时候它虽仍分布在"没+VP"句中,却不表示客观叙述,而是表示某种主观否定评价。请看例句。

① 你是谁呀,我没认得。
② 我把他没害怕。
③ 诗:三娃没知雪花_{人名}的难,黑明满街跑的转。
④ 爷爷的话户家没信服_{不信服}。
⑤ 诗:布鞋脚上磨烂哩,没嫌刺扎。
⑥ 他们都说的没对的。
⑦ 我的棍棍儿没得够10个_{不够10个}。
⑧ 我没乏,阿奶,我想在那个图尔尼克_{单杠}上翻跟头呢。
⑨ 他说下的话我没懂。

以上九例的"没+VP"="不+VP",都不是表示客观否定,而是表示主观意愿,即做出某种主观否定评价。

东干话的源头方言如汉语兰州话中也有这种用法。例如:

⑩ 饭我没想吃者。
⑪ 苞谷面打糨子哩——没□[zan]，不粘。

中国浙江绍兴话也有这样的用例。如鲁迅《阿Q正传》：

⑫ 难道他们还没有知道我已经投降了革命党么？

这种用法近代汉语里表现得更充分。例如《金瓶梅词话》中就有两种情况，A. 该用"不"时混用"没"，如例⑬；B. 该用"没"时混用"不"，如例⑭。

⑬ 剩下没多，我吃了。(68回)
⑭ 李瓶儿……说道："……趁奴不闭眼，我和你说几句话……"（62回）

在东干话和现代汉语方言中我们看到的都是A类，B类可能消失了吧。
值得注意的是，"没"被混用时，句中的谓语中心语一般是表心理活动的动词，如"认得、害怕、知道、信服、嫌、懂、想"等，或形容词，如"对、□[zan]、粘、多、乏、整齐、羞、弯"等。

七、 两种情况并存

（一）两种语序并存

1. 否定副词"不、没、要"多用在其他状语后VP前，但在以下五类句中，有时也可同时用在介词短语前

(1) 在"给+名+VP"句中。
A."不、没"在VP前。例如：

① 她给男人没给钱。

B."不、没"在"给+名"前。例如：

② 人家的女子不给你给，把你看不上。
③ 木匠做哩活，他不给木匠给钱。

(2) 在"打+名+VP"句中。
A."不、没"在VP前。例如：

④ ……,可是事情打我思量下的上没来事情没向我想的那方面发展。

B."不、没"在"打+名"前。例如：

⑤ 事情没打我思量下的上来。
⑥ 我害怕的,再没敢打滩呢走。

(3) 在"朝+名+VP"句中。
A."不、没"在VP前。例如：

⑦ 头份头次第一次连伊丽娜遇面的时候儿,我的心都朝这么没跳过。

B."不、没"在"朝+名"前。例如：

⑧ 咱们把畜生都不朝那么打。

(4) 在"把+名+VP"句中。
A."不、没"在VP前。例如：

⑨ 为啥那候儿把我没打死?

B."不/没+能愿动词"在"把+名"前。例如：

⑩ 书本子呢里不能把老古今儿故事除掉。

(5) 在"连+名+VP"句中。
A."耍"在VP前。例如：

⑪ 你们连他们耍相好。

B. "覅"在"连+名"前。例如：

⑫ 咱们也<u>覅</u>连他说话哩。

2. 在不同的方言点，补语"开"和宾语的语序不同，有的补语"开"在前，如例⑬，有的宾语在前，如例⑭

⑬ 吃<u>开</u>高田梨、苹果等统称哩，把栽树的人覅忘掉哩。
⑭ 天下雨<u>开</u>哩。

3. 有的同位语有两种语序和汉语普通话相同的，如例⑮，和汉语普通话相反的，如例⑯

⑮ 害病的人，<u>他自己</u>是大夫。
⑯ 你但如果想叫祖国富，<u>自己你</u>要聪明呢。

4. 在多个状语之间，介词短语充当的状语一般位于单音节词或其他多音节词语充当的状语前面，如例⑰，但有时也可相反，如例⑱

⑰ a. 家呢还有哥哥呢。<u>先</u><u>给哥哥</u>要娶媳妇呢。
　　b. 他们指战士连蚂蚁虫一样，<u>往前</u>只是扑向敌人猛冲的呢。
⑱ a. 再来哩，<u>要</u><u>把枪</u>拿来呢。
　　b. 他们指战士那候儿只是<u>往前</u>扑的呢。

5. 在表示钟点、月日、年月日的时候，定语和中心语有时有两种语序，即汉语的语序，如例⑲㉑㉓，外来语的语序，如例⑳㉒㉔

⑲ 列宁的穆泽伊博物馆<u>两点钟</u>上开呢。
⑳ 列宁的穆泽伊博物馆萨哈特小时<u>两个</u>上开呢。
㉑ <u>三月</u> 初八。
㉒ <u>初八</u>的马尔特三月，俄语音译。

372

㉓ <u>一千九百六十六年的五月十八</u>, 我爷去哩世哩。
㉔ <u>四月二十八, 一千九百九十七年</u>新渠_{村名}做哩地土_{土地}改变会哩。

（二）在有些复句中, 它的偏句往往用疑问代词引出话题, 正句往往用相应的远指代词做出回应, 如例㉕, 但有时也可前后分句都用同一个疑问代词, 如例㉖㉗

详见本章中的"代词"部分。请看例句。

㉕ <u>谁</u>但_{如果}照上列宁的光, <u>他</u>的心宽可郎_{胸怀}大。
㉖ <u>谁</u>说连<u>谁</u>就骂仗。
㉗ 糖馍馍带_和馓子, 但是_{如果}不到你的手呢哩, <u>谁</u>接上, 叫<u>谁</u>吃去。

（三）连词"不论、不管"的初始用法

1. "不论、不管"单用在单句的状语或主语部分, 表示强调, 后面没有"都、也"呼应

请看例句。

㉘ <u>不论</u>哪塔儿也罢, 把我们一模一样的打呢。
㉙ 段儿里头_{句子里}<u>不管</u>谁说下的没遇改变的话, 是直接话_{直接引语}。
㉚ 你们走开哩, <u>不管</u>叫谁给说下儿来。
㉛ 不信哩, 你<u>不论</u>把哪个老者问一下。
㉜ 一到黑哩, 鸽子跳到<u>不管</u>哪个公鸡背上, 定定儿就蹲下哩。
㉝ 再拿来一个<u>不管</u>啥东西, 把桌子支一下。

2. "不论"单用在单句中, 表示任指

请看例句。

㉞ "你达_{爸爸}在哪呢里呢？"
"仗上舍掉哩_{牺牲了}。"
"那么, 你妈呐？"
"叫炸弹打死哩。"
"那么你在哪呢站_住的呢？"

"不论哪塔儿任意哪个地方。"

这个例句是对话,对话中往往有省略。如果"不论哪塔儿"后面加上诸如"住下来都行"之类的文字就和现代汉语的无条件复句一样了。

3. "不论"单用在条件复句的偏句中,表示排除一切条件,正句都会产生同样的结果正句没有"都、也"呼应

这种例句极为罕见,它已是无条件复句的雏形。请看例句。

㉟ 不论把谁碰见,他就问的哪塔儿有好大夫呢,交多少钱也罢,把孙女要看好呢。

㊱ 不论啥也罢,按树林森林的数儿咱们就像没有是啥任何担悬危险。

例㊱"不论啥也罢"中的"啥"是代名词,如果是代谓词"咋",那么"不论咋也罢"就有理由成为一个分句了。

八、形容词"大"的一种特殊用法

形容词"大"的一种特殊用法是指"大"先修饰某些动词、形容词或名词构成偏正短语,然后充当谓语动词的特殊宾语,或再和介词构成介词短语充当状语。这种用法在东干话中比较突出。

(一)"大"的分布

1. "大+动"做宾语

请看例句。

① 他给我们给哩大帮助哩。
② 这个活上有大挡挂阻力呢。
③ 这是十月革命的大恩典。
④ 咱们的《回民报》出哩世哩创刊了。这是咱们的大高兴,大喜欢。
⑤ 这是喜爱牲灵的一个娃娃的大望想希望。

以上例①②"大+动"做谓语动词的宾语,例③④⑤"大+动"做宾语的中心语。以下四例"大+动"和介词"拿、用、把"构成介词短语做状语。

374

⑥ 客人们拿 大喜欢以最喜欢的心情看哩有功劳画匠画家潘沙耶夫的画哩。
⑦ 回族人拿 大喜欢赞成庆贺哩十娃子东干族著名作家90岁生日儿哩。
⑧ 我们连用 大指望等你们扶帮帮助呢。
⑨ 肖洛霍夫把一辈子人的 大望想希望,理想连和新乡俗民俗风情给世界上剩下哩。

2. "大+形"做宾语
请看例句。

⑩ 我们把这个地方得上哩,到我们上对我们来说,这是大高兴。
⑪ 打仗是不安稳的事情,到妇女娃娃上对妇女小孩来说,有大作难呢。
⑫ 还有个大耽悬痛苦,危险呢：傍近儿差不多天天黑哩晚上把自己的贵重亡人去世的亲人梦见的呢。
⑬ 我们给他盼望在调养娃们的活上大成功。
⑭ 路傍呢,就是他家的一处大俊美的房。

以上例⑩⑪⑫"大+形"做谓语动词的宾语,例⑬"大+形"做宾语的中心语,例⑭"大+形"做宾语的定语。以下四例是"大+形"和介词"拿"构成介词短语做状语。

⑮ 她拿 大忍耐把碎小妹妹搞哄,劝哩。
⑯ 老汉带和老婆儿拿 大颇烦抓扶养的,调养教育哩这个丫头哩。
⑰ 这个事情的落脚结果是拿 大颇烦收哩口哩以最大的不幸收场。
⑱ 把十娃子的生日儿大众拿 大齐心过哩。

3. "大+名"做宾语
请看例句。

⑲ 口传文学民间文学到调养娃们上在教育孩子们这方面有大情由作用呢。
⑳ 要得高收成,要费大心劲呢。
㉑ 阿达爸爸,你的书子信给我们给哩大精神哩。
㉒ 教员们不怕作难,给后辈给大硬知识的呢。
㉓ 他是有大名声的诗家诗人。

375

以上例⑲⑳㉑"大+名"做谓语动词的宾语，例㉒在"大"和"名"之间又加了个"硬"，例㉓"大+名"出现在宾语的定语中。以下两例"大+名"和介词"拿"构成介宾短语做状语。例如：

㉔ 普希金拿 大心劲习学_{学习}哩民人_{人民}口传文学_{民间文学}哩。
㉕ 他拿 大心劲在自己的作造上_{文学创作中}唱哩解放哩。

4. "大"插在双音节AB离合式动宾结构的动词中进入句子后，"A"是谓语动词，"大B"是宾语

请看例句。

㉖ 阿达_{爸爸}，把你的书子_信我们接的勤，给你道大谢。
㉗ 给你我恭大喜呢。
㉘ 他留哩大神哩。

（二）"大"的作用

1. 修饰某些特定的动词、形容词或名词，表示程度深

这是由被修饰词的性质决定的。我们所见到的被修饰动词是"喜欢、望想_{希望}、指望、恩典、帮助、挡挂、谢"等表示心理活动的动词；所见到的被修饰形容词是"高兴、颇烦_{忧烦}、耽悬_{痛苦}、齐心、忍耐、作难、成功"等表示心理情绪的形容词；所见到的被修饰名词是"心劲、精神、情由_{作用}、名声"等表示精神的抽象名词。这就是说，以上动词、形容词、名词都是心理类的，它们的共同特点是不能用长度、面积、容积去计量，只能用程度去计量，这里就正是用"大"表示程度深。

2. "大"修饰"动、形"时，相当于"最"

如"大喜欢"＝"最喜欢"，"大高兴"＝"最高兴"。东干话中没有副词"最"，有"顶"，但"顶"也不出现在"（V+）大+动/形"这种框架中。

3. "大"修饰"动、形、名"后，常再和介词"拿_用、连用"构成介词短语"拿/连+大+动/形/名"，做方式状语，表示工具、凭借物效能发挥的最大化

如例⑦"回族人拿大喜欢赞成_{庆贺}哩十娃子90岁的生日儿哩"中的方式

状语"拿大喜欢",就是"用最喜悦的心情",表示凭借物效能发挥的最大化。这种方式状语使用频繁,在上述九例介词短语中占八例,由"把"构成的介词短语只有一例,如例⑨。

(三)"大+动/形/名"的结构和句法功能

1. "大+动/形/名"的结构特点

(1)"动/形/名"一般都是双音节的AB词,如"望想希望、颇烦忧烦、情由作用",只有少数是单音节词或语素,如例㉖㉗㉘的"谢、喜、神"。

(2)"大"和"动/形/名"是直接组合,中间不用"的"等结构助词。

(3)"大+动/形"的整体特点是独立性差,大多做名物化宾语,因此,宜看作名词性定名偏正短语。

2. "大+动/形/名"的句法特点

(1)"大+动/形"做名物化宾语。这是由"大+动/形"所在句的谓语动词可带宾语的功能决定的。谓语动词带宾语的情况是,有的可带名词宾语,有的可带谓词宾语,有的兼而有之。我们在以上例句中见到的谓语动词是"是、有、费、给、盼望"等,它们都只要求名词宾语,可见,"大+动/形"已名物化了,获得了名词宾语的身份。这种宾语汉译时要加上名词中心语才顺当,如例④"这是咱们的大高兴,大喜欢",用汉语普通话说应是"这是咱们最高兴、最喜欢的事情"。"大+名"做一般宾语。

(2)"介+大+动/形/名"做状语。个别的出现在定语中,如例⑭㉓。没有见到其他句法位置上的用例。

九、"给"和双宾句的臆测

请看例句。

① 把馍馍给₂我给₁一个吵/嗦。(汉语兰州话、东干话)
② 把馍馍给₁我一个吵/嗦。(双宾句)
③ 给₂我给₁一个馍馍吵/嗦。(汉语兰州话、东干话)
④ 给₁我一个馍馍吵/嗦。(双宾句)

以上四例是我们1995年以来几次调查汉语兰州话、东干话的用例。被调查人如下。

甲:男,1928年生,世居兰州郊区农村,小学文化,小学教导主任。

乙：男，1947年生，兰州人，大专文化，兰州市志办干部。

丙：男，1974年生，在兰州生长，高中文化，工人。

丁：男，1940年生，吉尔吉斯斯坦东干族（甘肃籍），院士。

戊：男，1985年生，吉尔吉斯斯坦东干族留学生。

我们的目的是调查汉语兰州话和东干话中双宾句是否存在。我们请被调查人甲认定例④是不是汉语兰州话的说法。他很肯定地回答"是"。我们给他时间再做考虑，看能否在句中再加其他字。他多次认定不能再加字。隔了几天后，他再做肯定时，我们又拿出例③让他辨定。结果，他最后肯定了例③，否定了例④。这个肯定和否定是符合汉语兰州话的实际的。被调查人乙也犯了类似的错误。但是被调查人丙稍加考虑就正确地肯定了例③，否定了例④。被调查人丁是东干族语言学家，至今仍说祖籍东干甘肃方言，而且没受过汉语普通话的影响，全能做出正确的判断。被调查人戊，语言背景复杂，父亲说东干话的陕西话，母亲说东干话的甘肃话，他有意回避父母的东干话而讲俄语，又来中国学汉语，他认为例③④没有差别。

我们有如下几点思考。

1.一般地说，现在东干话和它的相关源头方言都还没有双宾句，重要的原因是中国西北广大地域内"把"字句、"给"字句这样的强势句式长期盛行。

2.由于语言接触，以后如果产生双宾句的话，我们推断，应该是从"给"字句中衍生出来。理由如下。

（1）"给"字句的结构提供了衍生的方便条件，即汉语兰州话"给"字句的结构特点是多个"给"在句中共现，其中的"给$_1$"是谓语中心动词，表示"给予"，"给$_2$"是介词，表示"给予、向、对、为、被"等，"给$_3$"是紧跟在谓语中心动词后面的定位后置成分，它意义的虚实与句式及它所依附的动词的类别有关。（见本章中的"'给'字句"部分）当句中的"给"各司其职的时候，句子就是一般的非双宾句"给"字句，而其中的"给$_1$"稍一松动，全句格局立即改变。试拿两个双宾句如上述例②④同另两个非双宾句如例①③比较可知，只要一拿掉例①③中的"给$_1$"，这两个非双宾句中的介词"给$_2$"马上升格为全句的谓语动词"给$_1$"，相应地它的宾语"我"也便升格为全句的宾语之一，这样，全句便成了双宾句。同时，在汉语普通话相应句式即"给"带双宾语句式的持续冲击下，汉语兰州话"给"字句的使用者正在利用它提供的结构便利使其中的"给$_1$"不自觉地丢失，促使"给$_2$"向"给$_1$"过渡，像被调查人甲、乙两人的反复肯否过程那样。

（2）"把"字句不大可能衍生出双宾句。因为它是使用地域更广阔、出现次数更频繁的一种强势句式,地位稳固,同时,它在结构上也不具备"给"字句那样的动一字而变全局的方便条件。

十、"就"的用法

(一) 做介词,用在"就+时间词"中,表示"在、就在"
请看例句。

① 我阿妈年年<u>就</u>这一天过生日儿的呢。
② 这儿_{当时}老汉带喊的撵哩汽车哩。<u>就</u>这个时候儿他跌倒哩。
③ <u>就</u>这个空子呢过来哩一个老婆儿。
④ <u>就</u>这个节口呢得道_{不知}哪个打哩一枪。
⑤ <u>就</u>那个空儿呢反叛_{叛徒}们乱跑脱哩。
⑥ <u>就</u>那一天他高兴咂哩_{高兴极了}。

(二) 做副词

1. 用在"在+名_{处所}(+VP)"前,表示事实正是如此
请看例句。

⑦ 他的娘老子<u>就在</u>葡萄园子呢做活的呢。
⑧ <u>就在</u>这个病院呢老汉可_又得哩个孙女。这个丫头也是全耶提目_{父母都已去世的孤儿}。
⑨ 那候儿,<u>就在</u>这个山下呢一个老汉儿带老婆儿住的唻。

2. 表示肯定,和"就是"相当
请看例句。

⑩ <u>就</u>那个媳妇儿把我们领到她们的家呢哩。
⑪ 就为那两句淡话,我妈到今儿不叫提说念书的话。这<u>就</u>咱们的娘老子给咱们干下的"好"。

值得注意的是,现代汉语中,副词"就"用在假设复句的后分句前,表示在某种条件或情况下,自然怎么样,如"如果下雨,我就不去了"。这种用

例在东干话的相应复句中,还没有见到一例。这种用例在东干话假设复句的全部相关用例(共14例)中,"就"全部空缺。(参见本章"假设复句"部分中的例①到⑭)

十一、 同音字连用的分合

东干话中两个同音字连用时,有时合二为一,有时仍分用两个。

(一) 合二为一的

请看例句。

① a.进哩房呢,把睡的着着<u>的</u>孙女看见,不由他的失笑哩。
　　b.卡德儿把哥哥<u>的</u><small>他哥哥</small>样式看见,颇烦<small>忧愁</small>唖哩。

例①a应是"把睡的着着的的孙女……",即"着着"后的"的"是附着在"睡的着着"后表肯定的语气词,"孙女"前的"的"是连接中心语"孙女"和定语"睡的着着的"的结构助词。现在两个"的"合二为一了。例①b应是"把哥哥的的样式……",即"哥哥"后的"的"是放在称谓名词"哥哥"后构成"哥哥的"表第三身领格"他哥哥"的结构助词,"样式"前的"的"是连接中心语"样式"和定语"哥哥的"的结构助词。现在两个"的"也合二为一了。

(二) 分用两个的

请看例句。

② a.挨<u>的</u><small>着</small><u>的</u>第三天上,他回来哩。
　　b.你看,象咋拿鼻子往嘴呢搁吃<u>的的</u>呢。
③ a."你妈在哪呢呢?" "她在家<u>呢呢</u>。"
　　b.钟在庙<u>呢呢</u>,声在外头呢。
④ (他无常哩,)打磨难上他得哩<u>脱哩</u>。

例②a中"的的"的前一个"的"表示动词"到、上、着"的意思,做"挨"的结果补语,后一个"的"是结构助词,连接它前后的定语和中心语。例②b中"的的"的前一个"的"是结构助词,和"吃"构成"的"字短语,后一个"的"是动态助词,和"着"相当。例③中"呢呢"的前一个"呢"是方位词"里",后一个"呢"是语气词。例④中"哩哩"的前一个"哩"是附着在

380

动词"脱"后表动作已实现,即"哩"已成为动态助词"了",后一个"哩"是附着在全句后表新情况的出现,即起成句、煞尾作用的语气词"了"。

十二、发语词"啊"

发语词"啊"有如下两个位置。

(一) 放在句首

请看例句。

① 啊为啥你把眼睛闭住哩?
② 啊咱们的杏花儿高低不开唦。
③ 你咋给大妈家给哩钱哩,啊给我们没给唦,阿爷?
④ 阿妈哭哩,啊阿达说的,阿妈没羞。
⑤ 我阿爷明儿,哎哟不是明儿,啊今儿,来哩。

有时还连用两个"啊"。例如:

⑥ 啊,啊,我阿爷他想达听见呢吗?
⑦ 啊——啊几时把马驹儿拿回来呢唦?
⑧ 啊,啊几时拿回来呢唦?

(二) 放在第二个呼语前

请看例句。

⑨ 存儿,啊存儿!给奶奶灌些水去。
⑩ 阿舍儿,啊阿舍儿,你把娃娃给我领的来。
⑪ 阿爷,啊阿爷,你走哪呢去呢唦?
⑫ 阿爷,啊阿爷,你听的呢唉唦?

"啊"的出现补足了某些音节空位,使话语节奏和谐、连贯、顺畅。对某些语义有加强或强调的作用。

第五章 语 料

说明：

1. 我们选取了多种内容和形式的东干话语料，并对其做了标音。
2. 东干话的书写格式都按东干话书面语原文格式书写，即词和短语的内部各构成成分之间连写，不留空；词和词之间、短语和短语之间都分开写，留空。
3. 例子的排列顺序是，第一行是东干话原文，第二行是对相应的东干字的标音，第三行是对相对应标音转写的汉字。
4. 所标音为东干话的基础方言东干甘肃音。
5. 发音人是伊玛佐夫、法蒂玛。录音时间是2009年6月、2013年8月。

第一节 语法例句

1. Ба җыгә хуа тинҗян, нүжын йүә кўди шын дали.
   pa⁴⁴ tʂʅ⁴⁴kə⁴⁴ xua⁴⁴ tʼiŋ¹³tɕian⁴¹ ny⁴¹ʐəŋ¹³ yə¹³ kʼu¹³tɪ¹³ ʂəŋ¹³ ta⁴⁴li²¹
   把 这个 话 听见 女人 越 哭的 声 大哩

2. Хә йүәди гунту, фа йүндун.
   xə¹³ yə¹³tɪ¹³ kuŋ¹³tʼou⁴¹ fa⁴¹ yŋ⁴⁴tuŋ²¹
   喝 药的 工头 耍 运动 与其喝药，不如锻炼身体

3. Йи ви щёхәр падини.
   i¹³ vi¹³ ɕiɔ⁴¹xæə⁴¹ pʼa¹³tɪ¹³ni²¹
   一 位 小孩儿 爬的呢

4. Да җяни мәю хуэщинди йимяр, вә жизокэли.
   ta¹³ tɕia¹³nɪ¹³ mə¹³iou⁴¹ xuai⁴⁴ɕiŋ⁴⁴tɪ¹³ i¹³miɛə⁴¹ və¹³ tɕi¹³tsɔ¹³kʼai⁴¹li²¹
   打 家呢 没有 回信的 一面儿表示"原因" 我 急躁开哩

5. Җыгә йүә йитян ё хә санбянни.
   tʂʅ⁴⁴kə⁴⁴ yə¹³ i¹³tʼian⁴¹ iɔ⁴⁴ xə¹³ san¹³pian⁴⁴ni²¹
   这个 药 一天 要 喝 三遍呢

383

6. Мама ба вава дэчў ляндаршон щинтынли йидун.
   ma²¹ma¹³ pa¹³ va¹³va¹³ tai⁴¹tʂʻu⁴¹ lian⁴¹tæɚ⁴⁴ʂaŋ⁴⁴ ɕiəŋ¹³tʻəŋ¹³li¹³ i¹³tuəŋ⁴⁴
   妈妈   把   娃娃   逮住   脸蛋上   心疼吻哩   一顿

7. Вә зўлигә фимын, щян бу хэпама.
   və¹³ tsu⁴⁴li¹³kə⁴⁴ fi⁴⁴məŋ⁴¹ ɕian¹³ pu¹³ xai⁴⁴pʻa⁴⁴ma²¹
   我   做哩个   睡梦   嫌   不   害怕吗

8. Вужинди сычон ги жын ба зыю гигили.
   vu⁴¹tɕiŋ¹³ti¹³ sɿ⁴⁴tʂʻaŋ⁴¹ ki¹³ zəŋ¹³ pa¹³ tsɿ¹³iou¹³ ki⁴¹ki²¹li²¹
   如今的   市场   给   人   把   自由   给给哩

9. Ба жысы са хуарса?! хан бу кэ.
   pa¹³ tʂɿ⁴⁴sɿ⁴⁴ sa¹³ xuæɚ¹³sa²¹?! xan¹³ pu¹³ kʻai¹³
   把   这是   啥   花儿嚒?!   还   不   开

10. Хў фә садини, вә ба нигә кафан.
    xu¹³ fə¹³ sa⁴⁴tiʻ¹³ni⁴¹ və⁴¹ pa¹³ ni⁴¹kə⁴⁴ kʻa⁴¹fan²¹
    胡   说   啥的呢   我   把   你个   卡凡裹尸布

11. Ниму ду, щүәсынму, ё хохор нянни.
    ni⁴¹mu¹³ tou¹³ ɕyə¹³səŋ⁴¹mu¹³ io⁴⁴ xɔ⁴¹xɚ¹³ nian⁴⁴ni²¹
    你们   都   学生们   要   好好儿   念呢

12. Вә тэ нэ кэ чичәдихын.
    və⁴¹ tʻai⁴¹ nai⁴⁴ kʻai¹³ tɕʻi⁴⁴tʂʻə¹³ti¹³xəŋ⁴¹
    我   太   爱   开   汽车的很

13. Ваму луан ду хандини.
    va¹³mu¹³ luan⁴⁴ tou¹³ xan⁴¹ti¹³ni²¹
    娃们   乱   都   喊的呢

14. Жы жун хуар сысый бу кан.
    tʂɿ⁴⁴ tʂuəŋ⁴¹ xuæɚ¹³ sɿ⁴⁴sei¹³ pu¹³ kʻan³¹
    这   种   花儿   是谁任何人 不   看

15. Ти жынму ба йиче хуә жичи зўдини.
    tʻi⁴⁴ zəŋ¹³mu⁴¹ pa¹³ i¹³tɕʻiɛ⁴¹ xuə¹³ tɕi²¹tɕʻi¹³ tsu⁴⁴ti²¹ni²¹
    替   人们   把   一切   活   机器   做的呢

16. До нишон, замужя холи, зу нэмужя фәчи.
    tɔ⁴⁴ ni⁴¹ʂaŋ²¹ tsa⁴¹mu²¹tɕia⁴⁴ xɔ⁴¹li²¹ tsou⁴⁴ nai⁴⁴mu¹³tɕia⁴⁴ fə¹³tɕʻi³¹
    到   你上对你来说 咋么价   好哩   就   那么价   说去

17. Тади   гэзы   шын   бу   го.
    tʻa⁴¹ti¹³ kə⁴⁴tsʅ¹³ ʂəŋ⁴⁴ pu¹³ kɔ¹³
    他的   个子   甚   不   高 不太高

18. Җыгə   ёнгор   кəжя   лёнгə   йүэдыйли.
    tʂʅ⁴⁴kə⁴⁴ iaŋ¹³kɔɚ⁴¹ kʻə¹³tɕia¹³ liaŋ⁴¹kə⁴⁴ yə¹³tei¹³li²¹
    这个   羊羔儿   可价   两个   月得哩 已刚满两个月

19. Җысы   йи   фын/фў   гуйжун   фущин, чин   ни   фонхо.
    tʂʅ⁴⁴sʅ⁴⁴ i¹³ fəŋ⁴¹/fu¹³ kuei⁴⁴tʂuəŋ⁴⁴ fu¹³ɕiŋ³¹ tɕʻiŋ⁴¹ ni⁴¹ faŋ¹³xɔ
    这是   一   封   贵重   书信   请   你   放好

20. Ни   ба   жыгə   мубан   беди   чёхалэ.
    ni⁴¹ pa¹³ tʂʅ⁴⁴kə⁴⁴ mu¹³pan⁴¹ piɛ¹³ti¹³ tɕʻiɔ⁴⁴xa²¹lai²¹
    你   把   这个   木板   别的   撬下来

21. Та   ба   вə   манйүанди   мали   йидун.
    tʻa⁴¹ pa¹³ və⁴¹ man¹³yan⁴¹ti²¹ ma⁴⁴li²¹ i¹³tuəŋ³¹
    他   把   我   埋怨的   骂哩   一顿

22. Та   по   мэмэ,   фужүдёли.
    tʻa⁴¹ pʻɔ⁴¹ mai⁴¹mai¹³ fu⁴⁴tɕy¹³tiɔ⁴⁴li²¹
    他   跑   买卖   富足掉哩 发财了

23. Җиннянди   готян   чынзуэдёли.
    tɕiŋ¹³nian¹³ti¹³ kɔ¹³tʻian¹³ tʂʻəŋ¹³tsuə⁴⁴tiɔ⁴⁴li²¹
    今年的   高田 水果   成作 丰收掉哩

24. Вə   чыха/гуэди   куй   е   бу   шо.
    və⁴¹ tʂʻʅ⁴⁴xa¹³/kuə⁴⁴ti¹³ kʻuei¹³ iɛ⁴⁴ pu¹³ ʂɔ⁴¹
    我   吃下/过的   亏   也   不   少

25. Ёдисы   ба   фу   хохор   нянха,
    iɔ⁴¹ti¹³sʅ⁴⁴ pa¹³ fu¹³ xɔ⁴¹xɔɚ¹³ nian⁴⁴xa²¹
    要的是   把   书   好好儿   念下 要的是能好好儿念书
    Бə   па   ба   фу   нянбуха.
    pə¹³ pʻa¹³ pa¹³ fu¹³ nian⁴⁴pu¹³xa²¹
    憂   怕   把   书   念不下 别怕不能念书

26. Җыгə   жын   сы,   бусы   хо   жын.
    tʂʅ⁴⁴kə⁴⁴ zəŋ¹³ sʅ⁴¹ pu¹³sʅ⁴⁴ xɔ⁴¹ zəŋ¹³
    这个   人   是呀   不是   好   人

27. Фәдифәди, та хуалалади щётуәли.
   fə¹³ti¹³fə¹³ti¹³　　　t'a⁴¹　　xua¹³la¹³la¹³ti²¹　　ɕiɔ⁴⁴t'uə²¹li²¹
   说的说的　　　　　他　　哗啦啦的　　　　笑脱哩笑起来

28. Ни лэнима, (хансы) вә чини, заму шонлёнйиха.
   ni⁴¹　lai¹³ni²¹ma²¹　(xan¹³sɿ⁴⁴)　və⁴¹　tɕ'i⁴⁴ni²¹　tsa¹³mu¹³　ʂaŋ¹³liaŋ¹³·¹³xa²¹
   你　来呢么　　（还是）　我　去呢　　咱们　　商量一下

29. Җыгә би нэгә хо, нэгә бибушон жыгә /нэгә
   tʂɿ⁴⁴kə⁴⁴　pi⁴¹　nai⁴⁴kə⁴⁴　xɔ⁴¹　nai⁴⁴kə⁴⁴　pi⁴¹pu¹³ʂaŋ¹³　tʂɿ⁴⁴kə⁴⁴/nai⁴⁴kə⁴⁴
   这个　　比　那个　　好　那个　　比不上　　　　这个/那个

   ба жыгә бу до.
   pa¹³　tʂɿ⁴⁴kə⁴⁴　pu¹³　tɔ⁴⁴
   把　　这个　　　不　　到

30. Ни ё жыгә (зу) бу нын ё нэгә.
   ni⁴¹　iɔ⁴⁴　tʂɿ⁴⁴kə⁴⁴　(tsou⁴⁴)　pu¹³　nəŋ¹³　iɔ⁴⁴　nai⁴⁴kə⁴⁴
   你　要　　这个　　（就）　　不　　能　　要　那个

31. Җыгә щүәтон сый щён нян фу, нян ни.
   tʂɿ⁴⁴kə⁴⁴　ɕyə¹³t'aŋ¹³　sei¹³　ɕiaŋ⁴¹　nian⁴⁴　fu¹³　nian⁴⁴　ni²¹
   这个　　学堂　　　谁　　想　　念　　书　念　呢谁想来念,就来念

32. Вәди мучин кын фә:"мәю йүян—мәю минзў".
   və⁴¹ti⁴¹　mu⁴¹tɕ'iŋ¹³　k'əŋ⁴¹　fə¹³　mə¹³·⁴¹　iou¹³　y⁴¹ian¹³　mə¹³·⁴¹iou¹³　miŋ¹³tsu¹³
   我的　　母亲　　　肯　　说　　没有　　　语言　　没有　　民族没有语言,就没有民族

33. Вава ба жыще дузы шычелэ,
   va¹³va⁴¹　pa¹³　tʂɿ⁴⁴ɕiɛ²¹　tou⁴⁴tsɿ²¹　ʂɿ¹³tɕ'iɛ⁴¹lai¹³
   娃娃　　　把　　这些　　　豆子　　　拾起来

   кә ба нэще йүми вондёли
   k'ə¹³　pa¹³　nai⁴⁴ɕiɛ²¹　y¹³mi⁴¹　vaŋ⁴⁴tiɔ¹³li²¹
   可　　　把　　那些　　　玉米　　忘掉哩

34. Дуәщели, вәди бин йидин вончян лэни.
   tuə¹³ɕiɛ⁴⁴li²¹　və⁴¹ti⁴¹　piəŋ⁴⁴　i¹³tiəŋ⁴⁴　vaŋ⁴⁴tɕ'ian¹³　lai¹³ni²¹
   多谢哩　　　　我的　　　病　　一定　　　往前　　　来呢一定会好起来

35. Вәму йижя ба йижя жыдоди ходихын.
   və⁴¹mu¹³　i¹³tɕia¹³　pa⁴¹　i¹³tɕia¹³　tʂɿ¹³tɔ¹³ti¹³　xɔ⁴¹ti¹³xəŋ⁴¹
   我们　　　一家　　　把　　一家　　　知道的　　　　好的很我们相互之间非常了解

36. Җытар   до   нэтар   гиди   йи   җя   санни.
    tʂʅ⁴⁴t'æɚ¹³ tɕ⁴⁴   nai⁴⁴t'æɚ¹³ ki¹³ti¹³   i¹³   tɕia⁴⁴   san¹³ni²¹
    这塔儿   到   那塔儿   隔的着   一   架   山呢

37. Нэбонгэ   зусы   йи   куэзы   хуонхади   ди.
    nai⁴¹paŋ¹³kə¹³   tsou⁴⁴sʅ¹³ i¹³   k'uai⁴¹tsʅ¹³ xuaŋ¹³xa⁴⁴ti¹³   ti⁴⁴
    那傍个   就是   一   块子   荒下着,了的   地

第二节 民间故事

一、ЛЁНГӘ ЛЯНШУ
liaŋ⁴¹ kə²¹ lian¹³ʂou⁴¹
两个   连手朋友

(托尔斯泰俄文原作，这里是东干文译文)

Лёнгэ   ляншу   зэ   фулинни   зудилэ.   Мынмынди
liaŋ⁴¹kə²¹   lian¹³ʂou⁴¹ tsai⁴⁴   fu⁴⁴liŋ¹³ni²¹   tsou⁴¹ti²¹lai²¹ məŋ⁴¹məŋ⁴¹ti¹³
两个   连手   在   树林呢   走的唻   猛猛的突然间

чўлэлигэ   щүн.   Йигэ   подичи   шонли   фу,
tʂ'u¹³lai¹³li²¹kə²¹   ɕyŋ¹³   i¹³kə⁴⁴   pɔ⁴¹ti²¹tɕ'i⁴⁴   ʂaŋ⁴⁴li²¹   fu⁴⁴
出来哩个   熊   一个   跑的去   上哩   树

чёнхали.   Ди   эргэ   мэ   дунтан.   Мэ
tɕ'iaŋ¹³xa⁴¹li²¹ ti⁴⁴   aiɚ⁴⁴kə²¹   mə¹³   tuŋ⁴⁴t'an¹³ mə¹³
藏下哩   第   二个   没   动弹   没

форли,   та   пахали,   жуончын   сыжынли.
fæɚ¹³li²¹   t'a⁴¹   p'a¹³xa⁴¹li²¹ tʂuaŋ⁴⁴tʂ'əŋ¹³ sʅ⁴¹ʐəŋ¹³li²¹
法儿哩   他   趴下哩   装成   死人哩

Щүн   до   гынчян   вынтуэ,   та   чи   ду   бу   чўли.
ɕyŋ¹³   tɔ⁴⁴   kəŋ¹³tɕ'ian¹³   vəŋ⁴⁴t'uə⁴⁴ t'a⁴¹   tɕ'i⁴¹ tou¹³ pu¹³ tʂ'u¹³li²¹
熊   到   跟前   闻脱   他   气   都   不   出哩

387

Щүн ба тади лян вынлихар, дончын сыдёли, зутуэли.
ɕuŋ¹³ pa⁴¹ tʻa⁴¹tiʻ²¹ lian⁴¹ vən¹³li¹³xæə²¹ taŋ¹³tʂʻəŋ¹³ sʐ⁴¹tiɔ⁴⁴liʻ²¹ tsou⁴¹tʻuə²¹liʻ²¹
熊 把 他的 脸 闻哩下儿 当成 死掉哩 走脱哩

Щүн зудё, нэгэ да фушон халэ, щётуэли:
ɕuŋ¹³ tsou⁴¹tiɔ²¹ nai⁴⁴kə²¹ ta⁴¹ fu¹³ʂaŋ²¹ xa⁴⁴lai¹³ ɕiɔ⁴¹tʻuə²¹liʻ²¹
熊 走掉 那个 打 树上 下来 笑脱哩

«Щүн ги ни зэ эрдуэшон чёчёр фэ сали?»
ɕuŋ¹³ ki¹³ ni⁴¹ tsai¹³ aiə⁴¹tuə⁴¹ʂaŋ²¹ tɕʻiɔ¹³tɕʻiɔə¹³ fə¹³ sa⁴⁴liʻ²¹
熊 给 你 在 耳朵上 悄悄儿 说 啥哩

Ди эргэ хуэдади: «Щүн фэсы, ю бу хо жынни,
ti⁴⁴ aiə⁴⁴kə²¹ xuai¹³tʻa⁴¹tiʻ²¹ ɕuŋ¹³ fə¹³sʐ⁴⁴ iou⁴¹ pu¹³ xɔ⁴¹ zəŋ¹³niʻ²¹
第 二个 回答的 熊 说是 有 不 好 人呢

таму до зуэнанчүр, ба ляншу лёха, пони.»
tʻa⁴¹mu¹³ tɔ⁴⁴ tsuə⁴¹nan¹³tʂʻuə⁴¹ pa⁴¹ lian¹³ʂou⁴¹ liɔ⁴⁴xa²¹ pʻɔ⁴¹niʻ²¹
他们 到 作难处儿 把 连手 撂下 跑呢

二、ЛЁНГЭ ДАНЗЫ ДАДИ
liaŋ⁴¹kə²¹ tan⁴¹tsʐ²¹ tа⁴⁴tiʻ²¹
两个 胆子 大的

(东干民间故事)

Жын ду фэди, йигэ дифоншон ю сынза фонзыни.
zəŋ¹³ tou¹³ fə¹³tiʻ¹³ i¹³kə¹³ ti⁴⁴faŋ²¹ʂaŋ²¹ iou⁴¹ səŋ⁴⁴tsa³¹ faŋ¹³tsʐ²¹niʻ²¹
人 都 说的 一个 地方上 有 瘆乍 房子呢

Сый ду бу ган зэ нэтар чи.
sei¹³ tou¹³ pu¹³ kan⁴¹ tsai⁴⁴ nai⁴⁴tʻæ²¹ tɕʻi²¹
谁 都 不 敢 在 那塔儿 去

第五章 语 料

Йигə данзы дади фəсы, та чини. Фəли зу зудёли.
i¹³kə¹³ tan⁴¹tsʅ²¹ ta⁴⁴ti²¹ fə¹³sʅ⁴⁴ t'a⁴¹ tɕ'i⁴⁴ni²¹ fə¹³li²¹ tsou⁴⁴ tsou⁴¹tio²¹li²¹
一个 胆子 大的 说是 他 去呢 说哩 就 走掉哩

Җытар кə чўлэлигə хоханзы. Җыгə жын фəсы,
tʂʅ⁴⁴t'æə¹³ k'ə¹³ tʂ'u¹³lai¹³li²¹kə²¹ xɔ⁴¹xan⁴⁴tsʅ²¹ tʂʅ⁴⁴kə²¹ zəŋ¹³ fə¹³sʅ⁴⁴
这塔儿 可又 出来哩个 好汉子 这个 人 说是

та зэ нэгə фонзыни зан йи ванщини. Фəли,
t'a⁴¹ tsai⁴⁴ nai⁴⁴kə²¹ faŋ¹³tsʅ⁴¹ni²¹ tsan⁴⁴ i¹³ van⁴¹ɕi²¹ni²¹ fə¹³li¹³
他 在 那个 房子呢 站住 一 晚夕呢 说哩

е чили. Ту йигə тинди, зущёнсы,
iɛ⁴¹ tɕ'i⁴⁴li²¹ t'ou¹³ i¹³kə²¹ t'iŋ¹³ti¹³ tsou⁴⁴ɕiaŋ⁴⁴sʅ⁴⁴
也 去哩 头 一个 听的 就像是

сый лэдини, ба мын чо литу кучўли.
sei¹³ lai¹³ti²¹ni²¹ pa⁴¹ məŋ¹³ tʂ'ɔ¹³ li⁴¹t'ou²¹ k'ou⁴⁴tʂ'u²¹li²¹
谁 来的呢 把 门 朝 里头 扣住哩

Ди эргə лэ, зэ вэту ба мын жуйтуэли.
ti⁴⁴ aiə⁴⁴kə²¹ lai¹³ tsai⁴⁴ vai⁴⁴t'ou²¹ pa⁴¹ məŋ¹³ tʂuei⁴¹t'uə²¹li²¹
第 二个 来 在 外头 把 门 坠脱哩

Зу чо җыму таму дебандо лён. Мын
tsou⁴⁴ tʂ'ɔ¹³ tʂʅ⁴⁴mu²¹ t'a⁴¹mu²¹ tiɛ¹³pan¹³tɔ⁴⁴ liaŋ⁴⁴ məŋ¹³
就 朝 这么 他们 跌办/折腾到 亮 门

хуэйдё, лёнгəр йижя ба йижя цэ җыдоли.
xuai⁴⁴tio²¹ liaŋ⁴¹kə²¹ i¹³tɕia¹³ pa⁴¹ i¹³tɕia¹³ ts'ai¹³ tʂʅ⁴¹tɔ⁴⁴li²¹
坏掉 两个儿 一家 把 一家 才 知道哩

389

三、ХЫНХУ БАНЛИ ЖЯЛИ
xəŋ⁴⁴xou²¹ pan¹³li²¹ tɕia¹³li²¹
哼吼猫头鹰 搬哩 家哩

（东干民间故事）

Хынху вон дунбонгə фили йи ващи. Фали,
xəŋ⁴⁴xou²¹ vaŋ⁴¹ tuəŋ¹³paŋ⁴⁴kə³¹ fi¹³li²¹ i¹³ van⁴¹ɕi²¹ fa¹³li¹³
哼吼 往 东傍个 飞哩 一 晚夕 乏哩

та луэдо йигə фушонли, Нэгə фушонди
tʻa⁴¹ luə¹³tɔ¹³ i¹³kə⁴⁴ fu⁴⁴ʂaŋ²¹li²¹ nai⁴⁴kə⁴⁴ fu⁴⁴ʂaŋ²¹ti²¹
它 落到 一个 树上哩 那个 树上的

чёчёр ба хынху канжян, зу вынли: «Ни
tɕʻiɔ⁴¹tɕʻiɔ²¹ pa⁴¹ xəŋ⁴⁴xou²¹ kʻan⁴⁴tɕian⁴¹ tsou⁴⁴ vəŋ⁴⁴li²¹ ni⁴¹
雀雀儿 把 哼吼 看见 就 问哩 你

вон нани фидини? Виса жыму монса?»
vaŋ⁴¹ na¹³ni¹³ fi¹³tiʻni²¹ vi¹³sa⁴⁴ tʂʅ⁴⁴mu¹³ maŋ¹³sa³¹
往 哪呢 飞的呢 为啥 这么 忙嘛

Хынху шоншыди хуэйдали: «Вə щён вон дунбонгə
xəŋ⁴⁴xou²¹ ʂaŋ⁴¹ʂʅ¹³ti²¹ xuai¹³taʻli²¹ və⁴¹ ɕian⁴¹ vaŋ⁴¹ tuəŋ¹³paŋ⁴⁴kə³¹
哼吼 赏识自豪的 回答哩 我 想 往 东傍个

нуə жяни». Фушонди чёчёр чёчихали: «Виса?»
nuə¹³ tɕiaʻni²¹ fu⁴⁴ʂaŋ²¹ti²¹ tɕʻiɔ⁴¹tɕʻiɔ²¹ tɕʻiɔ¹³tɕʻi¹xa⁴¹li²¹ vi¹³sa⁴⁴
挪 家呢 树上的 雀雀儿 跷蹊下哩 为啥

Хынху хан нэму шоншы. «Щифонниди жын бу
xəŋ⁴⁴xou²¹ xan¹³ nai⁴⁴mu¹³ ʂaŋ⁴¹ʂʅ¹³ ɕiʻfaŋʻni²¹ti¹³ zəŋ¹³ pu¹³
哼吼 还 那么 赏识 西方呢的 人 不

нэ вэ, да нэтар вэ ба жя бантуэли».
nai⁴⁴ və ta⁴¹ nai⁴⁴t'æə¹³ və⁴¹ pa⁴¹ tɕia¹³ pan¹³t'uə¹³li²¹
爱 我 打 那塔儿 我 把 家 搬脱哩

Чёчёр ба та тинли, кэ жешон: «Жё
tɕ'iɔ⁴¹tɕ'iɔə²¹ pa⁴¹ t'a⁴¹ t'iəŋ¹³li²¹ k'ə¹³ tɕiɛ¹³ʂaŋ⁴⁴ tɕiɔ⁴⁴
雀雀儿 把 它 听哩 可 接上 叫

вэ канчи, бандо натар еба, ду щён
və⁴¹ k'an⁴⁴tɕ'i²¹ pan¹³tɔ⁴⁴ na⁴¹t'æə¹³ iɛ¹³pa⁴¹ tou¹³ ɕiaŋ⁴⁴
我 看去 搬到 哪塔儿 也罢 都 像

зочянни». Хынху бусўщинхали: «Захуэй!»
tsɔ⁴¹tɕ'ian¹³ni²¹ xəŋ⁴⁴xou²¹ pu¹³su¹³ɕiŋ⁴¹xa²¹li²¹ tsa⁴¹xuai⁴⁴
早前呢 哼吼 不苏醒不明白下哩 咋会

Фушонди чёчёр ги та чо жыму пэли:
fu⁴⁴ʂaŋ²¹ti²¹ tɕ'iɔ⁴¹tɕ'iɔə²¹ ki¹³ t'a⁴¹ tʂ'ɔ¹³ tʂʅ⁴⁴mu¹³ p'ə⁴⁴li²¹
树上的 雀雀儿 给 它 朝 这么 破解释哩

«Сычин мин бэдини. Ни дансы ба зыжиди
sʅ⁴⁴tɕ'iŋ¹³ miŋ¹³ pai⁴¹ti²¹ni²¹ ni¹³ tan¹³sʅ⁴⁴ pa⁴¹ tsʅ⁴⁴tɕi¹³ti¹³
事情 明 摆的呢 你 但是 把 自己的

шын бу гэбян, до натар чи дусы нэмугэ».
ʂəŋ¹³ pu¹³ kai⁴¹pian⁴⁴ tɔ⁴⁴ na⁴¹t'æə¹³ tɕ'i⁴⁴ tou¹³sʅ⁴⁴ nai⁴⁴mu¹³kə²¹
声 不 改变 到 哪塔儿 去 都是 那么个

391

四、САГУАН
sa¹³kuan⁴⁴
砂罐

（东干族作家伊玛佐夫作）

Җыгә　　чынпуди　　хонзыни　　суй　　пупр　　　дуәдихын.
tʂʅ⁴⁴kə²¹　tʂʻəŋ¹³pʻu⁴⁴ti²¹　xaŋ⁴⁴tsʅ²¹ni⁵¹　sui⁴¹　pʻu⁴⁴pʻuə²¹　tuə¹³ti²¹xəŋ⁴¹
这个　　城堡的　　　巷子呢　　碎小　　铺铺儿　　多的很

Кәсы　　зыю　　йигә　　пупур　　хокан，　чёмё.　Канчи，
kʻə⁴¹sʅ⁴⁴　tsʅ¹³iou⁴¹　i¹³kə⁴⁴　pʻu⁴⁴pʻuə²¹　xɔ⁴⁴kʻan⁴⁴　tɕʻiɔ⁴¹miɔ⁴⁴　kʻan⁴⁴tɕʻi⁴⁴
可是　　　只有　　一个　　铺铺儿　　　好看　　　巧妙　　看去

та　　зущён　да　　цуни　　сагуан.　Мын　зуди
tʻa⁴¹　tsou⁴⁴ɕiaŋ⁴⁴　ta⁴⁴　tsʻu¹³ni⁵¹　sa¹³kuan⁴⁴　məŋ¹³　tsu⁴⁴ti²¹
它　　就像　　大　　粗泥　　砂罐　　门　　做的

лян　　дадёди　　йи　　куэр　　йиён.　Литу　бэди
lian¹³　tʻa⁴¹tiɔ⁴⁴ti²¹　i¹³　kʻuæ⁵⁴　i¹³iaŋ⁴⁴　li⁴¹tʻou²¹　pai⁴¹ti²¹
连　　　打掉的　　一　　块儿　　一样　　里头　　摆的

йижур　　яданчинди　　куонкуор.　Мэ　сади　гуён
i¹³tʂuɚ⁴¹　ia²¹tan⁴⁴tɕʻiŋ¹³ti²¹　kʻuaŋ¹³kʻuəɚ¹³　mai⁴⁴　sa⁴⁴ti²¹　ku¹³niaŋ¹³
一种儿　　鸭蛋青的　　　筐筐儿　　卖　啥的　　姑娘

чуанди　йишын　лан.　Лойуанни　дан　канчи　та
tʂʻuan¹³ti²¹　i¹³ʂən²¹　lan¹³　lɔ⁴¹yan⁴¹ni⁵¹　tan¹³　kʻan⁴⁴tɕʻi²¹　tʻa⁴¹
穿的　　一身　　蓝　　老远呢　　但　　看去　　它

тэ　　щён　　сагуан，　литу　　зущён　　фи　доди
tʻai⁴⁴　ɕiaŋ⁴⁴　sa¹³kuan⁴⁴　li⁴¹tʻou²¹　tsou⁴⁴ɕiaŋ⁴⁴　fi⁴¹　tɔ⁴⁴ti²¹
太　　像　　砂罐　　　里头　　就像　　水　　倒的

манмарди. Са сыхур мэ хуэди гӳнён
man⁴¹mæə¹³ti²¹ sa⁴⁴ sʅ¹³xoə⁴¹ mai⁴⁴ xuə⁴⁴ti²¹ ku¹³niaŋ¹³
满满儿的 啥 时候 卖 货的 姑娘

жинчидини, са сыхур чўлэдини, мынмыр замужя
tɕiəŋ⁴⁴tɕ'i⁴⁴ti²¹ni¹¹ sa⁴⁴ sʅ¹³xoə⁴¹ tʂ'u¹³lai⁵³ti²¹ni¹¹ məŋ¹³mɯə⁴¹ tsa⁴¹mu²¹tɕia¹³
进去的呢 啥 时候 出来的呢 门门儿 咋么价

кэдини, вə мə жянгуə.
k'ai¹³ti¹³ni¹³ və⁴¹ mə¹³ tɕian⁴⁴kuə²¹
开的呢 我 没 见过

Йихуэй вонгуə вə зуди сыхур, пупурди
i¹³xuai¹³ vaŋ⁴¹kuə⁴⁴ və⁴¹ tsou⁴¹ti²¹ sʅ¹³xoə¹³ p'u⁴⁴p'uə²¹ti²¹
一回 往过 我 走的 时候儿 铺铺儿的

мынмыр кэхали. Гӳнён да литу чўлэли.
məŋ²¹mɯə⁴¹ k'ai¹³xa⁴⁴li²¹ ku¹³niaŋ¹³ ta⁴¹ li⁴¹t'ou²¹ tʂ'u¹³lai⁵³li²¹
门门儿 开下哩 姑娘 打 里头 出来哩

Вəди бонгəни зуди вава ба мама да
və⁴¹ti²¹ paŋ⁴⁴kə¹³ni²¹ tsou⁴¹ti²¹ va¹³va¹³ pa⁴¹ ma²¹ma¹³ ta⁴¹
我的 傍个呢 走的 娃娃 把 妈妈 打

шушон лали йиха, зыди «сагуан» фəди:
ʂou⁴¹ʂaŋ²¹ la¹³li²¹ i¹³xa²¹ tsʅ⁴¹ti²¹ sa¹³kuan⁴⁴ fə¹³ti¹³
手上 拉哩 一下 指的 砂罐 说的

«Ама! Ба та тондёля?»
a¹³ma⁴¹ pa⁴¹ t'a⁴¹ t'aŋ⁴¹tiɔ⁴⁴lia²¹
阿妈 把 她 淌掉唡

393

第三节 经典译著

一、ЙИНПАН
iŋ¹³ pʻan⁴¹
营盘

（吉尔吉斯斯坦东干族著名作家雅·十娃子的东干文诗歌。他的诗每行大多采用"七四"式，即前面七个字与后面四个字之间有一个停顿。停顿后的部分往往移为下一行。这种节奏深深地影响了其他作家）

Вә　　зэ　　Йинпан　　сын-ёнли,
vә⁴¹　　tsai¹³　　iŋ¹³pʻan⁴¹　　sәŋ¹³iaŋ⁴¹li²¹
我　　在　　营盘　　　生养哩

　　　　　Йинпанни　　жон.
　　　　　iŋ¹³pʻan⁴¹ni²¹　　tṣaŋ⁴¹
　　　　　营盘呢　　　长

Зэ　　Йинпанни　　вә　　полн,
tsai¹³　　iŋ¹³pʻan⁴¹ni²¹　　vә⁴¹　　pʻɔ⁴¹li²¹
在　　营盘呢　　　我　　跑哩

　　　　　Лян　　фын　　йиён.
　　　　　lian¹³　　fәŋ¹³　　i¹³iaŋ⁴⁴
　　　　　连　　风　　一样

Йинпанниди　　йиче　　　　тан,
iŋ¹³pʻan⁴¹ni²¹ti¹³　　i¹³tɕʻiɛ⁴¹　　　　tʻan¹³
营盘呢的　　　一切　　　　滩

　　　　　Йиче　　цошон,
　　　　　i¹³tɕʻiɛ⁴¹　　tsʻɔ⁴¹ṣaŋ³¹
　　　　　一切　　草上

Ду　　ю　　вәди　　жүэ　　зунни.
tou¹³　　iou⁴¹　　vә⁴¹ti¹³　　tɕyә¹³　　tsuәŋ⁴¹ni²¹
都　　有　　我的　　脚　　踪呢

　　　　　Вә　　за　　бу　　щён?

第五章 语 料

və⁴¹ tsa⁴¹ pu¹³ ɕiaŋ⁴¹
我　　咋　　不　　想

Зэ　Берлинди　чонзыни
tsai¹³ piɛɚ¹³liŋ¹³ti¹³ tʂ'aŋ⁴¹tsʅ¹³ni²¹
在　　柏林的　　　　场子呢

　　Вә　е　лонгуә,
　　və⁴¹ iɛ⁴⁴ laŋ⁴⁴kuə³¹
　　我　也　浪散步过

Кәсы　та　　мә　　Йинпанди
k'ə⁴¹sʅ⁴⁴ t'a⁴¹ mə¹³ iŋ¹³p'an⁴¹ti¹³
可是　　它　　没　　营盘的

　　Цочон　　ванзуә.
　　ts'ɔ⁴¹tʂ'aŋ⁴¹ van⁴¹tsuə¹³
　　草场　　　软作软和

Вә　зэ　　Римди　　хуайүанни
və⁴¹ tsai¹³ li¹³m⁴¹ti¹³ xua¹³yan¹³ni²¹
我　在　　罗马的　　花园呢

　　Тингуә　　щёнчин,
　　t'iəŋ¹³kuə¹³ ɕiaŋ⁴¹t'ɕiŋ²¹
　　听过　　　响器

Кәсы　лэгуарди　шынчи
k'ə⁴¹sʅ⁴⁴ lai⁴⁴kuæɚ¹³ti¹³ ʂəŋ¹³tɕ'i¹³
可是　癞瓜儿青蛙的　声气

　　Мә　　ли　　эрфын.
　　mə¹³ li¹³ aiɚ⁴¹fəŋ²¹
　　没　　离　　耳缝

Фәсы　Париж　щён-ю　цуан,
fə¹³sʅ⁴⁴ pa⁴¹li²¹ ɕiaŋ¹³iou¹³ ts'uan³¹
说是　　巴黎　　香油香水儿　窜(香气)扑鼻

395

Вә	е	сагуә,
vә⁴¹	iɛ⁴⁴	sa⁴¹kuә²¹
我	也	洒过

Кәсы	сыжи	вә	вынди
kʻә⁴¹sʅ⁴⁴	sʅ⁴⁴tɕi⁴⁴	vә⁴¹	vәŋ¹³ti¹³
可是	四季	我	闻的

Зыни	видо.
tsʅ¹³ni¹³	vi⁴⁴tɔ²¹
淬泥 水底黏泥	味道

Да	шыҗешон	дифон	дуә:
ta⁴⁴	sʅ⁴⁴tɕiɛ⁴⁴ʂaŋ³¹	ti⁴⁴faŋ¹³	tuә¹³
大	世界上	地方	多

Шонхэ,	Лондон…
ʂaŋ⁴⁴xai⁴¹	laŋ¹³taŋ¹³
上海	伦敦

Кәсы	натар	ду	мәю
kʻә⁴¹sʅ⁴⁴	na⁴¹tʻæә¹³	tou¹³	mә¹³iou⁴¹
可是	哪塔儿	都	没有

Йинпан	щёнҗуон.
iŋ¹³pʻan⁴¹	ɕiaŋ¹³tʂuaŋ⁴¹
营盘	乡庄

Вә	зэ	Йинпан	сын-ёнли,
vә⁴¹	tsai¹³	iŋ¹³pʻan⁴¹	sәŋ¹³iaŋ⁴¹li²¹
我	在	营盘	生养哩

Йинпанни	жон.
iŋ¹³pʻan⁴¹ni²¹	tʂaŋ⁴¹
营盘呢	长

Зэ	Йинпанни	вә	полн,
tsai¹³	iŋ¹³pʻan⁴¹ni²¹	vә⁴¹	pʻɔ⁴¹li²¹
在	营盘呢	我	跑哩

Лян	фын	йиён.
lian¹³	fәŋ¹³	i¹³iaŋ⁴⁴
连	风	一样

Йинпанниди　　йиче　　　　тан,
iŋ¹³p'an⁴¹ni²¹ti¹³　i¹³tɕ'iɛ⁴¹　　　t'an¹³
营盘呢的　　　一切　　　　　滩

　　　　　　Йиче　　цошон,
　　　　　i¹³tɕ'iɛ⁴¹　tsʻɔ⁴¹ʂaŋ³¹
　　　　　　一切　　　草上

Ду　　ю　　вәди　　жүә　　зунни.
tou¹³　iou⁴¹　vә⁴¹ti¹³　tɕyә¹³　tsuəŋ⁴¹ni²¹
都　　有　　我的　　脚　　　踪呢

　　　　Вә　　за　　бу　　щён?
　　　　vә⁴¹　tsa⁴¹　pu¹³　ɕiaŋ⁴¹
　　　　我　　咋　　不　　想

二、ЛОН ДЭ ЁНГОР
laŋ¹³　tai¹³　iaŋ¹³kəә⁴¹
狼　　带和　羊羔儿

(俄国克雷洛夫的著名寓言故事, 俄文原著, 雅•十娃子东干文翻译)

Сунди　　фанчон　　ю　　цуәни
suəŋ¹³ti¹³　fan⁴⁴tʂ'aŋ¹³　iou⁴¹　tsʻuə¹³ni²¹
俗软弱的　凡常经常　　有　　错呢

　　　　Вәди　　мянчян.
　　　　vә⁴¹ti²¹　mian⁴⁴tɕ'ian²¹
　　　　我的　　面前

Жыгә　　сычин　　лисышон
tʂʅ⁴⁴kә⁴⁴　sʅ⁴⁴tɕ'iŋ⁴¹　li¹³sʅ⁴¹ʂaŋ¹³
这个　　事情　　历史上

　　　　　Е　　　кын　　пынжян.
　　　　　iɛ⁴⁴　k'әŋ⁴¹　pʻәŋ⁴⁴tɕian⁴¹
　　　　　也　　肯经常　碰见

Кәсы　　вә　　мә　　ще　лисы,
k'ә⁴¹sʅ⁴⁴　vә⁴¹　mә¹³　ɕiɛ⁴¹　li¹³sʅ⁴¹
可是　　我　　没　　写　历史

397

　　　　　　　Зуэди　　　сывын.
　　　　　　　tsuə⁴⁴ti¹³　sʅ¹³vəŋ¹³
　　　　　　　作的　　　诗文

Гўжер　　　литу　　　фэди　　шын,
ku⁴¹tɕiɛɚ¹³　li⁴¹t'ou¹³　fə¹³ti¹³　ʂəŋ¹³
古今儿故事　里头　　　说的　　深

　　　　　　Ду　　　тинзэ　　　щин.
　　　　　　tou¹³　　t'iŋ¹³tsai⁴⁴　ɕiəŋ¹³
　　　　　　都　　　听在　　　　心

—Чин　　ни　　　фоншэ!
tɕ'iŋ⁴¹　ni⁴¹　　faŋ¹³sə⁴¹
请　　　你　　　防设

Конли　　ёнгор.　　Жын　　шонву
k'aŋ¹³li²¹　iaŋ¹³kəɚ⁴¹　tʂəŋ⁴⁴　ʂaŋ⁴¹vu¹³
渴哩　　　羊羔儿　　正　　　晌午

　　　　　До　　хэяншон
　　　　　tɔ⁴⁴　xə¹³ian¹³ʂaŋ³¹
　　　　　到　　河沿上

Та　　хэтуэли　　ба　　чин　фи,
t'a⁴¹　xə¹³t'uə¹³li²¹　pa¹³　tɕ'iŋ¹³　fi⁴¹
它　　喝脱哩　　　把　　清　　水

　　　　Лян　　бин　　йиён.
　　　　lian¹³　piŋ¹³　i¹³iaŋ⁴⁴
　　　　连　　　冰　　　一样

Кэсы　　бэля　　долэли:
k'ə⁴¹sʅ⁴⁴/¹³　pai¹³lia¹³　tɔ⁴⁴lai¹³li²¹
可是　　　拜俩灾祸　到来哩

　　　　Йигэ　　вэ　　лон
　　　　i¹³kə⁴⁴　və¹³　liaŋ¹³
　　　　一个　　恶　　狼

Ба　　та　　канжян　　гощинли,
pa¹³　t'a⁴¹　k'an⁴⁴tɕian⁴¹　kɔ¹³/²¹ɕiŋ⁴⁴li²¹
把　　它　　看见　　　　高兴哩

398

第五章 语　料

Зущён　чышон.
tsou¹³ɕiaŋ⁴¹ tʂ'ʅ¹³ʂaŋ³¹
就想　　吃上

Кэсы　　бу　　щён　　вон　хэ　мин,
k'ə⁴¹sʅ⁴⁴　pu¹³　ɕiaŋ⁴¹　vaŋ⁴¹ xai⁴¹ miŋ⁴¹
可是　　　不　　想　　枉　害　命

Ханщин　　йиён.
xan¹³ɕiŋ⁴⁴　i¹³iaŋ⁴⁴
韩信　　　一样

Ханли　йишын:—Ни　хунжон!
xan⁴¹li²¹　i¹³ʂəŋ⁴¹ni⁴¹　xuəŋ⁴⁴tʂaŋ⁴⁴
喊哩　　一声你　　　混账

　　　Ни　　зуй　　зон!
　　　ni⁴¹　tsuei⁴¹　tsaŋ¹³
　　　你　　嘴　　脏

Ба　вэди　фи　дун зонли,
pa¹³ və⁴¹ti¹³ fi⁴¹ tuəŋ⁴¹tsaŋ¹³li²¹
把　我的　水　撞　脏哩

　　Сазы,　зыни…
　　sa¹³tsʅ¹³　tsʅ¹³ni¹³
　　沙子　　滓泥

Ду　халэли.　Захэни.
tou¹³ xa⁴⁴lai¹³li²¹　tsa⁴¹xə¹³ni²¹
都　下来哩　　咋喝呢

　　Ба　жыгэ　фи?
　　pa¹³ tʂʅ⁴⁴kə⁴⁴ fi⁴¹
　　把　这个　水

Вэ　чү　туни,　ёнгор-а,
və⁴¹ tɕ'y¹³ t'ou¹³ni¹³ iaŋ¹³kəə⁴¹a²¹
我　屈　透呢　羊羔儿啊

　　Ни　зу　бэ　мон!
　　ni⁴¹ tsou¹³ pə¹³ maŋ¹³
　　你　就　甭　忙

399

—Лон   дажын,
laŋ¹³   ta⁴⁴zəŋ¹³
狼   大人

Вәди   дажын.   Дан   ю
və⁴¹ti¹³ ta⁴⁴zəŋ¹³   tan¹³   iou⁴¹
我的   大人   但   有

Кухуан,   вәди   Лон,
kʻou⁴¹xuan¹³   və⁴¹ti¹³   laŋ¹³
口缓允许   我的   狼

Чи   ни   бә   сын.
tɕʻi⁴⁴   ni⁴¹   pə¹³   seŋ¹³
气   你   嫑   生

Вә   зэ   йуанчўр,   хэдини,
və⁴¹   tsai⁴⁴   yan⁴¹tʂʻuə¹³   xə¹³ti¹³ni²¹
我   在   远处儿   喝的呢

Бу   жё   ни   жян,
pu¹³   tɕio⁴⁴   ni⁴¹   tɕian⁴¹
不   叫   你   见

Вә   е   мә   дун   чин   фиди,
və⁴¹   iɛ⁴⁴   mə¹³   tuəŋ⁴¹   tɕʻiŋ¹³   fi⁴¹ti¹³
我   也   没   撞   清   水的

Ни   бә   щянтан.
ni⁴¹   pə¹³   ɕian¹³tʻan⁴¹
你   嫑   嫌弹嫌弃

（本节采用当地书信的写作格式，揭示了弱者的善良品格。1.第一行的抬头"狼大人"书写位置居中；2.称谓语"狼"，都用大写。）

—Вә   чэхуонни-а,   ган   ни   фэ?
və⁴¹   tʂʻə⁴¹xuaŋ⁴¹ni²¹a¹¹   kan⁴¹   ni⁴¹   fə¹³
我   扯谎呢啊   赶   你   说

第五章 语　料

Ни　　мə　　лёнщин!
ni⁴¹　　mə¹³　　liaŋ¹³ɕiŋ⁴¹
你　　没　　良心

Мə　　кур　　мади!　　Ни　　мə　　лян!
mə¹³　　k'oɚ⁴¹　　ma¹³ti²¹　　ni⁴¹　　mə¹³　　lian⁴¹
没　　口儿　　妈的　　你　　没　　脸

Нисы　　чўсын!
ni⁴¹sʅ⁴⁴　　tʂ'u¹³səŋ⁴¹
你是　　畜生

Нянсы　　ни　　зу　　жён　　зуйли,
nian¹³sʅ⁴¹　　ni⁴¹　　tsou¹³　　tɕiaŋ⁴⁴　　tsuei⁴¹li²¹
年时去年　　你　　就　　犟　　嘴哩

Вə　　хан　　мə　　вон.
və⁴¹　　xan¹³　　mə¹³　　vaŋ⁴⁴
我　　还　　没　　忘

Җер　　ни　　хан　　даладини,
tɕiɛɚ¹³　　ni⁴¹　　xan¹³　　ta¹³la¹³ti²¹ni²¹
今儿　　你　　还　　答拉废话的呢

Багəр　　йиён.
pa¹³kəɚ¹³　　i¹³iaŋ⁴⁴
八鸽儿　　一样

—Вə　　хан　　мəю　　йи　　суйни,—
və⁴¹　　xan¹³　　mə¹³iou⁴¹　　i¹³　　suei⁴⁴ni²¹
我　　还　　没有　　一　　岁呢

Ёнгор　　җешон,
iaŋ¹³kəɚ⁴¹　　tɕiɛ¹³ʂaŋ³¹
羊羔　　接上

—Данпа　　нəсы　　ни　　да　　гə,
tan¹³p'a¹³　　nai¹³sʅ⁴⁴　　ni⁴¹　　ta⁴⁴　　kə⁴¹
但怕　　那是　　你　　大　　哥

Җəр　　ба　　зуй　　жён.
tʂəɚ⁴⁴　　pa¹³　　tsuei⁴¹　　tɕiaŋ⁴⁴
这儿　　把　　嘴　　犟

401

—Вә мә гәгә, —ён фәди.
və⁴¹ mə¹³ kə⁴¹kə¹³ iaŋ¹³ fə¹³ti¹³
我 没 哥哥 羊 说的

—Хаба ни шын,
xa¹³pa¹³ ni⁴¹ ʂəŋ⁴¹
哈巴可能 你 婶

Були зусы ни абый,
pu¹³li¹³ tsou⁴⁴sɿ⁴⁴ ni⁴¹ a¹³pei¹³
不哩 就是 你 阿伯

Ниди чинчин.
ni⁴¹ti¹³ tɕʻiŋ¹³tɕʻiŋ¹³
你的 亲戚

Ниму ду хэ вәдини.
ni⁴¹mu¹³ tou¹³ xai⁴⁴ və⁴¹ti¹³ni²¹
你们 都 害 我的呢

Дусы жянзый!
tou¹³sɿ⁴⁴ tɕian¹³tsei¹³
都是 奸贼

Вә ё ниди минни,
və⁴¹ iɔ⁴⁴ ni⁴¹ti¹³ miəŋ⁴⁴ni²¹
我 要 你的 命呢

Вәсы ёлон.
və⁴¹sɿ⁴⁴ iɔ⁴¹laŋ¹³
我是 幺狼神话传说中的狼

—Наму вә ю са цуэни,
na⁴⁴mu¹³ və⁴¹ iou⁴¹ sa⁴⁴ tsʻuə¹³ni¹³
那么 我 有 啥 错呢

Ни фә, ёлон?
ni⁴¹ fə¹³ iɔ⁴¹laŋ¹³
你 说 幺狼

—Зэ бә дала —Лон ханди,
tsai⁴⁴ pə¹³ ta¹³la¹³ laŋ¹³ xan⁴¹ti¹³
再 叟 答拉废话 狼 喊的

402

Лян   гу   йиён,
lian¹³   kou⁴¹   i¹³iaŋ⁴⁴
连   狗   一样

—Җер   вә   ги   ни   бочуни,
tɕiə¹³   və⁴¹   ki¹³   ni⁴¹   pɔ⁴⁴tʂ'ou¹³ni²¹
今儿   我   给   你   报仇呢

Ни   бә   жён   эуй!
ni⁴¹   pə¹³   tɕiaŋ⁴⁴ tsuei⁴¹
你   㞞   犟   嘴

Ниди   цуәсы   вә   щён   чы
ni⁴¹ti¹³ ts'uə¹³sʅ⁴⁴ və⁴¹   ɕiaŋ⁴¹   tʂ'ʅ¹³
你的   错是   我   想   吃

Ёигор   жу   жуон.
iaŋ¹³kɔə⁴¹   zou⁴⁴   tʂuaŋ⁴⁴
羊羔儿   肉   壮肥,香

—Фәли,   чешон   зудёли,
fə¹³li¹³ tɕ'iɛ¹³ʂaŋ⁴⁴ tsou⁴¹tiɔ⁴⁴li²¹
说哩   挈扛上   走掉哩

Ёигор   нежон.
iaŋ¹³kɔə⁴¹   niɛ¹³tʂaŋ¹³
羊羔儿   孽障可怜

三、ЖЫНДИ МИНЙУН

zəŋ¹³ti¹³   miəŋ⁴⁴yŋ⁴⁴
人的   命运

(苏联著名作家肖洛霍夫的俄文小说《Судьба челавека》，东干族作家
雅·哈瓦佐夫东干文翻译。我们对译文做了节选、连缀、汉字转写)

Ниму   җянгуә   жымужяди   нянжин   мәю:
ni⁴¹mu¹³ tɕian⁴⁴kuə³¹ tʂʅ⁴⁴mu¹³tɕia¹³ti¹³ nian⁴¹tɕiŋ¹³ mə¹³iou⁴¹
你们   见过   这么价的   眼睛   没有

зулян	ба	хуэй	сашонди	йиён,	нянгэлони
tsou⁴⁴lian¹³	pa¹³	xuai¹³	sa⁴¹ʂaŋ⁴⁴ti¹³	i¹³iaŋ⁴⁴	nian⁴¹kə¹³lɔ¹³ni¹³
就连	把	灰	撒上的	一样	眼旮旯呢

дусы	юцу?	Зэ	вэ	гынчян	зуэли,
tou¹³sʅ⁴⁴	iou¹³tsʻou¹³	tsai⁴⁴	və⁴¹	kən¹³tɕʻian⁴¹	tsuə⁴⁴li²¹
都是	忧愁	在	我	跟前	坐哩

лян	вэ	ламэди	жынди	нянжин	дондор
lian¹³	və⁴¹	la¹³mə¹³ti¹³	ʐəŋ¹³ti¹³	nian⁴¹tɕiŋ¹³	taŋ⁴¹tɤ¹³
连	我	拉磨聊天的	人的	眼睛	当当儿正好

зусы	нэмугэлэ
tsou⁴⁴sʅ⁴⁴	nai⁴⁴mu¹³kə¹³lai²¹
就是	那么个唻

Та	фэсы—
tʻa⁴¹	fə¹³sʅ⁴⁴
他	说是

Щянчян	вэди	гуонйин	лян	сучонди
ɕian¹³tɕʻian¹³	və⁴¹ti¹³	kuaŋ¹³iŋ⁴¹	lian¹³	su⁴⁴tsʻaŋ¹³ti¹³
先前	我的	光阴生活	连	素常的

йиёнлэ,	йичян	жюбый	эршы	эр	няншон
i¹³iaŋ⁴⁴lai²¹	i¹³tɕʻian⁴¹	tɕiou⁴¹pei¹³	aiə⁴⁴sʅ¹³	aiə⁴⁴	nian¹³ʂaŋ³¹
一样唻	一千	九百	二十	二	年上

золи	нянжинди	ни	жыдони,	ба	вэ
tsɔ¹³li¹³	nian¹³tɕiŋ⁴¹ti¹³	ni⁴¹	tʂʅ¹³tɔ¹³ni²¹	pa¹³	və⁴¹
遭哩	年馑的	你	知道呢	把	我

第五章 语 料

да	лян	вә	ма	дэ	суй
ta¹³	lian¹³	və⁴¹	ma¹³	tai⁴⁴	suei⁴⁴
达父亲	连	我	妈	带和	碎小

мыймый	ду	вәсыли.	Шынли	вә	йигәр.
mei⁴⁴mei¹³	tou¹³	və⁴⁴sʅ⁴¹li²¹	ʂəŋ⁴⁴li¹³	və⁴¹	i¹³kəə³¹
妹妹	都	饿死哩	剩哩	我	一个儿

Гуәли	бу	дуәди	жызы	банлигә	жа.
kuə⁴⁴li¹³	pu¹³	tuə¹³ti¹³	zʅ¹³tsʅ⁴¹	pan⁴⁴li¹³kə⁴⁴	tɕia¹³
过哩	不	多的	日子	办哩个	家

Вәди	пәесы	етим	хонни	тёёнхади.	Ю
və⁴¹ti¹³	p'ə¹³iɛ⁴¹sʅ⁴⁴	iɛ¹³t'i¹³mu⁴¹	xaŋ¹³ni²¹	t'iɔ¹³iaŋ⁴¹xa⁴⁴ti²¹	iou⁴⁴
我的	婆姨是	耶提姆	行孤儿院呢	调养下的	又

гуэфон,	ю	хуанлуә,	ба	гуонйинди	суан,
kuai¹³faŋ¹³	iou⁴⁴	xuan¹³luə¹³	pa¹³	kuaŋ¹³iŋ⁴¹ti¹³	suan¹³
乖爽	又	欢乐	把	光阴的	酸

тян,	кў,	ла,	да	суйсур	та
t'ian¹³	k'u⁴¹	la¹³	ta¹³	suei⁴⁴suiə⁴¹	t'a⁴¹
甜	苦	辣	打	碎碎儿小小	她

зу	жыдони,	зу	ви	жыгә,	данпа
tsou⁴⁴	tsʅ¹³tɔ¹³ni²¹	tsou⁴⁴	vi¹³	tsʅ⁴⁴kə³¹	tan¹³pa⁴⁴
就	知道呢	就	为	这个	但怕

тади	пичи	ходихын.	Жыму	дан	канчи,
t'a⁴¹ti²¹	p'i¹³tɕ'i¹³	xɔ⁴¹ti¹³xəŋ	tsʅ⁴⁴mu¹³	tan¹³	k'an⁴⁴tɕ'i⁴¹
她的	脾气	好的很	这么	但	看起

405

та	е	бусыгэ	җижүн	жын.	Кэсы
t'a⁴¹	iɛ⁴⁴	pu¹³sʅ⁴⁴kə⁴⁴	tɕi¹³tɕyŋ⁴⁴	zəŋ¹³	k'ə¹³sʅ¹³
她	也	不是个	机俊	人	可是

нэхур	вэ	ба	та	мэ	чо
nai⁴⁴xoɚ¹³	və⁴¹	pa¹³	t'a⁴¹	mə¹³	tʂɔ¹³
那候儿	我	把	她	没	朝

нэму	кан,	гуон	да	йинмянзы	канли.
nai⁴⁴mu¹³	k'an³¹	kuaŋ¹³	ta¹³	iŋ¹³mian⁴⁴tsʅ	k'an⁴⁴li²¹
那么	看	光	打	迎面子 正面	看哩

До	вэшон	би	та	жүнди,	би
tɔ⁴⁴	və⁴¹ʂaŋ³¹	pi⁴¹	t'a⁴¹	tɕyŋ¹³ti¹³	pi⁴¹
到	我上	比	她	俊的	比

та	чинди	жын	зэ	мэюди,	шыҗешон
t'a⁴¹	tɕ'iŋ¹³ti¹³	zəŋ¹³	tsai⁴⁴	mə¹³iou⁴¹ti²¹	ʂʅ⁴⁴tɕiɛ⁴⁴ʂaŋ³¹
她	亲的	人	再	没有的	世界上

зэ	мэю	лян	та	йиёнди	жын,
tsai⁴⁴	mə¹³iou⁴¹	lian⁵³	t'a⁴¹	i¹³iaŋ⁴⁴ti²¹	zəŋ¹³
再	没有	连	她	一样的	人

е	бу	нын	ю.
iɛ⁴⁴	pu¹³	nəŋ¹³	iou⁴¹
也	不	能	有

Линху	вэму	юли	вавали.	Тушурсы	эрзы,
liŋ¹³xou⁴⁴	və⁴¹mu¹³	iou⁴¹li²¹	va⁴¹va⁴¹li²¹	t'ou¹³ʂoɚ⁴¹sʅ¹³	aiɚ¹³tsʅ⁴¹
临后	我们	有哩	娃娃哩	头生儿是	儿子

406

第五章 语 料

гуэли	жи	нян,	кэ	ёнли	лёнгэ	нyр.
kuə⁴⁴li¹³	tɕi⁴¹	nian¹³	kʻə¹³	iaŋ⁴¹li¹³	liaŋ⁴¹kə²¹	nyə⁴¹
过哩	几	年	可又	养哩	两个	女儿

Шы	нян	литу	вэму	занлищер	чян,
ʂʅ¹³	nian¹³	li⁴¹tʻou¹³	və⁴¹mu⁴¹	tsan⁴¹li²¹ɕiɛɚ¹³	tɕʻian¹³
十	年	里头	我们	攒哩些儿	钱

да	жонди	зычян	гэли	йичў	дифон:
ta⁴¹	tʂaŋ⁴⁴ti¹³	tsʅ¹³tɕʻian¹³	kai⁴¹li¹³	i¹³tʂʻu⁴⁴	ti⁴⁴faŋ¹³
打	仗的	之前	盖哩	一处	地方

лёнжян	фонзы	лян	цонфон.	Ирина	мэли
liaŋ⁴¹tɕian¹³	faŋ¹³tsʅ⁴¹	lian¹³	tsʻaŋ¹³faŋ¹³	i¹³li¹³na³¹	mai⁴¹li¹³
两间	房子	连	仓房	伊丽娜	买哩

лёнгэ	жүлү.	хан	ё	сани?	Ваму
liaŋ⁴¹kə⁴⁴	tɕy¹³ly¹³	xan¹³	io⁴⁴	sa⁴⁴ni¹³	va¹³mu⁴¹
两个	羺羖	还	要	啥呢	娃们

хэди	нэзы	е	юни,	дифон	е	юни,
xə¹³ti¹³	nai⁴¹tsʅ¹³	iɛ⁴⁴	iou⁴¹ni²¹	ti⁴⁴faŋ¹³	iɛ⁴⁴	iou⁴¹ni²¹
喝的	奶子	也	有呢	地方院落	也	有呢

чуан	хўлундини—	са	ду	зэ	жэрнини.
tʂʻuan¹³	xu¹³luəŋ⁴¹ti²¹ni²¹	sa⁴⁴	tou¹³	tsai⁴⁴	tʂəə⁴⁴ni²¹ni²¹
穿	囫囵的呢	啥	都	在	这儿呢里呢

Җысыма,	жон	е	датуэли.	Ди	эртян
tʂʅ⁴⁴sʅ⁴⁴ma²¹	tʂaŋ⁴⁴	iɛ⁴⁴	ta⁴¹tʻuə¹³li²¹	ti⁴⁴	aiə⁴⁴tʻian²¹
这是么	仗	也	打脱哩	第	二天

407

военкомат ги вә ба повестка е
vɔ¹³iɛn²¹k'ɔ²¹ma⁴¹t' ki⁴¹ vә⁴¹ pa¹³ pɔ²¹ve¹³sʅt'k'a³¹ iɛ⁴⁴
沃延科马特兵役委员会 给 我 把 波韦斯特卡通知书 也

фадилэли, ди сантян вә кәжя чилишынли.
fa¹³ti¹³lai¹³li²¹ ti⁴⁴ san¹t'ian¹³ vә⁴¹ k'ә¹³tɕia¹³ tɕ'i⁴¹li²¹ʂәŋ¹³li²¹
发的来哩 第 三天 我 可价 起哩身哩

Сыгә чин жын ду сун вәлэли.
sʅ⁴⁴kә⁴⁴ tɕ'iŋ¹³ zәŋ¹³ tou¹³ suәŋ⁴⁴ vә⁴¹lai¹³li²¹
四个 亲 人 都 送 我来哩

Кәсы вәди Ирина... Лян та жули шычи нян,
k'ә⁴¹sʅ⁴⁴ vә⁴¹ti¹³ i¹³li¹³na³¹ lian¹³ t'a⁴¹ tʂu⁴⁴li²¹ ʂʅ¹³tɕ'i¹³ nian¹³
可是 我的 伊丽娜 连 她 住哩 十七 年

вә хан мә жянгу лян жер йиёнди.
vә⁴¹ xan¹³ mә¹³ tɕian⁴⁴kuә³¹ lian¹³ tɕiɛ³¹ i¹³iaŋ⁴⁴ti²¹
我 还 没 见过 连 今儿 一样的

Йиванщи жё тади нянлуй ба вәди санзы
i¹³van⁴¹ɕi¹³ tɕiɔ⁴⁴ t'a⁴¹ti¹³ nian⁴¹luei¹³ pa¹³ vә⁴¹ti²¹ san¹³tsʅ¹³
一晚夕 叫 她的 眼泪 把 我的 衫子

ду по шытули, ганзо челэ хан кўдини.
tou¹³ p'ɔ⁴⁴ ʂʅ¹³t'ou⁴⁴li²¹ kan¹³tsɔ⁴⁴ tɕ'iɛ¹³lai¹³ xan¹³ k'u¹³ti²¹ni¹³
都 泡 湿透哩 赶早早上 起来 还 哭的呢

Нянжин бынди, зущён шодёли. Жүнгуан
nian⁴¹tɕiŋ¹³ pәŋ¹³ti¹³ tsou⁴⁴ɕiaŋ⁴⁴ ʂɔ¹³tiɔ⁴⁴li²¹ tɕyŋ¹³kuan⁴¹
眼睛 绷大睁地的 就像 傻掉哩 军官

408

фынфуди,	жё	шон	чэни,	та	жандо	вэди
fəŋ¹³fu¹³ti⁴¹	tɕiɔ⁴⁴	ʂaŋ⁴⁴	tʂ'ə¹³ni¹³	t'a⁴¹	tʂan¹³tɔ⁴⁴	və⁴¹ti²¹
吩咐的	叫	上	车呢	她	粘到	我的

шыншон	ба	бэзы	лучў,	жанди	зулян
ʂəŋ¹³ʂaŋ⁴⁴	pa¹³	pə¹³tsʅ⁴¹	lou⁴¹tʂ'u³¹	tʂan¹³ti²¹	tsou⁴⁴lian¹³
身上	把	脖子	搂住	粘的	就连

кан	доди	фу	йиён…	Вэди	чи	е
k'an⁴¹	tɔ⁴¹ti¹³	fu⁴⁴	i¹³iaŋ⁴⁴	və⁴¹ti¹³	tɕ'i⁴⁴	iɛ⁴⁴
砍	倒的	树	一样	我的	气	也

шонлэли.	Ба	тади	шу	сыдё,	манмар
ʂaŋ⁴⁴lai¹³li⁴¹	pa¹³	t'a⁴¹ti²¹	ʂou⁴¹	sʅ¹³tiɔ⁴⁴	man⁴⁴mæɚ⁴¹
上来哩	把	她的	手	撕掉	慢慢儿

да	жязышон	сонли	йиба.	Вэ	жуэмуди
ta¹³	tɕia¹³tsʅ¹³ʂaŋ⁴⁴	ʂaŋ⁴¹li¹³	i¹³pa⁴¹	və⁴¹	tɕyə¹³mu¹³ti¹³
打	胛子肩膀上	揉哩	一把	我	觉摸的

зущён	манмар	сонлиха,	кэсы	вэди	нэгэ
tsou⁴⁴ɕiaŋ⁴⁴	man⁴⁴mæɚ⁴¹	ʂaŋ⁴¹li²¹xa³¹	k'ə¹³sʅ	və⁴¹ti²¹	nai⁴⁴kə¹³
就像	慢慢儿	揉哩下	可是	我的	那个

шо	жин,	ханлёдыйни,	жё	та	вонху
ʂʅ¹³	tɕiŋ³¹	xan¹³liɔ¹³tei¹³ni⁴¹	tɕiɔ⁴⁴	t'a⁴¹	vaŋ¹³xou⁴⁴
傻	劲	还了得呢	叫	她	往后

тунли	сан-сы	бу,	шу	чынди	кэ
t'uəŋ⁴⁴li²¹	san¹³sʅ⁴⁴	pu⁴⁵	ʂou⁴¹	tʂ'əŋ¹³ti²¹	k'ə¹³
退哩	三四	步	手	抻的	可

409

пуди вә лэли, та чүанли бущён зыжили...
p'u¹³ti¹³ və⁴¹ lai¹³li²¹ t'a⁴¹ tɕ'yan¹³li¹³ pu¹³ɕiaŋ⁴⁴ tsʅ⁴⁴tɕi¹³li¹³
扑的 我 来哩 她 全哩 不像 自己哩

Ба зутуәди хуәчә няншон, вә бадо
pa¹³ tsou⁴¹t'ua¹³ti¹³ xua⁴¹tʂ'ə¹³ nian⁴¹ʂaŋ³¹ və⁴¹ pa¹³tɔ⁴⁴
把 走脱的 火车 撺上 我 扒到

титэзышонли. Хуәчә манмар зудини: да таму
t'i¹³t'ai¹³tsʅ²¹ʂaŋ⁴⁴li²¹ xua⁴¹tʂ'ə¹³ man⁴⁴mæə⁴¹ tsou⁴¹ti²¹ni²¹ ta¹³ t'a⁴¹mu¹³
梯台子上哩 火车 慢慢儿 走的呢 打 她们

мянчян вонгуә гуәди сыхур, вә йиканса,
mian⁴⁴tɕ'ian²¹ vaŋ¹³kua⁴⁴ kua⁴¹ti¹³ ʂʅ⁴⁴xoə⁴¹ və⁴¹ i¹³k'an⁴⁴sa¹³
面前 往过 过的 时候儿 我 一看嶂

вәди лян етиму йиёнди ваму шули
və⁴¹ti²¹ lian¹³ iɛ¹³t'i¹³mu⁴¹ i¹³iaŋ⁴⁴ti²¹ va¹³mu⁴¹ ʂou⁴¹³li¹³
我的 连 耶提姆孤儿 一样的 娃们 守哩

йицуанцуар, ги вә жо шудини, таму
i¹³ts'uan¹³ts'uæə¹³ ki⁴¹ və⁴¹ ʂɔ⁴⁴ ʂou⁴¹ti²¹ni²¹ t'a⁴¹mu¹³
一攒攒儿聚成一簇 给 我 绕招 手的呢 她们

щён ги вә щёни, кәсы бу щён щёди,
ɕiaŋ⁴¹ ki⁴¹ və⁴¹ ɕiɔ⁴⁴ni²¹ k'ə⁴¹sʅ¹³ pu¹³ ɕiaŋ⁴¹ ɕiɔ⁴⁴ti²¹
想 给 我 笑呢 可是 不 想 笑的

Ирина ба шу дадо конзышон, зуйчүнзы
i¹³li¹³na³¹ pa¹³ ʂou⁴¹ ta¹³tɔ⁴⁴ k'aŋ¹³tsʅ¹³ʂaŋ³¹ tsuei⁴¹tʂ'uaŋ¹³tsʅ¹³
伊丽娜 把 手 搭到 腔子上 嘴唇子

410

第五章 语 料

лян	быйтў	йиён,	нянжин	бу	шан,
lian¹³	pei¹³t'u⁴¹	i¹³iaŋ⁴⁴	nian⁴¹tɕiŋ¹³	pu¹³	ʂan⁴¹
连	白土	一样	眼睛	不	睐

дуйчў	вə	вонди,	дыйдо	фə	садини,
tuei⁴⁴tʂ'u⁴⁴	və⁴¹	vaŋ⁴⁴ti²¹	tei¹³tɔ⁴⁴	fə¹³	sa⁴⁴ti²¹ni²¹
对住	我	望的	得道不知	说	啥的呢

зулян	йинди	да	фын	зуди	йиён,
tsou⁴⁴lian¹³	iəŋ¹³ti⁴¹	ta⁴⁴	fəŋ¹³	tsou⁴¹ti²¹	i¹³iaŋ⁴⁴
就连	迎的	大	风	走的	一样

та	зысы	вончян	шыкандини...	Тади	зу
t'a⁴¹	tsʅ¹³sʅ¹³	vaŋ¹³tɕ'ian¹³	ʂʅ¹³k'an⁴¹ti¹³ni²¹	t'a⁴¹ti¹³	tsou⁴⁴
她	只是	往前	试看的呢	她的	就

жыгə	ёншы	шындо	вəди	щиннили:	шу
tʂʅ⁴⁴kə⁴⁴	iaŋ⁴¹sʅ¹³	ʂəŋ¹³tɔ⁴⁴	və⁴¹ti¹³	ɕiəŋ¹³ni²¹li²¹	ʂou⁴¹
这个	样式	渗到	我的	心呢哩	手

зэ	конзышон	дадини,	зуйчўнзы	быйдини,	зын
tsai⁴⁴	k'aŋ¹³tsʅ¹³ʂaŋ⁴⁴	ta¹³ti²¹ni¹³	tsuei⁴¹tʂ'uəŋ¹³tsʅ¹³	pei¹³ti¹³ni¹³	tsəŋ¹³
在	腔子上	搭的呢	嘴唇子	白的呢	睁

дади	лёнгə	нянжин,	нянлуй...	Фанчон	фимы
ta⁴⁴ti²¹	liaŋ⁴¹kə⁴⁴	nian⁴¹tɕiŋ¹³	nian⁴¹luei¹³	fan¹³tʂ'aŋ¹³	fi¹³məŋ¹³
大的	两个	眼睛	眼泪	凡常	睡梦

дини	вə	мынжян	та	зусы	жымугə...
ti⁴⁴ni²¹	və⁴¹	məŋ⁴⁴tɕian⁴¹	t'a⁴¹	tsou⁴⁴sʅ⁴⁴	tʂʅ⁴⁴mu¹³kə¹³
地呢	我	梦见	她	就是	这么个

411

Виса нэхур вэ ба та сонли?
vi¹³sa⁴⁴ nai⁴⁴xoə¹³ və⁴¹ pa¹³ tʻa⁴¹ saŋ⁴¹li²¹
为啥 那候儿 我 把 她 揉哩

До вужин, дан щёнчелэ, щинни зущён
tɔ⁴⁴ vu¹³tɕiəŋ⁴¹ tan⁴⁴ ɕiaŋ⁴¹tɕʻiɛ¹³lai¹³ ɕiəŋ¹³ni¹³ tsou⁴⁴ɕiaŋ⁴⁴
到 如今 但 想起来 心呢 就像

җишы ба дозы жёни… Вэ зули жоншонли.
tɕi⁴¹ʂʅ¹³ pa⁴¹ tɔ¹³tsʅ¹³ tɕiɔ⁴¹ni¹³ və⁴¹ tsou⁴¹li²¹ tʂaŋ⁴⁴ʂaŋ⁴⁴li²¹
几十 把 刀子 搅呢 我 走哩 仗上哩

Йичян жюбый сышы эр нянди вуйуэни, жё
i¹³tɕʻian⁴¹ tɕiou⁴¹pei¹³ sʅ⁴⁴ʂʅ¹³ aiə⁴⁴ nian¹³ti¹³ vu⁴¹yə¹³ni²¹ tɕiɔ⁴⁴
一千 九百 四十 二 年的 五月呢 叫

дуйту ба вэ гуэ гуэчили.
tuei⁴⁴tʻou¹³ pa¹³ və⁴¹ kuə⁴¹ kuə⁴⁴tɕʻi⁴⁴li⁴¹
对头敌人 把 我 裹俘房 过去哩

Гуэ гуэчиди эр нян литу ба вэ
kuə⁴¹ kuə⁴⁴tɕʻi⁴⁴ti¹³ aiə⁴⁴ nian¹³ li⁴¹tʻou¹³ pa¹³ və⁴¹
裹 过去的 二 年 里头 把 我

вон натар мэ ёса. Нэ эр нян литу
vaŋ¹³ na⁴¹tʻæɚ¹³ mə¹³ iɔ¹³sa¹³ nai⁴⁴ aiə⁴⁴ nian¹³ li⁴¹tʻou¹³
往 哪塔儿 没 吆驱赶嗦 那 二 年 里头

вэ ба бонгэзы Германия ду җуанлигэ
və⁴¹ pa¹³ paŋ⁴⁴kə⁴⁴tsʅ¹³ kiɛə¹³man⁴¹nia¹³ tou¹³ tʂuan⁴⁴li¹³kə¹³
我 把 半个子 盖尔满尼亚德国 都 转哩个

第五章 语 料

гуәr:	зэ	Саксонияди	силикат	гунчонни	е
kuəə⁴¹	tsai⁴⁴	sa¹³k'saŋ⁴¹nia¹³ti¹³	si¹³li¹³k'a⁴¹t'	kuəŋ¹³tʂ'aŋ⁴¹ni²¹	iɛ⁴⁴
过儿	在	萨克森尼亚的	西里卡特	工厂呢	也

зўгуәхуә,	зэ	Рурди	мыйёни	е	вагуә
tsu⁴⁴kuə⁴⁴xuə¹³	tsai⁴⁴	luə¹³ti²¹	mei¹³iɔ¹³ni²¹	iɛ⁴⁴	va¹³kuə⁴⁴
做过活	在	鲁尔的	煤窑呢	也	挖过

мыйтан,	зэ	Бавалия	хуә	зўди	ё	ду	хуэдёли...
mei¹³t'an¹³	tsai⁴⁴	pa¹³fa¹³lia⁴¹	xuə¹³	tsu⁴⁴ti¹³	iɔ¹³	tou¹³	xuai⁴⁴tiɔ⁴⁴li²¹
煤炭	在	巴伐利亚	活	做的	腰	都	坏掉哩

Люйүә	эршы	жюди	ганзо,	вә	потуәли...
liou¹³yə⁴¹	aiə⁴⁴ʂʅ¹³	tɕiou⁴¹ti¹³	kan¹³tsɔ¹³	və⁴¹	p'ɔ⁴¹t'uə⁴¹li²¹
六月	二十	九的	赶早	我	跑脱哩

Йигә	нянчин	щёхуәр,	ба	вә	лин	шон	зу
i¹³kə⁴⁴	nian¹³tɕ'iŋ¹³	ɕiɔ⁴¹/¹³xuəə⁴¹	pa¹³	və⁴¹	liŋ⁴¹	ʂaŋ⁴¹	tsou⁴¹
一个	年轻	小伙儿	把	我	领	上	走

заму	жүнгуан	гынчянли.	Вә	кәжя	чыбо,
tsa¹³mu⁴¹	tɕyŋ¹³kuan⁴¹	kəŋ¹³tɕ'ian⁴¹li²¹	və⁴¹	k'ə⁴¹tɕia¹³	tʂ'ʅ¹³pɔ¹³
咱们	军官	跟前哩	我	可价	吃饱

тонзыни	щили,	ба	вә	вынли,	ба	жүнйи
t'aŋ¹³tsʅ⁴¹ni²¹	ɕi⁴¹li²¹	pa¹³	və⁴¹	vəŋ⁴⁴li¹³	pa¹³	tɕyŋ¹³i¹³
堂子呢	洗哩	把	我	问哩	把	军衣

е	гуангили.
iɛ⁴⁴	kuan¹³ki⁴¹li²¹
也	关发放给哩

413

Вə	ги	вəди	Ирина	щели	йифу	щин.
və⁴¹	ki⁴¹	və⁴¹ti²¹	i¹³li¹³na³¹	ɕiɛ⁴¹li²¹	i¹³fu¹³	ɕiŋ³¹
我	给	我的	伊丽娜	写哩	一封	信

Ди	сан	чишон	да	Воронеж	жели	йифу	щин.
ti⁴⁴	san¹³	tɕʻi¹³ʂaŋ⁴⁴	ta¹³	vɔ¹³laŋ¹³niɛ¹³ʐʅ	tɕiɛ⁴¹li²¹	i¹³fu¹³	ɕiəŋ³¹
第	三	期上	打	沃罗涅日	接哩	一封	信

Кə	бусы	Ирина,	вəди	линжу	щехади.
kʻə⁴¹	pu¹³sʅ⁴⁴	i¹³li¹³na³¹	və⁴¹ti²¹	liəŋ¹³tɕy⁴¹	ɕiɛ⁴¹xa⁴⁴ti²¹
可	不是	伊丽娜	我的	邻居	写下的

Җё	хўда	фужочи,	жымужяди	фузы	жё
tɕiɔ⁴⁴	xu¹³ta¹³	fu¹³ʐɔ¹³tɕʻi¹³	tʂʅ⁴⁴mu¹³tɕia¹³ti¹³	fu¹³tsʅ¹³	tɕiɔ⁴⁴
叫	胡达 上帝	恕饶去	这么价的	书子 信	叫

сый	ду	бə	жели.	щиншон	щеди	фəсы,
sei¹³	tou¹³	pə¹³	tɕiɛ⁴¹li²¹	ɕiəŋ¹³ʂaŋ⁴⁴	ɕiɛ⁴¹ti²¹	fə¹³sʅ³¹
谁	都	要	接哩	信上	写的	说是

сышы	эр	нянди	люйүəни	фащистди	бин
sʅ⁴⁴sʅ¹³	aiə⁴⁴	nian¹³ti¹³	liou¹³yə⁴¹ni²¹	fa¹³ɕi¹³sʅ⁴⁴tʻ²¹ti¹³	piəŋ¹³
四十	二	年的	六月呢	法希斯特的	兵

вон	щюгэ	фынчуанди	гунчонни	лё	заданди
vaŋ¹³	ɕiou¹³kai¹³	fəŋ¹³tʂʻuan¹³ti²¹	kuaŋ¹³tʂʻaŋ¹³ni²¹	liɔ⁴⁴	tsa⁴⁴tan³¹ti¹³
往	修盖 制造	风船 飞机的	工厂呢	撂	炸弹的

сыхур,	йигэ	жун	задан	дуандуанди	дедо
sʅ¹³xoə⁴¹	i¹³kə⁴⁴	tʂuəŋ⁴⁴	tsa⁴⁴tan³¹	tuan¹³tuan¹³ti²¹	tiɛ¹³tɔ⁴⁴
时候儿	一个	重	炸弹	端端的	跌到

вәди	дифоншонли.	Зу	нэгэ	сыхур	вәди	Ирина
və⁴¹ti¹³	ti⁴⁴faŋ¹³ṣaŋ⁴⁴li²¹	tsou⁴⁴	nai⁴⁴kə¹³	sʅ¹³xoɚ⁴¹	və⁴¹ti¹³	i¹³li¹³na³¹
我的	地方院落上哩	就	那个	时候儿	我的	伊丽娜

лян	лёнгэ	нүр	зэ	фоннилэ…	Хан	щеди
lian¹³	liaŋ⁴¹kə¹³	nyɚ⁴¹	tsai⁴⁴	faŋ¹³ni⁴¹lai²¹	xan¹³	ɕiɛ⁴¹ti¹³
连	两个	女儿	在	房呢哝	还	写的

фэсы,	ба	тамуди	йинщён	сый	ду	мэ	жян,
fə¹³sʅ³¹	pa¹³	tʻa⁴¹mu¹³ti¹³	iəŋ¹³ɕiaŋ¹³	sei¹³	tou¹³	mə¹³	tɕian³¹
说是	把	她们的	影像	谁	都	没	见

дифонди	вифыншон	йигэ	шын	кын…	лё
ti⁴⁴faŋ¹³ti¹³	vi⁴⁴fəŋ¹³ṣaŋ¹³	i¹³kə⁴⁴	ṣəŋ¹³	kʻəŋ¹³	lio⁴⁴
地方院落的	位份位置上	一个	深	坑	撂

задянди	сыхур	вэди	эрзы	Анатолий	мэ
tsa⁴⁴tan³¹ti¹³	sʅ¹³xoɚ⁴¹	və⁴¹ti¹³	aiɚ⁴¹tsʅ⁴¹	a²¹naʻtʻɔ⁴¹li²¹	mə¹³
炸弹的	时候儿	我的	儿子	阿纳陶利	没

зэ	жяни.	Та	хуэйлэ,	дуйчў	кын	вонли
tsai⁴⁴	tɕia¹³ni²¹	tʻa⁴¹	xuai¹³lai³¹	tui⁴⁴tʂʻu⁴⁴	kʻəŋ¹³	vaŋ⁴⁴li¹³
在	家呢	他	回来	对住	坑	望哩

йижынзы,	хили	кэ	зули	чыншонли.	Ги
i¹³tʂəŋ⁴⁴tsʅ²¹	xi¹³li¹³	kʻə¹³	tsou⁴¹li¹³	tʂʻəŋ¹³ṣaŋ⁴⁴li²¹	ki⁴¹
一阵子	黑里晚上	可又	走哩	城上哩	给

линжү	фэсы,	та	зыщинди	дон	бинчини,
liəŋ¹³tɕy⁴¹	fə¹³sʅ³¹	tʻa⁴¹	tsʅ¹³ɕiŋ³¹ti¹³	taŋ¹³	piəŋ¹³tɕʻi⁴⁴ni²¹
邻居	说是	他	自行的	当	兵去呢

зу　　　　жоншон　　　　чини.
tsou⁴¹　　tṣaŋ⁴⁴ṣaŋ⁴⁴　　tɕʻi⁴⁴ni²¹
走　　　　仗上　　　　　去呢

Вә　　ба　　лян　　　Ирина　　　зэ　　　хуэчэзаншон
vә⁴¹　pa¹³　lian¹³　i¹³li¹³na³¹　tsai⁴⁴　xuə⁴¹tʂʻə¹³tsan⁴⁴ṣaŋ³¹
我　　把　　连　　　伊丽娜　　　在　　　火车站上

замужя　　　　　либелиди　　　　щёнчелэли.　　　Зунсы,
tsa⁴¹mu¹³tɕia¹³　li¹³piɛ¹³li¹³ti²¹　ɕiaŋ⁴¹tɕʻiɛ⁴¹lai¹³li²¹　tsuəŋ⁴¹sʅ¹³
咋么价　　　　离别哩的　　　　想起来哩　　　　总是 可能是

тади　　нүжын　　щин　　зу　　　нэхур　　ба　　жыгә
tʻa⁴¹ti¹³　ny⁴¹ʐəŋ¹³　ɕiəŋ¹³　tsou⁴⁴　nai⁴⁴xoə¹³　pa¹³　tʂʅ⁴⁴kә⁴⁴
她的　　女人　　　心　　　就　　　那候儿　　把　　这个

дунянshoн　　　лян　　вә　　зэ　　　бу　　нын　　жян
tuəŋ⁴¹ian¹³ṣaŋ⁴⁴　lian¹³　vә⁴¹　tsai⁴⁴　pu¹³　nəŋ¹³　tɕian⁴⁴
东沿 阳间上　　连　　我　　再　　　不　　能　　见

мянди　　зу　　　жүэлэдилэ.　　　Хын,　　вә　　есы　　вә,
mian⁴⁴ti²¹　tsou⁴⁴　tɕyə¹³lai¹³lai¹³lai²¹　xəŋ⁴¹　vә⁴¹　iɛ⁴⁴sʅ⁴⁴　vә⁴¹
面的　　　就　　　觉来的咪　　　　哼　　　我　　也是　　我

виса　　вә　　ба　　та　　нэхур　　щянлийиба...
vi¹³sa⁴⁴　vә⁴¹　pa¹³　tʻa¹³　nai⁴⁴xoə¹³　ɕian¹³li¹³iʻ²¹pa⁴¹
为啥　　我　　把　　她　　那候儿　　掀哩一把

Цунчян　　вә　　ю　　　жящя,　　жысыма,　　нянжин
tsʻuəŋ¹³tɕʻian¹³　vә⁴¹　iou⁴¹　tɕia¹³ɕia³¹　tʂʅ⁴⁴sʅ⁴⁴ma²¹　nian⁴¹tɕiŋ¹³
从前　　　　我　　有　　家下　　　这是么　　　眼睛

第五章 语 料

йишан	ду	муюли,	шынха	вə	йигəли.
i^{13}ʂan^{41}	tou^{13}	mu^{13}iou^{41}li^{21}	ʂəŋ^{44}xa^{44}	və^{41}	i^{13}kə^{44}li^{21}
一眈	都	没有哩	剩下	我	一个哩

Вə	кын	сылён,	вə	йиди	хуэчини,
və^{41}	k'əŋ^{41}	sʅ^{13}liaŋ^{13}	və^{41}	i^{13}tiŋ^{13}	xuai^{13}tɕ'i^{31}ni^{21}
我	肯	思量	我	一定	回去呢

чиннэди	бə	цу,	заму	йиче	хан
tɕ'iŋ^{13}nai^{44}ti^{21}	pə^{13}	ts'ou^{13}	tsa^{13}mu^{41}	i^{13}tɕ'iɛ^{41}	xan^{13}
亲爱的	嫑	愁	咱们	一切	还

до	йиданини…	Җы	эр	нян	литу	вə
tɔ^{44}	i^{13}ta^{13}ni^{41}ni^{21}	tʂʅ^{44}	aiɚ^{44}	nian^{13}	li^{41}t'ou^{13}	və^{41}
到	一搭呢呢	这	二	年	里头	我

цэ	лян	вонжынму	лали	мəлиму.
ts'ai^{13}	lian^{13}	vaŋ^{13}ʐəŋ^{41}mu^{13}	la^{44}li^{21}	mə^{13}li^{13}mu^{21}
才原来	连和	亡人们	拉哩	磨聊天哩么

Линху	вə	бущин	зудо	цунчянди	чинжя
liŋ^{13}xou^{44}	və^{41}	pu^{44}ɕiəŋ^{13}	tsou^{41}tɔ^{44}	ts'uəŋ^{13}tɕian^{13}ti^{21}	tɕ'iŋ^{13}tɕia^{13}
临后	我	步行	走到	从前的	亲家

гынчянли.	Шын	кын	литу	фи	гуанди
kəŋ^{13}tɕ'ian^{41}li^{21}	ʂəŋ^{13}	k'əŋ^{13}	li^{41}t'ou^{13}	fi^{41}	kuan^{44}ti^{13}
跟前哩	深	坑	里头	水	灌的

манмарди,	жуви	хозы	жонди	йижын	го…
man^{41}mæɚ^{13}ti^{13}	tʂou^{13}vi^{44}	xɔ^{13}tsʅ^{13}	tʂaŋ^{41}ti^{13}	i^{13}ʐəŋ^{13}	kɔ^{13}
满满儿的	周围	蒿子	长的	一人	高

417

Ямир-дунҗинди, щётинди зулян фынйүанни йиён.
ia²¹miə¹³tuəŋ⁴⁴tɕiəŋ⁴⁴ti²¹ ɕiɔ¹³tʻiŋ¹³ti¹³ tsou⁴⁴lian¹³ fəŋ¹³yan⁴¹ni¹³ i¹³iaŋ³¹
哑谜儿动静的 消停寂静的 就连 坟园呢 一样

Вәди щинни жишы ба дозы жёни!
və⁴¹ti¹³ ɕiŋ¹³ni¹³ tɕi⁴¹ʂʅ¹³ pa⁴¹ tɔ¹³tsʅ tɕiɔ⁴¹ni¹³
我的 心呢 几十 把 刀子 搅呢

Бәщинди занли йижынзы, кә доли хуэчәзаншонли,
pə¹³ɕiŋ¹³ti¹³ tsan⁴⁴li¹³ i¹³tʂəŋ⁴⁴tsʅ⁴¹ kʻə¹³ tɔ⁴⁴li¹³ xuə⁴¹tʂʻə¹³tsan⁴⁴ʂaŋ⁴⁴li¹³
拨心的悲伤的 站哩 一阵子 可又 到哩 火车站上哩

кә чили шын, зули дивизияшонли.
kʻə¹³ tɕʻi⁴¹li¹³ ʂəŋ¹³ tsou⁴¹li¹³ ti¹³vi¹³tsia⁴⁴ʂaŋ⁴⁴li¹³
可又 起哩 身 走哩 第唯乍步兵师上哩

Сангә йүэди зыху, зулян да йүнцэ литу
san¹³kə¹³ yə¹³ti¹³ tsʅ¹³xou⁴⁴ tsou⁴⁴lian¹³ ta⁴¹ yəŋ¹³tsʻai⁴¹ li¹³tʻou¹³
三个 月的 之后 就连 打 云彩 里头

чўлэди жәту йиён, вә дыйли щихуан щинли:
tʂu¹³lai¹³ti⁴¹ zə¹³tʻou¹³ i¹³iaŋ⁴⁴ və⁴¹ tei¹³li¹³ ɕi⁴¹xuan¹³ ɕiŋ⁴⁴li²¹
出来的 热头 一样 我 得哩 喜欢 信哩

вә ба вәди эрзы Анатолйи зожуэли.
və⁴¹ pa¹³ və⁴¹ti¹³ aiə¹³tsʅ¹³ a²¹na¹³tʻɔ⁴¹li²¹ tsɔ⁴¹tʂuə¹³li²¹
我 把 我的 儿子 阿纳陶利 找着哩

Та да жонкуни ги вә дадилэли йифу
tʻa⁴¹ ta¹³ tʂaŋ⁴⁴kʻou⁴¹ni¹³ ki⁴¹ və⁴¹ ta⁴¹ti¹³lai¹³li⁴¹ i¹³fu¹³
他 打 仗口呢 给 我 打的来哩 一封

418

第五章 语料

щин.	Ба	вӓди	жўхо	та	да	линжу
ɕiŋ³¹	pa¹³	və⁴¹ti¹³	tʂu⁴⁴xɔ¹³	tʼa⁴¹	ta¹³	liŋ¹³tɕy⁴¹
信	把	我的	住号住址	他	打	邻居

гынчян	жыдоли.	Йиванщижя	бу	фи	жё,
kəŋ¹³tɕʻian⁴¹	tʂʅ¹³tɔ¹³li²¹	i¹³van⁴¹ɕi¹³tɕia¹³	pu¹³	fi⁴⁴	tɕiɔ⁴⁴
跟前	知道哩	一晚夕价	不	睡	觉

вə	сылёнли	туəлоди	сычинли:	жон	жыни
və⁴¹	sʅ¹³liaŋ¹³li¹³	tʻuə¹³lɔ⁴¹ti¹³	sʅ⁴⁴tɕʻiŋ¹³li¹³	tʂaŋ⁴⁴	tʂʅ⁴⁴ni¹³
我	思量哩	托老的	事情哩	仗	这呢

да	ван,	ги	эрзы	ба	щифур	йи	чү,
ta⁴¹	van¹³	ki⁴¹	aiə¹³tsʅ⁴¹	pa¹³	ɕi¹³fuə¹³	i¹³	tɕʻy⁴¹
打	完	给	儿子	把	媳妇儿	一	娶

лян	нянчин	жынму	жўдо	йидани,	зў
ian¹³	nian¹³tɕʻiŋ¹³	ʐəŋ¹³mu⁴¹	tʂu⁴⁴tɔ⁴⁴	i¹³taːni⁴¹	tsu⁴⁴
连	年轻	人们	住到	一搭呢	做

мужён	хуə,	го	сунзыни.	Кəсы	да	вə
mu¹³tɕiaŋ¹³/⁴⁴	xuə¹³	kɔ⁴¹	suəŋ¹³tsʅ¹³ni¹³	kʻə⁴¹sʅ⁴⁴	ta¹³	və⁴¹
木匠	活	搞照看	孙子呢	可是	打	我

сылёнхадишон	е	мə	лэ.	Вуйүə	чў
sʅ¹³liaŋ¹³xa⁴⁴ti¹³ʂaŋ⁴⁴	iɛ⁴⁴	mə¹³	lai¹³	vu⁴¹yə¹³	tɕʻu¹³
思量下的上	也	没	来	五月	初

жюди	ганзо,	дыйли	шынди	нэйитян,	ба
tɕiou⁴¹ti¹³	kan¹³tsɔ⁴¹	tei¹³li¹³	ʂəŋ⁴⁴ti¹³	nai⁴⁴i¹³tʻian¹³	pa¹³
九的	赶早早晨	得哩	胜的	那一天	把

419

вэди Анатолий жё фащист дадёли…
və⁴¹ti¹³ a²¹na¹³t'ɔ⁴¹li²¹ tɕiɔ⁴⁴ fa¹³ɕi¹³sʅ⁴⁴t'⁶²¹ ta⁴¹tiɔ⁴⁴li²¹
我的 阿纳陶利 叫 法希斯特 打掉哩

Зыху гуэли будуэди жызы биншон ба вэ
tsʅ¹³xou⁴⁴ kuə⁴⁴li¹³ pu¹³tuə¹³ti¹³ zʅ¹³tsʅ¹³ piəŋ¹³ʂaŋ⁴⁴ pa¹³ və⁴¹
之后 过哩 不多的 日子 兵上 把 我

фондёли. Вон нани чини? Ба Врюпинск
faŋ⁴⁴tiɔ⁴⁴li¹³ vaŋ¹³ na¹³ni¹³ tɕ'i¹³ni²¹ pa¹³ vu¹³liou¹³p'iŋ⁴¹sʅ¹³k²¹
放掉哩 往 哪呢 去呢 把 乌留平斯克

жўдигə пын-ю щёнчелэли, вə зу зули
tʂu⁴⁴ti¹³kə¹³ p'əŋ¹³iou⁴¹ ɕiaŋ⁴¹tɕ'iɛ¹³lai¹³li⁴¹ və⁴¹ tsou⁴⁴ tsou⁴¹li¹³
住的个 朋友 想起来哩 我 就 走哩

Врюпинскли.
vu¹³liou¹³p'iŋ⁴¹sʅ¹³k²¹li²¹
乌留平斯克哩

Вэди щин тэ бу ходихын, бонжер
və⁴¹ti¹³ ɕiŋ¹³ t'ai⁴¹ pu¹³ xɔ⁴¹ti¹³xəŋ⁴¹ paŋ¹³tɕiɚ¹³
我的 心 太 不 好的很 傍近儿 几乎

тянтян хини ба зыжиди гуйжун вонжынму
t'ian¹³t'ian⁴¹ xi¹³ni¹³ pa¹³ tsʅ⁴⁴tɕi¹³ti¹³ kui⁴⁴tʂuan³¹ vaŋ¹³zən⁴¹mu³¹
天天 黑呢晚上 把 自己的 贵重 亡人们

мынжяндини. Дуэйибанзы мынжяндисы зущён ба
məŋ⁴⁴tɕian⁴¹ti¹³ni²¹ tuə¹³i¹³pan⁴⁴tsʅ¹³ məŋ⁴⁴tɕian⁴¹ti¹³sʅ³¹ tsou⁴⁴ɕiaŋ⁴⁴ pa¹³
梦见的呢 多一半子 梦见的是 就像 把

第五章　语　料

вә	на	тесы	чүандёдини,	таму	ду
və⁴¹	na¹³	t'iɛ¹³sʅ¹³	tɕ'yan¹³tiɔ⁴⁴ti¹³ni²¹	t'a⁴¹mu¹³	tou¹³
我	拿	铁丝	圈掉的呢	她们	都

зэ	вэчянни…	Лян	Ирина	дэ	ваму
tsai⁴⁴	vai⁴⁴tɕ'ian¹³ni²¹	lian¹³	i¹³li¹³na³¹	tai¹³	va¹³mu⁴¹
在	外前呢	连	伊丽娜	带和	娃们

ла	мәдини,	кәсы	жыни	вә	дансы	ба	тесы
la¹³	mə¹³ti²¹ni²¹	k'ə¹³sʅ¹³	tʂʅ⁴⁴ni¹³	və⁴¹	tan⁴⁴sʅ¹³	pa¹³	t'iɛ¹³sʅ¹³
拉	磨聊天的呢	可是	这呢	我	但是	把	铁丝

вон	кэни	сы—	таму	зу	зудёли,
vaŋ¹³	k'ai¹³ni¹³	sʅ¹³	t'a⁴¹mu¹³	tsou⁴⁴	tsou⁴¹tiɔ³¹li²¹
往	开呢	撕	她们	就	走掉哩

зу	мэ	йинщёнли…	жинщинлэ,	нянлуй	ба
tsou⁴⁴	mə¹³	iŋ¹³ɕiaŋ¹³li²¹	tɕiŋ¹³ɕiŋ⁴¹lai¹³	nian⁴¹lui¹³	pa¹³
就	没	影像哩	惊醒来	眼泪	把

жынту	поди	шышырди.
tʂəŋ⁴¹t'ou¹³	p'ɔ⁴⁴ti¹³	ʂʅ¹³ʂwə¹³ti²¹
枕头	泡的	湿湿儿的

421

第四节 杂 议

一、ХЫРХЫЗДИ ФУЛИН
xiə¹³xi⁴¹tsʅ¹³ti¹³ fu⁴⁴liŋ³¹
黑尔黑兹吉尔吉斯的 树林森林

（节选自东干文杂志《回族》（2001.1））

Дажя	җыдони,	Сӱлянсы	шыжешонди	фулин
ta⁴⁴tɕia¹³	tsʅ¹³tə¹³ni²¹	su¹³lian¹³sʅ⁴⁴	sʅ⁴⁴tɕiɛ⁴⁴ʂaŋ³¹ti¹³	fu⁴⁴liŋ¹³
大家	知道呢	苏联是	世界上的	树林

дин	дуәди	гуйҗя	литуди	йигә.	Җытар	ю
tiŋ⁴¹	tuə¹³ti¹³	kuei¹³tɕia¹³	li⁴¹t'ou¹³ti¹³	i¹³kə⁴⁴	tsʅ⁴⁴t'æɚ¹³	iou⁴¹
顶	多的	国家	里头的	一个	这塔儿	有

чүан	шыжешон	җанди	20	дуә	процент
tɕ'yan¹³	sʅ⁴⁴tɕiɛ⁴⁴ʂaŋ³¹	tʂan⁴⁴ti¹³	aiə⁴⁴sʅ¹³	tuə¹³	p'lɔ¹³ts'ɛnt⁴¹
全	世界上	占的	二十	多	普罗岑特百分之二十多

танчонди	фулин	зэмусы	бонжер	йиче	зэха
t'an¹³tʂ'aŋ⁴¹ti¹³	fu⁴⁴liŋ¹³	tsai⁴⁴mu¹³sʅ¹³	paŋ¹³tɕiɛɚ¹³	i¹³tɕ'iɛ⁴¹	tsai¹³xa⁴⁴
滩场的	树林	再么是以及	傍近儿将近	一切	栽下

фулинди	25	процент.
fu⁴⁴liŋ¹³ti¹³	aiə⁴⁴sʅ¹³vu⁴¹	p'lɔ¹³ts'ɛnt⁴¹
树林的	二十五	普罗岑特百分之二十五

Нан	зунҗеха	фулинди	жонсуан	1988
nan⁴⁴	tsuən⁴¹tɕiɛ¹³xa⁴⁴	fu⁴⁴liŋ¹³ti¹³	tʂaŋ⁴⁴suan¹³	i¹³tɕiou⁴¹pa¹³pa¹³
按	总结下	树林的	账算统计	一九八八

нянди	жынйүәни	фулин	жанди	танчон	доли
nian¹³ti²¹	tʂəŋ¹³yə⁴¹ni²¹	fu⁴⁴liŋ¹³	tʂan⁴⁴ti²¹	tʻan¹³tʂʻaŋ⁴¹	tɔ⁴⁴li²¹
年的	正月呢	树林	占的	滩场	到哩

814,3				миллион	гектар,	жысы
pa¹³pei⁴¹	sʅ¹³sʅ⁴⁴	kə⁴⁴liŋ¹³	san⁴⁴kə⁴¹	mi¹³liaŋ¹³	kɛ¹³kʻtʻæɚ⁴¹	tʂʅ⁴⁴sʅ⁴⁴
八百十四个零三个八百一十四点三				米利翁百万	盖克塔儿公顷	这是

гуйниди	36,6			процент		танчон,
kuei¹³ni¹³ti⁴¹	san¹³sʅ¹³	liou⁴¹kə⁴¹	liŋ¹³liou⁵³kə⁴¹	pʻlɔ¹³tsʻɛnt⁴¹		tʻan¹³tʂʻaŋ⁴¹
国呢的	三十六个零六个			普罗岑特百分之三十六点六		滩场

зэ	жыгә	танчоншон	нын	чынха	лян	Англия
tsai⁴⁴	tʂʅ⁴⁴kə⁴¹	tʻan¹³tʂʻaŋ⁴¹ʂaŋ³¹	nəŋ¹³	tʂʻəŋ¹³xa⁴¹	lian¹³	ankʻla⁴¹
在	这个	滩场上	能	盛下	连	安哥拉

йиён	дади	32		гуйжя.
i¹³iaŋ⁴⁴	ta⁴⁴ti²¹	san¹³sʅ¹³aiə⁴⁴		kuei¹³tɕia⁴¹
一样	大的	三十二		国家

Же	фәчи.	булүн	са	еба,	нан	фулинди
tɕiɛ¹³	fə¹³tɕʻi⁴¹	pu¹³lyŋ⁴⁴	sa⁴⁴	iɛ⁴⁴pa²¹	nan⁴⁴	fu⁴⁴liŋ¹³ti¹³
简	说喊简单说吧	不论	啥	也罢	按	树林的

фур	заму	зущён	мәю	сыса	данщуан.
fuɚ⁴⁴	tsa¹³mu⁴¹	tsou⁴⁴ɕiaŋ²¹	mə¹³iou⁴⁴	sʅ⁴⁴sa⁴⁴	tan¹³ɕyan²¹
数儿	咱们	就像	没有	是啥任何	担悬担心

Билүн,	нан	статистика	жигуанди	щин	да
pi⁴¹lyŋ¹³	nan⁴⁴	stʻa⁴¹tɕʻi⁴¹stɕʻi¹³kʻa⁴¹	tɕi¹³kuan¹³ti¹³	ɕiŋ¹³	ta¹³
比论比如	按	斯塔乞斯乞卡统计学	机关的	信信息	打

423

1983 до 1988 няншон фулин жанди
i¹³tɕiou⁴¹pa¹³san¹³ tɔ⁴⁴ i¹³tɕiou⁴¹pa¹³pa¹³ nian¹³ʂaŋ⁴¹ fu⁴⁴liŋ¹³ tʂan⁴⁴ti¹³
一九八三 到 一九八八 年上 树林 占的

танчон зэмусы мушы цэлёди цунщён дуэли,
t'an¹³tʂ'aŋ⁴¹ tsai⁴⁴mu¹³sʅ¹³ mu¹³sʅ¹³ ts'ai¹³liɔ⁴⁴ti¹³ ts'uəŋ¹³ɕiaŋ¹³ tuə¹³li²¹
滩场 再么是以及 木实木材 材料的 村乡乡村 多哩

кэсы ба жыгэ сычин нан щинфу.
k'ə⁴¹sʅ⁴⁴ pa¹³ tʂʅ⁴⁴kə⁴⁴ sʅ⁴⁴tɕ'iŋ¹³ nan¹³ ɕiŋ⁴⁴fu¹³
可是 把 这个 事情 难 信服

Хырхызстанди фулин жанди танчон бидо
xiə¹³xi⁴¹tsʅ¹³sʅ¹³tan⁴¹ti¹³ fu⁴⁴liŋ³¹ tʂan⁴⁴ti²¹ t'an¹³tʂ'aŋ⁴¹ pi⁴¹tɔ⁴⁴
黑尔黑兹斯坦的 树林 占的 滩场 比到

чуан лянбонди фипинли шодисы 12 лэзы.
tɕ'yan¹³ lian¹³paŋ¹³ti²¹ fi⁴¹p'iŋ¹³li²¹ ʂɔ⁴¹ti⁴⁴sʅ¹³ sʅ¹³aiə⁴⁴ lai¹³tsʅ⁴¹
全 联邦的 水平里 少的是 十二 来子倍

Вэё вон хони жы заму республика
və¹³:iɔ⁴⁴ vaŋ¹³ xɔ⁴¹ni²¹ tʂʅ¹³ tsa¹³mu⁴¹ liɛ¹³sp'u⁴¹p'li¹³k'a⁴¹
若要 往 好呢 知 咱们 列斯普布利卡共和国

чүошо фулинди сычин, зэ на жигэ билүн.
tɕ'yə¹³ʂɔ⁴¹ fu⁴⁴liŋ¹³ti¹³ sʅ⁴⁴tɕ'iŋ¹³ tsai⁴⁴ na¹³ tɕi⁴¹kə⁴⁴ pi⁴¹lyŋ¹³
缺少 树林的 事情 再 拿 几个 比论例子

Чуан лянбонди мый йигэ жыншон дансы нэди
tɕ'yan¹³ lian¹³paŋ¹³ti¹³ mei⁴¹ i¹³kə⁴⁴ zəŋ¹³ʂaŋ⁴⁴ tan⁴⁴sʅ¹³ nai¹³ti¹³
全 联邦的 每 一个 人上 但是如果 挨平均的

424

сангэ гектар ди, нэхур заму республика
san¹³kə⁴⁴ kɛ¹³k't'æɚ⁴¹ ti⁴⁴ nai⁴⁴xoɚ¹³ tsa¹³mu⁴¹ liɛ¹³sp'u⁴¹p'li³k'a⁴¹
三个 盖克塔儿公顷 地 那候儿 咱们 列斯普布利卡

цэ нэдисы 0,14 гектар, хузйжэсы шоди
sʻai¹³ nai⁴⁴ti¹³sʅ¹³ liŋ⁴⁴sʅ⁴⁴kə¹³ kɛ¹³k't'æɚ⁴¹ xuai¹³tʂə⁴¹sʅ⁴⁴ ʂo⁴¹ti¹³
才 挨平均的是 零十四个 盖克塔儿公顷 或者是 少的

22 лэзы.
aiɚ⁴⁴sʅ¹³aiɚ⁴⁴ lai¹³tsʅ⁴¹
二十二 来子

Республика литу фулин жанди танчон
liɛ¹³sp'u⁴¹p'li³k'a⁴¹ li⁴¹t'ou¹³ fu⁴⁴liŋ¹³ tsan⁴⁴ti¹³ t'an¹³tʂ'aŋ⁴¹
列斯普布利卡共和国 里头 树林 占的 滩场

няннян вон шони занди 12 чян гектар.
nian¹³nian¹³ vaŋ¹³ ʂo⁴¹ni¹³ tsan⁴¹ti¹³ sʅ¹³aiɚ⁴⁴ tɕian¹³ kɛ¹³k't'æɚ⁴¹
年年 往 少呢 赞减的 十二 千 盖克塔儿公顷

Суанхалэ, заму ба фулин щёмеди сан
suan⁴⁴xa⁴⁴lai¹³ tsa¹³mu⁴¹ pa¹³ fu⁴⁴liŋ¹³ ɕio¹³miɛ¹³/⁴¹ti⁴¹ san¹³
算下来 咱们 把 树林 消灭的 三

лэзы куэ.
lai¹³tsʅ⁴¹ k'uai⁴⁴
来子 块

Республикади нанфонни ю шыжешонди ламу
liɛ¹³sp'u⁴¹p'li³k'a⁴¹ti²¹ nan¹³faŋ¹³ni²¹ iou⁴¹ sʅ⁴⁴tɕiɛ⁴⁴ʂaŋ³¹ti²¹ lɔ¹³mu⁴¹
列斯普布利卡共和国的 南方呢 有 世界上的 老么那么

йигə	Арсланбобди	хəту	фуди	зыжан	фулинни.
i¹³kə⁴⁴	aɚs²¹lan²¹pɔp⁴¹ti¹³	xə¹³t'ou⁴¹	fu⁴⁴ti¹³	tsʅ¹³ʐan⁴¹	fu⁴⁴liŋ¹³ni²¹
一个	阿尔斯兰堡波的	核桃	树的	自然 天然	树林呢

Замуди	вифыншон	дансы	ю	немец	хуэйжəсы
tsa¹³mu⁴¹ti¹³	vi⁴⁴fəŋ¹³ʂaŋ³¹	tan⁴⁴sʅ¹³	iou⁴¹	niɛ¹³miɛ⁴¹ts'ʅ²¹	xuai¹³tʂə⁴¹sʅ⁴⁴
咱们的	位份上	但是 如果	有	涅灭茨 德国人	或者是

жыбынди	жын,	нэхур	ман	нын	щинфу:
zʅ¹³pəŋ⁴¹ti²¹	ʐəŋ¹³	nai⁴⁴xoɚ³²	man⁴¹	nəŋ¹³	ɕiŋ⁴⁴fu³²
日本的	人	那候儿	满	能	信服

жыще	фулинди	танчон	йинян	ган	йинян	зысы
tʂʅ⁴⁴ɕiɛ¹³	fu⁴⁴liŋ¹³ti¹³	t'an¹³tʂ'aŋ⁴¹	i¹³nian¹³	kan⁴¹	i¹³nian¹³	tsʅ¹³sʅ⁴⁴
这些	树林的	滩场	一年	赶	一年	只是

дуэни.	Арсланбоб	дазо	зу	чынха	чуан
tuə¹³ni²¹	aɚs²¹lan²¹pɔp⁴¹	ta⁴¹tsɔ⁴¹	tsou⁴⁴	tʂ'əŋ¹³xa⁴⁴	tɕ'yan¹³
多呢	阿尔斯兰堡波	打早	就	成下	全

шыже	южуанжямуди	жунщинли.	Кəсы	заму	ба
ʂʅ⁴⁴tɕiɛ⁴⁴	iou¹³tʂuan⁴⁴tɕia¹³mu⁴¹ti²¹	tʂuəŋ¹³ɕiŋ¹³li²¹	k'ə⁴¹sʅ⁴⁴	tsa¹³mu⁴¹	pa¹³
世界	游转家们的	中心 世界旅游中心哩	可是	咱们	把

җыгə	фулин,	канли	данлинди	фулинли,	жинди
tʂʅ⁴⁴kə⁴⁴	fu⁴⁴liŋ¹³	k'an⁴⁴li²¹	tan⁴¹liŋ¹³ti²¹	fu⁴⁴liŋ¹³li⁴¹	tɕiəŋ⁴¹ti¹³
这个	树林	看哩	单另的	树林哩	紧的

щёмедини.	Линйирди	жи	нян	литу	хəту
ɕiɔ¹³miɛ¹³ti²¹ni²¹	liŋ⁴⁴iɚ¹³ti¹³	tɕi⁴¹	nian¹³	li⁴¹t'ou¹³	xə¹³t'ou⁴¹
消灭的呢	另一儿的	几	年	里头	核桃

426

第五章 语料

фу	жанди	танон	шоли	3,5	лэзы,	да
fu⁴⁴	tṣan⁴⁴ti¹³	tʼan¹³tṣʼaŋ⁴¹	ʂɔ⁴¹li¹³	san¹³kə⁴⁴pan⁴⁴	lai¹³tsɿ⁴¹	ta¹³
树	占的	滩场	少哩	三个半	来子	打

280	чян	гектаршон	чынха	80	чян
aiə⁴⁴pei¹³pa¹³ʂɿ¹³	tɕʼian⁴¹	kɛ¹³kʼtʼæɚ⁴¹ʂaŋ³¹	tʂʼəŋ¹³xa⁴⁴	pa¹³ʂɿ¹³	tɕʼian⁴¹
二百八十	千	盖克塔儿公顷上	成下	八十	千

гектарли.	Жы	хансы	щё	сы—ба	шынхади
kɛ¹³kʼtʼæɚ⁴¹li²¹	tʂɿ⁴⁴	xan¹³sɿ⁴⁴	ɕiɔ⁴¹	sɿ⁴⁴pa¹³	ʂəŋ⁴⁴xa⁴⁴ti¹³
盖克塔儿公顷哩	这	还是	小	事把	剩下的

фулин	литуди	53	процент	жуанчын
fu⁴⁴liŋ¹³	li⁴¹tʼou¹³ti¹³	vu⁴¹sɿ¹³san¹³kə¹³	pʼlɔ¹³tsʼɛnt⁴¹	tʂuan¹³tʂʼəŋ¹³
树林	里头的	五十三个	普罗岑特百分之五十三	转 成

цочонли.	Жытар	бу	ю	зыжи	зу	ё
tsʼɔ⁴¹tʂʼaŋ⁴¹li²¹	tʂɿ⁴⁴tʼæɚ³²	pu¹³	iou¹³	tsɿ⁴⁴tɕi¹³	tsou⁴⁴	iɔ⁴⁴
草场牧场哩	这塔儿	不	由	自己	就	要

сылённи:	замуди	республика	ви	жынма	хансы
sɿ¹³liaŋ¹³li²¹	tsa⁴¹mu⁴¹ti²¹	liɛ⁴¹spʼuʼ⁴¹pʼli¹³kʼa¹³	vi¹³	ʐəŋ¹³ma¹³	xan¹³sɿ⁴⁴
思量哩	咱们的	列斯普布利卡共和国	为	人么	还是

ви	ён	ган	сыдини?
vi¹³	iaŋ¹³	kan⁴⁴	sɿ⁴⁴ti²¹ni²¹
为	羊	干	事的呢

Кемин	районшон	жўди	жынму	яндин	ё
kʼɛ²¹miŋ¹³	la¹³iaŋ²¹ʂaŋ⁴⁴	tʂu⁴⁴ti¹³	ʐəŋ¹³mu⁴¹	ian¹³ᐟ⁴¹tiŋ¹³	iɔ⁴⁴
凯明县名	拉样县、区上	住的	人们	严定一定	要

427

жихани, замуди районсы республика фонмян
tɕi⁴⁴xa³¹ni²¹ tsa¹³mu⁴¹ti¹³ la¹³iaŋ²¹sɿ⁴⁴ liɛ¹³sp'u⁴¹p'li¹³k'a⁴¹ faŋ¹³mian¹³
记下呢 咱们的 拉样县是 列斯普布利卡共和国 方面

нан зыжиди зыжан дин җүнмыйди. Замуди
nan⁴⁴ tsɿ⁴⁴tɕi¹³ti¹³ tsɿ⁴⁴ʐan¹³ tiŋ⁴¹ tɕyŋ¹³mei⁴¹ti²¹ tsa¹³mu⁴¹ti¹³
按 自己的 自然 顶 俊美的 咱们的

җонзэсы— ба та ги щүанлэди хубый ё хўшанхани.
tʂaŋ⁴⁴tsai¹³sɿ³¹ pa¹³ t'a⁴¹ ki¹³ ɕyan¹³lai¹³ti²¹ xou⁴⁴pei⁴⁴ iɔ⁴⁴ xu⁴⁴ʂan⁴⁴xa³¹ni²¹
账债任务,责任是 把 它 给 旋来的 后辈 要 护苦保护下呢

二、ЩИ СЫ ДЭ КИ
ɕi⁴¹ sɿ⁴⁴ tai⁴⁴ k'i¹³
喜 事 待 客

Зэ щи сышон ба кижынму да җыму җейиндини—
tsai⁴⁴ ɕi⁴¹ sɿ⁴⁴ʂaŋ⁴⁴ pa¹³ k'i¹³ʐəŋ¹³mu⁴¹ ta⁴¹ tʂɿ⁴⁴mu¹³ tɕiɛ¹³iəŋ¹³ti²¹ni²¹
在 喜 事上 把 客人们 打 这么 接迎的呢

Бабайир ю йигэ җейин киди җынни, та хандини:
pa⁴⁴pa¹³iɹ⁴¹ iou⁴¹ i¹³kə⁴⁴ tɕiɛ¹³iŋ¹³ k'i¹³ti¹³ ʐəŋ¹³ni²¹ t'a⁴¹ xan⁴¹ti²¹ni²¹
巴巴一儿专门 有 一个 接迎 客的 人呢 他 喊的呢

—Кан ки! Ки лэли!
k'an⁴⁴ k'i¹³ k'i¹³ lai¹³li⁴¹
看 客 客 来哩

Йиху та вон җин ба кижынму җондини, вындондини:
i⁴¹xou⁴⁴ t'a⁴¹ vaŋ¹³ tɕiəŋ⁴⁴ pa¹³ k'i¹³ʐəŋ¹³mu⁴¹ ʐaŋ⁴⁴ti²¹ni²¹ vəŋ⁴⁴taŋ¹³ti²¹ni²¹
以后 他 往 进 把 客人们 让的呢 问当问候的呢

—Люшызы, Лову, ниму ходинима? Чин ниму
liu¹³ʂɿ¹³tsɿ⁴¹ lɔ¹³vu⁴¹ ni⁴¹mu¹³ xɔ⁴¹ti²¹ni²¹ma²¹ tɕ'iŋ⁴¹ ni⁴¹mu¹³

第五章 语　料

六十子人名　老五　你们　好的呢吗　　请　你们

җинлэ,　до　фонни,　зуэха.
tɕiŋ⁴⁴lai¹³　tɔ⁴⁴　faŋ¹³ni⁴¹　tsuə⁴⁴xa³¹
进来　　到　　房呢　　　坐下

Кижынму　ба　җўжын　гунщидини,　таму　фэди:
kʻi¹³zəŋ¹³mu⁴¹　pa¹³　tʂu⁴¹zəŋ¹³　kuəŋ¹³ɕi⁴¹ti²¹ni²¹　tʻa⁴¹mu¹³　fə¹³ti¹³
客人们　　　把　　主人　　　恭喜的呢　　　　他们　　　说的

—Ба　ниму　гунщи!
pa¹³　ni⁴¹mu¹³　kuəŋ¹³ɕi⁴¹
把　　你们　　　恭喜

Җўжын　хуэйдади:
tʂu⁴¹zəŋ¹³　xuai¹³taʻ⁴¹ti²¹
主人　　　回答的

—Дажя　щи!
ta⁴⁴tɕia¹³　ɕi⁴¹
大家　　　喜

Йиху　ба　кижынму　жонди　жё　чыни,　жё　хэни:
i⁴¹xou⁴⁴　pa¹³　kʻi¹³zəŋ¹³mu⁴¹　zaŋ⁴⁴ti²¹　tɕiɔ⁴⁴　tʂʻʅ¹³ni¹³　tɕiɔ⁴⁴　xə¹³ni²¹
以后　　把　　客人们　　　　让的　　　叫　　　吃呢　　　叫　　喝呢

—Ниму　чы,　ниму　хэ,　бэ　зуэжяли.
ni⁴¹mu¹³　tʂʻʅ¹³　ni⁴¹mu¹³　xə¹³　pə¹³　tsuə⁴⁴tɕia⁴¹li²¹
你们　　　吃　　　你们　　　喝　　　叀　　作假哩

429

三、БО СОН
pɔ⁴⁴ saŋ¹³
报　丧

Неҗонди,　　ятуди　　　нэнэ　　вандёли.
niɛ¹³tʂaŋ¹³ti¹³　ia¹³tʻou¹³ti¹³　nai⁴¹nai¹³　van¹³tiɔ⁴¹li¹³
孽障的　　　丫头的　　　奶奶　　完掉哩 去世了

Ганзо　　йизор　　сыниди　　жын　чиди　бый ма,
kan¹³tsɔ⁴¹　i¹³tsɔɚ⁴¹　sʅ⁴⁴ni¹³ti¹³　ʐəŋ¹³　tɕʻi¹³ti¹³　pei¹³ ma⁴¹
赶早 早晨　一早儿 早早地　寺呢的　　人　　骑的　　白　马

зэ　　ман　　хонзыни　　кəшон　　янхузы　　хандини:
tsai⁴⁴　man⁴¹　xaŋ⁴⁴tsʅ¹³ni²¹　kʻə⁴¹ʂaŋ⁴⁴　ian¹³xou¹³tsʅ⁴¹　xan⁴¹ti¹³ni²¹
在　　 满　　 巷子呢　　　 可上　　　咽喉子　　 喊的呢

—бо　сондини!　Салихар　лопэзы　ванли.
pɔ⁴⁴　saŋ¹³tiʅni²¹　sa⁴¹li⁴⁴xaɚ⁴¹　lɔ⁴¹pʻə⁴¹tsʅ¹³　van¹³li¹³
报　　丧的呢　　　撒丽哈儿　　老婆子　　　完哩

四、МЭ ЦЭ
mai⁴⁴ tsʻai⁴⁴
卖　菜

Мэ　　цэ　　лэ!　мэ　　цэ　　лэ!　Чин　инму
mai⁴¹　tsʻai⁴⁴　lai¹³　mai⁴¹　tsʻai⁴⁴　lai¹³　tɕʻiŋ⁴¹　ni⁴¹mu¹³
买　　菜　　　来　　买　　菜　　　来　　请　　你们

мэ　 цэ!　 Җысы　 вэму　 зыжиди　 йүанзыни　 вулохади,
mai⁴¹　tsʻai³¹　tʂʅ⁴⁴sʅ⁴⁴　və⁴¹mu¹³　tsʅ⁴⁴tɕi¹³ti²¹　yan¹³tsʅ⁴¹ni²¹　vu⁴⁴lɔ⁴⁴xa⁴⁴ti²¹
买　菜　　这是　　我们　　自己的　　　园子呢　　　务劳 种植下的

щинщүанди, ги ниму баса чынгини? Ниму ё дуэшони?
ɕiəŋ¹³ɕyan¹³ti·²¹ ki⁴¹ ni·⁴¹mu¹³ pa¹³sa⁴⁴ tʂ'əŋ¹³ki·¹³·⁴¹ ni·⁴¹mu¹³ iɔ⁴⁴ tuə¹³ʂɔ⁴¹ni²¹
新鲜的 给 你们 把啥 称给呢 你们 要 多少呢

五、ЗА ФУ
tsa¹³ fu⁴⁴
扎 缚 叮嘱

Ашәр, а—ашәр, ба җыгә сычин ни ги та
a¹³ʂəə⁴¹ a¹³ʂəə⁴¹ pa¹³ tʂʅ⁴⁴kə⁴⁴ sʅ⁴⁴tɕ'iŋ¹³ ni¹³ ki⁴¹ t'a⁴¹
阿舍儿 啊阿舍儿 把 这个 事情 你 给 他

куэкуэди ёжин фә ги, бә вондёли!
k'uai⁴⁴k'uai⁴⁴ti¹³ iɔ⁴⁴tɕiəŋ⁴¹ fə¹³ ki⁴¹ pə¹³ vaŋ⁴⁴tiɔ¹³li²¹
快快的 要紧一定 说 给 叓 忘掉哩

六、ФАНХУА
fan⁴¹xua⁴⁴
反 话

Зудо шызылўкур,
tsou⁴¹tɔ⁴⁴ ʂʅ¹³tsʅ⁴⁴lu⁴⁴k'oɚ⁴¹
走 到 十字路口儿

Пынжян ло гу,
p'əŋ⁴⁴tɕian⁴¹ lɔ⁴¹ kou⁴¹
碰见 老 狗

бу җыдо гу нёли шу,
pu¹³ tʂʅ¹³tɔ¹³ kou⁴¹ niɔ⁴¹li¹³ ʂou⁴¹
不 知道 狗 咬哩 手

431

були	шу	нёли	гу.
pu¹³li¹³	ʂou⁴¹	niɔ⁴¹li¹³	kou⁴¹
不哩	手	咬哩	狗

七、ДОКУХУА
tɔ⁴¹kʻou⁴¹xua⁴⁴
倒口话 绕口令

Бяндан	бондо	бандыншон,	
pian⁴¹tan¹³	paŋ⁴¹tɔ⁴⁴	pan⁴¹təŋ⁴⁴ʂaŋ³¹	
扁担	绑到	板凳上	

Бандын	бужё	бяндан	бон,
paŋ⁴¹təŋ⁴⁴	pu¹³tɕiɔ⁴⁴	pian⁴¹tan¹³	paŋ⁴¹
板凳	不叫	扁担	绑

Бяндан	пян-ё	бондо	бандыншон.
pian⁴¹tan¹³	pʻian¹³iɔ⁴⁴	paŋ⁴¹tɔ⁴⁴	pan⁴¹təŋ⁴⁴ʂaŋ³¹
扁担	偏要	绑到	板凳上

附录　分类词汇

这部分所列内容是以《汉语方言词语调查条目表》(中国社会科学院语言研究所方言室,2003)为根据,并加以调整而确定下来的。共列词语32项。最后两项姓名和外来词,是东干话独有的。

例词中有音义而无本字时,用同音字代替,下标浪线"～～"表示,无同音字可写时,用"□"表示。对读音变异的字,在字下标着重点"•"表示。不止一个读音的字,在不同读音的音标之间加标斜线" / "表示。括号"（）"中的字,表示它在该词中可有可无。

一、天　文 …………… 436
（一）日、月、星
（二）风、云、雷、雨
（三）冰、雪、霜、露
（四）气　候

二、地　理 …………… 438
（一）地
（二）山
（三）江、河、湖、海、水
（四）石沙、土块、矿物
（五）城乡处所

三、时令、时间 …………… 441
（一）季　节
（二）节　日
（三）年

（四）月
（五）日、时
（六）其他时间概念

四、农业、工业 …………… 444
（一）农　事
（二）农　具
（三）工　业

五、植　物 …………… 447
（一）农作物
（二）豆类、菜蔬
（三）树　木
（四）瓜　果
（五）花草、菌类

六、动　物 …………… 451

(一) 牲　畜
(二) 鸟、兽
(三) 虫　类
(四) 鱼虾类

七、房　舍 ⋯⋯⋯⋯ 455
(一) 房　子
(二) 房屋结构
(三) 其他设施

八、器具、用品 ⋯⋯⋯⋯ 456
(一) 一般家具
(二) 卧室用具
(三) 炊事用具
(四) 工匠用具
(五) 其他生活用品

九、称　谓 ⋯⋯⋯⋯ 460
(一) 一般称谓
(二) 职业称谓

十、亲　属 ⋯⋯⋯⋯ 463
(一) 长　辈
(二) 平　辈
(三) 晚　辈
(四) 其　他

十一、身　体 ⋯⋯⋯⋯ 466
(一) 五官
(二) 手、脚、胸、背
(三) 其　他

十二、疾病、医疗 ⋯⋯⋯⋯ 469
(一) 一般用语

(二) 内　科
(三) 外　科
(四) 残疾等

十三、衣服、穿戴 ⋯⋯⋯⋯ 470
(一) 服　装
(二) 鞋　帽
(三) 装饰品
(四) 其他穿戴用品
(五) 面　料

十四、饮　食 ⋯⋯⋯⋯ 473
(一) 伙　食
(二) 米　食
(三) 面　食
(四) 肉、蛋、奶
(五) 菜
(六) 油盐作料
(七) 烟、茶、酒

十五、红白大事 ⋯⋯⋯⋯ 476
(一) 婚姻、生育
(二) 寿辰、丧葬
(三) 宗　教

十六、日常生活 ⋯⋯⋯⋯ 478
(一) 衣
(二) 食
(三) 住
(四) 行

十七、行政、讼事 ⋯⋯⋯⋯ 480
(一) 行　政
(二) 讼　事

十八、军　事················483
　（一）军　队
　（二）战　事

十九、交　际················485

二十、商业、交通、通信······487
　（一）经商行业
　（二）经营、交易
　（三）账目、度量衡
　（四）交　通
　（五）通　信

二十一、文化教育、科技····490
　（一）文　化
　（二）学　校
　（三）教室、文具
　（四）读书识字
　（五）科　技

二十二、文体活动············494
　（一）游戏、玩具
　（二）体育、武术、舞蹈
　（三）音　乐
　（四）戏剧、电影

二十三、动　作··············497
　（一）一般动作
　（二）心理活动
　（三）语言动作

二十四、位　置··············506

二十五、代词等··············508

二十六、形容词··············510

二十七、副词、介词等······517
　（一）副词
　　1.表示时间
　　2.表示情态
　　3.表示程度
　　4.表示范围
　　5.表示语气
　　6.表示判断
　　7.表示方式
　（二）介　词
　　1.表示空间
　　2.表示时间
　　3.表示对象
　　4.表示凭借、目的
　（三）连　词
　　1.表示并列
　　2.表示主从
　（四）叹词、助词

二十八、量　词··············524

二十九、附加成分等········527

三十、数字等················528
　（一）一般数字
　（二）成语等

三十一、姓　名··············530
　（一）姓　氏
　　1.华夏祖传姓氏
　　2.东干族西迁中亚后的某
　　　些姓氏

435

(二) 名　字
　　1. 一般结构
　　2. 特殊结构

三十二、外来词 ……… 542
　　(一) 借自俄语

　　1. 行政、文教、科技
　　2. 工业、农业、商业
　　3. 其　他
(二) 借自阿拉伯语
(三) 借自突厥语

一、天　文

(一) 日、月、星

太阳　t'ai⁴⁴iaŋ¹³　太阳。也说"热头｜□头　aiə⁴⁴t'ou¹³"。

热头地呢　zə¹³t'ou¹³ti⁴⁴ni¹³　太阳照到的地方。

热头晒　zə¹³t'ou¹³sai⁴⁴　太阳照着。

阴凉　iŋ¹³liaŋ¹³　太阳照不到而凉爽的地方。

光亮　kuaŋ¹³liaŋ⁴⁴　光亮。

月亮　yə¹³liaŋ⁴⁴　月亮。也叫"天灯"。

月牙儿　yə¹³iaə¹³　农历月初形状为钩形的月亮。

星宿　ɕiŋ¹³ɕiu¹³　星星。

亮明星　liaŋ⁴⁴miŋ¹³ɕiŋ¹³　启明星。

牛郎　niu¹³laŋ¹³　牛郎星。

织女　tʂʅ¹³ny⁴¹　织女星。

天河　t'ian¹³xə¹³　银河。

月蚀　yə¹³ʂʅ¹³　月蚀。

(二) 风、云、雷、雨

风　fəŋ¹³　风。

黄风　xuaŋ¹³fəŋ¹³　夹杂着沙土的风。

黑风　xi¹³fəŋ¹³　暴风雪。

老毛黄风　lɔ⁴¹mɔ¹³xuaŋ¹³fəŋ¹³　夹杂着沙土的大风。

扬风搅雪　iaŋ¹³fəŋ¹³tɕiɔ⁴¹ɕyə¹³　暴风雪。

恶风　ŋə⁴⁴fəŋ¹³　狂风。

旋风　ɕyan¹³fəŋ⁴¹　旋风。

山风　san¹³fəŋ¹³　山里的风。

春风　tʂ'uŋ¹³fəŋ¹³　春风。

云　yŋ¹³　云。

云彩　yŋ¹³ts'ai⁴¹　云彩。

白云　pei¹³yŋ¹³　白云。

黑云　xi¹³yŋ¹³　黑云。

雷　luei¹³　雷。

响雷　ɕiaŋ⁴¹luei¹³　打雷。

炸雷　tsa⁴⁴luei¹³　很响的雷。

闪电　ʂan⁴¹tian⁴⁴　名词，指天空中发生的放电现象。

闪电的呢　ʂan⁴¹tian⁴⁴ti¹³ni¹³　指打闪的动作：天上～。

雨　y⁴¹　雨。

下雨　ɕia⁴⁴y⁴¹　下雨。

毛雨雨儿 mɔ¹³y⁴¹yɚ¹³　牛毛细雨。
大雨 ta⁴⁴y⁴¹　大雨。
暴雨 pɔ⁴⁴y⁴¹　暴雨。
白雨 pei¹³y⁴¹　①暴雨，大雨。②冰雹。
雨点儿 y⁴¹tiæɚ⁴¹　雨点儿。
虹 kaŋ⁴⁴　彩虹。
烟 ian¹³　烟气，雾霭。
烟烟子 ian¹³ian¹³tsɿ⁴¹　淡淡的烟气，薄雾。
瘟气 vən¹³tɕ'i⁴⁴　瘴气。
红气 xuən¹³tɕ'i⁴⁴　曙光或晚霞。

（三）冰、雪、霜、露

冰 piŋ¹³　冰。也说"青冰"。
冰化了 piŋ¹³xua⁴⁴liɔ¹³　冰化了。
明溜儿 miŋ¹³liɔɚ¹³　冰珠儿。也叫"白明溜儿"。
粉明溜儿 fən⁴¹miŋ¹³liɔɚ¹³　指阳光照耀下呈粉红色的冰珠儿。
冰吊子 piŋ¹³tiɔ⁴⁴tsɿ¹³　冰柱。也叫"冰棒子｜冰棒儿"。
冰块（子） piŋ¹³k'uai⁴¹(tsɿ¹³)　冰块儿。
冰块块儿 piŋ¹³k'uai⁴¹k'uæɚ¹³　指小冰块儿。
冷子 ləŋ⁴¹tsɿ¹³　冰雹。
冷白雨 ləŋ⁴¹pei¹³y⁴¹　冰雹。
雪 ɕyə¹³　雪。
雪花儿 ɕyə¹³xuæɚ⁴¹　雪花儿。

雪片子 ɕyə¹³p'ian⁴¹tsɿ¹³　雪片。
雪糁子 ɕyə¹³tʂən¹³tsɿ¹³　小粒状的雪。
白雪 pei¹³ɕyə¹³　白雪。
下雪 ɕia⁴⁴ɕyə¹³　下雪。
露水 lou/lu⁴⁴fi⁴¹　露水。
霜 faŋ¹³　霜。
黑霜 xi¹³faŋ¹³　危害大的霜。
黑霜杀 xi¹³faŋ¹³sa¹³　指严重的霜冻。
拉雾 la¹³vu⁴⁴　起雾。

（四）气　候

天气 t'ian¹³tɕ'i⁴⁴　天气。也叫"天色"。
气色 tɕ'i⁴⁴sei¹³　空气。
热气 zə¹³tɕ'i⁴⁴　热气。
蓝天 lan¹³t'ian¹³　蓝天。
晴天 tɕ'iŋ¹³t'ian¹³　晴天。
阴天 iŋ¹³t'ian¹³　阴天。
（天气）热 zə¹³　热。
（天气）冷 ləŋ⁴¹　冷。
伏天 fu¹³t'ian¹³　指头伏、二伏、末伏时期。
入伏 vu¹³fu¹³　进入伏天。
天旱 t'ian¹³xan⁴⁴　天旱。
潮气 tʂ'ɔ¹³tɕ'i⁴⁴　潮气。
干燥 kan¹³sɔ⁴⁴　干燥。燥，音"扫"。
景致儿 tɕiŋ⁴¹tʂɯɚ⁴⁴　风景。

二、地　理

（一）地

自然 tsʅ⁴⁴zan¹³　①指自然界。②理所当然：铁梁磨绣针，功到～成。

造化 tsɔ⁴⁴xua⁴⁴　指自然界。

地面 ti⁴⁴mian¹³　①地的表面：下雪哩，～都白哩。②地球：～一年四季转的呢。

地土 ti⁴⁴tʻu⁴¹　①泛指土地。②土壤。

地界 ti⁴⁴tɕiɛ⁴⁴　①土地：我连朋友转的看咱们祖国的～呢。②辖区，地区：把十娃子的生日儿吉尔吉斯斯坦～上的大众也拿大齐心过哩。③地域：我的祖国，你的～没边，又长又宽。

滩道 tʻan¹³tɔ⁴⁴　田野，原野。也叫"地道"。

冰滩 piŋ¹³tʻan¹³　布满冰的原野。

草滩 tsʻɔ⁴¹tʻan¹³　草滩。

草场 tsʻɔ⁴¹tʂʻaŋ⁴¹　牧场。

生地 səŋ¹³ti⁴⁴　①从未耕种过的土地。②陌生的地方。

荒地 xuaŋ¹³ti⁴⁴　没有开垦或没耕种的土地。

田地 tʻian¹³ti⁴⁴　田地。

田子 tʻian¹³tsʅ⁴¹　畦田：花儿～｜菜～。

埂子 kəŋ⁴¹tsʅ¹³　埂子。

平地 pʻiŋ¹³ti⁴⁴　平地，平原。

平川 pʻiŋ¹³tʂʻuan¹³　平坦的谷地。

硝土地 ɕiɔ¹³tʻu⁴¹ti¹³　盐碱地。

阳洼 iaŋ¹³va⁴⁴　向阳的洼地。也叫"～坡"。

阴凉洼 iŋ¹³liaŋ¹³va⁴⁴　太阳照不到的洼地。

坡子 pʻə¹³tsʅ¹³　坡子。

陡坡 tou⁴¹pʻə¹³　陡坡。

坑 kʻəŋ¹³　坑。

坑坑儿 kʻəŋ¹³kʻɯə¹³　小坑儿。

泥坑 ni¹³kʻəŋ¹³　泥坑。

水壕 fi⁴¹xɔ¹³　水壕，水沟。

壕沟 xɔ¹³kou⁴¹　壕沟。

洞 tuŋ⁴⁴　洞。

打洞 ta⁴¹tuŋ⁴⁴　打洞。

地窨 ti⁴⁴iŋ⁴⁴　①窑洞。②坑道，巷道，指地层内部：～呢有铁连煤呢。

地缝 ti⁴⁴fəŋ⁴⁴　地的裂缝。

边界 pian¹³tɕiɛ⁴⁴　边界。

地动 ti⁴⁴tuŋ⁴⁴　地震。

（二）山

高山 kɔ¹³san¹³　高山。

山岭 san¹³liŋ⁴¹　山岭。

山顶儿 san¹³tiɯə⁴¹　山顶。

深山 ʂəŋ¹³san¹³　深山。

山峡 san¹³ɕia¹³　山峡。

山谷 san¹³ku¹³　山谷。
崖坎 nai¹³kʻan⁴¹　山崖沟坎。
崖沿 nai¹³ian¹³　山崖边沿。
崖娃娃 nai¹³va⁴¹va¹³　指山崖间的回声。
雪山 ɕyə¹³san¹³　雪山。
冰山 piŋ¹³san¹³　冰山。
山场 san¹³tʂʻaŋ⁴¹　山区。
火山 xuə⁴¹san¹³　火山。
天山 tʻian¹³san¹³　山名，在中国新疆至中亚一带。
泰山 tʻai⁴⁴san¹³　指中国山东省的泰山。

(三) 江、河、湖、海、水

大洋 ta⁴⁴iaŋ¹³　海洋。
海 xai⁴¹　海。
江 tɕiaŋ¹³　江。
扬子江 iaŋ¹³tsɿ⁴¹tɕiaŋ¹³　长江。
河 xuə/xə¹³　河。
黄河 xuaŋ¹³xə¹³　黄河。
上水 ʂaŋ⁴⁴fi⁴¹　（河流的）上游。
下水 xa⁴⁴fi⁴¹　（河流的）下游。
海子 xai⁴¹tsɿ¹³　湖泊。
海沿 xai⁴¹ian¹³　海岸边。
海沿子 xai⁴¹ian¹³tsɿ⁴¹　湖岸边。
苇糊湾 vi⁴¹xu¹³van¹³　有芦苇的泥潭，沼泽地。也叫"苇糊|苇糊窝"。
糊窝 xu¹³və⁴¹　泥坑，沼泽地。
泉眼 tɕʻyan¹³nian⁴¹　泉水涌出的地方。

渠 tɕʻy¹³　水渠。
渠渠儿 tɕʻy¹³tɕʻyɚ¹³　小渠。也叫"渠渠子"。
水渠 fi⁴¹tɕʻy¹³　水渠。
水闸子 fi⁴¹tsa¹³tsɿ¹³　水闸。
河坝 xə¹³pa⁴¹　指河道，河滩。
水墩 fi⁴¹pai⁴¹　堤坝。
水井 fi⁴¹tɕiŋ⁴¹　水井。
活水 xuə¹³fi⁴¹　流动的水。
死水 sɿ⁴¹fi⁴¹　不流动的水。
涝坝 lɔ⁴⁴pa⁴⁴　①壅土储蓄供人畜饮用水的设施。有的是自然形成的。②指湖泊：莫斯科城呢顶大的花园呢有几个～呢。
枯井 kʻu¹³tɕiŋ⁴¹　干枯的井。
水浪 fi⁴¹laŋ⁴⁴　水浪。
水点儿 fi⁴¹tiæɚ⁴¹　水滴。也叫"水点子"。
水渣儿 fi⁴¹tsæɚ¹³　水珠。
水泡 fi⁴¹pʻɔ⁴⁴　水泡。
水花子 fi⁴¹xua¹³tsɿ¹³　水的波纹。
清水 tɕʻiŋ¹³fi⁴¹　清水。
雨水 y⁴¹fi⁴¹　雨水。
洪水 xuŋ¹³fi⁴¹　洪水。
凉水 liaŋ¹³fi⁴¹　凉水。也叫"冰水"。
水灾 fi⁴¹tsai¹³　水灾。

(四) 石沙、土块、矿物

石头 ʂɿ¹³tʻou⁴¹　石头。
青石头 tɕʻiŋ¹³ʂɿ¹³tʻou⁴¹　青石头。
石渣子 ʂɿ¹³tsa⁴¹tsɿ¹³　碎石块。

沙子 sa¹³tsʅ¹³　沙子。
沙滩 sa¹³tʻan¹³　沙滩。
砖头 tʂuan¹³tʻou¹³　砖头。
瓦 va⁴¹　瓦。
琉璃瓦 liu¹³li¹³va⁴¹　琉璃瓦。
瓦渣儿 va⁴¹tsæɚ¹³　碎瓦片。也说"瓦渣子"。
玻璃 pə¹³li¹³　玻璃。
灰 xui¹³　灰尘。
土 tʻu⁴¹　土。
土块 tʻu⁴¹kʻuai⁴⁴　土块。
黑土 xi¹³tʻu⁴¹　发黑的土壤，土质肥沃。
尘土 tʂʻə¹³tʻu⁴¹　尘土。
塘土 tʻaŋ¹³tʻu⁴¹　大路上粉末状的浮土。
泥蛋蛋 ni¹³tan⁴⁴tan¹³　小泥团。
金子 tɕiŋ¹³tsʅ¹³　金子。
银子 iəŋ¹³tsʅ⁴¹　银子。
铜 tʻuŋ¹³　铜。
铁 tʻiɛ¹³　铁。
铅 tɕʻian¹³　铅。也叫"锡铁"。
石油 ʂʅ¹³iou¹³　石油。也叫"地油"。
炭 tʻan⁴⁴　煤炭。也说"煤炭"。
石灰 ʂʅ¹³xuei⁴¹　石灰。
石膏 ʂʅ¹³kɔ⁴¹　①石膏。②水泥：他们的院子是～灌下的。
玉石 y¹³ʂʅ¹³　玉石。
琥珀 xu⁴¹pə¹³　琥珀。
翡翠 fi⁴¹tsʻui⁴⁴　翡翠。
珍珠 tʂəŋ¹³tʂu¹³　珍珠。
玛瑙 ma¹³nɔ⁴¹　玛瑙。
夜明珠 iɛ⁴⁴miŋ¹³tʂu¹³　夜明珠。
金刚钻 tɕiaŋ¹³kaŋ¹³tsuan⁴⁴　金刚钻。

水银 fi⁴¹iəŋ¹³　水银。
宝石 pɔ⁴¹ʂʅ¹³　宝石。
珠宝 tʂu¹³pɔ⁴¹　珠宝。
宝藏 pɔ⁴¹tsʻaŋ¹³　宝藏。

（五）城乡处所

地方 ti⁴⁴faŋ¹³　地方。
城堡 tʂʻəŋ¹³pʻu⁴⁴　城市，市镇。
历史地方 li⁴¹ʂʅ⁴⁴ti⁴⁴faŋ¹³　历史名胜地：我游转～去呢。
京城 tɕiŋ¹³tʂʻəŋ¹³　首都。
省城 səŋ¹³tʂʻəŋ¹³　非首都的主要城市。
城墙 tʂʻəŋ¹³tɕʻiaŋ¹³　城墙。
城呢 tʂʻəŋ¹³ni⁴¹　城里。也说"城上"。
乡庄 ɕiaŋ¹³tʂuaŋ⁴¹　①农村。有时也说"庄子｜村庄｜乡村｜村乡"。②农业：工业连～一起往起长。
街 kai¹³　街道。
街道 kai¹³tɔ⁴⁴　街道。
巷子 xaŋ⁴⁴tsʅ¹³　街道或胡同。
路 lu⁴⁴　路。
大路 ta⁴⁴lu⁴⁴　大路。
小路 ɕiɔ⁴¹lu⁴⁴　乡村土路，乡村道路。
路路子 lu⁴⁴lu¹³tsʅ¹³　指更小的路或地图上的路线。
石膏路 ʂʅ¹³kɔ¹³lu⁴⁴　水泥道路。
鱼脊梁儿街 y¹³tɕi¹³liaɚ¹³kai¹³　路面中间略高的街道。
捷路 tɕiɛ¹³lu⁴⁴　近路。
端路 tuan¹³lu⁴⁴　直路。

上坡路 ʂaŋ⁴⁴p'ə¹³lu⁴⁴ 上坡路。

树趟子 fu⁴⁴t'aŋ⁴¹tsʅ¹³ 林荫道：为纪念他，在比什凯克一奥什的大路傍呢把他的～栽上哩。也叫"荫路儿"。

水筒 fi⁴¹t'uŋ⁴¹ 下水道。

车辙 tʂ'ə¹³tʂə¹³ 车辙。也说"车印子"。

花园子 xua¹³yan¹³tsʅ⁴¹ 花圃，花畦。

花儿田子 xuaɚ¹³t'ian¹³tsʅ⁴¹ 花畦。

花园 xua¹³yan¹³ 公园。也叫"官园子"。

野牲园 iɛ⁴¹səŋ¹³yan¹³ 动物园。

栏杆子 lan¹³kan⁴¹tsʅ¹³ 栏杆。

铁掌子 t'iɛ¹³tʂ'əŋ⁴⁴tsʅ¹³ 较高的铁栅栏：野牲园呢的大房子拿～堵的呢。

场子 tʂ'aŋ⁴¹tsʅ¹³ 广场。

大场子 ta⁴⁴tʂ'aŋ⁴¹tsʅ¹³ 大广场。

滩场 t'an¹³tʂ'aŋ⁴¹ 场地，地方，面积：我们国家的～也不小。

场伙 tʂ'aŋ⁴¹xuə⁴¹ 人多的地方。

脑脑子 nɔ⁴¹nɔ¹³tsʅ¹³ 地的角落处或沟的纵深处。

方圆 faŋ¹³yan¹³ 指周围的长度。

街市 kai¹³sʅ⁴⁴ 街市。

本地 pəŋ⁴¹ti⁴⁴ 当地。

风船场 fəŋ¹³tʂ'uan¹³tʂ'aŋ⁴¹ 飞机场。

关口 kuan¹³k'ou⁴¹ 关卡。

海关 xai⁴¹kuan¹³ 海关。

哑哑的地方 ia⁴¹ia¹³ti¹³ti⁴⁴faŋ¹³ 僻静处。

一带 i¹³tai⁴⁴ 指地带，区域：这～地方都是平地。

三、时令、时间

(一) 季 节

四季 sʅ⁴⁴tɕi⁴⁴ ①全年：一年～忙的呢。②经常：我把你～记的呢。③总是，永远：单名字专有名词的头一个字字母～要拿大字大写写呢。

春天 tʂ'uŋ¹³t'ian¹³/⁴¹ 春天。

开春儿 k'ai¹³tʂ'uiɚ¹³ 春天。

一开春子 i¹³k'ai¹³tʂ'uŋ¹³tsʅ¹³ ①在春季里。②整个春季。③春天。

夏天 ɕia⁴⁴t'ian¹³ 夏天。

秋天 tɕ'iu¹³t'ian⁴¹ 秋天。

冬天 tuŋ¹³t'ian¹³ 冬天。也说"冬爷天｜冬呢"。

一冬呢 i¹³tuŋ¹³ni¹³ 整个冬季。

清明 tɕ'iŋ¹³miŋ¹³ 二十四节气之一。只出现在东干民间文学中。

立秋 li¹³tɕ'iu¹³ 二十四节气之一。只出现在东干民间文学中。

入蛰 vu¹³tʂə¹³ 指动物进入冬眠，不吃不动。

(二)节　日

节气　tɕiɛ¹³tɕ'i¹³　指华夏传统节日和中亚地区的节日。如五一国际劳动节等。

大年初一　ta⁴⁴nian¹³tʂ'u¹³i¹³　指公历1月1日。

新年　ɕiŋ¹³nian¹³　指公历1月1日。

旧年　tɕiu⁴⁴nian¹³　指已经过去了的某年的元月1日。

过新年　kuə⁴⁴ɕiŋ¹³nian¹³　过公历的新年。

五月端　vu⁴¹yə¹³tuan¹³　指端午节。也说"五月单五"。华夏的这种传统节日都只存留在东干民间文学唱词中，实际上并不存在。下同。

五月初一节气　vu⁴¹yə¹³tʂ'u¹³i¹³tɕiɛ¹³tɕ'i¹³　指五一国际劳动节。

八月十五　pa¹³yə¹³ʂʅ¹³vu⁴¹　指华夏中秋节。

九重阳　tɕiu⁴¹tʂ'uŋ¹³iaŋ¹³　指华夏农历九月初九。

十月节气　ʂʅ¹³yə¹³tɕiɛ¹³tɕ'i⁴⁴　指1917年苏联无产阶级十月革命纪念日。

(三)年

今年　tɕiŋ¹³nian¹³　今年。

年时　nian¹³ʂʅ⁴¹　去年。也说"年时个"。

来年　lai¹³nian⁴¹　明年。也说"明年"。

前年　tɕ'ian¹³nian⁴¹　前年。也说"前年个"。

后年　xou⁴⁴nian¹³　后年。

上半年　ʂaŋ⁴⁴pan⁴⁴nian¹³　上半年。

年的尾儿上　nian¹³ti¹³iə⁴¹ʂaŋ⁴⁴　年底。

(四)月

正月　tʂəŋ¹³yə⁴¹　指公历1月。

腊月　la¹³yə⁴¹　指公历12月。

闰月　vəŋ⁴⁴yə¹³　农历每三年要另加上一个月，即这年是13个月。多出的这个月叫闰月。此词只出现在东干俗语中，实际上并不存在。因为东干族不用农历。

月头上　yə¹³t'ou¹³ʂaŋ⁴⁴　月初。

月的尾儿上　yə¹³ti¹³iə⁴¹ʂaŋ⁴⁴　月底。

一个月　i¹³kə⁴⁴yə¹³　一个月。

上个月　ʂaŋ⁴⁴kə⁴⁴yə¹³　上个月。

这个月　tʂʅ⁴⁴kə⁴⁴yə¹³　这个月。

下个月　ɕia⁴⁴kə⁴⁴yə¹³　下个月。

半个月　pan⁴⁴kə⁴⁴yə¹³　半个月。

每(个)月　mei⁴¹(kə⁴⁴)yə¹³　每月。

(五)日、时

今儿(个)　tɕiɛ⁴¹³(kə⁴⁴)　今天。也说"今天"。

昨儿(个)　tsuəə¹³(kə¹³)　昨天。也说"夜(来)│夜里个│昨天"。

前天　tɕ'ian¹³t'ian⁴¹　前天。也说"前儿(个)"。

明儿(个) miɛɚ¹³(kə⁴¹) 明天。
后天 xou⁴⁴tʻian¹³ 后天。也说"后儿(个)"。
外后一儿 vai⁴⁴xou⁴⁴iɛɚ¹³ 大后天。
另一儿 liŋ⁴⁴iɛɚ¹³ 另一天。
每天 mei⁴¹tʻian¹³ 每天。
十几天 ʂʅ¹³tɕi⁴¹tʻian¹³ 十几天。
白天 pei¹³tʻian⁴¹ 白天。也说"白日呢"。
赶早 kan¹³tsɔ⁴¹ 早晨。也说"(清)早晨(tɕʻiŋ¹³)tsɔ⁴¹ʂəŋ¹³｜早起"。
晌午 ʂaŋ⁴¹vu¹³ 指早上到12点前一段时间。
正晌午 tʂəŋ⁴⁴ʂaŋ⁴¹vu¹³ 指中午12点或12点左右一段时间。
晌午过 ʂaŋ⁴¹vu¹³kuə⁴⁴ 指下午。
后晌 xou⁴⁴ʂaŋ⁴¹ 指傍晚或晚上。
黑影子 xi¹³iŋ⁴¹tsʅ¹³ ①黄昏,暮色。②晨曦,黎明。
前半天 tɕʻian¹³pan⁴⁴tʻian¹³ 前半天。也说"上半天"。
后半天 xou⁴⁴pan⁴⁴tʻian¹³ 后半天。
夜晚 iɛ⁴⁴van⁴¹ 晚上。也常说"黑(地)里/呢 xi¹³(ti)⁴¹li/ni⁴¹｜夜间｜夜晚呢"。
半夜 pan⁴⁴iɛ⁴⁴ 半夜。也说"半夜呢｜半夜三更"。
前半夜 tɕʻian¹³pan⁴⁴iɛ⁴⁴ 前半夜。
后半夜 xou⁴⁴pan⁴⁴iɛ³ 后半夜。
一晚夕 i¹³van⁴¹ɕi/ɕiŋ¹³ 一夜：你缓~病就好哩。
一更 i¹³kəŋ¹³ 也说"一更鼓儿"。

二更 aiɚ⁴⁴kəŋ¹³ 二更。也说"二更鼓儿"。
三更 san¹³kəŋ⁴¹ 三更。也说"三更鼓儿"。
四更 tsʅ⁴⁴kəŋ¹³ 四更。也说"四更鼓儿"。
五更 vu⁴¹kəŋ¹³ 拂晓。也叫"傍亮子｜五更鼓儿"。
昼夜 tʂou⁴⁴iɛ⁴⁴ 昼夜。
黑明 xi¹³miŋ¹³ ①白天和晚上。②从白天到晚上。

(六)其他时间概念

年代 nian¹³tai⁴¹ 时间：这个事~多哩。
年限 nian¹³ɕian⁴¹ 指某一年或几年。
阶段 tɕiɛ¹³tuan⁴⁴ 指一段时间。
光阴 kuaŋ¹³iŋ¹³/⁴¹ ①时代。②生活,日子。③景象：早晨的~太好看。
年馑 nian¹³tɕiŋ⁴¹ 饥饿的年份：遭哩~哩。也叫"年荒"。
年景 nian¹³tɕiŋ⁴¹ 一年的收成：今年是好~。
天气 tʻian¹³tɕʻi⁴⁴ 指时间：半年多~没见他哩。
月份 yə¹³fəŋ⁴⁴ 指某月。
日子 zʅ¹³tsʅ⁴¹ 指日期。
时候 sʅ¹³xou⁴⁴ 时候。
时候儿 sʅ¹³xoɚ⁴⁴ ①时候。②时候到了：~哩,花儿就开哩。

443

时节 sʅ¹³tɕiɛ⁴¹　时候。
时辰 sʅ¹³ʂəŋ⁴¹　时候，钟点。辰，音"生"。
工夫 kuŋ¹³fu¹³　时间。
啥时候儿 sa¹³sʅ¹³xoɚ⁴⁴　什么时候。也说"多候儿｜几时 tɕi⁴¹sʅ¹³"。
这候儿 tʂʅ⁴⁴xoɚ¹³　这时。
那候儿 nai⁴⁴xoɚ¹³　那时。
有一下 iou⁴¹i¹³xa¹³　有时。也说"有下哩"。
有一回 iou⁴¹i¹³xuai¹³　有一次，有时。
是多候儿 sʅ⁴⁴tuə¹³xoɚ⁴⁴　无论什么时候。
期 tɕ'i¹³　指一个星期：家呢他站停留哩一～就走哩。
歇缓 ɕiɛ¹³xuan⁴¹　指假期：兵上部队里给我给哩一个月的～呢。
古代 ku⁴¹tai⁴⁴　古代。
亘古 kəŋ⁴⁴ku⁴¹　亘古。
从前 ts'uŋ¹³tɕ'ian¹³　从前。也说"先前 ɕian¹³tɕ'ian¹³｜早前 tsɔ⁴¹tɕ'ian¹³｜早头｜以前"。
临后 liŋ¹³xou⁴⁴　后来。
以后 i⁴¹xou⁴⁴　后来。也说"之后 tsʅ¹³xou⁴⁴"。
收口儿 ʂou¹³k'oɚ⁴¹　后来，结束时，最后。
落脚 luə¹³tɕyə¹³　最后，结果，后果、下场：他唱哩一个曲子，是《耍钱人的～》。
打头 ta⁴¹tou¹³　开始。
到尾儿 tɔ⁴⁴iə⁴¹　后来，最后。
头尾儿 t'ou¹³iə⁴¹　开头和结尾。
节口 tɕiɛ¹³k'ou⁴¹　关键的时间点儿：我们说话的～，雨下开哩。
现在 ɕian⁴⁴tsai⁴⁴　现在。
如今 vu¹³tɕiŋ⁴¹　如今。
新近 ɕiŋ¹³tɕiŋ⁴⁴　最近。
时时刻刻 sʅ¹³sʅ¹³k'i¹³k'i¹³　时时刻刻。
一时时儿 i¹³sʅ¹³sɯɚ¹³　片刻，一瞬间，一小会儿。也说"一时儿｜一阵子｜一阵儿"。
百年 pei¹³nian¹³　①世纪。十娃子给他孙子的诗《头一步》："大步往前走，你嫑害怕，左脚在我跟前呢——二十～，右脚踏的新～，我不得见。"②100岁。

四、农业、工业

（一）农　事

种地 tʂuŋ⁴⁴ti⁴⁴　种地。
种庄稼 tʂuŋ⁴⁴tʂuaŋ¹³tɕia⁴⁴　种庄稼，务农。
好地 xɔ⁴¹ti⁴⁴　肥沃的土地。
乏地 fa¹³ti⁴⁴　贫瘠的土地。
倒茬 tɔ⁴¹ts'a¹³　①轮作。②喻指反复调换。
犁地 li¹³ti⁴⁴　犁地。

撒籽儿 sa⁴¹tsɯɚ⁴¹ 播种。
种菜 tʂuŋ⁴⁴tsʻai⁴⁴ 种菜。
种子 tʂuŋ⁴¹tsɿ¹³ 种子。
打籽儿 ta⁴¹tsɯɚ⁴¹ 留存种子。
扎根 tsa¹³kən¹³ 扎根。
发苗 fa¹³miɔ¹³ 发芽。也说"发芽 fa¹³ia/iaŋ¹³"。芽，又音"羊"。
间苗 tɕian⁴⁴miɔ¹³ 间苗。
锄草 tʂʻu¹³tsʻɔ⁴¹ 锄草。
薅草 xɔ¹³tsʻɔ⁴¹ 薅草。
壅洋芋 yŋ¹³iaŋ¹³y⁴⁴ 给马铃薯培土。
务劳 vu⁴⁴lɔ¹³ 指对动植物的养殖、种植、管理：我～乳牛呢，我要给草料留神呢｜这个姑娘～白苕的呢。也说"务息｜务落"。
行行儿 xaŋ¹³xɔ⁴¹ 田垅。
垡子 fa¹³tsɿ⁴¹ 翻耕出或挖掘出的土块，草皮。
埂子 kəŋ⁴¹tsɿ¹³ 埂子。
打埂子 ta⁴¹kəŋ⁴¹tsɿ¹³ 整修田间的土埂。
粪 fəŋ⁴⁴ 粪。
粪堆 fəŋ⁴⁴tui¹³ 粪堆。
鸡汤粪 tɕi¹³tʻaŋ¹³fəŋ⁴⁴ 鸡粪。
羊粪 iaŋ¹³fəŋ⁴⁴ 指绵羊粪。
拾粪 ʂɿ¹³fəŋ⁴⁴ 拾粪。
打粪 ta⁴¹fəŋ⁴⁴ 把大的粪块儿打碎。
上粪 ʂaŋ⁴⁴fəŋ⁴⁴ 施肥。也说"上肥料 ʂaŋ⁴⁴fi¹³liɔ⁴⁴"。
挑渠 tʻiɔ⁴¹tɕʻy¹³ 整修渠道。
浇水 tɕiɔ¹³fi⁴¹ 浇水。
浇头水 tɕiɔ¹³tʻou¹³fi⁴¹ 浇第一遍水。
浇二水 tɕiɔ¹³aiɚ⁴⁴fi⁴¹ 浇第二遍水。
成作 tʂʻəŋ¹³tsuə¹³ （庄稼）长势好。
返青 fan⁴¹tɕʻiŋ¹³ 某些植物越冬后，由黄色转为绿色并恢复生长。
收割 ʂou¹³kə¹³ 收割。
收粮 ʂou¹³liaŋ¹³ 收割庄稼。
捆子 kʻuŋ⁴¹tsɿ¹³ 捆扎起来的禾束。
捆捆子 kʻuŋ⁴¹kʻuŋ⁴¹tsɿ¹³ 捆成捆子。
拉车 la¹³tʂʻə¹³ 拉车。
摊场 tʻan¹³tʂʻaŋ¹³ 把收割的庄稼摊开在场上晾晒。
打场 ta⁴¹tʂʻaŋ¹³ 麦子等农作物在场上脱粒。
扬场 iaŋ¹³tʂʻaŋ¹³ 把碾轧过的谷物等用木锨扬起，借风力分离出干净的籽粒。
打草 ta⁴¹tsʻɔ⁴¹ 割草。
铡草 tsa¹³tsʻɔ⁴¹ 铡草。
打柴 ta⁴¹tsʻai¹³ 打柴。
放羊 faŋ⁴⁴iaŋ¹³ 放羊。
收成 ʂou¹³tʂʻəŋ¹³ 收成。
高收成 kɔ¹³ʂou¹³tʂʻəŋ¹³ 好收成。
产品 tsʻan⁴¹pʻiŋ⁴¹ 指农副产品。
出产 tʂʻu¹³tsʻan⁴¹ 生产。
烟棚 ian¹³pʻəŋ¹³ 收存烟叶的棚子。
果园子 kuə⁴¹yan¹³tsɿ⁴¹ 果园子。也叫"高田园子"。

(二)农 具

车 tʂʻə¹³ 车。

二轱辘车 aiɚ⁴⁴ku¹³lu¹³tʂʻə¹³ 二轮车。

车轴 tʂʻə¹³tʂu¹³ 车轴。

拉杆 la¹³kan¹³ 旧式畜力车上的制动构件。

轮子 luŋ¹³tsɿ⁴¹ 车轮。也叫"轱辘"。

套绳 tʻɔ⁴⁴ʂəŋ¹³ 套绳。

双铧犁 faŋ¹³xua¹³li¹³ 装有两个铧的犁。

犁铧 li¹³xua⁴¹ 指犁，翻土的农具。

锄头 tʂʻu¹³tʻou¹³ 锄头。

镢头 tɕyə¹³tʻou¹³ 镢头。

镰刀 lian¹³tɔ⁴¹ 镰刀。

鞭子 pian¹³tsɿ⁴¹³ 鞭子。

牛鞭 niu¹³pian¹³ 牛鞭。

缰绳 tɕiaŋ¹³ʂəŋ¹³ 缰绳。

笼头 luaŋ¹³tʻou⁴¹ 套在牛马等头上的东西，用来系缰绳。

牛夹板 niu¹³tɕia¹³pan⁴¹ 牛拉东西时架在脖子上的器具，用来联结套绳等物件。

□脖 iuŋ¹³pə¹³ 马拉东西时架在脖子上的弧形器具，用来联结套绳等物件。

抽棍 tʂʻou¹³kuŋ⁴⁴ 横置于驴尾下的短木棍，两端有绳与肚带联结。

铡（子） tsa¹³(tsɿ⁴¹) 铡。也说"铡刀"。

石杵子 ʂɿ¹³tʂʻu⁴¹tsɿ¹³ 石杵。

铁锨 tʻiɛ¹³ɕian¹³ 铁锨。

木锨 mu¹³ɕian¹³ 木锨。

磨石 mə¹³ʂɿ¹³ 磨刀石。

扫帚 sɔ⁴⁴tʂʻu¹³ 扫帚。

笤帚 tʻiɔ¹³tʂʻu⁴¹ 笤帚。

筐子 kʻuaŋ¹³tsɿ¹³ 筐子或篮子。

扁担 pian⁴¹tan¹³ 扁担。

罗儿 luəɚ¹³ 一种器具，木框上张网状物，用来使粉末或流质漏下去，留下粗的粉末或渣滓。

筛子 sai⁴¹tsɿ¹³ 筛子。也叫"罗筛子"。

洒洒子 sa⁴¹sa¹³tsɿ¹³ 簸箕。

风车子 fəŋ¹³tʂʻə⁴¹tsɿ¹³ 一种农械，转动时可借风力把谷物的壳和米粒分开。

镟子 ɕyan⁴⁴tsɿ¹³ 一种旋转着切削的用具。

糟子 tsɔ¹³tsɿ¹³ 糟渣之类的东西。

磨盘 mə⁴⁴pʻan¹³ 磨：你但如果有钱，鬼给你推～。

水磨 fi⁴¹mə⁴⁴ 以水为动力的磨。

碾盘 nian⁴¹pʻan¹³ 指碾子。

碓窝子 tui⁴⁴və¹³tsɿ¹³ 木制或石制的舂米臼。也叫"舂窝｜舂窝子"。

□杆 və¹³kan¹³ 一种可向高处运送东西的简单的杠杆。

草料 tsʻɔ⁴¹liɔ⁴⁴ 草料。

仓子 tsʻaŋ¹³tsɿ¹³ 粮仓。

乡家户机器 ɕiaŋ¹³tɕia¹³xu⁴⁴tɕi¹³tɕʻi⁴⁴ 农业机械。

（三）工　业

工业　kuŋ¹³niɛ⁴¹　工业。
工厂　kuŋ¹³tʂ'aŋ⁴¹　工厂。
电厂　tian⁴⁴tʂ'aŋ⁴¹　电厂。也叫"发电厂"。
水电厂　fi⁴¹tian⁴⁴tʂ'aŋ⁴¹　水电厂。
发电　fa¹³tian⁴⁴　发电。
电力　tian⁴⁴li¹³　指电。
修盖风船的工厂　ɕiu¹³kai⁴⁴fəŋ¹³tʂ'uan¹³ti¹³kuŋ¹³tʂ'aŋ⁴¹　飞机制造厂。
蒸锅　tʂəŋ¹³kuə⁴¹　锅炉，产生水蒸气的装置。
挤油　tɕi⁴¹iou¹³　榨油。
挤油的工厂　tɕi⁴¹iou¹³ti¹³kuŋ¹³tʂ'aŋ⁴¹　榨油厂。

锯木厂　tɕy⁴⁴mu¹³tʂ'aŋ⁴¹　木材加工厂。
铁矿　t'iɛ¹³k'uaŋ⁴¹　铁矿。
煤矿　mei¹³k'uaŋ⁴⁴　煤矿。
生料　səŋ¹³liɔ⁴⁴　原料。
生铁　səŋ¹³t'iɛ¹³　生铁。
钢铁　kaŋ¹³t'iɛ¹³　钢铁。
钢　kaŋ¹³　钢。
机床　tɕi¹³tʂ'uaŋ¹³　机床。
件数子　tɕian⁴⁴fu¹³tsʅ¹³　机器零件，配件。也叫"件件子"。
机器　tɕi¹³tɕ'i⁴⁴　机器。
家常机器　tɕia¹³tʂ'aŋ¹³tɕi¹³tɕ'i⁴⁴　日用机械。
焊铁的呢　xan⁴⁴t'iɛ¹³ti¹³ni¹³　焊铁。

五、植　物

（一）农作物

庄稼　tʂuan¹³tɕia⁴⁴　庄稼。
庄稼穗子　tʂuaŋ¹³tɕia¹³sui⁴⁴tsʅ¹³　庄稼穗儿。
粮食　liaŋ¹³ʂʅ⁴¹　①指农作物的籽实：净都儿都儿～拉回家。②指庄稼，禾苗：～熟哩｜一眼看不透的～就像水浪。
五谷　vu⁴¹ku¹³　指粮食。
杂粮　tsa¹³liaŋ¹³　杂粮。
麦子　mei¹³tsʅ¹³　麦子。
大麦　ta⁴⁴mei¹³　大麦。
冬麦　tuŋ¹³mei⁴¹　秋天播种第二年夏天成熟的麦子。
芋麦　y⁴⁴mei¹³　芋麦。
燕麦　ian⁴⁴mei¹³　燕麦。
荞麦　tɕ'iɔ¹³mei⁴¹　荞麦。
谷子　ku¹³tsʅ¹³　谷子。
糜子　mi¹³tsʅ⁴¹　谷类农作物。
苞谷　pɔ¹³ku⁴¹　指这种植物或它的籽实。也叫"玉米　y¹³mi⁴¹｜苞儿米　pɔɚ¹³mi⁴¹"。
玉米棒子　y⁴⁴mi¹³paŋ⁴⁴tsʅ¹³　玉米穗儿。
玉米花　y⁴⁴mi¹³xua¹³　玉米花。
高粱　kɔ¹³liaŋ¹³　高粱。
稻子　tɔ⁴⁴tsʅ¹³　稻子。

白米 pei¹³mi⁴¹　稻的籽实去壳后叫白米。

秕 pi⁴¹　籽实不饱满。

糠 k'aŋ¹³　被脱下来的稻、谷子等作物籽实的皮或壳。

麦秸 mei¹³kai⁴⁴　麦秸。也叫"麦草｜麦材"。

玉米秆 y¹³/⁴⁴mi¹³kan⁴¹　玉米秆。

玉米头子 y¹³mi⁴¹t'ou⁴⁴tsʅ¹³　玉米穗儿上的籽实去掉后所剩的部分。

苜蓿 mu⁴⁴ɕy¹³　苜蓿。

棉花 mian¹³xua⁴¹　棉花。

棉花骨都儿 mian¹³xua⁴¹ku¹³tuɚ¹³　棉桃儿。

麻 ma¹³　大麻,苎麻。

麻秆儿 ma¹³kæɚ⁴¹　麻秆。

白莙 pei¹³ʂo¹³　甜菜。颜色黄的叫"黄莙",颜色红的叫"红莙",都指甜菜。

胡麻 xu¹³ma⁴¹　中国西北的一种油料作物。

菜籽 ts'ai⁴⁴tsʅ¹³　油菜,油料作物。

菜籽儿 ts'ai⁴⁴tsɯɚ¹³　油菜籽。

芝麻 tsʅ¹³ma¹³　芝麻。

向日葵 ɕiɔ⁴⁴aiɚ¹³k'ui¹³　向日葵。日,音"儿"。

落生儿 luɚ¹³sɯɚ¹³　花生。也叫"落花生"。

药料 yɚ¹³liɔ⁴⁴　①药用植物。②化肥。

旱烟 xan⁴⁴ian¹³　指该植物的植株,也指叶子。也叫"黄烟｜黄旱烟"。

烟叶子 ian¹³iɛ¹³tsʅ¹³　指该植物的叶子,也指加工成的烟丝。

（二）豆类、菜蔬

大豆 ta⁴⁴tou⁴⁴　蚕豆。

豌豆 van¹³tou⁴⁴　豌豆。

豇豆 tɕian¹³tou⁴⁴　豇豆。

黄豆 xuan¹³tou⁴¹　黄豆。

豆角儿 tou⁴⁴kəɚ¹³　豆角。也说"豆角子"。

菜蔬 ts'ai⁴⁴fu¹³　蔬菜。

黄瓜 xuaŋ¹³kua⁴¹　黄瓜。

葫芦 xu¹³lu⁴¹　指葫芦或南瓜。也叫"葫芦瓜"。

葱 ts'uŋ¹³　葱。

蒜 suan⁴⁴　蒜。

蒜骨都子 suan⁴⁴ku¹³tu¹³tsʅ⁴¹　指蒜的鳞茎。

蒜辫子 suan⁴⁴pian⁴⁴tsʅ¹³　蒜被编结起来的辫状长串儿。

野蒜 iɛ⁴¹suan⁴⁴　野生的蒜。

菠菜 pə¹³ts'ai⁴⁴　菠菜。

笋子 suŋ⁴¹tsʅ¹³　也叫"莴笋"。

莲花白 lian¹³xua⁴¹pei¹³　卷心白菜。

洋柿子 iaŋ¹³sʅ⁴⁴tsʅ¹³　西红柿。也叫"柿子"。

洋芋 iaŋ¹³y⁴⁴　马铃薯。也叫"山药"。

眼子 nian⁴¹tsʅ¹³　指马铃薯的芽眼。

茄子树树儿 tɕ'iɛ¹³tsʅ⁴¹fu⁴⁴fuɚ¹³　指茄子这种植物的植株。

茄子 tɕ'iɛ¹³tsʅ⁴¹　茄子（果实）。

辣子树树儿 la¹³tsʅ¹³fu⁴⁴fuə¹³　指辣椒这种植物的植株。

辣子 la¹³tsʅ¹³　指辣椒（果实）。也叫"辣角子"。

韭菜 tɕiu⁴¹ts'ai¹³　韭菜。

芹菜 tɕ'iŋ¹³ts'ai⁴¹　芹菜。

□莲 tɕ'iɛ⁴¹lian¹³　苤莲。

萝卜 luə¹³pu⁴¹　萝卜。

红萝卜 xuŋ¹³luə¹³pu⁴¹　红萝卜。

水萝卜 fi⁴¹luə¹³pu⁴¹　水萝卜。

糠萝卜 k'aŋ¹³luə¹³pu⁴¹　失去水分而发空的萝卜。

蔓菁 man¹³tɕiŋ¹³　①两年生草本植物，它的块状根可作为蔬菜。②这种植物的块根。

芫荽 ian¹³suei⁴¹　香菜。

（三）树　木

树 fu⁴⁴　树。

树林 fu⁴⁴liŋ¹³　①树林。②森林。也说"树窝子"。

松柏林 suŋ¹³pei¹³liŋ¹³　松树、柏树混种的树林。

树梢儿 fu⁴⁴sɤ¹³　也叫"树梢子"。

树根 fu⁴⁴kəŋ¹³　树根。

根根子 kəŋ¹³kəŋ¹³tsʅ⁴¹　①植物的根。②开出票据或证明后留下的底子，即存根。

树枝子 fu⁴⁴tsʅ¹³tsʅ¹³　树枝。

干枝枝儿 kan¹³tsʅ¹³tʂɯ¹³　干树枝儿。

树叶子 fu⁴⁴iɛ¹³tsʅ¹³　也说"树叶儿"。

绿叶叶儿 liu¹³iɛ¹³iɛə¹³　绿叶儿。

黄树叶 xuaŋ¹³fu⁴⁴iɛ¹³　黄树叶。

芽芽子 ia¹³ia⁴¹tsʅ¹³　芽。也说"芽芽儿"。

栽树 tsai¹³fu⁴⁴　栽树。

科（调）k'uə¹³（t'iɔ¹³）　给树整枝。

榆树 y¹³fu⁴⁴　榆树。

松树 suŋ¹³fu⁴⁴　松树。

柏树 pei¹³fu⁴⁴　柏树。

柳树 liu⁴¹fu⁴⁴　柳树。也说"柳木树"。

白杨树 pei¹³iaŋ¹³fu⁴⁴　杨树。

桑树 saŋ¹³fu⁴⁴　桑树。

皂角树 tsɔ⁴⁴tɕyə¹³fu⁴⁴　皂角树。

杏树 xəŋ⁴⁴fu⁴⁴　杏树。

梨树 li¹³fu⁴⁴　梨树。

柿子树 sʅ⁴⁴tsʅ¹³fu⁴⁴　柿子树。

枣树 tsɔ⁴¹fu⁴⁴　枣树。

沙枣树 sa¹³tsɔ⁴¹fu⁴⁴　沙枣树。生长在中国西北和中亚等地。

樱桃树 iŋ¹³t'ɔ¹³fu⁴⁴　樱桃树。中亚这种树很多。

石榴树 sʅ¹³liu⁴¹fu⁴⁴　石榴树。

桃树 t'ɔ¹³fu⁴⁴　桃树。

核桃树 xə¹³t'ou⁴¹fu⁴⁴　核桃树。桃，音"头"。

果树 kuə⁴¹fu⁴⁴　专指苹果树。

青货树 tɕ'iŋ¹³xuə⁴⁴fu⁴⁴　水果树的泛称。

(四) 瓜 果

果子 kuə⁴¹tsʅ¹³　水果的统称。

高田 kɔ¹³tʻian¹³　苹果、梨、枣、核桃等树或它们的果实的统称：吃开～哩把栽树的人要忘掉哩。此词汉语兰州话中也有，意思是高处的田地，是与地表的农作物相对而言的。

青货 tɕʻiŋ¹³xuə⁴⁴　新鲜的蔬菜、水果、瓜类的泛称，不一定都是青色的（如新鲜的草莓、西红柿等都属青货）。

干货 kan¹³xuə⁴⁴　晒干的水果。与"青货"相对而言。

结果 tɕiɛ¹³kuə⁴¹　结果实。

苹果 pʻiŋ¹³kuə⁴¹　苹果。

柿子 sʅ⁴⁴tsʅ¹³　柿子。也指西红柿。

樱桃儿 iəŋ¹³tʻɔɚ¹³　樱桃。

葡萄 pʻu¹³tʻɔ⁴¹　葡萄。

野葡萄 iɛ⁴¹pʻu¹³tʻɔ⁴¹　野生的葡萄。

李子 li⁴¹tsʅ¹³　李子。

石榴 ʂʅ¹³liu⁴¹　石榴。

沙枣儿 sa¹³tsɔɚ⁴¹　果实像枣，形状小，淡黄色，吃起来有涩味，中国西北各地多见。也说"沙枣子"。

藨儿 pʻiɛ¹³　草莓，也叫"地藨儿"。

西瓜 ɕi¹³kua⁴¹　西瓜。

甜瓜 tʻian¹³kua⁴¹　甜瓜。

倭瓜 və¹³kua⁴¹　南瓜。

瓜子儿 kua¹³tsɯɚ⁴¹　瓜子儿。

瓜瓢 kua¹³zaŋ¹³　瓜瓢。

瓜把儿 kua¹³pæɚ⁴⁴　瓜把儿。

桃子 tʻɔ¹³tsʅ¹³　桃子。

桃核子 tʻɔ¹³xu¹³tsʅ¹³　桃核儿。

梨 li¹³　梨。

杏子 xəŋ⁴⁴tsʅ¹³　杏子。

杏核儿 xəŋ⁴⁴xuə¹³　杏核儿。

枣子 tsɔ⁴¹tsʅ¹³　枣子。

枣核子 tsɔ⁴¹xu¹³tsʅ¹³　枣核儿。

桑子 saŋ¹³tsʅ¹³　桑树的浆果。

野刺果子 iɛ⁴¹tsʻʅ⁴⁴kuə¹³tsʅ¹³　野生的浆果。

核桃 xə¹³tʻou⁴¹　核桃。桃，音"头"。

蕨麻 tɕyə¹³ma¹³　一种蔷薇科野生植物，它的根呈块状，可食用，俗称"人参果"，生长于中国西北各地。

(五) 花草、菌类

牡丹花 mɔ⁴¹tan¹³xua¹³　牡丹花。牡，音"卯"。

粉红牡丹 fəŋ⁴¹xuŋ¹³mɔ⁴¹tan¹³　粉红色牡丹花。牡，音"卯"。

刺玫花 tsʻʅ⁴⁴mei¹³xua¹³　玫瑰花。也叫"瑰花"。

野刺玫花儿 iɛ⁴¹tsʻʅ⁴⁴mei¹³xuæɚ¹³　野玫瑰花。

菊花 tɕy¹³xua⁴¹　菊花。

野菊花 iɛ⁴¹tɕy¹³xua⁴¹　野菊花。

海纳 xai⁴¹na¹³　指甲花。

鸡冠子花 tɕi¹³kuan¹³tsʅ¹³xua¹³　鸡冠花。

睡莲花 fi⁴⁴lian¹³xua⁴¹　睡莲花。

铃铛儿 liŋ¹³tɔɚ⁴¹　一种开的像铃铛

的花。

芍药 fə¹³iɛ⁴¹　芍药。药,音"叶"。

野芍药 iɛ⁴¹fə¹³iɛ⁴¹　野芍药。药,音"叶"。

红大袍 xuəŋ¹³ta⁴⁴p'ɔ⁴⁴　野罂粟花。

地早花儿 ti⁴⁴tsɔ⁴¹xuæɚ¹³　郁金香。

桃花儿 t'ɔ¹³xuæɚ⁴¹　桃花。

杏花儿 xəŋ⁴⁴xuæɚ¹³　杏花。

野花儿 iɛ⁴¹xuæɚ¹³　野花。

花骨都儿 xua¹³ku¹³tuɚ¹³　花蕾。也叫"苞苞子"。

开花 kai¹³xua¹³　开花。

红花花儿 xuŋ¹³xua¹³xuæɚ¹³　红花儿。

花瓣儿 xua¹³pæɚ⁴¹　花瓣儿。

顶蓬花儿 tiŋ⁴¹p'əŋ¹³xuæɚ¹³　靠近植株顶部的花。

鲜花儿 ɕian¹³xuæɚ¹³　鲜花。

花籽儿 xua¹³tsɯɚ⁴¹　花籽儿。

花根 xua¹³kəŋ¹³　花根。

蒿子 xɔ¹³tsʅ⁴¹　蒿子。

蓬蒿 p'əŋ¹³xɔ¹³　蓬蒿。

黄蒿 xuaŋ¹³xɔ⁴¹　黄蒿。

艾 nai⁴⁴　艾。

薄荷 pɔ⁴⁴xə¹³　薄荷。

苇子 vi⁴¹tsʅ¹³　苇子。

青草 tɕ'iŋ¹³ts'ɔ⁴¹　青草。

野草 iɛ⁴¹ts'ɔ¹³　野草。

草苗 ts'ɔ⁴¹miɔ¹³　草苗。

草根 ts'ɔ⁴¹kəŋ¹³　草根。

蘑菇 mɔ¹³ku⁴¹　蘑菇。蘑,音"毛"。

灵芝草 liŋ¹³tsʅ¹³ts'ɔ⁴¹　灵芝草。

六、动　物

（一）牲　畜

活物儿 xuə¹³vəɚ⁴¹　指生物。有时专指动物。

牲灵 səŋ¹³liŋ¹³　①泛指家畜家禽:卡尔霍兹_{集体农庄}的～千千万,牛、马、骆驼、鸡、羊、猪满滩转。②指动物。

畜生 tʂ'u¹³səŋ⁴¹　畜生。

牲口 səŋ¹³k'ou⁴¹　牲口。也叫"头口 t'ou¹³ku⁴¹｜牲灵"。"头口"的"口",音"古"。

马 ma⁴¹　马。

儿马 aiɚ¹³ma⁴¹　公马。

骒马 k'uə⁴⁴ma¹³　母马。

马尾子 ma⁴¹i⁴¹tsʅ¹³　马尾巴上的粗而长的毛。

马蹄子 ma⁴¹t'i¹³tsʅ⁴¹　马蹄。

马驹儿 ma⁴¹tɕyɚ¹³　马驹儿。

野马 iɛ⁴¹ma⁴¹　野马。

牛 niu¹³　牛。

犍牛 tɕian¹³niu¹³　公牛。

乳牛 vu⁴¹niu¹³　母牛。

奶牛 nai⁴¹niu¹³　奶牛。也叫"乳牛

vu⁴¹niu¹³"。

牛娃子 niu¹³va⁴¹tsʅ¹³ 幼牛。也说"牛犊子"。

牛角 niu¹³kə¹³ 牛角。

野牛 iɛ⁴¹niu¹³ 野牛。

尾巴 i⁴¹pa¹³ 也说"尾巴子｜尾巴儿"。

驴 ly¹³ 驴。

毛驴儿 mɔ¹³lyə¹³ 毛驴儿。

驴娃儿 ly¹³vaɚ⁴¹ 幼驴。

骡子 luə¹³tsʅ⁴¹ 骡子。

骆驼 luə¹³tʻuə¹³ 骆驼。

儿驼 aiɚ¹³tʻuə⁴¹ 公骆驼。

千里驹 tɕian¹³li⁴¹tɕy¹³ 一种善跑的马。

羊 iaŋ¹³ 指绵羊。偶尔也说"绵羊"。

羊羔子 iaŋ¹³kɔ⁴¹tsʅ¹³ 羊羔儿。

野羊 iɛ⁴¹iaŋ¹³ ①指野绵羊。②指羱羊,形似"羖羯",但体大角长,东干人也叫"山羊"。

羖羯 tɕy¹³ly¹³ 山羊。

羖羯羔子 tɕy¹³ly¹³kɔ¹³tsʅ⁴¹ 山羊羔儿。

野羖羯 iɛ⁴¹tɕy¹³ly¹³ 野山羊。

猪 tʂu¹³ 猪。也说"哼子儿"。

猪娃 tʂu¹³va¹³ 也说"猪娃子｜猪娃儿"。

野猪 iɛ⁴¹tʂu¹³ 野猪。

鹿 lu¹³ 鹿。

鹿娃儿 lu¹³væɚ¹³ 幼鹿。也说"鹿娃子｜鹿羔子"。

狗 kou⁴¹ 狗。

细狗 ɕi⁴⁴kou⁴¹ 一种嘴尖长、腿细、善跑的猎犬。也叫"细腰子狗"。

狗娃 kou⁴¹va¹³ 狗娃。

疯狗 fəŋ¹³kou⁴¹ 疯狗。

獒 nɔ¹³ 狗的一种,凶猛善斗。

野狗 iɛ⁴¹kou⁴¹ 没人喂养的狗。

笼罩 luŋ¹³tsɔ⁴⁴ 狗嘴上戴的一种笼状或网状罩子,用来防备狗咬人。

猫 mɔ¹³ 猫。

郎猫 laŋ¹³mɔ¹³ 公猫。

女猫 mi⁴¹mɔ¹³ 母猫。女,音"米"。

猫娃 mɔ¹³va¹³ 猫娃儿。

野猫 iɛ⁴¹mɔ¹³ 不是家养的猫。

野狸子 iɛ⁴¹li¹³tsʅ¹³ 山猫。

兔子 tʻu⁴⁴tsʅ¹³ 也说"兔儿 tʻuɚ⁴⁴"。

兔娃子 tʻu⁴⁴va¹³tsʅ⁴¹ 幼兔。

野兔子 iɛ⁴¹tʻu⁴⁴tsʅ¹³ 不是家养的兔子。

飞禽 fi¹³tɕʻiŋ¹³ 指鸡、鸭、鹅等。

鸡 tɕi¹³ 鸡。

公鸡 kuŋ¹³tɕi⁴¹ 公鸡。

公鸡□仗 kuŋ¹³tɕi⁴¹tɔ¹³tsaŋ⁴⁴ 公鸡用嘴互相啄。

母鸡 mu⁴¹tɕi¹³ 母鸡。

下蛋 ɕia⁴⁴tan⁴⁴ 下蛋。

鸡蛋 tɕi¹³tan⁴⁴ 鸡蛋。

鸡蛋壳壳子 tɕi¹³tan⁴⁴kʻə¹³kʻə¹³tsʅ⁴¹ 鸡蛋壳儿。

鸡爪 tɕi¹³tʂua⁴¹ 鸡爪。

鸡毛 tɕi¹³mɔ¹³ 鸡毛。

鸡冠子 tɕi¹³kuan¹³tsʅ¹³ 鸡冠。

抱鸡娃儿 pɔ⁴⁴tɕi¹³væɚ¹³ 孵小鸡。

鸡娃子 tɕi¹³va¹³tsʅ⁴¹ 鸡娃儿。

野鸡 iɛ⁴¹tɕi¹³ 不是家养的鸡。

鹅 ŋə/və¹³ 鹅。

鹅娃子 ŋə¹³va¹³ᐟ⁴¹tsʅ¹³　幼鹅。
鹅蛋 ŋə¹³tan⁴⁴　鹅蛋。
野鹅 iɛ⁴¹ŋə¹³　不是家养的鹅。
鸭子 ia¹³tsʅ¹³　鸭子。
鸭娃子 ia¹³va¹³tsʅ⁴¹　幼鸭。
鸭子的爪爪儿 ia¹³tsʅ¹³ti¹³tʂua¹³tʂuæɚ¹³　鸭的爪子。
野鸭 iɛ⁴¹ia¹³　不是家养的鸭。

(二) 鸟、兽

野牲 iɛ⁴¹səŋ¹³　泛指野生动物。
野兽 iɛ⁴¹ʂou⁴⁴　野兽。也叫"瘆虫"。
老虎 lɔ¹³xu⁴¹　老虎。
豹子 pɔ⁴⁴tsʅ¹³　豹子。
猴 xou¹³　猴子。
哈熊 xa⁴¹ɕyŋ¹³　狗熊。
狼 laŋ¹³　狼。
恶狼 və⁴⁴laŋ¹³　恶狼。
狼娃子 laŋ¹³va¹³tsʅ⁴¹　幼狼。
獠牙 liɔ¹³ia¹³　露在嘴唇外面的长牙。
树雕儿 fu⁴⁴tiɔɚ¹³　松鼠。也叫"觤羿猫儿"。
老鼠 lɔ¹³tʂ'u⁴¹　老鼠。
刺猬 ts'ʅ⁴⁴vi¹³　刺猬。
旱獭 xan⁴⁴t'a¹³　旱獭。
水獭 fi⁴¹t'a¹³　水獭。
狐子 xu¹³tsʅ⁴¹　狐狸。也叫"野狐子"。
龙 luŋ¹³　龙。
长虫 tʂ'aŋ¹³tʂ'uŋ⁴¹　蛇。也叫"蛇

ʂə¹³"。
蟒 maŋ⁴¹　蟒。
芯子 ɕiŋ⁴⁴tsʅ¹³　蛇的舌。
麻长虫 ma¹³tʂ'aŋ¹³tʂ'uŋ⁴¹　蜥蜴。
鸟儿 niɔɚ⁴¹　总称，也说"鸦雀老鸹 va¹³"。
雀儿 tɕ'iɔɚ/tɕ'yɚ¹³　麻雀之类。
麻雀 ma¹³tɕ'iɔ⁴¹　麻雀。
喜鹊 ɕi⁴¹tɕ'iɔ¹³　喜鹊。
五更鹉儿 vu⁴¹kəŋ¹³ts'ɯə¹³　一种鸟，叫声好听。诗：～飞起把曲儿唱。
老鸹 lɔ⁴¹va¹³　乌鸦。也叫"黑老鸹 xi¹³lɔ⁴¹va¹³"，偶尔也说"乌鸦"。"鸹"，音"挖"。
百灵儿 pei¹³liɚ¹³　百灵鸟。
鸽子 kə¹³tsʅ¹³　鸽子。
野鸽子 iɛ⁴¹kə¹³tsʅ¹³　非家养的鸽子。
白鸽子 pei¹³kə¹³tsʅ¹³　白鸽子。
啄木雀儿 tuə¹³mu¹³tɕ'iɔɚ¹³　啄木鸟。也叫"啄木虫儿｜啄树虫儿｜啄木雕儿"。啄，音"多"。
斑鸽 pan¹³kə⁴¹　斑鸠。也叫"斑鸽子｜斑鸽儿｜咕咕登"。
鹌鹑 nan¹³tʂ'uŋ¹³　鹌鹑。
鹞子 iɔ⁴⁴tsʅ¹³　鹞子。
臭布布 tʂ'ou⁴⁴pu⁴⁴pu¹³　戴胜鸟。也叫"步步赤"。
夜猫子 iɛ⁴⁴mɔ¹³tsʅ¹³　猫头鹰。
哼吼 xəŋ⁴⁴xou²¹　猫头鹰。
鸱鸮子 ts'ʅ¹³ɕiɔ¹³tsʅ⁴¹　猫头鹰的另一类，形状与它相似，但体积小。
孔雀 k'uŋ⁴¹tɕ'yə¹³　孔雀。

八哥儿 pa¹³kəə¹³ 八哥儿。
骨嚓 ku¹³ts'a¹³ 一种鹰类猛禽。
鹰 iŋ¹³ 也叫"老鹰 lɔ⁴¹iŋ¹³ | 恶老鹰 ŋə⁴⁴lɔ⁴¹iŋ¹³ | 苍鹰 ts'aŋ¹³iŋ¹³"。
雕 tiɔ¹³ 雕。
凤凰 fəŋ⁴⁴xuŋ¹³ 凤凰。
雁 ian⁴⁴ 大雁。也叫"长脖子雁 | 咕噜雁"。
孤雁 ku¹³ian⁴⁴ 单个的雁。
天鹅 t'ian¹³ŋə/və¹³· 天鹅。
钓鱼郎 tiɔ⁴⁴y¹³laŋ¹³ 一种啄鱼的水鸟。
燕鸡儿 ian⁴⁴tɕiə¹³ 燕子。也叫"燕鸡鸡 | 燕鸡子"。
鸵鸡 t'uə¹³tɕi⁴¹ 鸵鸟。
夜蝙蝴儿 iɛ⁴⁴piɛ¹³xuə¹³ 蝙蝠。
翅膀儿 ts'ɿ⁴⁴pɔə⁴¹ 也说"膀子"。
儿儿子 aiə¹³aiə⁴¹tsɿ¹³ 鸟兽的幼雏。

(三) 虫 类

摇头摆脑 iɔ¹³t'ou¹³pai¹³nai⁴⁴ 蛹。脑,音"耐"。
幼虫 iou⁴⁴tʂ'uŋ¹³ 幼虫。
蛛蛛 tʂu¹³tʂu¹³ 蜘蛛。
蛛蛛网 tʂu¹³tʂu¹³vaŋ⁴¹ 蜘蛛网。
蚂蚁 ma¹³i⁴¹ 蚂蚁。也叫"蚂蚁虫 ma¹³i⁴¹tʂ'uŋ¹³"。
曲蟮 tɕ'y¹³ʂan¹³ 蚯蚓。
呱呱牛 kua⁴⁴/⁴¹kua¹³niu¹³ 蜗牛。
屎爬牛 sɿ⁴¹p'a¹³niu¹³ 屎壳郎。
蝎子 ɕiɛ¹³tsɿ¹³ 蝎子。

蜈蚣 vu¹³kuŋ/k'uŋ⁴¹ 蜈蚣。
蚰蜒 iou¹³ian⁴¹ 比蜈蚣小的一种节肢动物。也叫"蚰蜒虫"。
苍蝇 ts'aŋ¹³iŋ¹³ 苍蝇。
蚊子 vəŋ¹³tsɿ⁴¹ 蚊子。
虱子 sei¹³tsɿ¹³ 虱子。
臭虫 tʂ'ou⁴⁴tʂ'uŋ¹³ 臭虫。也叫"臭虱"。
疙蚤 kə¹³tsɔ¹³ 跳蚤。
虮子 tɕi⁴¹tsɿ¹³ 跳蚤的卵。
毒虫 tu¹³tʂ'uŋ¹³ 害虫。
蚂蚱 ma¹³tsa¹³ 蚂蚱。
蝗虫 xuaŋ¹³tʂ'uŋ⁴¹ 蝗虫。
蜜蜂 mi¹³fəŋ¹³ 蜜蜂。
野蜜蜂儿 iɛ⁴¹mi¹³fəə¹³ 黄蜂。也叫"野蜂儿"。
蝴蝶儿 xu¹³t'iɛə⁴¹ 蝴蝶。蝶,音"铁"。也叫"列撒子"。

(四) 鱼虾类

鱼 y¹³ 鱼。
白鱼儿 pei¹³yə¹³ 鱼的一个种类。
鸭子嘴鱼 ia¹³tsɿ¹³tsui⁴¹y¹³ 梭鱼。
打鱼 ta⁴¹y¹³ 捕鱼。
钓鱼 tiɔ⁴⁴y¹³ 钓鱼。
钩达儿 kou¹³tæə¹³ 指钓鱼竿上的钩儿。
虾米 ɕia¹³mi¹³ 晒干的去头去壳的虾。
鳖盖 piɛ¹³kai⁴⁴ 指鳖。
蛤蟆儿 xa¹³mæə¹³ 青蛙。
癞瓜子 lai⁴⁴kua¹³tsɿ¹³ 青蛙。

七、房　舍

(一) 房　子

庄子 tṣuaŋ¹³tsʅ¹³　指院落，宅基地：先买～后买房。
房舍 faŋ¹³ʂə⁴⁴　泛指房屋。
住房 tṣu⁴⁴faŋ¹³　泛指房屋。"屋 vu¹³"极为罕见。
房子 faŋ¹³tsʅ⁴¹　房子。也叫"房"，指整座的，也指单间的。
套间子 tʻɔ⁴⁴tɕian¹³tsʅ¹³　也说"套间儿"。
里间子 li⁴¹tɕian¹³tsʅ¹³　在套间里面的房间。
外间子 vai⁴⁴tɕian¹³tsʅ¹³　在套间外面的房间。
盖房子 kai⁴⁴faŋ¹³tsʅ⁴¹　盖房子。
院子 yan⁴⁴tsʅ¹³　院子。
篱笆 li¹³pa¹³　篱笆。
道道儿 tɔ⁴⁴tɔɚ¹³　走廊。
墙 tɕʻiaŋ¹³　墙。
玉石墙 y⁴⁴ʂʅ¹³tɕʻiaŋ¹³　镶着瓷砖的墙。
墙根 tɕʻiaŋ¹³kən¹³　墙根。
墁墙 man⁴⁴tɕʻiaŋ¹³　用灰土抹墙。
隔壁 ki¹³pi⁴⁴　隔壁。
花墙儿 xua¹³tɕʻiɔɚ¹³　砌成的有镂空花样的矮墙。
街门 kai¹³mən¹³　指宅院的大门。也叫"户门 xu⁴⁴mən¹³"。
门楼子 məŋ¹³lou¹³tsʅ⁴¹　宅院大门上边牌楼式的顶。
铁顶子房 tʻiɛ¹³tiŋ⁴¹tsʅ¹³faŋ¹³　用铁皮做房顶的平房。
绣房 ɕʻiu⁴⁴faŋ¹³　旧指青年女子住的房子。见于东干民间文学。
楼房 lou¹³faŋ⁴¹　楼房。
高楼大厦 kɔ¹³lou¹³tа⁴⁴sa⁴⁴　高楼大厦。
金楼宝殿 tɕiŋ¹³lou¹³pɔ⁴¹tian⁴⁴　指旧时的金銮殿。
栏杆儿 lan¹³kæɚ⁴¹　栏杆儿。
梯子 tʻi¹³tsʅ¹³　梯子。也叫"梯架 tʻi¹³tɕia¹³"。
梯台子 tʻi¹³tʻai¹³tsʅ⁴¹　指建筑物的供人上下的台阶，也指现在的电梯。

(二) 房屋结构

铁顶子 tʻiɛ¹³tiŋ⁴¹tsʅ¹³　用铁皮做的房顶。
房檐 faŋ¹³ian¹³　房檐。也叫"廊檐 laŋ¹³ian¹³"。
房梁 faŋ¹³liaŋ¹³　房梁。
檩子 liŋ⁴¹tsʅ¹³　檩子。
椽子 tʂʻuaŋ¹³tsʅ⁴¹　椽子。
柱子 tʂu⁴⁴tsʅ¹³　柱子。
房门 faŋ¹³mən¹³　房门。
大门 ta⁴⁴mən¹³　与"小门"相对而言。
二门子 aiɚ⁴⁴mən¹³tsʅ¹³　小门，便门。

闪子 fan⁴⁴tsʅ¹³　门闪。
门框 məŋ¹³kʻuaŋ⁴⁴　门框。
后门 xou⁴⁴məŋ¹³　后门。
门槛儿 məŋ¹³kʻæə⁴¹　门槛。
锁 suə⁴¹　也叫"锁子"。
钥匙 yə¹³sʅ⁴⁴　钥匙。
窗子 tʂʻuaŋ¹³tsʅ¹³　窗子。
窗框 tʂʻuaŋ¹³kʻuaŋ⁴⁴　窗框。
窗扇子 tʂʻuaŋ¹³ʂan⁴⁴tsʅ¹³　窗户上像门扇一样可以开合的部分。
窗掌子 tʂʻuaŋ¹³tʂʻəŋ⁴⁴tsʅ¹³　窗棂。
窗台 tʂʻuaŋ¹³tʻai¹³　窗台。
帘子 lian¹³tsʅ⁴¹　指门帘、窗帘或幕布。幅面小的叫"帘帘子 lian¹³lian⁴¹tsʅ¹³"。

（三）其他设施

自来水 tsʅ⁴⁴lai¹³fi⁴¹　自来水。

厨房 tʂʻu¹³faŋ⁴¹　厨房。也叫"伙房"。
灶火 tso⁴⁴xuə⁴¹　炉灶。
馕房子 naŋ⁴¹faŋ¹³tsʅ⁴¹　烤制馕的房子。
磨坊 mə⁴⁴faŋ¹³　磨坊。
堂子 tʻaŋ¹³tsʅ⁴¹　澡堂，东干人的浴室。也叫"水堂子"。
仓房 tsʻaŋ¹³faŋ¹³　放粮物的小房。
仓子 tsʻaŋ¹³tsʅ¹³　粮仓。
茅圈 mɔ¹³tɕyan⁴⁴　厕所。
马圈 ma⁴¹tɕyan⁴⁴　马棚。
牛圈 niu¹³tɕyan⁴⁴　喂养牛的地方。
羊圈 iaŋ¹³tɕyan⁴⁴　喂养羊的地方。
鸡圈 tɕi¹³tɕyan⁴⁴　养鸡场或鸡窝。
鸡房子 tɕi¹³faŋ¹³tsʅ⁴¹　鸡窝。
草摞 tsʻɔ⁴¹luə⁴⁴　草垛。
渗坑 səŋ⁴⁴kʻəŋ¹³　污水坑。

八、器具、用品

（一）一般家具

家具 tɕia¹³tɕy⁴⁴　所指范围较宽。指工具、用具、器具：木匠～｜煤窑～。
柜子 kui⁴⁴tsʅ¹³　柜子。
立柜 li¹³kui⁴⁴　立柜。
书柜 fu¹³kui⁴⁴　书柜。
书架子 fu¹³tɕia⁴⁴tsʅ¹³　书架子。
不失闲 pu¹³sʅ¹³ɕian¹³　衣帽架：帽子在～上挂的呢。
衣柜 i¹³kui⁴⁴　衣柜。
冰箱 piŋ¹³ɕiaŋ¹³　冷藏食物等的器具。
桌子 tʂuə¹³tsʅ¹³　桌子。
条桌子 tʻiɔ¹³tʂuə¹³tsʅ¹³　条桌。
方桌子 faŋ¹³tʂuə¹³tsʅ¹³　方桌。
炕桌 kʻaŋ⁴⁴tʂuə¹³　放在炕上的小矮桌。用时放上去，不用时拿掉。
板凳 pan⁴¹təŋ⁴⁴　板凳。

凳子 təŋ⁴⁴tsʅ¹³　凳子。
椅子 i⁴¹tsʅ¹³　椅子。也叫"椅凳 i⁴¹təŋ⁴⁴"。
靠子 kʻɔ⁴⁴tsʅ¹³　（椅子等的）靠背。

（二）卧室用具

床 tʂʻuaŋ¹³　床。
象牙床 ɕiaŋ⁴⁴ia¹³tʂʻuaŋ¹³　象牙床。见于东干民间文学。
炕 kʻaŋ⁴⁴　①土炕，睡觉用的家具。②烤：夏天呢沙滩上～的狼都不站停留。
火炕 xuə⁴¹kʻaŋ⁴⁴　指炕。炕内有孔道，可烧火取暖，故称～。
热炕 zə¹³kʻaŋ⁴⁴　烧热的炕。
炕围子 kʻaŋ⁴⁴vi¹³tsʅ⁴¹　靠着炕的墙壁上围着的布或贴着的纸，起保洁和装饰作用。
炕洞眼 kʻaŋ⁴⁴tuŋ⁴⁴nian⁴¹　炕的烧火口。
被儿 piɚ⁴¹　被子。也叫"被窝 pi⁴⁴və¹³"。
褥子 vu¹³tsʅ¹³　①（用布袋装上草等的）床垫，褥垫。②坐垫。
毡 tʂan¹³　毡。中国西北和中亚地区很常见的卧室用具。
毛毡 mɔ¹³tʂan¹³　毛毡。
红毡 xuŋ¹³tʂan¹³　红色的毡。
毯子 tʻan⁴¹tsʅ¹³　毯子。
毛单子 mɔ¹³tan¹³tsʅ⁴¹　毛毯。
羊毛单 iaŋ¹³mɔ¹³tan¹³　羊毛毯子。
铺盖 pʻu¹³kai⁴⁴　被褥。也叫"毡条被窝 tʂan¹³tʻiɔ¹³pi⁴⁴və¹³｜被窝"。
枕头 tʂəŋ⁴¹tʻou¹³　枕头。
枕头套子 tʂəŋ⁴¹tʻou¹³tʻɔ⁴⁴tsʅ¹³　枕头套儿。
蚊帐 vəŋ¹³tʂaŋ⁴⁴　蚊帐。
镜子 tɕiŋ⁴⁴tsʅ¹³　①镜子。也叫"镜儿 tɕiɚ⁴⁴｜玻璃镜子"。②指玻璃。
穿衣镜 tʂʻuan¹³i¹³tɕiŋ⁴⁴　穿衣镜。
火盆 xuə⁴¹pʻəŋ¹³　火盆。冬天屋内取暖用。
钱匣子 tɕʻian¹³ɕia¹³tsʅ⁴¹　放钱的匣子。
铁盒盒儿 tʻiɛ¹³xə¹³xəɚ⁴¹　铁盒子。
图样 tʻu¹³iaŋ⁴⁴　相片。也叫"影图 iŋ⁴¹tʻu¹³｜相片儿 ɕiaŋ⁴⁴pʻiæ⁴⁴"。

（三）炊事用具

风匣 fəŋ¹³ɕia¹³　风箱。
火炉 xuə⁴¹lu/lou¹³　火炉。
烧烤 ʂɔ¹³kʻɔ⁴⁴　泛指燃料。
粪块子 fəŋ⁴⁴kʻuai⁴¹tsʅ¹³　用作燃料的干粪块儿。
柴火 tsʻai¹³xuə⁴¹　柴火。
麦草 mei¹³tsʻɔ⁴¹　麦草。
稻草 tɔ⁴⁴tsʻɔ⁴¹　稻草。
燕麦秸 ian⁴⁴mei¹³kai¹³　燕麦秸。
谷子草 ku¹³tsʅ¹³tsʻɔ⁴¹　谷子草。
秆秆梢梢 kan⁴¹kan⁴¹sɔ¹³sɔ¹³　泛指各种秆状的柴草。
火子儿 xuə⁴¹tsɯ⁴¹　火。

457

火星儿 xuə⁴¹ɕiə¹³　火星。也说"火星子"。

火焰 xuə⁴¹ian⁴⁴　火焰。

自发火 tsɿ⁴⁴fa¹³xuə⁴¹　火柴。也说"取灯子｜洋火｜火香"。

烟洞 ian¹³tuŋ⁴⁴　烟囱，烟道。也说"烟筒｜烟筒子"。

黑烟 xi¹³ian¹³　黑烟。

烟烟子 ian¹³ian¹³tsɿ⁴¹　淡淡的炊烟。

烟煤子 ian¹³mei¹³tsɿ⁴¹　指烟筒里的黑灰。

锅 kuə¹³　锅。

蒸锅 tʂəŋ¹³kuə⁴¹　蒸馒头等用的锅。

锅盖 kuə¹³kai⁴⁴　锅盖。

蒸巴子 tʂəŋ⁴⁴pa¹³tsɿ¹³　蒸笼。也说"笼"：把~揭开拾哩一碟子卷卷儿。

鏊鏊子 nɔ⁴⁴nɔ¹³tsɿ¹³　鏊子。烙饼的炊具。

水壶 fi⁴¹xu¹³　水壶。

姜窝子 tɕiaŋ¹³və⁴¹tsɿ¹³　捣烂姜、蒜的小臼。

饭碗 fan⁴⁴van⁴¹　饭碗。

碗盏 van⁴¹tsan¹³　指碗、碟之类的食具。

碗碗子 van⁴¹van¹³tsɿ¹³　小碗儿。

茶碗 tsʻa¹³van⁴¹　茶碗。也叫"二碗子｜盖碗儿"。

盘盘儿 pʻan¹³pʻæ⁴¹　①盛放食品等的小圆盘儿。②代指唱片、录音片。

洋盘 iaŋ¹³pʻan¹³　大盘子。

碟子 tiɛ¹³tsɿ⁴¹　碟子。

盅子 tʂuŋ¹³tsɿ¹³　杯子。

勺子 fə¹³tsɿ⁴¹　勺子。

筷子 kʻuai⁴⁴tsɿ¹³　筷子。

砂罐 sa¹³kuan⁴⁴　瓦罐，陶罐。

罐罐子 kuan⁴⁴kuan¹³tsɿ¹³　小罐儿。

瓢子 pʻiɔ¹³tsɿ⁴¹　瓢，舀水的用具。

油瓶子 iou¹³pʻiŋ¹³tsɿ¹³　油瓶子。

瓶瓶儿 pʻiŋ¹³pʻiə⁴¹　小瓶儿。

案板 nan⁴⁴pan⁴¹　案板。

切刀 tɕʻiɛ¹³tɔ¹³　菜刀。

刀刃子 tɔ¹³ʐəŋ⁴⁴tsɿ¹³　刀刃儿。

刀把子 tɔ¹³pa⁴⁴tsɿ¹³　刀把。

刀背子 tɔ¹³pei⁴⁴tsɿ¹³　刀背。

擀杖 kan⁴¹tʂaŋ⁴⁴　擀面杖。

油缸 iou¹³kaŋ⁴¹　盛油的缸。

面缸 mian⁴⁴kaŋ¹³　盛面粉的缸。

水缸 fi⁴¹kaŋ¹³　陶制的盛水器具。

桶 tʻuŋ⁴¹　桶。也说"桶子｜水桶"。

恶水 ŋ¹³fi⁴¹　洗碗水。

布布子 pu⁴⁴pu¹³tsɿ¹³　指抹布或碎布，废布。也说"布布儿"。

油渣子 iou¹³tsa⁴¹tsɿ¹³　油渣。

油烟子 iou¹³ian⁴¹tsɿ¹³　油烟。炒菜、做饭产生的烟尘、油污。

(四) 工匠用具

家伙 tɕia¹³xuə¹³　工具，器物。也说"家什"：玻璃~。

斧头 fu⁴¹tʻou¹³　斧头。

锯子 tɕy⁴⁴tsɿ¹³　锯。

锯齿 tɕy⁴⁴tsʻɿ⁴¹　锯齿。

钉钉儿 tiŋ¹³tiɚ¹³　钉子。
橛橛子 tɕyə¹³tɕyə⁴¹tsʅ¹³　木钉。
榔头 laŋ¹³t'ou⁴¹　大锤。
麻绳子 ma¹³ʂaŋ¹³tsʅ⁴¹　细麻绳。
铜丝 t'uŋ¹³sʅ⁴¹　铜丝。
铁丝 t'iɛ¹³sʅ⁴¹　①铁丝。②指电线。
螺丝 luə¹³sʅ⁴¹　泛指螺丝母和螺丝钉。
皮条 p'i¹³t'iɔ⁴¹　皮条。
缝衣裳的车子 fəŋ¹³i¹³ʂaŋ¹³ti¹³tʂ'ə¹³tsʅ¹³　缝纫机。也叫"脚踏的马什乃机器"。
剪子 tɕian⁴¹tsʅ¹³　剪子。
扣子 k'ou⁴⁴tsʅ¹³　打猎时设下的圈套。

（五）其他生活用品

东西 tuŋ¹³ɕi¹³　东西。
物件 və¹³tɕian⁴⁴　东西，用品。
表 piɔ⁴¹　①钟表。②表述：你把那个事情～说一下。
钟表 tʂuŋ¹³piɔ⁴¹　钟表。
手表 ʂou⁴¹piɔ⁴¹　手表。
墙表 tɕ'iaŋ¹³piɔ⁴¹　挂钟。
表壳子 piɔ⁴¹k'ə¹³tsʅ¹³　表壳。
表针 piɔ⁴¹tʂəŋ¹³　表的时针、分针。
表坠子 piɔ⁴¹tʂui⁴⁴tsʅ¹³　指表的摆。
盆 p'əŋ¹³　盆。
洗脸盆 ɕi⁴¹lian⁴¹p'əŋ¹³　洗脸盆。
盆盆儿 p'əŋ¹³p'ɯə⁴¹　小盆儿。
手巾儿 ʂou⁴¹tɕiə¹³　手巾。
木梳 mu¹³fu¹³　木梳。
胰子 i⁴⁴tsʅ¹³　香皂或肥皂。

闹脸油 nɔ⁴⁴lian⁴¹iou¹³　雪花膏等。
牙签子 ia¹³tɕ'ian⁴¹tsʅ¹³　牙签儿。
牙粉 ia¹³fəŋ⁴¹　牙粉。
洗牙药 ɕi⁴¹ia¹³yə¹³　牙膏。
洗牙的刷刷子 ɕi⁴¹ia¹³ti¹³fa¹³fa¹³tsʅ⁴¹　牙刷。也叫"牙刷子"。这是后起的新词语。
灯盏 təŋ¹³tsan⁴¹　泛指灯。
油灯 iou¹³təŋ¹³　指菜油灯。
洋灯 iaŋ¹³təŋ¹³　煤油灯。
洋灯油 iaŋ¹³təŋ¹³iou¹³　指煤油。
电灯 tian⁴⁴təŋ¹³　电灯。也叫"电光｜电光灯"。
灯篓 təŋ¹³lou¹³　灯笼。
捻子 nian⁴¹tsʅ¹³　灯捻儿。
蜡烛 la¹³tʂu¹³　蜡烛。
烟盒 ian¹³xə¹³　烟盒。
烟嘴子 ian¹³tsui⁴¹tsʅ¹³　吸纸烟用的短管子。
烟锅子 ian¹³kuə¹³tsʅ⁴¹　烟袋，烟斗。也叫"烟杆子｜烟袋"。
印 iəŋ⁴⁴　图章。也说"戳子"。
油漆 iou¹³tɕ'i⁴¹　①泛指油类和漆类涂料。②用油或漆涂抹器具。
糨糊 tɕiaŋ⁴⁴xu¹³　也叫"糨子 tɕiaŋ⁴⁴tsʅ¹³"。
熨斗 yŋ⁴⁴t'ou⁴¹　熨斗。也说"烙铁"。
丝线 sʅ¹³ɕian⁴⁴　丝线。
麻线 ma¹³ɕian⁴⁴　麻线。
针 tʂəŋ¹³　针。
耳朵子 aiɚ⁴¹tuə¹³tsʅ¹³　指针眼儿。
扎花儿针 tsa¹³xuæɚ¹³tʂəŋ¹³　绣花儿针。

459

针线 tṣəŋ¹³ɕian⁴⁴　指针脚，缝纫时前后两针之间的距离。

棒槌儿 paŋ⁴⁴tʂʻuiə¹³　洗衣时捶打用的木棒。也叫"槌棒"。

扇子 ʂan⁴⁴tsʅ¹³　扇子。

鳖鳖子 piɛ¹³piɛ¹³tsʅ⁴¹　一种军用水壶，椭圆形，似鳖盖。

洒壶 sa⁴¹xu¹³　喷壶。也叫"洒壶子"。

蝇刷子 iŋ¹³fa⁴¹tsʅ¹³　打蝇子的用具。

刷子 fa¹³tsʅ¹³　刷子。

笼子 luəŋ⁴¹tsʅ¹³　鸟笼。

花瓶 xua¹³pʻiŋ¹³　花瓶。

褡裢 ta¹³lian¹³　旧时外出时搭在肩上的一种长方形口袋，中间开口，两头装东西。

抽抽 tsʻou¹³tsʻou¹³　小提包或衣服上的口袋儿。

皮包 pʻi¹³pɔ¹³　皮质的或其他质料的书包和提包儿。

荷包 xə¹³pɔ¹³　随身携带的装零食或东西的小包。

摆设儿 pai⁴¹ʂəə¹³　装饰品。

伞 san⁴¹　伞。

戒指子 kai⁴⁴tsʅ¹³tsʅ¹³　戒指。

箍箍子 ku¹³ku¹³tsʅ⁴¹　指环儿、圈儿或戒指。

拐棍 kuai⁴¹kuŋ⁴⁴　拐杖。也叫"挂棍"。

鞋拔子 xai¹³pa⁴⁴tsʅ¹³　鞋拔子，穿鞋用具。

鞋楦头 xai¹³ɕyan⁴⁴tʻou¹³　鞋楦，做鞋时所用的木质模型。

九、称　谓

（一）一般称谓

男人 nan¹³zəŋ⁴¹　男性。男子的统称。

女人 ny⁴¹zəŋ¹³　女性。女子的统称。

妇女 fu⁴⁴ny¹³　多指成年已婚女性。

女道人家 ny⁴¹tɔ⁴⁴zəŋ¹³tɕia¹³　泛指妇女。也说"女道人"。

□娃　sui⁴⁴va¹³　小孩儿。又叫"尕娃｜娃娃｜小孩子｜孩子"。

儿娃子 aiə¹³va⁴¹tsʅ¹³　男孩儿。

女娃子 ny⁴¹va¹³tsʅ¹³　女孩儿。也叫"女子 ny⁴¹tsʅ¹³｜丫头 ia¹³tʻou¹³｜姑娘 ku¹³niaŋ¹³"。

奶娃娃 nai⁴¹va¹³va¹³　哺乳期的婴儿。

老人 lɔ⁴¹zəŋ¹³　①年纪大的人。②原有的人员。

老汉 lɔ⁴¹xan⁴⁴　老头儿。也叫"老者 lɔ⁴¹tʂʅ¹³｜老□人 lɔ⁴¹vu⁴⁴zəŋ¹³｜老者人"。

老婆儿 lɔ⁴¹pʻəə¹³　老年女性。也叫"老婆子"（无贬义）。

年轻人 nian¹³tɕʻiəŋ¹³zəŋ¹³　与"老人"相对而言。

小伙儿 ɕiɔ⁴¹xuəɚ⁴¹ 泛指青壮年男性。也叫"小伙子"。
青年 tɕ'iŋ¹³nian¹³ 青年。
少年 ʂɔ⁴⁴nian¹³ ①男女青年人。②年轻：他走哩，撇下了~的妻。
本地人 pəŋ⁴¹ti⁴⁴ʐəŋ¹³ 当地人。
离乡人 li¹³ɕiaŋ⁴¹ʐəŋ¹³ 外来人，移民。
同乡 t'uŋ¹³ɕiaŋ¹³ 同乡。
邻居 liəŋ¹³tɕy⁴¹ 邻居。也说"邻家 liəŋ¹³tɕia¹³"。
同胞 t'uŋ¹³p'ɔ¹³ 同胞。
白人 pei¹³ʐəŋ¹³ 指俄罗斯人。
同行 t'uŋ¹³xaŋ¹³ 同行。
行家 xaŋ¹³tɕia⁴¹ 内行人。
离巴 li¹³pa¹³ 外行人。
二转 aiɚ⁴⁴tʂuan⁴⁴ 混血儿。
光身汉 kuaŋ¹³ʂəŋ¹³xan⁴¹ 单身汉。也叫"光棍"。
寡妇/夫 kua⁴¹fu¹³ 也说"寡妇/夫人"。指鳏夫和寡妇。
野花儿 iɛ⁴¹xuæɚ¹³ 喻指作风不好的女人：~上床，家败人亡。
富汉 fu⁴⁴xan⁴⁴ 富人。也叫"有钱汉｜有家子｜有钱人"。
员外 yan¹³vai⁴⁴ 旧指富人。见于东干民间文学。
受苦人 ʂou⁴⁴k'u⁴¹ʐəŋ¹³ 指工人、雇农、伙计。
穷汉 tɕ'yŋ¹³xan⁴¹ 穷人。也叫"苦汉｜穷人"。
养廉家 iaŋ⁴¹lian¹³tɕia¹³ 享受国家养老金的人：他是~。
娘娘 niaŋ¹³niaŋ⁴¹ ①上帝，神。②皇后。
圣人 ʂəŋ⁴⁴ʐəŋ¹³ 圣人。
大人 ta⁴⁴ʐəŋ¹³ ①受人敬重的人：列宁~｜她有知识，她是~。②相对于"小孩"而言。③旧称有官职的人。
革命家 kə¹³miŋ¹³tɕia¹³ 革命家。
在前人 tsai⁴⁴tɕ'ian¹³ʐəŋ¹³ 先进分子：他连~一同反对哩皇上哩。也说"在头人"。
舍牺的 ʂə¹³ɕi¹³ti⁴¹ 被杀害的人或战争中牺牲的人。
君子 tʂyŋ¹³tsɿ¹³ 指品德行为好的人。也说"真君子"。
小人 ɕiɔ⁴¹ʐəŋ¹³ 指品德行为不好的人。
干部 kan⁴⁴pu⁴⁴ 干部。
能员 nəŋ¹³yan⁴¹ 能手，专家。
好汉（子）xɔ⁴¹xan⁴⁴(tsɿ¹³) 英雄。也可称女性：卓娅姑娘是~。
好人 xɔ⁴¹ʐəŋ¹³ 好人。
端正人 tuan¹³tʂəŋ⁴⁴ʐəŋ¹³ 正直的人。
□人 xa¹³ʐəŋ¹³ 坏人。
捏攥客 niɛ¹³tsuan¹³ki⁴¹ 吝啬的人。也说"□□鬼 sou¹³sou¹³kui⁴¹"：冻死哩个懒干鬼，饿死哩个~。
短见鬼 tuan⁴¹tɕian⁴⁴kui⁴¹ 眼光短浅的人。
善人 ʂan⁴⁴ʐəŋ¹³ 善良的人。
说家子 fə¹³tɕia¹³tsɿ⁴¹ 善于言谈的人。
咬舌子 niɔ⁴¹ʂə¹³tsɿ¹³ 指发音不正的人。

齉鼻子 naŋ⁴⁴pi¹³tsʅ¹³　指说话鼻音重的人。
妖精 iɔ¹³tɕiŋ¹³　指卖弄风骚的女人。
甩手掌柜的 fai⁴¹ʂou⁴¹tʂaŋ⁴¹kui⁴⁴ti¹³　指不管事儿的主人。
巧人 tɕʻiɔ⁴¹ʐəŋ¹³　手巧的人。
笨人 pəŋ⁴⁴ʐəŋ¹³　笨拙的人。
老实人 lɔ⁴¹ʂʅ⁴⁴ʐəŋ¹³　老实人。
细详人 ɕi⁴⁴ɕiaŋ¹³ʐəŋ¹³　节俭的人。
胖人 pʻaŋ⁴⁴ʐəŋ¹³　胖人。
烟鬼 ian¹³kui⁴¹　指吸鸦片的人。
贼 tsei¹³　小偷儿。也叫"贼娃子｜毛贼"。
家贼 tɕia¹³tsei¹³　内部的贼。
外贼 vai⁴⁴tsei¹³　外部的贼。
盗贼 tɔ⁴⁴tsei¹³　盗贼。
贼寇 tsei¹³kʻou⁴⁴　贼寇。
奸贼 tɕian¹³tsei¹³　奸贼。
恶人 ŋə⁴⁴ʐəŋ¹³　恶人。
强盗 tɕʻiaŋ¹³tɔ⁴⁴　强盗。
刽子手 kui⁴⁴tsʅ¹³ʂou⁴¹　刽子手。也说"宰把手"。
放羊娃 faŋ¹³iaŋ¹³va⁴¹　放羊娃。
懒干手 lan⁴¹kan¹³ʂou⁴¹　懒汉。也叫"懒王｜懒干鬼"。
醉鬼 tsui⁴⁴kui⁴¹　常喝醉的人。
吵花子 tsʻɔ¹³xua¹³tsʅ⁴¹　乞丐：他的衣裳烂的连～一样。也说"要的吃的｜要捏贴"。
拉棍 la¹³kuŋ⁴⁴　指讨饭。
学生 ɕyə¹³səŋ⁴¹　指中小学生。也叫"徒弟"。
朋友 pʻəŋ¹³iou¹³　也说"连手｜相好"。

嫡朋友 tɕi¹³pʻəŋ¹³iou⁴¹　最亲密的朋友：他连我是～。嫡，音"机"。
伙伴 xuə⁴¹pan⁴⁴　伙伴。
同志 tʻuŋ¹³tsʅ⁴⁴　同志。此称谓现渐趋消失。

（二）职业称谓

工作 kuŋ¹³tsuə⁴⁴　工作。
工人 kuŋ¹³ʐəŋ¹³　工人。
长工 tʂʻaŋ¹³kuŋ⁴¹　长工。也叫"伙计 xuə⁴¹tɕi¹³"。
地主 ti⁴⁴tʂu⁴¹　地主。
财东 tsʻai¹³tuŋ¹³　财东。
庄稼汉 tʂuaŋ¹³tɕia¹³xan⁴⁴　农民。也叫"户家"：他是个～。
买卖人 mai⁴¹mai⁴⁴ʐəŋ¹³　商人。
开铺子的人 kʻai¹³pʻu⁴⁴tsʅ¹³ti¹³ʐəŋ¹³　小店主。
货郎儿 xuə⁴⁴lɔɚ¹³　农村中流动的小商贩。
教书的 tɕiɔ¹³fu¹³ti¹³　教师。也叫"教员 tɕiɔ¹³yan¹³｜师傅 sʅ¹³fu¹³"。
师娘 sʅ¹³niaŋ¹³　女教师。
调养家 tʻiɔ¹³iaŋ⁴¹tɕia¹³　幼儿教师。
通信家 tʻuŋ¹³ɕin⁴⁴tɕia¹³　①通信的人。②通讯员，记者。
手艺人 ʂou⁴¹i¹³ʐəŋ¹³　具有手工业技术的工人。
匠人 tɕiaŋ⁴⁴ʐəŋ¹³　手艺人。
棉花匠人 mian¹³xua¹³tɕiaŋ⁴⁴ʐəŋ¹³　种棉能手。
泥水匠 ni¹³fi⁴¹tɕiaŋ¹³　泥水匠人。
木匠 mu¹³tɕiaŋ⁴⁴　木匠。

焊匠 xan⁴⁴tɕiaŋ¹³　焊匠。
铁匠 tʻie¹³tɕiaŋ⁴⁴　铁匠。
靴匠 ɕyə¹³tɕiaŋ⁴⁴　靴匠。
银匠 iəŋ¹³tɕiaŋ⁴⁴　银匠。
裁缝 tsʻai¹³fəŋ⁴¹　裁缝，缝制衣物的手艺人。
待诏 tai⁴⁴tʂɤ¹³　理发员。唐宋时对供奉内廷的人设院给以米粮，使待诏命，由此引申为对手工艺工人的尊称。
大夫 tai⁴⁴fu¹³　医生。也叫"医生 i¹³səŋ¹³｜先生"。
看牲灵的大夫 kʻan⁴⁴səŋ¹³liŋ¹³ti¹³tai⁴⁴fu¹³　兽医。也叫"牲灵大夫"。
经济家 tɕiŋ¹³tɕi⁴⁴tɕia¹³　从事经济工作的人。
游转家 iou¹³tʂuan⁴⁴tɕia¹³　指一般外出旅游的人，也指职业的旅行家。也叫"游玩人"。
监工 tɕian¹³kuŋ¹³　监督工作的人。
车户 tʂʻɤ¹³xu⁴⁴　赶车的人，车夫。
厨子 tʂʻu¹³tsɿ⁴¹　厨师。
奴才 nu¹³tsʻai¹³　仆人。也叫"奴｜蛮"：她是买下的～。
阿訇 a¹³xuŋ¹³　阿訇。
乡老 ɕiaŋ¹³lɔ⁴¹　清真寺的神职人员，职位次于阿訇。
和尚 xuə/xɤ¹³ʂaŋ⁴¹　和尚。

十　亲　属

（一）长　辈

先人 ɕian¹³zəŋ¹³　祖先。
亡人 vaŋ¹³zəŋ⁴¹　已去世的亲人（长辈、平辈、晚辈）。
老太 lɔ⁴¹tʻai⁴⁴　高祖母。
太爷 tʻai⁴⁴iɛ¹³　曾祖父。东干甘肃称谓。
太太 tʻai⁴⁴tʻai¹³　曾祖母。东干甘肃称谓。也叫"太奶奶"。
爷 iɛ¹³　祖父。也叫"阿爷 a¹³:iɛ¹³｜爷爷 iɛ¹³iɛ⁴¹"。
爸爸 pa⁴¹pa¹³　祖父。东干陕西称谓。
奶 nai⁴¹　祖母。也叫"阿奶 a¹³nai⁴¹｜奶奶 nai⁴¹nai¹³"。
外爷 vi/vei⁴⁴iɛ¹³　外祖父。
外奶 vei⁴⁴nai⁴¹　外祖母。
娘老子 niaŋ¹³lɔ⁴¹tsɿ¹³　父母。背称。有时单指母亲。
老子 lɔ⁴¹tsɿ¹³　父亲。背称。
父母 fu⁴⁴mu¹³　父母。也说"爹娘 tiɛ¹³niaŋ¹³"。
父亲 fu⁴⁴tɕʻiŋ¹³　父亲。
阿达 a⁴⁴ta¹³　父亲。面称。也称"达｜达达"。
母亲 mu⁴¹tɕʻiŋ¹³　母亲。也说"娘母子"。
亲娘 tɕʻiŋ¹³niaŋ¹³　亲生母亲。
后娘 xou⁴⁴niaŋ¹³　后娘。

后老子 xou⁴⁴lɔ⁴¹tsʅ¹³ 后爸。

阿妈 a¹³ma¹³ 母亲。面称。也说"娘 niaŋ¹³｜妈 ma¹³"。

干达 kan¹³ta¹³ 义父。也叫"干达达"。

干妈 kan¹³ma⁴¹ 义母。

外爸 vei⁴⁴pa⁴⁴ 岳父，也称"外父"。背称。

外母 vei⁴⁴mu¹³ 岳母，也称"外母娘"。背称。

公公 kuŋ¹³kuŋ¹³ 丈夫的父亲。背称。

婆婆 p'ə¹³p'ə⁴¹ 丈夫的母亲。背称。

爸爸 pa¹³pa⁴¹ ①叔父。东干甘肃称谓。面称。②泛称该类人。

阿伯 a¹³pei¹³ 伯父。东干甘肃称谓。也叫"大老 ta⁴⁴lɔ⁴¹"。背称。

达 ta¹³ 叔父。东干陕西称谓。也叫"达达"。

婶婶 ʂəŋ⁴¹ʂəŋ¹³ 婶母。也称"婶ʂəŋ⁴¹"。

姨夫 i¹³fu⁴¹ 姨夫。

娘（娘） niaŋ¹³(niaŋ¹³) 姨母。东干陕西称谓。面称。也叫"姨娘"。背称。

娘娘 niaŋ¹³niaŋ¹³ ①婶母。东干甘肃称谓。面称。②小学生对女教师的称谓。③小孩对妇女的泛称，即今"阿姨"。

舅（舅） tɕiu⁴⁴(tɕiu¹³) 舅父。

娘舅 niaŋ¹³tɕiu⁴⁴ 舅父。书面语。

姑妈 ku¹³ma¹³ 姑母。东干甘肃称谓。背称。也叫"姑姑"。

姑夫 ku¹³fu¹³ 姑夫。

（二）平　辈

夫妻 fu¹³tɕ'i¹³ 夫妻。

男人 nan¹³zəŋ⁴¹ 丈夫。背称。也说"丈夫 tʂaŋ⁴⁴fu¹³"。背称。

媳妇（子） ɕi¹³fu⁴⁴(tsʅ⁴¹) 妻子。背称。有时"媳妇"以合音形式"ɕiu¹³"出现：吃烟耍钱他喝酒，不管儿女撂哩~。也叫"婆娘 p'ə¹³niaŋ⁴¹｜婆姨 p'ə¹³iɛ⁴¹｜妻人 tɕ'i¹³zəŋ¹³"。背称。

大婆子 t'a⁴⁴p'ə¹³tsʅ¹³ 第一个妻子。旁称。

小婆子 ɕiɔ⁴¹p'ə¹³tsʅ¹³ 妾。也叫"二婆子"。旁称。

弟兄 ti⁴⁴ɕyŋ¹³ ①哥和弟：~两个。②男性泛称年龄和自己相近的男性。面称或背称。

姊妹 tsʅ⁴¹mei¹³ ①姐姐和妹妹。②指姐和弟：~两个逮蝴蝶儿的呢。姐姐给兄弟说的"看，我逮住哩"。③指兄和妹："哥哥，快跑！"碎小妹妹喊哩一声，~两个跑脱哩。④说话人泛称听话人（男或女）：但是如果念我的诗文，心憂酸，~｜我知道呢；~呀，炸弹的毒，跌不到花瓣瓣儿上。

阿哥 a¹³kə¹³ 哥哥。也叫"哥哥"。

阿伯子 a¹³pei¹³tsʅ⁴¹ 丈夫的哥哥。

嫂子 sɔ⁴¹tsʅ¹³ 嫂子。也叫"新姐

儿 ɕiŋ¹³tɕiɛ⁴¹"。

兄弟 ɕyŋ¹³ti¹³ ①弟弟。面称或背称。②泛指比自己年龄小的男性。面称或背称。

兄弟媳妇儿 ɕyŋ¹³ti¹³ɕi¹³fuɚ⁴⁴ 弟弟的妻子。

姐姐 tɕiɛ⁴¹tɕiɛ¹³ 姐姐。

妹妹 mei⁴⁴mei¹³ 妹妹。

妹夫 mei⁴⁴fu¹³ 妹夫。

姑舅弟兄 ku¹³tɕiu¹³ti⁴⁴ɕyŋ¹³ 表弟和表哥。

姑表兄弟 ku¹³piɔ⁴¹ɕyŋ¹³ti¹³ 表弟。

（三）晚　辈

后辈 xou⁴⁴pei⁴⁴ 后辈。也说"后代 xou⁴⁴tai⁴⁴"。

儿女 aiɚ¹³ny⁴¹ 儿子和女儿。

儿子 aiɚ¹³tsɿ⁴¹ 儿子。

儿媳妇儿 aiɚ¹³ɕi¹³fuɚ¹³ 儿子的妻。

女子 ny⁴¹tsɿ¹³ 女儿。也叫"丫头｜姑娘｜□nyɚ⁴¹'女儿'的合音"。

老□ lɔ⁴¹nyɚ⁴¹ 最小的女儿。

女婿 ny⁴¹ɕy¹³ 女婿。

老干子 lɔ⁴¹kan¹³tsɿ¹³ 最小的孩子。

孙子 suŋ¹³tsɿ¹³ 孙子。

孙女子 suŋ¹³ny⁴¹tsɿ¹³ 孙女。

重重儿 tʂʻuŋ¹³tʂʻuiɚ¹³ 重孙。也叫"重孙子"。

外甥 vai⁴⁴səŋ¹³ 姐姐或妹妹的儿子。也称"侄儿子"。

外甥女子 vai⁴⁴səŋ¹³ny⁴¹tsɿ¹³ 姐姐或妹妹的女儿。也称"外甥女｜侄女子"。

侄儿 tʂuɚ¹³ 侄儿。

外孙子 vai⁴⁴suŋ¹³tsɿ¹³ 女儿的儿子。

外孙女儿 vai⁴⁴suŋ¹³nyɚ⁴¹ 女儿的女儿。

（四）其　他

亲家 tɕʻiŋ⁴⁴tɕia¹³ 亲家。

女亲家 ny⁴¹tɕʻiŋ⁴⁴tɕia¹³ 亲家母。

巴家 pa¹³tɕia¹³ 挑担儿。

亲戚 tɕʻiŋ¹³tɕʻiŋ¹³ 亲戚。戚，音"轻"。

远亲 yan⁴¹tɕʻiŋ¹³ 远亲。

婆娘 pʻɚ¹³niaŋ⁴¹ 中老年妇女的通称。也叫"婆姨 pʻɚ¹³iɛ⁴¹"。

娘家 niaŋ¹³tɕia⁴¹ 娘家。

婆家 pʻɚ¹³tɕia⁴¹ 婆家。

招女婿 tʂɔ¹³ny⁴¹ɕy¹³ 招女婿。

亲人 tɕʻiŋ¹³zən¹³ 亲人。

我的命 vɚ⁴¹ti¹³miŋ⁴⁴ 夫妻之间或父母对子女的昵称，也说"我的肉"：伊丽娜，我的命，我把你难为哩｜去，我的肉，在水跟前耍去。此外，有的也说"命蛋子｜命蛋蛋儿｜我的喜爱的｜寡蛋儿｜我的金子｜我的寡子"等。

儿男子孙 aiɚ¹³nan⁴¹tsɿ⁴¹suŋ¹³ 子孙后代。

外甥 vai⁴⁴səŋ¹³ 姐姐或妹妹的儿

十一、身体

(一) 五官

身体 ṣəŋ¹³tʻi⁴¹　身体。

身子 ṣəŋ¹³tsʅ¹³　身体。

汉家 xan⁴⁴tɕia¹³　个子,身材,身量,人或动物的躯体。也说"汉子":细条儿～瘦长身材。

头 tʻou¹³　头。

头顶子 tʻou¹³tiŋ⁴¹tsʅ¹³　头顶。

脑门盖 nɔ⁴¹məŋ¹³kai⁴⁴　头顶前部的骨头。

脑门子 nɔ⁴¹məŋ¹³tsʅ⁴¹　额头。

脑勺子 nɔ⁴¹fə¹³tsʅ⁴¹　头的后部。也叫"后脑勺"。

脑子 nɔ⁴¹tsʅ¹³　脑子。

绷楼 pəŋ¹³lou¹³　额头。

鬓尖 piŋ⁴⁴tɕian¹³　鬓角,耳朵前边长头发的部位。

脖子 pə¹³tsʅ⁴¹　脖子。后面的部位叫"板颈 pan⁴¹tɕiŋ⁴⁴"。

头发 tʻou¹³fa⁴¹　头发。

黑头发 xi¹³tʻou¹³fa⁴¹　黑头发。

白头发 pei¹³tʻou¹³fa⁴¹　白头发。

毛盖子 mɔ⁴⁴kai¹³tsʅ¹³　头发辫儿。"盖"是"角"的音变。

脸 lian⁴¹　脸。

胭脂骨 ian¹³tsʅ¹³ku¹³　颧骨。

腮子 sei¹³tsʅ¹³　面颊的下部。

脸蛋儿 lian⁴¹tæɚ⁴⁴　脸蛋儿。

脸面 lian⁴¹mian⁴⁴　情面,面子。

□□儿 tṣʻu¹³tṣʻuɚ¹³　①脸上的皱纹。也叫"褶褶儿 tṣɚ¹³tṣɚ¹³"。②衣服、纸张等的褶痕。

眼睛 nian⁴¹tɕiŋ¹³　眼睛。

眼角儿 nian⁴¹kəɚ¹³　眼角。也说"眼旮晃儿 nian⁴¹kə¹³lɔɚ¹³"。

眼皮子 nian⁴¹pʻi¹³tsʅ⁴¹　眼皮。也说"眼皮儿"。

眼仁子 nian⁴¹zəŋ¹³tsʅ¹³　瞳孔。也说"瞳孔"。

眼窝 nian⁴¹və¹³　眼球所在的凹处。也说"眼窝子"。东干陕西话指眼睛。

眼泪 nian⁴¹luei¹³　眼泪。

眼泪豆豆儿 nian⁴¹luei⁴⁴tou⁴⁴toɚ¹³　泪珠。

眼泪花儿 nian⁴¹luei⁴⁴xuæɚ¹³　泪花儿。也说"眼泪花花儿"。

眼眨毛 nian⁴¹tsa¹³mɔ¹³　眼睫毛。

眉毛 mi¹³mɔ⁴¹　也叫"眼眉 nian⁴¹mi¹³"。

鼻子 pi¹³tsʅ⁴¹　①指该器官。②指鼻孔。

鼻子窟窿 pi¹³tsʅ⁴¹kʻu¹³luŋ¹³　鼻孔。也说"鼻子窟窿子"。

嘴 tsui⁴¹　嘴。

嘴唇儿 tsui⁴¹tṣʻuɚ¹³　嘴唇。

嘴角子 tsui⁴¹kə¹³tsʅ¹³　嘴角。角,

音"各"。

涎水 xan^{13}fi^{41} 口水，唾液。

舌头 ʂə^{13}tʻou^{41} 舌头。

舌尖儿 ʂə^{13}tɕiɛɚ^{13} 舌尖儿。

舌根子 ʂə^{13}kəŋ^{13}tsɿ^{13} 舌根。

牙 ia^{13} 牙。

牙花子 ia^{13}xua^{41}tsɿ^{13} 牙床。也说"牙床子"。

牙锈 ia^{13}ɕiu^{44} 牙面上的附着物。

奶牙 nai^{41}ia^{13} 幼儿刚生出来的牙。也叫"奶牙子｜奶牙牙儿｜奶牙牙子"。

耳门子 aiɚ^{41}məŋ^{13}tsɿ^{13} 耳朵孔儿。

耳官 aiɚ^{41}kuan^{13} 指听觉器官。

耳口 aiɚ^{41}fəŋ^{13} 指听觉：一个声音到哩我的～呢哩。

耳朵 aiɚ^{41}tuə^{13} 耳朵。也说"耳瓜子"。

下巴子 xa^{44}pa^{13}tsɿ^{13} 下巴。

牙楂骨 ia^{13}tsʻa^{41}ku^{13} 下颚骨。也说"牙楂"。

咽喉子 ian^{13}xou^{13}tsɿ^{41} 喉咙。也说"嗓子 saŋ^{41}tsɿ^{13}"。

嗓胡眼子 saŋ^{41}xu^{13}nian^{13}tsɿ^{13} 喉头。

哑嗓子 ia^{41}saŋ^{13}tsɿ^{13} 说话声音嘶哑。

胡子 xu^{13}tsɿ^{41} 髭。

（二）手、脚、胸、背

胛子 tɕia^{13}tsɿ^{13} 肩膀。也叫"肩膀 tɕian^{13}paŋ^{41}"。

胛拐子 tɕia^{13}kuai^{41}tsɿ^{13} 肩头。

胳臂 kə^{13}pei$^{44/13}$ 胳臂。

胳肘子 kə^{13}tʂou^{13}tsɿ^{41} 胳肘。

胳老洼 kə^{13}lɔ^{41}va^{44} 胳肢窝，腋窝。

手 ʂou^{41} 手。

双手 faŋ^{13}ʂou^{41} 双手。

左手 tsuə^{41}ʂou^{41} 左手。

右手 iou^{44}ʂou^{41} 右手。

手骨节子 ʂou^{41}ku^{13}tɕiɛ^{13}tsɿ^{13} 手掌骨。

手腕子 ʂou^{41}van^{44}tsɿ^{13} 手腕。

指头 tsɿ^{13}tʻou^{13} 指头：手～。

指甲 tsɿ^{13}tɕia^{13} 指甲。

指甲缝 tsɿ^{13}tɕia^{13}fəŋ^{44} 指甲缝。

手掌 ʂou^{41}tʂaŋ^{41} 手掌。也叫"巴掌 pa^{13}tʂaŋ^{13}"。

手心 ʂou^{41}ɕiŋ^{13} 手心。

手背 ʂou^{41}pei^{44} 手背。

槌头 tʂʻui^{13}tʻou^{41} 拳头。

腿 tʻui^{41} 腿。

大腿 ta^{44}tʻui^{41} 大腿。

小腿 ɕiɔ^{41}tʻui^{13} 小腿。

磕膝盖 kʻə^{13}ɕiɛ^{13}kai^{44} 膝盖。也叫"磕膝｜波膝盖"。膝，音"歇"。

裆 taŋ^{13} 裆。

胯骨 kʻua^{41}ku^{13} 胯骨。

尻子 kou^{13}tsɿ^{41} 屁股。

脚 tɕyə^{13} 脚。

脚面 tɕyə^{13}mian^{41} 脚面。也叫"脚背"。

脚掌 tɕyə^{13}tʂaŋ^{41} 也叫"掌子 tʂaŋ^{41}tsɿ^{13}"。

脚指头 tɕyə^{13}tsɿ^{13}tʻou^{13} 脚指头。

脚后跟 tɕyə¹³xou⁴⁴kəŋ¹³ 指靠近脚后的部分。也叫"脚后蛋子"。

踝拉骨 xuai¹³la⁴¹ku¹³ 脚踝骨。也叫"孤拐"。

脚步 tɕyə¹³pu⁴⁴ 脚步。

脚踪 tɕyə¹³tsuŋ¹³ 脚印。也叫"脚印子"。

磕浪 k'ə¹³laŋ⁴⁴ 胸脯，胸怀：心宽～大。也叫"腔子 k'aŋ¹³tsʅ¹³｜胸膛 ɕyŋ¹³t'aŋ¹³"。腔，音"糠"。

腔板子 k'aŋ¹³pan⁴¹tsʅ¹³ 指胸部。

肋巴 lei¹³pa¹³ 肋骨。

肚子 tu⁴⁴tsʅ¹³ 腹部。

肚姆脐儿 tu⁴⁴mu¹³tɕ'iə¹³ 肚脐。也说"肚姆脐子"。

脊背 tɕi¹³pei⁴⁴ 脊背。也叫"背子"。

脊梁杆子 tɕi¹³liaŋ¹³kan⁴¹tsʅ¹³ 脊椎骨。也叫"脊梁骨"。

尾巴骨桩子 i⁴¹pa¹³ku¹³tʂuaŋ¹³tsʅ⁴¹ 骶骨，荐骨。

（三）其 他

皮□ p'i¹³ts'ɔ⁴¹ 皮肤。也说"肉皮儿 zou⁴⁴p'iə¹³"。

寒毛 xan¹³mɔ¹³ 寒毛。

汗眼 xan⁴⁴nian⁴¹ 寒毛眼儿。

记 tɕi⁴⁴ 皮肤上生来就有的深色斑。也叫"□ian⁴¹ 痣"。

筋 tɕiŋ¹³ 筋。

骨头 ku¹³tu¹³/t'ou¹³ 骨头。头，又音"读"。

骨头架架 ku¹³tu¹³tɕia⁴⁴tɕia¹³ 躯体内起支撑作用的骨头架子。头，又音"读"。

骨卯 ku¹³mɔ⁴¹ 骨关节。

血 ɕiɛ¹³ 血。

血脉 ɕiɛ¹³mei⁴¹ 脉搏，血管。

筋筋子 tɕiŋ¹³tɕiŋ¹³tsʅ⁴¹ 微血管。

汗 xan⁴⁴ 汗。也说"汗水 xan⁴⁴fi⁴¹"。

奶头 nai⁴¹t'ou¹³ 乳房。也说"奶□ p'aŋ¹³"。

奶头子 nai⁴¹t'ou¹³tsʅ¹³ 指乳房的顶端部分。也叫"奶头儿"。

火气 xuə⁴¹tɕ'i⁴⁴ 热量。

心劲 ɕiŋ¹³tɕiŋ¹³ 精力。

垢甲 kou⁴⁴tɕia¹³ 污垢。

裂子 liɛ¹³tsʅ¹³ 手脚等皮肤上的裂口。

腔子 tɕiaŋ⁴¹tsʅ¹³ 腔子。

心 ɕiŋ¹³ 心。

肺 fi⁴⁴ 肺。

□脾 sei¹³p'i¹³ 脾脏。

胃 vi⁴⁴ 胃。也说"胃子"。

腰窝 iɔ¹³və¹³ 肾。也叫"腰｜腰子｜腰窝子｜腰窝儿"。

肝子 kan¹³tsʅ¹³ 肝。

肠子 tʂ'aŋ¹³tsʅ⁴¹ 肠子。

尿泡 niɔ⁴⁴p'ɔ¹³ 膀胱。

胎窝子 t'ai¹³və¹³tsʅ⁴¹ 子宫。

468

十二、疾病、医疗

(一) 一般用语

病疾 piŋ⁴⁴tɕi¹³ 疾病。
病疾疾的 piŋ⁴⁴tɕi¹³tɕi¹³ti¹³ 指体弱患病。也说"病儿疾儿的"。
害病 xai⁴⁴piŋ⁴⁴ 也说"患病 xuan⁴⁴piŋ⁴⁴"。
陈病 tʂʻəŋ¹³piŋ⁴⁴ 旧病。
猛病 məŋ⁴¹piŋ⁴⁴ 急病。
不对和 pu¹³tui⁴⁴xuə¹³ (身体)不太舒服。
病人 piŋ⁴⁴zən¹³ 病人。
病胎子 piŋ⁴⁴tʻai¹³tsʅ¹³ 经常生病的人。
疼痛 tʻəŋ¹³tʻuŋ⁴¹ 疼痛。
呻唤 ʂəŋ¹³xuan¹³ 呻吟。
看病 kʻan⁴⁴piŋ⁴⁴ 看病。
号脉 xɔ⁴⁴mei¹³ 号脉。
忌嘴 tɕi⁴⁴tsui¹³ 因生病或其他原因忌吃不相宜的食品。
克化 kʻi¹³xua¹³ 消化。
克食 kʻi¹³ʂʅ¹³ 帮助消化食物。
消化 ɕiɔ¹³xua¹³ 消化。
方子 faŋ¹³tsʅ¹³ ①药方。②办法。
药料 yə¹³liɔ⁴⁴ 泛指药物。
眼药 nian⁴¹yə¹³ 眼药。
黄连 xuaŋ¹³lian¹³ 黄连。
麝香 ʂə⁴⁴ɕiaŋ¹³ 麝香。
毒药 tu¹³yə⁴¹ 毒药。也叫"闹药"。
闹 nɔ⁴⁴ 使中毒。
药铺 yə¹³pʻu⁴⁴ 泛指中、西药店。也叫"药房"。
病院 piŋ⁴⁴yan⁴⁴ 医院。也叫"病房"。
开膛 kʻai¹³tʻaŋ¹³ 做腹部手术。
照镜子 tʂɔ⁴⁴tɕiŋ⁴⁴tsʅ¹³ 做X光透视。
扎针 tsa¹³tʂən¹³ 指中医针灸。也说"扎干针"。
扎吊针 tsa¹³tiɔ⁴⁴tʂən¹³ 指西医输液。
白大衫 pei¹³ta⁴⁴san¹³ 医务工作者上班穿的白色长衫,有时指代医务工作者。
抬把子 tʻai¹³pa⁴¹tsʅ¹³ ①抬病人用的担架。②抬重物用的木架。

(二) 内 科

发冷 fa¹³ləŋ⁴¹ 发冷。
发烧 fa¹³ʂɔ¹³ 发烧。
凉下 liaŋ¹³xa⁴¹ 受凉,感冒:把娃娃~哩。
打冷战 ta⁴¹ləŋ¹³tsan⁴⁴ 发抖。
咳嗽 kʻə¹³sou⁴⁴/¹³ 咳嗽。
咯痰 kʻa⁴¹tʻan¹³ 咯痰。
浑身疼 xuən¹³ʂən¹³tʻəŋ¹³ 全身疼。

肚子疼 tu⁴⁴tsʅ¹³tʻəŋ¹³　肚子疼。
胃□ vi⁴⁴van¹³　胃炎。也说"胃□ vi⁴⁴kʻou¹³"。
跑痢 pʻɔ⁴¹li⁴⁴　拉痢疾。
头疼 tʻou¹³tʻəŋ¹³　头疼。
发晕 fa¹³yŋ¹³　发晕。
恶心 ŋə¹³ɕiŋ¹³　恶心。也说"发潮"。
糖病 tʻaŋ¹³piŋ⁴⁴　糖尿病。
打摆子 ta⁴¹pai⁴¹tsʅ¹³　患疟疾。
瘟病 vəŋ¹³piŋ⁴⁴　传染病。
羊羔儿疯 iaŋ¹³kɔə¹³fəŋ¹³　癫痫。

（三）外　科

腿蹉哩 tʻui⁴¹və¹³li¹³　腿蹉了。
疮瘰 tʂʻuaŋ¹³kʻuə⁴¹　疮。
脓皮胎子 nuŋ¹³pʻi¹³tʻai¹³tsʅ　脓疮。
脓水 nuŋ¹³fi⁴¹　脓。
瘰瘰子 kʻuə⁴¹kʻuə¹³tsʅ　比疮轻微的皮肤病。
癣 ɕyan⁴¹　癣。
疙瘩 kə¹³ta¹³　皮肤上突起的硬块。
肿哩 tʂuŋ⁴¹li¹³　肿了。
消哩 ɕiɔ¹³li¹³　消肿了。
害眼睛 xai⁴⁴nian⁴¹tɕiŋ¹³　害眼睛。
眼花 nian⁴¹xua¹³　看东西模糊不清。也说"（眼睛）麻"。
耳背 aiə⁴¹pei⁴⁴　听觉不灵。
牙疼 ia¹³tʻəŋ¹³　牙疼。
牙□ ia¹³tɕiɛ¹³　牙龈脓肿。
拔牙 pa¹³ia¹³　拔牙。

（四）残疾等

软瘫 van⁴¹tʻan¹³　肢体绵软，难以动弹。
瘸子 tɕʻyə¹³tsʅ⁴¹　瘸腿的人。也叫"跛子 pə⁴¹tsʅ¹³"。
瞎子 xa¹³tsʅ¹³　盲人。也叫"麻眼儿 ma¹³niæə⁴¹"。瞎，音"哈"。
傻子 ʂɔ¹³tsʅ⁴¹　智力低下的人。傻，音"韶"。
聋子 luəŋ¹³tsʅ⁴¹　聋人。
哑巴 ia⁴¹pa¹³　由于生理缺陷或疾病而不能说话的人。
麻子 ma¹³tsʅ⁴¹　指脸上的麻点儿。
结子 tɕiɛ¹³tsʅ¹³　说话结巴的人。
秃子 tʻu¹³tsʅ¹³　没头发的人。
二□子 aiə⁴⁴i¹³tsʅ¹³　两性人。
相思儿病 ɕiaŋ¹³sɯə⁴¹piŋ⁴⁴　指男女彼此爱慕但无法接近而引起的思念。

十三、衣服、穿戴

（一）服　装

打扮 ta⁴¹pan¹³　打扮。
衣裳 i¹³ʂaŋ¹³　衣服。偶尔也说"衣服 i¹³fu¹³"。
军武衣裳 tɕyŋ¹³vu⁴¹i¹³ʂaŋ¹³　军服。

棉衣裳 mian¹³⁻¹³ʂaŋ¹³ 棉衣。
主腰儿 tʂu⁴¹iɚ¹³ 棉袄。也说"棉主腰子｜棉袄"。
皮袄 p'i¹³nɔ⁴¹ 皮袄。
褐衫 xə¹³san⁴¹ 军大衣。
夹袄儿 tɕia¹³nɚ⁴¹ 夹衣。
衫子 san¹³tsʅ¹³ 穿在衬衣外的上衣。也说"汗汗子 xan⁴⁴xan⁴⁴tsʅ¹³"。
汗衫儿 xan⁴⁴sæɚ¹³ 贴身穿的衬衣。也叫"汗衫子｜衬衣"。
衫衫子 san¹³san¹³tsʅ⁴¹ 小女孩儿穿的连衣裙。
短衫子 tuan⁴¹san¹³tsʅ⁴¹ 短袖衫。
领子 liŋ⁴¹tsʅ¹³ 领子。
袖子 ɕiu⁴⁴tsʅ¹³ 袖子。
长袖 tʂ'aŋ¹³ɕiu⁴⁴ 长袖。
短袖 tuan⁴¹ɕiu⁴⁴ 短袖。
袖筒 ɕiu⁴⁴t'uŋ⁴¹ 袖筒。
衣裳襟子 i¹³ʂaŋ¹³tɕiŋ¹³tsʅ¹³ 衣襟。
掩襟子 ian⁴¹tɕiŋ¹³tsʅ¹³ 掩襟。
裙子 tɕ'yŋ¹³tsʅ⁴¹ 裙子。也说"围裙子 vi¹³tɕ'yŋ¹³tsʅ⁴¹"。
罗裙 luə¹³tɕ'yŋ¹³ 丝质裙子。
裤子 k'u⁴⁴tsʅ¹³ 裤子。
短裤 tuan⁴¹k'u⁴⁴ 短裤。
鸡大腿裤子 tɕi¹³ta⁴⁴t'ui⁴¹k'u⁴⁴tsʅ¹³ 马裤。
喇叭口裤子 la⁴¹pa¹³k'ou⁴¹k'u⁴⁴tsʅ¹³ 喇叭裤。
棉裤 mian¹³k'u⁴¹ 棉裤。
套裤 t'ɔ⁴⁴k'u⁴⁴ 套在单裤外面的只有裤腿的一种棉裤。
裤裆 k'u⁴⁴taŋ¹³ 裤裆。
裤腿 k'u⁴⁴t'ui⁴¹ 裤腿。

皮带子 p'i¹³tai⁴⁴tsʅ¹³ 皮腰带。
口袋子 k'ou⁴¹tai⁴⁴tsʅ¹³ 衣服上的口袋。
纽子 niu⁴¹tsʅ¹³ 扣子（西式的）。
纽门子 niu⁴¹məŋ¹³tsʅ⁴¹ 扣孔儿，扣襻。

（二）鞋　帽

鞋 xai¹³ 鞋。
皮鞋 p'i¹³xai⁴¹ 皮鞋。
麻鞋 ma¹³xai¹³ 夏天穿的一种麻质凉鞋。
木头底鞋 mu¹³t'ou¹³ti⁴¹xai¹³ 旧时女子结婚时穿的中国清代的鞋，鞋底是木头的。
皮靴 p'i¹³ɕyə¹³ 皮靴。
靴子 ɕyə¹³tsʅ¹³ 皮靴。
靴靿子 ɕyə¹³iɔ⁴⁴tsʅ¹³ 靴的筒儿。也叫"靴筒"。
鞋掌 xai¹³tʂaŋ⁴¹ 鞋底。
鞋底 xai¹³ti⁴¹ 鞋底。
鞋帮 xai¹³paŋ¹³ 鞋帮。
鞋带子 xai¹³tai⁴⁴tsʅ¹³ 鞋带儿。
袜子 va¹³tsʅ¹³ 袜子。
毛袜子 mɔ¹³va¹³tsʅ¹³ 毛袜子。
毡袜 tʂan¹³va¹³ 毡袜。
后跟 xou⁴⁴kəŋ¹³ 鞋、袜挨近脚后的部分。也说"后跟子"。
裤腿带带子 k'u⁴⁴t'ui⁴¹tai¹³tai⁴⁴tsʅ¹³ 扎裤腿的带子，多为妇女用。
盖头 kai¹³t'ou¹³ 妇女的头巾。
顶帽子 tiŋ⁴¹mɔ⁴⁴tsʅ¹³ 东干族男性

戴的白色绣花小圆帽。

帽子 mɔ⁴⁴tsʅ¹³　帽子。

凉帽 liaŋ¹³mɔ⁴⁴　一种夏天戴的帽子。

军武帽子 tɕyŋ¹³vu⁴⁴mɔ⁴⁴tsʅ¹³　军帽。

（三）装饰品

头面首饰 t'ou¹³mian⁴⁴ʂou⁴¹sʅ¹³　妇女的首饰。

戒指儿 kai⁴⁴tʂɯɚ/tsɯɚ¹³　戒指儿。也叫"手箍子"。

镯子 tʂuə¹³tsʅ⁴¹　镯子

荷包子 xə¹³pɔ⁴¹tsʅ¹³　一种用布或绸子等缝制的小型饰物，上面绣花。也叫"荷包儿"。

铃铛儿 liŋ¹³tɔɚ⁴¹　铃铛。

别针儿 piɛ¹³tsɯɚ⁴¹　指别在胸前的装饰品。也说"别针子"。

领带儿 liŋ⁴¹tæɚ⁴⁴　穿西服时系在衬衣领子上而悬在胸前的带子。

耳坠（子） aiɚ⁴¹tʂui⁴⁴（tsʅ¹³）　耳坠儿。

耳环子 aiɚ⁴¹xuan¹³tsʅ⁴¹　耳环。

牙壳子 ia¹³k'ə¹³tsʅ¹³　指（金质的）牙套。

豆豆绳 tou⁴⁴tou⁴⁴ʂəŋ¹³　珍珠项链。

胭脂 ian¹³tsʅ¹³　胭脂

香油 ɕiaŋ¹³iou¹³　指香水。化妆品。

粉 fəŋ⁴¹　①扑粉，香粉。②粉末。

（四）其他穿戴用品

手帕 ʂou⁴¹p'a¹³　也叫"帕帕儿 p'a⁴⁴p'æɚ⁴⁴"。

手套子 ʂou⁴¹t'ɔ⁴⁴tsʅ¹³　手套儿。也叫"手套儿"。

耳套子 aiɚ⁴¹t'ɔ⁴⁴tsʅ¹³　冬天护耳朵的东西。

红领带儿 xuŋ¹³liŋ⁴¹tæɚ⁴⁴　红领巾（少先队员的标志性佩戴物）。

眼镜（子） nian⁴¹tɕiŋ⁴⁴（tsʅ¹³）　眼镜。也叫"眼镜儿"。

（五）面　料

丝绸 sʅ¹³tʂ'ou¹³　丝织品的总称。

绸子 tʂ'ou¹³tsʅ⁴¹　绸子。

红绸 xuŋ¹³tʂ'ou¹³　红绸子。

绿绸 liu¹³tʂ'ou¹³　绿绸子。

粉绸子 fəŋ⁴¹tʂ'ou¹³tsʅ⁴¹　粉红绸子。

缎子 tuan⁴⁴tsʅ¹³　缎子。

白缎子 pei¹³tuan⁴⁴tsʅ¹³　白缎子。

青缎子 tɕ'iŋ¹³tuan⁴⁴tsʅ¹³　青缎子。

绫子 liŋ¹³tsʅ⁴¹　绫子。

绒 vəŋ¹³　绒。

绿绒 liu¹³vəŋ¹³　绿绒。

紫绒 tsʅ⁴¹vəŋ¹³　紫绒。

绸缎 tʂ'ou¹³tuan⁴⁴　绸缎。

布匹 pu⁴⁴p'i¹³　布匹。

布索儿 pu⁴⁴suɚ⁴¹　（棉）布：织成～大家穿。也说"布"。

洋布 iaŋ¹³pu⁴⁴　洋布。

路路儿 lu⁴⁴luə¹³ 也说"路路子"。①指面料上的条状花纹：单子高头几条红～，绿～，绸子高头也有～。②小路：窄～。

褐子 xə¹³tsʅ⁴¹ 呢子。

十四、饮 食

（一）伙 食

吃喝 tʂʅ¹³xə⁴¹ 食物。也说"吃的"。

口粮 kʻou⁴¹liaŋ¹³ 口粮。

（二）米 食

米饭 mi⁴¹fan⁴⁴ ①不带汤的米饭。②粥。

抓饭 tʂua¹³fan⁴⁴ 一种由米、菜、羊肉丁分层放置，并加水煮焖而成的米粥。

粽子 tsyŋ⁴⁴tsʅ¹³ 粽子。

（三）面 食

面 mian⁴⁴ 面粉。

麦面 mei¹³mian⁴⁴ 白面。

连麸面 lian¹³fu¹³mian⁴⁴ 麸子和面混在一起的面粉。

高粱面 kɔ¹³liaŋ¹³mian⁴⁴ 高粱面粉。

豆面 tou⁴⁴mian⁴⁴ 指豌豆面粉。

燕麦面 ian⁴⁴mei¹³mian⁴⁴ 燕麦面粉。

糁子 tʂəŋ¹³tsʅ¹³ 谷类磨成的碎粒。

干饭 kan¹³fan⁴⁴ 不带汤的饭。

汤饭 tʻaŋ¹³fan⁴⁴ 带汤的饭。

拌汤 pan⁴⁴tʻaŋ¹³ 一种稀的面食。

炒面 tsʻɔ⁴¹mian⁴⁴ 炒熟的面粉。

肉饭 zou⁴⁴fan⁴⁴ 带肉的面食。

面条子 mian⁴⁴tʻiɔ¹³tsʅ⁴¹ 面条儿。也叫"饭"。

捋面 ly⁴¹mian¹³ 一种面条儿，是将手指头那样粗的面段儿一根一根地拉成的面条儿。

扁食 pian⁴¹ʂʅ¹³ 饺子。也叫"饺子|水饺子"。

干粮 kan¹³liaŋ¹³ 熟的干的面食品。

馍馍 mə¹³mə⁴¹ 馒头。

蒸馍馍 tʂəŋ¹³mə¹³mə⁴¹ 蒸的馒头。

卷卷子 tɕyan⁴¹tɕyan¹³tsʅ¹³ 一种一层一层卷起来蒸熟的面食。

糖馍馍 tʻaŋ¹³mə¹³mə⁴¹ 带糖的馒头。

馍馍渣儿 mə¹³mə⁴¹tsæ¹³ 馒头的碎屑。

锅盔 kuə¹³kʻui⁴¹ 大而厚的圆形

面饼。

油饼子 iou^{13}piŋ^{41}tsʅ^{13} 加进油的大饼。

麻饼子 ma^{13}piŋ^{41}tsʅ^{13} 掺入胡麻籽儿的大饼。

包子 pɔ^{13}tsʅ^{13} 一种有馅的蒸熟的面食。

肉包子 ʐou^{44}pɔ^{13}tsʅ^{13} 带肉馅的包子。

馓子 san^{41}tsʅ^{13} 一种油炸面食，状如一束扭结在一起的细面条。

油香 iou^{13}ɕiaŋ^{13} 一种油炸的面食。

馕 naŋ^{41} 一种烤制成的面饼，是哈萨克族、吉尔吉斯族、维吾尔族等民族的主食之一。

面汤 mian^{44}t'aŋ^{13} 捞出面条后的汤。

面剂子 mian^{44}tɕi^{13}tsʅ^{13} 面剂子。

起面 tɕ'i^{41}mian^{13} ①发酵的面。②用作酵母的面。

面酵子 mian^{44}tɕiɔ^{44}tsʅ^{13} 酵母。也叫"酵子 tɕyə^{13}tsʅ^{13}"。酵，音"角"。

面铺 mian^{44}p'u^{41} 和面时撒在面团下作为铺垫的少许干面粉。也叫"面单子"。

（四）肉、蛋、奶

肉 ʐou^{44} 肉。

牛肉 niu^{13}ʐou$^{44/41}$ 牛肉。

牛娃子肉 niu^{13}va^{41}tsʅ^{13}ʐou^{44} 牛犊肉。

鸡肉 tɕi^{13}ʐou^{44} 鸡肉。

鹅肉 ŋə^{13}ʐou^{44} 鹅肉。

羊肉 iaŋ^{13}ʐou^{44} 羊肉。

羖䍽肉 tɕy^{13}ly^{13}ʐou^{44} 山羊肉。

腊羊肉 la^{13}iaŋ^{13}ʐou^{44} 一种腌制的羊肉。

大肉 ta^{44}ʐou^{44} 猪肉。

壮肉 tʂuaŋ^{44}ʐou^{44} 肥肉。

签签肉 tɕ'ian^{13}tɕ'ian^{13}ʐou^{44} 指用铁签子穿起来烤熟的羊肉串儿或牛肉串儿。也叫"烤肉"。

马肠子 ma^{41}tʂ'aŋ^{13}tsʅ^{41} 马肠子。这是中亚多个民族喜爱的肉食。

冻肉 tuŋ^{44}ʐou^{44} 冷冻的肉。

荷包蛋 xə^{13}pɔ^{41}tan^{44} 去壳后在沸水中煮熟的完整的鸡蛋。

煮鸡蛋 tʂu^{41}tɕi^{13}tan^{44} 连壳煮的鸡蛋。

鸭蛋 ia^{13}tan^{44} 鸭蛋。

奶子 nai^{41}tsʅ^{13} 乳汁。

奶皮子 nai^{41}p'i^{13}tsʅ^{41} 奶表面上的一层鲜凝脂。

生奶皮子 səŋ^{13}nai^{41}p'i^{13}tsʅ^{41} 酸奶油，酪浆。

马奶子 ma^{41}nai^{41}tsʅ^{13} 马奶子。

（五）菜

炒韭菜 tsʻɔ^{41}tɕiu^{41}tsʻai^{44} 炒韭菜。

酸白菜 suan^{13}pei^{13}tsʻai^{44} 酸白菜。

荤菜 xuŋ^{13}tsʻai^{44} 指肉菜。

豆腐 tou^{44}fu^{13} 豆腐。

粉皮儿 fəŋ⁴¹p'iɚ¹³ 用淀粉制成的片状食品。

粉条儿 fəŋ⁴¹t'iɔɚ¹³ 用淀粉制成的细条状食品。也叫"粉条子"。

凉粉 liaŋ¹³fəŋ⁴¹ 一种食品，用淀粉制成，多用作料凉拌着吃。

粉汤 fəŋ⁴¹t'aŋ¹³ 用淀粉做的汤。

粉面子 fəŋ⁴¹mian⁴⁴tsʅ¹³ 指淀粉。

（六）油盐作料

味道 vi⁴⁴tɔ²¹ ①指食物的滋味，也说"味（子）｜滋味"。②指闻的气味：那里有我闻惯的地土的～呢。也说"味味子"。

香味 ɕiaŋ¹³vi⁴⁴ 香味。

油 iou¹³ 油。

香油 ɕiaŋ¹³iou¹³ 指食用植物油，也叫"清油"。

酥油 su¹³iou¹³ 从牛奶、羊奶中提取出来的油。

羊油 iaŋ¹³iou¹³ 羊油。

青酱 tɕ'iŋ¹³tɕiaŋ⁴⁴ 用黄豆制成的调味汁，指酱油。也说"酱"。

盐 ian¹³ 盐。

醋 ts'u⁴⁴ 醋。

糖 t'aŋ¹³ 糖。

白糖 pei¹³t'aŋ¹³ 白糖。

砂糖 sa¹³t'aŋ¹³ 砂糖。

冰糖 piŋ¹³t'aŋ¹³ 冰糖。

蜂蜜 fəŋ¹³mi⁴¹ 蜂蜜。

碱 tɕian⁴¹ 碱。

白矾 pei¹³fan¹³ 白矾。

调和 t'iɔ¹³xuə⁴¹ 调料，也叫"调和末末"。

花椒 xua¹³tɕiɔ¹³/⁴¹ 花椒。

胡椒 xu¹³tɕiɔ¹³/⁴¹ 胡椒。

辣面子 la¹³mian⁴⁴tsʅ¹³ 辣椒面儿。

芥末子 kai⁴⁴mə¹³tsʅ¹³ 芥末。

茴香 xui¹³ɕiaŋ⁴¹ 茴香。

（七）烟、茶、酒

烟棒棒儿 ian¹³paŋ⁴⁴pɔɚ¹³ 烟卷儿。也叫"烟棒棒子"。

茶叶 ts'a¹³iɛ¹³ 茶叶。

茶 ts'a¹³ 指沏好的茶水。

酽茶 ian⁴⁴ts'a¹³ 浓茶。

奶茶 nai¹³ts'a¹³ 奶茶。

开水 k'ai¹³fi⁴¹ 开水。也叫"滚水"。

酒 tɕiu⁴¹ ①指俄国的烧酒伏特加。②指葡萄酒。

油炸豆 iou¹³tsa¹³tou⁴⁴ 油炸的蚕豆。

十五、红白大事

(一) 婚姻、生育

红白喜事 xuŋ¹³pei¹³ɕi⁴¹sʅ⁴⁴ 指婚丧大事。

婚事 xuŋ¹³sʅ⁴⁴ 婚事。

媒人 mei¹³zəŋ⁴¹ 也说"媒婆子 mei¹³pʻə⁴¹tsʅ¹³"。

模样儿 mu¹³iəə⁴⁴ 相貌,也说"模样子"。

杏核眼 xəŋ⁴⁴xu¹³nian⁴¹ 杏核似的眼睛。

樱桃嘴 iəŋ¹³tʻɔ¹³tsui⁴¹ 樱桃似的小嘴。

糯米牙 luə¹³mi⁴¹ia¹³ 糯米似的小白牙。糯,音"罗"。

岁数儿 suei⁴⁴fuə¹³ 年龄。

看上 kʻan⁴⁴ʂaŋ⁴⁴ 看中:把她~哩。

娶媳妇儿 tɕʻy⁴¹ɕi¹³fuə⁴⁴ 娶媳妇。

办婆娘 pan⁴⁴pʻə¹³niaŋ⁴¹ 娶媳妇儿。有时也用于男子再婚。

出嫁 tʂu¹³tɕia⁴⁴ 出嫁。

成亲 tʂʻəŋ¹³tɕʻiŋ¹³ 结婚。也说"结亲｜成双配对 tʂʻəŋ¹³faŋ¹³pʻei¹³tui⁴⁴"。

陪房 pʻei¹³faŋ⁴¹ 指嫁妆。

过事 kuə⁴⁴sʅ⁴⁴ 指举办红白大事。

披红插花 pʻei¹³xuŋ¹³tsʻa¹³xua¹³ 披红绸插金花。这是结婚时新郎新娘的打扮。

绞脸 tɕiɔ⁴¹lian⁴¹ 用绞在一起的细线一张一合去掉脸上的寒毛。这是为新娘梳妆的程序之一。

典式儿 tian⁴¹ʂɯə⁴⁴ 仪式。

婚席 xuŋ¹³ɕi¹³ 指嫁娶时的婚宴。

生养 səŋ¹³iaŋ⁴¹ 生孩子。也说"养"。

打胎 ta⁴¹tʻai¹³ 人工流产。

满月 man⁴¹yə¹³ 指新生儿满月。

做满月 tsu⁴⁴man⁴¹yə¹³ 新生儿满月时为他举行仪式祝贺。

小月 ɕiɔ⁴¹yə¹³ 过早地分娩。

头生 tʻou¹³ʂou⁴¹ 头胎。生,音"手"。

双双儿 faŋ⁴¹fəə¹³ 双胞胎。也叫"双双子"。

月娃子 yə¹³va¹³tsʅ⁴¹ 婴儿。

吃奶 tʂʻʅ¹³nai⁴¹ 吃奶。

学话 ɕyə¹³xua⁴⁴ 幼儿学说话。

岁岁儿 sui⁴⁴suə¹³ 周岁。也叫"岁岁子"。

抓娃娃 tʂua¹³va¹³va⁴¹ 抚养照看娃娃。

□□ liŋ¹³kan⁴¹ 离婚。

(二) 寿辰、丧葬

肖生 ɕiɔ¹³səŋ¹³ 十二生肖。

寿数 ʂou⁴⁴fu¹³ 年岁,岁数。

长命百岁 tʂʻaŋ¹³miŋ⁴⁴pei¹³suei⁴⁴

长寿。

生日 səŋ¹³ʐʅ⁴¹　也说"生日儿"。

做生日 tsu⁴⁴səŋ¹³ʐʅ⁴¹　过生日时举行仪式祝贺。

寻死 ɕin¹³sʅ⁴¹　寻死。

短见 tuan⁴¹tɕian⁴⁴　指自杀。

喝烟 xə¹³ian¹³　指喝鸦片水，即服毒。

上吊 ʂaŋ⁴⁴tio⁴⁴　上吊。

吊死 tiɔ⁴⁴sʅ⁴¹　吊死。

无常 vu¹³tʂʻaŋ⁴¹　死。也说"死 sʅ⁴¹｜去哩世哩"。

咽气 ian⁴⁴tɕʻi⁴⁴　指人死时断气。

完掉哩 van¹³tiɔ⁴¹li¹³　死了。委婉语。

口缓 kʻou⁴¹xuan¹³　胡达的旨意，多用于死亡：在仗上我得哩几遍伤，～没到，缓好哩。

回老家 xui¹³lɔ⁴¹tɕia¹³　指死（不含戏谑义）。

报丧 pɔ⁴⁴saŋ¹³　向有关人报告死讯。

亡人 vaŋ¹³zən⁴¹　故去的亲人。

遗留下 i⁴¹liu¹³xa¹³　指遗嘱。

埋体 mai¹³tʻi⁴¹　遗体。

尸首 sʅ¹³ʂou⁴⁴　尸体。也说"死人｜死身子"。

棺材 kuan¹³tsʻai¹³　棺材。

头七 tʻou¹³tɕʻi¹³　人死后的第一个七天。

戴孝 tai⁴⁴ɕiɔ⁴⁴　死者的亲友用穿孝服等形式表示悼念。

孝衫 ɕiɔ⁴⁴san¹³　孝服。

孝鞋 ɕiɔ⁴⁴xai¹³　孝鞋。

打坟 ta⁴¹fəŋ¹³　挖墓穴。

坟 fəŋ¹³　坟的统称。

坟堆 fəŋ¹³tui¹³　指隆起的土丘部分。也叫"坟□堆 fəŋ¹³kuʻ¹³tui¹³｜坟头｜坟疙瘩"。

坟园 fəŋ¹³yan⁴¹　埋人的地方周围常有墙等设施围护起来，称～。

上坟 ʂaŋ⁴⁴fəŋ¹³　到死者坟前悼念。

得济 tei¹³tɕi⁴⁴　得到亲属、晚辈的救助。

（三）宗　教

佛教 fu¹³tɕiɔ⁴⁴　佛教。

神仙 ʂən¹³ɕian⁴¹　神仙。

佛爷 fə/fu¹³iɛ¹³　佛爷。

菩萨 pʻu¹³sa⁴⁴　菩萨。

胡达 xu¹³ta¹³　真主，上帝。也说"安拉"。

天仙 tʻian¹³ɕian⁴¹　天仙。伊斯兰教指上帝的使者。

伊斯兰 i¹³sʅ¹³lan¹³　指伊斯兰教。

老阎王 lɔ⁴¹yan¹³vaŋ¹³　①阎王爷，管地狱的神。②极严厉凶恶的人。也叫"老王 lɔ⁴¹vaŋ¹³"。

猫鬼神 mɔ¹³kui⁴¹ʂən¹³　猫鬼神。

鬼 kui⁴¹　鬼。

妖怪 iɔ¹³kui⁴⁴　妖怪。

怪物 kui⁴⁴və¹³　怪物。

念经 nian⁴⁴tɕiŋ¹³　指念可兰经。

讲经 tɕiaŋ⁴¹tɕiŋ¹³　指讲可兰经。

算卦 suan⁴⁴kua⁴⁴　算卦。

算卦的 suan⁴⁴kua⁴⁴ti¹³　算命

477

先生。
祈祷 tɕ'i¹³tɔ⁴¹ 祈祷。
许愿 tɕ'y⁴¹yan⁴⁴ 许愿。许，音"取"。
行善 ɕiŋ¹³ʂan⁴⁴ 做善事。
行好 ɕiŋ¹³xɔ⁴¹ 帮助人，原谅人。
修仙 ɕiu¹³ɕian¹³ 修身养性，以求长生不老。常比喻不爱外出：你在房子呢～呢吗？
恩典 nəŋ¹³tian⁴¹ 恩惠。
舍散 ʂə⁴¹san⁴⁴ 施舍。

转世 tʂuan⁴¹ʂʅ⁴⁴ 转生。
封斋 fəŋ¹³tsai¹³ 伊斯兰教徒在斋戒时白天不进食。
开斋 k'ai¹³tsai¹³ 伊斯兰教徒结束封斋。
洗阿不代子 ɕi⁴¹a¹³pu¹³tai⁴⁴tsʅ¹³ 伊斯兰教徒按教规进行沐浴。
寺 sʅ⁴⁴ 指清真寺。
寺院 sʅ⁴⁴yan¹³ 清真寺寺院。
庙 miɔ⁴⁴ 指东正教的建筑。
天堂 t'ian¹³t'aŋ¹³ 天国，乐土。

十六、日常生活

（一）衣

穿衣裳 tʂ'uan¹³i¹³ʂaŋ¹³ 穿衣裳。
脱衣裳 t'uə¹³i¹³ʂaŋ¹³ 脱衣裳。
脱鞋 t'uə¹³xai¹³ 脱鞋。
缝衣裳 fəŋ¹³i¹³ʂaŋ¹³ 缝衣裳。
□纽子 tsan⁴⁴niu⁴¹tsʅ¹³ 钉扣子。
扎花儿 tsa¹³xuæə¹³ 绣花儿。
补补丁 pu⁴¹pu⁴¹tiŋ¹³ 补补丁。
洗衣裳 ɕi⁴¹i¹³ʂaŋ¹³ 洗衣裳。
晒衣裳 sai⁴⁴i¹³ʂaŋ¹³ 晒衣裳。

（二）食

架火 tɕia⁴⁴xuə⁴¹ 生火。
做饭 tsu⁴⁴fan⁴⁴ 做饭。
担水 tan¹³fi⁴¹ 担水。
打水 ta⁴¹fi⁴¹ 到供水地取水。
推面 t'ui¹³mian⁴⁴ 磨面。

和面 xuə¹³mian⁴⁴ 和面。
擀面条 kan⁴¹mian⁴⁴t'iɔ¹³ 擀面条。
抻（面条）ly⁴¹(mian⁴⁴t'iɔ¹³) 拉、抻（面条）。
蒸馍馍 tʂəŋ¹³mə¹³mə⁴¹ 蒸馒头：他在家呢～的呢。
烙馍馍 luə¹³mə¹³mə⁴¹ 用鏊子烙饼子。
打馍馍 ta⁴¹mə¹³mə⁴¹ 买面包。打，指买。
打点心 ta⁴¹tian⁴¹ɕiŋ¹³ 做饼干。也说"打甜馍馍"。
打荷包蛋 ta⁴¹xə¹³pɔ⁴¹tan⁴⁴ 打荷包蛋。
煮肉 tsu⁴¹zou⁴⁴ 煮肉。
做菜 tsu⁴⁴ts'ai⁴⁴ 做菜。
做汤 tsu⁴⁴t'aŋ¹³ 做汤。
锅滚 kuə¹³kuŋ⁴¹ 锅里的水烧开了。

饭好哩 fan⁴⁴xɔ⁴¹li¹³ 饭做好了。
尝 tʂʻaŋ¹³ 尝。也说"口到"。
吃饭 tʂʻʅ¹³fan⁴⁴ 吃饭。
搛菜 tɕian¹³tsʻai⁴⁴ 用筷子夹菜。
吃早饭 tʂʻʅ¹³tsɔ⁴¹fan⁴⁴ 吃早饭。
吃午饭 tʂʻʅ¹³vu⁴¹fan⁴⁴ 吃午饭。也说"吃腰食"。
腰食 iɔ¹³ʂʅ¹³ 午饭。
晌午饭 ʂaŋ¹³vu⁴¹fan⁴⁴ 午饭。
后晌饭 xɔ⁴⁴ʂaŋ⁴¹fan⁴⁴ 晚饭。
吃黑饭 tʂʻʅ¹³xi¹³fan⁴⁴ 吃晚饭。
舀汤 iɔ⁴¹tʻaŋ¹³ 舀汤。
使筷子 sʅ⁴¹kʻuai⁴⁴tsʅ¹³ 使用筷子。
肉不烂 ʐou⁴⁴pu¹³lan⁴⁴ 肉没煮烂。
嚼不动 tɕy ə¹³pu¹³tuŋ⁴⁴ 嚼不动。
调些糖 tʻiɔ¹³ɕiɛ¹³tʻaŋ¹³ （往饭食里）放入些糖。
打饱嗝 ta⁴¹pɔ⁴¹ku¹³ 打饱嗝。嗝，音"谷"。
打冲子 ta⁴¹tʂʻuŋ¹³tsʅ¹³ 一股气体从喉咙里冲出。
洗锅 ɕi⁴¹kuə¹³ 刷锅。
沏茶 tɕʻi¹³tsʻa¹³ 沏茶。
倒茶 tɔ⁴⁴tsʻa¹³ 倒茶。
喝茶 xə¹³tsʻa¹³ 喝茶。
渴的很 kʻaŋ⁴⁴ti¹³xəŋ⁴¹ 渴得很。渴，音"糠"。
解渴 kai⁴¹kʻaŋ⁴⁴ 解渴。渴，音"糠"。
喝酒 xə¹³tɕiu⁴¹ 喝酒。
抽烟 tʂʻou¹³ian¹³ 吸烟。也说"吃烟｜咂烟"。
嗑瓜子儿 kʻə⁴⁴kua¹³tsɯə⁴¹ 嗑瓜子儿。

饥饱 tɕi¹³pɔ⁴¹ 饥和饱。
挨饿 nai¹³və/ŋə⁴⁴ 挨饿。
饥寒 tɕi¹³xan¹³ 挨饿受冻。

（三）住

起来 tɕi/tɕiɛ⁴¹lai¹³ 指起床。
洗手 ɕi⁴¹ʂou⁴¹ 洗手。
洗脸 ɕi⁴¹lian⁴¹ 洗脸。
洗牙 ɕi⁴¹ia¹³ 刷牙。
涮嘴 fan⁴⁴tsui⁴¹ 漱口。
梳头 fu¹³tʻou¹³ 梳头。
搽粉 tsʻa¹³fəŋ⁴¹ 搽粉。也说"闹粉"。
照镜子 tʂou⁴⁴tɕiŋ⁴⁴tsʅ¹³ 照镜子。
洗澡 ɕi⁴¹tsɔ⁴¹ 洗澡。
尿尿 niɔ⁴⁴niɔ⁴⁴ 解小便。
屙屎 pa⁴¹sʅ⁴¹ 解大便。
放屁 faŋ⁴⁴pʻi⁴⁴ 放屁。
走后 tsou⁴¹xou⁴⁴ 到厕所去：我想～去呢，茅圈厕所在哪呢呢？旧时厕所多在宅院的后部，故称"走后"，是委婉的说法。这是东干话相应源头方言的延续。
晒太阳 sai⁴⁴tʻai⁴⁴iaŋ¹³ 晒太阳。
烤火 kʻɔ⁴¹xuə⁴¹ 烤火。
点灯 tian⁴¹təŋ¹³ 点灯。
缓一下 xuan⁴¹i¹³xa⁴⁴ 休息一会儿。也说"歇缓下 ɕiɛ¹³xuan⁴¹xa¹³"。
打喷嚏 ta⁴¹pʻəŋ⁴⁴tʻi¹³ 打喷嚏。
打冷战 ta⁴¹ləŋ⁴¹tʂan⁴⁴ 因为冷或害怕而身体抖动。

479

丢盹 tiu¹³tuŋ⁴¹　打盹儿。
张呵欠 tṣaŋ¹³xə¹³ɕian¹³　打呵欠。欠，音"闲"。
瞌睡 k'ə¹³fi⁴⁴　瞌睡。
睡觉 fi⁴⁴tɕiɔ⁴⁴　睡觉。
铺床 p'u¹³tṣ'uaŋ¹³　铺床。
躺下 t'aŋ⁴¹xa⁴⁴　躺下。
翻腾 fan¹³t'əŋ¹³　翻来覆去。
翻身 fan¹³ṣəŋ¹³　翻身。
仰巴儿 iaŋ⁴¹pæə¹³　脸向上睡。也说"仰巴子"。
侧棱子 tsei/ts'ei¹³ləŋ¹³tsʅ⁴¹　侧身（睡）。也说"侧棱"。
趴下 p'a¹³xa⁴¹　趴下。
趴仆子睡 p'a¹³p'u⁴¹tsʅ¹³fi⁴⁴　脸朝下睡。
斜斜子睡 ɕiɛ¹³ɕiɛ⁴¹tsʅ¹³fi⁴⁴　斜着睡。
佯浑子 iaŋ¹³xuəŋ⁴¹tsʅ¹³　半睡半醒地。
睡着 fi⁴⁴tṣuə¹³　进入睡眠状态。
拉呼 la¹³xu¹³　打鼾。
做睡梦 tsu⁴⁴fi⁴⁴məŋ¹³　做梦。
说胡话 fə¹³xu¹³xua⁴⁴　①说梦话。

②声音低而不清的嘟囔。
睡不着 fi⁴⁴pu¹³tṣuə¹³　睡不着。
歇晌 ɕiɛ¹³ṣaŋ⁴¹　睡午觉。

（四）行

上工 ṣaŋ⁴⁴kuŋ¹³　到地里干农活。
站班 tsan⁴⁴pan¹³　上班。
做活 tsu⁴⁴xuə¹³　泛指做体力、脑力等一切工作。
开会 k'ai¹³xuai⁴⁴　开会。也说"作会"。
出去哩 tṣ'u¹³tɕ'i⁴⁴li¹³　出去了。
回家哩 xuai¹³tɕia¹³li¹³　回家了。
散心 san⁴⁴ɕiŋ¹³　游玩。也说"游转 | 转"。
浪门 laŋ⁴⁴məŋ¹³　串门。
来回步 lai¹³xui¹³pu⁴⁴　徘徊。
浪 laŋ⁴⁴　旅游，散步。
玩 van¹³　①戏弄：有钱汉把女人戏哩～。②玩耍。这个义项用得很少，大多说"耍"。

十七、行政、讼事

（一）行　政

官名 kuan¹³miŋ¹³　官名。
官家 kuan¹³tɕia¹³　做官的人。也说"当官的"。

头子 t'ou¹³tsʅ⁴¹　首领（无贬义）。也说"头心 | 领首 | 领导"。
总统 tsuŋ⁴¹t'uŋ⁴¹　某一部门的领导人：科学院的～。也叫"主席"。
副总统 fu⁴⁴tsuŋ⁴¹t'uŋ⁴¹　某一部门

的领导人，副职：他是回民协会的～。也叫"副主席"。

管家 kuan⁴¹tɕia¹³ 也叫"管家的"。①部门、单位的领导人。②家庭的主人。

掌柜的 tʂaŋ⁴¹kui⁴⁴ti¹³ 单位的负责人或家庭的主人。

帮办 paŋ¹³pan¹³ 部门、单位的副职，助手：他十岁可价已经给头子当哩～哩。

文官 vəŋ¹³kuan¹³ 文官。

武官 vu⁴¹kuan¹³ 指军官。

武将 vu⁴¹tɕiaŋ⁴⁴ 军官。

民人代表 miŋ¹³zəŋ¹³tai⁴⁴piɔ⁴¹ 人民代表。"民人"即"人民"。

皇上 xuaŋ¹³ʂaŋ⁴⁴ 指旧时代的皇帝。

清官 tɕ'iŋ¹³kuan¹³ 清官。

赃官 tsaŋ¹³kuan¹³ 赃官。

昏君 xuŋ¹³tɕyŋ¹³ 昏君。

上任 ʂaŋ⁴⁴zəŋ⁴⁴ 官吏就职。

世界 ʂʅ⁴⁴tɕiɛ⁴⁴ 世界。也说"东沿"。

国家 kui/kuə¹³tɕia¹³ 国家。

祖国 tsu⁴¹kui/kuə¹³ 祖国。

民族 miŋ¹³tsu¹³ 民族。

阶级 tɕiɛ¹³tɕi¹³ 阶级。

社会 ʂə⁴⁴xui⁴¹ 社会。

新光阴 ɕiŋ¹³kuaŋ¹³iŋ¹³ᐟ⁴¹ 指新社会，新生活。

老光阴 lɔ⁴¹kuaŋ¹³iŋ¹³ᐟ⁴¹ 指旧社会，旧生活。

制度 tʂʅ⁴⁴tu⁴⁴ 制度。

路线 lu⁴⁴ɕian⁴⁴ 思想、政治的基本准则：列宁的～。

衙门 ia¹³mən¹³ 政府。也叫"政府 tʂəŋ⁴⁴fu⁴¹"。

政权 tʂəŋ⁴⁴tɕ'yan¹³ 政权。也说"权势 tɕ'yan¹³ʂʅ⁴⁴"。

衙役 ia¹³i⁴¹ 政府内的工作人员。也指警察。

保护 pɔ⁴¹xu⁴⁴ 保护。也说"护苦"。

遵护 tsuŋ¹³xu⁴⁴ 遵守。

办公室 pan⁴⁴kuŋ¹³ʂʅ⁴⁴ 办公室。

压迫 ia¹³p'ei¹³ 压迫。

红旗 xuŋ¹³tɕ'i¹³ 红旗。

旗杆 tɕ'i¹³kan¹³ 旗杆。

口号 k'ou⁴¹xɔ⁴⁴ 口号。

乡苏维埃 ɕiaŋ¹³su¹³viɛ¹³ 乡政府。

乡俗 ɕiaŋ¹³ɕy/su⁴¹ 农村的习俗。

规程 kui/k'ui¹³tʂ'əŋ¹³ 规程。

规定 k'ui¹³tiŋ⁴⁴ 规定。

安给 nan¹³ki¹³ 授予：把"功苦英雄"名堂给他～哩。

名堂 miŋ¹³t'aŋ⁴¹ 称号。

功劳 kuŋ¹³lɔ¹³ 功劳。

功苦 kuŋ¹³k'u⁴¹ 劳动。诗：～香甜又值钱，它把造化自然界都改变。

功苦红旗奥尔坚 kuŋ¹³k'u⁴¹xuəŋ¹³tɕ'i¹³ɔaiɛ⁴⁴tɕiŋ¹³ 劳动红旗勋章。

名望奥尔坚 miŋ¹³vaŋ⁴⁴ɔaiɛ⁴⁴tɕiŋ¹³ 荣誉勋章。

功苦英雄 kuŋ¹³k'u⁴¹iŋ¹³ɕyŋ¹³ 劳动英雄。

养廉钱 iaŋ⁴¹lian¹³tɕ'ian¹³ 养老金。

赏毫 ʂaŋ⁴¹xɔ¹³ 奖赏。

红板 xuŋ¹³pan⁴¹ 光荣榜。

481

石板 ʂʅ¹³pan⁴¹ 石碑。

纪念石板 tɕi⁴⁴nian⁴⁴ʂʅ¹³pan⁴¹ 纪念碑：把诗家的～开开哩。

纪念像 tɕi⁴⁴nian⁴⁴ɕiaŋ⁴⁴ 纪念像。

举 tɕy⁴¹ 指选举：把他～成大官哩。偶尔也用"选举"。

好名声 xɔ⁴¹miŋ¹³ʂən¹³ 好名声。

恶名 ŋə¹³miŋ¹³ 坏名声。

名誉 miŋ¹³y⁴¹ 名誉。

名望 miŋ¹³vaŋ⁴¹ 名望。

扬名 iaŋ¹³miŋ¹³ 扬名。

纸笔 tsʅ⁴¹pi/pei¹³ 公函。

夸奖张子 kʻua¹³tɕiaŋ⁴¹tʂaŋ¹³tsʅ¹³ 奖状。

金片儿 tɕin¹³pʻiær⁴⁴ 代指奖章。

状子 tʂuaŋ⁴⁴tsʅ¹³ 指出具的报告书、申请书等。

写状子 ɕiɛ⁴¹tʂuaŋ⁴⁴tsʅ¹³ 写申请书等。

递状子 ti⁴⁴tʂuaŋ⁴⁴tsʅ¹³ 递交出具的申请书等。

准成 tʂuŋ⁴¹tʂʻən¹³ 批准，核准：这个书是民人人民知识部～下的。

团体 tʻuan¹³tʻi⁴¹ 团体。

回民协会 xuai¹³miŋ¹³ɕiɛ¹³xui⁴⁴ 回民协会。

乡家户出产合作社 ɕiaŋ¹³tɕia¹³xu⁴⁴tʂʻu¹³tsʻan⁴¹xə¹³tsuə¹³ʂə⁴⁴ 农业生产合作社。也叫"乡家户合作社|出产合作社 | 合作社"。

营生会 iəŋ¹³səŋ¹³xui⁴⁴ 现在东干族农业合作社的工会组织。

家户 tɕia¹³xu⁴¹ 农业集体组织。

牲灵家户 səŋ¹³liŋ¹³tɕia¹³xu⁴¹ 牲畜、家禽合作社。

粮饷 liaŋ¹³ɕiaŋ⁴¹ 口粮。

钱饷 tɕʻian¹³ɕiaŋ⁴¹ 指工资。

入股子 vu¹³ku⁴¹tsʅ¹³ ①加入股份。②常比喻参与某事。

家舍 tɕia¹³ʂə⁴⁴ 家庭。也说"家下|家庭"。

百姓 pei¹³ɕiŋ¹³ 老百姓，群众。

税 fi⁴⁴ 税。

关税 kuan¹³fi⁴⁴ 关税。

交税 tɕiɔ¹³fi⁴⁴ 交税。

执巴 tʂʅ¹³pa¹³ 执照，证书。

（二）讼　事

状子 tʂuaŋ⁴⁴tsʅ¹³ 申诉书。

打官司 ta⁴¹kuan¹³sʅ¹³ 打官司。

招祸 tʂɔ¹³xuə⁴⁴ 招来灾祸

灾难 tsai¹³nan⁴⁴ 灾难。

王法 vaŋ¹³fa⁴¹ 法律。也说"法律"。

刑法 ɕiŋ¹³fa⁴¹ 刑法。

证人 tʂəŋ⁴⁴zən¹³ 证人。

证见 tʂəŋ⁴⁴tɕian¹³ 证见。

口供 kʻou⁴¹kuŋ¹³ 口供。

说辞 fə¹³tsʻʅ¹³ 说法，理由。

画押 xua⁴⁴ia¹³ 在公文、契约或供词上签上自己的名字，表示负责、认可。

由头 iou⁴⁴tʻou¹³ 借口，理由。

耍钱轱辘 fa⁴¹tɕʻian¹³ku¹³lu¹³ 赌博。也说"耍钱"。

讹赖 ŋə¹³lai⁴⁴ 勒索。

讹人 ŋə¹³zən¹³ 勒索人。

犯罪 fan⁴⁴tsui⁴⁴　犯罪。
犯禁 fan⁴⁴tɕiŋ¹³　犯禁。
定罪 tiŋ⁴⁴tsui⁴⁴　定罪。
无罪 vu¹³tsui⁴⁴　无罪。
罚钱 fa¹³tɕ'ian¹³　罚钱。
犯人 fan⁴⁴zəŋ¹³　罪犯。
拷问 k'ɔ⁴¹vəŋ¹³　拷问。
抵命 ti⁴¹miŋ⁴⁴　偿命。也说"偿命 tʂ'aŋ¹³miŋ⁴⁴"。
毙枪 pi⁴⁴tɕ'iaŋ¹³　枪毙。也叫"枪毙"。
敲掉 k'ɔ¹³tiɔ¹³　打死。敲,音"尻"。

手铐 sou⁴¹k'ɔ⁴⁴　手铐。也叫"手扭"。
脚镣 tɕyə¹³liɔ⁴⁴　脚镣。
押下 ia¹³xa⁴⁴　拘禁。
坐班房 tsuə⁴⁴pan¹³faŋ¹³　坐牢。
班房子 pan¹³faŋ¹³tsʅ⁴¹　牢房。也叫"狱监"。
看守 k'an¹³ʂou¹³　守卫。
放赦 faŋ⁴⁴ʂə⁴¹　①赦免。也说"赦免"。②宽恕:我们记下哩,再不糟蹋馍馍哩。阿奶,你把我们~哩。

十八、军　事

(一)军　队

队伍 tui⁴⁴vu¹³　队伍。也说"部队｜军队"。
军人 tɕyŋ¹³zaŋ¹³　军人。
红军 xuŋ¹³tɕyŋ¹³　指苏联红军。也说"红兵"。
对头 tui⁴⁴t'ou¹³　敌人。也说"敌人｜反对人"。
探们 t'an⁴⁴mu¹³　侦探。
舌头 ʂə¹³t'ou⁴¹　指被俘虏的人。
兵 piŋ¹³　战士。也说"兵勇":给打仗的~们供应吃的哩。
挑哩兵 t'iɔ¹³li²¹piŋ¹³　应征参军。
当兵 taŋ¹³piŋ¹³　当兵。
兵房 piŋ¹³faŋ¹³　军营。
军官 tɕyŋ¹³kuan⁴¹　军官。
挂帅 kua⁴⁴fai⁴⁴　当领导人。

领兵 liŋ⁴¹piŋ¹³　带领战士(作战)。
马队 ma⁴¹tui¹³　骑兵队。
军器 tɕyŋ¹³tɕ'i¹³　武器。
枪炮 tɕ'iaŋ¹³p'ɔ⁴⁴　枪炮。
轮子炮 lyŋ¹³tsʅ⁴¹p'ɔ⁴⁴　机关枪的一种。
火炮 xuə⁴¹p'ɔ⁴⁴　一种炮。
重炮 tʂuŋ⁴⁴p'ɔ⁴⁴　重型武器。
炮子儿 p'ɔ⁴⁴tsɯ⁴¹　炮弹。
坦克 t'an¹³k'ə¹³　坦克。
机关枪 tɕi¹³kuan¹³tɕ'iaŋ¹³　机关枪。
手枪子 ʂou⁴¹tɕ'iaŋ¹³tsʅ¹³　手枪。
炸弹 tsa⁴⁴tan¹³　炸弹。
快枪 k'uai⁴⁴tɕ'iaŋ¹³　步枪。
枪子儿 tɕ'iaŋ¹³tsɯ⁴¹　子弹。
火船 xuə⁴¹tʂ'uan¹³　战舰。

483

矛子 miɔ¹³tsʅ⁴¹　古代的一种兵器，在长杆的一端装有金属枪头。

刀枪 tɔ¹³tɕ'ian¹³　刀枪。

弓箭 kuŋ¹³tɕian⁴⁴　弓箭。

箭 tɕian⁴⁴　箭。

弯弯儿弓 van¹³væɚ¹³kuŋ¹³　弓。也叫"弓"。

明刀暗箭 miŋ¹³tɔ¹³nan⁴⁴tɕian⁴⁴　明处的刀，暗处的箭。

矢箭 ʂʅ¹³tɕian⁴⁴　射箭。

（二）战　事

十月革命 ʂʅ¹³yə¹³kə¹³miŋ⁴⁴　1917年11月（俄历10月），俄国工农群众在布尔什维克党领导下，进行了社会主义革命，推翻了资产阶级政府，建立了世界上第一个无产阶级专政的社会主义国家。

祖国仗 tsu⁴¹kui¹³tʂaŋ⁴⁴　指二战时苏联的卫国战争。

造反 tsɔ⁴⁴fan⁴¹　造反。

反乱 fan⁴¹luan⁴⁴　叛乱。也说"反叛"。

暴动 pɔ⁴⁴tuŋ¹³　武装起义。

罢工 pa⁴⁴kuŋ¹³　罢工。

枪手 tɕ'iaŋ¹³ʂou⁴¹　持枪射击的人。

抄家 ts'ɔ¹³tɕia¹³　抄家。

夺抢 tuə¹³tɕ'iaŋ⁴¹　抢劫，掠夺。

营盘 iŋ¹³p'an⁴¹　①旧指军队驻扎的地方。②东干族村落名，在楚河北侧哈萨克斯坦境内。为纪念东干族民族英雄马山青，现该村又名"马山青"。

扎营 tsa¹³iŋ¹³　军队驻扎下来。

兵上 piŋ¹³ʂaŋ⁴⁴　部队里。

军武窝子 tɕyŋ¹³vu⁴¹və¹³tsʅ¹³　军事防御掩体。

仗口 tʂaŋ⁴⁴k'ou¹³　战场。也说"仗上｜战场子"。

上仗 ʂaŋ⁴⁴tʂaŋ⁴⁴　上战场作战。

打仗 ta⁴¹tʂaŋ⁴⁴　①指战争，作战。②指打架，和"骂仗"相对。

争战 tʂəŋ¹³tʂan⁴⁴/¹³　①指战争，作战。②努力工作，奋斗：我们为新光阴～的呢。

瞄准 miɔ¹³tʂun⁴¹　瞄准。

开枪 k'ai¹³tɕ'iaŋ¹³　开枪。

放箭 faŋ⁴⁴tɕian⁴⁴　①射箭。②常喻为行动快。

打靶 ta⁴¹pa⁴¹　打靶。

演习 ian⁴¹ɕi¹³　指操练。

消灭 ɕiɔ¹³miɛ¹³/⁴¹　消灭。

追掉 tʂui¹³tiɔ⁴⁴　赶跑：把敌人～。

掠 luə⁴¹　砍，削：我没防住，敌人打我的胛缝呢～哩一刀子。

打倒 ta⁴¹tɔ⁴¹　打倒。

反对 fan⁴¹tui⁴⁴　反对。

得哩伤 tei¹³li¹³ʂaŋ¹³　受了伤。

舍掉哩 ʂə⁴¹tiɔ⁴⁴li¹³　牺牲了：我的爷爷祖国仗上～。

低头下跪 ti¹³t'ou¹³ɕia⁴⁴kui⁴⁴　向人求饶。

冤仇 yan¹³tʂ'ou¹³　冤仇。

报仇 pɔ⁴⁴tʂ'ou¹³　报仇。

搭救 ta¹³tɕiu⁴⁴　搭救。

得胜 tei¹³ʂəŋ⁴⁴　①胜利：我们得下

的~不容易。②优点，优越性，成绩：信上他把自己的~连短便不足都写上哩。

解放 tɕiɛ⁴⁴faŋ⁴⁴ 解放。它是个后起外来词。

打败 ta⁴¹pai⁴⁴ 指把敌人打败。
打胜仗 ta⁴¹ʂəŋ⁴⁴tʂaŋ⁴⁴ 打胜仗。
裹 kuə⁴¹ ①被俘虏：敌人把我~过去哩。②用片状物包住。

十九、交际

打交结 ta⁴¹tɕio¹³tɕiɛ¹³ 打交道。
打哩结的 ta⁴¹li¹³tɕiɛ¹³ti¹³ 有交往的。
接迎 tɕiɛ¹³iŋ¹³ 迎接。
待承 tai⁴⁴tʂʻəŋ¹³ 招待。
应承 iŋ¹³tʂʻəŋ¹³ 答应。
访问 faŋ⁴¹vəŋ⁴⁴ 访问。
问候 vəŋ⁴⁴xou¹³ 问候。
致情 tʂʅ⁴⁴tɕʻiŋ¹³ 致意，问候。
问当 vəŋ⁴⁴taŋ¹³ 打招呼，问候。
绕手 zɔ⁴⁴ʂou⁴¹ 招手。也说"招手"。
来往 lai¹³vaŋ⁴¹ 来往。
打门 ta⁴¹məŋ¹³ 敲门。也说"敲门 kʻɔ¹³məŋ¹³"。
探望 tʻan⁴⁴vaŋ⁴⁴ 探望。
打捞 ta⁴¹lɔ¹³ ①访问，拜会：把连手们~下儿。②注意，理会：娃们这候儿进来，大人们也没~。
拜节 pai⁴⁴tɕiɛ¹³ 在节日里去看望。
结拜 tɕiɛ¹³pai⁴⁴ 结拜。
维 vi¹³ 结交（朋友）。
请客 tɕʻiŋ⁴¹kʻi¹³ 请客。
待客 tai⁴⁴kʻi¹³ 待客。
客人 kʻi¹³zəŋ¹³ 客人。

主人 tʂu⁴¹zəŋ¹³ 主人。也叫"主儿 tʂuə⁴¹"。
礼仪 li⁴¹i⁴⁴ 礼仪。
恭喜 kuŋ¹³ɕi⁴¹ 恭喜。
施礼 ʂʅ¹³li⁴¹ 敬礼。也说"鞠躬"。
攥手 tsuan⁴⁴ʂou⁴¹ 握手。
作揖 tsuə⁴⁴i¹³ 作揖。
谢 ɕiɛ⁴⁴ "谢"的用法很独特。详见第四章"语法"中的"'谢'的用法"部分。
贵重 kuei⁴⁴tʂuŋ⁴⁴ ①价值高，值得重视：把这个~图样相片挂到墙上。②尊敬的：~教员们，你们好。
端 tuan¹³ 恭敬地送给，赠予，献给：给客人都~哩贵重礼信。
口唤 kʻou⁴¹xuan¹³ 许可，允许（的凭证）："师娘，我问你要~走病房呢去呢。""快去，我给~呢"，师娘待往出取本本子的说的。
礼信 li⁴¹ɕiŋ¹³ 礼物。
样本子 iaŋ⁴⁴pəŋ¹³tsʅ¹³ 纪念册，画册，相册。
抬举 tʻai¹³tɕy⁴¹ 看重某人而加以称赞和提拔。

相好 ɕiaŋ¹³xɔ⁴¹ 友好：我的望想是，叫一切的人都~。

当人 taŋ¹³zəŋ¹³ 尊敬，看得起：把娘老子要~呢｜把他太~的很。

不当人 pu¹³taŋ¹³zəŋ¹³ 不当人看待。

没架子 mə¹³tɕia⁴⁴tsʅ³ 平易近人。

陪伴 pʻei¹³pan⁴⁴ 陪伴。

报恩 pɔ⁴⁴nəŋ¹³ 报恩。

让 zaŋ⁴⁴ 礼让：我~他哩："你喝茶"。

忍让 zəŋ⁴¹zaŋ⁴⁴ 忍让。

忍耐 zəŋ⁴¹nai⁴⁴ 忍耐。

喧黄会 ɕyan¹³xuaŋ¹³xui⁴⁴ 座谈会。

喜欢信 ɕi⁴¹xuan¹³ɕiŋ¹³ 好消息。

喜会 ɕi⁴¹xui⁴⁴ 庆祝会：十娃子90岁生日儿上，把~开开哩。唱家们给参加~的人们唱哩曲子哩。

宴席 ian¹³ɕi⁴¹ 也说"酒席 tɕiu⁴¹ɕi¹³"。

设席 ʂə⁴¹ɕi¹³ 设宴席。也说"做席"。

吃席 tʂʅ¹³ɕi¹³ 参加宴席。

讨论 tʻɔ⁴¹lyŋ⁴⁴ 讨论。

答应 ta¹³iŋ⁴⁴ 答应。

同意 tʻuŋ¹³i⁴⁴ 同意。

打输赢 ta⁴¹fu¹³iŋ¹³ 打赌。以前也说"打赌博"。

作假 tsuə⁴⁴tɕia⁴¹ 故作客套，不直爽。

耻笑 tʂʅ⁴¹ɕiɔ⁴⁴ 耻笑。也说"笑话"。

得罪 tei¹³tsui¹³ 得罪。

磋磋儿 tsʻa¹³tsʻæ⁴¹ 喻指嫌隙。

使坏 sʅ⁴¹xuai⁴⁴ 出坏主意。

短便 tuan⁴¹pian⁴⁴ 疏忽，过错，不足：信上我把我的得胜成绩连~都写上哩。

错误 tsʻuə⁴⁴vu¹³ 错误。

认错 zəŋ⁴⁴tsʻuə⁴⁴ 认错。

对不起 tui⁴⁴pu¹³tɕʻiɛ⁴¹ 对不起。

端面说 tuan¹³mian⁴⁴fə¹³ 照直说。

嫡话 tɕi¹³xua⁴⁴ 最亲近的话。嫡，音"机"。

下话 ɕia⁴⁴xua⁴⁴ 给人说好话，求情。

低头下话 ti¹³tʻou¹³ɕia⁴⁴xua⁴⁴ 低头下话。

占便宜 tʂan⁴⁴pʻian¹³i¹³ 占便宜。

吃亏 tʂʅ¹³kʻui¹³ 吃亏。

耍嘴头儿 fa⁴¹tsui⁴¹tʻɔɚ¹³ 卖弄口才。

卖排 mai⁴⁴pʻai¹³ 卖弄。

喝醉 xə¹³tsui⁴⁴ 喝醉。

耍酒疯 fa⁴¹tɕiu⁴¹fəŋ¹³ 耍酒疯。

□情 sɔ¹³tɕʻiŋ¹³ 献殷勤，讨好，惹逗：老鼠子给猫~呢｜他还忙的呢，你再耍~哩。

好去 xɔ⁴¹tɕʻi⁴⁴ 走好，一路平安。送客人时的客气话：你~。

好在的 xɔ⁴¹tsai⁴⁴ti¹³ 再见，分别时客人向主人告别的客气话，也常放在书信的结尾处，取代"此致敬礼"之类的用语。

二十、商业、交通、通信

(一) 经商行业

市场 sʅ⁴⁴tʂʻaŋ¹³　市场。
市面儿上 sʅ⁴⁴miæɚ⁴⁴ʂaŋ¹³　①指工商业经营的场所或状况。②现实生活中：学下的知识往～要用呢。
行道 xaŋ¹³tɔ⁴⁴　行业：伺候人的～。
做买卖 tsu⁴⁴mai⁴¹mai⁴⁴　做生意。也说"跑买卖"。
开铺子 kʻai¹³pʻu⁴⁴tsʅ¹³　开铺子。
铺子 pʻu⁴⁴tsʅ¹³　商店。
面房 mian⁴⁴faŋ¹³　粮店。
饭馆子 fan⁴⁴kuan⁴¹tsʅ¹³　也说"馆子｜饭店"。
客店 kʻi¹³tian⁴⁴　旅馆。也叫"客房"。
裁缝铺 tsʻai¹³fəŋ¹³pʻu⁴⁴　裁缝铺。
海鲜铺 xai⁴¹ɕian/ɕyan¹³pʻu⁴⁴　海鲜铺。
木匠铺 mu¹³tɕiaŋ⁴⁴pʻu⁴⁴　木匠铺。
书铺子 fu¹³pʻu⁴⁴tsʅ¹³　书店。
杂货铺子 tsa¹³xuə⁴⁴pʻu⁴⁴tsʅ¹³　杂货铺子。
巴郎鼓子 pa¹³liaŋ¹³ku⁴¹tsʅ¹³　货郎的用具，是带把儿的小鼓，来回摇动时，鼓两旁系在短绳上的小槌击鼓作声，招揽顾客。
待诏铺 tai⁴⁴tʂɔ/tʂaŋ¹³pʻu⁴⁴　理发店。
剃头 tʻi⁴⁴tʻou¹³　剃头。
买卖中心 mai⁴¹mai⁴⁴tʂuŋ¹³ɕiŋ¹³　商铺较集中的地方。后起的新词语。
租下的 tsu¹³xa¹³ti⁴¹　租来的。
当铺 taŋ⁴⁴pʻu¹³　当铺。
当下的 taŋ⁴⁴xa¹³ti¹³　当来的：打当铺呢～。

(二) 经营、交易

行市 xaŋ¹³sʅ⁴⁴　行市。
合同 xə¹³tʻuŋ⁴¹　合同。
趸货 tuŋ⁴¹xuə⁴⁴　整批地买进货物。
趸卖 tuŋ⁴¹mai⁴¹　整批卖出。
称 tʂʻəŋ¹³　测量重量。也说"志"。
估价 ku⁴¹tɕia⁴⁴　估价。
搞价钱 kɔ⁴¹tɕia⁴⁴tɕʻian¹³　讨价还价。
价钱 tɕia⁴⁴tɕʻian¹³　价钱。
中等价钱 tʂuŋ¹³təŋ⁴¹tɕia⁴⁴tɕʻian¹³　中等价钱。
贵 kui⁴⁴　价格高。
贱 tɕian⁴⁴　价格低。也说"便宜 pʻian¹³·i⁴¹"。
公道 kuŋ¹³tɔ⁴⁴　公道。
买卖 mai⁴¹mai¹³　买卖。

487

工钱 kuŋ¹³tɕ'ian¹³　劳动报酬。
股子 ku⁴¹tsʅ¹³　份额，股金。
本钱 pəŋ⁴¹tɕ'ian¹³　本钱。
值钱 tsʅ¹³tɕ'ian¹³　值钱。
挣钱 tsən⁴⁴tɕ'ian¹³　挣钱。
利钱 li⁴⁴tɕ'ian¹³　利润。
进润 tɕiŋ⁴⁴vən⁴⁴　指所得利润——毛利。纯利润叫"干净润"。
税钱 fi⁴⁴tɕ'ian¹³　税钱。
剥削 pə¹³ɕyə¹³　剥削。
发财 fa¹³ts'ai¹³　发财。
时运 sʅ¹³yŋ⁴⁴　时运。

（三）账目、度量衡

账债 tsaŋ⁴⁴tsai¹³　①债务。②任务。
账本子 tsaŋ⁴⁴pəŋ¹³tsʅ¹³　账本子。也指"记事本｜学生名册"。
总结 tsuŋ⁴¹tɕiɛ¹³　结算。
算账 suan⁴¹tʂaŋ⁴⁴　算账。
拉账 la¹³tʂaŋ⁴⁴　欠账。也说"该｜该账｜赊账"。
要账 iɔ⁴⁴tʂaŋ⁴⁴　要账。
还账 xuan¹³tʂaŋ⁴⁴　还账。
不认账 pu¹³zən⁴⁴tʂaŋ⁴⁴　不认账，耍赖。
搅费 tɕiɔ⁴¹fi⁴⁴　花销，花费。
银钱 iŋ¹³tɕ'ian¹³　钱。也说"银子钱｜铁子｜钱｜钞票儿"。
算盘 suan⁴⁴p'an¹³　算盘。
打算盘 ta⁴¹suan⁴⁴p'an¹³　打算盘。
秤 tʂ'əŋ⁴⁴　秤。
尺子 tʂ'ʅ¹³tsʅ⁴¹　尺子。

斗 tou⁴¹　斗。
量子 liaŋ¹³tsʅ⁴¹　刮板。容器盛满粮食等时，用它刮去高出容器的部分。

（四）交　通

火车路 xuə⁴¹tʂ'ə¹³lu⁴⁴　铁路。也叫"铁路"。
火车 xuə⁴¹tʂ'ə¹³　火车。
火车头 xuə⁴¹tʂ'ə¹³t'ou¹³　火车头。
火车站 xuə⁴¹tʂ'ə¹³tsan¹³　火车站。
电车 tian⁴⁴tʂ'ə¹³　电车。
汽车 tɕ'i⁴⁴tʂ'ə¹³　指卡车。
跑车子 p'ɔ⁴¹tʂ'ə¹³tsʅ¹³　小轿车。
火骑车子 xuə⁴¹tɕ'i¹³tʂ'ə⁴¹tsʅ¹³　摩托车。
骑车子 tɕ'i¹³tʂ'ə⁴¹tsʅ¹³　自行车。
吆车 iɔ¹³tʂ'ə¹³　指驾驶畜力车或汽车等。
轿车 tɕiɔ⁴⁴tʂ'ə¹³　一种有篷的畜力车。
坐轿 tsuə⁴⁴tɕiɔ⁴⁴　坐轿。
马车 ma⁴¹tʂ'ə¹³　马车。
油葫芦 iou¹³xu¹³lu⁴¹　装油的瓶子之类。
膏车 kɔ⁴⁴tʂ'ə¹³　给畜力车轮轴处加润滑油。
双套马 faŋ¹³t'ɔ⁴⁴ma⁴¹　一辆马车用两匹马拉。
驮子 tuə⁴⁴tsʅ¹³　牲口驮着的货物。
鞴鞍 pi⁴⁴nan¹³　把鞍鞯等套在马上。

骑马 tɕ'i¹³ma⁴¹ 骑马。
跑马 p'ɔ⁴¹ma¹³ 善跑的马。
马鞍子 ma⁴¹nan¹³tsʅ¹³ 马鞍子。
马镫 ma⁴¹təŋ⁴⁴ 马镫。
马鞭子 ma⁴¹pian¹³tsʅ¹³ 马鞭子。
步行 p'u⁴⁴ɕiŋ¹³ 步行。
步步脚儿 pu⁴⁴pu⁴⁴ɕyəɚ¹³ 指步行的人。
走迷 tsou⁴¹mi¹³ 迷路。也说"走昏掉"。
□ naŋ¹³ （道路）泥泞（难走）：冰消哩，路上～的难走的很。
打捷路 ta⁴¹tɕiɛ¹³lu⁴⁴ 走近路。
修路 ɕiu¹³lu⁴⁴ 修路。
桥 tɕiɔ¹³ 桥。
搭桥 ta¹³tɕiɔ¹³ 搭桥。
脚程 tɕyə¹³tʂ'əŋ¹³ 指陆上交通工具。
船 tʂ'uan¹³ 泛指船只。也叫"水船 fi⁴¹tʂ'uan¹³"。
驳船 pə¹³tʂ'uan¹³ 由别的船牵引行驶的船。
火轮船 xuə⁴¹lyŋ¹³tʂ'uan¹³ 轮船。
苇糊儿 vi⁴¹xuɚ¹³ 在小的湖泊、河流中划行的小船。也叫"苇糊子"。由"苇糊"（生有芦苇的沼泽、湖泊）引申而来。
桅杆 vi⁴¹kan¹³ 船上挂帆的杆子。
风帐子 fəŋ¹³tʂaŋ¹³tsʅ¹³ 风帆。

木锨 mu¹³ɕian¹³ 这里代指船桨。由形状相似引申而来。
拨子 pə¹³tsʅ¹³ 船桨。
拨 pə¹³ 指拨水荡桨。
渡河 tu⁴⁴xə¹³ 渡河。
风船 fəŋ¹³tʂ'uan¹³ 飞机。有时也叫"飞机"。
风船场（子） fəŋ¹³tʂ'uan¹³tʂ'aŋ⁴¹(tsʅ¹³) 飞机场。
盘缠 p'an¹³tʂ'an⁴¹ 路费。

（五）通　信

丝杆 sʅ⁴⁴kan¹³ 电线杆。
铁丝 t'iɛ¹³sʅ¹³ ①电线。也说"电光丝"。②铁丝。
电话丝 tian⁴⁴xua⁴⁴sʅ¹³ 电话线。
电话 tian⁴⁴xua⁴⁴ 电话。
打电话 ta⁴¹tian⁴⁴xua⁴⁴ 打电话。也说"拧电话"。
电报 tian⁴⁴pɔ⁴⁴ 电报。
打电报 ta⁴¹tian⁴⁴pɔ⁴⁴ 拍发电报。
无线电 vu¹³ɕian⁴⁴tian⁴⁴ 收音机。
信 ɕiŋ⁴⁴ 信。也叫"书子 fu¹³tsʅ¹³｜书信"。
写信 ɕiɛ⁴¹ɕiŋ⁴⁴ 写信。
打信 ta⁴¹ɕiŋ⁴⁴ 寄信。
回信 xui¹³ɕiŋ⁴⁴ 回信。
报信 pɔ⁴⁴ɕiŋ⁴⁴ 通报信息。

二十一、文化教育、科技

(一) 文 化

文明 vəŋ¹³miŋ¹³　文化：十娃子是得哩好调养教育的，～高的，给话作主的人咪。

历史 li⁴¹sʅ⁴⁴　历史。

回族学 xuai¹³tsu¹³ɕyə¹³　研究东干族历史发展的科学。1954年在吉尔吉斯斯坦国家科学院创立。

新闻 ɕiŋ⁴⁴vəŋ¹³　新闻。

报纸 pɔ⁴⁴tsʅ⁴¹　报纸。

东火星儿 tuŋ¹³xuə⁴¹ɕiə¹³　东干族20世纪30年代由雅四儿·十娃子等创办的拉丁文报纸。

十月的旗 ʂʅ¹³yə¹³ti¹³tɕʻi¹³　今吉尔吉斯斯坦东干族《回民报》（1996～　）的前身（1957.7～1996）。该报由雅·十娃子创建，用斯拉夫文字母书写，它在东干族文化教育的普及、东干民族文学的发展繁荣以及东干民族标准语的形成和发展过程中起到了重要的作用。

青苗 tɕʻiŋ¹³miɔ¹³　今哈萨克斯坦东干族的报纸。

语文学 y⁴¹vəŋ¹³ɕyə¹³　研究东干话语言文学的学科。

文学 vəŋ¹³ɕyə⁴¹　文学。

文章 vəŋ¹³tʂaŋ⁴¹　文章，论文，条款。

作品 tsuə¹³pʻiŋ⁴¹　指文学作品。

形象 ɕiŋ¹³ɕiaŋ⁴⁴　指文学作品中的人物形象。

作造 tsuə¹³tsɔ⁴⁴　创作，表演，编写，制造（～机器），制定（～字母）。有时也说"造制"：他～哩话剧哩。

造制路数 tsɔ⁴⁴tʂʅ⁴⁴lu⁴⁴fu⁴⁴　创作方法。

小说 ɕiɔ⁴¹fə¹³　小说。

记想小说 tɕi⁴⁴ɕiaŋ⁴¹ɕiɔ⁴¹fə¹³　回忆性小说。

诗文 sʅ¹³vəŋ¹³　诗。

诗文书 sʅ¹³vəŋ¹³fu¹³　诗集。

团体诗文 tʻuan¹³tʻi⁴¹sʅ¹³vəŋ¹³　组诗。

批评诗文 pʻi¹³pʻiŋ¹³sʅ¹³vəŋ¹³　讽刺诗。

诗文小说 sʅ¹³vəŋ¹³ɕiɔ⁴¹fə¹³　叙事诗。

话剧 xua⁴⁴tɕy¹³　话剧。

俗话 ɕy¹³xua⁴⁴　寓言：把克雷洛夫的～翻到五十三样子语言上哩。

神话 ʂəŋ¹³xua⁴⁴　神话。

口传文学 kʻou⁴¹tʂʻuan¹³vəŋ¹³ɕyə⁴¹　民间文学。20世纪30年代以前，东干族没有文字，靠代代口传传承下来。

古今儿 ku⁴¹tɕiɛə¹³　故事。有时也叫

"故事儿 ku⁴⁴sɯɚ⁴⁴"。

曲子 tɕʻy¹³tsʅ¹³ ①指东干族的民歌、民谣。②一般的音乐。

口溜儿 kʻou⁴¹lioɚ⁴¹ 俗语，谚语。

口歌儿 kʻou⁴¹kəɚ¹³ 俗语，谚语。

猜话儿 tsʻai⁴¹xuæ¹³ 猜谜，谜语。

倒口话 tɔ⁴¹kʻou⁴¹xua⁴⁴ 绕口令。

反话 fan⁴¹xua⁴⁴ 说相反的话，如说"看见一个人咬狗"。

少年 ʂɔ⁴⁴nian¹³ 流行于中国甘肃、宁夏、青海一带的一种山歌名：高兴的唱～。(诗)今在中国多称为"花儿[xua¹³ɚ¹³]"，"少年"已很少用。

民歌 miŋ¹³kə¹³ 民歌。

耍笑 fa⁴¹ɕiɔ⁴⁴ ①笑话儿，能逗人笑的故事：我爱听～。②开玩笑，打趣。

出世 tʂʻu¹³ʂʅ⁴⁴ 指报刊或某团体的创刊、创办、创建。

编辑 pian¹³tɕi¹³ ①指做编辑这种工作。②指编辑工作者。

翻译 fan¹³i¹³ 翻译。

广播 kuaŋ⁴¹pə¹³ 广播。

给说 ki¹³fə¹³ 指电台播音：这是回民声音的～，请你们听。

写 ɕiɛ⁴¹ 参见本章中的"多义词"部分。

誊写 tʻəŋ¹³ɕiɛ⁴¹ 抄写。

出版 tʂʻu¹³pan⁴¹ 出版。有时也说"放(书) | 放(报)"。

拓 tʻa¹³ ①印刷，发表：报上～哩他的两个文章。②改编，拍摄：他

的小说～成电影哩。

尾儿还有呢 iɚ⁴¹xan¹³iou⁴¹ni¹³ (作品)未完待续。

序言 ɕy⁴⁴ian¹³ 序言。也叫"话头儿 xua⁴⁴tʻoɚ¹³"。

写家联邦 ɕiɛ⁴¹tɕia¹³lian¹³paŋ¹³ 作家协会。

写家联邦的员 ɕiɛ⁴¹tɕia¹³lian¹³paŋ¹³ ti¹³yan¹³ 作协会员。

写家 ɕiɛ⁴¹tɕia¹³ 作家。

诗人 ʂʅ¹³zəŋ¹³ 诗人。也叫"诗文人 | 诗家 | 诗文家"。

翻译人 fan¹³i¹³zəŋ¹³ 翻译工作者。

批评家 pʻi¹³pʻiŋ¹³tɕia¹³ 文学艺术批评工作者。

念家 nian⁴⁴tɕia¹³ 读者。

念家子 nian⁴⁴tɕia¹³tsʅ¹³ 指朗读好的人。

画匠 xua⁴⁴tɕiaŋ⁴⁴ 画家，美术工作者。

书房 fu¹³faŋ¹³ ①图书馆。②中小学校。

(二) 学 校

教育 tɕiɔ¹³y⁴⁴ 教育。

学堂 ɕyə¹³tʻaŋ⁴¹ 指中小学。也叫"学堂子 | 学房 | 书房"。

学长 ɕyə¹³tʂaŋ⁴¹ 校长。

中学 tʂuŋ¹³ɕyə¹³ 中学。

中等学堂 tʂuŋ¹³təŋ⁴¹ɕyə¹³tʻaŋ⁴¹ 中等专业学校。

军武学堂 tɕyŋ¹³vu⁴¹ɕyə¹³tʻaŋ⁴¹ 军校。

491

小学 ɕiɔ⁴¹ɕyə¹³　小学。
大学 ta⁴⁴ɕyə¹³　大学。
教育大学 tɕiɔ⁴⁴y³⁴ta⁴⁴ɕyə¹³　师范大学。
军武大学 tɕyŋ¹³vu⁴¹ta⁴⁴ɕyə¹³　军事大学。
乡家户大学 ɕiaŋ¹³tɕia¹³xu⁴⁴ta⁴⁴ɕyə¹³　农业大学。
乡家户学院 ɕiaŋ¹³tɕia¹³xu⁴⁴ɕyə¹³yan⁴⁴　农学院。
娃娃园子 va¹³va⁴¹yan¹³tsʅ⁴¹　幼儿园。也叫"娃娃园"。
雅四儿·十娃子名下的中学 ia¹³sɿ⁴⁴ʂʅ¹³va¹³tsʅ¹³miŋ¹³ɕia⁴⁴ti¹³tʂuŋ¹³ɕyə¹³　以雅四儿·十娃子名字命名的中学。"名下"，某人名义之下。校址在十娃子的家乡吉尔吉斯斯坦莫斯科州阿列克山德洛夫卡乡。原名为该区"头号第一中学"。1996年5月20日，为庆贺十娃子90岁生日，改为现名。

（三）教室、文具

讲堂 tɕiaŋ⁴¹tʻaŋ¹³　教室，课堂。
琴桌 tɕʻiŋ¹³tʂuə¹³　供学生上课用的长条形两人用的课桌：丫头儿进哩讲堂把书包撒放到～上，自己坐下哩。
讲堂的领首 tɕiaŋ⁴¹tʻaŋ¹³ti¹³liŋ⁴¹ʂou⁴¹　班长。
号 xɔ⁴⁴　①年级：三～三年级。②册：

11～第11册。
板 pan⁴¹　黑板。也叫"黑板"。
账本子 tʂaŋ⁴⁴pəŋ⁴¹tsʅ¹³　点名册或记事本：师娘把～打开把娃们的姓名都念哩个过儿。也说"账本儿"。
生活 səŋ¹³xuə¹³　①毛笔：手拿～把墨蘸。（诗）也说"毛笔mɔ¹³pi¹³"。②过日子。
墨 mei¹³　墨。
墨盒子 mei¹³xə¹³tsʅ¹³　墨盒。
墨罐子 mei¹³kuan⁴⁴tsʅ¹³　墨水瓶。
书箱箱儿 fu¹³ɕiaŋ¹³ɕiɔɚ¹³　书箱。
教科书 tɕiɔ¹³kuə⁴¹/⁴⁴fu¹³　教科书。
咱们的文学 tsa¹³mu¹³ti¹³vəŋ¹³ɕyə⁴¹　东干语中小学语文教科书书名。
回族语言 xui¹³tsu¹³y⁴¹ian¹³　东干语中小学语言课教科书书名。
账算书 tʂaŋ⁴⁴suan¹³fu¹³　数学教科书。
账算 tʂaŋ⁴⁴suan¹³　①指中小学数学课。②计算，统计。
书本 fu¹³pəŋ⁴¹　书。
话典 xua⁴⁴tian⁴¹　辞典。偶尔也说"辞典"。
地理图 ti⁴⁴li¹³tʻu¹³　地图。
目录 mu¹³lu⁴⁴　目录。
面子 mian⁴⁴tsʅ¹³　①指书报的页码。②情面。
教课 tɕiɔ¹³kʻuə⁴⁴　参见本章中的"多义词"部分。
书包 fu¹³pɔ¹³　书包。也常用"皮包"指书包。

（四）读书识字

教书 tɕiɔ¹³fu¹³　教书。

调养 t'iɔ¹³iaŋ⁴¹　教育，培养。

教调 tɕiɔ¹³t'iɔ¹³　教育，培养。也说"调教 t'iɔ¹³tɕiɔ⁴⁴｜指教 tsʅ⁴¹tɕiɔ⁴⁴"。

教训 tɕiɔ¹³ɕyŋ¹³　教导，教育。

念书 nian⁴⁴fu¹³　指在学校学习。有时也说"读书 tu¹³fu¹³｜上学"。

习学 ɕi¹³ɕyə¹³　学习。

讲演 tɕiaŋ⁴¹ian¹³　讲演。

贪心 t'an¹³ɕiŋ¹³　用心：小娃儿念书不～，他不知道书里有黄金。

背书 pei⁴⁴fu¹³　背书。

识字 ʂʅ¹³tsʅ⁴⁴　识字。

识字人 ʂʅ¹³tsʅ⁴⁴zəŋ¹³　有文化的人。

念法 nian⁴⁴fa¹³　阅读、朗读规则：他的～是科学～。

念下的 nian⁴⁴xa¹³ti¹³　有学问的，学成的。

没念下 mə¹³nian⁴⁴xa⁴⁴　不识字或文化水平低：人但～哩，都把你不当人，哄呢。

演习 ian⁴¹ɕi¹³　做作业。

散学 san⁴⁴ɕyə¹³　①学校里一天或半天课业完毕，学生回家。也说"下学"。②指放假，停止学习：散哩学哩，孙子回来住下哩。

上学 ʂaŋ⁴⁴ɕyə¹³　按作息时间到学校上课。

放假 faŋ⁴⁴tɕia⁴⁴　在规定的日期学生停止学习：再有几天～呢，一～我就去看爷爷去呢。

教课年 tɕiɔ¹³k'uə⁴⁴nian¹³　学年。也叫"教育年"。

念完 nian⁴⁴van¹³　指毕业。

秀才 ɕiu⁴⁴ts'ai¹³　秀才。见于东干民间文学。

状元 tʂuaŋ⁴⁴yan¹³　①状元：考～。见于东干民间文学。②用作状子（指申请书，保证书）。也说"状子"。

考状元 k'ɔ⁴¹tʂuaŋ⁴⁴yan¹³　考状元。见于东干民间文学。

挨板子 nai¹³pan⁴¹tsʅ¹³　旧指被老师处罚，用板子打手心儿。

中等知识 tʂuŋ¹³təŋ⁴¹tsʅ¹³ʂʅ¹³　中等文化水平。

高等知识 kɔ¹³təŋ⁴¹tsʅ¹³ʂʅ¹³　大学文化水平。

价关 tɕia⁴⁴kuan¹³　成绩，评价，分数：那个丫头得哩好～。

五个 vu⁴¹kə¹³　①指五分制的最高成绩。②指一般的数量。

三个 san¹³kə¹³　①指五分制的及格成绩。②指一般的数量。

两点儿 liaŋ⁴¹tiæ⁴¹　指五分制的两分，不及格。也说"两点子｜两个"。

父母语言 fu⁴⁴mu⁴¹y⁴¹ian¹³　母语。也叫"亲娘言"。

字母 tsʅ⁴⁴mu¹³　字母。

字 tsʅ⁴⁴　①汉字：他没念下，不识～。②东干话的字母：我们回族字母里头有13个母音元音～，有23

493

个子音 辅音～。

题目 t'i¹³mu⁴¹ ①课程,科目:念书的时候,你把回族～习学学习哩吗?｜今儿我给娃们教下的一个～是"动词的写法"。②指某方面的内容或问题:他的作品凡常提说的是民人人民的相好,祖国的～。

话 xua⁴⁴ ①话语,句子:说～。②指构成句子的词,如"房子｜砖头",都叫"话"。

句 tɕy⁴⁴ ①句子。如"我念书呢"就是个"句"。也叫"句子"。②量词,指词的单位,一个词称"一～话"。

段儿 tuæɚ⁴⁴ ①指棍棒等的节儿。②指句子,一个句子称"一个～"。

主语 tʂu⁴¹y⁴¹ 主语。

谓语 van⁴⁴y⁴¹ 谓语。谓,音"万"。

状语 tʂuaŋ⁴¹y⁴¹ 状语。

补语 pu⁴¹y⁴¹ 补语。

码子 ma⁴¹tsʅ¹³ ①表示数目的符号:这是三个～。②计算:这个娃娃认字快的很,光是～不行。③数学:他给娃娃教～的呢。

添的 t'ian¹³ti¹³ 加法。

去的 tɕ'y⁴⁴ti¹³ 减法。

刨掉 p'ɔ¹³tio¹³ 减去。

分的 fəŋ¹³ti¹³ 除法。也说"分法"。

分 fəŋ¹³ 除:六个给三个～——出来两个。

总的 tsuəŋ⁴¹ti¹³ 乘法。

总 tsuəŋ⁴¹ 乘:两个～两个——出来四个。

打点儿 ta⁴¹tiæɚ⁴¹ 标上句号。

打撇畬 ta⁴¹p'iɛ⁴¹ʂə¹³ 标上逗号","。

(五) 科 技

科学 k'uə¹³ɕyə¹³ 科学。

星宿船 ɕiŋ¹³ɕiu¹³tʂ'uan¹³ 宇宙飞船。

破冰船 p'ə⁴⁴piŋ¹³tʂ'uan¹³ 破冰船。

火箭 xuə⁴¹tɕian⁴⁴ 火箭。

科学做工人 k'uə¹³ɕyə¹³tsuə⁴⁴kuŋ¹³zəŋ¹³ 科学工作者。也叫"科学人"。

做造家 tsuə¹³tsɔ⁴⁴tɕia¹³ 发明人。

研究 ian¹³tɕiu¹³ 研究。

二十二、文体活动

(一) 游戏、玩具

八音儿房子 pa¹³iɚ¹³faŋ¹³tsʅ⁴¹ 游艺室。

文明点 vəŋ¹³miŋ¹³tian⁴¹ 文化娱乐中心。

放风筝 faŋ⁴⁴fəŋ¹³tsʅ¹³ 放风筝。筝,音"滋"。

牌 p'ai¹³ ①也叫"牌□子 p'ai¹³p'ia⁴¹tsʅ¹³",是娱乐用品或赌具。②用木板等做的标志,上面用文字告知人们某些信息:戏场的～上写的今天没有戏。

抹牌 ma¹³p'ai¹³ 玩牌。也说"打牌"。

打炮子 ta⁴¹p'ɔ⁴⁴tsʅ¹³ 放鞭炮。

色子 sei¹³tsʅ¹³ 玩具或赌具。

耍拉子 fa⁴¹la¹³tsʅ¹³ 泛指玩具。也叫"耍拉儿"。

毛蛋 mɔ¹³tan⁴¹ 毛线绕成的球状物,可代替皮球供小孩玩。

打毛蛋 ta⁴¹mɔ¹³tan⁴¹ 拍打毛蛋,玩。

皮蛋 p'i¹³tan⁴¹ 皮球。

打皮蛋 ta⁴¹p'i¹³tan⁴¹ 拍皮球。

蛋子 tan⁴⁴tsʅ¹³ 多指小的球状物,如气球儿、钢珠等。

彩蛋子 ts'ai⁴¹tan⁴⁴tsʅ¹³ 彩色气球。

耍学堂 fa⁴¹ɕyə¹³t'aŋ¹³ 一种儿童游戏,有的当老师,有的当学生:我们～的呢,我是师娘_{女教师}。

姑娘儿 ku¹³niəə¹³ 玩具娃娃。也叫"姑娘子｜耍娃娃"。

把戏儿 pa⁴¹ɕiə¹³ 杂技。

耍把戏 fa⁴¹pa⁴¹ɕi¹³ 表演杂技。

刁羊 tiɔ¹³iaŋ¹³ 节日的一种活动,人骑在马上由甲地奔向乙地并捡起地上的羊皮,速度快者为胜。

爬犁儿 p'a¹³liə⁴¹ 儿童玩的雪橇。

舞转龙 vu⁴¹tṣuan⁴¹luŋ¹³ 舞龙灯:正月里来～。(唱词)

(二)体育、武术、舞蹈

翻跟头 fan¹³kəŋ¹³t'ou¹³ 翻跟头。

打能能 ta⁴¹nəŋ¹³nəŋ¹³ 倒立。

秋千 tɕ'iou¹³tɕ'ian¹³ 秋千。

耍拳 fa⁴¹tɕ'yan¹³ 耍拳。

擂台 lui⁴⁴t'ai¹³ 旧时为比武而搭的台子。

摆擂 pai⁴¹lui⁴⁴ 摆擂台。指搭了台子欢迎人来比武。比喻向人挑战。

打擂 ta⁴¹lui⁴⁴ 打擂台。指参加比武。比喻应战。

宝剑 pɔ⁴¹tɕian⁴⁴ 宝剑。

运动家 yŋ⁴⁴tuŋ¹³tɕia¹³ 运动员。

运动场 yŋ⁴⁴tuŋ¹³tʂ'aŋ⁴¹ 运动场。

运动会 yŋ⁴⁴tuŋ¹³xui⁴⁴ 运动会。

耍运动 fa⁴¹yŋ⁴⁴tuŋ⁴⁴ 参加体育活动。

运动 yŋ⁴⁴tuŋ⁴⁴ᐟ¹³ ①指体育:他是我在大学呢教下～的师傅。②指身体的动作、物体的运行、物质存在的形式。

颠颠子步 tian¹³tian¹³tsʅ¹³pu⁴⁴ 一颠一颠向前小跑的脚步。

洗澡 ɕi⁴¹tsɔ⁴¹ ①游泳。②泡在水里玩。

淹猛子 ian¹³məŋ¹³tsʅ¹³ 指潜水。

跳舞 t'iɔ⁴⁴vu⁴¹ 跳舞。

跳舞队 t'iɔ⁴⁴vu⁴¹tui⁴⁴ 舞蹈队。

拼拼儿 p'iŋ⁴⁴p'iə¹³ 比赛。也说"打拼拼"。

附录 分类词汇

495

拼趟子 p'iŋ⁴⁴t'aŋ⁴⁴tsʅ¹³ 赛跑。
头一个位份 t'ou¹³i¹³kə⁴⁴vi⁴⁴fəŋ¹³ 第一，冠军。
第二个位份 ti⁴⁴aiɚ⁴⁴kə⁴⁴vi⁴⁴fəŋ¹³ 亚军。

（三）音　乐

弦子 ɕian¹³tsʅ⁴¹ 弦乐器的统称。
胡琴 xu¹³tɕ'iŋ⁴¹tsʅ¹³ 小提琴，四根弦的乐器。也叫"胡琴儿"。
二胡子 aiɚ⁴⁴xu¹³tsʅ¹³ 二胡儿，两根弦的乐器。
四胡子 sʅ⁴⁴xu¹³tsʅ¹³ 四根弦的胡琴。
三弦子 san¹³ɕian¹³tsʅ⁴¹ 三根弦的乐器。
定弦 tiŋ⁴⁴ɕian¹³ 为弦乐器定音。
八音儿匣子 pa¹³iɚ¹³ɕia¹³tsʅ⁴¹ 手风琴。常简称为"匣子"：他会拉～。
喇叭 la⁴¹pa¹³ ①唢呐。②指播音器。
唢呐 suə⁴¹na¹³ 唢呐。也说"唢呐子"。
响器 ɕiaŋ⁴¹tɕ'iŋ¹³ 乐器的统称。器，音"轻"。有时专指唢呐，如唱词：又吹～又打鼓。
鼓 ku⁴¹ 鼓的统称。
鼓鼓子 ku⁴¹ku¹³tsʅ¹³ 小鼓。
锣 luə¹³ 锣。
响器队 ɕiaŋ⁴¹tɕ'iŋ¹³tuan⁴⁴ 乐队，乐团。器，音"轻"。队，音"断"。

响器家 ɕiaŋ⁴¹tɕ'iŋ¹³tɕia¹³ 音乐家，演奏员。器，音"轻"
弹唱作乐 t'an¹³tʂ'aŋ⁴⁴tsuə⁴⁴luə¹³ 弹唱作乐。

（四）戏剧、电影

戏园 ɕi⁴⁴yan¹³ 指中国古代专供演出戏曲的场所。也说"戏场"。现在也指中亚国家的剧院。
戏台 ɕi⁴⁴t'ai¹³ 戏台。也说"场子"。
帘子 lian¹³tsʅ⁴¹ 幕布：戏完哩，～下来哩幕布落下来。
装扮 tʂuaŋ¹³pan⁴⁴ 扮演。
耍戏 fa⁴¹ɕi⁴⁴ 演戏，演出。
耍儿戏 fæɚ⁴¹ɕi⁴⁴ 滑稽剧。
看戏 k'an⁴⁴ɕi⁴⁴ 看戏。
大戏 ta⁴⁴ɕi⁴⁴ 指演出时人物多、规模大的，如秦腔等那样的戏曲。
灯影子 təŋ¹³iəŋ⁴¹tsʅ¹³ ①皮影戏。中国西北的一种用牛皮做成的人物剪影来表演故事的戏曲。②指电影。
折子 tʂə¹³tsʅ¹³ 中国古时北曲每一剧本分为四折，东干族的剧本仿此而来，一折子相当于现在的一幕，如十娃子的以修长城为题材的舞台剧《长城》的结构，即分为"头一～""第二～"两幕，后加一个尾声"续的"。
看 k'an⁴⁴ 东干剧本一个折子中分为若干个看，相当于现在的场，如

"头一~""第二~",即第一场、第二场。

唱家子 tsʻaŋ^{44}tɕia^{13}tsʅ^{13} 演员。也说"唱家│戏人"。

民人戏人 miəŋ^{13}zəŋ^{13}ɕi^{44}zəŋ^{13} 指演技好的、人民热爱的演员。"民人",即"人民"。

说书的 fə^{13}fu^{13}ti^{13} 说唱演员。

电影 tian^{44}iəŋ^{41} 电影。

耍电影 fa^{41}tian^{44}iəŋ^{41} 放映电影。

二十三、动作

(一)一般动作

捯 tʂou^{41} 用手举物:手呢~的大红旗。

夅 tsa^{44} 张开,扬起:列宁在台上手~的讲话的呢。

挡 tsʻou^{13} 扶:阿爷,你把我~到马上。

押手 tʂʻəŋ^{13}ʂou^{41} 伸手。也说"伸手"。

揪 tɕiu^{13} 摘。也说"摘 tʂə^{13}"。

扯 tʂʻə^{41} 撕。也说"撕 sʅ^{13}"。

拨 pə^{13} 拨。

捂盖 vu^{41}kai^{44} 捂住,盖住。也说"捂磨"。

拖 təŋ^{44} 牵引。也说"拉"。

搡 saŋ^{41} 推。也说"推"。

扒 pa^{13} 扒。

捡 tɕian^{41} 拾。也说"拾"。

挑拣 tʻiɔ^{13}tɕian^{41} 挑拣。也说"挑选│拣选"。

挖 va^{13} ①翻动着寻找,上下扒拉:她找布的呢,箱子~哩一阵子。②用锹等向地表下刨。

□ kaŋ^{41} 用锹把粉末或颗粒状的东西聚拢、清除或装进容器:把土~到车上│把土~到一搭儿哩。

剜 van^{13} 剜。

掏 tʻɔ^{13} 掏。

摽 piɔ^{44} 先把松动的桌、凳等的两条腿绑住,再在绳子中间插入小棍拧紧绊住,使稳固。小棍拧紧绊住的动作叫"摽"。

系 tɕi^{44} 扣上,绑住:把鞋带子~上。

摞 luə^{44} 把东西重叠地往上放。也说"码"。

撂 liɔ^{44} 搁置。也说"搁│放"。

撇 pʻiɛ^{41} 扔。也说"扔│□aiə^{41}"。

摔板 fai^{13}pan^{41} 摔打。

抡 lyŋ^{13} 抡。

擦 tsʻa^{13} 擦。

提 tʻi^{13} 提。

糊 xu^{13} 粘,胶合。

搂 lou^{41} 搂抱。也说"抱"。

抒摸 ly^{41}mə^{13} 顺着抚摸。

捏 niɛ^{13} 捏。

甩手 fai^{41}ʂou^{41} 挥动手臂。

抄手 tsʻɔ^{13}ʂou^{41} 手插在袖筒里。

搞 kɔ^{41} 照看(小孩儿):她又种菜

497

又~娃,忙喱哩。

抓 tʂua¹³ ①捕捉。也说"逮"。②领养:她的儿子不是她养下的,是~下的。③养育:她没~过娃娃,不知道~娃娃的难辛。

逮 tai⁴¹ ①逮捕。也说"抓"。②抓,握:我把他的手~住哩。③捧:把她打两个脸蛋上~住,我心疼亲吻哩。

搭 ta¹³ 放在炉子上:把茶~上。

拿 na¹³ ①抓捕:把贼~住哩。②运载:东西车~不进来,咋闹呢?③派送:把你要往仗上~呢。④娶:把新媳妇~的来哩。⑤控制:把药吃上,把病就~住哩。（参见本章中的"多义词"部分）

拿断 na¹³tuan⁴⁴ 做出决定。

扶帮 fu¹³paŋ⁴¹ 帮扶,帮助,支持。

帮忙 paŋ¹³maŋ¹³ 帮忙。也说"帮助 paŋ¹³tsʻou⁴⁴"。

拾掇 ʂʅ¹³tuə⁴¹ 收拾。也说"收拾｜收就"。

打择 ta⁴¹tʂə¹³ 打扫,收拾:她把家什洗哩,把房也~哩。

刁抢 tio¹³tɕʻiaŋ⁴¹ 抢夺。

挪 nuə¹³ 移动。

□ xaŋ¹³ 拥挤。

续 ɕy⁴⁴ 接上。

□ tou⁴⁴ 触摸:那个东西不敢~。

够 kəŋ⁴⁴ 触及:那个树枝太高,他~不上,我~上呢。够,音"更"。

偷 tʻou¹³ 偷。

支 tsʅ¹³ ①垫:~桌子。②展示:戏人们都~哩自己的手段演技。

泡 pʻɔ⁴⁴ 放在液体中。

漂 pʻiɔ⁴⁴ (把花)插在水瓶中:把花~到花瓶呢。

使唤 sʅ⁴¹xuan⁴⁴ 使用。也说"使用"。

执掌 tʂʅ¹³tʂaŋ⁴¹ 掌管。

经管 tɕiəŋ¹³kuan⁴¹ 照管。

包 pɔ¹³ 包。

洒 sa⁴¹ 洒。

翻 fan¹³ 翻。

端 tuan¹³ ①端:把吃喝都~到桌子上。②赠送:这个书是师娘给我~给的。

做 tsu⁴⁴ ①也说"干"。②搞,弄:把钱~完哩｜把气色空气~臭哩。

派 pʻai⁴⁴ 指派。

打发 ta⁴¹fa¹³ ①派遣:把他往军武大学呢~的叫念去呢。②邮寄:~棉衣裳｜把图样相片~去哩。也说"打"。

替换 tʻi⁴⁴xuan⁴⁴ 替换。

送 suŋ⁴⁴ 送。

给 ki¹³ 给。

交 tɕiɔ¹³ 交。

借 tɕiɛ⁴⁴ 借。

吆 iɔ¹³ ①驾驶畜力车、汽车、拖拉机、飞机等:他是~车的。②驱赶:他拿蝇刷子~苍蝇的呢。

丢 tiu¹³ ①向下放:把书~下。②剩余:这个月~下三天哩。

找 tsɔ⁴¹ 寻找。也说"寻ɕiŋ¹³｜寻找"。

失遗　ʂɿ¹³:¹³　丢失。

打搅　ta¹³tɕiɔ⁴¹　打搅。也说"搅打"：再嫑~我哩，我做教课作业的呢。

搅乱　tɕiɔ⁴¹luan⁴⁴　打乱。

耽搁　tan¹³kə¹³　耽搁。

打听　ta⁴¹t'iŋ¹³　打听。

弹嫌　t'an¹³ɕian¹³　嫌弃，指责。也说"嫌弹"。

折割　tʂə¹³kə¹³　折磨。也说"折扎"。

成全　tʂ'əŋ¹³tɕ'yan¹³　成全。

宰　tsai⁴¹　杀。

拧　niŋ¹³　扭动：~绳子。

拧　niŋ⁴¹　扭转（身体等）：他不想连人说话，自己~过去，照住窗子站下哩。

动弹　tuŋ⁴⁴t'an¹³　行动起来。

站　tsan⁴⁴　①站立。②停止走动。③住宿：夜晚你在哪呢~的呢？

蹲　tuŋ¹³　蹲。

跌倒　tiɛ¹³tɔ⁴¹　跌倒。也说"摔倒"。

爬　p'a¹³　爬。

围　vi¹³　坐着向前移动。

走　tsou⁴¹　①行走。②去：他到学堂呢~哩。③往，到：他~学堂呢去哩。

入　vu¹³　进来或进去。不能构成"进入"，只能单用：~股子｜我想~到大学呢念呢。

退后　t'uŋ⁴⁴xou⁴⁴　后退。

跑　p'ɔ⁴¹　跑。

蹓　liu¹³　偷偷地走开。

跳　t'iɔ⁴⁴　跳。

奔　pəŋ¹³　奔跑。

踢　t'i¹³　踢。

蹬　təŋ¹³　蹬。

跨　tɕ'ia⁴¹　跨：往前~哩一步。跨，音"恰"。

跨　k'ua⁴⁴　附在边儿上：他~在炕沿儿上坐下哩。

跐　ts'ɿ⁴¹　蹭，擦：把脏血手~一下。

断　tuan⁴⁴　追赶。也说"追撵｜赶"。

随　sui¹³　①跟从。②长相、性格等像某人：这个丫头~哩她妈哩。

经过　tɕiŋ¹³kuə⁴⁴　经过。

绕　ʐɔ⁴¹　绕：~一个弯子。绕，音"惹"。

等　təŋ⁴¹　等待。

赶　kan⁴¹　等到：~他来天就黑哩。

避躲　pi⁴⁴tuə⁴¹　躲避。

躲藏　tuə⁴¹ts'aŋ¹³　躲藏。

藏　ts'aŋ¹³　隐藏：虎爱深山好~身。（俗语）

头低下　t'ou¹³ti¹³xa⁴⁴　低着头。

腰子勾下　iɔ¹³tsɿ⁴¹kou¹³xa⁴⁴　弯着腰。

瞅　ts'ou⁴¹　看。也说"看"。

望　vaŋ⁴⁴　望。

看见　k'an⁴⁴tɕian⁴¹　看见。

瞄　miɔ¹³　瞄。

察看　ts'a¹³k'an⁴⁴　察看。

观看　kuan¹³k'an⁴⁴　观看。

遇面　y⁴⁴mian⁴⁴　见面，会见。

睁　tsəŋ¹³　睁。

绷　pəŋ¹³　用力睁大（眼睛）。

499

睒 ʂan⁴¹　眨眼睛。也说"眨 tsa¹³"。
闭眼 pi⁴⁴nian⁴¹　闭眼。
挤眼睛 tɕi⁴¹nian⁴¹tɕiŋ¹³　使眼色。
叼 tiɔ¹³　用嘴夹住。
吸 ɕi¹³　吸。
闭住气 pi⁴⁴tʂ'u⁴⁴tɕ'i⁴⁴　闭住气。住，音"出"。
喂 vi⁴⁴　喂。①饲养：家呢～哩一群鸡。②给人或动物吃东西：他天天割草～牛的呢。
咂 tsa¹³　吮吸：～血的恶狼｜把血～掉。
舔 t'ian⁴¹　舔。
吹 tʂ'ui¹³　吹。
抿 miŋ⁴¹　用嘴唇轻轻地沾一下碗或杯子，略微喝一点：～了一口水。
闻 vəŋ¹³　闻气味。
听 t'iŋ¹³　听。
哭 k'u¹³　哭。
笑 ɕiɔ⁴⁴　笑。
失笑 ʂʅ¹³ɕiɔ⁴⁴　①笑：阿妈，我给你～，叫你高兴。②可笑，有意思：我听哩一个～古今儿。
歇缓 ɕiɛ¹³xuan⁴¹　休息。也指假期：给我给哩五天～。
养活 iaŋ⁴¹xuə¹³　养活。
供养 kuŋ¹³iaŋ⁴¹　指父母供给儿女生活所需。
伺候 ts'ʅ⁴⁴xou¹³　①伺候。也说"服伺｜服事"。②服务：我们的饭馆子～大众的呢。
安置 nan¹³tʂʅ⁴⁴　安置。也说"安顿 nan¹³tuŋ⁴⁴"。

调济 t'iɔ¹³tɕi⁴⁴　调整。
参加 ts'an¹³tɕia¹³　参加。也说"□□ tsuan¹³kan⁴¹"。
完成 van¹³tʂ'əŋ¹³　完成。
枉费 vaŋ⁴⁴fi⁴⁴　枉费。
试当 sʅ⁴⁴taŋ¹³　试验。
□验 tsʅ⁴⁴ian⁴⁴　验证，考验。
修治 ɕiu¹³tʂʅ⁴⁴　建设：～共产主义。
修盖 ɕiu¹³kai⁴⁴　修建：～电厂。
处置 tʂ'u¹³tʂʅ⁴⁴　处理。
防设 faŋ¹³ʂə⁴¹　防备。
防备 faŋ¹³pi⁴⁴　防备。
免过 mian⁴¹kuə⁴⁴　免掉，免除。
收攒 ʂou¹³tsan⁴¹　收集。
组织 tsu⁴⁴tʂʅ¹³　创立。也说"串联｜连"：凭着列宁～下的共产党我们得哩解放哩。
联系 lian¹³ɕi⁴⁴　也说"联络"（可带宾语）。
拉连 la¹³lian¹³　①联络，团结。②吸引：他的样子～人的很。
团圆 t'uan¹³yan¹³　（夫妻、父子等）散而复聚。
离别 li¹³piɛ¹³　离别。
分别 fəŋ¹³piɛ¹³　区别差异。
分晓 fəŋ¹³ɕiɔ¹³　分辨。
欺负 tɕ'i¹³fu⁴⁴　欺负。
挡挂 taŋ⁴⁴kua¹³　阻拦：我要念书，娘老子～呢。也说"堵挡"。
坑害 k'əŋ¹³xai⁴⁴　坑害。
活人 xuə¹³zəŋ¹³　像正常人那样生活：在列宁的花园呢，他活了人｜儿子年轻，成下军官哩，才～的呢。
带累 tai⁴⁴ly¹³　连累。
撒懒 sa¹³lan⁴¹　耍懒。
撒奸 sa⁴¹tɕian¹³　狡猾耍赖。
㨃　tuŋ⁴¹　使环境脏、乱：把房子～脏哩。也说"糟蹋"。
变卦 pian⁴⁴kua⁴⁴　已定的事，忽然改变。
关　kuan¹³　①关闭。②发放或领取：部队上把新军衣也给我～给哩。
领 liŋ⁴¹　领取，携带。
带 tai⁴⁴　携带。
钻 tsuan¹³　钻。
苫 ʂan⁴⁴　遮盖。也说"盖"。
填 tʻian¹³　填。
扑 pʻu¹³　扑。
逼 pi¹³　逼。
催 tsʻui¹³　催。
箍 ku¹³　箍。
纺 faŋ⁴¹　把丝、麻、棉、毛等纤维捻成线：这是～下的丝线。
输 fu¹³　失败。
赢 iəŋ¹³　胜利。
投 tʻou¹³　投机，迎合：两个人言要～呢。
围 vi¹³　围。
背 pei⁴⁴　背离：就像孤雁～哩群。
不凑趣 pu¹³tsʻou⁴⁴tɕʻy¹³　不凑趣。
活 xuə¹³　有生命的：～物。
生活 səŋ¹³xuə¹³　生活。
生长 səŋ¹³tsaŋ⁴¹　也说"长"。
□ tsʻa¹³　吞食：狼～虎咽。
卧 və⁴⁴　卧。

叨 tɔ¹³　禽类用嘴啄：鸽子～食的呢。
叨仗 tɔ¹³tʂaŋ⁴⁴　禽类相斗。
打食 ta⁴¹ʂʅ¹³　（人或动物）到外面找吃的。
嗥 xɔ¹³　兽类吼叫：狗～的呢。
咬 niɔ⁴¹　①用上下牙齿对着用力（夹着物体或使物体的一部分从整体上分离）：这个狗光叫不～。②吠叫：狗～哩两声。
叫唤 tɕiɔ⁴⁴xuan¹³　叫唤。
拘 tɕy¹³　缠，勒：长虫把他～死哩。
败 pai⁴⁴　（花）凋谢。
蔫 nian¹³　枯萎。
落 luə¹³　物体下落。
坠 tʂui⁴⁴　坠落。
跌 tiɛ¹³　（固体或液体）下落：老鼠～到面缸里呢｜头上～汗呢。
溅 tsan⁴⁴　①溅：～哩一身水。②投掷：他在树上拿果子～的，打我们的呢。
淌 tʻaŋ⁴¹　（液体或气体）流动：水～的呢｜屁～的呢。
流 liu¹³　（液体）流动。
滚 kuŋ⁴¹　①滚动。②（液体）沸腾：水～哩。
渗 səŋ/ʂəŋ⁴⁴　液体浸润：水往出～的呢。
腌 ian¹³　腌渍：眼泪把心都～咸哩。
冲 tʂʻuŋ¹³　冲击：水把地面～哩个深壕。
□ ian⁴¹　液体因晃动而洒出。
摆 pai⁴¹　①摆放。②液体晃动：水打碗呢往出～的呢。

501

摇摆 iɔ¹³pai⁴¹　晃动：桌子~开哩。
□ ʐan¹³　粘：这个胶不~。
震 tʂəŋ⁴⁴　震动。
照 tʂɔ⁴⁴　照射。
闪 ʂan⁴¹　突然出现。
□ ɕiu¹³　耀（眼）：太阳~眼睛呢。
遮 tʂə¹³　遮盖：黑云~满天。
烧 ʂɔ¹³　燃烧。
着 tʂuə¹³　燃烧或灯发光：火~的呢。
□ kaŋ⁴⁴　烟尘飞扬：~烟的呢。
号 xɔ¹³　（风）叫：风~的呢。
折 ʂə¹³　断。也说"断"。
惹 ʐə⁴¹　①（言语、行动）触动对方：我再不~你哩，嫑生气哩。②传染：我的病是~的病，你但如果来，一定给你~上呢。
惹躁 ʐə⁴¹tsɔ⁴⁴　触怒对方。
压 nia¹³　压。
停 tʻəŋ⁴⁴　音"腾"。①停止，终止：娃娃连羯羖山羊羔子一样，不~的跳的耍的呢。②（车辆、灵柩等短时间地）停放，平放：我们把打死的人□[kaŋ]聚拢到一坨~下哩｜老汉无常哩，在病院地下~的呢。
滋养 tsʅ¹³iaŋ⁴¹　滋养。
塞 sei¹³　堵挡。
扎旋 tsa¹³ɕyan¹³　盘旋：恶老鹰在天上~的呢。
拾 ʂʅ¹³　奔向，投向：跑车子~到他跟前哩｜她~到达达爸爸跟前搂住哩。

巩固 kʻuŋ⁴¹ku⁴⁴　巩固。巩，音"空"。
发生 fa¹³səŋ⁴¹　发生。
发展 fa¹³tʂaŋ⁴¹　①事物由小到大的变化，扩大：叫你的事情往大呢~。②指人的发育：她~成一朵牡丹哩。
改变 kai⁴¹pian⁴⁴　改变。
变 pian⁴⁴　变化，变卖：因为叫，卖的快，多~哩些儿钱。（诗）
分隔 fəŋ¹³ki⁴¹　①大的空间隔成小的。②区别。
隔开 ki¹³kʻai¹³　隔开。
颠倒 tian¹³tɔ⁴¹　颠倒。
跌办 tiɛ¹³pan¹³　（为某事）奔忙，奔走，张罗，措办：~哩一年，才把房子盖成哩。
碰 pʻəŋ⁴⁴　碰。
□ tui⁴¹　猛地碰撞：汽车把一个乳牛~到沟呢哩。
遗留 i⁴¹liu¹³　遗留。
存攒 tsʻuŋ¹³tsan⁴¹　积存。
收攒 ʂou¹³tsʻuan¹³　聚拢：把娃娃们都~排成队哩。
染 ʐan⁴¹　①用染料着色。②刷上油漆：把桌子~哩一下。
朝 tʂʻɔ¹³　向着。
剩 ʂəŋ⁴⁴　剩余。
抵 ti⁴¹　顶得上：一堆黄金不~一堆粮。
好像 xɔ⁴¹ɕiaŋ⁴⁴　好像。
姓 ɕiŋ⁴⁴　姓。
配 pʻei⁴⁴　搭配：红花开，绿叶叶儿~。

较量 tɕiɔ⁴⁴liaŋ⁴⁴ 较量。
添 tʻian¹³ 添。
没 mə¹³ 没有。也说"没有"。
离 li¹³ 距离：～你远。
倒 tɔ⁴⁴ 倾倒：～哩一盅子酒。
战 tʂan⁴⁴ 发抖。也说"打战"。
烂散 lan¹³san⁴¹ 散落，散开，解体：苏联～掉哩。
投 tʻou¹³ 到，等到：～我到哩那塔儿，天可价黑哩。也说"经～｜赶～"。
过 kuə⁴⁴ ①召开，举办，进行：在北京城堡呢～哩世界妇女的大会哩｜学生们～哩孔库尔斯_{竞赛}哩。②玩：娃娃，听话，～开姑娘儿_{玩具娃娃}哩不准打槌_{打架}。
破 tan⁴⁴ ①用磨料磨物件使锋利：你拿磨石把镰刀～两下。②用凿子击打石磨搓磨粮食的部位，使有楞槽，以利于磨粮：～磨盘石｜石头的钻子～磨呢，才是石（实）打石（实）～呢。（谚语）③搓磨：他把手呢的两个核桃儿～的耍的呢。
当不住 taŋ⁴¹pu¹³tʂʻu⁴⁴ 受不住：冷的～哩。住，音"处"。
胤 iŋ⁴⁴ 动物、植物繁殖：他把鱼往河里撒的，说是叫～去呢｜桑树～的快的很。

（二）心理活动

知道 tʂɿ¹³tɔ¹³ 知道。

知不道 tʂɿ¹³pu¹³tɔ⁴⁴ 不知道。也说"不知道"。
懂 tuŋ⁴¹ 懂。
认识 zən⁴⁴ʂɿ¹³ 也说"认得"。
认不得 zən⁴⁴pu¹³tei¹³ 不认得。也说"不认得"。
识透 ʂɿ¹³tʻou⁴⁴ 看透。
诧生 tsʻa⁴⁴sən¹³ （小孩儿）怕见生人。
不识闲 pu¹³ʂɿ¹³ɕian¹³ 闲不住。
思量 sɿ¹³liaŋ¹³ 想：癞瓜子吃天鹅呢，～哩个高。
料想 liɔ⁴⁴ɕiaŋ⁴¹ 料想。
估摸 kʻuə⁴¹mu¹³ 估计。也说"估量｜试量"。估，音"阔"。
觉摸 tɕye¹³mu¹³ 感到。
□磨 tsʻɿ⁴¹mə¹³ 琢磨。
揣 tʂʻuai⁴¹ 忖度。
信服 ɕiŋ⁴⁴fu¹³ 相信。
不苏醒 pu¹³su¹³ɕiŋ⁴¹ 不明白，怀疑。
留神 liu¹³sən¹³ 留神。
害怕 xai⁴¹pʻa⁴⁴ 害怕。
吓 xa⁴⁴ 吓唬：～一跳。
吓唬 xa⁴⁴xu¹³ 吓唬。
吃惊 tʂʻɿ¹³tɕiŋ¹³ 吃惊。
惊醒 tɕiŋ¹³ɕiŋ⁴¹ 惊醒。
着急 tʂuə¹³tɕi¹³ 着急。
念个 nian⁴⁴kə⁴⁴ 思念。
盼望 pʻan⁴⁴vaŋ⁴⁴ 盼望。
指望 tsɿ⁴¹vaŋ⁴⁴ 指望。
望想 vaŋ⁴⁴ɕiaŋ¹³ 想望，希望：我～入那个大学呢｜这个狗娃儿这么心疼，我也想要呢，光是没~。

妄想 vaŋ⁴⁴ɕiaŋ¹³ 不能实现的打算：对头们~叫我们过老光阴苦日子呢。

记得 tɕi⁴⁴tei¹³ 记得。

记不得 tɕi⁴⁴pu¹³tei¹³ 记不得。

记起来 tɕi⁴⁴tɕʻiɛ⁴¹lai¹³ 记起来。

记牢 tɕi⁴⁴lɔ¹³ 牢记。也说"记忘"（注意：它和中国汉语"忘记"的语序和意思都正好相反）：把你的大恩永总~呢。

忘哩 vaŋ⁴⁴li¹³ 忘了。

记想 tɕi⁴⁴ɕiaŋ⁴⁴ ①想念：我四季把你~呢。②回忆：按他的~，1954年上，吉尔吉斯科学院把回族文化的部分开开哩。③记忆：舍哩老汉的老婆儿思量的~上的老汉的呢。

巴不得 pa¹³pu¹³tei⁴¹ 巴不得。

眼红 nian⁴¹xuŋ¹³ 嫉妒。也说"眼热"。

记仇 tɕi⁴⁴tʂʻou¹³ 把对别人的仇恨记在心里。

厌烦 ian⁴⁴fan¹³ 厌烦。

不耐烦 pu¹³nai⁴⁴fan¹³ 不耐烦。

恨 xəŋ⁴⁴ 恨。

抱怨 pɔ⁴⁴yan⁴⁴ 抱怨。

埋怨 man¹³yan⁴¹ ①埋怨。②隐瞒：小先生，你识字吗？照实说，耍~。

着气 tʂuə¹³tɕʻi⁴⁴ 生气：越看越~。

顾怜 ku⁴⁴luan¹³ 顾念爱怜。怜，音"銮"。

心疼 ɕiŋ¹³tʻəŋ¹³ ①可爱：这个丫头长的~的很。②疼爱：阿妈，我想叫你~呢。③亲吻：照住脸蛋狠狠~哩下。

疼怅 tʻəŋ¹³tʂʻaŋ¹³ 疼爱。也说"心疼"。

喜欢 ɕi⁴¹xuan¹³ 喜欢。

喜爱 ɕi⁴¹nai⁴⁴ ①喜欢，爱。也说"爱"。②指所爱的人：我的~今儿回家呢｜我的~，我想你的呢。

打盘 ta⁴¹pʻan¹³ 打算。

安算 nan⁴⁴suan¹³ 计划，安排。也说"盘算｜谋算"。

设虑 ʂə¹³ly¹³ 计划，考虑。

设虑便宜 ʂə¹³ly¹³pian⁴⁴i⁴⁴ 准备停当。

虑当 ly⁴⁴taŋ¹³ 准备。也说"虑备"。

试看 ʂʅ¹³kʻan⁴¹ 探索：往科姆兹姆共产主义的得胜上~呢。

操心 tsʻɔ¹³ɕiŋ¹³ 操心。

舍不得 ʂə⁴¹pu¹³tei¹³ 舍不得。

能 nəŋ¹³ 有能力：我~做好。

愿意 yan¹³i⁴¹ 愿意。

情愿 tɕʻiŋ¹³yan⁴⁴ 情愿：我~当兵去呢。

能够 nəŋ¹³kou¹³ ①能。②可能，可能性：你想入到大学呢呢，这个~也有呢。

会 xuai⁴⁴ 有能力做：他~织布。

当 taŋ⁴⁴ 认为：谁都~我死哩。

忍住 zəŋ⁴¹tʂʻu⁴⁴ 忍住。住，音"出"。

忍耐 zəŋ⁴¹nai⁴⁴ 忍耐。

迷弹 mi¹³t'an¹³ 迷惑。

将就 tɕiaŋ¹³tɕiu¹³ 将就。

向 ɕian⁴⁴ 偏袒。

贪 t'an¹³ 贪图钱财：～财不足，牵马坠镫。（谚语）

（三）语言动作

言喘 ian¹³tʂ'uan⁴¹ 指出声说话。

表说 piɔ⁴¹fə¹³ ①述说，叙述。也说"表"：把那里的景致～一遍｜把他～一～。②导游员的讲解：她～哩出哩名的这个城堡的历史哩。

讲话 tɕiaŋ⁴¹xua⁴⁴ 指向众人做报告。也说"报告"。

谈话 t'an¹³xua⁴⁴ 指郑重场合中的双方交谈。一般场合中的叫"说话"。

喧黄 ɕyan¹³xuaŋ¹³ 闲聊。也说"喧"：～哩一阵子。今中国甘肃多地很常用。

拉磨 la¹³mə¹³ 聊天，谈心：我连儿子～的呢。

比论 pi⁴¹lyŋ⁴⁴ ①例如：他写哩很几个曲子，～，《春天》《遇面》。②例子：他望想给年轻教员们拿一个～教课教案呢。

破晓 p'ə⁴⁴ɕiɔ¹³ 解释，说明：把不懂的地方都给我们～哩。

撺掇 ts'uan¹³tuə¹³ 鼓动人（做某事）。

劝说 tɕ'yan⁴⁴fə¹³ 劝说。

商量 ʂaŋ¹³liaŋ¹³ 商量。

回答 xuei¹³ta⁴¹ 回答。

哄 xuŋ⁴¹ 骗。也说"瞒哄｜瞒唤"。

扯谎 tʂ'ə⁴¹xuaŋ⁴¹ 说谎。

调唆 t'iɔ¹³suə⁴¹ 调唆。

装王 tʂuaŋ¹³vaŋ¹³ 吹嘘，夸耀。

递话 ti⁴⁴xua⁴⁴ 把一方的话转告给另一方。

交代 tɕiɔ¹³tai¹³ 交代。

告饶 kɔ⁴⁴ʐɔ¹³ 告饶。

犟嘴 tɕiaŋ⁴⁴tsui⁴¹ 犟嘴。

告祷 kɔ⁴⁴tɔ⁴¹ 央求：兄弟跌倒哩，哭脱哩。姐姐～的说是"嫑哭哩，奶奶听见骂我呢"。

哀告 nai¹³kɔ⁴⁴ 央求，恳求。

推辞 t'ui¹³tsʅ¹³ 推辞。也说"辞团"。

嚷 zaŋ¹³ 吵嚷。

嚷 zaŋ⁴¹ 责备。

赖 lai⁴⁴ ①怪罪。②不好的。

咕哝 ku¹³nuŋ¹³ 小声说话。

骂仗 ma⁴⁴tʂaŋ⁴⁴ 吵架。

打仗 ta⁴¹tʂaŋ⁴⁴ 打架。也说"打槌"。

打槌骂仗 ta⁴¹tʂ'ui¹³ma⁴⁴tʂaŋ⁴⁴ 打架吵架。

打槌闹棒 ta⁴¹tʂ'ui¹³nɔ⁴⁴paŋ⁴⁴ 泛指打架。

打嘴巴 ta⁴¹tsui⁴¹pa¹³ 打嘴巴。

吩咐 fəŋ¹³fu¹³ 吩咐。

扎缚 tsa¹³fu⁴⁴ 叮咛，叮嘱。（由捆绑义引申而来）

审问 ʂəŋ⁴¹vəŋ¹³ 追问。

喝学 xə¹³ɕyə⁴¹ 抱怨，诉说：他～自己的委屈的呢。也说"学说"。

哼断 xəŋ¹³tuan⁴⁴　呵斥，阻止。他但看见那个猫，就～脱哩："滚打这儿！"

挖苦 va¹³kʻu⁴¹　挖苦。

揭短 tɕiɛ¹³tuan⁴¹　揭短。

咒骂 tʂou⁴⁴ma⁴⁴　咒骂。也说"咒"。

赌咒 tu⁴¹tʂou¹³　赌咒。

吆喝 iɔ¹³xə¹³　吆喝。

吼 xou⁴¹　大声喊。

喊 xan⁴¹　大声叫人：我睡着哩，是谁任何人都没～我。

叫 tɕiɔ⁴⁴　大声喊，叫卖：今儿个我因为～，瓜卖的快。

唠叨 lɔ¹³tɔ¹³　唠叨。也说"叨叨 | 细繁 ɕi¹³fan¹³"。

批评 pʻi⁴¹pʻiŋ⁴⁴　批评。

夸奖 kʻua¹³tɕiaŋ⁴¹　也说"夸 | 夸赞 kʻua¹³tsan⁴⁴"。

赞念 tsan⁴⁴nian⁴⁴　赞扬，纪念。

赞成 tsan⁴⁴tʂʻəŋ¹³　表彰，庆贺：回族人拿大喜欢～哩十娃子90岁的生日儿哩。

赏识 ʂaŋ⁴¹ʂɿ¹³　自豪：儿子成下军官哩，我可～的说不成哩。

二十四、位　置

位份 vi⁴⁴fəŋ¹³　①工作岗位：在他的工作～上见哩他哩。②位置：我的地方的～上叫炸弹炸哩一个深坑。③在总体中所处的位次：他的意思深的诗文上仍占的大～他的寓意深刻的诗歌仍居于文学界的主要位次。

窝儿 vəɚ¹³　指处所，位置，座位：学堂是得知识的～ | 把床原支到他睡哩的～上哩 | 师娘说是不叫抢～。也说"位儿"。

高头 kɔ¹³tʻou⁴¹　上面：红旗～的口号是"相好"友好。

顶儿上 tiɚ⁴¹ʂaŋ⁴⁴　顶上。

底下 ti¹³xa¹³　底下。

低处 ti¹³tʂʻu¹³　低处。

山顶子 san¹³tiŋ⁴¹tsɿ¹³　山的顶部。也说"山顶儿 | 山尖子 | 山尖儿"。

山根呢 san¹³kəŋ¹³ni¹³　山脚下。

桌子上 tʂua¹³tsɿ¹³ʂaŋ¹³　桌子上。常说"桌子高头"。

树底下 fu⁴⁴tʻi⁴¹xa¹³　树底下。

东 tuŋ¹³　东。

西 ɕi¹³　西。

南 nan¹³　南。

北 pei¹³　北。

东南 tuŋ¹³nan¹³　东南。

东北 tuŋ¹³pei¹³　东北。

西南 ɕi¹³nan¹³　西南。

西北 ɕi¹³pei¹³　西北。

里头 li⁴¹tʻou¹³　也说"里边 | 内边 lui⁴⁴pian¹³"。

房呢 faŋ¹³ni¹³　房子里。

窗子根呢 tʂʻuaŋ¹³tsɿ¹³kəŋ¹³ni¹³　窗

前，窗下。

院呢 yan⁴⁴ni¹³　院子里。

手呢 ʂou⁴¹ni¹³　手里。

手底下 ʂou⁴¹ti⁴¹xa¹³　手旁。

心呢 ɕiŋ¹³ni¹³　心里。

心底呢 ɕiŋ¹³ti⁴¹ni¹³　内心深处。

怀窝 xuai¹³və⁴¹　怀里。

拐拐儿 kuai⁴¹kuæɚ¹³　角儿：娃娃把书搁到桌子～上哩｜她拿搭头头巾的～把眼睛揞哩下儿。

轮轮儿 lyŋ¹³lyɚ⁴¹　（上衣）周围的下部：丫头儿把衫衫儿的～拉上来，把脸捂住哭脱哩。

外头 vai⁴⁴t'ou¹³　外面。也说"外前 vai⁴⁴tɕ'ian¹³｜外面（儿）"。

门上 məŋ¹³ʂaŋ⁴⁴　大门前：从你～过，不由我心就跳。也说"门前头"。

对门子 tui⁴⁴məŋ¹³tsɿ⁴¹　也说"对门儿"。

对直子 tui⁴⁴tʂɿ¹³tsɿ⁴¹　对面儿。也说"对面｜迎面子"。

前面 tɕ'ian¹³mian⁴⁴　前面。也说"头呢｜前边｜前头"。

以前 i⁴¹tɕ'ian¹³　以前。

之前 tsɿ¹³tɕ'ian¹³　指时间上靠前的。前面多带定语：年时的～。

后头 xou⁴⁴t'ou¹³　后头。也说"后面（儿）"。

以后 i⁴¹xou⁴⁴　指时间上靠后的：两年多的天气～。

之后 tsɿ¹³xou⁴⁴　指时间上靠后的。

背后 pei⁴⁴xou¹³　身后。

中间 tʂuŋ¹³tɕian⁴¹　也说"当中｜中间呢｜中呢"。

半中腰 pan⁴⁴tʂuŋ¹³iɔ¹³　中间部分。

空中 k'uŋ¹³tʂuŋ⁴¹　天空，天上。

空中滩场 k'uŋ¹³tʂuŋ¹³t'an⁴¹tʂ'aŋ⁴¹　领空：我们的国家～大的很。

半虚空呢 pan⁴⁴ɕy¹³k'uŋ¹³ni¹³　半空中。也说"半空呢"。

上腔子 ʂaŋ⁴⁴k'aŋ⁴¹tsɿ¹³　物体的正上方部位，引申为受尊敬的、光荣的（部位）：讲堂教室的～上挂的列宁的像。腔，音"糠"。

傍个 paŋ⁴⁴kə¹³　旁边。也说"傍呢｜傍个呢"。也说"畔畔儿"：草滩～上有路路儿呢。

东傍个 tuŋ¹³paŋ⁴⁴kə¹³　东边。也说"东方｜东岸子"。

西傍个 ɕi¹³paŋ⁴⁴kə¹³　西边。也说"西方｜西岸子"。

南方 nan¹³faŋ⁴¹　南方。也说"南面子｜南岸子"。

北方 pei¹³faŋ¹³　北方。也说"北傍个｜北岸子"。

左傍个 tsuə⁴¹paŋ⁴⁴kə¹³　左边。也说"左边"。

右傍个 iou⁴⁴paŋ⁴⁴kə¹³　右边。也说"右边"。

沿子 ian¹³tsɿ⁴¹　边儿。

边沿 pian¹³ian¹³　边儿上。

周围 tʂou¹³vi⁴⁴　周围。也说"团圆儿 t'uan¹³yæɚ¹³｜四周｜四周八下"。

跟前 kəŋ¹³tɕ'ian⁴¹　跟前。

跟跟儿呢 kəŋ¹³kuɚ¹³ni¹³　比"跟前"更近的地方。

面前 mian^{44}tɕ'ian^{13} 面前。
面对面 man^{44}tui^{44}man^{44} 面对面。
下边儿 xa^{44}piæɚ^{13} 下边。也说"下头"。
上面 ʂaŋ^{44}mian^{13} 上面。也说"上头"。
上水 ʂaŋ^{44}fi^{41} 河的上游。
底子 ti^{41}tsɿ^{13} 底部。
碗底呢 van^{41}ti^{41}ni^{13} 碗底儿。
锅底呢 kuə^{13}ti^{41}ni^{13} 锅底儿。
河底子呢 xə^{13}ti^{41}tsɿ^{41}ni^{13} 河底儿。

啥地方 sa^{13}ti^{44}faŋ^{13} 什么地方。
往进走 vaŋ^{41}tɕiŋ^{44}tsou^{41} 往里走。
往出走 vaŋ^{41}tʂ'u^{13}tsou^{41} 往外走。
往回走 vaŋ^{41}xuai^{13}tsou^{41} "走回来"或"走回去"。
往起拿 vaŋ^{41}tɕ'i^{41}na^{13} 往上拿。
往过拿 vaŋ^{41}kuə^{44}na^{13} "拿过来"或"拿过去"。
往会呢学 vaŋ^{41}xuai^{13}ni^{13}ɕyə^{13} 学会。
坐北望南 tsuə^{44}pei^{13}vaŋ^{44}nan^{13} 指房子背对北方面向南方。

二十五、代词等

我 və/ŋə^{41} 我。
你 ni^{41} 你。
他/她/它 t'a^{41} 他,她,它。
自己 tsɿ^{44}tɕi^{13} 也说"个家｜个人"。
我们 və^{41}/ŋə^{41}mu^{13} 我们。们,音"木"。
咱们 tsa^{13}mu^{41} 咱们。们,音"木"。
你们 ni^{41}mu^{13} 表示第二人称复数。们,音"木"。
他/她/它们 t'a^{41}mu^{13} 他/她/它们。们,音"木"。
你们 ni^{41}mu^{13} 对第二人称单数"你"的敬称,相当于"您",这是模仿俄语用第二人称复数"вы"(你们)来表示敬称的单数的"你"。主要出现在东干话的甘肃话中。们,音"木"。
我的 və^{41}ti^{13} 我的。

人家 zəŋ^{13}tɕia^{41} 表示第三人称,别人。也说"阿□ a^{13}na^{13}"。
旁人 p'aŋ^{13}zəŋ^{41} 旁人。
再的 tsai^{44}ti^{13} 别的。可指人或物。
大家 ta^{44}tɕia^{13} 大家。
大伙 ta^{44}xuə^{41} 大伙。
大众 ta^{44}tʂuŋ^{44} 大众。也说"众人"。
一切 i^{13}tɕ'ie^{41} 一切。
谁 sei^{13} 谁。
有的人 iou^{41}ti^{13}zəŋ^{13} 有的人。
是谁 sɿ^{44}sei^{13} 任何人,无论什么人。
这 tsɿ^{44} 指示较近的人或事物:~咋~么个事情嚛｜~天。
那 nai/na/nɔ^{44} 指示较远的人或事物:~不是你的错｜~天。

508

这个 tṣʅ⁴⁴kə¹³　这一个：～画上咋这么些子娃娃嗨？

那个 nai/na⁴⁴kə¹³　①那一个：他肯在～涝坝里头钓鱼。②那样：但是～，我就不去哩。

哪个 na⁴¹kə¹³　哪一个：你们说～是松树？

那个的 nai⁴⁴kə¹³ti¹³　那样的：～之后，他们就不来往哩。

这些 tṣʅ⁴⁴ɕiɛ¹³　这些。也说"这些子｜这些个"。

那些 nai/na⁴⁴ɕiɛ¹³　也说"那些子"。

这么些子 tṣʅ⁴⁴mu¹³ɕiɛ⁴¹tṣʅ¹³　这么多，表示数量多。么，音"木"。

哪些 na⁴¹ɕiɛ¹³　哪一些。

这搭儿/塔儿 tṣʅ⁴⁴tæɚ/tʻæɚ¹³　这里。也说"这傍个｜这下 tṣʅ⁴⁴xa⁴⁴"。

那搭儿/塔儿 nai/na⁴⁴tæɚ/tʻæɚ¹³　那里。也说"那傍个｜那下 na/nai⁴⁴xa⁴⁴"。

哪搭儿/塔儿 na⁴¹tæɚ/tʻæɚ¹³　哪里。也说"哪里"：打～来？

有的处儿 iou⁴¹ti¹³tṣʅ⁴⁴ʻuɚ¹³　有的地方。也说"有处儿"。

是哪搭儿/塔儿 sʅ⁴⁴na¹³tæɚ/tʻæɚ¹³　任何地方，无论什么地方。也说"是哪呢"。

这么 tṣʅ⁴⁴mu¹³　指示性质、状态、方式、程度：他可价～大哩。么，音"木"。

那么 nai/na⁴⁴mu¹³　指示性质、状态、方式、程度：～高兴｜～好。么，音"木"。

哪么个 na⁴¹mu¹³kə¹³　哪样：老人都是～？么，音"木"。

那么个 nai/na⁴⁴mu¹³kə¹³　那样：老人都是～。么，音"木"。

咋 tsa⁴¹　怎么：你～不起来？｜这倒～闹怎么办哩？

咋么价 tsa⁴¹mu¹³tɕia¹³　怎么，怎样：这个事情我～做呢？也说"咋么个｜咋么"。么，音"木"。

是咋 sʅ⁴⁴tsa⁴¹　无论怎么样。

为啥 vi⁴⁴sa⁴⁴　为什么：松树～绿的呢？

啥 sa⁴⁴　什么。偶尔也说"什么"：执掌卡尔霍兹集体农庄～人？

是啥 sʅ⁴⁴sa¹³　任何什么，无论什么：没有～指望。

多么些儿 tuə¹³mu¹³ɕiɛɚ⁴¹　多少。也说"多少｜多么少"。么，音"木"。

多 tuə¹³　表示程度高，如久、高、大、厚、重：这房子～好。

多么 tuə¹³mu¹³　表示程度深：～好的房子｜～大。么，音"木"。

我们两个 və¹³mu¹³liaŋ⁴¹kə¹³　我们两个。们，音"木"。

咱们两个 tsa¹³mu¹³liaŋ⁴¹kə¹³　咱们两个。们，音"木"。

他们两个 tʻa⁴¹mu¹³liaŋ⁴¹kə¹³　他们两个。们，音"木"。

他们两口儿 tʻa⁴¹mu¹³liaŋ¹³kʻoɚ⁴¹　他们夫妻俩。们，音"木"。

夫妻二人 fu¹³tɕʻi¹³aiɚ⁴⁴zəŋ¹³　夫妻二人。

她们娘们两个 tʻa⁴¹mu¹³niaŋ¹³mu⁴¹

liaŋ⁴¹kə¹³　指母女俩。们，音"木"。

她们娘儿们三个　t'a⁴¹mu¹³niɔɚ¹³mu⁴¹san¹³kə¹³　她们娘儿们三个。们，音"木"。

娘儿们　niɔɚ¹³mu⁴¹　指母亲和儿女们。们，音"木"。

客主二人　ki¹³tʂu⁴¹aiɚ⁴⁴zəŋ¹³　客主二人。

弟兄两个　ti⁴⁴ɕyŋ¹³liaŋ⁴¹kə¹³　弟兄两个。

姊妹两个　tsʅ⁴¹mei¹³liaŋ⁴¹kə¹³　姊妹两个。

咱们二位　tsa¹³mu⁴¹aiɚ⁴⁴vi⁴⁴　咱们俩。们，音"木"。

民人们　miŋ¹³zəŋ¹³mu⁴¹　人民群众：曲子里头唱的是～打哩万里长城的为难带颇烦。们，音"木"。

穷汉们　tɕ'uŋ¹³xan¹³mu¹³　穷人们。们，音"木"。

自己们　tsʅ⁴⁴tɕi¹³mu¹³　自己。表群体。们，音"木"。

野牲们　iɛ⁴¹səŋ¹³mu¹³　很多动物，动物群。们，音"木"。

故事们　ku⁴⁴sʅ⁴⁴mu¹³　很多故事，一些故事。们，音"木"。

作品们　tsuə⁴⁴p'iŋ⁴¹mu¹³　很多作品，一些作品。们，音"木"。

二十六、形容词

好　xɔ⁴¹　好。

傍近　paŋ¹³tɕian¹³　大概，差不多。偶尔也说"差不多"。近，音"间"。

坏　xuai⁴⁴　坏。主要指事物。

□　xa¹³　坏：分的地又～又少｜这是个～马｜跟～人，学～人，跟好人，学好人。有时也说"坏"。

俊美　tɕyn⁴⁴mei⁴¹　漂亮，美好。可指人、物、饭食：俊衫子｜俊书。也说"俊样｜俊"。

丑　tʂ'ou⁴¹　长相不好看。

干散　kan⁴⁴san⁴⁴　潇洒，麻利，干练，漂亮：马家姑娘，长的也～，做活也～。

麻利　ma¹³li⁴⁴　麻利。

端正　tuan¹³tʂəŋ⁴⁴　长相好看。

端　tuan¹³　①端正，直：丝杆栽的～。②准确：炮子儿打的太～。

正端　tʂəŋ⁴⁴tuan¹³　正确：曲子唱的是政府的～领首领导。

洒落　sa⁴¹luə¹³　潇洒，洒脱。常用来描写原野辽阔、景色清丽：到哩花儿开繁的～、俊美滩道呢，娃们高兴哂哩。

要紧　iɔ⁴⁴tɕiŋ⁴¹　要紧。

重要　tʂuŋ⁴⁴iɔ⁴⁴　重要。

着重　tʂuə¹³tʂuŋ⁴⁴　主要：他～把她的知识看上哩。

热闹　zə¹³nɔ⁴⁴　热闹。也说"红火"。

单孤　tan¹³ku¹³　孤单。也说

"孤单"。

硬 niŋ^{44}　硬。

硬邦 niŋ^{44}paŋ^{13}　结实有力。

软 van^{41}　软。

绵 mian^{13}　柔软：沙滩上～的很。

干净 kan^{13}tɕiŋ^{13}　干净。

脏 tsaŋ^{13}　脏。

咸 xan^{13}　盐分多。

淡 tan^{44}　平淡：这号子人把羞看哩个～。

香 ɕiaŋ^{13}　香。

臭 tʂ'ou^{44}　臭。

酸 suan^{13}　酸。

甜 t'ian^{13}　①像糖和蜜的味道：这个西瓜～的很。②食物中的盐分少，味淡：饭～的很，再调上些盐嚛。

苦 k'u^{41}　苦。

辣 la^{13}　辣。

清 tɕ'iŋ^{13}　①（饭）稀，汤水多。②（水）清澈。

稀 ɕi^{13}　不密。也说"离 li^{13}"。

稠 tʂ'ou^{13}　稠。

繁 fan^{13}　茂密：花开的～｜果子结的～。

熟 fu^{13}　熟。

冰 piŋ^{13}　凉：茶～掉哩。

冻 tuŋ^{44}　冻：把人～死哩。

乏 fa^{13}　困乏。

胖 p'aŋ^{44}　指人肥胖：～人。

瘦 sou^{44}　不胖：～老婆。也说"瘦气"。

舒坦 fu^{44}t'an^{13}　舒服。也说"受应 ʂou^{44}iŋ^{44}｜受活｜畅活"。

满服 man^{41}fu^{13}　使人满意：我的望想眼看～得哩。

难受 nan^{13}ʂou^{44}　难受。也说"难辛｜难过"。

痒 niɔ^{41}　痒：身上～的很。痒，音"鸟"。

享福 ɕiaŋ^{41}fu^{13}　①享福。②幸福：～光阴。

受罪 ʂou^{44}tsui^{44}　受罪。

受苦 ʂou^{44}k'u^{41}　受苦。

辛苦 ɕiŋ^{13}k'u^{41}　辛苦。

艰难 tɕian^{41}nan^{13}　艰难。

作难 tsuə^{44}nan^{13}　作难。

为难 vi^{13}nan^{13}　为难。

容易 yŋ^{13}i^{44}　容易。容，音"永"。

乖 kuai^{13}　小孩听话。也说"乖爽"。

规矩 kui^{13}tɕy^{41}　规矩。

机溜 tɕi^{13}liu^{13}　机灵。也说"灵泛 liŋ^{13}fan^{44}"。

灵干 liŋ^{13}kan^{44}　灵活。

糊涂 xu^{13}tu^{41}　糊涂。涂，音"杜"。

清醒 tɕ'iŋ^{13}ɕiŋ^{41}　清醒。

明白 miŋ^{13}pei^{41}　明白。

巧妙 tɕ'iɔ^{41}miɔ^{44}　巧妙。

轻巧 tɕ'iŋ^{13}tɕ'iɔ^{41}　轻巧。

轻省 tɕ'iŋ^{13}səŋ^{13}　轻松。

浑 xuŋ^{13}　全，满：～身打战。

一满 i^{13}man^{41}　全部，所有。做定语或主语：～的苦汉都喜欢｜如今～都跑买卖的呢。

凉快 liaŋ^{13}k'uai^{41}　凉快。也说"凉爽"。

清凉 tɕ'iŋ^{13}liaŋ^{13}　清凉。

齐全 tɕʻi¹³tɕʻyan¹³ 齐全：人来的～的很。

齐楚 tɕʻi¹³tʂʻu⁴¹ 整齐：齐齐楚楚。

乱 luan⁴⁴ 乱。

囫囵 xu¹³luŋ⁴¹ 完整。

烂 lan⁴⁴ 烂。

稀□烂 ɕi¹³pʻa¹³lan⁴⁴ 破烂。

早 tsɔ⁴¹ 比一定的时间靠前：我的阿妈完去世的～。

迟 tsʻʅ¹³ 比规定的时间靠后：你～下哩,火车走掉哩。

多 tuə¹³ 多。

多余 tuə¹³y¹³ 多出的。

少 ʂɔ⁴¹ 少。

大 ta⁴⁴ 大。

小 ɕiɔ⁴¹ 小。也说"尕 ka¹³｜□ sui⁴⁴"。

长 tʂʻaŋ¹³ 长。

久长 tɕiu⁴¹tʂʻaŋ¹³ 长久。也说"长远 tʂʻaŋ¹³yan⁴¹"。

短 tuan⁴¹ 短。

宽 kʻuan¹³ 宽。

宽展 kʻuan¹³tʂan⁴¹ 宽展。

窄狭 tsei¹³tɕʻia¹³ 窄狭。狭,音"掐"。

厚 xou⁴⁴ 厚。

薄 pə¹³ 薄。

圆 yan¹³ 圆。

扁 pian⁴¹ 扁。

匀 yŋ¹³ 均匀。

结实 tɕiɛ¹³ʂʅ¹³ ①结实。②坚固,强盛：往前去咱们把祖国还往～呢,往富足呢要功苦劳动呢。

牢实 lɔ⁴¹ʂʅ¹³ 牢实。

枵薄 ɕiɔ¹³pə¹³ 单薄,不坚固。

深 ʂəŋ¹³ 深。

浅 tɕʻian⁴¹ 浅。

高 kɔ¹³ 高。

低 ti¹³ 低。

矬 tsʻuə¹³ （人的个子）短小。

正 tʂəŋ⁴⁴ 正。

歪 vai¹³ 歪。

斜 ɕiɛ/ɕya¹³ 斜。

红 xuŋ¹³ ①红色。②气温高：天气～哩苍蝇多。

粉红 fəŋ⁴¹xuŋ¹³ 粉红。

大红 ta⁴⁴xuŋ¹³ 大红。

胭脂红 ian¹³tsʅ¹³xuŋ¹³ 胭脂红。

红枣色 xuŋ¹³tsɔ⁴¹sei¹³ 枣红色。

蓝 lan¹³ 蓝。

深蓝 ʂəŋ¹³lan¹³ 深蓝。

绿 liou¹³ 绿,音"流"。

绿豆色 liu¹³tou⁴⁴sei¹³ 豆绿色。

白 pei¹³ 白。

粉白 fəŋ⁴¹pei¹³ 粉白。也说"粉色"。

雪白 ɕyə¹³pei¹³ 雪白。

煞白 ʂa/sa⁴⁴pei¹³ 由于恐惧等原因,脸色极白,没有血色。

黄色 xuaŋ¹³sei¹³ 黄色。

粉黄 fəŋ⁴¹xuaŋ¹³ 粉黄。

青 tɕʻiŋ¹³ 青。

鸭蛋青 ia¹³tan⁴⁴tɕʻiŋ¹³ 鸭蛋青。

紫色 tsʅ⁴¹sei¹³ 紫色。也说"茄皮儿的｜蒜皮儿的"。

灰色 xui¹³sei⁴¹ 灰色。

黑 xi¹³ 黑。

墨黑 mei¹³xi¹³　墨黑。
远 yan⁴¹　远。
近 tɕin⁴⁴　近。
轻 tɕ'in¹³　轻。
重 tʂuŋ⁴⁴　重。
忙 maŋ¹³　忙。
闲 ɕian¹³　闲。
干 kan¹³　干。
干燥 kan¹³sɔ¹³　干燥。燥，音"臊"。
湿 ʂʅ¹³　湿。
饥 tɕi¹³　饥。
饿 və⁴⁴　饿。
饱 pɔ⁴¹　饱。
对 tui⁴⁴　正确的。
错 ts'uə⁴⁴　不正确的。
真 tʂəŋ¹³　真实的。
假 tɕia⁴¹　假的。
快 k'uai⁴⁴　快。
坦 t'an⁴¹　慢：越走越～。也说"坦慢 t'an⁴¹man⁴⁴"。
消停 ɕiɔ¹³t'iŋ¹³　①安静，寂静：这塔儿太～，周围啥响声都没有。②从容：早些儿起身，～走。
停当 t'iŋ¹³taŋ⁴¹　停当。
忙慌 maŋ¹³xuaŋ¹³　慌忙。
慌乱 xuaŋ¹³luan¹³　慌乱。
急躁 tɕi¹³tsɔ⁴¹　急躁。
急 tɕi¹³　急。
缭乱 liɔ¹³luan⁴¹　奔忙地：开春儿哩，人都～的种地的呢。
稳 vəŋ⁴¹　稳。
稳当 vəŋ⁴¹taŋ¹³　稳当。
稳重 vəŋ⁴¹tʂuŋ¹³　稳重。

安稳 nan¹³vəŋ¹³　安稳。
平安 p'iŋ¹³nan⁴¹　平安。
太平 t'ai⁴⁴p'iŋ¹³　太平。
安宁 nan¹³niŋ¹³　安宁。
担悬 tan¹³ɕyan¹³　危险，痛苦。
爽快 faŋ⁴¹k'uai¹³　爽快。
欢乐 xuan¹³luə¹³　欢乐。
高兴 kɔ¹³ɕiŋ⁴⁴　高兴。
忧愁 iou¹³ts'ou¹³　忧愁。
害愁 xai⁴⁴ts'ou¹³　发愁。
害气 xai⁴⁴tɕ'i⁴⁴　受委屈，生气：他没得上好价关成绩，～嗰哩气坏了。也说"生气"。
厌烦 ian⁴⁴fan¹³　厌烦。
惆怅 ts'ou¹³tʂ'aŋ¹³　惆怅。
伤心 ʂaŋ¹³ɕin¹³　伤心。
伤悲 ʂaŋ¹³pei¹³　悲伤。
伟大 vi¹³ta⁴⁴　伟大。
魁伟 k'uei¹³vi⁴¹　魁伟。
低贱 ti¹³tɕian¹³　低贱。
富贵 fu⁴⁴kui⁴⁴　①富贵。②财富。③富饶。
贫穷 p'iŋ¹³tɕ'yŋ¹³　贫穷。也说"穷"。
贫困 p'iŋ¹³kuŋ⁴⁴　贫困。困，音"共"。
富足 fu⁴⁴tɕy¹³　富裕。
富余 fu⁴⁴y¹³　足够而有余。
短缺 tuan⁴¹tɕ'yə¹³　短缺。
勤谨 tɕ'in¹³tɕin⁴¹　勤快。
懒散 lan⁴¹san⁴⁴　懒散。
老实 lɔ⁴¹ʂʅ¹³　老实。
奸 tɕian¹³　狡猾：他赶猴都～。
真实 tʂəŋ¹³ʂʅ¹³　真实。
花达 xua¹³ta¹³　花而不实。
花哨 xua¹³sɔ⁴⁴　花样多，变化多。

513

复杂 fu⁴⁴tsa¹³ 复杂。

简单 tɕian⁴¹tan¹³ ①结构单纯,头绪少,容易理解和使用：学生们,你们把有～母音单元音带复杂母音复元音的话词写出来。②朴素,朴实：十娃子面善,好脾气,～｜这个小说的一切话都是顶～的。

便宜 pian⁴⁴i⁴⁴ 方便的,现成的。也说"方便 faŋ¹³pian⁴⁴"。

麻烦 ma¹³faŋ⁴¹ 麻烦。

泼烦 pʻə¹³faŋ¹³ 烦恼,麻烦。

聪明 tsʻuŋ¹³miŋ¹³ 聪明。

傻 ʂɔ¹³ ①智力低下：他的儿子是个～子。②受刺激后神情呆滞：她连～掉哩一样。傻,音"韶"。

□ kua¹³ 天真的,幼稚的：那候儿你还～的咪,满巷子跑的耍的呢。

亮豁 liaŋ⁴⁴xuə¹³ 亮堂。

明亮 miŋ¹³liaŋ⁴⁴ 明亮。

黑暗 xi¹³nan⁴⁴ 黑暗。也说"暗"。

旱 xan⁴⁴ 旱。

涝 lɔ⁴⁴ 涝。

嘴甜 tsui⁴¹tʻian¹³ 说的话使人听着舒服。

眼尖 nian⁴¹tɕian¹³ 眼力好。

麻 ma¹³ ①眼睛模糊看不清：我的眼～的认不得人哩。②感觉轻微麻木：我的手～掉哩｜花椒～的很。

秀流 ɕiu⁴⁴liu¹³ 俊秀。也说"秀气"。

清秀 tɕʻiŋ¹³ɕiu⁴⁴ 指山野清丽的景色。

壮 tʂuaŋ⁴⁴ ①肥：母鸡～,公鸡瘦｜肉～的很｜又～又香。②肥沃：大滩道呢黑土太～哩。

肥 fi¹³ 肥：这个狗～的很。

粗 tsʻu¹³ 粗。也说"奘 tʂuaŋ⁴¹"：这个树～的很。

细 ɕi⁴⁴ 细。

细发 ɕi⁴⁴fa¹³ 细致：她的针线活～的很。

细详 ɕi⁴⁴ɕiaŋ¹³ 节俭：他是个～人。

脆 tsʻui⁴⁴ 脆。

香脆 ɕiaŋ¹³tsʻui⁴⁴ 香脆。

入口 vu¹³kʻou⁴¹ 好吃。

受听 ʂou⁴⁴tʻiŋ¹³ 好听。也说"中听 tʂuŋ¹³tʻiŋ¹³"。

□ tsʻuan⁴⁴ （香味）扑鼻：牡丹花太～。

显 ɕian⁴¹ 明显。

显眼 ɕian⁴¹nian⁴¹ ①突出,明显：把东西放在～的地方。②著名：他是回族人里头的～作家。

在前 tsai⁴⁴tɕʻian¹³ 积极,进步：十月革命之前除过两三个～的乌鲁斯人们是谁任何人没习学回族民人的文明带规程。

嫩 nuŋ⁴⁴ 嫩。

嫩面 nuŋ⁴⁴mian⁴⁴ 脸面显得年轻。

嫩心 nuŋ⁴⁴ɕiŋ¹³ 年轻人充满憧憬的心。

新鲜 ɕiŋ¹³ɕian/ɕyan¹³ 新鲜。也说"鲜"。

稀罕 ɕi¹³xan⁴¹ 稀罕。

跷蹊 tɕ'iɔ¹³tɕ'i¹³　蹊跷。偶尔也说"奇怪 tɕ'i¹³kuai⁴⁴"。

康健 kaŋ¹³tɕ'iaŋ¹³　①一般用于问候老年人：你爷爷～吗？偶尔也说"健健 tɕian⁴⁴k'aŋ¹³"。②体魄：我是个有好～连大力量的小伙儿咪｜我～好，不能无常。康健，音"刚强"。

体面 t'i⁴¹mian¹³　①（相貌）好看。②（感到）光荣。

后悔 xou⁴⁴xuai⁴¹　后悔。

暖和 nan⁴¹xuə¹³　暖和。暖，音"难"。

热和 zə¹³xuə¹³　热和。

寒冷 xan¹³ləŋ⁴¹　寒冷。

亲热 tɕ'iŋ¹³zə¹³　亲热。

热心 zə¹³ɕiŋ¹³　热心。

温柔 vəŋ¹³zou¹³　温柔。

亲爱 tɕ'iŋ¹³nai⁴⁴　亲爱。

嫡 tɕi¹³　亲密，密切：～话｜～朋友｜～来往。嫡，音"机"。

歹毒 tai⁴¹tu¹³　歹毒。

狠心 xəŋ⁴¹ɕiŋ¹³　下定决心，不顾一切。

瘆㤺 səŋ¹³tsa⁴⁴　阴森可畏：那个地方没人住，～的很。

孝顺 ɕiɔ⁴⁴tʂ'uŋ¹³　孝顺。顺，音"冲"。

贤惠 ɕian¹³xui⁴⁴　泛指人们心地善良，通情达理，对人和蔼：那塔儿的人巴外特别的个～。

贤良 ɕian¹³liaŋ¹³　贤良。

厉害 li⁴⁴xai¹³　厉害。

正经 tʂəŋ⁴⁴tɕiŋ¹³　正经。

省俭 səŋ⁴¹tɕian¹³　俭省。

拨心 pə¹³ɕiŋ¹³　①悲伤，发愁：我的家没有哩，心呢几十把刀子搅的，～哑哩悲伤极了｜脸上淌的～眼泪嫑叫娃娃看见哩。②舒服，兴奋：一切领首都拿热心连我把手攥哩，我～哑哩兴奋极了。

害臊 xai⁴⁴sɔ⁴⁴　害臊。也说"害羞 xai⁴⁴ɕiu¹³"。

没羞 mə¹³ɕiu¹³　不要脸，不知羞耻。

好少 xɔ¹³sɔ¹³　很多：过年的时候，家里来哩～客人。也说"很些子｜多少"。

旺实 vaŋ⁴⁴ʂʅ¹³　植物繁茂。

可怜 k'ə⁴¹lian¹³　可怜。

哀怜 nai¹³lian¹³　哀怜。

孽障 niɛ¹³tʂaŋ¹³　可怜，受罪：皇上的时候，苦汉们太～。

窝憋 və¹³piɛ¹³　憋闷。

倒霉 tɔ⁴¹mei¹³　倒霉。

霸道 pa⁴⁴tɔ⁴⁴　霸道。

值顾 tʂʅ¹³ku⁴¹　值得。

攒劲 tsan⁴¹tɕiŋ⁴⁴　努力。

猛 məŋ⁴¹　猛。

说首 fə¹³ʂou⁴¹　说法。

长首 tʂaŋ⁴¹ʂou¹³　（庄稼等的）长势。

净溜溜儿 tɕiŋ⁴⁴liu¹³liɔɚ¹³　干干净净。

净都都儿 tɕiŋ⁴⁴tu¹³tuɚ¹³　干干净净：～粮食往回拉。

红灿灿儿 xuŋ¹³ts'an¹³ts'æɚ¹³　旺盛：～的家户。

红朗朗 xuŋ¹³laŋ⁴⁴laŋ⁴⁴ 红而明亮：～的日头。

红丢丢儿 xuŋ¹³tiu¹³tioɚ¹³ 红红的：～的辣角子。

黑盈盈 xi¹³iŋ¹³iŋ¹³ 黑黑的：～的树林子。

笑盈盈 ɕiɔ⁴⁴iŋ¹³iŋ¹³ 形容微笑的样子。

明苍苍 miŋ¹³tsʻaŋ¹³tsʻaŋ¹³ 明晃晃：电光灯照的～的。也说"明瓷朗朗"。

乱冬冬 luan⁴⁴tuŋ¹³tuŋ¹³ 形容事物杂乱无章。

闹嚷嚷 nɔ⁴⁴zaŋ¹³zaŋ¹³ 形容热闹的、低低的说笑声。

气哼哼 tɕʻi¹³xəŋ¹³xəŋ¹³ 形容很生气的样子。

白囊囊 pei¹³naŋ¹³naŋ¹³ 白得不好看的颜色：～的肉。

细尕尕 ɕi¹³ka¹³ka¹³ 细得不好看的样子：～的腿。

怪拉拉 kuai⁴⁴la¹³la¹³ 怪里怪气的：他的声气_{声音}～的。

眦瞪瞪 tsʻʅ¹³təŋ⁴⁴təŋ⁴⁴ 眼神呆滞的样子。

乏踏踏 fa¹³tʻa⁴¹tʻa¹³ 很困乏的感觉或状态。

嘿嘿哈哈 xi¹³xi¹³xa¹³xa¹³ 笑声。

唔里唔拉 vu¹³li¹³vu¹³la¹³ 低而不清的说话声。

吭吭巴巴 kʻəŋ¹³kʻəŋ¹³pa⁴⁴pa⁴⁴ 话语不流畅或做事费力时的出气声。

坑坑巴巴 kʻəŋ¹³kʻəŋ¹³pa¹³pa¹³ 道路高低不平：～的路。

□ pʻaŋ¹³ 气体猛地从咽部冲出。

□拉 pia¹³la¹³ （外国人）叽里咕噜的（说话声）：歹毒法希斯～的，得道_{不知}说哩个啥嘛。

□拉拉 pia¹³la¹³la¹³ 掌声：大众手拍的～的。

叽里咋啦 tɕi¹³li¹³tsa¹³la¹³ 鸟的惊叫声或人的说话声。

咕里咕咚 ku¹³li⁴¹ku¹³tuŋ¹³ 形容某些响声：她把衣裳～脱的撂掉哩。

可嚓 kʻə¹³tsʻa¹³ 吃水果等的咀嚼声：～～的吃苹果的呢。

希留 ɕi¹³liu¹³ 抽泣声。

嗖嗖儿 sou¹³soɚ¹³ 旗帜飘动声。

唏唏 ɕi¹³ɕi¹³ 蛇叫声：长虫～打哨子的呢。

咕咕 ku¹³ku¹³ 母鸡叫声。

□达 pia¹³ta¹³ 东西碰撞声。

夸拉拉 kʻua¹³la¹³la¹³ 铁物碰击声：风刮的大铁门～的响的呢。

咣当 kuaŋ¹³taŋ¹³ 液体撞击声：一瓶不满，半瓶～。

丢丢 tiu¹³tiu¹³ 火车汽笛声。

咐哧 fu¹³tʂʻʅ¹³ 火车喷气声或人的喘气声。

噌噌噌噌 tʻaŋ¹³tʻaŋ¹³tʻaŋ¹³tʻaŋ¹³ 火车快速的行进声。也说"腾路—腾路"。

出嗒—出嗒 tʂʻu¹³tʻa¹³—tʂʻu¹³tʻa¹³ 火车慢行声。

喝冷冷 xə¹³ləŋ⁴¹ləŋ⁴¹ 汽车行进声。也说"喝冷倒腾"。

仓琅 ts'aŋ¹³laŋ¹³ 电话铃声。
仓琅琅 ts'aŋ¹³laŋ¹³laŋ¹³ 铃声。
听噹 t'iŋ¹³t'aŋ¹³ 钟表走动声。
喝喽 xə¹³lou¹³ 嘶哑的喘气声。
□□ p'ia¹³t'a¹³ 拍打声：他~~走过来哩。
嗯啷嗯啷 an⁴¹laŋ¹³an⁴¹laŋ¹³ 用于哄小孩睡觉，表示"睡吧，睡吧"。
嗒嗒 t'a¹³t'a¹³ 机枪声。
失眯儿来笑 ʂʅ¹³miɚ¹³lai⁴⁴ɕio¹³ 静静地笑。
愁眉不展 ts'ou¹³mi¹³pu¹³tʂan⁴¹ 愁眉不展。
挣死扒活 tsəŋ⁴⁴sʅ⁴¹pa¹³xuə¹³ 为生存而累死累活。
爬沟溜渠 p'a¹³kou¹³liu¹³tɕ'y¹³ 小孩子不安分，爬高上低。
哑谜儿动静 ia¹³miɚ¹³tuŋ⁴⁴tɕiŋ¹³ 静静的，无声无息。
天摇地动 t'ian¹³iɔ¹³ti⁴⁴tuŋ⁴⁴ 天摇地动。
洪吃大喝 xuŋ¹³tʂ'ʅ¹³ta⁴⁴xə¹³ 大吃大喝。
狼心狗肺 laŋ¹³ɕiŋ¹³kou⁴¹fi⁴⁴ 狼心狗肺。
花红柳绿 xua¹³xuŋ¹³liu⁴¹lan¹³ 花红柳绿。绿，音"蓝"。
红头胀脸 xuŋ¹³t'ou¹³tʂaŋ⁴⁴lian⁴¹ 满脸通红。
生房房儿造舍子 səŋ¹³faŋ¹³fɔɚ¹³tsɔ⁴⁴ʂə⁴⁴tsʅ¹³ 比喻找岔儿。
指天画星宿 tsʅ⁴¹t'ian¹³xua⁴⁴ɕiŋ¹³ɕiu¹³ 比喻指指画画。
疙瘩洼陷 kə¹³ta¹³va⁴⁴ɕian¹³ 路面等高低不平。
实心实意 ʂʅ¹³ɕiŋ¹³ʂʅ¹³i⁴⁴ 实心实意。
好心好意 xɔ⁴¹ɕiŋ¹³xɔ⁴¹i⁴⁴ 好心好意。

二十七、副词、介词等

（一）副词

1. 表示时间

才□ ts'ai¹³tɕian⁴⁴ 刚才。也说"才"：我~来。
待 tai⁴⁴ 刚：马~跑就把人踏下哩。
□ tɕian¹³ 刚：我~来。
一早儿 i¹³tsɔɚ⁴¹ 早早地。
先 ɕian¹³ 先。
本来 pəŋ⁴¹la¹³ 本来。
可价 k'ə¹³tɕia¹³ （竟然）已经：他~老掉哩吗？｜雨，雨，~三四天哩！
□□儿 tɕiaŋ¹³mɯə⁴¹ 正要，正好：我~找你哩，你来哩。
□□儿 tɕiaŋ¹³tɕiɔə¹³ 正巧，刚刚。
当窝儿 taŋ⁴¹vəə¹³ 当时，立刻：眼睛不疼哩，~睁开哩。
可 kə⁴¹ "可"的用法，详见第四章

"语法"中的"频率副词'可、又、再、还'"部分。

重 tsʻuŋ¹³ 重新。

也 iɛ⁴⁴ 也：你去，我～去。

肯 kʻəŋ⁴¹ 常，经常：我的母亲～说，没有语言，没有民族。

常常 tɕʻiŋ¹³tɕʻiŋ¹³/tʂaŋ¹³tʂaŋ¹³ 经常。也说"凡常"：～把你们盼望的呢。

素常 su⁴⁴tʂʻaŋ¹³ 平常：连～一样，他又得哩好价关成绩。

十呢顾呢 ʂʅ¹³ni⁴¹ku⁴¹ni¹³ 有时，间或，偶尔。

一拿窝儿 i¹³na⁴¹vəɚ¹³ 一直，时常：除过睡着，下剩下的时候我～思谋她的呢。也说"一直"。

一个劲儿 i¹³kə¹³tɕiŋ⁴¹ 经常，一直。

时候儿上 ʂʅ¹³xoɚ⁴¹ʂaŋ⁴⁴ 及时地，按时地：报纸～出的呢｜工钱～领的呢。

永远 yŋ⁴¹yan⁴¹ 永远：～你再不能进我的房。也说"永总｜永世"。

索索不断 suə⁴¹suə⁴¹puʻ¹³tuan⁴⁴ 连续不断：人还～朝这呢走的呢。

一同 i¹³tʻuŋ¹³ 一同。也说"一起子｜一起｜一搭"。

2. 表示情态

下茬 ɕia⁴⁴tsʻa¹³ 使劲地：把人～整呢｜我们～为得胜功苦劳动呢。

实在 ʂʅ¹³tsai⁴⁴ 的确。也说"实话｜真个的"。

一定 ian/i⁴¹tiŋ⁴⁴ 表示态度坚决或确定：明儿个我～去呢。一，有时音"言"。

要紧 iɔ⁴⁴tɕiŋ⁴¹ 一定：明儿个你～来，耍忘掉哩。

猛猛的 məŋ⁴¹məŋ⁴¹ti⁴¹ 突然，忽然：～他站下哩。也说"猛各子"。

渐渐儿 tɕian⁴⁴tɕiæɚ⁴¹ 渐渐。

悄悄儿 tɕʻiɔ¹³tɕʻiɔɚ¹³ 悄悄儿。也说"悄下"：～耍说话，快睡觉。

定定儿 tiŋ⁴⁴tiɚ⁴¹ 静静地：～睡下，耍闹哩。

款款儿（的） kʻuan⁴¹kʻuæɚ⁴¹（ti¹³） ①从容地。②完整地：回族的文明像镜子一样，把一切都～没改变照到历史上哩。

紧赶 tɕiŋ⁴¹kan⁴¹ 赶紧。也说"赶紧"。

多亏 tuə¹³kʻui⁴¹ 多亏：～他把我救下哩，不哩我就没命哩。也说"亏达"。

丢的凉凉儿的 tiu¹³ti¹³liaŋ¹³liɔɚ¹³ti¹³ ①沉着冷静地。②怠慢地。（参见本章的"多义词"部分）

3. 表示程度

顶 tiŋ⁴¹ 最：在我的心呢，她是～俊的人。

很 xəŋ⁴¹ 很。

太 t'a⁴¹　太：～好的很。

都 tou¹³　甚至，连……也/都：那个事情我～不知道。

甚 ʂəŋ⁴⁴　很，太。用在否定句中，表示轻度的否定：他的个子～不高不太高。

巴外 pa⁴⁴vai⁴⁴　①特别：他的模样儿～的很。②格外：今儿个我～的高兴。偶尔也用"特别"。

越兴 yə¹³ɕiŋ¹³　更加：下哩一场雨，天气～凉下哩。

越 yə¹³　①叠用，表示程度随着条件的发展而发展：汽车～走～坦哩。②单用，更：听见旁人说他的名字，她的心跳的～欢哩。

些薄 ɕyə¹³pə¹³　稍微。也说"些莫｜些微｜些许"。

至少儿 tsʅ¹³ʂɔɛ⁴¹　至少，最低限度：每一个人～要唱三个曲子呢。

希希儿 ɕi⁴⁴ɕiə⁴¹　几乎：天冷的把人～冻死哩。也说"希希乎"。

4. 表示范围

只 tsʅ¹³　仅：～有他好。

光 kuaŋ¹³　仅，只：～他一个人来哩。

单另 tan¹³liŋ¹³　另外，其他。

净 tɕiŋ⁴⁴　光，只：有的人～吃菜蔬蔬菜，不吃肉。

都 tou¹³　表示总括，所总括的成分在前：人～上哩车哩，走吧。

共总 kuŋ¹³tsuŋ⁴¹　①一共：～来哩

30个人。②总之：简说喊吧，～一句话，他是有本事的人。

一划 i¹³ts'an⁴⁴　全都：来的人～是小伙子。也说"一满"。

全哩 tɕ'yan¹³li⁴¹　完全，只做状语：他的脸上～没有血脉哩｜她的孙女子～跟像哩她哩。

简说 tɕiɛ¹³fə¹³　简单地说，总之。

5. 表示语气

想达 ɕiaŋ⁴¹ta¹³　难道：这个事情～能成吗？也说"难道"。

当当儿 taŋ⁴¹tɔə¹³　恰恰：我想他的呢～他来哩。

立故意儿 li⁴⁴ku⁴⁴iə⁴¹　特意地。

莫必是 mə¹³pi⁴¹sʅ¹³　莫非是：～因为闲话他们翻哩脸哩？也说"莫哩"：～电报没到吗？

倒 tɔ⁴⁴　反倒：他把钱没给是小事，还～把人家骂的没羞。

宁 niŋ⁴⁴　宁可：～折不弯。

才 ts'ai¹³　①表示发生新情况，本来并不如此：临后我～知道他是贵人。②原来：临后我知道哩，那个魁伟人～是列宁。③表示强调：今儿个咱们～都洗的好澡儿哪！｜你们～是好汉子哟，嗯，你看我没知道。

高低 kɔ¹³ti⁴¹　无论如何。用于否定句：想连她说句话呢，～嘴张不开。也说"走站｜寠寐｜斜横｜瞎好 xa¹³xɔ⁴¹"。(参见本章中的"修

辞构词"部分)

万然 van⁴⁴ʐan¹³ 绝对，无论如何。用于否定句：馍馍是顶贵重的，～糟蹋不得。

偏 p'ian¹³ 故意，偏偏：不叫他去他～要去呢。也说"偏偏儿｜得位"。

6. 表示判断

不 pu¹³ 不。

叵 pə¹³ 不要，别。用在否定句谓语动词前：记下，～忘哩。

没 mə¹³ 没有：他～去，我去哩。也说"没有｜莫"。

得道 tei¹³tɔ⁴⁴ 不知：他快快的～说哩个啥。

必然 pi¹³ʐan¹³ 必然。

必定 pi¹³tiŋ⁴⁴ 必定。

但怕 tan¹³p'a⁴⁴ 恐怕，也许：那个说话的人，～是吴家的人。

哈巴 xa⁴⁴pa¹³ 可能，也许，大概：我的运气～好，能当官？我不知道。也说"许是"。

总是 tsuŋ⁴¹sʅ¹³ 表示可能性的推测，可能是：看看守我们的人丢盹的呢，我跑脱哩，～他先前没明白｜我的安拉上帝呀，～她的女人心就那个时候儿把这个东沿世界上连我再不能见面的就觉来的咪。

7. 表示方式

端直子 tuan¹³tsʅ¹³tsʅ⁴¹ ①直直地：

你～往前走｜他的头发～夽的呢。②正面的，正确的：这个话的～意思是啥？

一对儿一对儿价 i¹³tuiə⁴¹i¹³tuiə⁴¹tɕia¹³ 成对儿地，两个两个地。

一点儿一点儿价 i¹³tiæ⁴¹i¹³tiæ⁴¹tɕia¹³ 渐渐地，一点儿一点儿地。

一步一步 i¹³pu⁴⁴i¹³pu⁴⁴ 一步接一步地。

一百价 i¹³pei⁴¹tɕia¹³ 成百地。

一个一个价 i¹³kə¹³i¹³kə¹³tɕia⁴¹ 逐一地，一个一个地。

一个价 i¹³kə¹³tɕia⁴¹ 一个一个地。

月月价 yə¹³yə¹³tɕia¹³ 按月地。

原 yan¹³ 按原样地：他拿起来看哩下，～放到老地方哩。

待过的 tai⁴⁴kuə⁴⁴ti¹³ 路过，顺便：～我进来哩。

随手 sui¹³ʂou⁴¹ 顺便。

(二) 介 词

1. 表示空间

往 vaŋ¹³ "往"的用法，参见第四章"语法"中的"几个别具特色的介宾短语"部分。

朝 tʂ'ɔ¹³ 向：～后没瞅。

照 tʂɔ⁴⁴ 向：凤船飞机～住南方飞掉哩。

对 tui⁴⁴ 向：～住深坑望哩一阵子。

顺 fəŋ⁴⁴ ①沿着：～边子走。②向：他～娃娃园子呢走哩。

问 vəŋ⁴⁴ 向：～家里要点儿钱。

到 tɔ⁴⁴ 到：～兵上去呢。

走 tsou⁴¹ 到：～仗上去呢。

在 tsai⁴⁴ 来，去，到：～木匠跟前做东西的人多的很。

到 tɔ⁴⁴ 用在动词后：金光洒～地面上｜放～水盆里｜搬～里头。

一打……往这么 i¹³ ta⁴¹……vaŋ⁴¹tʂʅ⁴⁴mu¹³ 从……到现在：一打他把主席当上往这么，乡庄的改变大的很。么，音"木"。

打……一直儿到 ta⁴¹……i¹³tʂʅ³⁵tɔ⁴⁴ 从……一直到：打那塔儿一直儿到这塔儿一满都是人。

2. 表示时间

从打 tsʻuŋ¹³ta⁴¹ 从：～今儿打头儿我念书哩。也说"打"。

3. 表示对象

连 lian¹³ 跟，同，和，向：姑娘～花儿一样｜我的儿子，你～我走｜他说的，儿子啊，～爷爷问候。

带 tai⁴⁴ 跟，同，和：他就像～老朋友遇哩面的一样高兴。

随 sui¹³ 跟随：我的心～上春风飞到天山哩。

叫 tɕiɔ⁴⁴ ①被：～马的汗气把房呢的气色 空气 都做臭哩。②使，让：～风把汗号 吹 一下。

把 pa¹³ 把：～饭吃上。

给 ki⁴¹ 对，向：～他要说。

除过 tʂʻu¹³kuə⁴⁴ 除了。

比 pi⁴¹ 比：心～天高。也说"赶"：命～纸薄。

4. 表示凭借、目的

按 nan⁴⁴ 照：～他的办法做。也说"照"。

赶 kan⁴¹ 依据：～他说，猫把鸡娃子咬死哩。

借助 tɕʻiɛ⁴⁴tʂʻu⁴⁴ 凭借：～共产党的领首 领导 我们活哩人。借助，音"茄出"。

凭 pʻiŋ¹³ 凭。

为了 vi⁴⁴liɔ¹³ 为了：～得胜 胜利 我们下茬 使劲 做呢。

连 lian¹³ 用，拿：～针雕斧头呢｜～纸包不了火子儿。也说"拿"。

(三) 连 词

1. 表示并列

连 lian¹³ 和：我～你。

拉 la¹³ 和：我～你一塔去。

带 tai⁴⁴ 和：玉米～苜蓿。

再么是 tsai⁴⁴mu¹³sʅ¹³ ①以及，还

有。连接名词性短语：三个学堂的教员带学生们～"发展"响器队耍哩孔采尔特音乐会,歌舞会哩｜给娃们买的耍拉子～糖带干货。②并且。连接谓词性短语：把这个书的材料收哩～盛搁编辑哩的人是十娃子｜把渠一定要挖～挖宽呢｜祈祷你的身体康健，～高兴，欢乐。么，音，"木"。

光不是 kuaŋ¹³pu¹³sʅ⁴⁴ 不只是：那呢～有工人哩，还有学生哩。

或者 xuai¹³tʂə⁴¹ 或者。也说"或是｜或者是"。

那么 na⁴¹mu¹³ 表示顺着上文的语意，申说应有的结果：你走哩，～谁管我呢？么，音"木"。

2. 表示主从

因为 iŋ¹³vi¹³ 引出原因分句：～天气冷，把炉子架上哩。

因此 iŋ¹³tsʻʅ¹³ ①因为：～是古今儿太难收，几十年把材料没存攒下。②原因：不问他们要车、马的～是都忙的呢。

一面儿 i¹³miæɞ⁴⁴ 因为。放在表示原因的分句后面表示原因：太爱开汽车的～，工厂里我也没心去哩。

虽然 sui¹³ʐan¹³ 虽然：～冷也罢，心呢热的呢。

纵然 tsuŋ⁴⁴ʐan¹³ 尽管：～是没有月亮，我看的真。

莫过 mə¹³kuə⁴⁴ 不过。用于复句的后分句。

不哩 pu¹³li¹³ 否则。用于后分句句首：前面多亏他把我救下哩，～我就没命哩｜我给你做伴儿呢，～你一个人害怕呢。

没哩 mə¹³li¹³ 否则。用于句组的后一句句首：这候儿狗娃儿哈巴可能在妈妈跟前卧的呢。～但怕肚子饿的呢｜天气这么热么，在哪呢找你妈去呢。～你去，光是早些儿回来。有时，也用在复句中。

若 və¹³ 如果：～要多出奶子呢，你要留神草料呢。

但（是）……就 tan⁴⁴(sʅ¹³)……tɕiu⁴⁴ 如果……就：但（是）下雨哩，我就不去哩。

但（是） tan⁴⁴(sʅ¹³) 如果，要是：你歇缓的一天～能回来哩，回来把我们看一下。也可换用"再（是）"。

可是 kə¹³sʅ¹³ 表示转折：我也劝的呢，～不中嘛。

但 tan¹³ 只要，引出充足条件分句。（参见第四章"语法"中的"条件复句"部分）

只要 tsʅ¹³iɔ⁴⁴ 引出充足条件分句，下句用"就"呼应：～你不乏哩，就对哩。

只有 tsʅ¹³iou⁴¹ 仅有：畜牲里头～啥灵？

是 sʅ⁴⁴ ①用在单句中，后面带疑问代词（如"啥、谁、哪呢"等），表示任指：没人等我，没～谁任何人接迎。②用在复句中，后面带疑问代词,表示无条件关系:你～多候儿无论何时来,我都接迎。

(四)叹词、助词[1]

嗯 ŋ⁴⁴ 表示应答:"他是你的连手吗?""～,就是。"

咦 i¹³ 表示不耐烦:～,你把这个话再甕说哩。

哎 ai¹³ ①表示不耐烦:～,再甕说哩。②表示招呼、提醒:～,快做饭。

哎咦 ai¹³i¹³ 表示惊异:～,你说的啥嚛?

哎哟 ai¹³iɔ¹³ 表示惊讶、痛苦、惋惜等:～,雪花落到我的手呢一下就消掉哩。

哼 xəŋ⁴⁴ 表示蔑视:～,那个法希斯特连姜猪一样。

呀 ia⁰ 用在句中,表示稍作停顿:哥哥～,快走嚛。

的呢 ti²¹ni⁰ 放在句末,表示动作的进行或状态的持续:下雨～ | 我好～。

的 ti⁰ 和"的、地、得"相当,可放在定语后、状语后、补语前:我～身体好 | 机关枪嗒嗒～响的呢 | 好～很。

哩 li⁰ 放在谓语动词或形容词后,表示动作或性状的实现:花开～ | 天亮～。偶尔也用"了 liɔ⁴¹":你为啥养～我? | 邻居们听见,把他们的事情说～,把他们都笑话哩 | 了不得～。

呢 ni⁰ 用在句末表陈述或疑问:我打围去～ | 几时去～? | 你几时给我回答～?

么 mu⁰ 表示期待或用在正反问句的正项和反项之间:你说～,去～不去?么,音"木"。

吗 ma¹³ 表示疑问:你好～? | 汽车走的快～,火车走的快～?

唛 mai⁰ "没有"的合音,放在疑问句句末或陈述句句末,兼表"没有"或"吗":知道呢～?～的 | 得哩伤的人再有～? 再有没有?/再有吗?～的没有了。

是 sʅ⁰ 语气词,可放在主语后表示停顿,也可放在句末表示陈述、疑问:这个人～,不是木匠 | 咋,你可还去呢吗～?

啊 a¹³/⁰ ①发语词,用在句首:～咱们的杏花儿高低不开嚛 | ～——～几时把马驹儿拿回来呢嚛? ②语气词:烧下的鱼太香的很～! ③叹词:你今儿咋没在我跟前来,～?

---

[1] 助词静态存在时是零声调,入声后读相应借调。参见第一章"语音"中"连读声调"部分的有关借词的论述。

二十八、量　词

间　tɕian⁴⁴　房屋的最小单位：一～房。

顶　tiŋ⁴¹　某些有顶的物体的单位。①所：一～房。②只，个：一～帽子。

座　tsuə⁴⁴　较大的固定的物体的计量单位：一～楼。

盘　pʻan¹³　磨等圆形物体的计量单位：一～磨。

挂子　kua⁴⁴tsʅ¹³　成套的东西的计量单位，套：一～车。

溜子　liu⁴⁴tsʅ¹³　成排成行的物体的计量单位：一～铺子。

眼　nian⁴¹　井等的计量单位：一～泉。

处　tʂʻu⁴⁴　处所的计量单位：一～地方。

位　vi⁴⁴　人的计量单位，不含敬意：一～小孩｜咱们二～。

个　kə⁴⁴　人、物的计量单位：一～人。

篇　pʻian¹³　文章的计量单位：一～文章。新近出现的量词。

朵　tuə⁴¹　花朵的计量单位：一～花。

瓣瓣子　pan⁴⁴pan¹³tsʅ¹³　花瓣的计量单位，瓣儿：一～花。

卷卷子　tɕyan⁴¹tɕyan¹³tsʅ¹³　卷状物的计量单位，卷儿：一～纸。

堵　tu⁴¹　借自动词"堵"，"墙"的计量单位：一～墙。

棵　kʻuə⁴¹　树的计量单位：一～树。

块儿　kʻuæɻ⁴¹　块儿状或片状物体的计量单位：一～地｜一～猪油｜一～肉｜一～馍馍。也说"块子 kuai⁴¹tsʅ¹³"。

撮儿　tsuəɻ⁴¹　成丛的毛发或簇状的花朵的计量单位：一～毛｜一～花儿。

句　tɕy⁴⁴　①句子的单位：说哩一～话｜他说三～话，我能听懂一～。②词的单位。东干话把"词"叫作"话"，例如"房子｜砖头"这两个词，每一个词他们称作一～话。

股儿　kuəɻ⁴¹　条状物体的计量单位：一～风｜一～光｜一～眼泪。

条　tʻiɔ¹³　条状物体的计量单位：一～河｜一～牛｜一～鱼。

道　tɔ⁴⁴　条状物体的计量单位：一～山｜一～槽｜一～河。

匹　pʻi¹³　马的计量单位：一～马。"匹"极为少见。

本　pəŋ⁴¹　书的计量单位：一～书。

锭　tiŋ⁴⁴　表示一定形状的某些物体的计量单位：一～墨。

盅子　tsuŋ¹³tsʅ¹³　借自名词"盅子"，"酒"的计量单位：一～酒。

碗 van⁴¹　借自名词"碗","水"的计量单位：一～水。

牙子 ia¹³tsʅ⁴¹　借用状如"牙齿"的"牙子"表示"西瓜"的量的物量单位：一～西瓜。

路子 lu⁴⁴tsʅ³　种类：这一～人。

种 tʂuaŋ⁴⁴　品级：头一～。

车 tsʻə¹³　借自名词"车","粮食"的计量单位：一～粮食。

田子 tʻian¹³tsʅ⁴¹　畦：一～花儿。

盆 pʻəŋ¹³　借自名词"盆","花"的计量单位：一～花。

号 xɔ⁴⁴　①册：我把10～书（第10册）念完哩。②年级：这是8～娃们念的书。

担 tan¹³　借自动词"担","水"的计量单位：一～水。

根 kəŋ¹³　条状物体的计量单位,同"条"：一～线。

盏 tsan⁴¹　灯的计量单位：一～灯。

封 fu/fəŋ¹³　封起来的东西的计量单位：一～信。

副 fu⁴⁴　用于模样：把他的手都烧成那～样子哩。

服 fu⁴⁴　用于中药,剂：一～药。

层子 tsʻəŋ¹³tsʅ⁴¹　层：三～楼房。也说"□□tsʻʅ¹³lɔəʅ⁴¹"：电光灯照的一～明。

架 tɕia⁴⁴　山等的计量单位：一～滩｜一～山。

把 pa⁴¹　①只：一～手。②柄：一～剑。

片 pʻian⁴⁴　片状物的计量单位：一～黄油（指固体黄油）。

链子 lian⁴⁴tsʅ¹³　行,列,串儿：一～骆驼。

串子 tʂʻuan⁴⁴tsʅ¹³　串儿：一～珍珠。

欻拉儿 tʂʻua¹³laəʅ¹³　串儿,嘟噜：一～葡萄。也说"爪爪儿｜爪子｜欻子"。

瓶 pʻiŋ¹³　借自"瓶",表示计量的单位,同"盅子""碗"等：一～酒。

只 tʂʅ¹³　动物等的计量单位：一～羊｜一～鹅｜一～眼。

拃 tsa⁴¹　借自动词"拃","长"的计量单位：一～长。

宗 tsuaŋ¹³　件：一～事情。

沓沓儿 tʻa¹³tʻæəʅ¹³　重叠起来的纸张或薄的片状物的计量单位：一～纸。

张子 tʂaŋ¹³tsʅ⁴¹　张：一～纸。

扇子 ʂan⁴⁴tsʅ¹³　门、窗等板状物的计量单位：一～门。

口 kʻou⁴¹　人口的计量单位：一～人。

斤 tɕiŋ¹³　重量单位,指公斤：半～酒。

普腾 pʻu¹³tʻəŋ¹³　借自俄国的重量单位,1普腾=16.3公斤。

斗 tou⁴¹　容量单位,1斗=10升：一～谷子。

两 liaŋ⁴¹　中国的重量单位：二～酒。

石 tan⁴⁴　中国的容量单位,1石=10斗：一～粮。

丈 tʂaŋ⁴⁴　①中国的长度单位,1

丈=10尺：万～高。华夏的这种量词一般出现在东干族民间文学中，实际生活中已不用，上文的"斗、两、石"和下文的"尺、寸、里、亩"都是如此。②俄丈：1俄丈=2.13米。

尺 tʂʻʅ¹³ 中国的长度单位，1尺=10寸：冰冻三～厚。

寸 tsʻuŋ⁴⁴ ①中国的长度单位：一步跨的三～三。②俄寸。③英寸。

里 li⁴¹ ①中国的长度单位：十千～｜一千～｜四十一～。②俄里，1俄里=0.576千米。

亩 mu⁴¹ 中国土地面积的单位。

双 faŋ¹³ 两个，成对的东西的计量单位：一～手套子。

群 tɕʻyŋ¹³ 成群的人或物的计量单位：一～羊｜一～雀｜一～贼。

对儿 tuiɚ⁴⁴ 成对的动物的计量单位：一～鸭子｜一～天鹅。

窝 və¹³ 借自"窝"，表示计量的单位，同"盅子""盆""车"等：一～老鼠。

坑 kʻəŋ¹³ 借自"坑"，表示计量的单位：一～水。

把子 pa⁴¹tsʅ¹³ ①群：一～人。也说"帮子｜泡子"。②小束：一～菜。也说"股子"：一～韭菜。③类别：话词能分成～呢。

堆 tui¹³ 成堆的东西的计量单位：一～粮。

抱子 pɔ⁴⁴tsʅ¹³ 借自动词"抱子"，"麦草"的计量单位：一～麦草。

伙 xuə⁴¹ 成群的人的计量单位：一～人。

些儿 ɕiɛɚ¹³ 表示不定的数量：炒～菜。也说"些子"。

点儿 tiæɚ⁴¹ 表示少量：攒下一～钱。

场 tsʻaŋ¹³ 动量词，表示动作的次数：一～空｜哭哩一～。

盘 pʻan¹³ 棋、牌类的局的计量单位：耍哩一～沙赫马特 _{象棋}。

下 xa⁴⁴ 动量词，表示动作的次数：说一～。

遍 pian⁴⁴ 动量词。①遍：把信念哩一～。②次：他得哩一～伤。

回 xuai¹³ 动量词，表示动作的次数：有一～｜几～。

趟 tʻaŋ¹³ 动量词，表示走动的次数：走一～。

遭 tsɔ¹³ 动量词，表示次、回：走一～。

次 sʅ/tsʻʅ⁴⁴ 动量词。①出现在"头份头次"中时讹读为[sʅ]，指第一次。如：头份头～我得哩好价关 _{成绩}。②出现在"二次员"中，指出现在句中除主语、谓语以外的次要成分，即定语、状语、宾语、补语中。

眼儿 niæɚ⁴¹ 动量词，表示动作的次数：一～没眨。

顿 tuŋ⁴⁴ 动量词，表示动作的次数。①表"打、骂"等的量。如：打一～｜骂一～。②表亲吻等的量。如：丈夫把她心疼 _{亲吻}哩一～。

砖 tṣuan¹³ 借自名词的动量词，表示动作的次数：打一～｜挨一～。

口 kʻou⁴¹ 借自名词的动量词，表示动作的次数：吃一～。

巴掌 pa¹³tṣaŋ¹³ 借自名词的动量词，表示动作的次数：拍一～。

步 pu⁴⁴ 动量词，表示动作的次数：朝前走一～。

阵子 tṣəŋ⁴⁴tsʅ¹³ 动量词，表示动作的时间：一～雨｜站哩一～。

二十九、附加成分等

唓 tsa¹³ 放在动词、形容词后，做结果补语，表示程度深：把贼打～哩｜娃们高兴～哩。偶尔也做中心语：他把苦汉给的～_{对穷人很苛刻}。

掉 tiɔ⁴⁴ 放在动词后，做结果补语：云彩把日头包～哩｜花败～哩_{凋谢了}。

脱 tuə²¹ ①做结果补语：他没法，就把木匠铺拆～哩_{拆掉了}。②做趋向补语：火着～哩_{着起来了}｜她收上信一下缓～哩_{放松下来了}。

过 kuə⁴⁴ 做结果补语：她一听，脸颜色一下变～哩。

也罢 iɛ⁴¹pa¹³ 放在复句的偏句句末，表示让步：咋～_{不管怎样}，失遗的钱找着哩｜虽然天气冷～，我心呢高兴的呢｜他老～，还硬邦的呢。

唦 sa⁰ ①放在复句的偏句句末，表示后分句的动作马上出现：我打肉去哩～，把他碰见哩｜我跑出去～，他（正）笑上照住我来的呢。②放在句末，表示祈使、疑问或陈述：你坐下～，娘娘｜你是谁～？｜她一直儿哭的呢，娃们也劝呢，我也劝呢，可是不中～。

太……的很 tʻai⁴¹……ti¹³xəŋ⁴¹ 用在谓词或短语两端，表示程度深：我太高兴的很｜我太想你的很。

说头 fə¹³tʻou¹³ 值得说：把这个事情没～_{这个事不值得提}。

等头 təŋ⁴¹tʻou¹³ 值得等：时候到哩，再也没～哩_{再也不能等了}。

问头 vəŋ⁴⁴tʻou¹³ 值得问：把这个话没～。

三十、数字等

（一）一般数字

初一 tʂʻu¹³i¹³　一号（指公历日期，下同）。
初二 tʂʻu¹³aiə⁴⁴　二号。
初五 tʂʻu¹³vu⁴¹　五号。
初九 tʂʻu¹³tɕiu⁴¹　九号。
初十 tʂʻu¹³ʂʅ¹³　十号。
老大 lɔ⁴¹ta⁴⁴　老大。
老二 lɔ⁴¹aiə⁴⁴　老二。
老三 lɔ⁴¹san¹³　老三。
老九 lɔ⁴¹tɕiu⁴¹　老九。
老十 lɔ⁴¹ʂʅ¹³　老十。
大哥 ta⁴⁴kə¹³　大哥。
二哥 aiə⁴⁴kə¹³　二哥。
一个 i¹³kə¹³　一个。
两个 liaŋ⁴¹kə¹³　两个。
三个 san¹³kə¹³　三个。
九个 tɕiu⁴¹kə¹³　九个。
十个 ʂʅ¹³kə¹³　十个。
头一个 tʻou¹³i¹³kə⁴⁴　第一个。也说"一来｜头一来"。
第二个 ti⁴⁴aiə⁴⁴kə⁴⁴　第二个。也说"二来｜第二来"。
第三个 ti⁴⁴san¹³kə⁴⁴　第三个。
第九个 ti⁴⁴tɕiu⁴¹kə⁴⁴　第九个。
第十个 ti⁴⁴ʂʅ¹³kə⁴⁴　第十个。
头班 tʻou¹³pan¹³　第一班。
头等 tʻou¹³təŋ⁴¹　第一等。
头份头次 tʻou¹³fəŋ⁴⁴tʻou¹³sʅ⁴⁴　第一回，第一次。次，音"四"。参见第四章"语法"中的"数词"部分。
一来 i¹³lai¹³　第一。也说"头一来"。
二来 aiə⁴⁴lai¹³　第二。也说"第二来"。
一 i¹³　一。
二 aiə⁴⁴　二。
三 san¹³　三。
四 sʅ⁴⁴　四。
五 vu⁴¹　五。
六 liu¹³　六。
七 tɕʻi¹³　七。
八 pa¹³　八。
九 tɕiu⁴¹　九。
十 ʂʅ¹³　十。
十一 ʂʅ¹³i¹³　十一。
十二 ʂʅ¹³aiə⁴⁴　十二。
十九 ʂʅ¹³tɕiu⁴¹　十九。
一十 i¹³ʂʅ¹³　十。
二十 aiə⁴⁴ʂʅ¹³　二十。
二十一 aiə⁴⁴ʂʅ¹³i¹³　二十一。
三十 san¹³ʂʅ¹³　三十。
三十一 san¹³ʂʅ¹³i¹³　三十一。
四十 sʅ⁴⁴ʂʅ¹³　四十。
八十 pa¹³ʂʅ¹³　八十。
九十一 tɕiu⁴¹ʂʅ¹³i¹³　九十一。
一半百 i¹³pan⁴⁴pei¹³　表约数，指一百或一百以下。

528

一百 i¹³pei⁴¹　一百。

一百一十 i¹³pei¹³i¹³ʂʅ¹³　一百一十。

一百一十一 i¹³pei¹³i¹³ʂʅ¹³i¹³　一百一十一。

一百二十 i¹³pei¹³aiɚ⁴⁴ʂʅ¹³　一百二十。

二百五十 aiɚ⁴⁴pei¹³vu⁴¹ʂʅ¹³　二百五十。

三百一十 san¹³pei¹³i¹³ʂʅ¹³　三百一十。

三百九十 san¹³pei¹³tɕiu⁴¹ʂʅ¹³　三百九十。

一千 i¹³tɕʻian⁴¹　一千。

一千九百零五 i¹³tɕʻian⁴¹tɕiu⁴¹pei¹³liŋ¹³vu⁴¹　一千九百零五。

一千九百四十二 i¹³tɕʻian⁴¹tɕiu⁴¹pei¹³ʂʅ⁴⁴ʂʅ¹³aiɚ⁴⁴　一千九百四十二。

两千零二 liaŋ⁴¹tɕʻian¹³liŋ¹³aiɚ⁴⁴　两千零二。

八千 pa¹³tɕʻian⁴¹　八千。

十千 ʂʅ¹³tɕʻian⁴¹　一万。

四十千 ʂʅ⁴⁴ʂʅ¹³tɕian¹³　四万。

五百七十千 vu⁴¹pei¹³tɕʻi¹³ʂʅ¹³tɕian¹³　五十七万。

一两个 i¹³liaŋ⁴¹kə⁴⁴　一两个。

几个个儿 tɕi⁴¹kə⁴⁴kəɚ¹³　不几个：今儿来哩～人。

十几个 ʂʅ¹³tɕi⁴⁴kə¹³　十几个。

二十来个 aiɚ⁴⁴ʂʅ¹³lai¹³kə¹³　二十来个。

三四十 san¹³ʂʅ⁴⁴ʂʅ¹³　三四十。

几十（个） tɕi⁴¹ʂʅ¹³（kə¹³）　几十个。

九十来个 tɕiu⁴¹ʂʅ¹³lai¹³kə¹³　九十来个。

一百多 i¹³pei¹³tuə¹³　一百多。

三五百 san¹³vu⁴¹pei¹³　三五百。

几百 tɕi⁴¹pei¹³　几百。

半个子 pan⁴⁴kə¹³tsʅ¹³　半个。也说"半个儿｜半拉子"。

半截儿 pan⁴⁴tɕiɛɚ¹³　表示剪下或切下的一半儿或一小块、一小片。也说"半截子"。

一半子 i¹³pan⁴⁴tsʅ¹³　一半儿。

多一半子 tuə¹³i¹³pan⁴⁴tsʅ¹³　比一半多一点。

一个半 i¹³kə¹³pan⁴⁴　一个半。

两半个 liaŋ⁴¹pan/paŋ⁴⁴kə¹³　两半个。

两个半 liaŋ⁴¹kə⁴⁴pan⁴⁴　两个半。

很些子 xəŋ⁴¹ɕiɛ¹³tsʅ¹³　好些个。

多多的 tuə¹³tuə¹³ti⁴¹　多多的。

一点点 i¹³tian⁴¹tian¹³　表示很少。

千上方 tɕʻian¹³ʂaŋ⁴⁴van⁴⁴　成千上万。

几百万 tɕi⁴¹pei¹³van⁴⁴　几百万。

成千成万 tsʻəŋ¹³tɕʻian¹³tsʻəŋ¹³van⁴⁴　成千上万。

千千万万 tɕʻian¹³tɕʻian¹³van⁴⁴van⁴⁴　千千万万。

开外 kʻai¹³vai⁴⁴　以上：他30～哩。

来子 lai¹³tsʅ⁴¹　倍：这个比那个大的四～大到四倍。

十九点二十分钟上 ʂʅ¹³tɕiu⁴¹tian⁴¹aiɚ⁴⁴ʂʅ¹³fəŋ¹³tʂuŋ¹³ʂaŋ⁴⁴　十九点二十分钟。

一千九百五十八年上 i¹³tɕʻian¹³tɕiu⁴¹pei¹³vu⁴¹ʂʅ¹³pa¹³nian¹³ʂaŋ⁴⁴

一九五八年。

一九九十七年 i¹³tɕiu⁴¹tɕiu⁴¹sɿ¹³tɕ'i¹³nian¹³ 一九九七年。

(二) 成语等

一心一记 i¹³ɕiŋ¹³i¹³tɕi⁴⁴ 一心一意，全心全意。

一时三刻 i¹³sɿ⁴⁴san¹³ki¹³ 立刻。

三鸽一鹞 san¹³kə¹³i¹³io⁴⁴ 有鸽子，就会引来鹞子。

三虎一豹 san¹³xu⁴¹i¹³pɔ⁴⁴ 有老虎，也会出现豹子。

三心二意 san¹³ɕiŋ¹³aiə⁴⁴i⁴⁴ 三心二意。

三家四靠 san¹³tɕia¹³sɿ⁴⁴k'ɔ⁴⁴ 三等四靠。比喻这个等那个，那个靠这个，都不积极主动。

三喝四喝 san¹³xə¹³sɿ⁴⁴xə¹³ 喝来喝去，喝着喝着：~喝醉哩。

前耷拉三，后耷拉四 tɕian¹³ta¹³la¹³san¹³, xou⁴⁴ta¹³la¹³sɿ⁴⁴ 表示不整齐。

张三李四 tʂaŋ¹³san¹³li⁴¹sɿ⁴⁴ 泛指某人或某些人。

四流五散的 sɿ⁴⁴liu¹³vu¹³san⁴⁴ti¹³ 形容到处消散、散布。

四处八下 sɿ⁴⁴tʂ'u⁴⁴pa¹³xa⁴⁴ 四面八方。

五黄六月 vu⁴¹xuaŋ¹³liu¹³yə¹³ 指农历五月、六月间天气炎热的时候。

七长八短 tɕ'i¹³tʂ'aŋ¹³pa¹³tuan⁴¹ 长短不齐。

九狗一獒 tɕiu⁴¹kou⁴¹i¹³nɔ¹³ 十个狗中会出现一个獒。

十聋九哑 ʂɿ¹³luŋ¹³tɕiu⁴¹ia⁴¹ 十个聋子中九个是哑巴。

七十三，八十四 tɕ'i¹³sɿ¹³san¹³, pa¹³ʂɿ¹³sɿ⁴⁴ 指传说中老年人生命的两个危险时间：~阎王叫你商量事。

三十一、姓　名

（一）姓　氏

1. 华夏祖传姓氏

有的姓氏，有多个同音字，而东干族祖传姓氏却可能只是其中之一、其中之二，但我们无法确认。只好把这些同音字全部列出，中间用"/"隔开。

p

班　pan¹³
包　pɔ¹³
白/柏　pei¹³
□　pai¹³
□　pai⁴¹
□　pi¹³
□　piŋ¹³

p'

□ p'an⁴¹

m

马 ma⁴¹
满 man⁴¹
买 mai⁴¹
毛 mɔ¹³
米 mi⁴¹
闵 miŋ⁴¹
牟 mu¹³
穆/慕/木 mu⁴⁴

f

方/房 faŋ¹³
冯/封 fəŋ¹³
□ fəŋ⁴⁴
伏/符/苻/服/扶 fu¹³
甫/付/府 fu⁴¹
傅/富 fu⁴⁴
水 fi⁴¹

v

万 van⁴⁴
王 vaŋ¹³
吴 vu¹³
文/温/闻/翁 vəŋ¹³
问 vəŋ⁴⁴
魏 vi⁴⁴

t

□ tai¹³
党 taŋ⁴¹

豆/窦 tou⁴⁴
段 tuan⁴⁴
□ ti⁴⁴
丁 tiŋ¹³

t'

唐/汤 t'aŋ¹³
贴 t'iɛ¹³
□ t'uan¹³
□ t'uan⁴¹
仝/同/通 t'uəŋ¹³
田 t'ian¹³

n

□ na¹³
南 nan¹³
□ niŋ¹³
牛 niou¹³

l

□ la¹³
兰/蓝 lan¹³
李 li⁴¹
梁 liaŋ¹³
林/临 liŋ¹³
刘 liou¹³
龙 luaŋ¹³
雷 luei¹³

ts'

才 ts'ai¹³
蔡 ts'ai⁴⁴
曹 ts'ɔ¹³
崔 ts'uei¹³

s

斯/司　sʅ¹³
四/俬/姒　sʅ⁴⁴
沙　sa¹³
洒/萨　sa⁴¹
山　san¹³
□　sai⁴¹
□　sai⁴⁴
生　səŋ¹³
苏　su¹³
□　su⁴¹
粟　su⁴⁴
索　suə⁴¹
宋　suəŋ⁴⁴

tʂ

□　tʂa⁴¹
张　tʂaŋ¹³
□　tʂə⁴¹
□　tʂə⁴⁴
周　tʂou¹³
朱/邾　tʂu¹³
□　tʂɔ¹³

tʂ'

镡　tʂ'an¹³
常/苌　tʂ'aŋ¹³
□　tʂ'ə⁴¹
程/陈/成/晟　tʂ'əŋ¹³

ʂ

□　ʂan¹³
单/善　ʂan⁴⁴

佘　ʂə¹³
□　ʂə⁴¹
世/士　ʂʅ⁴⁴

tɕ

姬/嵇/吉/姞/戢/藉/籍　tɕi¹³
季　tɕi⁴⁴
贾　tɕia⁴¹
京/金　tɕiŋ¹³

tɕ'

岐/奇/綦/蕲/杞/戚/齐/祁/祈/柒　tɕ'i¹³
钱/千　tɕ'ian¹³
强　tɕ'iaŋ¹³
□　tɕ'ie¹³
秦/覃/青/卿/清　tɕ'iŋ¹³
□　tɕ'yŋ¹³

ɕ

席/西/郗/息/奚/羲/习/隰　ɕi¹³
□　ɕi⁴¹
洗/冼　ɕian⁴¹
□　ɕiɛ¹³
肖　ɕiɔ¹³
孝　ɕiɔ⁴⁴

k

高　kɔ¹³
□　ku¹³
古/谷　ku⁴¹
庚/赓　kəŋ¹³
□　kua⁴¹

郭　kuə¹³
桂　kuei⁴⁴
宫/公/弓/龚　kuəŋ¹³

k'

□　k'an⁴¹
开　k'ai¹³
□　k'ə⁴¹
□　k'əŋ¹³
寇　k'ou⁴⁴
□　k'uəŋ¹³
孔　k'uəŋ⁴¹
□　k'i¹³

x

□　xa¹³
哈　xa⁴¹
韩　xan¹³
海　xai⁴¹
侯　xou¹³
胡/壶　xu¹³
虎　xu⁴¹
户/扈　xu⁴⁴
□　xuə¹³
火　xuə⁴¹
洪/弘/鸿　xuəŋ¹³
黄　xuaŋ¹³
何/和　xə¹³
黑　xi¹³
□　xi⁴⁴

∅

弋/易/奕　i⁴⁴
闫/严/言/颜　ian¹³

扬/杨/羊　iaŋ¹³
阴/殷　iŋ¹³
□　iɛ⁴¹
幺/尧/姚　iɔ¹³
尤/由/游　iou¹³
□　iou⁴¹

2. 东干族西迁中亚后的某些姓氏

p

包老大　pɔ¹³lɔ⁴¹ta⁴⁴
白彦虎　pei¹³ian¹³/⁴¹xu⁴¹
白掌柜的　pei¹³tʂaŋ⁴¹kuei⁴⁴ti¹³
白老大　pei¹³lɔ⁴¹ta⁴⁴
白老二　pei¹³lɔ⁴¹aiɚ⁴⁴
白老三　pei¹³lɔ⁴¹san¹³

p'

□乡老　p'an⁴¹ɕiaŋ¹³lɔ¹³

m

马阿訇　ma⁴¹a¹³xuəŋ¹³，又：马阿訇诺夫
马宝　ma¹³pɔ⁴¹
马万银　ma⁴¹van⁴⁴iŋ¹³
马文得　ma⁴¹vəŋ¹³tei¹³
马得万　ma⁴¹tei¹³van⁴⁴
马得存　ma⁴¹tei¹³tʂ'uəŋ¹³
马忠　ma⁴¹tʂuəŋ¹³
马义　ma⁴¹·i⁴⁴，又：马耶夫
马一万　ma⁴¹·i¹³van⁴⁴
马明　ma⁴¹miəŋ¹³
马三　ma⁴¹san¹³，又：马三诺夫

马四　ma⁴¹sʅ⁴⁴
马泰　ma⁴¹tʻai⁴⁴，又：马铁耶夫
马福刚　ma⁴¹fu¹³kaŋ¹³
马富贵　ma⁴¹fu¹³kuei⁴⁴
马虎　ma⁴¹xu⁴¹
马仓　ma⁴¹tsʻaŋ¹³
马存　ma⁴¹tsʻuəŋ¹³
马清　ma⁴¹tɕʻiŋ¹³，又：马清诺夫
马孝　ma⁴¹ɕiɔ⁴⁴
马全　ma⁴¹tɕʻyan¹³
马乡老　ma⁴¹ɕiaŋ¹³lɔ¹³
买老六　mai⁴¹lɔ⁴¹liou¹³
买乡老　mai⁴¹ɕiaŋ¹³lɔ¹³

f

伏乡老　fu¹³ɕiaŋ⁴¹lɔ¹³

v

王阿訇　vaŋ¹³a¹³/⁴¹xuəŋ¹³，又：王阿訇诺夫
王老大　vaŋ¹³lɔ⁴¹ta⁴⁴
王老二　vaŋ¹³lɔ⁴¹aiə⁴⁴
王麻子　vaŋ¹³ma¹³tsʅ⁴¹
吴阿訇　vu¹³a⁴¹xuəŋ¹³
吴东燕　vu¹³tuəŋ⁴¹ian¹³
吴连清　vu¹³lian¹³tɕʻiŋ¹³
吴老四　vu¹³lɔ⁴¹sʅ⁴⁴

t

丁乡老　tiŋ¹³ɕiaŋ⁴¹lɔ¹³，又：丁山老
丁老二　tiŋ¹³lɔ⁴¹aiə⁴⁴

tʻ

唐/汤宝　tʻaŋ¹³pɔ⁴¹，又：唐/汤宝夫
唐/汤贵　tʻaŋ¹³kuei¹³，又：唐/汤贵耶夫
唐/汤老四　tʻaŋ¹³lɔ⁴¹sʅ⁴⁴
田宁　tʻian¹³niəŋ¹³
田七　tʻian¹³tɕʻi¹³
通/全/同四林儿　tʻuəŋ¹³sʅ⁴¹liə¹³

n

安乡老　nan¹³ɕiaŋ⁴¹lɔ¹³
牛山　niou¹³san¹³

l

梁布哈　liaŋ¹³pu¹³xa¹³
李云　li⁴¹yŋ¹³，又：李尤诺夫
老杨/杨/羊　lɔ⁴¹iaŋ¹³，又：老颜诺夫
老李　lɔ¹³li⁴¹，又：老李耶夫
老刘　lɔ⁴¹liou¹³
老马　lɔ¹³ma⁴¹
老米　lɔ¹³mi⁴¹
刘老五　liou¹³lɔ⁴¹vu⁴¹
刘青/勤　liou¹³tɕʻiŋ¹³，又：刘勤/青诺娃
刘金/京　liou¹³tɕiŋ¹³，又：刘金/京诺娃

tsʻ

才阿訇　tsʻai¹³a¹³xuəŋ¹³，又：才阿訇诺夫

s

萨阿訇　sa⁴¹a¹³xuəŋ¹³
索巴　suə⁴¹pa¹³，又：骚巴耶夫

索得　suə⁴¹tei¹³，又：骚得耶夫
索列玛阿訇　suə⁴¹ləma¹³a¹³xuəŋ¹³，
　　又：骚列姆阿訇诺夫
索老大　suə⁴¹lɔ¹³ta⁴⁴，又：骚老大
索六　suə⁴¹liou¹³，又：骚六耶夫
苏布/步青/勤　su¹³pu¹³tɕʻiŋ¹³
苏贵成　su¹³kuei⁴⁴tʂʻəŋ¹³
苏乡老　su¹³ɕiaŋ⁴¹lɔ¹³，又：苏山老

tʂ

□正魁　tʂə⁴¹tʂəŋ¹³kʻuei⁴⁴
□肖园　tʂə⁴¹ɕiɔ¹³yan¹³
张乡老　tʂaŋ¹³ɕiaŋ⁴¹lɔ¹³，又：张山老
周老五　tʂou¹³lɔ¹³vu⁴¹

tʂʻ

常老四　tʂʻaŋ¹³lɔ¹³sɿ⁴⁴
车阿訇　tʂʻə⁴¹a¹³xuəŋ¹³
程阿訇　tʂʻəŋ¹³a⁴¹xuəŋ¹³

ʂ

佘老三　ʂə⁴¹lɔ⁴¹san¹³，又：佘老三诺夫
佘老六　ʂə⁴¹lɔ⁴¹liou¹³

tɕ

金阿訇　tɕiŋ¹³a⁴¹xuəŋ¹³
金宝　tɕiəŋ¹³pɔ⁴¹

k

古/谷阿訇　ku⁴¹a¹³xuəŋ¹³

郭老四　kuə¹³lɔ⁴¹sɿ⁴⁴
郭贵银　kuə¹³kuei⁴⁴iŋ¹³

kʻ

□乡老　kʻan⁴¹ɕiaŋ¹³lɔ¹³
开风　kʻai¹³fəŋ¹³
□一才　kʻə¹³i¹³tsʻai¹³
□万龙　kʻəŋ¹³van⁴¹luəŋ¹³

x

韩乡老　xan¹³ɕiaŋ⁴¹lɔ¹³
海老爷　xai⁴¹lɔ⁴¹iɛ¹³
海老六　xai¹³lɔ⁴¹liou¹³
和/何林儿/灵儿　xə¹³liə˞¹³
何万善　xə¹³van⁴¹ʂan⁴⁴
何三/山　xə¹³san¹³
黑林儿/灵儿　xi¹³liə˞¹³
黑依玛穆　xi¹³i¹³ma¹³mu⁴¹

∅

阿布杜林　a¹³pu¹³tu⁴⁴liŋ¹³
闫/严/言/颜海　ian¹³xai⁴¹，又：闫/严/言/颜阿哈耶夫
杨/扬/羊阿訇　iaŋ¹³a⁴¹xuəŋ¹³
杨/扬/羊铁匠　iaŋ¹³tʻiɛ¹³tɕiaŋ¹³
杨/扬/羊老大　iaŋ¹³lɔ⁴¹/¹³ta⁴⁴
杨/扬/羊赊立　iaŋ¹³ʂə¹³li¹³
杨/扬/羊喜儿　iaŋ¹³ɕiə˞⁴¹
□京城　iɛ¹³tɕiŋ¹³tʂʻəŋ¹³
尤/由/游万治　iou¹³van⁴¹tʂɿ⁴⁴
尤/由/游山/三　iou¹³san¹³，又：尤/由/游山/三诺夫

535

(二) 名　字

这里收录的东干族名字主要来自尤·闫先生编著的《简要的回族—乌鲁斯话典》(1968)，现在这些名字有些已不再用，但为了让读者知道曾经有过这些名字，我们还是选录了一些。同时也收了一些现在常用人名。

东干族人名的构成有三种情况，即来自阿拉伯语、俄语、汉语。来自阿拉伯语和俄语的人名，只需音译即可。来自汉语的人名，用字需要考虑音和义。由于东干文是拼音文字，同音字太多，同时，几个字连读还有变调，因此，要准确地转写成相对应的汉字，实在不易。要考虑民族心理、文化水平、风俗习惯等多种因素，从综合因素中把握可能选用的汉字。我们这里转写的汉字不一定都合适。

1. 一般结构

(1) 男

第一，A+B（+子/儿）。

巴给 pa⁴¹ki¹³ ｜ 盼舍 pan⁴⁴ʂə⁴¹ ｜ 卖力 mai¹³li¹³ ｜ 囗力 nai¹³li¹³ ｜ 金宝 tɕiŋ¹³pɔ⁴¹ ｜ 存宝 ts'uaŋ¹³pɔ⁴¹ ｜ 沙儿地 sæə¹³ti⁴⁴ ｜ 苏林 su¹³liŋ¹³ ｜ 哈儿穆 xæə¹³mu¹³ ｜ 黑虎 xi¹³xu⁴¹ ｜ 艾儿萨 aiə¹³sa⁴¹ ｜ 尤/游虎 iou¹³xu⁴¹（以上为"A+B"）

马爱 ma¹³nai¹³，马爱子 ma¹³nai¹³tsʅ⁴¹，马爱儿 ma¹³næə⁴¹ ｜ 古拜 ku⁴¹pai¹³，古拜子 ku⁴¹pai¹³tsʅ⁴¹，古拜儿 ku⁴⁴pæə¹³ ｜ 开麻 k'ai¹³ma¹³，开麻子 k'ai¹³ma¹³tsʅ⁴¹，开麻儿 k'ai¹³mæə¹³ ｜ 黑牙 xi¹³ia¹³，黑牙子 xi¹³ia¹³tsʅ⁴¹，黑牙儿 xi¹³iæə¹³ ｜ 尤/由/游布 iou¹³pu⁴⁴，尤/由/游布子 iou¹³pu⁴¹tsʅ¹³，尤/由/游布儿 iou¹³puə⁴¹ ｜ 奥卖 ɔ¹³mai¹³，奥卖子 ɔ¹³mai⁴⁴tsʅ¹³，奥卖儿 ɔ¹³mæə⁴¹ [以上为"A+B（+子/儿）"]

拜哈子 pai¹³xa¹³tsʅ⁴¹，拜哈儿 pai¹³xæə¹³ ｜ 布拉子 pu¹³la¹³tsʅ⁴¹，布拉儿 pu¹³læə¹³ ｜ 比俩子 pi¹³lia¹³tsʅ⁴¹，比俩儿 pi¹³liæə¹³ ｜ 盼舍子 p'an⁴¹ʂə⁴⁴tsʅ¹³，盼舍儿 p'an⁴¹ʂəə⁴¹ ｜ 满素子 man⁴¹su⁴⁴tsʅ¹³，满素儿 man⁴¹suə⁴¹，又: 满素洛夫 ｜ 吴卖子 vu¹³mai⁴⁴tsʅ¹³，吴卖儿 vu¹³mæə⁴¹ ｜ 董拉子 tuaŋ⁴¹la¹³tsʅ⁴¹，董拉儿 tuaŋ⁴¹læə¹³ ｜ 奴海子 nu¹³xai⁴¹tsʅ¹³，奴海儿 nu¹³xæə⁴¹ ｜ 奴四子 nu¹³sʅ⁴¹tsʅ¹³，奴四儿 nu¹³sɯə⁴¹ ｜ 来卖子 lai⁴¹mai⁴⁴tsʅ¹³，来卖儿 lai⁴¹mæə⁴¹（以上为"A+B+子/儿"）

把给 pa⁴¹ki⁴⁴，把给子 pa⁴¹ki⁴⁴tsʅ¹³ ｜ 尕三 ka¹³san⁴¹，又: 尕三诺夫，尕三子 ka¹³san⁴¹tsʅ¹³ ｜ 哈三 xa¹³san¹³，又: 哈三诺夫，哈三子 xa¹³san¹³tsʅ⁴¹ ｜ 胡赛 xu¹³sai¹³，胡赛子 xu¹³sai¹³tsʅ⁴¹ ｜ 阿曼 a¹³man⁴⁴，阿曼子 a¹³man⁴⁴tsʅ⁴¹ ｜ 艾

儿萨 aiə¹³sa¹³，艾儿萨子 aiə¹³sa¹³tsɿ⁴¹ [以上为"A+B（+子）"]

马卖子 ma¹³mai⁴⁴tsɿ¹³，又：马灭佐夫 | 卖东子 mai¹³tuəŋ¹³tsɿ⁴¹ | 来比子 lai¹³pi¹³tsɿ⁴¹ | 索哈子 suə⁴¹xa¹³tsɿ¹³ | 善拜子 ʂan⁴¹pai⁴⁴tsɿ¹³ | 古巴子 ku⁴¹pa⁴⁴tsɿ¹³ | 客木子 kʻi⁴⁴mu¹³tsɿ¹³，又：客木佐夫 | 羊兔子 iaŋ¹³tʻu¹³tsɿ¹³（以上为"A+B+子"）

双喜儿 faŋ¹³çiə⁴¹ | 软尕儿 van⁴¹kæɚ¹³ | 吴穆儿 vu¹³muə⁴¹ | 乍客儿 tsaʻkʻiə⁴⁴ | 萨比儿 sa⁴¹piə⁴¹ | 萨利儿 sa⁴¹liə⁴¹ | 席纳儿 çi¹³næɚ⁴¹ | 哈利儿 xa⁴¹liə⁴¹ | 黑子儿 xi⁴⁴tsɯə¹³，又：黑子洛夫 | 阿富儿 a⁴¹fuə⁴¹（以上为"A+B+儿"）

第二，A+娃（+子/儿）。

豆娃 tou¹³va⁴⁴ | 刘/六娃 liou¹³va⁴⁴ | 三娃 san¹³va⁴⁴ | 者娃 tʂə¹³va⁴⁴ | 春娃 tʂʻuəŋ¹³va⁴⁴ | 哈儿娃 xæɚ¹³va⁴⁴ | 尤/游娃 iou¹³va⁴⁴（以上为"A+娃"）

拉娃 la¹³va¹³，拉娃子 la¹³va¹³tsɿ⁴¹，拉娃儿 la¹³væɚ¹³ | 乍娃 tsa¹³va⁴⁴，乍娃子 tsa⁴⁴va¹³tsɿ¹³，又：乍娃捷夫，乍娃儿 tsa¹³væɚ⁴¹ | 存娃 tʂʻuəŋ¹³va⁴⁴，存娃子 tʂʻuəŋ¹³va⁴⁴tsɿ¹³，存娃儿 tʂʻuəŋ¹³væɚ¹³ [以上为"A+娃（+子/儿）"]

拜娃 pai¹³va⁴⁴，拜娃子 pai¹³va¹³tsɿ⁴¹ | 独娃 tu¹³va⁴⁴，独娃子 tu¹³va⁴¹tsɿ¹³ | 李娃 li¹³va⁴⁴，李娃子 li¹³va⁴¹tsɿ¹³ | 沙娃 sa¹³va⁴⁴，沙娃子 sa¹³va⁴¹tsɿ¹³ | 赛娃 sai¹³va⁴⁴，赛娃子 sai¹³va⁴¹tsɿ¹³ | 十娃 ʂɿ¹³va⁴⁴，十娃子 ʂɿ¹³va⁴¹tsɿ¹³ | 七娃 tɕʻi¹³va⁴⁴，七娃子 tɕʻi¹³va¹³tsɿ¹³ | 哈娃 xa¹³va⁴⁴，哈娃子 xa¹³va¹³tsɿ⁴¹，又：哈瓦佐夫 | 虎娃 xu⁴¹va⁴⁴，虎娃子 xu⁴¹va¹³tsɿ¹³ [以上为"A+娃（+子）"]

狄娃子 ti¹³va¹³tsɿ¹³，狄娃儿 ti¹³væɚ⁴¹ | 老娃子 lɔ⁴¹va¹³tsɿ⁴¹，老娃儿 lɔ⁴¹væɚ¹³（以上为"A+娃+子/儿"）

奴娃 nu¹³va⁴⁴，奴娃儿 nu¹³væɚ⁴¹ [以上为"A+娃（+儿）"]

布娃子 pu¹³va⁴¹tsɿ¹³ | 满娃子 man⁴¹va¹³tsɿ⁴¹ | 买娃子 mai¹³va⁴¹tsɿ¹³ | 来娃子 lai¹³va¹³tsɿ⁴¹ | 苏娃子 su⁴¹va¹³tsɿ¹³ | 喜娃子 çi⁴¹va¹³tsɿ⁴¹ | 易娃子 i⁴¹va¹³tsɿ⁴¹（以上为"A+娃+子"）

第三，A+B+C（+D+E）。

满哥苏 man⁴¹kə¹³su⁴⁴ | 木哈买江 mu¹³xa¹³mai¹³tɕiaŋ⁴⁴ | 法比克 fa¹³pi⁴¹kə¹³ | 大师傅 ta⁴⁴sɿ¹³fu¹³ | 塔利布 ta⁴¹li⁴⁴pu¹³，又：塔利勃夫 | 来穆乍子 lai⁴¹mu¹³tsa¹³tsɿ⁴¹ | 来者布 lai¹³tʂə¹³pu⁴¹ | 陆个玛 lu¹³kə¹³ma⁴¹ | 萨利哈儿 sa⁴¹li⁴⁴xæɚ¹³ | 萨利娃 sa⁴¹li⁴⁴va¹³ | 萨利子 sa⁴¹li⁴⁴tsɿ¹³ | 苏来曼 su¹³lai⁴⁴man⁴⁴ | 蒜拓子 suan⁴¹tʻa¹³tsɿ⁴¹ | □地给 sua⁴¹ti⁴⁴ki¹³ | 古/谷录麻

ku⁴¹lu¹³ma¹³，古/谷录麻儿 ku⁴¹lu¹³mæɚ⁴¹ ｜ 克里木 kə¹³li¹³mu⁴¹ ｜ 哈萨拜 xa¹³sa⁴¹pai⁴⁴ ｜ 哈儿木犊 xæɚ⁴⁴mu¹³tu¹³ ｜ 阿布冬拉 a¹³pʻtuŋ⁰la¹³，阿布冬拉儿 aʻ¹³pʻtuŋ⁰læɚ¹³ ｜ 阿布杜子 a¹³pʻtu⁴¹tsʅ¹³ ｜ 安尤布 an⁴¹iou⁴⁴pu¹³，安尤布儿 an⁴¹iou⁴⁴puɚ¹³ ｜ 阿布杜拉合曼 a¹³pʻtu⁴¹ra¹³x⁰man⁴⁴ ｜ 尔力巴依 aiɚ¹³li¹³pa¹³i⁴¹ ｜ 尔布杜 aiɚ⁴⁴pu¹³tu⁴⁴ ｜ 亚儿古拜 iæɚ⁴¹ku⁴⁴pai¹³ ｜ 依四哈 i⁴¹sʅ¹³xa¹³，依四哈子 i⁴¹sʅ¹³xa¹³tsʅ¹³，依四哈儿 i⁴⁴sʅ¹³xæɚ¹³ ｜ 依布拉子 i⁴¹pu¹³la¹³tsʅ⁴¹ ｜ 依布拉西卖 i⁴¹puʻra⁴¹ɕi¹³mai¹³ ｜ 尤素福儿 iou¹³su⁴⁴fuɚ¹³，尤素福 iou⁴¹su⁴⁴fu¹³ ｜ 尔梨木 aiɚ¹³li¹³mu⁴¹

第四，A+A（+子/儿）。

巴巴子 pa¹³pa¹³tsʅ⁴¹，巴巴儿 pa¹³pæɚ¹³ ｜ 拜拜 pai¹³pai¹³，拜拜子 pai¹³pai¹³tsʅ⁴¹，拜拜儿 pai¹³pæɚ¹³ ｜ 包包子 pɔ⁴¹pɔ¹³tsʅ¹³ ｜ 布布 pu¹³pu⁴¹，布布子 pu¹³pu⁴¹tsʅ¹³ ｜ 盼盼子 pʻan⁴¹pʻan¹³tsʅ¹³ ｜ 麻麻子 ma¹³ma⁴¹tsʅ¹³，麻麻儿 ma¹³mæɚ⁴¹ ｜ 慢慢子 man⁴⁴man¹³tsʅ¹³，慢慢儿 man⁴⁴mæɚ¹³ ｜ 卖卖儿 mai⁴⁴mæɚ¹³ ｜ 苜苜子 mu⁴⁴mu¹³tsʅ¹³，苜苜儿 mu⁴⁴muɚ¹³ ｜ 福福 fu¹³fu⁴⁴，福福子 fu¹³fu¹³tsʅ⁴¹ ｜ 窝窝儿 və⁴⁴vəɚ¹³，又：窝窝洛夫 ｜ 低低子 ti¹³ti⁴¹tsʅ¹³ ｜ 独独子 tu¹³tu⁴¹tsʅ¹³

第五，A+儿/子。

巴儿 pæɚ¹³ ｜ 麻儿 mæɚ¹³，又：麻洛夫 ｜ 木儿 muɚ¹³ ｜ 福儿 fuɚ¹³ ｜ 五儿 vuɚ⁴¹ ｜ 笛儿 tiɚ¹³ ｜ 奴儿 nuɚ¹³ ｜ 拉儿 læɚ¹³ ｜ 梨儿 liɚ¹³ ｜ 六儿 liɔ¹³ ｜ 乍儿 tsæɚ¹³ ｜ 沙儿 sæɚ¹³ ｜ 苏儿 suɚ¹³ ｜ □儿 suæɚ¹³，□子 sua¹³tsʅ⁴¹ ｜ 四儿 sɯɚ⁴¹ ｜ 九儿 tɕioɚ¹³ ｜ 尕儿 kæɚ¹³ ｜ 虎儿 xuɚ⁴¹ ｜ 哈儿 xæɚ¹³

（2）女

第一，A+B（+子/儿）。

白女子 pei¹³ny⁴¹tsʅ¹³ ｜ 白花儿 pei¹³xuæɚ⁴¹ ｜ 布代 pu¹³tai¹³，布代子 pu¹³tai¹³tsʅ⁴¹，布代儿 pu¹³tæɚ¹³ ｜ 麻鸡 ma¹³tɕi¹³ ｜ 卖胡子 mai¹³xu⁴¹tsʅ¹³，卖胡儿 mai¹³xuɚ⁴¹ ｜ 牡丹子 mɔ⁴¹tan⁴⁴tsʅ¹³ ｜ 米爱 mi¹³nai¹³，米爱子 mi¹³nai¹³tsʅ¹³，米爱儿 mi¹³næɚ¹³ ｜ 耍卖 fa⁴¹mai⁴⁴，耍卖子 fa⁴¹mai⁴⁴tsʅ¹³，耍卖儿 fa⁴¹mæɚ⁴¹ ｜ 耍女子 fa⁴¹ny¹³tsʅ¹³ ｜ 翡花儿 fi⁴¹xuæɚ⁴⁴ ｜ 翡翠 fi¹³tsʻuei⁴⁴ ｜ 桃花 tʻɔ¹³xua⁴¹ ｜ 妥哈子 tʻuə⁴¹xa¹³tsʅ⁴¹ ｜ 妥花儿 tʻuə⁴¹xuæɚ¹³ ｜ 爱花子 nai⁴⁴xua¹³tsʅ¹³，爱花儿 nai⁴⁴xuæɚ¹³ ｜ 辣鼻/比子 la⁴¹pi⁴⁴tsʅ¹³，辣鼻/比儿 la⁴¹piɚ⁴¹ ｜ 辣米子 la⁴¹mi⁴⁴tsʅ¹³ ｜ 拉花儿 la¹³xuæɚ¹³ ｜ 莲翠子 lian¹³tsʻuei⁴⁴tsʅ¹³，莲翠儿 lian¹³tsʻuiɚ⁴¹ ｜ 宰爱 tsai⁴¹nai⁴⁴，宰爱儿 tsai¹³næɚ⁴¹ ｜ 宰

拜子 tsai⁴¹pai⁴⁴tsʅ¹³, 宰拜儿 tsai¹³pæɚ⁴¹｜祖哈儿 tsu⁴¹xæɚ¹³｜葱花子 tsʻuəŋ¹³xua⁴¹tsʅ¹³, 葱花儿 tsʻuəŋ¹³xuæɚ⁴¹｜赛卖 sai¹³mai⁴⁴, 赛卖子 sai⁴¹mai⁴⁴tsʅ¹³｜索富子 suə⁴¹fu⁴⁴tsʅ¹³｜柿花子 sʅ⁴⁴xua¹³tsʅ¹³, 柿花儿 sʅ⁴⁴xuæɚ¹³｜真花儿 tʂəŋ¹³xuæɚ⁴¹｜春花 tʂʻuəŋ¹³xua⁴¹, 春花子 tʂʻuəŋ¹³xua⁴¹tsʅ¹³, 春花儿 tʂʻuəŋ¹³xuæɚ⁴¹

第二, A+娃 (+子/儿)。

卖娃 mai⁴⁴va⁴⁴｜耍娃 fa⁴¹va⁴⁴｜爱娃 nai¹³va⁴⁴｜浪玩娃 laŋ⁴¹va⁴⁴｜宰娃儿 tsai⁴¹væɚ¹³｜车娃子 tʂʻə¹³va¹³tsʅ¹³, 车娃儿 tʂʻə¹³væɚ¹³｜佘娃 ʂə¹³va⁴⁴, 佘娃儿 ʂə¹³væɚ¹³｜害羞娃 xai⁴⁴va⁴⁴｜严/闫/言娃 ian⁴⁴va⁴⁴

第三, A+B+C (+儿)。

米爱娃 mi¹³nai¹³va⁴⁴｜五木哈儿 vu⁴¹mu¹³xæɚ¹³｜拉木燕 la¹³mu¹³ian¹³｜拉合买 la¹³xə¹³mai¹³｜宰乃拜 tsai⁴¹nai¹³pai⁴⁴｜祖布代 tsu⁴¹pu¹³tai⁴⁴, 祖布代儿 tsu⁴¹pu¹³tæɚ⁴¹｜祖来哈 tsu¹³lai⁴⁴xa⁴⁴｜祖梨哈 tsu⁴¹li¹³xa¹³｜赛梨卖 sai⁴¹li¹³mai⁴⁴, 赛梨卖儿 sai⁴¹li¹³mæɚ⁴¹｜十六洛娃 ʂʅ¹³liu¹³luə⁴⁴va⁴⁴｜石榴花 ʂʅ¹³liu¹³xua⁴⁴｜哈福在 xa⁴¹fu¹³tsai⁴⁴｜海梨卖 xai⁴¹li¹³mai⁴⁴, 海梨卖儿 xai⁴¹li¹³mæɚ⁴¹｜尔梨卖 aiɚ⁴¹li¹³mai⁴⁴｜阿希燕 a⁴¹ɕi¹³ian¹³｜阿米乃 a⁴¹mi¹³nai¹³｜拉黑卖 ra¹³xi¹³mai⁴⁴｜拉黑亚 ra¹³xi¹³ia⁴⁴

第四, A+A (+子/儿)。

卖卖 mai¹³mai¹³, 卖卖 mai⁴⁴mai⁴⁴｜卖卖子 mai⁴⁴mai¹³tsʅ¹³, 卖卖子 mai¹³mai¹³tsʅ¹³｜卖卖儿 mai¹³mæɚ⁴¹, 卖卖儿 mai⁴⁴mæɚ¹³｜米米 mi¹³mi⁴¹｜翡翡 fi⁴¹fi¹³｜耍耍儿 fa⁴¹fæɚ¹³｜爱爱子 nai⁴⁴nai¹³tsʅ¹³, 爱爱儿 nai⁴⁴næɚ¹³｜辣辣子 la⁴¹la¹³tsʅ¹³, 辣辣儿 la⁴¹læɚ¹³｜老老子 lɔ⁴¹lɔ¹³tsʅ¹³, 老老儿 lɔ⁴¹lɔɚ¹³｜宰宰子 tsai⁴¹tsai¹³tsʅ¹³, 宰宰儿 tsai⁴¹tsæɚ¹³｜车车子 tʂʻə¹³tʂʻə⁴¹tsʅ¹³, 车车儿 tʂʻə¹³tʂʻəɚ⁴¹｜佘佘子 ʂə¹³ʂə⁴¹tsʅ¹³, 佘佘儿 ʂə¹³ʂəɚ⁴¹｜尕尕儿 ka¹³kæɚ⁴¹｜海海子 xai⁴¹xai¹³tsʅ¹³｜哈哈 xa¹³xa⁴¹｜花花 xua⁴⁴xua¹³｜燕燕子 ian⁴⁴ian¹³tsʅ¹³, 燕燕儿 ian⁴⁴iæɚ¹³

第五, A (+儿)。

买 mai¹³, 买儿 mæɚ¹³｜栽/宰儿 tsæɚ⁴¹｜姐儿 tɕiɛɚ⁴¹｜车儿 tʂʻəɚ¹³｜索儿 suə⁴¹｜花儿 xuæɚ¹³

2. 特殊结构

(1) 男

第一, A+哥/弟 (+子/儿)。

539

布哥子 pu⁴⁴kə¹³tsʅ¹³，又：布尕佐夫，布哥儿 pu⁴⁴kəɚ¹³ ｜ 麻哥 ma¹³kə¹³，麻哥子 ma¹³kə⁴¹tsʅ¹³，麻哥儿 ma¹³kəɚ⁴¹ ｜ 木哥子 mu¹³kə⁴¹tsʅ¹³，木哥儿 mu¹³kəɚ⁴¹ ｜ 妥哥子 tʻuə⁴¹kə¹³tsʅ¹³ ｜ 奴哥子 nu¹³kə⁴¹tsʅ¹³ ｜ 来哥子 lia¹³kə¹³tsʅ⁴¹ ｜ 俩哥子 lia¹³kə⁴¹tsʅ¹³，又：俩尕佐夫，俩哥儿 lia⁴⁴kəɚ¹³ ｜ 乍哥子 tsa¹³kə⁴¹tsʅ¹³，乍哥儿 tsa⁴¹kəɚ⁴¹ ｜ 沙哥子 sa¹³kə¹³tsʅ¹³ ｜ 赛哥子 sai¹³kə⁴¹tsʅ¹³，赛哥儿 sai¹³kəɚ⁴¹ ｜ 苏哥子 su¹³kə¹³tsʅ⁴¹，苏哥儿 su¹³kəɚ¹³ ｜ 展哥子 tʂan⁴¹kə¹³tsʅ¹³ ｜ 闪哥子 ʂan⁴¹kə¹³tsʅ¹³，闪哥儿 ʂan⁴¹kəɚ¹³ ｜ 舍哥子 ʂə⁴¹kə¹³tsʅ¹³ ｜ 喜哥子 ɕi⁴¹kə¹³tsʅ¹³，喜哥儿 ɕi⁴¹kəɚ¹³ ｜ 尕弟子 ka⁴¹ti⁴⁴tsʅ¹³，尕弟儿 ka⁴¹tiɚ⁴¹ ｜ 哈哥子 xa¹³kə⁴¹tsʅ¹³ ｜ 户哥子 xu⁴⁴kə¹³tsʅ¹³，户哥儿 xu⁴⁴kəɚ¹³ ｜ 虎哥儿 xu⁴¹kəɚ¹³ ｜ 易哥子 i⁴¹kə¹³tsʅ¹³ ｜ 易弟子 i⁴¹ti¹³tsʅ⁴¹，易弟儿 i⁴¹tiɚ¹³ ｜ 游/尤/由哥子 iou¹³kə⁴¹tsʅ¹³，又：游/尤/由尕捷夫 ｜ 稳弟子 vəŋ⁴¹ti¹³tsʅ¹³，稳弟儿 vəŋ⁴¹tiɚ⁴¹

第二，A+姐+子/儿。

来姐子 lai¹³tɕiɛ¹³tsʅ⁴¹，来姐儿 lai¹³tɕiɛɚ¹³ ｜ 尕姐子 ka¹³tɕiɛ⁴¹tsʅ¹³

第三，弟+哥+子。

弟哥子 ti¹³kə⁴¹tsʅ¹³ ｜ 弟哥子 ti⁴⁴kə¹³tsʅ¹³

第四，十位数（+子/儿）。

十四儿 ʂʅ¹³sɯɚ⁴¹，十四儿 ʂʅ⁴⁴sɯɚ¹³ ｜ 四十六儿 sʅ⁴⁴ʂʅ¹³liouɚ¹³ ｜ 五十子 vu⁴¹ʂʅ⁴⁴tsʅ¹³，五十儿 vu⁴¹ʂɯɚ¹³ ｜ 五十五 vu⁴¹ʂʅ¹³vuɚ⁴¹ ｜ 五十八 vu⁴¹ʂʅ¹³pa¹³ ｜ 六十子 liou¹³ʂʅ¹³tsʅ¹³，六十儿 liou¹³ʂɯɚ¹³ ｜ 六十七 liou¹³ʂʅ¹³tɕʻi¹³ ｜ 七十子 tɕʻi¹³ʂʅ¹³tsʅ⁴¹，七十儿 tɕʻi¹³ʂɯɚ¹³ ｜ 八十子 pa¹³ʂʅ¹³tsʅ⁴¹，八十儿 pa¹³ʂɯɚ¹³

第五，数+数（+子/儿）。

三三子 san¹³san⁴¹tsʅ¹³ ｜ 三五子 san¹³vu⁴¹tsʅ¹³ ｜ 三七儿 san¹³tɕʻiɚ⁴¹，又：三七洛夫 ｜ 四五子 sʅ⁴⁴vu¹³tsʅ¹³ ｜ 五五子 vu⁴¹vu¹³tsʅ¹³ ｜ 六三 liou¹³san¹³ ｜ 六五子 liou¹³vu⁴¹tsʅ¹³，六五儿 liou¹³vuɚ⁴¹ ｜ 六六 liou¹³liou¹³，六六子 liou¹³liou¹³tsʅ⁴¹ ｜ 六七子 liou¹³tɕʻi¹³tsʅ¹³ ｜ 七三子 tɕʻi¹³san⁴¹tsʅ¹³ ｜ 七五儿 tɕʻi¹³vuɚ⁴¹ ｜ 七七子 tɕʻi¹³tɕʻi¹³tsʅ⁴¹，七七儿 tɕʻi¹³tɕʻiɚ¹³ ｜ 九九子 tɕiu⁴¹tɕiu¹³tsʅ¹³

第六，数排行+哥/舅/爸+子/儿。

大哥子 ta⁴⁴kə¹³tsʅ¹³，又：大尕捷耶夫 ｜ 三哥子 san¹³kə¹³tsʅ⁴¹，三哥儿 san¹³kəɚ⁴¹ ｜ 四舅子 sʅ⁴⁴tɕiou¹³tsʅ¹³ ｜ 四爸子 sʅ⁴⁴pa¹³tsʅ¹³ ｜ 五哥子 vu⁴¹kə¹³tsʅ¹³ ｜ 六哥子 liou¹³kə¹³tsʅ⁴¹ ｜ 九哥 tɕiu¹³kə¹³，九哥儿 tɕiu⁴¹kəɚ¹³ ｜ 十哥子 ʂʅ⁴⁴kə¹³tsʅ¹³，十哥儿 ʂʅ⁴⁴kəɚ¹³

第七，老/A+数（+子/儿）。

老三 lɔ⁴¹san¹³ ｜ 老四 lɔ⁴¹sɿ⁴⁴ ｜ 老五 lɔ¹³vu⁴¹ ｜ 老七 lɔ⁴¹tɕʻi¹³ ｜ 买四子 mai¹³sɿ⁴¹tsɿ¹³ ｜ 纳四子 na¹³sɿ¹³tsɿ¹³, 纳四儿 na¹³sɯɚ¹³

第八，A(+B)+职务。

木斯阿訇 mu¹³sa¹³xuəŋ⁴⁴ ｜ 奴儿阿訇 nuɚ¹³a¹³xuəŋ¹³, 又：奴儿阿訇诺夫 ｜ 尤素卜阿訇 iou¹³su¹³pʻa¹³xuəŋ¹³ ｜ 哈斯姆阿訇 xa¹³sɿ⁴¹ma¹³xuəŋ¹³ ｜ 韩头子 xan¹³tʻou¹³tsɿ⁴¹

第九，形容词短语。

稳的呢 vəŋ⁴¹ti⁴⁴ni¹³ ｜ 懂的呢 tuəŋ⁴¹ti⁴⁴ni¹³ ｜ 松不结实的呢 suəŋ⁴¹ti⁴⁴ni¹³

(2) 女

第一，A+姐+(子/儿)。

拜姐 pai⁴¹tɕiɛ¹³, 拜姐子 pai⁴¹tɕiɛ¹³tsɿ¹³, 拜姐儿 pai⁴¹tɕiɛɚ¹³ ｜ 白姐子 pei¹³tɕiɛ⁴¹tsɿ¹³, 白姐儿 pei¹³tɕiɛɚ⁴¹ ｜ 卖姐子 mai⁴⁴tɕiɛ¹³tsɿ¹³ ｜ 毛姐子 mɔ¹³tɕiɛ⁴¹tsɿ¹³, 毛姐儿 mɔ¹³tɕiɛɚ⁴¹ ｜ 耍姐子 fa⁴¹tɕiɛ¹³tsɿ¹³, 耍姐儿 fa⁴¹tɕiɛɚ¹³ ｜ 稳姐子 vəŋ⁴¹tɕiɛ¹³tsɿ¹³, 稳姐儿 vəŋ⁴¹tɕiɛɚ¹³ ｜ 妥姐子 tʻuə⁴¹tɕiɛ¹³tsɿ¹³, 妥姐儿 tʻuə⁴¹tɕiɛɚ¹³ ｜ 爱姐子 nai⁴⁴tɕiɛ¹³tsɿ¹³, 爱姐儿 nai⁴⁴tɕiɛɚ¹³ ｜ 能姐子 nəŋ¹³tɕiɛ⁴¹tsɿ¹³ ｜ 拉姐子 la⁴¹tɕiɛ¹³tsɿ¹³, 拉姐儿 la⁴¹tɕiɛɚ¹³ ｜ 老姐 lɔ¹³tɕiɛ⁴¹ ｜ 宰姐子 tsai⁴¹tɕiɛ¹³tsɿ¹³, 宰姐儿 tsai⁴¹tɕiɛɚ¹³ ｜ 祖姐子 tsu⁴¹tɕiɛ¹³tsɿ¹³, 祖姐儿 tsu⁴¹tɕiɛɚ¹³ ｜ 存/葱姐子 tsʻuəŋ¹³tɕiɛ⁴¹tsɿ¹³, 存/葱姐儿 tsʻuəŋ¹³tɕiɛɚ⁴¹ ｜ 萨姐子 sa⁴¹tɕiɛ¹³tsɿ¹³, 萨姐儿 sa⁴¹tɕiɛɚ¹³ ｜ 赛姐子 sai⁴¹tɕiɛ¹³tsɿ¹³, 赛姐儿 sai⁴¹tɕiɛɚ¹³ ｜ 索姐儿 suə⁴¹tɕiɛɚ¹³ ｜ 舍姐子 ʂə⁴¹tɕiɛ¹³tsɿ¹³ ｜ 凯姐子 kʻai⁴¹tɕiɛ¹³tsɿ¹³, 凯姐儿 kʻai⁴¹tɕiɛɚ¹³ ｜ 哈姐子 xa¹³tɕiɛ⁴¹tsɿ¹³, 哈姐儿 xa¹³tɕiɛɚ⁴¹, 哈姐儿 xa¹³tɕiɛɚ¹³ ｜ 海姐子 xai¹³tɕiɛ⁴¹tsɿ¹³, 海姐儿 xai¹³tɕiɛɚ¹³ ｜ 好姐子 xɔ¹³tɕiɛ⁴¹tsɿ¹³, 好姐儿 xɔ¹³tɕiɛɚ⁴¹

第二，A+哥+子/儿。

宰哥子 tsai⁴¹kə¹³tsɿ¹³ ｜ 祖哥儿 tsu⁴¹kəɚ¹³ ｜ 哈哥子 xa¹³kə⁴¹tsɿ¹³, 哈哥儿 xa¹³kəɚ⁴¹ ｜ 燕哥子 ian⁴⁴kə¹³tsɿ¹³, 燕哥儿 ian⁴⁴kəɚ¹³ ｜ 姐哥子 tɕiɛ⁴¹kə¹³tsɿ¹³

第三，数排行+姐/哥(+子/儿)。

大姐子 ta⁴⁴tɕiɛ¹³tsɿ¹³, 大姐儿 ta⁴⁴tɕiɛɚ¹³ ｜ 二姐 aiɚ⁴⁴tɕiɛ¹³, 二姐子 aiɚ⁴⁴tɕiɛ¹³tsɿ¹³ ｜ 三姐 san¹³tɕiɛ⁴¹, 三姐子 san¹³tɕiɛ⁴¹tsɿ¹³, 三姐儿 san¹³tɕiɛɚ⁴¹ ｜ 三哥儿 san¹³kəɚ⁴¹ ｜ 四姐子 sɿ⁴⁴tɕiɛ¹³tsɿ¹³, 四姐儿 sɿ⁴⁴tɕiɛɚ¹³ ｜ 五姐子 vu⁴¹tɕiɛ¹³tsɿ¹³, 五姐儿 vu⁴¹tɕiɛɚ¹³ ｜ 六姐子 liou¹³tɕiɛ⁴¹tsɿ¹³ ｜ 七姐儿 tɕʻi¹³tɕiɛɚ⁴¹ ｜ 老姐子 lɔ⁴¹tɕiɛ¹³tsɿ¹³, 老姐儿 lɔ⁴¹tɕiɛɚ¹³

第四，A（+B）+燕/雁（+子）。

买燕 mai⁴¹ian⁴⁴，买燕子 mai⁴¹ian⁴⁴tsʅ¹³｜马儿燕 mæɚ⁴¹ian⁴⁴｜耍燕 fa⁴¹ian⁴⁴｜奴个燕 nu⁴¹kʰian⁴⁴｜拉燕 la⁴¹ian⁴⁴，拉燕子 la⁴¹ian⁴⁴tsʅ¹³｜拉白燕 la⁴¹pei¹³ian⁴⁴｜鲁谷儿燕 lu⁴¹kuɚ¹³ian⁴⁴｜乍燕子 tsa⁴¹ian⁴⁴tsʅ¹³｜萨儿燕 sæɚ⁴¹ian⁴⁴｜萨燕 sa⁴¹ian⁴⁴｜索福燕 suə⁴¹fu¹³ian⁴⁴｜索燕 suə⁴¹ian⁴⁴，索燕子 suə⁴¹ian⁴⁴tsʅ¹³｜四儿燕 sɯɚ⁴¹ian⁴⁴｜□富燕 ʂa⁴¹fian⁴⁴

三十二、外来词

这里涉及三种外来词，即来自俄语、阿拉伯语、突厥语。它们中的有些词有交叉、重叠。每个词条的写作顺序是先出该词，再出它的汉语音译，最后是释义。下加横线的词是合成词，即"外来语素+东干语素"或"东干语素+外来语素"合成的词。

（一）借自俄语

1. 行政、文教、科技

республика 列斯普布利卡 共和国。

Совет 索韦特 苏维埃。

компартия 科姆帕尔季亚 共产党。也说"ком党｜共产党"。

коммунизм 科姆尼兹姆 共产主义。

ленинизм 列宁尼兹姆 列宁主义。

феодализм 费奥达利兹姆 封建制度。

<u>октябрь节气</u> 阿克佳布里节气 十月（革命）节。

салют 萨柳特 礼炮。

Россия 罗西亚 俄罗斯。指称国名、地名时使用。

конференция 孔费连齐亚 代表大会。

комитет 科米捷特 委员会。

военкомат 沃延科马特 军事委员会。

контор 孔托尔 管理处。

кабинет 卡比涅特 办公室。

бухгалтерия 布哈尔捷里亚 会计处。

область 奥布拉斯季 省、州。

район 拉样 县，区。

мэр 梅尔 市长。

депутат 杰普塔特 代表。

кадр 卡德尔 人才。

библиотека 比布利奥捷卡 图书馆。

клуб 可卢布 俱乐部。

кино 基诺 电影院。

театр 捷阿特尔 剧院。

музей 穆泽伊 陈列馆，博物馆。

студия 斯图季亚 播放室。

выставка 维斯塔夫卡 展览会，陈列橱。

<u>画儿</u>выставка 画儿维斯塔夫卡 画展。

концерт 孔采尔特 音乐会，歌舞会。

телевизор 捷列维佐尔 电视机。

бильярд 比利亚尔德 台球。

шахмат 沙赫马特 象棋。

дискотека 季斯考捷卡 迪斯科俱乐部。

патефон 帕捷丰 留声机。

лижа 利扎 滑雪板。

мульт 穆利特 动画片。

кукла 库克拉 玩偶，木偶。

турник 图尔尼克 单杠。

цирк 齐尔克 杂技，马戏。

телефон 捷列丰 电话，手机。

ёлка 约尔卡 新年枞树，圣诞枞树。

радио 拉季奥 无线电，收音机。

<u>радио</u>给说 拉季奥给说 无线电台播音。

компьютер 科姆皮尤泰尔 计算机。

редактор 列达克托尔 编辑。

редакция 列达克齐亚 编辑部。

<u>给说的</u>редактор 给说的列达克托尔 （电台）播音编辑。

программа 普罗格拉马 节目。

журнал 茹尔纳尔 杂志。

журналист 茹尔纳利斯特 记者。

академик 阿卡杰米克 院士。

доктор 多克托尔 博士。

кандидат 坎季达特 硕士。

симфония 响器队 西姆福尼亚响器队 交响乐团。

директор 季列克托尔 校长，经理，厂长。

музыкант 穆济坎特 音乐家，乐师。

артист 阿尔奇斯特 演员。

классик 克拉西克 经典作家。

отличник 奥特利奇尼克 优等生。

бинт 宾特 绷带。

студент 斯图坚特 大学生。

пионер 皮奥涅尔 少先队员。

университет 乌尼韦尔西捷特 大学。

училище 乌奇利谢 中等专业学校。

<u>乡家户</u>училище 乡家户乌奇利谢 农业中专。

техникум 捷赫尼库姆 中等技术学校。

<u>ликбез</u>学堂 利克别兹学堂 扫盲学校。

диктант 季克坦特 听写。

экзамен 埃克扎缅 考试。

диплом 季普洛姆 （大学）毕业证。

повестка 波韦斯特卡 通知书。

курс 库尔斯 年级，课程。

класс 克拉斯 年级，班级。

тамбур 塔姆布尔 外室，走廊。

нолевой 诺列沃伊费 俄语"零"，引申为学前班。

лагерь 拉格里 野营地。

урок 乌罗克 课。

543

конкурс 孔库尔斯 竞赛。
чемпион 切姆皮翁 冠军。
роман 拉曼 长篇小说。
повесть 波韦斯季 中篇小说。
поэма 波埃马 长诗。
лирика 利里卡 抒情诗。
атом船 阿托姆船 原子船。
космос 科斯莫斯 宇宙。

2. 工业、农业、商业

завод 扎沃特 工厂。
комбинат 科姆比纳特 联合工厂。
цех 采赫 车间。
машина 马什乃 机器,汽车。
трактор 特拉克托尔 拖拉机。
тракторист 特拉克托里斯特 拖拉机手。
комбайн 康拜因 联合收割机。
комбайнер 康拜因涅尔 联合收割机司机。
вим 维姆 扬场机。
сеялка 谢亚尔卡 播种机。
автобу子 阿夫托布子 公共汽车,大汽车。
инженер 因热涅尔 工程师。
техник 捷赫尼克 技师,技术员。
инженер-механик 因热涅尔-梅哈尼克 机械工程师。
агроном 阿格罗诺姆 农学家,农艺师。
ферма 伊费尔马 农场,畜牧场。
колхоз 卡尔霍兹 集体农庄。

артель 阿尔捷利 合作社。
звено 兹韦诺 小队。
бригада 布里加达 (工作)队,组,班。
家户министерство 家户米尼斯捷尔斯特沃 (国家)农业部。
башня 巴什尼亚 (水)塔。
бригадир 布里加季尔 工作队长。
колхоз家 卡尔霍兹家 集体农庄庄员。
кондуктор 孔杜克托尔 售票员。
такси 塔克西 出租汽车。
фирма 菲尔马 公司。
аванс 阿万斯 预付款。
пай 派 股份(金)。
акционер 阿克齐阿涅尔 股东。
га 卡 公顷。
тонна 托纳 吨。
километр 基洛梅特尔 公里,千米。
киловатт 基洛瓦特 千瓦。
килограмм 基洛格拉姆 公斤,千克。
кило 基洛 千克。(用于口语。)
метр 梅特尔 米。
литр 利特尔 升,公升。
центнер 岑特涅尔 公担,1公担=100公斤。
градус 格拉杜斯 度:今儿个的天气是12~。
процент 普罗岑特 百分数:99~(=99%)。
доллар 戈拉尔 美元。

план　普兰　计划。
пиво　皮沃　啤酒。
патока　帕托卡　饴糖,麦芽糖。
мандарин　曼达林　橘子。
кафэ　咖啡　咖啡。
метро　梅特罗　地铁。

3. 其他

орден　奥尔坚　勋章。
медаль　梅达利　奖章。
лауреат　拉乌列阿特　获奖者。
солдат　萨尔达特　战士,兵。
командир　卡曼季尔　指挥官。
фашист　法希斯特　法希斯分子。
шпион　什皮翁　间谍,密探。
рота　罗塔　连队。
крепость　克列波斯季　要塞,堡垒。
каюта　卡尤塔　船舱。
танк　坦克　坦克。
ура　乌拉　欢呼声,呐喊声。

（二）借自阿拉伯语

　　用国际音标表示,不标声调,借词后括号内的"阿、乌"是借词的来源,"阿"指阿拉伯语,"乌"指乌兹别克语。

[ŋə suɛ]　恶索　垃圾。
朝[xan tɕia]　朝汉加　伊斯兰教徒到麦加朝觐。
[kuŋ pei]子　拱北子　伊斯兰教神职人员的墓地。
[pai lia]　拜俩　灾难,不幸。（阿,乌）
[tuŋ ian]　东沿　阳间,人世间。（阿,乌）
[niɛ tʼiɛ]　涅帖　心愿,意图,施舍的钱物。
散[niɛ tʼiɛ]　散涅帖　施舍钱物。
[mai ti]　埋体　遗体。（阿,乌）
[kʼa fiɚ]　卡菲儿　裹尸布。也叫"卡凡"。（阿,乌）
[kʼaɚ pai]　卡儿拜　天房图。做礼拜时向着的西方。（阿,乌）

（三）借自突厥语

　　用国际音标表示,不标声调,借词后括号内的"哈、维、吉、阿、伊朗、乌"是借词来源,"哈"指哈萨克语,"维"指维吾尔语,"吉"指吉尔吉斯语,"阿"指阿拉伯语,"伊朗"指伊朗语,"乌"指乌兹别克语等。

[tuʂan pai]　杜山拜　公历星期一。
[ɕiɛʂan pai]　谢山拜　公历星期二。
[tʂʼaŋ ʂan pai]　常山拜　公历星期三。（乌,伊朗）
[pʼan ʂan pai]　盘山拜　公历星期四。
[tʂu ma]　主麻　公历星期五,伊斯兰教的聚礼日。（阿,乌）
[ʂan pai]　山拜　公历星期六。
[iɛkʼʂan pai]　耶克山拜　公历星期日。
[sai lia mu]　赛俩目　表示祝福、问候的话。（阿,乌）

[pa tsaɚ] 巴乍儿 集市。(乌,哈)
[t'ɔ i] 陶依 一般的传统节日。乌孜别克族指婚礼。
耍[t'ɔ i] 耍陶依 指结婚或为老人过生日等活动。
[k'an t'man] 砍特曼 中亚用于锄地挖土的农具。
[axsak'aɚ] 阿合萨卡儿 指能做出决定并受到尊敬的人。(吉)
[pai i] 巴依 富人。(乌)
[iεt'imu]行 耶提姆行 孤儿院。(吉)行,音[xaŋ]。
[iεt'imu] 耶提姆 孤儿。(吉)
全[iεt'imu] 全耶提姆 父母都没有的孤儿。
[asman] 阿斯满 天空。(吉)
[zia i liɔ] 日亚依辽 高山牧场。(乌)

[tɕ'ia p'an] 恰盘 长衫(男)。(乌)
[xa tsɿɚ] 哈孜儿 现在。(乌,哈)
[aiɚkili] 尔给利 智慧,远见。
[vinaŋ] 维囊 跳舞。(维)
[pə p'ai] 波派 安排,旨意:碰上这个好事情是主的~。
[ramazan] 拉玛赞 斋月。(吉)
[k'ɔmutsɿ] 考姆兹 三弦琴。(吉)
[paʐa] 巴日阿 姐姐的丈夫和妹妹的丈夫之间的亲戚关系。连襟。(吉)
[piεʂpaɚmak] 别士巴尔玛克 肉拌面。(吉)
[ku na xaɚ] 古纳哈儿 罪过,罪孽。(阿,乌)
[kuə pi] 戈壁 沙漠,荒漠。
[xavani] 哈瓦尼 畜生,骂人的话。

参考文献

[1] А.А.卡里莫夫：《东干民族语和文化的建立和发展》，《东干语言文学发展的重要问题》（俄语版），国际科学研究大会文献，阿拉木图，2001年。

[2] А.А.卡里莫夫：《现代东干语的计算词、计算词尾和数量单位的语法特征》，《中国语文》1955年10月号。

[3] А.А.龙果夫：《现代汉语语法研究》，科学出版社，1958年。

[4] 艾莎·曼素洛娃：《雪花儿》（东干文），比什凯克，1998年。

[5] 奥·伊·乍维雅洛娃：《甘肃方言》（俄语版），科学出版社，1979年。

[6] 白维国：《近代汉语中表示动态的助词"得"（的）》，《近代汉语研究》，商务印书馆，1992年。

[7] 草婴译：《一个人的遭遇》，《苏联文艺》1981年第5期。

[8] 岑麒祥：《语言学史概要》，北京大学出版社，1988年。

[9] 陈汝立、周磊、王燕：《新疆汉语方言词典》，新疆人民出版社，1990年。

[10] 杜松寿：《东干拼音文字资料》，《拼音文字研究参考资料集刊》（第1本），文字改革出版社，1959年。

[11] 冯汉珍：《古浪方言语法的一些特点》，甘肃省高等教育自学考试毕业论文，1994年。

[12] 高葆泰：《兰州方言音系》，甘肃人民出版社，1985年。

[13] 高葆泰、林涛：《银川方言志》，语文出版社，1993年。

[14] 公望：《兰州方言里的"给给"》，《中国语文》1986年第3期。

[15] 哈三诺夫娜·尤素洛娃：《回族的口溜儿，口歌儿，猜曲哈连猜话儿》（东干文），吉尔吉斯斯坦出版社，1984年。

[16] 海峰：《中亚东干语言研究》，新疆大学出版社，2003年。

[17] 韩陈其：《〈史记〉中字序对换的双音词》，《中国语文》1983年第3期。

[18] 何茂活：《山丹方言志》，甘肃人民出版社，2007年。

[19] 何周虎：《甘肃秦安方言构词特点》，全国汉语方言学会第13届（苏州）学术讨论会论文，2005年。

[20] 黑维强：《陕北绥德话"的"的一种用法》，《中国语文》2003年第4期。

[21] 黑牙·兰阿洪诺夫著、林涛译：《中亚回族的口歌和口溜儿》，香港教育出版社，2004年。

[22] 胡振华：《关于"东干"、"东干语"、"东干双语"和"东干学"》，《中国少数民族双语教学研究会通讯》2003年第2期。

[23] 黄伯荣主编：《动词分类和研究文献目录总览》，高等教育出版社，1998年。

[24] 黄伯荣、廖序东主编：《现代汉语》（下册），高等教育出版社，2007年。

[25] 吉尔吉斯斯坦国家教育部核准：《咱们的文学》（东干文，教科书，第7册、第8册），出版社，1988年；《咱们的文学》（东干文，教科书，第6册），出版社，1993年。

[26] 兰陵笑笑生：《金瓶梅词话》，人民文学出版社，1985年。

[27] 兰陵笑笑生：《金瓶梅词话》，文学古籍刊行社，1957年。

[28] 兰州大学中文系临夏方言调查研究组、甘肃临夏州文联：《临夏方言》，兰州大学出版社，1996年。

[29] 兰州大学中文系语言研究室：《〈老乞大〉与〈朴通事〉语言研究》，兰州大学出版社，1991年。

[30] 李福清编著、海峰东干语转写、连树声俄语翻译：《东干民间故事传说集》，上海文艺出版社，2011年。

[31] 李树俨、张安生：《银川方言词典》，江苏教育出版社，1996年。

[32] 林涛：《东干话调查研究》，中国社会科学出版社，2012年。

[33] 林涛：《中卫方言志》，宁夏人民出版社，1995年。

[34] 林涛：《中亚东干语研究》，香港教育出版社，2003年。

[35] 刘俐李：《新疆回族经名的语言变异》，《中国语文》2001年第2期。

[36] 刘焱：《"V掉"的语义类型与"掉"的虚化》，《中国语文》2007年第2期。

[37] 吕恒力：《30年代苏联（东干）回族扫盲之成功经验——60年来用拼音文字书写汉语北方话的一个方言的卓越实践》，《语文建设》1990年第2期。

[38] 玛乃·萨玛洛夫：《乌兹别克斯坦的东干人》，《中国少数民族双语教学研究会通讯》2003年第2期。

[39] 穆·伊玛佐夫：《东干语言研究与教学中的实际问题》，《东干语言文学发展的重要问题》（俄语版），国际科学研究大会文献，阿拉木图，2001年。

[40] 穆·伊玛佐夫：《回族语言》（东干文，第5册），出版社，1992年。

[41] 穆·伊玛佐夫：《吉尔吉斯斯坦的东干人》，《中国少数民族双语教学研究会通讯》2003年第2期。

[42] 穆·伊玛佐夫编著、丁宏编译：《亚瑟儿·十娃子生活与创作》，宁夏人民出版社，2001年。

[43] 乔光明：《旬邑方言中的"娃"的用法》，全国汉语方言学会第13届（苏州）学术讨论会论文，2005年。

[44] 乔生明：《浅谈平凉北塬山区方言的特点》，甘肃省高等教育自学考试毕业论文，1996年。

[45] 司马迁：《史记》，中华书局，1959年。

[46] 孙立新：《关中方言的"的"字以及与之有关的几个问题》，第四届（陕西安康）汉语官话国际学术讨论会论文，2007年（2007b）。

[47] 孙立新：《户县方言研究》，东方出版社，2001年。

[48] 孙立新：《西安方言研究》，西安出版社，2007年（2007a）。

[49] 王立达：《汉语研究小史》，商务印书馆，1959年。

[50] 王森：《〈金瓶梅词话〉里动词的态》，《古汉语研究》1994年第3期。

[51] 王森：《〈金瓶梅词话〉中所见兰州方言词语》，《语言研究》1994年第2期。

[52] 王森：《〈老乞大〉、〈朴通事〉里的"的"》，《古汉语研究》1993年第1期。

[53] 王森：《东干话的若干语法现象》，《语言研究》2000年第4期。

[54] 王森：《东干话的语序》，《中国语文》2001年第3期。

[55] 王森：《甘肃临夏方言的两种语序》，《方言》1993年第3期。

[56] 王森：《甘肃临夏话作补语的"下"》，《中国语文》1993年第5期。

[57] 王森：《临夏方言"是"字的用法》，《方言》1991年第3期。

[58] 王森：《郑州荥阳（广武）方言的变韵》，《中国语文》1998年第4期。

[59] 王森、王蕊、王晓煜：《东干话词语概论》，《宁夏社会科学》2000年第4期。

[60] 王森、王毅：《〈金瓶梅词话〉中字序对换的双音词》，《兰州大学学报》2000年第6期。

[61] 王森、王毅：《兰州话的"V+给"句——兼及甘宁青新方言的相关句式》，《中国语文》2003年第5期。

[62] 王森、赵小刚：《兰州话音档》，《现代汉语方言音库》（分册），上海教育出版社，1997年。

[63] 王毅等：《甘宁青方言"着"字新探》，《西北方言与民俗研究论丛》，中国社会科学出版社，2004年。

[64] 邢向东：《陕北晋语语法比较研究》，商务印书馆，2006年。

[65] 邢向东、王临惠、张维佳、李小平：《秦晋两省沿河方言比较研究》，商务印书馆，2012年。

[66] 雅四儿·十娃子：《好吗，春天》（东干文），1966年。

[67] 雅四儿·十娃子：《挑拣下的作品》（东干文），1988年。

[68] 伊·尤素波夫等：《哈萨克斯坦的东干人》，《中国少数民族双语教学研究会通讯》2003年第2期。

[69] 伊玛佐夫著、林涛译：《中亚回族诗歌小说选译》，香港教育出版社，2004年。

[70] 伊斯海儿·十四儿著、林涛译：《骚葫芦白雨下的呢》，中国科学文化出版社，2008年。

[71] 尤·闫先生：《简要的回族—乌鲁斯话典》（东干文、俄文），出版社，1968年。

[72] 尤素洛夫：《东干族向吉尔吉斯和哈萨克斯坦的迁移》（俄语版），伏龙芝译，1961年。

[73] 张安生：《宁夏同心（回民）方言的语法特点》，《宁夏社会科学》1993年第6期。

[74] 张安生：《宁夏同心话的选择性问句——兼论西北方言"X吗Y"句式的来历》，《方言》2003年第1期。

[75] 张安生：《同心方言研究》，宁夏人民出版社，2000年。

[76] 张成材：《商州（张家塬）方言的儿尾》，《语言研究》2000年第

4期。

[77] 张成材:《商州方言词汇研究》,青海人民出版社,2009年。

[78] 张成材:《西宁方言词典》,江苏教育出版社,1994年。

[79] 张成材、朱世奎编:《西宁方言志》,青海人民出版社,1987年。

[80] 张永绵:《近代汉语中字序对换的双音词》,《中国语文》1980年第3期。

[81] 赵浚、张文轩:《兰州市志·方言志》,兰州大学出版社,2002年。

[82] 郑奠:《古汉语中字序对换的双音词》,《中国语文》1964年第3期。

[83] 中国甘肃肃南裕固族自治县裕固族文化研究室主办:《尧熬尔文化》,2004年。

[84] 中国社会科学院语言研究所词典编辑室编:《现代汉语词典》(第6版),商务印书馆,2012年。

[85] 《老乞大谚解》,奎章阁丛书第九。

[86] 《朴通事谚解》,奎章阁丛书第八。

本书始末

——R三年祭

R，今年是你去世三周年，也恰是本书即将出版之时。我流着眼泪，写这篇短文。我忘不了你为本书操劳的日日夜夜。

一

20世纪80年代初，我就知道东干话，就想接触它，但无条件。后来，有个老师在当地教课，想让她获取语料，也未果。正巧，不久，我们受学校派遣，也有了同样的机会。时间是1996年秋天，地点是位于哈萨克斯坦阿拉木图市的哈萨克斯坦国立民族大学的东方系。

哈萨克斯坦国立民族大学的茹拉曼诺娃·伊丽娜老师帮我联系到了哈萨克斯坦回民协会副主席王斯万诺娃·玛丽娅的家。她的丈夫是工人，说陕西话，长期病休在家。我课余常到她家聊天。从他们那里我了解了东干族的基本概况，收集了口语语料，并获取到一大批东干文书报资料。1997年6月初，由美国休斯顿基督教会、阿拉木图福音教会邱繁治先生提供帮助，我们又赴比什凯克市、新渠村、营盘村等地做了田野采集。又多次向东干族留学生采集，还通过通信采集。

二

我们很快开始语料转写工作。那时正是春天，无边的绿树郁郁葱葱，伸向遥远的雪峰，树颠的黑羽无名鸟送来声声婉转清丽的歌声。窗外的异域风情固然令人神往，而手边的神秘语料更吸引我们，急于尝试解读。白天，我上课时，你就在宿舍拼命转写。深夜，你入睡后，我仍在拼命转写。我们密密麻麻地写完了七个俄语练习本,又在一本大而厚的黑硬皮本上写起来。总计有百十来万字。

回国后,我们又一起整理词汇。语料摊了一床。先一条一条剪开,再一条一条归并。时而收起,时而摊开。你手疾眼快,比我熟练得多。我们忙了一个星期。

几年后,整理语法例句时,你又多次帮我摘抄,粘贴,可是,老眼昏花,太吃力了。我说:"R,我自己做!我自己做!"

我们一边收集,转写,一边整理,研读。琐屑,繁杂,却也有趣。一首描写十月革命时阿芙乐尔战舰攻打冬宫的诗写道:"涅瓦河的水干净……",你误写作"聂娃喝的水干净……",把"涅瓦河"误写作"聂娃喝",经我提醒后,你也忍不住笑起来。有一句俗语,汉字应写作"虼蚤大的马上骑的个牛大的人",现在看起来也没什么特殊之处,可是当时由我们陌生的东干拼音文字转写成该用的汉字,却也颇费了一番思考,而结果却是这么一句既没意思又可笑的话。肖洛霍夫的名著《人的命运》中,男主人公一生追悔的奔赴战场时妻子依恋他而他却把妻子猛地一推的那个细节描写,那么朴实、平常,却反复出现,感人至深,更使我们感受到方言译作的魅力。

三

R,你并不赞成我写书,却又大力支持我,拼命帮助我。我原来也只打算写几篇语法方面的论文即罢手,但后来摊子慢慢扩大,特别是2003~2008年,连续被骗两次,五年,且五万来字的语料也被截留、占有,面对一堆残稿,更坚定了我完成全书的决心。

我说:"R,为了东干话,我需多投入时间,去思考,去整理,去写作。"你都心平气和地表示理解。平日里,我关在小屋里陷入沉思。没有人和你说话,你就一个人在厅里看电视节目,如《健康之路》《天天饮食》《中华医药》,你记录了厚厚的三大本。你又一个人上街买菜,满脸汗水,大包小包地提回家里,还往往给女儿家送去一份,然后,马不停蹄地开始做饭。礼拜天,你又是一个人去做礼拜,来来去去。我常常目送你出门。我说:"R,上下楼梯,上下公共车,注意安全啊!"你一边回应,一边离去。

"饭熟了!给你端过去吧?"你常常在厨房这样喊道。"不用,不用……"我常常赶紧跑过去。有一次,我偶然到厨房,眼前的情景把我惊呆了,你站在案板前,案板上已摆满了包好的饺子。这就是说,从做馅到包好饺子，你至少站了三个小时！我感动而歉疚！

　　为了报答你，好多次，你做礼拜时，我把家里打扫干净后，再用心做好一锅我认为可口的面条等着你。你回来了，说："咱今天吃啥饭？"我说："面条，我已经做好了。""真的？太好了！"你高兴得不得了，我也高兴得不得了。你说，你们唱诗班又学了新歌。于是，饭后，我们一起高声吟唱。

　　书稿渐渐收尾，只待难点攻坚时，你的身体也已有所不适。你说："你的书，啥时候叫我看见呐？"我说："R，你放心，我会让你满意的！"当时我蛮有把握，坦然如此相告，谁知病如猛虎，你很快住院了。病重时，你又曾断断续续说过两个字"……重要……"，我震惊你还把书稿放在心上，更深深地意识到这二字的分量。R，该让你看到的书，你竟未看到，留下你我永生的遗憾！我再不能让我和孩子二次遗憾！我要攻坚！

　　那年冬天深夜一两点，第二年春天黎明两三点，我都常常强忍悲痛，协同孩子，奋笔攻坚。半年后，初稿终于完成了。

　　R，这里边渗透着你多少汗水、心血和期盼！

四

　　2012年夏天，赴京打工时，我带了初稿在身边，想打问一下出版的行情。期间，多亏张安生老师告知，可申请国家社科基金后期资助。她又协助审定书名，更热心撰文推荐。后经学校按程序上报相关部门，半年后便告知获准。现在，最终成果已通过双项匿名审稿，由国家社科基金规划办交商务印书馆编辑出版。责任编辑魏君、陈娟娟，她们都很细心、敏锐、敬业，提出了很好的建议，提高了书稿的质量。

　　书稿推荐者刘俐李、张淑敏老师，数位匿名审稿人，兰州大学社科处刘淑伟老师，国家社科基金规划办的相关人员，都先后为本书辛勤付出，我在这里一并致谢。中外朋友伊丽娜、伊玛佐夫、尕喜、艾莎、海峰、徐家荣、桂亮、任立国、苏兆安、周绚隆等先生，留学生阿丽米拉、玛迪娜、艾德，哈萨克斯坦国立民族大学叶尔金等同学，也都先后提供帮助，我在这里一并致谢。

　　多年来，王力对书稿尽心尽力，做了很多事，让人放心满意。

五

　　R，今天是你三周年纪念日。我坐在你的书桌前写这篇短文。泪水常常落在稿纸上。稿纸旁的玻璃板下，是你的相片。这些相片有内蒙古草原旅游的，你领着孙子学步的，在教堂唱诗班吟唱的，和大家在一起的。桌边橱柜里，你的衣物用品也都还摆放如初，你给我补好的袜子、衣服我也都珍藏在那里。它们都是我的伴儿，是我破碎的却又使我无限眷恋的家的温暖的依存。我不忍心看，却又常常看。

　　几天前我们给你扫墓了。坟上草青青，生死两茫茫！三年了，我像一只孤雁，彷徨，孤寂，忧伤！

　　你说病好后我们再到黄河边坐坐，现在只有我一个人坐在那里发呆了。

　　为了充实和完善语料，去年和今年，儿孙们陪我做田野调查，经河西走廊直抵南疆喀什，又东下陕西，南下广西。一路山水苍茫，大家心旷神怡，是三代人合家出行的唯一一次，可又是唯独少了你！

　　女儿说我不会心疼女人。是的，我如梦初醒，追悔莫及！

　　R，往昔多少身边事，今日都到眼前来！我愧对你！太想你！儿孙们都孝顺我，我们永远深深地怀念你！

　　我将把本书敬献给你，在伊甸园的青草地上，绿水溪边。我相信，我会看到你满脸灿烂的笑容。

王　森
2014年9月30日于兰州大学

图书在版编目(CIP)数据

中亚东干话调查研究/王森,王毅,王晓煜著.—北京:商务印书馆,2015
ISBN 978-7-100-11010-5

Ⅰ.①中… Ⅱ.①王…②王…③王… Ⅲ.①东干语－调查研究－中亚 Ⅳ.①H179

中国版本图书馆 CIP 数据核字(2015)第 011945 号

所有权利保留。
未经许可,不得以任何方式使用。

中亚东干话调查研究
王森 王毅 王晓煜 著

商 务 印 书 馆 出 版
(北京王府井大街36号 邮政编码100710)
商 务 印 书 馆 发 行
北 京 冠 中 印 刷 厂 印 刷
ISBN 978-7-100-11010-5

2015 年 7 月第 1 版　　　开本 787×1092 1/16
2015 年 7 月北京第 1 次印刷　印张 35 1/4
定价:88.00 元